丛书编委会

主　编：胡春晓　龚林涛

副主编：翁贞林　陈美球　朱晓东　魏　毅
　　　　朱述斌　徐小萍　陈　慧　郑瑞强

编　委：

南昌市乡村振兴局

龚林涛　徐小萍　陈　慧　易连发
胡　群　翟　侃　王样平

江西农业大学

胡春晓　翁贞林　陈美球　朱晓东
魏　毅　朱述斌　郑瑞强　汤　晋
胡永升　熊红华　刘小春　梁志民
谌　洁　贺亚琴　廖彩荣　刘志兵
潘锡杨　陈洋庚　曹大宇　朱美英
于丽霞　高　芸　赖运生　李海峰
王诗慧　周连伟　廖运生　肖意风
周国平　彭剑锋　朱国海　吴　平
胡永华　曹人龙　周　波　刘　滨
谢芳婷　宋振江　康小兰　杜　娟
刘小进　饶　盼　宁才旺　肖　慧
熊飞雪　梁　贤　李观祥　吴新标

举市发力

南昌市乡村振兴局　江西农业大学 ⊙ 编著

——南昌市脱贫攻坚文件汇编

江西人民出版社

图书在版编目（CIP）数据

举市发力：南昌市脱贫攻坚文件汇编/南昌市乡村振兴局，江西农业大学编著．— 南昌：江西人民出版社，2021.10
ISBN 978-7-210-12649-2

Ⅰ.①举… Ⅱ.①南… ②江… Ⅲ.①扶贫—文件—汇编—南昌 Ⅳ.① F127.561

中国版本图书馆 CIP 数据核字（2020）第 264867 号

举市发力——南昌市脱贫攻坚文件汇编
JU SHI FALI——NANCHANG SHI TUOPIN GONGJIAN WENJIAN HUIBIAN

南昌市乡村振兴局　江西农业大学　编著

责任编辑：徐　旻
封面设计：同异文化传媒

出版发行

地　　址：江西省南昌市三经路 47 号附 1 号（330006）
网　　址：www.jxpph.com
电子信箱：jxpph@tom.com
编辑部电话：0791-88629871
发行部电话：0791-86898815
承　印　厂：南昌市红星印刷有限公司
经　　销：各地新华书店

开　本：787 毫米 ×1092 毫米　1/16
印　张：37.75
字　数：670 千字
版　次：2021 年 10 月第 1 版
印　次：2021 年 10 月第 1 次印刷
书　号：ISBN 978-7-210-12649-2
定　价：96.00 元
赣版权登字 -01-2021-659

版权所有　侵权必究
赣人版图书凡属印刷、装订错误，请随时与江西人民出版社联系调换，
服务电话：0791-86898820

总 序

党的十八大以来，以习近平同志为核心的党中央带领广大人民以大无畏的勇气和力量向贫困宣战，成功走出了一条具有中国特色的脱贫攻坚道路，使现行标准下9899万农村贫困人口成功摆脱了贫困，谱写了人类脱贫攻坚、消除贫困的辉煌篇章，实现了中华民族几千年来苦苦追求的梦想和期盼，写下了中华民族发展史浓墨重彩的一笔，具有非常深远的现实意义、历史意义和世界意义。

近年来，南昌市委、市政府始终坚持以习近平新时代中国特色社会主义思想为指导，坚决贯彻落实党中央关于脱贫攻坚的决策部署和江西省委、省政府工作要求，聚焦打赢脱贫攻坚战，做了大量卓有成效的工作，取得了显著的成效。南昌市"十三五"80个省市级贫困村实现高质量退出，全市建档立卡贫困群众义务教育全面保障、基本医疗全面覆盖、住房和饮水安全全面解决，"两不愁三保障"全面实现。现行标准下47192名农村建档立卡贫困人口全部脱贫。

习近平总书记指出，脱贫攻坚不仅要做得好，而且要讲得好。为全面梳理总结南昌市脱贫攻坚工作，2020年6月开始，南昌市脱贫攻坚总结项目课题组深入南昌市及各县区，通过实地调研、交流座谈、深入访谈等方式，深入了解南昌市脱贫攻坚的伟大历程、主要做法、辉煌成就和特色经验，形成了南昌市脱贫攻坚系列成果《南昌脱贫攻坚宣传片》及一套《光辉历程——南昌市脱贫攻坚纪实》《举市发力——南昌市脱贫攻坚文件汇编》《使命担当——南昌市脱贫攻坚典型案例和先锋模范》《泥土真情——南昌市脱贫攻坚理论与实践探索》系列丛书。

《光辉历程——南昌市脱贫攻坚纪实》全面收录了各级领导对南昌市脱贫攻坚工作的批示指示、南昌市脱贫攻坚纪实、南昌市脱贫攻坚大事记和南昌市脱贫攻坚图片集萃，真实反映了南昌市推进脱贫攻坚工作的经验做法、实际成效和精彩瞬间。

《举市发力——南昌市脱贫攻坚文件汇编》系统收集了党的十八大以来市级、县（区）级及市直各单位有关决策部署、组织实施、具体操作、制度保障和县区落实等方面的政策文件，彰显了举市发力、协同作战的省会担当。

《使命担当——南昌市脱贫攻坚典型案例和先锋模范》遴选了一批脱贫攻坚实践的典型案例，收集了一批脱贫攻坚领域获得南昌市级以上表彰荣誉的先进人物事迹，生动诠释了各级党员干部及社会各界参与脱贫攻坚的使命担当。

《泥土真情——南昌市脱贫攻坚理论与实践探索》在总结南昌市脱贫攻坚成就基础上，从南昌市脱贫人口生计发展现状与可持续能力调查、南昌市脱贫村集体经济发展现状与发展路径调研、南昌市脱贫攻坚与乡村振兴有效衔接研究等方面，提出巩固南昌市脱贫攻坚成果的对策建议，具有很强的针对性、前瞻性和实效性。

丛书主题明确、内涵丰富，资料翔实、图文并茂，相互联系、前后呼应，相辅相成、相得益彰。《光辉历程——南昌市脱贫攻坚纪实》体现经验做法，全景式总结了脱贫攻坚工作的"南昌经验"；《举市发力——南昌市脱贫攻坚文件汇编》体现协同作战，彰显了南昌市上下同心、尽锐出战的"协同体"意识；《使命担当——南昌市脱贫攻坚典型案例和先锋模范》体现敬业奉献，再现了党员干部和社会各界攻坚克难、不负人民的精神力量；《泥土真情——南昌市脱贫攻坚理论与实践探索》体现战略举措，为南昌市推进脱贫攻坚成果同乡村振兴有效衔接提供高质量方案。

征途漫漫，精神永恒。脱贫摘帽不是终点，而是新生活、新奋斗的起点。希望通过本丛书的出版发行，系统展现南昌市脱贫攻坚工作的伟大历程，全面推广南昌市脱贫攻坚工作的特色经验、先进典型、成功案例，大力弘扬脱贫攻坚精神，坚定信心决心，积极推动巩固拓展脱贫攻坚成果同乡村振兴有机衔接，以永不懈怠的精神状态、一往无前的奋斗姿态，向着实现第二个百年奋斗目标奋勇前进。

序　言

　　精准扶贫、精准脱贫是一场伟大壮举，离不开公共政策的引领。党的十八大以来，南昌市全力推进中央"精准扶贫、精准脱贫"的决策部署，严格执行中央和江西省扶贫政策，按照江西省提出的"核心是精准、关键在落实、实现高质量、确保可持续"的总要求，南昌市委、市政府出台了一系列政策文件，市直各单位和各县区出台了相应的政策措施，通过公共政策引领，汇聚专项扶贫、行业扶贫、社会扶贫等多方力量，形成政府、社会、市场协同推进的"三位一体"大扶贫格局，彰显了举市发力、聚力脱贫攻坚的英雄城省会担当。为了全面总结南昌市波澜壮阔的八年精准扶贫、五年脱贫攻坚的光辉历程，本书系统收集了党的十八大以来市级、县（区）级层面的文件，分为以下几个部分：

　　决策部署文件。南昌市委、市政府出台《关于推进农村精准扶贫工作加快实现脱贫目标的意见》《关于打赢脱贫攻坚战三年行动的实施意见》等相互配套、相互促进的政策文件。

　　组织实施文件。南昌市委办公厅、市政府办公厅出台的《关于坚决打赢全市脱贫攻坚战的实施意见》《南昌市实施"秋冬巩固"攻势解决"两不愁三保障"突出问题工作方案》等。

　　具体操作文件。南昌市政府、南昌市扶贫开发领导小组制定关于定点帮扶、行业部门实施方案，以及南昌市委组织部、市发改委、市财政局、市商务局、市交通运输局、市人社局、市教育局、市卫生健康委、市城建局、市水利局、市民政局、市农业农村局、市残联等市直单位制定干部帮扶、光伏扶贫、财政涉农扶贫资金统筹整合、消费扶贫、基础设施扶贫、饮水安全保障、教育扶贫、健康扶贫、农村危房改造、产业扶贫等具体实施办法等。

　　制度保障文件。如《南昌市县区脱贫攻坚工作成效考核办法》《关于建立健全脱贫成果巩固提升机制的实施意见》等。

县区落实文件。收集了南昌县、进贤县、安义县、新建区、湾里区（2019年12月，经国务院批复，同意撤销南昌市湾里区，将其行政区域并入南昌市新建区，同时成立湾里管理局）三县两区精准扶贫、脱贫攻坚的落实政策文件。

南昌市精准扶贫八年、脱贫攻坚五年以来，形成的政策文件体现了问题导向，立足当前、着眼长远，具有政策措施的系统性、整体性、协调性之特点，为圆满完成脱贫攻坚任务发挥了重要作用。

南昌市乡村振兴局
江西农业大学课题组
2021年5月

目 录

一、南昌市委、市政府文件 　　001

关于推进农村精准扶贫工作加快实现脱贫目标的意见	002
关于表扬全市"十二五"扶贫开发工作先进单位和先进个人的通报	008
关于加强农村低保与扶贫开发制度衔接的实施方案	012
关于坚决打赢全市脱贫攻坚战的实施意见	018
关于加快推进产业扶贫的实施意见	028
南昌市县区脱贫攻坚工作成效考核办法	035
关于打赢脱贫攻坚战三年行动的实施意见	041
关于推进健康扶贫再提升工程的实施方案	058
关于调整市扶贫开发领导小组组成人员的通知	064
关于提高我市城乡困难群众保障标准的通知	066
市扶贫办公室职能配置、内设机构和人员编制规定	068
关于成立或调整部分议事协调机构及相关组成人员的通知（节选部分）	070
南昌市深入开展消费扶贫助力打赢脱贫攻坚战实施方案	073
关于调整市防范化解重大风险工作领导小组等部分议事协调机构及相关组成人员的通知（节选部分）	083

二、南昌市扶贫开发领导小组（市扶贫办）文件 　　085

关于加大2017年精准扶贫力度的几点措施	086
南昌市贫困村退出验收办法	088
南昌市脱贫攻坚督查工作办法	094
南昌市农村贫困人口重大疾病医疗补充保险实施细则	102
南昌市关于扎实开展扶贫扶志感恩行动的实施方案	107
南昌市实施"秋冬巩固"攻势解决"两不愁三保障"突出问题工作方案	112

南昌市脱贫攻坚"爱心超市"建设实施意见	126
南昌市引导支持社会组织和社会工作及志愿服务力量参与脱贫攻坚的实施意见	132
关于建立健全脱贫成果巩固提升机制的实施意见	137
2019年度县区脱贫攻坚综合评价工作实施方案	141
关于建立防止返贫监测和帮扶机制的实施方案	143

三、南昌市其他单位（部门）文件　　149

组织工作保障打赢脱贫攻坚战三年行动的实施方案	150
南昌市"决胜全面小康、决战脱贫攻坚"主题宣传教育活动方案	154
南昌市发改委打赢脱贫攻坚战三年行动工作方案	159
南昌市光伏扶贫电站运维管理办法	162
南昌市财政专项扶贫资金管理办法	165
南昌市商务局关于打赢脱贫攻坚战工作实施方案	169
南昌市交通运输局保障打赢脱贫攻坚战三年行动实施方案	173
关于做好全市2019年度农村公路脱贫攻坚工作的通知	176
南昌市人力资源社会保障系统精准扶贫工作方案	178
关于进一步加强和规范就业扶贫资金使用管理的通知	181
南昌市教育扶贫打赢脱贫攻坚战三年行动的实施意见	184
关于做好建档立卡等贫困家庭学生资助工作的通知	190
关于进一步加强工作整改、加大健康扶贫工作力度的实施意见	191
南昌市健康扶贫三年攻坚行动实施方案	195
南昌市医疗保障扶贫三年行动实施方案（2018—2020年）	202
南昌市农村危房改造脱贫攻坚战三年行动计划（2018—2020年）	209
南昌市农村危房改造"交钥匙工程"建设指导意见	212
关于进一步加强农村饮水工程运行管理，切实保障农村居民饮水安全的紧急通知	214
关于社会组织积极参与脱贫攻坚的指导意见	215
关于进一步做好农村低保兜底保障扶贫三年（2018年—2020年）行动计划	218
南昌市农业局关于推进农业产业扶贫提质增效　打赢脱贫攻坚战三年行动的实施意见	223
南昌市农业农村局关于推进农业产业扶贫的实施意见	228
南昌市残联助力残疾人精准扶贫精准脱贫三年攻坚（2018—2020年）行动实施方案	233

四、南昌县文件   237

南昌县农村扶贫对象识别到户工作实施意见   238
关于"十三五"期间扶持贫困村选定工作的方案   242
关于全力打好精准扶贫攻坚战的实施方案   247
关于坚决打赢全县脱贫攻坚战的实施意见   263
关于坚决打赢脱贫攻坚战三年行动的实施意见   271
南昌县扶贫开发项目管理办法   284
关于有效应对新型冠状病毒感染的肺炎疫情坚决打赢脱贫攻坚战的实施方案   290

五、进贤县文件   297

关于"十三五"期间扶持贫困村选定工作的方案   298
关于全力打好脱贫攻坚战的实施方案   302
关于开展"结对帮扶、脱贫攻坚"的工作意见   312
关于打赢脱贫攻坚战三年行动的实施意见   319
进贤县"百企帮百村、百贤助千户"精准扶贫行动实施方案   336
关于建立扶贫小额信贷工作协调和联席机制的通知   340
进贤县2019年度扶贫对象动态管理工作实施方案   342
关于做好新型冠状病毒感染肺炎疫情防控和脱贫攻坚有关工作的通知   365

六、安义县文件   367

安义县2013年扶贫开发工作实施意见   368
安义县精准扶贫工作实施意见   372
关于坚决打赢全县脱贫攻坚战的实施意见   377
安义县关于打赢脱贫攻坚战三年行动的实施意见   387
关于实施"一户一策"清零行动,确保如期打赢脱贫攻坚战的通知   403
安义县2020年推进创业致富带头人培育工作实施方案   405
关于防疫期间开展脱贫攻坚八大行动的通知   407

七、新建区文件   409

新建区2014年扶贫开发工作实施方案   410
新建区脱贫攻坚"百日行动"实施方案   415

新建区健康扶贫"一站式"结算服务中心管理办法	430
新建区脱贫攻坚工作指导方案	436
新建区关于推进贫困村巩固提升工程的实施意见	442
新建区结对帮扶工作管理办法	449
新建区关于建立防范返贫分级预警机制实施办法	455
新建区消费扶贫行动实施方案	458

八、湾里区文件　　　　469

湾里区2014年农村危房改造实施方案	470
关于全力打好精准扶贫攻坚战的实施方案	488
关于全力打好精准脱贫攻坚战的实施方案	494
湾里区扶贫小额信贷工作实施方案	502
关于打赢脱贫攻坚战三年行动的实施方案	509
湾里区贫困村创业致富带头人培训工作方案	525
湾里区防贫保险实施细则（试行）	529
关于有效应对新型冠状病毒感染的肺炎疫情坚决打赢脱贫攻坚战的通知	534

附　件　　　　539

中共江西省委　江西省人民政府关于表彰江西省脱贫攻坚先进个人和先进集体的决定

　　　　540

后　记　　　　589

一

南昌市委、市政府文件

关于推进农村精准扶贫工作
加快实现脱贫目标的意见

为贯彻落实中央和省委、省政府关于创新机制扎实推进农村扶贫开发工作的系列部署和指示精神，增强农村扶贫开发针对性和实效性，现就推进我市农村精准扶贫开发工作提出如下意见：

一、指导思想

深入贯彻落实党的十八大，十八届三中、四中全会和习近平总书记关于扶贫开发及在十二届全国人大三次会议江西代表团座谈时关于"一个希望、三个着力"等一系列重要指示精神，以及省委、省政府对扶贫工作的部署和要求，紧紧抓住新阶段扶贫开发工作历史机遇，以改善条件、提高素质、创造机会为途径，以"送政策、送温暖、送服务"工作为抓手，精准锁定扶贫对象，整合优化资源，更加注重解决制约扶贫对象发展的突出问题，增强扶贫对象自我发展能力和基本公共服务均等化，加快扶贫对象脱贫奔小康步伐，为我市抢占制高点、聚焦增长极、提升首位度、共筑"四强"梦作出新贡献。

二、总体目标

从 2015 年起，对经精准识别建档立卡的贫困人口 3.14 万户 7.1952 万人，按照"识别到人、帮扶到户、落实到位"的要求，通过采取综合扶贫措施，实施精准施策，力争每年实现精准脱贫 2.5 万人以上，确保到 2017 年全市基本消灭绝对贫困现象，2018 年稳定实现农村扶贫对象"两不愁三保障"（不愁吃、不愁穿，保障义务教育、基本医疗和住房），扶贫村农民人均纯收入增幅高于全市平均水平，基本公共服务主要领域指标接近或达到全市平均水平的目标。

三、基本原则

——发展为要、民生为本。坚持把加快发展作为促进减贫的根本举措，把稳定解决扶贫对象温饱、尽快实现脱贫致富作为扶贫开发首要任务；强化基本公共服务，提高社会保障水平，从制度上保障贫困人口生存和发展基本权利。

——点面结合、合力攻坚。把连片贫困地区（滨湖山区和环市境地区）作为扶贫攻坚主战场，整合多方资源，着力改善贫困地区生产生活条件；把具备劳动能力的贫困人口作为扶贫开发主要对象，落实好到人到户措施，努力增加贫困群众收入。

——因地制宜、协调发展。立足实际，突出优势和特色，将扶贫开发与工业化、城镇化、农业现代化相结合，与农民增收、农村发展相结合，与生态建设、环境保护相结合，统筹推进区域科学发展。

——改革创新、开放引领。以改革创新为动力，解放思想、开拓思路，创新扶贫工作机制，深化重点领域和关键环节改革，努力探索扶贫开发新途径。

——政府主导、群众主体。发挥政府在扶贫开发中的主导作用，广泛动员社会力量参与扶贫开发；充分调动贫困地区干群的主动性和创造性，发扬自力更生、艰苦奋斗的精神，增强自我发展能力。

四、主要措施

（一）坚持"两个瞄准"，实行精准识别

1.瞄准贫困户。根据国家扶贫标准，切实按照定对象、定政策、定措施、定责任、定目标"五定"工作目标和"县为单位、规模控制、分级负责、精准识别、动态管理"的工作原则，继续严格按照"户主申请、村民小组提名、村民代表评议和票决、村委会审查、乡镇政府审核、县扶贫办复核"的程序，对精准扶贫农户进行动态调整，已经达到脱贫目标的要及时退出，新增的贫困户要及时补进，坚决杜绝优亲厚友、弄虚作假等行为，坚决杜绝"富人戴着穷人帽"的现象。对每个贫困户建档立卡，深入分析致贫原因，逐村逐户地制定帮扶措施，集中力量予以扶持，确保在规定时间内达到脱贫目标。继续完善全市农村贫困人口识别、建档立卡和录入全国贫困农户信息系统，实行信息化管理。

2.瞄准扶贫村。要着力找准贫困地区制约发展的突出问题，按照重点改善水、电、路、校等贫困地区基础设施和公共事业设施建设的要求，找准群众最迫切、反映最强烈、直接影响群众生产生活的现实难题。对正在推进的"十二五"扶贫村的扶贫工作和扶贫项目要跟踪问效，及时解决基础设施和产业发展的实际困难，确保不脱贫不验收达标。要严格遵循扶贫宗旨，坚持公开公平公正的原则，严格按照省、市《关于"十三五"期间扶持贫困村选定工作的方案》的要求，综合考虑基础设施建设和公共服务状况、贫困发生率、农民人均纯收入、产业发展、基层组织建设状况等因素，确定扶贫村评定标准，确保把贫困程度较深、最要得到扶持的行政村选定为"十三五"扶贫村。做到程序公开、过程公开、结果公开、群众认可、社会稳定，顺利完成"十三五"扶贫村的选定工作。

（二）坚持问题导向，实施精准扶持

在摸清底数的基础上，根据致贫原因和发展需求，按照"规划到户、责任到人、一户一法、多措并举、整合资源、综合施策、精准帮扶、逐户验收"的工作要求，实施十大扶贫到户工程。

1. 干部帮扶到户。建立干部包户制度，开展"万名党员干部帮万家"活动，全市副科级以上干部每人至少帮扶 1 个贫困户，确保每个贫困户都有帮扶责任人，实行"定人定责、脱贫解约"。围绕就业、创业、救济、智力、政策等方面，建立帮扶台账，填写"帮扶手册"，制定帮扶措施，帮助贫困户发展生产、脱贫致富。

2. 就业创业到户。对贫困户的后备劳动力和有转移就业愿望和能力的贫困劳动力，免费开展转移技能培训。未能继续升学的贫困户家庭初高中毕业生，参加中高级技工学历教育的每人每年补助 2000 元。实施农村贫困家庭就业工程，完善贫困家庭成员就业动态管理机制，稳定实现农村贫困家庭中有劳动能力和就业意愿的农户至少 1 人转移就业。完善就业创业扶持政策，鼓励和支持贫困农民自主创业。

3. 技术培训到户。整合"雨露计划"、农业实用技术和新型农民培训等教育资源，为贫困农民搭建免费学习知识技术的平台，保障有培训愿望的贫困劳动力"应培尽培、想培就培"，确保贫困户掌握 1—2 项农业"种养加"实用技术和增收技能。

4. 产业扶持到户。对有一定劳动技能的贫困户，按照"宜种则种、宜养则养、宜工则工、宜商则商"的原则，采取"一户一业、一户一策、一人一法"的方式，帮助贫困户发展脱贫产业、增加收入。鼓励龙头企业、农民合作社通过订单、合作、入股等模式带动贫困户发展生产，确保每个贫困户都有一个增收致富的支柱产业。

5. 光伏扶贫到户。加大光伏扶贫力度，2015 年起对全市 2000 户"无劳力、无资源、无稳定收入来源"（以下简称"三无"）的农村贫困户实施光伏扶贫，免费建设家庭分布式光伏电站，产权和收益归贫困户所有，目标使每户光伏扶贫用户每年约有 3000 元的收益，受益年限 20 年左右，保证贫困户长期稳定增收。

6. 安全饮水到户。优先安排贫困户农村饮水安全工程建设，免除农村"三无"

贫困户接入开户和管道费用，到2018年实现农村贫困户饮水安全保障全覆盖。

7. 危房改造到户。落实农村危房改造补助政策，用好扶贫对象专项扶贫补助资金，对贫困户优先实施危房改造，切实解决贫困户住房条件，根据省下达任务要求完成符合条件的贫困户危房改造工程。

8. 生活保障到户。建立贫困户最低生活保障体系，推进扶贫开发和农村低保制度的有效衔接，实行动态管理。

9. 就医保障到户。加大政策扶持力度，筹集新农合资金，实现贫困人口新型合作医疗参保率达到100%。对严重影响家庭生活的重大疾病致贫农户，逐步建立参加新农合资金由市、县统筹解决的工作机制。

10. 社会救助到户。实施城乡医疗救助制度，资助农村低保对象、农村五保户、社会散居孤儿、符合医疗救助条件的重点优抚对象和农村低收入家庭大病患者、重度残疾人、低收入家庭老年人，参加当地合作医疗和医疗保险。对以上人员住院治疗产生的费用，按照医疗救助政策给予救助。对因遭疾病、事故、灾害等突发情况致贫的农户，通过临时救助和专项救助帮助解决其生活困难。对于确实丧失生产能力的贫困人员，最终由各级政府托底帮扶。

（三）坚持整村推进，夯实精准扶贫基础

1. 实施村级道路畅通工程。加大扶贫村道路建设，按照扶贫村水泥路通畅率100%、完善村级公路网络的基本要求，对有条件的扶贫村主要出口公路和连村一般出口公路进行硬化。加强安全防护设施和中小危桥改造，提高农村公路安全水平和服务能力。到2018年实现具备条件的村组通水泥路和通班车。

2. 实施农田水利建设工程。优先安排扶贫村农村饮水安全工程建设，加大小水库、小泵站等8类小型水利工程改造提升力度，提升扶贫村小型水利工程除涝灌溉能力。到2018年扶贫村饮水安全保障程度和自来水普及率进一步提高，小型水利工程效益进一步提升，防汛抗旱能力进一步增强。

3. 实施农村电力保障工程。加大对扶贫村电网升级改造力度，开发光伏发电，提高扶贫村电力保障能力。通过光伏扶贫工程，2015年到2018年全市有条件的扶贫村都建成30KW的扶贫村集体光伏电站，不但能够基本解决扶贫村电网薄弱问题，全面解决用户持续低电压问题，而且能使每个扶贫村每年约有3万元光伏发电收入。到2018年在扶贫村基本建成安全可靠、节能环保、技术先进、管理规范的新型农村电网。

4. 实施特色产业增收工程。编制扶贫村特色产业发展规划，加强项目进村到户机制建设，推进"一村一品"发展。培育扶贫村农民合作社，鼓励农业产业化龙头企业与贫困户建立利益联结机制，扶持家庭农场种养大户发展现代农业，带动贫困户稳定增收。选派科技特派员到扶贫村开展农村科技创业活动，加快现代农业科技推广应用。到2017年力争每个有条件的贫困户至少参与1项"种养加"或设施农业增收项目。到2018年扶贫村人均拥有1亩高效特色产业或1户有1项二三产业致富门路，农业现代化水平和防灾避灾能力不断提高。

5.实施村庄整治公共服务建设工程。推动教育、卫生、文化、体育等公共服务资源向扶贫村延伸、项目向扶贫村倾斜，对符合条件的扶贫村优先列入新农村村庄整治点给予支持。加强扶贫村垃圾、污水、绿化、亮化、硬化等基础工程和综合服务中心、农民文化乐园、卫生计生室、村邮站等公共服务设施建设，实现贫困村公共服务设施全覆盖。

五、保障机制

（一）改革精准扶贫开发考核机制

坚持"市促推进、县抓落实"的管理体制和"单位包村、干部包户"的工作机制。实行县（区）党政主要负责同志负总责的扶贫开发工作责任制，确保精准扶贫措施落实到位。改进县（区）党政领导班子和领导干部扶贫工作责任制考核办法，把扶贫村整村脱贫、贫困人口数量减少和贫困人口生活水平提高作为重要考核指标，完善扶贫开发绩效评价体系。

（二）建立精准扶贫与贫困识别结果结合机制

根据国家统一出台的扶贫对象识别办法和省实施方案，建立扶贫信息动态管理系统。健全完善扶贫开发与农村最低生活保障、城乡居民社会养老保险、新型农村合作医疗等社会保障制度和专项扶贫措施与贫困识别结果有效衔接制度，确保扶贫村、贫困户在规定时间内稳定脱贫。建立贫困人口法律援助、教育救助、人文关怀制度，完善贫困留守老人、留守妇女、留守儿童扶持措施。

（三）健全驻村入户帮扶机制

安排市、县（区）单位挂钩帮扶扶贫村，确保每个扶贫村都有市直帮扶单位和县（区）驻村工作队、每个贫困户有帮扶责任人，做好建档立卡、规划制定、引进资源、筹措资金、实施项目、监督管理、班子建设等帮扶工作。制定驻村工作队管理办法，落实保障措施，建立激励机制，定期开展考评，做到不脱贫不脱钩，实现驻村帮扶长期化、制度化。把干部驻村帮扶与基层组织建设结合起来，选好配强扶贫村"两委"班子，探索党建扶贫的新路子。

（四）建立第一书记驻村扶贫机制

从市、县、乡机关和企事业单位中，为每个扶贫村选派一名有发展潜力的优秀年轻科级及后备干部到扶贫村任第一书记。第一书记在乡镇党委领导下，紧紧依靠村党组织、带领村"两委"成员，推动精准扶贫，为民办事服务，加强组织建设，提升治理水平。选派第一书记工作要与干部驻村、部门联村等工作有机结合，与机关干部挂职锻炼有机结合，与基层党组织"五星创评"工作有机结合。

（五）优化财政专项扶贫资金管理机制

加大投入力度，建立与地区经济发展水平和精准扶贫开发相适应的财政扶贫投入稳定增长机制。强化县级统筹，以扶贫规划和重大扶贫项目为平台，以财政专项扶贫资金为引导，整合各类涉农资金向扶贫村倾斜。改革资金管理使用方式，确保项目资金到村到户、直接用于扶贫对象。完善市级资金分配办法，把资金分配与贫困人口减少、生活水平提高、资金使用绩效挂钩。探索财政资金竞争性分配、政府购买公共服务等有效办法，提高资金使用效率。简化资金拨付流程，财政专项扶贫资金分配到县，项目审批权原则下放到县，县级政府负责组织实施扶贫项目。驻村帮扶的第一书记为财政专项扶贫资金使用的第一责任人，切实按照"急事先办、受益面广、量力而行、注重效益"的原则，做好扶贫项目的立项和组织实施工作，推动帮扶工作的顺利展开。强化资金监管，完善资金项目公告公示制度，充分发挥审计、纪检、监察等部门作用，加大违纪违法行为惩处力度。

（六）创新社会扶贫参与机制

加强精准扶贫开发宣传工作，引导社会各界关注扶贫、参与扶贫。充分发挥定点帮扶作用，有针对性地制定扶贫村和贫困户帮扶规划，细化量化年度方案，做到年初"建账"、年中"对账"、年底"查账"，确保帮扶措施落到实处，实现定点扶贫和对口帮扶制度化。推进以"百企帮百村"为主题的村企共建，建立优势互补、合作共赢的长效发展机制。建立社会扶贫爱心信息平台，广泛动员社会力量参与精准扶贫开发。支持驻昌部队和民兵预备役参与扶贫村建设和贫困户帮扶。市直有关单位要结合部门实际，全面落实企业扶贫捐资税前扣除政策，完善市场主体到扶贫村投资兴业的土地、金融、财税等支持政策。

中共南昌市委
南昌市人民政府
2015 年 6 月 16 日

关于表扬全市"十二五"扶贫开发工作先进单位和先进个人的通报

各县区委、县区人民政府，市委各部门，市直各单位：

"十二五"期间，在市委、市政府的正确领导下，在全市各级、各部门的关心支持下，我市扶贫开发工作取得了优异成绩，涌现了一批工作扎实、成效显著、深受广大群众好评的单位和个人。为表扬先进、树立典型、鼓舞干劲、推进工作，市委、市政府决定，授予市委办公厅等40个单位为"全市'十二五'扶贫开发工作先进单位"，冯文华等70名同志为"全市'十二五'扶贫开发工作先进个人"，南昌县塔城乡南洲村等10个贫困村为"全市'十二五'扶贫开发工作先进村"荣誉称号。

希望受表扬的先进单位、个人及全市广大干部群众，在"十三五"脱贫攻坚中，要深入贯彻落实全面实施精准扶贫、精准脱贫方略，鼓足干劲，开拓创新，再创佳绩，加快我市贫困人口增收步伐，坚决打赢脱贫攻坚战，为我市率先在全省实现全面小康作出新贡献。

附件：南昌市"十二五"扶贫开发工作先进单位和先进个人名单

中共南昌市委
南昌市人民政府
2016年1月9日

附件

南昌市"十二五"扶贫开发工作先进单位和先进个人名单

一、先进单位（40个）（按县区排列）

南昌县10个：市委办公厅、市委统战部、市直机关工委、市发改委、市农业开发办、市民政局、市人防办、市建委、市地税局、市科技局

进贤县8个：市委宣传部、市编办、市国土资源局、市交通运输局、市统计局、市供销社、市旅发委、市城投公司

安义县8个：市人大办公厅、市委组织部、市委政法委、市委保密机要局、市外侨办、市财政局、市审计局、市市场监管局

湾里区3个：市委农工部、市住房保障和房产管理局、市市政公用集团

新建区11个：市政府办公厅、市政协办公厅、市纪委、市委老干局、市总工会、市人社局、市司法局、市公路局、市水务局、市卫计委、市物价局

二、先进个人（70个）

冯文华	市委办公厅信息研判处副处长
欧阳凡	市委统战部三处处长
周晶卿	市发改委办公室副主任
汤余丁	市公安局交管局纪委副书记
万先荣	市地税局机关党委专职副书记
余国华	市建委村镇处副处长
罗伟伟	市妇联办公室副主任
谭新霖	市直机关工委党总支专职副书记
徐训波	市残联办公室负责人
舒　磊	市民政局科员
凌　欣	市农业开发办秘书处处长
邹建荣	市科技局农社处处长
肖　沉	市人防办综合处副处长
王　彬	市轨道交通有限公司组织人事部副部长
刘　燕	市政府办公厅秘书处副处长

康　忠	市政协办公厅人力资源环境城乡委办公室主任
燕　立	市纪委办公厅副科级纪检员
贾力军	市人社局人才开发交流服务中心办公室主任
谭芳垠	市总工会正科级纪检员
彭志春	市公路局机务管理处副处长
魏小平	市水务局机关党委专职副书记
陈建江	市司法局强戒处主任科员
郭云帆	南昌广播电视台主任记者
诸　虹	市信访局办公室主任
李义生	市委老干局办公室主任
罗　赞	市人民检察院机关党委干部
张建昀	市卫生计生委规划信息处处长
陈小刚	市环保局办公室副主任
黄　硕	市城管委综合协调处副处长
饶　舜	市物价局科员
张文军	市城投公司干事
杨卫国	市交通运输局组织人事处处长
熊　诚	南昌市粮食交易市场副书记
沈洪禹	市国土资源局科员
郭尚杰	市体育局高级教练员
陈　震	市旅发委办公室副主任
黄顺华	市委政研室机关专职副书记
邹姚水	市委台办海峡交流中心主任
熊　玮	市合作交流办综合处副处长
曹红阳	市机管局办公室主任科员
赵淑芳	市供销社办公室科员
易水平	市中级人民法院刑三庭副庭长
余宇翮	市委党校教务处干部
胡　强	市统计局办公室主任
何　旭	市人大办公厅人秘处科员
刘士桃	市委组织部干部一处副处长
江云明	市文化广电新闻出版局微波中心副主任
杨　芳	市投资促进局人事处处长

王昌燕　　市审计局综合处科员
裴　鹏　　市委保密机要局办公室主任
胡　凡　　市国资委干部
张红兵　　市外侨办侨务处处长
温华贵　　市文明办综合处处长
赵　斌　　市委农工部农业经济处处长
何孜鹏　　市公安局直属机动支队一大队民警
邹　涛　　市工信委办公室主任
邹重光　　市商务局办公室主任
林春鸣　　市安监局综合处处长
毛　骏　　市财政局监督处副处长
王银华　　市财政局农业处副主任科员
胡　群　　市委农工部正科级纪检员
熊永平　　市委农工部扶贫开发处副处长
樊友军　　南昌县委农工部农办副主任
徐敏杰　　南昌县委农工部扶贫开发科科长
曾华林　　进贤县委农工部副部长、县扶贫办主任
胡　珍　　进贤县委农工部干部
陈小云　　安义县扶贫办主任
万义志　　湾里区农水局党组成员
万常美　　新建区委农工部副部长
陈新锋　　新建区委农工部业务科科长

三、先进村（10个）

南昌县2个：南昌县塔城乡南洲村、南昌县幽兰镇田坪村

进贤县3个：进贤县白圩乡前罗村、进贤县三里乡金红村、进贤县钟陵乡龙泉村

安义县2个：安义县新民乡乌溪村、安义县新民乡合水村

湾里区1个：湾里区罗亭镇上坂村

新建区2个：新建区石埠镇上莘村、新建区象山镇大喜村

关于加强农村低保与扶贫开发制度衔接的实施方案

根据《江西省人民政府印发关于加强农村低保与扶贫开发制度衔接实施方案的通知》(赣府字〔2016〕16号)要求,为进一步加强农村低保与精准扶贫、精准脱贫衔接,充分发挥农村低保在扶贫开发中的托底作用,协同解决农村低保对象贫困问题,结合我市实际,制定如下实施方案:

一、总体要求

(一)指导思想

以《社会救助暂行办法》《中共中央 国务院关于打赢脱贫攻坚战的决定》《中共江西省委 江西省人民政府关于全力打好精准扶贫攻坚战的决定》精神为指导,以农村困难群众脱贫致富为主题,以加强农村低保与扶贫开发制度有效衔接为主线,按照"摸清底数、区分类型、统筹协调、分类施策"的思路,加强农村低保与扶贫开发制度衔接,充分发挥社会救助在扶贫开发中的重要作用,与其他扶贫政策一起形成合力,编密织牢一张"覆盖全面、救急解难、托底有力、持续发展"的基本民生安全网,为农村贫困群众脱贫致富发挥积极作用。

(二)总体目标

到2018年,实现全市社会救助主要指标达到或略高于全省平均水平,农村低保标准高于扶贫标准,农村低保与扶贫开发有效衔接,进一步强化对完全丧失劳动能力处于重度贫困农户的重点保障,力争全市基本消除绝对贫困现象;2019—2020年,进一步巩固社会救助保障扶贫成果,稳定实现扶贫对象不愁吃、不愁穿,基本生活有坚实保障,让农村困难群众一个都不落、一个都不少地同步全面小康。

(三)基本原则

坚持应保尽保、应扶尽扶。将符合条件的农村贫困人口分别纳入农村低保和扶贫开发范围,做到农村低保制度和扶贫开发政策对农村贫困人口的全面覆盖。

坚持分类保障，动态管理。对能够通过扶贫开发脱贫的农村贫困人口，给予扶贫政策支持；对不适合扶贫开发扶持，经审批符合农村低保条件的纳入农村低保范围。统筹做好扶贫对象和农村低保对象的动态管理、定期核查、定期统计和动态监测工作。

坚持资源统筹，因人施策。统筹衔接政府和社会各类资源，实现对农村贫困人口的全面扶持。针对各地经济发展水平和农民收入水平的不同因人施策，发挥两项制度衔接在扶贫开发中的重要作用。

二、加强农村低保标准与扶贫标准的统筹协调

（四）逐年提高农村低保标准

"十三五"期间，逐年提高农村低保标准。2016—2020年农村低保标准按照不低于3720元/年（310元/月）、4140元/年（345元/月）、4740元/年（395元/月）、5340元/年（445元/月）、6120元/年（510元/月）的标准逐年提高。

（五）相应提高农村低保补助水平

按照低保标准提高幅度的相应比例提高低保补助水平，确保农村低保对象实际收入增幅略高于全省农村居民年人均可支配收入增幅，到2018年全市农村低保补助水平至少达到245元/月，2020年至少达到325元/月。

三、加强农村低保对象与扶贫对象的衔接

（六）开展台账比对

县级民政部门与扶贫部门联合开展农村低保对象与扶贫对象台账比对。将"建档立卡"的"扶贫低保户""纯低保户""五保户"名单，与民政部门建立的农村低保对象、五保对象名单逐户比对，摸清县（区）、乡（镇）、村农村低保对象、五保对象未纳入扶贫"建档立卡"范围的具体情况。

（七）实行应扶尽扶

县级扶贫部门对未纳入扶贫"建档立卡"的农村低保对象、五保对象，按照扶贫对象认定标准和程序，将其中符合条件的全部纳入扶贫"建档立卡"范围，及时实施精准帮扶。

（八）实行应保尽保

县级民政部门按照"应保尽保"要求，结合低保提标提补和年度审核工作，每年开展两次农村贫困群众排查摸底工作，主动发现并及时把新增符合农村低保条件的贫困群众全部纳入农村低保。新增的农村低保对象，主要用于建档立卡贫

困户较多的地方，扶贫"建档立卡"对象中经申请审核符合农村低保条件的，按低保审批程序纳入农村低保。各县（区）要对贫困群众较多、脱贫难度大的地区重点倾斜，促使农村低保人数更加符合实际贫困状况。新增农村低保对象中，要优先把因大病、因重残、因突发事件致贫的贫困群众纳入低保。

（九）加强部门对接

农村低保对象与扶贫对象比对的具体情况，由县级民政部门、扶贫部门形成一致的、详细到户的台账后，根据要求，填写情况表由市级汇总后分别上报省民政厅、省扶贫和移民办。省民政厅、省扶贫和移民办核准后，将指导各县（区）对扶贫对象和农村低保对象应扶尽扶、应保尽保。

（十）统一尺度标准

探索建立农村低保申请家庭收入测算指标体系，以家庭劳动力人口、土地收益、住房、机动车、家庭成员患病和残疾情况等作为主要认定指标，综合评估家庭贫困程度。将评估结果与低保申请家庭收入和财产核对、入户调查、民主评议结果相结合，精准认定保障对象，合理确定补差水平。政府发放的强农惠农生产性补贴、农村养老保险基础养老金、优待抚恤金，以及教育、计划生育、见义勇为等方面的奖励、补助资金，不计入农村低保申请家庭收入范围。鼓励农村低保对象通过自身努力脱贫致富，对参与扶贫开发项目、外出务工就业等需要一定工作成本的农村低保对象，在核定家庭收入时适当扣减。对通过扶贫开发帮扶实现脱贫的农村低保对象，在一定时期内实行低保渐退，保留低保对象身份，逐步减发低保金，提供保障过渡期，为其彻底脱贫提供有力保障。

（十一）落实重点保障

县级扶贫部门对"建档立卡"的"纯低保户"进一步摸清情况，将其中完全丧失劳动能力、无收入来源、处于重度贫困、靠自身条件无法改变生活状况的对象名单，提供给县级民政部门，由县级民政部门按照低保分类施保的规定核准后，列为农村低保常补对象。民政部门逐年提升常补对象占低保对象的比例，原则上2018年达到15%—20%，2020年在此基础上再增加5个百分点，达到20%—25%。对农村低保家庭中的重度残疾人、重病患者、老年人和未成年人等特殊困难对象，通过适当增发低保金等方式，保障其基本生活需求。2016年底，县级民政部门基本建立农村低保常补对象详细台账，摸清家庭人口状况、致贫原因、救助需求、扶贫帮扶需求，主动协助、帮助其获得其他救助和扶贫资源，提高综合保障水平。

（十二）强化动态管理

乡镇（街道）社会救助经办机构工作人员和包村干部要定期开展走访核查，及时掌握农村低保对象收入变化情况。民政部门要采取多种方式加强管理服务，根据农村低保对象家庭收入、财产变化情况，及时增发、减发或停发低保金。县级民政部门将每年新增纳入的低保对象名单及时提供给县级扶贫部门，由扶贫部门根据认定标准和程序，符合条件的纳入"建档立卡"范围。每年年初，县级扶贫部门将上一年度"建档立卡"的"扶贫低保户"帮扶名单、帮扶措施、脱贫名单、脱贫家庭人均收入及时提供给县级民政部门。县级民政部门以扶贫部门提供的脱贫名单为依据，将脱贫的农村低保对象作为核查重点，及时将通过扶贫帮扶后家庭人均收入超过农村低保标准的农村低保对象按程序公正有序退出低保，做到"应退尽退"。

四、加强其他社会救助与精准扶贫的衔接

（十三）加强城乡低保统筹

2016年底，率先在城区（不含新建区）实现城乡低保统筹。逐步提高城市低保标准和月人均补助水平，确保城乡低保标准统筹协调。"十三五"扶贫攻坚任务完成以后，按照"法定量化"原则确定城乡低保标准和平均补差水平。

（十四）提高农村五保供养水平

建立农村五保供养标准量化确定和动态调整机制，"十三五"期间，按照略高于农村居民年人均纯收入增长的幅度，逐年提高农村五保供养标准，到2020年农村五保供养标准达到全国平均水平。切实加大农村敬老院建设力度，逐年提高农村敬老院集中供养能力，到2020年基本满足农村五保分散供养对象的入院需求，并将生活在环境恶劣、不宜居住地区的分散供养对象，动员搬迁到敬老院集中供养。探索敬老院失能老年人护理服务有效模式，解决敬老院集中供养失能老年人护理问题。

（十五）提高医疗救助整体水平

根据贫困群众医疗救助需求，加大各级财政投入，逐步提高医疗救助筹资水平和救助比例，并突出对农村五保对象、农村低保对象、贫困家庭儿童实施重点救助，减轻贫困群众医疗支出负担，降低因病致贫风险，缓解因病致贫现象。按照"统一城乡医疗救助政策、统一搭建多方网上同步结算平台、统一定点医疗机构、统一医疗救助基金管理"统筹城乡医疗救助工作。

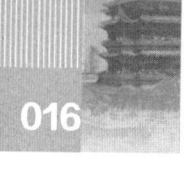

（十六）提高临时救助的针对性

进一步健全临时救助制度，适当提高救助标准、优化救助程序、增强救助时效，着力完善临时救助对贫困群众的救急救难功能。农村低保常补对象、五保供养对象等重度贫困群众临时救助标准可以上浮一定比例。发挥特别救助制度的作用，提高农村贫困群众抵御突发风险的能力，缓解农村各种原因造成的返贫问题。全面推进"救急难"工作，对突遇不测、因病因灾陷入生存困境的贫困群众及时实施"救急难"，有效保障贫困群众基本生存权利和人格尊严，防止因贫困而造成冲击社会道德和心理底线事件发生。

（十七）引导慈善力量积极参与社会救助

建立政府救助和慈善救助衔接机制，对现有政府救助资源和救助政策无法覆盖或政府救助之后仍未摆脱困境的农村低保对象、五保供养对象等贫困群众，积极引导慈善资源介入，形成政府救助与社会帮扶叠加效应。启动搭建慈善救助供求信息平台工作，编制慈善救助需求名册，建立分级慈善救助资源数据库，做好慈善救助供需对接工作。

五、加强农村低保与扶贫工作机制的衔接

（十八）建立信息共享机制

县级层面要在2016年实现民政部门的农村低保对象与扶贫部门的扶贫"建档立卡"对象的台账比对和衔接。民政、扶贫部门协同制定两项制度衔接的统计指标，建立农村低保、扶贫开发和贫困统计监测制度，不断规范相关统计信息的采集、整理、反馈和发布工作，及时客观反映贫困状况、变化趋势和两项制度衔接工作成效。

（十九）建立精准识别机制

继续完善居民家庭经济状况核对机制，逐步把核对机制运用到农村贫困群众的识别和认定工作中，利用信息化手段加强社会救助申请家庭的收入、财产核查。严格履行社会救助申请、审核、审批程序，落实公示、听证制度，精准识别农村贫困群众，确保符合条件的农村贫困群众都能获得相应的社会救助。

（二十）建立快速响应机制

完善主动发现和快速响应机制，及时了解、掌握、核实农村贫困群众遭遇突发事件、意外事故、罹患重病等特殊情况，第一时间实施社会救助。落实"一门受理、协同办理"机制，建立统一受理社会救助申请的窗口，畅通农村困难群众求助的"绿色通道"，及时把新增出现的困难群众纳入相应的社会救助制度，保障其基本生活

和人格尊严。

（二十一）建立精准救助机制

加强民政部门与扶贫部门的沟通协作，建立社会救助与扶贫攻坚的协同机制，进一步加强信息数据共享、人员台账比对、救助和扶贫政策衔接等工作，确保符合条件的农村低保对象、农村五保供养对象、农村孤儿都纳入扶贫部门的"建档立卡"范围；对扶贫部门确定的扶贫对象开展摸底排查，符合社会救助政策的，充分运用社会救助资源予以重点保障。加强民政部门与扶贫部门及其他社会救助管理部门的沟通协作，发挥统筹社会救助体系的职能作用，帮助农村贫困群众获得各类社会救助和扶贫开发资源。

（二十二）建立多方参与机制

引导社工、志愿者、社会组织、基层组织积极参与社会救助保障扶贫工作，协助落实社会救助政策，为农村贫困群众提供社会融入、能力提升、心理疏导、资源链接、宣传倡导等多元帮助和服务。发挥村民委员会最了解农村贫困群众生活状况和救助需求的优势，指导其协助做好救助对象发现报告、申请审核、动态管理、政策宣传等工作，为农村贫困群众排忧解难。

（二十三）完善工作保障机制

进一步完善经费保障机制，积极争取中央和省财政资金倾斜支持，市财政加大投入，落实县级应承担资金，形成社会救助资金合力。加强县、乡两级社会救助经办机构能力建设，通过政府购买服务方式，根据农村低保对象比例量化配备工作人员，探索建设村（居）民委员会社会救助协管员队伍，进一步提高落实社会救助保障扶贫政策的能力。

（二十四）建立绩效考核机制

将社会救助保障扶贫工作列入市、县民政工作年度目标管理的重要内容，细化考核指标、加大督促检查力度，促进社会救助保障扶贫工作落实。省、市两级社会救助绩效考核工作中，将各县（区）落实社会救助保障扶贫情况列入重要考核指标。各级民政、扶贫部门加强对辖区两项制度衔接工作的督查，及时解决工作中出现的问题，确保衔接工作落实。

各县（区）人民政府在2016年6月前制定两项制度衔接的实施方案。

南昌市人民政府
2016年6月21日

关于坚决打赢全市脱贫攻坚战的实施意见

各县（区）人民政府，各开发区（新区）管委会，市直各有关部门：

为深入贯彻习近平总书记对江西"在脱贫攻坚方面领跑"的指示精神，落实《中共江西省委、江西省人民政府关于全力打好精准扶贫攻坚战的决定》（赣发〔2015〕10号）、《中共江西省委办公厅、江西省人民政府办公厅关于坚决打赢脱贫攻坚战的实施意见》（赣办发〔2016〕14号）和《中共南昌市委、南昌市人民政府关于推进农村精准扶贫工作加快实现脱贫目标的意见》（洪发〔2015〕11号）精神，确保我市率先在全省实现全面脱贫和全面小康的"两个率先"目标，提出如下实施意见。

一、指导思想

全面落实党的十八大和十八届二中、三中、四中、五中全会精神，以邓小平理论、"三个代表"重要思想、科学发展观为指导，深入贯彻习近平总书记系列重要讲话精神和中央、省、市关于坚决打赢脱贫攻坚战的要求，把精准扶贫、精准脱贫作为基本方略，以产业扶贫为根，以立志扶贫为本，以贫困村为重点，精准编制实施"十三五"脱贫攻坚规划，明确靶向、因地制宜、量身定做、对症下药，确保2017年全市基本消除绝对贫困现象，提前三年完成攻坚目标；打赢产业脱贫、保障脱贫、安居脱贫三大攻坚战；完善责任体系、考核体系、保障体系三大体系。传承红色基因，弘扬"八一"精神，充分调动贫困村、贫困群众的积极性和主动性，以更大的决心、更明确的思路、更精准的举措、超常规的力度，真抓实干、开拓进取，坚决打赢脱贫攻坚战。

二、攻坚目标

（一）脱贫目标

到 2017 年，实现现行标准下 6 万贫困人口全部脱贫（其中：2016 年脱贫 3 万人、2017 年脱贫 3 万人）、80 个贫困村全部退出的目标，解决区域性整体贫困；到 2020 年，进一步巩固发展精准脱贫攻坚成果，稳定实现农村贫困人口不愁吃、不愁穿，义务教育、基本医疗和住房安全有保障。到 2018 年，具备劳动能力但缺乏发展条件的贫困农户人均可支配收入达到当地平均水平的 70% 左右；具有部分劳动能力的贫困农户人均可支配收入达到当地平均水平的 50% 左右；对完全丧失劳动能力的贫困农户重点保障，兜牢底线，使我市农村最低生活保障标准超过国家贫困标准的 20%。到 2020 年，力争使我市农村最低生活保障标准超过国家贫困标准的 40%，贫困村农民人均可支配收入增长幅度高于全市平均水平，基本公共服务主要领域指标接近全市平均水平。

（二）脱贫标准

根据国家有关建立贫困退出机制的意见，贫困人口脱贫要以贫困户年人均可支配收入稳定超过国家贫困标准，吃穿不愁，义务教育、基本医疗和住房安全有保障作为主要衡量指标。贫困村退出要以贫困发生率低于 2%，重度贫困村小组村庄整治建设全部完成作为退出标准。

三、工作要求

（一）正确处理脱贫攻坚与区域发展的关系

打赢脱贫攻坚战是全面建成小康社会的底线目标，是各级党委、政府一定要兑现的承诺。要把贫困人口脱贫问题作为全面建成小康社会最大的短板，把解决贫困人口的脱贫问题作为首要任务；要坚持扶贫到户，做到精准识别，摸清底数，因户施策。落实好针对贫困人口的特惠性政策，提高扶贫的政策、措施、资金、项目的瞄准度。通过解决贫困人口的脱贫问题，进而完成贫困村退出的任务。在此前提下，将脱贫攻坚规划融入区域经济社会发展规划，按照脱贫攻坚的需要，加大投入力度，解决基础设施和公共服务设施薄弱等制约发展的瓶颈问题，解决区域性贫困问题，通过区域发展为贫困群众脱贫创造更好的发展条件和环境。

（二）正确处理开发扶贫与保障扶贫的关系

按照扶贫对象精准、项目安排精准、资金使用精准、措施到户精准、因村派人精准、脱贫成效精准的要求，使有劳动能力的一般贫困户通过发展产业、转移就业实现增收脱贫；完全丧失劳动能力的贫困人口通过社会保障政策实现兜底脱贫；部分丧失劳动能力的贫困人口通过产业扶持和保障扶贫叠加政策脱贫。按照我市农村最低生活保障制度与扶贫开发政策有效衔接的实施方案要求，各地要进一步加强农村低保申请家庭经济状况核查工作，将所有符合条件的建档立卡贫困家庭纳入低保范围，做到应保尽保；新增的农村低保对象优先用于未纳入低保范围的建档立卡贫困户，做到农村低保制度和扶贫开发政策对农村贫困人口的全面覆盖。

四、工作重点

（一）健全脱贫攻坚考核机制

发挥考核的导向作用，以脱贫攻坚为最大政绩，完善对县（区）和定点扶贫单位的考核。相关县（区）每年要向市委、市政府报告脱贫攻坚进展情况，以脱贫实绩作为对各地党委和政府脱贫攻坚工作成效考核的重要依据。要创新考核方式，抓紧出台市委、市政府对各县（区）党委、政府脱贫攻坚工作成效考核办法。健全完善群众参与扶贫评价的具体办法。健全定点扶贫单位考核评价机制，表彰先进，对工作不力的通报批评，对未完成年度预期工作任务的取消当年评先评优资格，确保各单位落实扶贫责任。建立完善机关干部到贫困村交流任职工作机制。对在基层一线实绩突出、群众公认的，要重点培养、优先提拔使用；对工作不力、成效不好的，要予以问责。（责任单位：市委组织部、市扶贫办、市委办公厅、市政府办公厅、市考核办、市文明办、市综治办）

（二）健全精准脱贫退出机制

严格落实我市贫困户、贫困村退出标准和工作流程，坚持规范操作，切实做到程序公开、结果公正、脱贫真实、数据准确、档案完整。各县（区）根据本地实际，制定切实可行的贫困户、贫困村退出规划并报市扶贫开发领导小组备案。贫困户、贫困村退出后至2020年，继续享受中央、省级、市级扶贫开发相关政策和资金扶持。退出实行公示制度。各级要组织对当年退出的贫困户、贫困村进行抽查和评估。建立第三方评估机制。由市统计局农调队牵头，对当年退出的贫困户和贫困村进行评估。健全农村扶贫开发统计监测体系，加强对贫困状况、变化趋势和扶贫成效的监测评估。科学评价精准扶贫成效，既要看减贫数量，更要看脱贫质量，对"数字脱贫""虚假脱贫"和"被脱贫"现象要责令整改并严肃追责。（责任单位：市扶贫办、市统计局农调队、市财政局、市监察局）

（三）健全扶贫资金投入管理机制

加大财政专项扶贫资金投入，发挥政府投入在扶贫开发中的主体和主导作用，积极调整财政支出结构，开辟扶贫开发新的资金渠道，确保政府扶贫投入力度与脱贫攻坚任务相适应。财政支农投入新增部分重点用于农村扶贫开发。县级政府是整合资金统筹使用的责任主体，负责资金的使用、管理和项目实施。各县（区）要以脱贫攻坚规划为引领，以重点扶贫项目为平台，精确瞄准建档立卡贫困人口和贫困村，按照脱贫的需求和效益最大化原则配置资源。审计、纪检监察、财政部门以及其他资金使用管理部门要加大对相关县（区）的监督检查力度，并对县（区）监管职责落实情况进行跟踪问效。探索引入第三方监督，引导贫困人口主动参与监督，构建多元化的资金监管机制。进一步完善资金管理方式，加快资金拨付进度，完善资金项目公示公告制度。通过建立落实税收优惠、贴息支持、财政奖补及过桥贷款、融资担保、风险补偿等机制，鼓励金融机构创新金融扶贫产品和服务，撬动更多信贷和社会资金投向扶贫。鼓励和引导商业性、政策性、开发性、合作性等各类金融机构加大对扶贫开发的金融支持。支持有关县区设立扶贫贷款风险补偿基金。支持农村信用社、农行、村镇银行等金融机构为贫困户提供免抵押、免担保扶贫小额信贷。加强银保合作，探索并大力推广"保险+信贷"融资模式在扶贫领域的应用。推动发展面向贫困户的农业保险新品种，支持贫困地区积极开发扶贫小额贷款保证保险。（责任单位：市财政局、市发改委、市政府金融办、市扶贫办、市审计局、市监察局、市检察院、市国税局）

（四）健全脱贫攻坚督导机制

对各县（区）、市直各帮扶单位、市直各责任单位在我市脱贫攻坚中采取的举措、取得的成效和存在的问题进行定期和不定期督导巡察，确保我市脱贫攻坚的各项具体政策落实到位，惠及扶贫对象。建立年度扶贫开发工作逐级督查巡察制度。各县（区）党委要将年度工作落实情况和下一年度工作安排报告市委、市政府和市扶贫开发领导小组。市直各帮扶单位每半年要形成本单位帮扶工作书面报告材料报市扶贫开发领导小组；市直各责任单位每季度要将脱贫攻坚重点工作推进落实情况和下步打算书面报告材料报市扶贫办。市委督查室要将脱贫攻坚工作作为督查工作重点，列入年度督查计划，定期进行督查，形成督查报告报市委、市政府。各项定期和不定期督查结果，作为各县（区）、各单位评先评优的重要依据。（责任单位：市委督查室、市委巡察办、市扶贫办）

（五）实施产业发展扶贫工程

编制好贫困村特色产业发展规划，建立项目到村到户机制。支持贫困农户按照宜种则种、宜养则养、宜商则商的原则发展脱贫产业。在经营形式上，对有劳动能力的贫困户支持其通过自身经营发展产业，或通过投资合作社、龙头企业与自身参与生产经营结合起来发展产业。对无劳动能力的，主要探索光伏扶贫等资产收益性扶贫方式。在组织形式上，着力在优势产业发展程度较成熟、组织化程度较高的贫困村推广"四位一体"（即选准一项优势主导产业、组建一个合作组织、设立一笔贷款风险金、落实一种帮扶机制）产业扶贫模式。建立龙头企业、经营大户等与贫困户稳固的利益联结机制，各县（区）可根据龙头企业带动农户的数量、质量情况，对其给予信贷贴息、基础设施建设等方面的适当支持。推进电商扶贫、旅游扶贫、招商扶贫，支持条件适合的贫困村建设电商脱贫站，开发旅游资源。吸引各类经营实体到贫困村投资兴业。加快推广光伏扶贫工程，2017年底全面完成光伏扶贫村站和户站建设，实现80个贫困村每个村有一个30KW的光伏扶贫村站，全市2000户"无劳力、无资源、无稳定收入来源"（以下简称"三无"）的贫困户每户有一个3KW的光伏扶贫户站的建设目标。（责任单位：市农业局、市扶贫办、市商务局、市旅发委、市林业局、市发改委、市财政局、市供销合作社、中国邮政南昌分公司、市国土局、南昌供电公司）

（六）实施就业扶贫工程

以"培训一人，就业一人，脱贫一户"为目标，建立就业帮扶对象基础台账，提高就业服务、技能培训精准度。为扶贫对象提供就业创业政策咨询、就业指导、职业介绍、技能培训或创业培训等免费服务。支持建档立卡户中有劳动能力和就业意愿的劳动者以及未继续升学的初高中毕业生参加职业培训。对在中、高职就读的全日制家庭经济困难的在校学生免除学费，根据专业收费标准不同，财政分别按照每生每年850至4500元的标准给予学校学费补助，对在中、高职就读的全日制一、二年级涉农专业及家庭经济困难的在校学生，按照每人每年2000元标准发放国家助学金。对有创业意愿并具备一定创业条件的扶贫对象，给予创业担保贷款贴息扶持。积极推进贫困村创业致富带头人培训和贫困妇女巾帼致富带头人工程。加强输出地与输入地的沟通衔接，保障贫困群众合法权益。（责任单位：市人社局、市扶贫办、市教育局、市妇联、市财政局、市政府金融办、市发改委、团市委）

（七）实施危旧房改造工程

抓紧核实建档立卡贫困户农村危房改造对象。危旧房改造标准、形式要切合实际，以住房安全有保障为原则。对有危旧房改造需求的贫困户，根据贫困程度的差异，各县（区）财政要安排专项资金，通过提高补助标准，探索实行差别化的保障政策等方式，必要时要采取"交钥匙工程"，切实解决贫困户危旧房改造资金问题。改造一户、核销一户，力争到2017年全面完成建档立卡贫困户危旧房改

造任务。（责任单位：市建委、市发改委、市财政局、市扶贫办、市民政局）

（八）实施村庄整治工程

依据贫困村村庄整治建设规划整合涉农资金，重点抓好"十三五"贫困村中的重度贫困村组村庄整治建设，确保贫困村如期完成整治任务。在2017年底前80个贫困村全面消灭"满目疮痍"村组，贫困村基础设施建设和基本公共服务水平明显提升；全面实现走平坦路、喝干净水、上卫生厕、住安全房的愿望。尊重贫困村群众主体地位，把群众参与贯穿于村庄整治项目实施的全过程，并把群众满意度作为项目绩效评价的重要参考指标。（责任单位：市委农工部、市扶贫办、市交通局、市建委、市农业局、市林业局、市水利局、市国土局、南昌供电公司）

（九）实施基础设施建设扶贫工程

加大贫困村的道路建设，2017年25户以上自然村道路硬化率达到100%，在此基础上推动城乡客运一体化。优先安排贫困户的饮水安全项目建设和巩固提升。对建档立卡户中"三无"贫困户安全饮用水接入开户和管道费用实施全免。到2017年实现建档立卡户饮水安全保障全覆盖。加大小水库、小泵站等8类小型水利工程改造提升力度，增强贫困村防汛抗旱能力。土地整治和高标准农田建设项目优先向有条件的贫困村覆盖。推动教育、卫生、文化、体育等公共服务资源向贫困村倾斜。贫困村垃圾、污水、绿化、亮化等基础设施和综合服务中心、农民文化乐园、卫生室、通讯等公共服务设施建设全覆盖。（责任单位：市交通局、市水务局、南昌供电公司、市国土局、市农业局、市文广新局、市体育局、市工信委、市财政局、市发改委、市卫计委、市扶贫办）

（十）实施生态保护扶贫工程

落实好退耕还林、天然林保护、防护林建设、湿地保护与恢复、坡耕地综合整治、水生态治理等重大生态工程项目和资金倾斜政策，为贫困群众发展生产、改善生活创造良好条件。积极开发生态公益性岗位，优先安排有劳动能力的贫困人口就业，让贫困户从生态保护中得到更多实惠。（责任单位：市发改委、市财政局、市国土局、市林业局、市水利局、市环保局、市人社局、市扶贫办）

（十一）实施社会保障扶贫工程

建立贫困户最低生活保障体系，坚持把符合条件的建档立卡贫困户全部纳入低保救助范围，做到应保尽保。逐年提高农村低保标准和五保人员供养标准，2017年，农村低保标准从3720元/年（310元/月）提高到4140元/年（345元/月）以上，2020年提高到6120元/年（510元/月）以上。加大儿童福利院、救助保护机构、特困人员供养机构、残疾人康复托养机构、社区儿童之家、养老设施建设的投入力度。落实对重度残疾人、农村孤儿和事实无人抚养儿童等严重困难群体救助政策和困难残疾人生活补贴及重度残疾人护理补贴制度。推进康复扶贫贴息重点投向适合残疾人特点的种植业、养殖业、农副产品加工业、家庭手工艺制作、零售商业及各类服务业项目。加快完善城乡居民基本养老保障制度，适时提高基础养老标准，逐步提高保障水平。（责任单位：市民政局、市人社局、市财政局、市扶贫办、市发改委、市残联、市妇联、团市委）

（十二）实施健康扶贫工程

构筑城乡居民医疗保险、城乡居民大病保险、农村贫困人口重大疾病商业补充保险、城乡医疗救助四道防线。对贫困人口参加城乡居民医保个人缴费部分由财政给予补贴，实现贫困人口城乡居民医保参保率达到100%。全面推行贫困人口重大疾病商业补充保险，逐步提高给贫困户造成较大医疗负担的慢性疾病费用报销比例。进一步加强和完善医疗救助制度，将符合医疗救助条件的贫困人口全部纳入重特大疾病救助范围。加大农村贫困残疾人康复服务和医疗救助力度，逐步扩大纳入基本医疗保险范围的残疾人医疗康复项目。对贫困人口大病实行分类救治和县域内住院先诊疗后付费的结算机制。加强基层医疗卫生服务体系建设，深入开展医疗卫生对口帮扶工作，推进贫困村公有产权村卫生计生服务室标准化建设。支持和引导符合条件的乡村医生按规定参加城镇职工基本养老保险。优先为贫困人口建立贫困人口健康卡，实行签约服务。采取针对性措施，加强贫困村传染病、地方病、慢性病等防治工作。（责任单位：市人社局、市卫计委、市民政局、市财政局、市扶贫办、市发改委、市残联、市妇联）

（十三）实施教育扶贫工程

落实现有学生资助政策，继续完善家庭经济困难学生资助体系。对在经县以上教育行政部门审批设立的普惠性幼儿园就读的建档立卡贫困家庭儿童给予每人1500元学前资助；义务教育阶段学生全部实行免除学杂费和免费提供教科书政策，同时按照小学生每生每年1000元、初中生每生每年1250元，特教小学和初中学生在此基础上增加200元，对家庭经济困难的寄宿生提供生活补助；对普通高中建档立卡家庭困难学生免除学杂费，并按照每生每年2000元标准发放国家助学金；对当年录取普通高校的家庭经济困难考生，按录取省内院校每人500元、录取省外院校每人1000元标准发放高校新生入学资助金，按每人5000元标准发放高考入学政府资助金；对在高校就读的全日制普通本专科在校生中贫困家庭学生，按照平均每人每年3000元标准发放国家助学金；对在高校就读的全日制研究生，按照硕士每年 6000 元、博士每年 10000 元标准发放国家助学金。依托"赣青扶贫结对行动",为贫困家庭留守儿童提供爱心陪伴、学习辅导、思想引导、心理疏导、成长指导等服务。(责任单位:市教育局、市财政局、市发改委、市扶贫办、团市委、市民政局、市人社局、市妇联)

五、强化保障

(一)强化政策支撑体系

全面落实《中共江西省委、江西省人民政府关于全力打好精准扶贫攻坚战的决定》和《中共南昌市委、南昌市人民政府关于推进农村精准扶贫工作加快实现脱贫目标的意见》及其配套举措政策。进一步建立健全以动态管理机制、约束考核机制、贫困退出机制、绩效考评机制、用人导向机制、投入整合机制、年度脱贫攻坚报告和督察制度为主要内容的精准扶贫政策体系。建立重大涉贫事件舆情监测、通报、反馈及联动处置机制。健全贫困村户公共法律服务制度。以法治思维、制度长效机制解决脱贫攻坚战中扶持谁、谁来扶、怎么扶、如何退的问题。相关县(区)参照省级做法,建立完整科学的扶贫攻坚政策体系,通过打好政策"组合拳",有力支撑脱贫攻坚的实施。(责任单位:市扶贫办、市委宣传部、市网信办、市司法局)

(二)强化组织保障体系

充分发挥各级党委总揽全局、协调各方的领导核心作用,严格执行脱贫攻坚一把手负责制,市县乡村四级书记一起抓,层层签订脱贫攻坚责任书。市级党委和政府做好上下衔接、域内协调、督促检查工作,把精力集中在贫困村的退出上。县级党委和政府承担主体责任,书记和县(区)长是第一责任人,做好进度安排、项目落地、资金使用、人力调配、推进实施等工作。加强扶贫机构队伍建设,强化各级扶贫开发领导小组决策部署、统筹协调、督促落实、检查考核职能。南昌县、进贤县、安义县、湾里区、新建区要成立脱贫攻坚领导小组,所辖乡镇要组建脱贫攻坚站。南昌县、进贤县、新建区脱贫攻坚领导小组办公室最少要有 3 名专职工作人员,安义县、湾里区最少要有 2 名专职工作人员。每个乡镇脱贫攻坚站要落实 2 名以上扶贫工作人员。每个贫困村要有帮扶单位和驻村工作队,每户贫困户要有帮扶责任人。把加强农村基层组织建设作为脱贫攻坚的重要任务,向贫困村派驻"第一书记"。进一步明确驻村工作队的主要职责是做好贫困识别建档立卡工作、编制脱贫规划和年度计划、落实脱贫攻坚各项到村到户政策,监督扶贫资金使用。加强基层党组织建设,进一步牢固树立"党建+"理念,深入推进"连

心、强基、模范"三大工程,配好配强基层领导班子特别是村支部书记,加强贫困村干部队伍建设。加强扶贫领域反腐败工作,扎实做好扶贫领域的监督执纪问责,为打赢扶贫攻坚战提供坚强纪律保障。加快推进贫困村村务监督委员会建设,继续落实好"两议四公开"、村务联席会等制度,健全党组织领导的村民自治机制。(责任单位:市扶贫办、市纪委、市委组织部、市委农工部、市民政局)

(三)强化大数据平台体系

不断完善扶贫对象建档立卡信息监管系统,定期对建档立卡贫困村、贫困户进行全面核查。进一步加强精准识别,建立更加精准的扶贫台账,规范细化台账内容,打牢精准扶贫精准脱贫基础。推进扶贫大数据平台建设,做到户有卡,村有册,省市县乡四级有数据库,做好我市扶贫数据信息录入全省的扶贫信息网络工作。抓紧建立农村低保和扶贫开发的数据互通、资源共享信息平台。建立扶贫信息系统数据对接和共享机制,采集精准扶贫数据与各行业部门统计数据一致,实现动态监测管理、工作机制有效衔接,提高实施专项扶贫、行业扶贫、社会扶贫的精准度。(责任单位:市扶贫办、市发改委、市财政局、市民政局、市教育局、市卫计委、市建委)

(四)强化社会帮扶体系

完善好市级领导挂点帮扶一个贫困村、结对帮扶几户贫困户的机制。扎实开展各级部门"十三五"时期新一轮定点帮扶贫困村工作。由南昌警备区牵头组织驻昌部队积极参与贫困村定点帮扶工作。工会、共青团、妇联要通过深入开展"连心"工程中的"微心愿"等活动,架起帮扶单位与贫困村之间的"连心桥"。继续实施贫困村户人才支持计划,鼓励教育、科技、文化、卫生、法律等行业人员和志愿者定期到贫困村户工作、服务。加强贫困村户精神文明建设,移风易俗,倡导现代文明理念和生活方式,充分发挥乡规民约在扶贫济困中的积极作用,激发贫困群众奋发脱贫的内生动力。

推进民营企业实施"百企帮百村"行动;引导支持社会团体、基金会等各类组织积极从事扶贫开发事业;完善社会力量参与扶贫的鼓励政策,动员和凝聚全社会力量广泛参与扶贫开发,培育多元社会参与主体。坚持正确舆论导向,弘扬正能量,准确解读党和政府扶贫开发的决策部署、政策举措,生动报道各县(区)、乡(镇)、村户和各部门精准扶贫、精准脱贫丰富实践和先进典型。加快社会扶贫信息平台建设,传递贫困群众的帮扶需求和贫困村户的发展需求,为社会各界提供扶贫需求、帮扶渠道、政策宣传、帮扶成效等多层次、全方位的扶贫信息服务,为我市打赢脱贫攻坚战,率先在全省实现全面脱贫和全面小康"两个率先"目标作出新贡献。(责任单位:市扶贫办、市委组织部、市委统战部、市总工会、市工商联、市妇联、市委宣传部、南昌警备区、团市委、市科技局)

中共南昌市委办公厅
南昌市人民政府办公厅
2016 年 12 月 9 日

关于加快推进产业扶贫的实施意见

各县（区）人民政府，各开发区（新区）管委会，市直各有关部门：

为全面落实省农业厅、省扶贫和移民办《进一步发展特色产业推进精准脱贫意见》（赣农字〔2017〕48号）和省扶贫和移民办、省农业厅《关于创新模式提高产业扶贫成效的指导意见》（赣扶移字〔2015〕3号）要求，扎实推进产业扶贫工作，结合我市实际，制定本实施意见。

一、指导思想

深入贯彻落实党的十九大关于坚决打赢脱贫攻坚战的重要精神，以及习近平总书记系列重要讲话精神和治国理政新理念新思想新战略，按照省委、省政府印发《江西省农村扶贫开发纲要（2011—2020年）》和《关于全力打好精准扶贫攻坚战的决定》的战略部署，以及市委十一届三次全体（扩大）会议精神，坚持精准扶贫、精准脱贫，注重扶贫同扶志、扶智相结合，创新产业扶贫工作机制，探索产业扶贫工作新路径，不断激发贫困群众增收致富内生动力，实现贫困人口持续稳定脱贫，确保实现2020年现行标准下农村贫困人口全部脱贫目标。

二、基本原则

（一）坚持因地制宜

综合考虑资源优势、产业基础、市场需求等因素，选准脱贫致富产业，宜种则种、宜养则养、宜工则工、宜游则游，合理确定产业发展方向、重点和规模。

（二）坚持受益精准

瞄准建档立卡贫困户，将建档立卡贫困户长期稳定受益作为产业帮扶目标，统筹社会力量，调动贫困人口积极性，提高贫困群众自我发展能力，加快推动特色产业发展，避免扶农不扶贫、产业不带贫。

（三）坚持精准施策

围绕贫困村、贫困户主导特色产业发展的方向，坚持资金跟着贫困村和贫困户走、贫困村和贫困户跟着项目走、项目跟着产业走、产业跟着企业走，通过创新政策、整合资源，强化扶贫产业精准施策，不断激活、壮大扶贫产业。

（四）坚持龙头带动

充分发挥新型经营主体在产业扶贫中的带动作用，推动种养大户、农民合作社、龙头企业等新型经营主体与贫困户建立稳定的带动关系，向贫困户提供全产业链服务，切实提高产业增值能力和吸纳贫困劳动力就业能力。

三、主要目标

到2020年，全市产业扶贫发展格局基本形成，支撑贫困农户稳定增收的产业体系基本完善；有扶贫任务的行政村农民专业合作社（产业基地）带动贫困户参与产业发展全覆盖，贫困村符合条件的高标准农田改造全覆盖，贫困村"三无"贫困户光伏扶贫全覆盖；打造50个左右特色产业扶贫示范村，80%以上的贫困村基本形成"一村一品"格局，大力开辟扶贫就业岗位，确保建档立卡贫困户每户有一个以上长效的脱贫增收项目。有产业发展能力的贫困农户人均年收入水平基本达到当地农村居民人均可支配收入的80%左右。

四、重点工作

（一）实施"六个一批"

1. 做实一批产业扶贫合作社。围绕特色农业种植、养殖、营销、加工等路径，新培育和规范提升一批扶贫产业合作社。支持村集体组织创办"村社一体、合股联营"的农业股份合作社，鼓励合作社协同农业社会化服务站、专业技术协会、涉农企业等为贫困户生产经营提供低成本、便利化、全方位的服务。推广"合作社＋贫困户"模式，支持合作社在贫困村开展订单农业、土地流转或入股、产销对接。

2. 培育一批脱贫致富带头人。坚持分类指导、重点培养、典型示范，结合村干部"双带"、农业干部培训等工作，对贫困村"两委"班子成员实现轮训；积极引导能人乡贤回乡创业，帮助贫困村发展产业。着力培养一批发展产业、率先致富、带动群众增收的农村致富带头人。

3. 开展一批"党建＋"产业扶贫试点。推行"干部（党员）＋企业（合作社）＋贫困户"或"干部（党员）＋贫困户"产业扶贫模式。党员干部尤其是贫困村的党员干部积极发挥资源、智力、信息和管理优势，以贫困村及贫困户为载体，依

托企业或合作社，带领贫困群众开发资源、发展产业，帮助贫困群众稳定获得经营性、投资性、劳务性和资产收益性等多种收入，实现增收脱贫。

4.支持一批龙头企业"扶贫车间"。支持龙头企业在贫困村设立"扶贫车间"，建设一批贫困人口参与度高的特色农产品加工基地。大力推广"龙头企业＋贫困户"模式，支持龙头企业在贫困村开展订单农业、土地托管、土地流转、股份合作、产销对接，建立紧密企农利益联结机制。

5.实现一批安置就业。利用各类工业园区和市工业控股集团、市政控股公司、市城投公司、市轨道交通公司、市旅游集团、市水投公司等国有企业平台，对有转移就业意愿的贫困劳动力开展对接帮扶，帮助解决一批就业岗位。通过开辟设置孤寡老人和留守儿童看护、社会治安协管、乡村道路维护、地质灾害监测、护林绿化、乡村保洁等公益性岗位，优先安排贫困劳动力到公益岗位就业。

6.保障一批资产收益。区别不同类别贫困户的情况，按照精准扶贫、分类施策的要求，创新资产收益扶贫与贫困户现有土地山林等自有资产收益有机结合的新模式。以投资支持贫困户参与项目实施为内容，选择收益有保障、风险可控制、发展能持续的项目，采取产业扶贫资金量化到户、收益分红到户的特殊扶贫举措，提高产业扶贫资金使用效益，帮助贫困户直接获取资产收益，提升贫困户稳定持续增收水平。各县（区）在实施精准扶贫、精准脱贫的实践中，要积极探索贫困户获取稳定保底资产性收入渠道，从根本上增强其自身脱贫和抵御返贫风险的实力和能力。

（二）发展"四大产业"

1.大力发展贫困村特色种养扶贫产业。依托各地资源禀赋、产业基础、群众意愿，聚焦特色水果、绿色有机蔬菜、花卉苗木、中药材种植、特色水产、特种畜禽养殖等产业，鼓励引导贫困村或贫困户发展"六个一"（栽好一片果、养好一塘鱼、喂好一棚禽、种好一园菜、开好一家店、入好一个社），同时聚集形成一批贫困村特色种养产业基地，提高贫困村自我发展能力。

2.大力发展贫困村休闲旅游产业。大力开展"农业＋旅游"扶贫，强化体验活动创意、农事景观设计、乡土文化开发，不断拓展农业多种功能。扶持具备条件的贫困村开展乡村旅游，改善贫困村旅游基础设施条件，完善乡村旅游服务体系，发展一批精品农家乐、农家旅馆、乡村民宿，培育一批农家乐示范户和致富带头人，建设一批乡村旅游扶贫创新示范基地，推动休闲农业、乡村旅游发展与贫困人口脱贫致富有机结合。

3.大力发展贫困村电商扶贫产业。大力发展"电商＋扶贫"，着力改善贫困村网络基础设施，积极引导电商脱贫站与农民合作社有效对接组织贫困户加入现有合作社，广泛推行"农户种植制作＋合作社加工包装＋电商脱贫站推广销售"的模式，通过帮助贫困村开发电商产品、培养电商人才、畅通物流渠道，把适宜网络销售的黑芝麻、特色水果、土鸡蛋、米酒、毛笔、山茶油等特色产品"卖出去"。

4.大力发展贫困村光伏产业。加快完成80个30KW光伏扶贫村站和2000户左右"三无"贫困户3KW光伏扶贫户站建设，推动光伏扶贫与贫困户利益有效联结，确保光伏扶贫政策红利更好惠及贫困群众。

（三）强化"三大支撑"

1.强化科技支撑。支持贫困人口接受职业教育、就业技能、农村实用技术培训。实现特色产业技术服务组贫困村全覆盖，农技人员驻村入户帮扶，推广优质水稻种植、蔬果标准化生产、病虫害防控等先进适用技术。加快贫困村农村信息化进程，分层次建立贫困村农民专业合作社、种养大户手机信息或QQ群服务平台，及时、精准推送农时农事、价格行情、农产品市场信息等；优先为贫困户在"南昌农经网"发布农产品供求信息。

2.强化金融支撑。积极争取农发行等政策性银行，中长期低息扶贫贷款，由各级金融办协调各金融机构落实产业扶贫贷款等金融扶贫政策，针对建档立卡贫困户申请产业贷款，降低授信门槛，开辟绿色通道。对带动扶贫产业发展、帮助贫困户脱贫的专业合作社、家庭农场、龙头企业加大金融信贷支持。探索"贫困户＋合作社＋龙头企业＋金融机构"等多种扶贫融资模式。稳妥推进"两权"抵押贷款试点，优先支持贫困村和贫困户。

3.强化改革支撑。积极开展农村集体产权制度改革试点。大力开展农村集体资产清产核资，清理整治农村村组集体资源，如公共水面、荒滩、荒洲、荒水被个人侵吞占用的现象，加大依法依规开发利用的力度，增加村组集体经济收入。加大在有条件的贫困村开展农村集体经营性资产股份权能改革试点。探索壮大村集体经济有效路径，支持贫困村的扶贫资金可折股量化注入龙头企业、合作社支持发展特色优势产业，所得收益按股份给村集体和贫困户分红。大力推进贫困村高标准农田建设，努力实现高标准农田改造贫困村全覆盖。

五、扶持政策

（一）加大产业基础设施建设扶持

对在贫困村开发建设特色种养、休闲旅游等产业，其田、水、林、路、网络等基础设施建设方面，在农田水利设施建设、营造林、高标准农田建设、农业综合开发、农村信息化等资金项目方面给予一定的扶助。（责任单位：市农业局、市水务局、市林业局、市农业综合开发办、市委农工部）

（二）加大新型经营主体扶持

1. 大力扶持贫困村电商发展。对在贫困村设立村级电商精准扶贫服务站点，一次性给予3万元资金补助，由市财政专项扶贫资金列支。[责任单位：市邮政公司、市财政局、市委农工部（市扶贫办）、市商务局]

2. 大力扶持旅游扶贫发展。对在贫困村投资休闲农业和乡村旅游的项目，符合国家、省、市有关评定条件的，优先评定市级休闲农业和乡村旅游示范点，优先向国家、省推荐申报国家级、省级休闲农业和乡村旅游示范点。（责任单位：市旅发委、市农业局）

3. 大力扶持现代农业经营主体发展。政府对带动贫困户30户以上的市级以上龙头企业，在符合项目申报条件的前提下优先安排信贷担保支持，符合农业产业化项目（贷款贴息、品牌创建）申报条件的优先安排；对市级龙头企业，在同等条件下优先申报省级龙头企业；对吸纳5户以上贫困户参与的各类农业专业合作社、家庭农场等新型农业经营主体，在同等条件下优先评为市级示范社、示范场。（责任单位：市委农工部、市农业局、市财政局）

（三）加大扶贫产业金融扶持

1. 强化"财政惠农信贷通"扶持。对带动贫困户发展产业的农民合作社、家庭农场、种养大户可优先享受"财政惠农信贷通"政策。（责任单位：市委农工部、市农业局、市林业局）

2. 加大扶贫小额信贷扶持。大力支持农业发展银行、农业银行、邮储银行、农村商业银行等金融机构向建档立卡贫困户中有发展意愿、有发展潜质、有资金需求、有还款来源的贫困户提供5万元以内、3年以下免抵押、免担保的信用贷款。各县（区）要结合实际，在2017年10月30日前制定小额信贷工作实施方案，设立风险补偿金，同时积极鼓励贫困户利用扶贫小额信贷，投资入股农民专业合作社等经济实体。农民专业合作社等经济实体按入股合作的贫困户数，办理扶贫小额贷款享受同等扶持政策。[责任单位：市金融办、市财政局、市委农工部（市扶贫办）]

（四）加大就业创业扶持

1. 扶持贫困户自主创业。对新吸纳10个以上建档立卡农村贫困劳动力的企业，可认定为促进就业基地，按规定享受税收优惠等就业创业扶持政策，并给予其不低于5万元的奖补。对与建档立卡农村贫困劳动力签订1年以上劳动合同并参加

社会保险的企业，按规定享受社保补贴、岗位补贴，并给予企业1000元/人的奖补。（责任单位：市人社局）

2.强化贫困户转移就业扶持。将建档立卡农村贫困人口纳入创业担保贷款扶持范围，对符合条件的建档立卡农村贫困户个人创业的给予最高不超过10万元、对合伙经营和组织起来创业的给予最高不超过50万元、对小微企业等给予最高不超过400万元的创业担保贷款，并按规定给予贷款贴息扶持。对建档立卡农村贫困劳动力在我市行政区域内初次创办企业且稳定经营6个月以上的，可享受5000元的一次性创业补贴。对在工商行政部门登记注册，并成功介绍贫困劳动力与本市企业或其他实体签订劳动合同（就业协议）且稳定就业6个月以上的职业中介机构，每介绍1人给予300元补贴。（责任单位：市人社局）

3.加大公益性岗位就业扶持。对社会服务类扶贫就业专岗，用于安置建档立卡农村贫困劳动力，按规定给予用人单位岗位补贴和社保补贴。（责任单位：市人社局）

（五）加大光伏产业扶持

贯彻落实国家新能源和可再生能源领域的相关政策，由财政资金扶持，整合市发改委专项资金、市扶贫专项资金、市政府专项资金及县区配套资金，充分利用贫困村、贫困户楼顶屋面及荒山荒地闲置资源，为贫困村建设30KW的光伏扶贫村站、贫困户建设3KW的光伏扶贫户站。光伏发电实行全额上网模式，贫困村、贫困户光伏电价补贴优先享受国家、省、市政策，补贴资金由国网南昌供电公司负责核算，并按月代发。［责任单位：市发改委、市委农工部（市扶贫办）、市财政局、南昌供电公司］

六、保障措施

（一）强化组织领导

各有关县区党委和政府承担产业扶贫主体责任，加强对扶贫产业的规划指导，选准脱贫致富产业，建立到村、到户的产业扶贫台账，明确扶贫工作责任人，做到组织领导、工作部署、任务分解、责任落实、督促指导"五到位"，扎实推进产业扶贫工作。

（二）加大资金支持

依法依规用好国家、省级产业扶贫专项资金，确保资金专款专用。市、县（区）级财政加大对产业扶贫资金的投入力度，在扶贫专项资金列支产业扶贫资金，并建立逐年增长机制，切实加强产业扶贫资金保障。

（三）严格绩效考核

建立产业扶贫考核评价体系，将产业扶贫纳入市级年度目标绩效考评重要内容，对各地产业扶贫实施综合考评。加大督查考核力度，将专项督查、重点督查与日常监督相结合，及时掌握工作开展情况，总结经验，推进产业扶贫工作取得实效。

（四）营造浓厚氛围

加强宣传发动，利用标语、广播电视、报纸杂志和网络媒体等多种手段进行全面、广泛的宣传。及时总结好的经验和做法，加强经验交流，总结、宣传一批典型，营造齐力抓好产业扶贫工作的浓厚氛围。

南昌市人民政府

2017年11月7日

南昌市县区脱贫攻坚工作成效考核办法

第一条 为了确保到 2017 年底，我市现行标准下农村贫困人口全面脱贫，贫困村全部退出，根据《中共南昌市委办公厅、南昌市人民政府办公厅印发〈关于坚决打赢脱贫攻坚战的实施意见〉的通知》（洪办发〔2016〕16 号）精神，结合我市实际，制定本办法。

第二条 本办法用于南昌县、进贤县、安义县、湾里区、新建区党委和政府脱贫攻坚工作成效的考核。

第三条 考核工作围绕落实中央、省、市精准扶贫、精准脱贫基本方略，坚持立足实际、突出重点，针对主要目标任务设置考核指标，注重考核工作成效；坚持客观公正、群众认可，规范考核方式和程序，充分发挥社会监督作用；坚持结果导向、奖罚分明，实行正向激励，落实责任追究，促使县区党委和政府切头履职尽责，树立正确的政绩观，以更大的决心、更明确的思路、更精准的举措、超常规的力度，改进工作，坚决打赢脱贫攻坚战。

第四条 考核工作在市委、市政府领导下，由市扶贫办、市委组织部牵头组织实施。从 2016 年到 2017 年，每年考核一次。市扶贫开发领导小组负责按照本办法，制定年度县区脱贫攻坚工作成效考核实施方案。

第五条 考核内容包括以下几个方面：

（一）减贫成效。权重 30 分。主要考核县区贫困人口、贫困村脱贫任务完成情况和农民人均年可支配收入增长等。

（二）精准识别。权重 20 分。主要考核贫困人口动态管理、大数据管理信息系统数据维护、脱贫人口退出精准度等。

（三）脱贫体系。权重 30 分。主要考核县区脱贫攻坚政策支撑、责任落实、组织保障、精准帮扶等。

（四）资金绩效。权重 20 分。主要考核县区年度统筹整合用于脱贫攻坚的涉农财政资金整合到位、精准扶持、项目实施、资金拨付、项目公示等。

（五）加减分项。按实际考核结果加减分。主要考核贫困村扶贫产业基地建设、村级集体经济建设、脱贫攻坚工作违规违纪违法行为等。

第六条 脱贫攻坚工作成效考核于每年12月开展，次年2月底前完成，按以下步骤进行：

（一）县级自评。县区根据考核要求，由县区党委、政府组织开展自评，提交自评报告。

（二）核实评估。市扶贫办、市委组织部通过委托第三方机构，采取专项调查、抽样调查和实地核查等方式，对考核数据和有关情况进行调查、评估、核实。

（三）审核公布。市扶贫办、市委组织部对考核数据进行汇总整理，形成考核结果，报市委、市政府审定后公布。

第七条 考核中发现下列情况的，由市扶贫开发领导小组对县（区）党委、政府主要负责人进行约谈，提出限期整改要求；情节严重、造成不良影响的，实行责任追究：

（一）未完成年度减贫计划任务的；

（二）违反扶贫资金管理使用规定的；

（三）违反贫困退出规定，弄虚作假、搞"数字脱贫"的；

（四）贫困人口识别和退出准确率、帮扶工作群众满意度较低的；

（五）纪检、监察、审计和社会监督发现违规违纪问题的。

第八条 脱贫攻坚工作成效考核计分权重为100分（不含增减项分），各县区最终得分换算成脱贫攻坚工作成效按10%所占权重比例，计入各地科学发展综合考核得分。

第九条 经市委、市政府审定的脱贫攻坚综合考核评价先进县区，由市委、市政府表彰，并在扶贫绩效奖励资金中给予一定的奖励。考核结果作为评价县区党委、政府主要负责人和领导班子综合考核评价的重要依据。

第十条 参与考核工作的各部门应当严守考核工作纪律，坚持原则、公道正派、敢于担当，保证考核结果的公正性和公信力。各县区应当及时、准确提供相关数据、资料和情况，主动配合开展相关工作，确保考核顺利进行。对不负责任、造成考核结果失真失实的，应当追究责任。

第十一条 本办法解释工作由市委办公厅商市扶贫办承担。

第十二条 本办法自印发之日起施行。

附件：县区脱贫攻坚工作成效考核办法指标体系

中共南昌市委办公厅
南昌市人民政府办公厅
2017 年 1 月 17 日

附件

县区脱贫攻坚工作成效考核办法指标体系

序号	项目	指标	计分条件或评分标准	考核标准分	评价方法和数据来源
		合计		100	
		一、减贫成效		30	
1	减贫成效	贫困人口脱贫任务完成情况	经第三方评估，完成当年减贫任务的，得满分；其他按实际完情况成比例得分	20	第三方评估
2		贫困村脱贫任务完成情况	经第三方评估，完成当年贫困村脱贫任务，得满分；其他按实际完成比例得分	8	随机抽查现场核实
3		贫困村农民人均年可支配收入增长率	达到全市平均数者得1.5分；每增加1个百分点，加0.1分；每下降1个百分点，减0.1分；最高2分，最低0分	2	市统计局
		二、精准识别		20	
4	动态管理	贫困人口精准识别率	经第三方评估，建档立卡贫困人口识别精准度达到100%，得满分；其他按比例得分	8	第三方评估
5	大数据管理信息系统	大数据管理信息系统数据采集、录入、更新精准度	根据大数据管理信息系统要求，按照信息数据采集、录入和更新的及时性、准确性、完整性比例得分	4	随机抽查大数据管理信息系统
6	精准退出	当年脱贫人口精准度	经第三方评估，当年脱贫人口精准度达97%以上（含97%）得满分；90%—97%按比例折算得分；90%（含90%）以下不得分	8	第三方评估
		三、脱贫体系		30	
7	政策支撑	政策措施制定落实情况	按省、市要求，制定出台相关脱贫攻坚规划（计划）、政策、措施、办法。按当年政策体系建立和完善情况得分	6	县区委、县区政府提供文件资料
8	责任落实	建立脱贫攻坚主要领导责任体系情况	建立县乡两级党委和政府脱贫攻坚主体责任体系，县乡村三级签订脱贫攻坚责任书。按完成工作情况得分	1	县区委、县区政府提供文件资料
9		扶贫开发工作目标管理责任奖惩考核情况	将扶贫开发工作纳入县区对部门、乡镇年度目标管理责任考核指标体系，指标责任奖惩明确。按完成工作情况得分	1	县区委、县区政府提供文件资料

续表

序号	项目	指标	计分条件或评分标准	考核标准分	评价方法和数据来源
10	组织保障	乡镇扶贫工作站建立情况	按要求建立工作站,完成工作站相应工作。按建立和完成工作情况得分	1	随机抽查、第三方核实
11	精准帮扶	驻村帮扶情况	全部行政村第一书记覆盖率、脱贫村驻村工作队覆盖率,驻村工作满意度测评情况。按抽查核实情况比例得分	8	县区委、县区政府文件,随机抽查,第三方核实
12		结对帮扶情况	所有贫困户结对帮扶覆盖率,结对帮扶满意度测评情况。按抽查核实情况比例得分	8	县区委、县区政府文件,随机抽查,第三方核实
13	精准帮扶	精准帮扶保障措施情况	贫困村扶贫工作室建立,"一证两册"落实情况。按抽查核实情况比例得分	5	随机抽查、第三方核实
	四、资金绩效			20	
14	整合到位	统筹整合财政涉农扶贫资金情况	按照县级统筹整合财政涉农扶贫资金要求,统筹整合项目和资金到位情况。按整合项目和资金到位比例得分	3	县区政府提供年度计划和资金落实文件,第三方核实
15	精准扶持	年度项目计划和资金安排精准度	抽查项目及资金是否符合省级制订的脱贫攻坚工程实施方案要求;项目安排在贫困村和贫困户。按抽查项目实施情况比例得分	6	随机抽查一定比例项目核实,第三方核实
16	项目实施	年度项目计划完成情况	年度项目计划得到县区政府或县区扶贫开发领导小组批准;按照项目计划进度要求,完成相应进度计划。按抽查项目完成情况得分	5	随机抽查一定比例项目核实,第三方核实
17	资金拨付	年度项目及资金公示公告情况	抽查项目总资金结转结余在30%(含30%)以下得满分;30%—50%按比例折算得分;50%(含50%)以上不得分。按抽查项目情况得分	4	随机抽查一定比例项目核实,第三方核实
18	项目公示	年度项目及资金公示公告情况	按有关要求,对年度项目计划和资金进行公示公告。按抽查项目情况得分	2	随机抽查一定比例项目核实,第三方核实

续表

序号	项目	指标	计分条件或评分标准	考核标准分	评价方法和数据来源
		五、加减分项			
19	加分项	扶贫产业基地建设	当年带动建档立卡贫困户人均增收1000元以上的,加5分		随机抽查、现场考核
20		村级集体经济建设	村级集体经济净收入达到5万元最高加2分		随机抽查、第三方核实
21	减分项	违规违纪违法行为	脱贫攻坚政策落实存在违规违纪违法行为,被市级以上纪检、司法机关认定处理的,每项减1分,最高减5分		各级纪检、司法部门提供相应依据。未有违规违纪违法处理的,由各级纪检、司法部门提供证明

关于打赢脱贫攻坚战三年行动的实施意见

打赢脱贫攻坚战，作为决胜全面建成小康社会必须打好的三大攻坚战之一，对于实现第一个百年奋斗目标具有决定性意义。为明确今后三年脱贫攻坚时间表和路线图，确保如期高质量完成脱贫攻坚政治任务，按照党中央、国务院和省委、省政府关于打赢脱贫攻坚战三年行动的决策部署，结合全市实际，现就打赢我市脱贫攻坚战三年行动，提出以下实施意见。

一、总体要求

（一）指导思想

以习近平新时代中国特色社会主义思想为指导，全面贯彻党的十九大精神，紧紧围绕全省脱贫质量和成效位居全国第一方阵的总体目标、全市贫困人口稳定脱贫和贫困村如期退出的攻坚任务，坚持按照"核心是精准、关键在落实、实现高质量、确保可持续"的工作要求，突出问题导向，强化"市县抓落实、乡（镇）推进和实施"的工作机制，突出问题导向，优化政策供给，下足绣花功夫，尽锐出战攻坚，切实增强贫困群众的获得感，确保2020年全面打赢脱贫攻坚战，为决胜全面小康提供强大支持，为实施乡村振兴战略奠定坚实基础。

（二）行动目标

总体目标。到2020年，稳定实现全市农村贫困人口"两不愁三保障"目标，贫困群众人均可支配收入增长幅度高于全市农村平均水平，确保现行标准下全市农村贫困人口全部实现稳定脱贫，消除绝对贫困现象；33个贫困村如期退出。

年度目标。2018年，确保实现6950名贫困人口脱贫、33个省市级贫困村全部退出的目标任务。2019年，确保实现6400名以上贫困人口脱贫的目标任务。2020年，确保现行标准下全市农村贫困人口全部稳定脱贫，巩固提升脱贫成果。

（三）工作要求

坚持严格执行现行扶贫标准。严格按照"两不愁三保障"要求，确保贫困人口不愁吃、不愁穿；保障贫困家庭孩子接受九年义务教育，确保有学上、上得起学；保障贫困人口基本医疗需求，确保大病和慢性病得到有效救治和保障；保障贫困人口基本居住条件，确保住上安全住房。要量力而行，既不能降低标准，也不能擅自拔高标准、提不切实际的目标，避免陷入"福利陷阱"，防止产生贫困村和非贫困村、贫困户和非贫困户待遇的"悬崖效应"。

坚持精准扶贫精准脱贫基本方略。做到扶持对象精准、项目安排精准、资金使用精准、措施到户精准、因村派人（第一书记）精准、脱贫成效精准，从实际出发，解决好扶持谁、谁来扶、怎么扶、如何退问题，做到扶真贫、真扶贫，脱真贫、真脱贫。

坚持把提高脱贫质量放在首位。牢固树立正确政绩观，不急功近利，不好高骛远，更加注重帮扶的长期效果，夯实稳定脱贫、逐步致富的基础。合理确定脱贫时序，不搞层层加码，不赶时间进度、搞冲刺，不拖延耽误，确保脱贫攻坚成果经得起历史和实践检验。

坚持扶贫同扶志扶智相结合。正确处理外部帮扶和贫困群众自身努力的关系，强化脱贫光荣导向，更加注重培养贫困群众依靠自力更生实现脱贫致富的意识，更加注重提高贫困地区和贫困人口自我发展能力。

坚持开发式扶贫和保障性扶贫相统筹。把开发式扶贫作为脱贫基本途径，针对致贫原因和贫困人口结构，加强和完善保障性扶贫措施，造血输血协同，发挥两种方式的综合脱贫效应。

坚持调动全社会扶贫积极性。充分发挥政策和社会两方面力量作用，强化政府责任，引导市场、社会协同发力，构建专项扶贫、行业扶贫、社会扶贫互为补充的大扶贫格局。

二、全力实施十大行动

（一）产业扶贫提质行动

按照全省规划和要求，结合南昌市资源优势和产业基础，在贫困地区重点推进"培育一批新型经营主体、建成一片高标准农田、兴建一个都市现代农业示范园、完善一个村集体经济组织、建立一所电商服务平台"的"五个一"产业发展目标，强化产业扶贫带贫益贫组织合作和利益联结机制，有序推进产业扶贫效益落实到经营主体、贫困户，提升贫困人口参与度和获得感。

推进产业发展转型升级。积极依托农业结构调整和高标准农田建设，大力发展稻米、蔬菜、果业、畜牧业、水产、花卉苗木、休闲农业和乡村旅游、茶叶、中药材等九大特色产业，加强对贫困户增收带动作用。立足当地资源和生产条件，因地制宜，尊重农民意愿，充分发挥贫困群众主体作用、规模基地带动作用。在全市高标准农田建设任务中，优先安排扶贫村建设，并将高标准农田建设与农业产业结构调整、壮大村集体经济有机结合。整合涉农部门项目资金，重点用于培育和壮大蔬菜、果业、茶叶、中药材、油茶等经济作物产业，改善经济作物生产基地基础设施水平。深入推进"一乡一园"建设，重点向贫困村倾斜。积极引进龙头企业，通过争取各级财政资金，撬动社会资本投入，大力扶持贫困地区做大做强示范园。发展优质水稻，继续大力推广品质优、市场好的优质水稻品种，帮助和指导贫困地区逐步调减市场销路差的普通水稻品种播面，增加优质水稻面积，带动贫困户增收。大力推动贫困地区一二三产业融合发展，支持和帮助贫困地区引进培育农产品精深加工企业，坚持以市场为导向，以贫困户产业脱贫为目标，以企业为龙头，通过各种公司带动发展模式，建设优质稻米、绿色蔬菜瓜果、特色茶叶等种植加工基地，稻虾共生养殖和畜禽标准化规模养殖场，带动特色产业深度发展。鼓励从实际出发，利用扶贫资金发展短期难见效、未来能够持续发挥效益的产业。

提高产业扶贫组织化程度。完善新型经营主体与贫困户的利益联结机制，支持贫困户以各种要素创办、参与或入股合作社及家庭农场，提高贫困户获得的经营性和工资性等收入。一是加强法律政策宣传，引导贫困户以各种要素入股合作社，创办家庭农场，将土地的要素流转到合作社或家庭农场统一管理、统一经营，发挥适度规模经营的效益，提高贫困户在合作社或家庭农场的租金收入、工资性收入。二是加强政策技术培训，提高合作社和家庭农场的生产技术水平和市场议价能力。三是加强财政资金扶持，建立财政资金扶持优先机制，资金和政策优先扶持带动贫困户脱贫能力强的新型经营主体。四是建立联合经营机制，引导贫困户参与合作社等新型农业经营主体联合经营，提高风险抗击能力，促进贫困户的收入随着经营效益提高而稳步增长。

加强产业发展技术帮扶。依托全市、县、乡各级产业技术专家和服务团队，深入开展扶贫产业技术指导服务。一是全程技术跟踪指导服务。通过技术包干服务，实现贫困村发展农业产业的村集体、企业或贫困户至少一名专家全程跟踪服务。二是开展新型职业农民培育。培训计划中优先安排贫困村、贫困户所需的农业专业技术。三是鼓励购买服务。本地政府部门通过购买服务方式，向贫困户提供更加高效、便捷的农业社会化服务。

深入推进电商扶贫。拓宽扶贫产品销售渠道，深化与电商平台对接合作，大力发展"邮乐购""供销e家""社会扶贫网"等电商扶贫平台，推广"农校对接""农企对接""农超对接"，畅通农产品营销渠道，把贫困地区的产品优势转化为市场优势。

发展壮大村集体经济。按照"核资产、建制度、定思路、创实体"的发展思路，集中优势做大做强村集体经济。盘活村集体闲置资产，对村集体闲置的办公用房、校舍、厂房、仓库等资产资源和各级财政投入兴建的水利、交通、文教、卫生等公益性设施，通过合规合法途径，实现村集体资产有效利用和保值增值。发展村集体村属物业，鼓励贫困村以土地入股、折股分红共同合作开发建设物业项目或利用帮扶资金在区位较好的区域或城镇异地置业，获取物业收益。整合集体土地资源，鼓励村集体将未承包到户的空闲地和荒山、荒滩、荒坡等未利用地和贫困户的承包地集中流转发展适度规模经营，获取流转收益和土地增值。发展股份合作经济，支持合作社采取集体资产折资入股、吸纳社会资金入股等方式发展股份合作经济，支持有特色资源优势的村以土地、资源、传统技艺折价入股等形式引进工商资本，发展农家乐、民宿、度假村、休闲农业、乡村旅游等，支持村集体组织申报市级以上农业休闲旅游示范点。发展服务型经济，鼓励村集体创办代办代购、农贸市场、餐饮住宿、健康养老、教育托管等服务实体和领办农机、技术、劳务输出、农产品销售、农资供应、储运加工等服务组织，支持村集体建立电商服务经营平台，取得服务收入，增加集体收入。实行政府购买服务发展村集体经济，对一些经济发展条件欠缺的行政村，做好生态环境保持、基本农田保护、山林河湖管护等基础性工作，以政府购买服务的方式，通过使用新增建设用地土地有偿使用费给予适当奖补，增加村集体收入。[责任单位：市农业局、市林业局、市商务局、市发改委（市能源局）、市委组织部、市扶贫办、市供销社、市工信委、市审计局、市旅发委、市科技局、市市场和质量监管局、中国邮政南昌分公司、南昌供电公司，各县区党委和政府]

（二）就业扶贫扩面行动

按照"拓宽一个主渠道、搭建六类新平台、完善一套保障机制"的就业扶贫模式，推动贫困劳动力就业意愿、就业技能和就业岗位精准对接，拓宽就业扶贫覆盖面。2018—2020年南昌市就业扶贫目标任务：未脱贫劳动力4113人中，贫困劳动力实现就业人数1300人，其中扶贫车间吸纳、返乡创业带动、有组织劳务输出、公益性岗位安置实现就业人数415人。

扎实推进技能扶贫。充分发挥扶贫部门"雨露计划"培训、就业部门技能培训平台,鼓励职业院校(含技工院校)优先招收贫困家庭子女就读,开展实用技能强、就业前景好等方向的职业教育。结合贫困人口培训意愿和劳动力市场需求,积极组织优质职业培训机构,开展乡村旅游、生态农业、家庭服务等领域的职业技能培训,采取课堂教学、互联网＋培训等方式,开展进乡镇、进社区、进家庭等"点对点"的精准扶贫。深入开展贫困村致富带头人培训,支持致富带头人在贫困村创办企业、发展新型农业经营主体,鼓励致富带头人带动扶贫对象积极参与创业项目、多渠道增加收入。

推进外出务工转移就业。通过组织开展就业援助月、春风行动和民营企业招聘周等公共就业服务专项活动,通过广播、电视、手机客户端等多种形式将岗位信息送到贫困劳动力手中,帮助符合岗位条件的贫困劳动力与企业取得联系,促进其实现就业。开启企业与贫困村劳务对接,组织贫困劳动力市内转移就业,提高劳务输出脱贫的组织化程度,对于外出务工的农村贫困人员给予交通补贴,给予到省外务工的贫困劳动力一次性交通补贴500元/人,到省内跨县(市、区)务工的贫困劳动力一次性交通补贴300元/人。每名贫困劳动力每年可享受一次。

强化就业脱贫平台建设。支持创建就业扶贫基地、龙头企业扶贫基地、就业扶贫车间、新型农村合作社、就业扶贫专岗等就地就业平台,支持平台吸纳贫困劳动力就近就地实现就业。对吸纳不少于5名贫困劳动力在家门口就业,与其签订6个月以上劳动合同,累计工作时间不少于6个月且工资待遇不低于当地最低工资标准的乡村生产车间,认定为就业扶贫车间。每吸纳1名贫困劳动力,在其就业年度内,按年给予就业扶贫车间1000元的一次性奖补,用于就业扶贫车间发生的物管费、卫生费、房租费、水电费补助。各地要发挥扶贫资金、就业补助资金和其他各类资金作用,积极开发就业扶贫专岗;村级要充分发挥保洁、图书管理等公益性岗位作用,优先吸纳有就业意愿的贫困劳动力就业。

强化"雨露计划"培训。认真落实"雨露计划"培训政策,组织开展好调查摸底、政策宣传、申报审批、组织实施、补助发放和档案管理等工作,确保贫困家庭中符合培训条件且有培训意愿的未升学初高中毕业生、青壮年劳动力全部获得培训,并按标准享受资金补助政策。(责任单位:市人社局、市教育局、市商务局、市农业局、市林业局、市旅发委、市财政局、市扶贫办,各县区党委和政府)

(三)教育扶贫提升行动

完善教育扶贫责任制。全面实行义务教育扶贫资助政策学校校长与乡镇(办)属地"双负责"制度,学校和乡镇(办)共同推进教育扶贫资助政策落实,确保贫困学生享受教育扶贫资助政策全覆盖。持续深化农村留守儿童关爱，把关爱农村留守儿童纳入全市经济社会发展总体规划，多举措为农村留守儿童提供寄宿、托管、课外辅导、心理关爱以及校外文体活动等各方面服务。根据《南昌市教育精准扶贫工作实施方案》，制定适合本县区的贫困生降分录取县重点高中和适度向农村贫困生倾斜录取职业学校的具体优惠政策，并组织实施。实现"三个确保、一个提供"，即确保建档立卡学龄前儿童都有机会接受学前教育，确保贫困家庭义务教育阶段适龄人口都能接受九年义务教育，确保贫困家庭高中阶段适龄人口都能接受高中阶段教育特别是中等职业教育，对贫困家庭学龄后人口提供适应就业创业需求的职业技能培训。加强学籍管理系统数据与建档立卡信息系统数据比对衔接，全面核查，动态跟踪贫困户子女受教育状况，控辍保学，确保不让1名义务教育贫困学生因贫失学辍学。加大对非义务教育贫困学生支持力度，帮助其顺利完成学业。

改善贫困地区办学条件。进一步加快"全面改薄"建设工程，改善农村义务教育薄弱学校办学条件，实施底部攻坚，统筹规划布局农村基础教育学校，全面加强乡村小规模学校和乡镇寄宿制学校两类学校建设和管理。加快以城带乡，扩大优质教育资源供给，不断提高乡村教育质量。关爱特殊儿童，改善特殊教育学校和普通学校"资源教室"办学条件，推进常住人口30万人以上的县区建设1所独立设置的特殊教育学校，30万人以下的且没有特殊教育学校的县区依托有条件的普通学校建立特殊教育资源中心；推进融合教育，落实"一人一案"安置，保障农村残疾儿童享有公平而有质量的教育。

加强教师队伍建设。深入实施乡村教师支持计划，改善贫困地区乡村教师待遇，按政策落实乡村教师生活补助待遇。加大贫困地区"特岗计划"教师补充力度，深入推进义务教育学校校长教师交流轮岗。积极选送优秀乡村教师参加国培、省培计划专项培训，组织乡村教师参加"全省中小学幼儿园教师信息技术应用能力提升工程"培训，每年组织2—3期农村音体美等薄弱学科的短期集中培训，不断提高农村教师整体素养。按照省教育厅、省语委要求，积极开展推普脱贫攻坚工作，加大乡村学校语言文字推广普及力度，组织乡村教师参加语言文字相关培训，提高贫困地区村民说好普通话、用好规范字的能力，提升村民文化素养。（责任单位：市教育局、市扶贫办、市人社局、市发改委、市民政局，各县区党委和政府）

（四）健康扶贫巩固行动

推进健康扶贫工程。根据脱贫需求，提高补充保险筹资标准和保障水平，完善贫困人口健康扶贫保障投入增长机制，将贫困人口全部纳入基本医疗、大病医疗和重大疾病医疗补充保险保障范围,贫困人口参加城乡居民医保个人缴费部分和重大疾病医疗补充保险费全部由财政承担。进一步筑牢基本医保、大病保险、补充保险、医疗救助、政府兜底"五道保障线",使贫困患者住院最终实际报销补偿比达到90%以上。

实施医疗救治行动。继续实施城乡贫困人口重大疾病专项救治,加大支出型低收入家庭大病患者及因病致贫对象救助力度,推动困难群众重大疾病免费专项救治,强化医疗救助与大病保险、补充保险在对象范围、支付政策、经办服务和监督管理等方面衔接,落实贫困患者县域范围内住院"先诊疗、后付费"和"一站式"结算,简化定点医疗机构的大病保险和补充保险补偿材料,承办大病保险和补充保险的保险机构应按月及时核报医疗机构"一站式"结算补偿垫付资金。保障贫困人口门诊就医待遇,将门诊特殊慢性病年度最高支付限额提高到平均5000元。

加强健康扶贫基层基础建设。支持乡镇卫生院提升医疗卫生服务与健康扶贫能力,实施农村订单定向医学生培养计划和村卫生室订单定向医学生培养计划,为乡镇卫生院招募特岗全科医生,按照国家有关规定,完善乡镇卫生院医疗人才招聘制度,对县乡医疗卫生机构适当放宽年龄、学历、专业等要求,并可拿出不超过30%比例的岗位面向本县、本市或周边县市户籍人员(或生源)招聘,着力解决基层执业医师紧缺等问题。

落实妇幼重大公共卫生服务项目举措。继续实施农村妇女国家"两癌"检查项目,深入推进城镇贫困妇女"两癌"免费检查工作,落实"两癌"免费检查任务,对符合救助条件的确诊患者实施救助。(责任单位:市卫计委、市人社局、市民政局、市扶贫办、市财政局、市妇联,各县区党委和政府)

(五)危房改造清零行动

加强农村危房动态管理。规范简化农村危房改造对象认定和危房鉴定程序,健全农户申请和村级评议、乡镇(办)审核、县(区)复核的"三级审核""三榜公示"对象认定程序机制,全面排查危房,完善存量台账,实施精准管理,做到改造一户、销号一户。

大力推进危房改造实施。在全面排查的基础上,根据脱贫需要,科学制订危房改造计划,及时推进建档立卡贫困户、分散供养特困人员、低保户、贫困残疾人家庭等"四类对象"危房改造。对符合国家危房改造政策的,全部纳入农村危房改造计划。对无经济能力、劳动能力的特别困难农户,实施"交钥匙工程"等措施,并鼓励各地创新举措,通过盘活闲置集体资产、采用农房置换或长期租赁等低成本方式，兜底解决特别困难农户基本住房安全问题。确保2018年全面完成之前各年度脱贫户危房改造任务，2019年基本完成"四类对象"现有存量危房改造任务，2020年全面完成后续扫尾任务。严格危房改造政策标准。

坚持实施分类改造。对C级危房实施维修加固，对D级危房和无房户进行新建。对新建住房的，要严格控制建房总面积和总造价，防止因举债过重加深贫困或返贫。

强化质量安全监管。保证住房满足基本使用功能，对C级危房加固改造后，要确保房屋达到15年以上安全期限。

强化资金投入和使用管理，进一步加大对农村危房改造对象的帮扶力度，健全完善分类分级补助标准，保障资金安全规范高效运行。（责任单位：市建委、市财政局、市民政局、市扶贫办、市残联，各县区党委和政府）

（六）保障扶贫兜底行动

持续加大农村低保资金投入，2018—2020年按照不低于4740元/年（395元/月）、5340元/年（445元/月）、6120元/年（510元/月）的标准逐年提高，确保到2018年底，全市农村低保标准高于同期全国扶贫标准20%，到2020年，全市农村低保标准高于同期全国扶贫标准40%。全面巩固农村低保兜底保障扶贫成果，建立农村贫困群众基本生活保障自然增长的体制机制，不断提高保障水平。

加强临时救助工作。对农村贫困群众临时救助标准按照不低于5%的比例上浮。全面建立落实乡镇临时救助备用金制度，对贫困群众的突发急难需求，或救助金额较小的，全部委托乡镇（街道）审批，报县级民政部门备案，提升临时救助时效。

力促残疾群体脱贫。夯实贫困残疾人"两不愁三保障"，确保5626名建档立卡贫困残疾人实现脱贫目标。有效扩大基本康复服务、家庭无障碍改造覆盖面。实施第二期特殊教育提升计划，落实家庭经济困难残疾学生和残疾家庭子女资助政策，加强对因残、因贫辍学残疾儿童少年复学工作，强化对残疾儿童接受普惠性学前教育资助。促进贫困残疾人就业创业，开展实用技术助残行动和残疾人就业援助月活动，加大助残创业就业基地扶持力度，资产收益扶贫项目优先安排贫困残疾人家庭。筑牢贫困残疾人社会保障，完善困难残疾人生活补贴和重度残疾人护理补贴制度，推动有条件的地区生活补贴对象向低收入、无固定收入等其他困难残疾人拓展，护理补贴范围向非重度智力、精神残疾人拓展，及时提高补贴标准，实现城乡标准统一。继续实施阳光家园计划和政府购买残疾人日间照料服务项目，加大对建档立卡失能重度残疾人照护和托养工作力度，强化困难残疾人多层次多元化托养服务。

关注特定贫困群体。重点关注贫困老年人、重病患者、重度残疾人、重度智障患者等完全丧失劳动能力和部分丧失劳动能力，且无法依靠产业就业帮扶脱贫的特点贫困群体，对失能、弱能的贫困人口加大资产收益扶贫支持力度，提高产业收益分配比例。全面落实低保、医疗、养老、住房、救助等社会保障政策，因地制宜提高政策保障水平。（责任单位：市民政局、市残联、市卫计委、市教育局、市扶贫办，各县区党委和政府）

（七）基础设施完善行动

加快补齐贫困村设施短板。大力推进贫困村（组）道路新建、损坏道路维修、入户便道硬化、污水管网铺设、危房改造、新农村建设、村庄整治和公厕户厕等基础设施项目和"8+4"公共服务项目建设（农村基层综合公共服务平台、卫生室、便民超市、农家书屋、文体活动场所、垃圾处理设施、污水处理设施、公厕、小学、幼儿园、金融服务网点、公交站），全面补齐贫困村设施短板，确保2018年底前完成33个贫困村的退出任务。

提升贫困地区交通水平。抓好"四好农村路"建设，2018年完成25户以上自然村通水泥路，2019年底实现所有村民小组通水泥路。推进城乡客运一体化建设，到2020年实现具备通客运班车条件的建制村通班车率达到100%。加快贫困地区农村公路安全生命防护工程建设，基本完成乡道及以上行政等级公路安全隐患治理。推进窄路基路面农村公路合理加宽改造和危桥改造。改造建设一批贫困乡村旅游路、产业路、资源路。

完善贫困地区水利设施。一是推进农村饮水安全巩固提升工程建设。"十三五"期间农村饮水工程项目重点向建档立卡贫困人口倾斜，全面解决贫困人口安全饮水问题。二是大力推进水利工程标准化管理工作。基本完成包括贫困地区堤防工程在内的水利工程标准化创建工作，基本完成贫困地区万亩以上圩堤加固整治项目和灾后水利中小河流治理项目。

改造贫困地区电力和网络。实施新一轮农网改造升级，加快推进贫困地区电力基础设施建设，引导电网企业做好贫困地区农村电力建设管理和供电服务。大力推进贫困地区农村可再生能源开发利用。创新"互联网+"扶贫模式，统筹推进网络覆盖、农村电商、网络扶智、信息服务、网络公益五大工程向纵深发展。加快农村及偏远地区4G网络覆盖，鼓励基础电信企业加大投资，将宽带网络向有条件的贫困村自然村组延伸。推进网络提速降费，引导基础电信企业加大面向贫困地区和贫困人口的优惠力度，鼓励推出扶贫专属资费优惠，减轻贫困群体宽带网络使用负担。

全面提升环境整治水平。加大贫困村、贫困户资金和项目支持力度，确保满足脱贫退出任务需要。加大新农村对贫困村自然村（组）的支持，县（区）安排的新农村建设点要优先向贫困村中25户以上自然村（组）倾斜，确保进一步巩固贫困村村庄环境整治水平。全面实施村庄整治提升工程，大力推进贫困村房前屋后硬化、排水沟疏通、场地平整、垃圾清理和污水治理。深入持续开展农村生活垃圾处理，大力推进农村厕所革命，加强村庄规划，全面提升村容户貌，全面改善农村人居环境。〔责任单位：各县区党委和政府，市委农工部（市扶贫办）、市发改委、市交通运输局、市水务局、市建委、南昌供电公司、市国土资源局、市农业局、市文广新局、市财政局、市卫计委、市工信委、市商务局、市教育局、市政府金融办、南昌电信公司、南昌移动公司、南昌联通公司〕

（八）精准帮扶对接行动

深入开展帮扶工作。各级各定点帮扶单位落实定点帮扶工作责任，定点帮扶单位主要负责同志为第一责任人，要把定点帮扶工作纳入本单位工作重点，加强对驻村帮扶、结对帮扶工作的组织领导，定期研究帮扶工作，选派优秀中青年干部开展实践锻炼，落实驻村帮扶干部有关补助政策。坚持落实"一村一法、一户一策"的帮扶工作要求，因村制定具体帮扶措施。加强对脱贫攻坚工作的指导，督促落实脱贫主体责任。各级结对帮扶责任人要因户制定帮扶措施，精准开展结对帮扶工作，协助落实各项扶贫政策和脱贫举措。深化中国社会扶贫网推广、应用和对接。（责任单位：市委组织部、市扶贫办，各县区党委和政府）

全面激励社会力量参与脱贫攻坚。全面发动全市党代表、人大代表、政协委员，市青联委员及市青企协会员、市女企协会员、各商会会员等参加帮扶工作。继续组织"两代表一委员"开展走访慰问、困难救助和公益扶贫活动。深入推进民营企业"百企帮百村"精准扶贫行动，引导民营企业积极开展产业扶贫、就业扶贫、公益扶贫，组织民营企业在中国社会扶贫网上对接贫困户帮扶需求，鼓励有条件的大型民营企业通过设立扶贫产业投资基金等方式参与脱贫攻坚。持续推进光彩事业，提高精准扶贫成效。（责任单位：市委统战部、市工商联、市财政局、市扶贫办，各县区党委和政府）

大力开展扶贫志愿服务活动。动员组织各类志愿服务组织、社会各界爱心人士开展扶贫志愿服务。实施社会工作专业人才服务贫困地区系列行动计划，支持引导专业社会工作和志愿服务力量积极参与精准扶贫，为贫困人口提供心理疏导、生活帮扶、能力提升、权益保障等专业服务；为贫困妇女、青年提供技能培训、能力提升、就业援助、生计发展等服务；参与开展贫困村老人、残疾人、留守儿童、低保家庭、特困人员等关爱保障工作，帮助化解其生活、学习等方面的困难。推进扶贫志愿服务制度化,建立扶贫志愿服务人员库,鼓励国家机关、企事业单位、人民团体、社会组织等组建常态化、专业化服务团队。制定落实扶贫志愿服务支持政策。(责任单位:市民政局、市文明办、市总工会、团市委、市妇联、市扶贫办,各县区党委和政府)

(九)党建扶贫强化行动

深入推进抓党建促脱贫攻坚,全面强化贫困地区农村基层党组织领导核心地位,切实提升贫困村党组织的组织力。进一步强化基层党组织建设。每年按照一定比例进行排查,持续整顿存在带领群众致富能力不强、组织动员力弱等问题的贫困村软弱涣散党组织。把扫黑除恶和基层党组织建设结合起来,坚决铲除黑恶势力滋生土壤,防止封建家族势力、地方黑恶势力、违法违规宗教活动侵蚀基层政权,干扰破坏村务。选好配强贫困村党组织书记,重点从外出务工经商创业人员、大学生村官、本村致富能手、退转军人、大中专毕业生等人员中选配;本村没有合适人员的,从县(区)、乡镇(办)机关公职人员中派任,对不胜任、不合格、不尽职的贫困村党组织书记,坚决撤换到位。强化农村基层党建工作责任落实,将抓党建促脱贫攻坚情况作为县(区)、乡镇(办)党委书记抓基层党建工作述职评议考核的重点内容。

强化贫困地区农村基层党建工作责任落实,将抓党建促脱贫攻坚情况作为县乡党委书记抓基层党建工作述职评议考核的重点内容。对不重视贫困村党组织建设、措施不力的地方,上级党组织要及时约谈提醒相关责任人,后果严重的要问责追责。(责任单位:市委组织部、市扶贫办、市民政局、市公安局、市民宗局,各县区党委和政府)

派强用好第一书记和驻村工作队,按照《江西省驻村第一书记和驻村工作队选派管理办法》抓好贯彻落实,从县级及以上党政机关选派过硬的优秀干部参加驻村帮扶,在第一书记全覆盖的基础上,加强考核指导,对不胜任的及时召回调整。派出单位要严格落实项目、资金、责任捆绑要求,加大保障支持力度,进一步提升驻村帮扶质量。(责任单位:市委组织部、市扶贫办,各县区党委和政府)

(十)基层基础夯实行动

进一步加强建档立卡工作。提高贫困人口精准识别质量,进一步完善动态管理机制,加强对"边缘户"的跟踪识别,及时纳入新发生的符合条件贫困人口,确保"不漏一人、不落一人"。建立数据比对工作机制,适时开展数据比对衔接,通过扶贫信息系统与各有关部门信息管理系统端口对接、数据交换等方式,实现户籍、教育、健康、就业、社会保障、住房、农村低保、残疾人等信息与贫困人口信息有效对接，实现信息共享，提高建档立卡数据质量。建立数据质量通报制度，不定期通报国办信息系统、省扶贫开发大数据平台数据问题，及时修订完善建档立卡基础数据，确保信息系统数据、档案资料数据、公示公告数据与贫困户实际情况"四个一致"。进一步规范识别和退出工作程序，严格执行"一比对、两公示、一公告"制度，完善相关程序资料。加强精准扶贫档案管理。全面规范县（区）、乡镇和村级扶贫台账，完善贫困户精准扶贫、精准脱贫档案资料，确保纲目齐全、内容完整、信息准确、填写规范。

提高贫困人口脱贫质量。严格执行贫困退出标准和程序，规范贫困村、贫困人口退出组织实施工作，扎实开展脱贫调查摸底，加强规划计划，合理安排脱贫时序，对完全依靠政策兜底脱贫的失能弱能贫困人口安排在脱贫攻坚期内最后脱贫。脱贫攻坚期内扶贫政策保持稳定，贫困村、贫困户退出后，相关政策保持一段时间。对已脱贫人口加强跟踪和动态监测管理，及时了解其生产生活情况，巩固脱贫成效。促进规范有序退出，确保如期实现脱贫攻坚目标。配合省级对贫困人口"两不愁三保障"实现情况、获得帮扶情况、贫困人口参与脱贫攻坚项目情况的普查工作。〔责任单位：市扶贫办、市公安局、市教育局、市卫计委、市人社局、市民政局、市国土资源局（市不动产登记局）、市残联、市财政局，各县区党委和政府〕

建立县级脱贫攻坚项目库，充分调动和发挥部门作用，共建共用共享项目库，提高项目库质量。健全公告公示制度，落实"两个一律"公开要求，即中央、省、市、县扶贫资金分配结果一律公开，乡村两级扶贫项目安排和资金使用情况一律公告公示。建立同级审（内审）机制，加强资金日常管理，定期分析账面资金，对审计结余、招标结余、立项重叠以及实施条件不成熟所造成的闲置资金，实行定期结算清理和回收再调整。加强扶贫资金项目常态化监管，强化主管部门监管责任，确保扶贫资金尤其是到户到人资金落到实处。（责任单位：市扶贫办、市财政局、市审计局，各县区党委和政府）

建立农村基层公共法律服务网络。对贫困人口开展精准法律援助服务，扶贫对象申请法律援助免于事项限制，实现贫困群众应援尽援，维护合法权益。对贫困村集体经济组织和个人引进外地资金技术开展的脱贫致富项目，给予各项法律意见指导，防范法律风险。加强对贫困群众的法治宣传和法律咨询服务，推动农村农民依法办事。完善贫困村基层人民调解组织建设，协助村组织引导信访当事人依法理性反映诉求，妥善处理信访案件，切实做好打击扶贫领域违法犯罪的法律服务。（责任单位：市司法局、市信访局、市法院、市检察院，各县区党委和政府）

三、筑牢八项保障体系

（一）严格落实脱贫攻坚责任制

严格落实省负总责、市县抓落实、乡（镇）推进和实施的工作机制。市县抓落实，重在从当地实际出发，推动脱贫攻坚各项政策措施落地生根；乡（镇）推进和实施，重在做好脱贫攻坚政策承接、组织实施、分类推进等具体工作。充分发挥各级党委总揽全局、协调各方的领导核心作用。健全脱贫攻坚工作机制。市委常委会、市政府常务会每半年至少召开一次专题会议，听取脱贫攻坚工作汇报，研究解决重大问题。适时召开全市脱贫攻坚调度会、推进会。县（区）党委和政府每季度至少专题研究1次脱贫攻坚工作，党政正职每月至少有2个工作日用于扶贫、每月至少调度1次脱贫攻坚工作；乡镇党委、政府每月至少研究1次脱贫攻坚工作，党政正职每月至少有4个工作日用于扶贫，每周至少调度1次脱贫攻坚工作。实施遍访贫困对象行动，持续实施市委书记遍访脱贫攻坚任务重的乡镇，县（区）委书记遍访贫困村，乡镇党委书记和村党组织书记遍访贫困户，以遍访贫困对象行动带头转变作风，了解贫困群体实际需求，掌握第一手资料，发现突出矛盾，解决突出问题。建立领导挂点包村责任制。深入开展县（区）四套班子挂点乡镇、贫困村，负责对挂点乡镇和贫困村脱贫攻坚工作的指导、调度、推进和管理。乡镇班子成员包村，负责对所包村脱贫攻坚工作的落实推进，开展遍访贫困户、边缘户和非贫困户活动。村"两委"干部包贫困户，具体落实贫困户政策享受及代办工作，定期与乡镇"两不愁三保障"责任部门对接，跟踪落实扶贫政策。

压实行业部门扶贫责任。市直有关单位要按照省委、省政府和市委、市政府脱贫攻坚系列重大决策部署要求，落实行业部门完善配套政策举措，细化目标任务，强化组织实施。县扶贫开发领导小组要分解落实各地区脱贫目标任务，实化脱贫具体举措，分解到年、落实到人。市扶贫开发领导小组成员单位每年向市委、市政府报告本部门本单位脱贫攻坚工作情况。（责任单位：市扶贫开发领导小组各成员单位，各县区党委和政府）

（二）资金投入保障

加大财政扶贫投入力度，健全财政扶贫资金投入增长机制，市、县（区）各年度财政扶贫资金投入增长比例符合资金绩效管理要求，确保政府投入力度与脱贫攻坚任务相适应，尽快补齐脱贫攻坚短板。加大财政扶贫资金动态监管，落实扶贫项目实施和资金支出进度定期通报制度，在确保项目质量和资金安全的前提下，专项扶贫资金年度支出进度符合绩效考核要求，提高扶贫资金使用效益。（责

任单位：市财政局、市扶贫办，各县区党委和政府）

加大金融扶贫支持力度，全面推进创业、产业扶贫贷款，加大对产业扶贫、就业扶贫的支持，健全金融扶贫风险补偿机制。建立扶贫信贷风险补偿金，分担扶贫贷款风险代偿责任，缓释贷款风险。县（区）政府财政出资设立风险补偿金，建立基金动态补充机制，并及时足额补充到位；按1∶8的比例放大，撬动银行扶贫贷款，加大对扶贫小额信贷、创业就业和产业扶贫信贷发放力度。严格落实扶贫信贷贴息制度，落实对扶贫小额信贷和产业扶贫信贷100%给予贴息支持，降低贷款成本。强化风险管控，确保金融扶贫资金规范有序运行。

强化农村金融服务工作。推进"农村普惠金融服务站"建设，打造农村金融综合服务平台。面向农户提供助农取款、金融精准扶贫、人民币反假、金融知识宣传等基础金融服务，实现基础金融服务不出村、综合金融服务不出乡镇。持续落实农业保险扶贫相关政策要求。（责任单位：各县区党委和政府，市政府金融办、人行南昌支行、南昌农商银行、农业银行南昌分行、邮储银行南昌分行、市财政局、市扶贫办）

（三）脱贫攻坚干部队伍保障

加强贫困村年轻干部队伍建设。建立健全回引本土大学生、高校培养培训、县乡统筹招聘机制，为每个贫困村储备1至2名年轻干部。加大在贫困村青年农民、外出务工青年中发展党员力度，力争每个贫困村每两年发展1名年轻党员。发挥党员在脱贫攻坚中的先锋模范作用，完善贫困村党员结对帮扶机制，鼓励党员领办创办专业合作社，安排贫困户就近务工，带动贫困户入股分红。全面落实贫困村"两委"联席会议、"四议两公开"和村务监督等工作制度。选派乡镇新录用公务员到贫困村担任村书记助理、主任助理（简称"双助理"），协助村"两委"第一书记开展工作。

加强脱贫攻坚基层一线力量，突出抓好扶贫一线领导班子和干部队伍建设，注重从熟悉基层工作的副科级年轻党员干部中选派第一书记，加大选调生选拔工作力度并统一安排到村任职两年，着力培育出一支朝气蓬勃、坚强有力的优秀扶贫年轻干部队伍。牢固树立面向基层、突出实干的用人导向，及时选拔重用脱贫攻坚有激情、脱贫工作有办法、精准扶贫有成效的优秀干部，加大从优秀村（社区）书记、主任中选拔乡镇（街道）机关领导干部力度，引导扶贫领域干部在脱贫攻坚一线大显身手、干出实绩。保证脱贫攻坚干部队伍的相对稳定，对于工作不适应、不担当、长期打不开局面、弄虚作假的干部，按照《南昌市推进领导干部能上能下实施细则（试行）》的有关规定及时调整岗位并进行组织处理。

继续实施"双带"致富工程,加强培养"一村一品"工程的示范村点负责人,实施洪城人才"墩苗计划",组织动员和培育新型职业农民,加强"一村一名大学生工程"培养和使用,鼓励新型职业农民参加农业系列职称评审。(责任单位:市委组织部、市扶贫办、市人社局,各县区党委和政府)

(四)激发贫困群众内生动力

坚持将扶志、扶智、扶勤、扶德相结合,全面激发贫困群众内生动力。注重教育引导。通过"传习所""脱贫攻坚宣讲班""扶贫工作队""脱贫光荣证"等,加强基层文化建设,广泛宣传表扬自力更生、自主脱贫的先进事迹和典型,讲好脱贫攻坚"农村故事",引导和鼓舞贫困户自觉破除"等靠要"思想,激发贫困户脱贫致富的内生动力。注重本领培养。把智力扶持、人才培养、技能培训放在更加突出位置,统筹整合资源,发挥产业大户、创业能手、致富带头人等"田教授""农秀才"的头雁效应,推广"依托身边的产业、遴选身边的能人、传授身边的技术、带富身边的群众"模式,提高贫困户脱贫本领。注重正向激励。改进帮扶方式,落实以奖代补措施,利用产业、光伏等收益,加大对主动发展生产、参加务工就业的贫困户奖补力度,防止政策养懒汉、助长不劳而获和"等靠要"等不良习气。注重民风树立。广泛组织开展"脱贫致富典型""榜样家庭"等评比活动,对评比结果张榜公示,表扬先进,警示后进。大力开展移风易俗活动,修订完善村规民约,发挥村民议事会、道德评议会、红白理事会、禁毒禁赌会等群众组织作用,探索打造"红黑榜""曝光台"载体、建立贫困户脱贫成效评分奖励制度、推行依法治懒模式等,加强对高额彩礼、薄养厚葬、子女不赡养老人等问题的专项治理,推行将不履行赡养义务、虚报冒领扶贫资金、严重违反公序良俗等行为人列入失信人员名单。坚决杜绝"养不孝"和将家庭责任转嫁给政府和社会的行为。(责任单位:市委宣传部、市委农工部、市教育局、市文广新局、市人社局、市农业局、市民政局、市扶贫办、市法院、市公安局、市司法局,各县区党委和政府)

(五)营造良好舆论氛围

深入宣传习近平总书记关于扶贫工作的重要论述,宣传党中央、国务院,省委、省政府和市委、市政府关于精准扶贫精准脱贫的重大决策部署,宣传全市脱贫攻坚典型经验,讲述好贫困群众"脱贫故事",传播好脱贫攻坚"南昌成就",为打赢脱贫攻坚战注入强大精神动力。组织广播电视、报纸杂志、新闻网站等媒体将精准扶贫精准脱贫宣传纳入常态化宣传计划,开设专题、开辟专栏,推出一批脱贫攻坚重点新闻报道。利用重点新闻网站、微博、微信、手机报、移动客户端等新媒体平台开展脱贫攻坚宣传,结合重要时间节点组织脱贫攻坚网络媒体主题宣传活动，集中宣传脱贫攻坚工作成效。深入开展"10·17"全国扶贫日活动主题宣传。认真组织开展全国、全省脱贫攻坚典型奖的推选工作，培树一批脱贫攻坚先进典型，充分发挥榜样力量和示范引领作用。（责任单位：市委宣传部、市扶贫办、市文广新局、市文联、市脱贫攻坚"九大工程"牵头部门，各县区党委和政府）

（六）强化风险防范

做好脱贫攻坚风险防范，开展扶贫主导产业面临的技术和市场等风险评估，防止产业项目盲目跟风、一刀切导致失败造成损失。防范扶贫小额贷款还贷风险，纠正户贷企用、违规用款等问题。防止地方政府以脱贫攻坚名义盲目举债、违法违规变相举债。防范社会风险，防止贫困户和其他农户因享受政策利益失衡引发矛盾，做好群众疏导工作。健全涉贫舆情分级管理和处置机制，加强对信访线索问题和社会舆情的分析预判，及时引导社会舆论，做好防范处置，确保社会安全稳定。建立健全气象灾害风险普查、风险区划等气象灾害风险防范制度，做好灾害防御工作，最大限度降低因灾致贫、因灾返贫风险。（责任单位：市扶贫办、市财政局、市农业局、市政府金融办、市委宣传部、市公安局、市信访局、市气象局，各县区党委和政府）

（七）扶贫领域腐败和作风问题专项治理

持续开展扶贫领域腐败和作风问题专项治理，把作风建设贯穿脱贫攻坚全过程，以严格的监督执纪，保障扶贫资金安全；以精准务实的工作，确保如期打赢脱贫攻坚战。集中力量解决扶贫领域"四个意识"不强、责任落实不到位、工作措施不精准、资金管理使用不规范、工作作风不扎实、考核监督从严要求不够等突出问题。改进调查研究，采取"不打招呼、不设路线、不搞迎送、不要陪同、不作报道"方式深入基层调查研究，切实提高发现问题、解决问题的能力。注重工作实效，减轻基层工作负担，减少村级填表报数，精简会议文件，让基层干部把精力放在办实事上。严格扶贫资金审计，对中央、省、市下拨的扶贫资金逐笔追踪、逐笔问效，加大扶贫事务公开力度，接受群众监督。严厉惩处扶贫领域腐败，严厉打击套取侵吞、截留私分、挤占挪用扶贫资金犯罪，以及发生在群众身边、损害群众利益的"蝇贪""蚁贪"等微腐败犯罪。依纪依法坚决查处贯彻党中央、省委、市委脱贫攻坚决策部署不坚决不到位、弄虚作假问题，主体责任、监督责任和职能部门监管职责不落实问题，坚决纠正脱贫攻坚工作中的形式主义、官僚主义。进一步发挥巡察利剑作用，把扶贫领域腐败和作风问题作为巡察工作重点，市委巡察机构组织开展扶贫领域专项巡察，确保贫困村专项巡察全覆盖。加强警示教育工作，对扶贫领域腐败和作风问题典型案例公开曝光。（责任单位：市纪委

市监委、市委组织部、市扶贫办、市财政局、市审计局、市检察院、市法院,各县区党委和政府)

(八)统筹衔接脱贫攻坚与乡村振兴

脱贫攻坚期内,贫困地区乡村振兴主要任务是脱贫攻坚。乡村振兴相关支持政策要优先向贫困地区、贫困人口倾斜,补齐基础设施和基本公共服务短板,以乡村振兴巩固脱贫成果。[责任单位:市委农工部(市扶贫办)、市农业局,各县区党委和政府]

中共南昌市委
南昌市人民政府
2018年11月7日

关于推进健康扶贫再提升工程的实施方案

为认真贯彻落实党的十九大精神和习近平总书记在全国深度贫困地区脱贫攻坚座谈会上重要讲话精神，按照《江西省人民政府办公厅关于转发省卫生计生委等部门关于推进健康扶贫再提升工程实施意见的通知》（赣府厅字〔2017〕132号）要求，加大力度把因病致贫、因病返贫作为扶贫"硬骨头"主攻方向，市政府决定在现有工作基础上，深入推进健康扶贫再提升工程，并提出以下实施意见。

一、精准识别再提升

（一）精准到人

根据贫困人口动态管理情况和建档立卡贫困人口数据库系统，对贫困人口进行逐一比对，加强数据信息共享，完善因病致贫返贫建档立卡贫困人口数据库，确保我市因病致贫返贫贫困人口精准识别到人。

（二）精准到病

在贫困人口数据比对的基础上，开展因病致贫返贫贫困人口补充调查，核实核准因病致贫返贫贫困人口的基本信息、疾病名称与类别、治疗需求与方式、疾病诊断和治疗医院等情况，并根据贫困人口的动态数据信息，及时调查核实核准，确保因病致贫返贫原因精准到病种。

（三）精准施策

实行精准施策、分类施治。对能够一次性治愈的，集中力量开展专项救治；对需要住院治疗的，由就近具备能力的医疗机构实施治疗；对需要长期治疗和康复的，由基层医疗卫生机构在上级医疗机构指导下实施治疗和康复管理；对因病致残或丧失劳动能力、疾病已非主要致贫因素的，重点实行社会兜底保障政策。

二、兜底保障再提升

（四）落实城乡居民基本医保和大病保险扶贫政策

全面落实财政资助贫困人口参加基本医保政策，建档立卡贫困人口城乡居民大病保险起付线下降50%，大病保险一到三级定点医疗机构（含转外就医）补偿比例达到90%。年度累计政策范围内个人负担部分经城乡居民基本医保报销后，个人自付医药费超过7500元起付线的部分，按50%的比例由大病保险基金支付。

（五）切实保障门诊特殊慢性病待遇水平

一是将地中海贫血、血吸虫病、结核病、癫痫、儿童生长激素缺乏症等我省常见地方病纳入门诊特殊慢性病，确保门诊特殊慢性病种类达到30种，其中Ⅰ类8种、Ⅱ类22种。二是将门诊特殊慢性病报销比例提高到住院水平，即一级医疗机构报销90%、二级医疗机构报销80%、三级医疗机构报销60%。三是提高门诊特殊慢性病年度支付限额。将Ⅰ类门诊特殊慢性病年度最高支付限额提高到10万元，将Ⅱ类门诊特殊慢性病年度平均最高支付限额由3000元提高到平均5000元。四是将门诊特殊慢性病治疗医疗机构下沉到乡镇卫生院（社区卫生服务中心），方便贫困人口就近看病就医。

（六）提升补充保险筹资标准和保障水平

由各地根据实际，按照每人每年不低于330元筹资标准为农村建档立卡贫困人口购买重大疾病医疗补充保险，进一步提高贫困人口重大疾病医疗补充保险筹资水平，使之与兜底保障功能相适应。一是对农村建档立卡贫困患者在定点医疗机构住院经居民基本医保报销后剩余费用达不到大病起付线的患者，经居民基本医保报销后剩余费用由重大疾病医疗补充保险进行报销补偿；二是对农村建档立卡贫困患者在定点医疗机构住院经城乡居民基本医保报销后剩余费用能够达到大病起付线的患者，经居民基本医保和大病保险报销后剩余费用由重大疾病医疗补充保险进行报销补偿。重大疾病医疗补充保险分别按目录外75%、目录内90%的比例和顺序进行补偿，使农村建档立卡贫困患者最终实际报销补偿比达到90%以上。

（七）加大贫困人口医疗救助力度

将建档立卡贫困人口中农村特困人员政策范围内医疗费用，予以全额救助；低保对象政策范围内医疗费用，在现行救助比例的基础上，提高5个百分点予以救助；将农村特困人员、低保对象以外的建档立卡贫困户，纳入支出型贫困低收入大病患者和因病致贫救助对象的救助范围予以救助，或用临时（特别）救助等政策综合保障。

（八）建立政府、社会、慈善相结合的"爱心"救助兜底机制

对贫困患者经城乡居民基本医保、大病保险、补充保险、医疗救助"四道保障线"补偿后仍有困难承担个人自负费用的，以及不需住院但要长期服药的慢性病、精神病、失能性疾病等特困患者，由县级政府建立第五道保障线，实行兜底解决。鼓励各地探索建立政府、社会、慈善相结合的"爱心"救助兜底机制。

（九）严格控制医疗费用过快增长

深入推进公立医院综合改革，综合施策管控医疗费用，加强公立医院医疗费用主要控制指标的监测和排名通报，严格实施考核问责，确保全市年度医疗费用增长幅度降到10%以下。

三、大病救治再提升

（十）扩大救治病种

在继续实施10种大病免费救治的基础上，调整完善重大疾病免费救治政策。开展大病专项救治工作，对贫困人口患食道癌、胃癌、直肠癌、结肠癌、肺癌、耐多药肺结核、慢性粒细胞白血病、急性心肌梗塞、脑梗死、血友病、Ⅰ型糖尿病、甲亢、儿童苯丙酮尿症、尿道下裂及地中海贫血等15种重大疾病，实行专项救治政策。

（十一）提升救治标准

对15种专项救治的重大疾病，实行按病种付费总额控制。贫困患者在二级定点医疗机构救治费用先按城乡居民基本医保政策规定报销，基本医保报销不足定额标准80%的部分，由大病保险补足到80%，再由补充保险核报18%、个人负担2%；在三级定点医疗机构救治费用先按城乡居民基本医保政策规定报销，基本医保报销不足定额标准70%的部分，由大病保险补足到70%，再由补充保险核报27%、个人负担3%。

（十二）提升救治质量

实行救治医院定点管理，强化定点救治医院质量安全意识，完善管理制度和工作规范，加强业务培训考核，强化单病种质量控制，严格执行救治病种临床路径，规范临床诊疗行为，优化救治服务，保障医疗质量与安全。定点救治医院重大疾病救治医保目录外费用占比不得超过当地该病种2015年和2016年的平均水平，救治费用增长幅度原则上控制在当地医疗保险上一年度该病种平均治疗费用的5%左右。

（十三）实行贫困晚期血吸虫病患者免费救治

贫困晚期血吸虫病患者在定点医疗机构实行免费救治，救治费用按规定经城乡居民基本医保、大病保险、补充保险报销补偿后，对符合医疗救助条件的由医疗救助按政策予以救助，剩余费用按规定在重大公共卫生项目资金中统筹安排。

四、慢性病管理再提升

（十四）提升慢性病患者健康管理

基层医疗卫生机构为贫困慢性病患者每年进行一次免费健康体检，检查并评估心率、血压和血糖等指标，提供饮食、运动、心理等健康指导。将病情控制不稳定的患者，及时转诊到县级医疗机构，县级医疗机构组织开展一次健康会诊，为贫困慢性病患者制订个性化治疗方案，并将慢性病患者转回到基层医疗机构进行健康管理服务。

（十五）提升贫困人口签约服务

基层医疗卫生机构组织家庭医生团队，为所有贫困人口签订服务协议，免费制作、发放一张签约服务卡，服务卡用于记载签约对象的基本信息、疾病、治疗情况和签约医生的姓名、电话以及签约服务内容、标准和要求等。有条件的要同步建立电子化的签约服务卡，逐步实现就医"一卡通"。

（十六）提升贫困人口档案质量

结合健康体检和疾病筛查结果，进一步完善贫困人口尤其是慢性病患者的健康档案，健全贫困人口个人基本情况、健康体检信息和诊疗记录，为每个贫困人口建立一份准确、完整、规范的电子健康档案。逐步将健康档案信息与签约服务信息、医疗信息进行对接，提高健康档案的利用率。

五、服务体系再提升

（十七）加强县域卫生服务能力建设

推进实施国家《全民健康保障工程建设规划》，确保每个县（区）建成1—2所县级公立医院（含中医院，下同），提升县域综合服务能力。联络赣籍知名医学专家帮助县级公立医院建设重点专科。建立远程医疗服务系统，加大市级医院对基层医院远程医疗服务帮扶支持力度。

（十八）加强贫困人口就医费用结算服务

提高健康扶贫服务水平和效率，方便贫困人口看病和结算。对贫困人口在县域内定点医院住院治疗，落实"先诊疗、后付费"政策，医疗费用报销补偿实行

"一站式"结算服务,将城乡居民基本医保、大病保险和补充保险、医疗救助、财政兜底"五道保障线"统一结算,贫困患者只需支付自负费用即可。

（十九）加强医联体建设

加快推进医联体建设,促进市内优质医疗资源下沉到基层,开展基层医疗联合体项目建设,提升基层医疗机构服务能力,2018年实现县级医疗机构医联体全覆盖,基层医联体建设覆盖率达50%。

（二十）加强结核病防治工作

在结核病定点医疗机构设置贫困家庭结核病治疗专用床位,免费为贫困家庭结核病患者提供抗结核病治疗药品和健康管理服务。

六、工作机制再提升

（二十一）提升组织领导

各县区要将健康扶贫再提升工程作为脱贫攻坚的重要任务安排部署,聚焦解决因病致贫返贫、深度贫困问题,结合实际制定健康扶贫再提升工程具体实施方案,切实加强组织领导、推进实施和督导考核工作,逐项抓好健康扶贫再提升工作任务落实。

（二十二）提升统筹协调

建立卫生计生、扶贫、人社、民政、财政等部门密切配合、通力协作的工作机制,合力推进健康扶贫再提升工程。市卫生计生委负责健康扶贫再提升工程的总体协调、组织推进和监督检查工作。市扶贫办负责因病致贫返贫人口的精准识别,协助卫生计生部门推进健康扶贫再提升工作。市人社局负责完善城乡居民基本医保制度政策,加强对医保政策落实情况的监督、检查。市民政局负责落实医疗救助政策工作。市财政局负责督促地方财政按规定落实健康扶贫再提升工程资金筹集,并加强监督管理。

（二十三）完善费用结算

各地要完善医疗费用结算工作,对已纳入医保系统标识的农村建档立卡贫困人口,在县域内定点医疗机构就医费用须通过即时结算,医疗费用由定点医疗机构垫付,各县（区）医保局、承办大病保险公司、承办重大疾病医疗补充保险公司、民政局须与定点医疗机构签订协议,做到及时结算,缓解定点医疗机构垫付医疗费用的压力。县域外由县（区）政府组建"一站式"结算窗口,负责协调处理"一站式"结算服务。建档立卡贫困人口在统筹地区外医疗费用由个人先行全额垫付后,到县域内"一站式"结算窗口进行结算。

（二十四）提升监督考核

建立健全健康扶贫再提升工程评估机制，严格考核贫困人口医疗保障、大病救治、慢性病管理以及基层卫生服务体系建设等健康扶贫的落实，考核情况纳入市扶贫开发领导小组对各地脱贫攻坚工作成效考核的重要内容。提升健康扶贫再提升工程信息化水平，定期跟踪监测、通报反馈工作进展情况。

本方案自2018年1月1日起实施。

南昌市人民政府办公厅
2018年5月29日

关于调整市扶贫开发领导小组组成人员的通知

各县区委、县区人民政府，市委各部门，市直各单位，各人民团体：

根据脱贫攻坚工作需要和人事变动情况，经市委、市政府同意，对市扶贫开发领导小组组成人员作如下调整：

组　长：	殷美根	省委常委、市委书记
	刘建洋	市委副书记、市长
副组长：	邱向军	市委常委
	樊三宝	市政府副市长
成　员：	朱　斌	市纪委常务副书记、市监察委副主任
	胡小洪	市委副秘书长
	刘荣根	市政府副秘书长、市委农工部部长、市农办主任
	余志坚	市委组织部常务副部长
	黄小华	市委组织部副部长、市人社局局长
	李家旺	市委宣传部常务副部长
	黄　文	市委统战部常务副部长
	梁超伟	市委统战部副部长、市民宗局局长
	熊冬燕	市委统战部副部长、市工商联党组书记、副主席
	张周平	南昌警备区政治工作处主任
	李　林	市总工会常务副主席
	盛　炜	团市委书记
	胡　裔	市妇联主席
	余　颖	市残联理事长
	张小飞	市发改委主任
	黄中平	市国资委党委书记

李水平	市金融办主任
邹晓东	市民政局局长
吴韶宸	市建委主任
陶 志	市国土资源局局长
王 强	市住房保障和房产管理局局长
邹国星	市环保局局长
陆 萍	市交通运输局局长
胡荣棣	市农业局局长
付新灿	市林业局局长
胡崇敬	市水务局局长
王小文	市农发办主任
万昱原	市财政局局长
万仁如	市审计局局长
郭 宇	市统计局局长
邱春兰	国家统计局南昌调查队队长
吕 娄	市商务局局长
罗毛则	市供销社主任
谢为民	市教育局局长
李淑英	市科技局局长
赵刚平	市文化广电新闻出版局局长
沈 杰	市卫计委主任
陈清华	市旅发委主任
吕茂华	中国邮政集团公司南昌市分公司总经理

领导小组下设办公室，办公室设在市委农工部，由市委农工部副部长何国山同志任办公室主任，胡群同志任办公室副主任。

中共南昌市委办公厅
南昌市人民政府办公厅
2018 年 6 月 28 日

关于提高我市城乡困难群众保障标准的通知

各县（区）人民政府，各开发区（新区）管委会，市直各有关单位：

为贯彻落实党的十九大关于提高保障和改善民生水平的决策部署和《江西省人民政府关于印发2019年民生实事工程安排方案的通知》（赣府发〔2019〕1号）、《中共南昌市委　南昌市人民政府关于打赢脱贫攻坚战三年行动的实施意见》（洪府发〔2018〕17号）等文件精神，不断提高城乡困难群众基本生活水平，确保如期高质量完成脱贫攻坚任务，经市政府研究，决定提高我市城乡困难群众保障标准。现将有关事项通知如下：

一、提高城市低保标准。将城市低保标准提高60元，达到每月670元。财政月人均补差水平提高30元，达到435元。

二、提高农村低保标准。将农村低保标准提高50元，达到每月445元。财政月人均补差水平提高30元，达到290元。

三、提高城镇特困人员供养标准。城镇特困人员救助供养标准，按照不低于当地城市低保标准的1.3倍执行。将城镇特困人员供养标准提高82元，达到每人每月875元。

四、提高农村特困人员供养标准。农村特困人员救助供养标准，按照不低于当地农村低保标准的1.3倍执行。将农村特困供养标准提高67元，达到每人每月580元。

五、开展城乡特困人员照料护理服务工作。失能特困人员照料护理补助标准每人每月1200元，半失能特困人员照料护理补助标准每人每月300元。

六、提高二十世纪六十年代精简退职老弱残职工救济标准。二十世纪六十年代精简退职老弱残职工救济标准，城市人员由每人每月425元提高到485元，农村人员由每人每月386元提高到440元。

七、提高城乡孤儿基本生活保障水平。散居孤儿供养标准由每人每月800元提高到880元，机构养育孤儿供养标准由每人每月1200元提高到1320元。

八、调整后的保障标准从2019年1月1日起执行。

南昌市人民政府办公厅

2019年6月4日

市扶贫办公室职能配置、内设机构和人员编制规定

第一条 根据《省委办公厅、省政府办公厅关于印发南昌市市县机构改革方案的通知》（赣厅字〔2018〕91号）和《中共南昌市委办公厅、南昌市人民政府办公厅关于印发〈南昌市机构改革实施方案〉的通知》（洪办发〔2018〕22号）精神，制定本规定。

第二条 市扶贫办公室是市政府工作部门，为正处级。

第三条 市扶贫办公室 贯彻落实党中央关于扶贫开发和移民工作的方针政策和决策部署，在履行职责过程中，坚持和加强党对扶贫开发及移民工作的集中统一领导。主要职责是：

（一）贯彻执行党和国家，省委、省政府及市委、市政府有关扶贫开发和移民工作的方针、政策；拟订全市扶贫开发和移民工作的政策法规并组织实施；负责全市扶贫开发和移民统计监测工作。

（二）在全市经济社会发展总体规划的框架内，拟订全市贫困地区、贫困人口扶贫开发规划和年度工作计划并组织实施；会同有关部门编制全市移民扶持规划和年度项目计划并组织实施；按权限审核全市移民安置规划。

（三）负责全市扶贫开发和移民项目的管理，并会同有关部门对全市扶贫开发和移民项目的实施情况进行监督检查。

（四）参与制定全市扶贫开发和移民资金使用管理办法；负责全市扶贫资金分配；指导全市扶贫和移民机构的资金项目管理工作；会同有关部门对全市扶贫开发和移民资金使用情况进行稽查审计和监督检查。

（五）负责贫困地区、贫困人口科技扶贫的培训、示范、推广工作；组织开展扶贫和移民的生产技术培训工作。

（六）指导全市贫困地区开展有关扶贫方面的对外交流、横向协作工作；组织党政机关和社会各界开展定点扶贫和对口帮扶工作。

（七）完成市委、市政府交办的其他工作。

第四条　市扶贫办公室设下列内设机构：

（一）综合处。负责文电、会务、机要、档案等机关日常运转工作；承担信息、安全、保密、政务公开等工作；负责机构编制、人事管理、机关财务、综治信访和后勤服务等工作；承办市扶贫开发领导小组办公室的日常工作。

（二）计划财务处。拟订全市扶贫资金分配计划；指导全市扶贫资金项目的实施和管理工作；会同有关部门对扶贫资金项目实施情况进行检查监督；负责全市扶贫统计监测和贫困人口信息数据管理工作；负责移民后期扶持人口的动态管理工作。

（三）宣传教育处。拟订全市扶贫开发和移民工作的总体规划和年度实施计划；组织开展全市贫困地区干部的扶贫开发和移民业务的教育培训；负责全市扶贫政策宣传、调研工作；负责指导和协助全市贫困地区开展对外交流、横向协作工作。

（四）稽查考核处。负责组织对县区党委和政府扶贫开发工作成效、定点帮扶、贫困村退出等考核工作；负责组织其他重要政策措施考核评估等工作；负责对扶贫开发和移民工作的政策落实情况进行稽查、督导；负责处理回复12317信访件；负责拟订并落实全市党政机关、社会各界开展定点扶贫和对口帮扶工作计划。

（五）产业发展处。拟订全市扶贫产业规划和年度实施计划并组织实施；负责全市贫困地区、贫困人口科技扶贫的示范、推广工作；负责贫困地区劳动力转移培训（雨露计划）；负责贫困地区基础设施建设项目组织实施和管理工作。

机关党组织。负责机关及所属单位的党群、纪检工作。

第五条　市扶贫办公室机关行政编制20名。设主任1名，副主任2名，正科级领导职数6名（含机关党组织专职副书记1名），副科级领导职数4名。

第六条　本规定由市委机构编制委员会办公室负责解释，其调整由市委机构编制委员会办公室按规定程序办理。

第七条　规定自印发之日起施行。

中共南昌市委办公厅

2019年3月21日

关于成立或调整部分议事协调机构及相关组成人员的通知（节选部分）

各县区委、县区人民政府，市委各部门，市直各单位，各人民团体：

鉴于机构改革及人事变动情况，根据工作需要，经市委、市政府领导同志同意，决定成立或调整部分议事协调机构及相关组成人员。具体如下：

十、调整市扶贫开发领导小组

组　　长：	殷美根	省委常委、市委书记
	刘建洋	市委副书记、市长
副组长：	邱向军	市委常委
	滕俊峰	市委常委、副市长
	樊三宝	副市长
成　　员：	聂嘉平	市委副秘书长、信访局局长
	张湘赣	市委副秘书长、办公厅主任
	王小文	市政府副秘书长
	黄小华	市委组织部副部长、市人社局局长
	黄国平	市委组织部副部长、市委非公有制经济组织和社会组织工委书记
	夏清平	市委宣传部常务副部长、市委统战部常务副部长
	熊冬燕	市委统战部副部长、市工商联党组书记
	杨启棠	市直机关工委书记
	盛　炜	团市委书记
	胡　矞	市妇联主席
	余　颖	市残联理事长

张小飞	市发改委主任
谢为民	市教育局局长
刘志勇	市科技局党组书记
何　琦	市工信局局长
邹晓东	市民政局局长
万昱原	市财政局局长
陶　志	市自然资源局局长
邹国星	市生态环境局局长
吴韶宸	市城乡建设局局长
王　强	市房管局局长
袁一旦	市交通运输局局长
胡崇敬	市水利局局长
赵晓毛	市农业农村局局长
陈建军	市商务局局长
赵刚平	市文广新旅局局长
沈　杰	市卫健委主任
万仁如	市审计局局长
詹水发	市国资委主任
宋　明	市林业局局长
李水平	市金融办主任
黄　文	市民宗局局长
夏小兰	市统计局局长
郭　宇	市医保局局长
李　鑫	市大数据局局长
蔡　飚	国家统计局南昌调查队队长
罗毛则	市供销社社长
江赛清	南昌警备区政治工作处主任
王志伟	南昌供电公司总经理
郭纪平	中国邮政集团公司南昌市分公司总经理
孙　磊	农发行江西省分行营业部党委书记
李麒麟	中国农业银行南昌市分行总经理
陈迎宾	南昌农商银行行长

市扶贫办负责人兼任领导小组办公室主任。

中共南昌市委办公厅
南昌市人民政府办公厅
2019 年 10 月

南昌市深入开展消费扶贫
助力打赢脱贫攻坚战实施方案

各县（区）人民政府、开发区（新区）管委会，市政府各部门：

为深入开展消费扶贫，促进贫困人口脱贫增收，推动贫困地区经济社会发展，助力高质量打赢脱贫攻坚战，根据《江西省人民政府办公厅关于深入开展消费扶贫助力打赢脱贫攻坚战的实施意见》（赣府厅发〔2019〕21号）精神，结合我市工作实际，制定本实施方案。

一、指导思想

以习近平新时代中国特色社会主义思想为指导，深入贯彻落实习近平总书记关于扶贫工作的重要论述和视察江西的重要讲话精神，按照党中央、国务院和省委、省政府决策部署，坚持精准扶贫精准脱贫基本方略，坚持政府引导、社会参与、市场运作，创新体制机制、遵循市场规律，以贫困村、贫困户为支持对象，以购买贫困地区农特产品和服务为主要手段，广泛调动全社会参与消费扶贫的积极性，拓宽贫困地区农产品销售渠道，提升贫困地区农产品供应水平和质量，激发贫困群众脱贫致富内生动力，为坚决打赢脱贫攻坚战，打造富裕美丽幸福现代化江西"南昌样板"奠定坚实基础。

二、主要任务

（一）聚焦购买消费贫困地区扶贫产品和服务

1.推动各级机关企事业单位带头开展扶贫产品"五进"活动。把消费扶贫纳入市直单位定点帮扶内容。组织开展好扶贫产品"五进"活动，在质量安全可控的前提下，推动贫困地区农产品定向直供直销机关、学校、医院、企业等单位食堂和交易市场，在同等条件下优先采购贫困地区产品。各主管预算单位要做好统

筹协调，确定并预留本部门各预算单位食堂采购农副产品总额的一定比例定向采购贫困地区农副产品。引导干部职工自发购买贫困地区产品和到贫困地区旅游。鼓励各级工会按照有关规定组织职工到贫困地区开展工会活动。〔牵头单位：市扶贫办；责任单位：市委统战部、市直机关工委、市机关事务管理局、市教育局、市卫健委、市国资委，各县（区）人民政府、开发区（新区）管委会〕

具体措施：一是各县区引导各贫困村独立或联合成立相应农副产品销售公司，建立贫困村农副产品供应对接机制，收集整理并定期公开发布扶贫产品目录清单及相关信息。二是市机关事务管理局将机关食堂所需农副产品采购总额的15%用于采购贫困地区农副产品。三是市教育局将符合进入校园食堂的扶贫产品吸纳进入南昌市学校后勤智慧管理云平台，各学校食堂同等条件下优先采购贫困地区产品。四是市卫健委组织委属各医院食堂优先采购贫困地区农产品。五是市国资委对监管企业食堂数量进行摸底，并建立企业食堂采购联络员名单，组织监管企业食堂主动对接，引导企业在同等条件下优先采购贫困地区产品。六是市商务局组织利用"邮乐网""供销e家""淘宝直播"等电商平台以及淘宝江西特色馆、"老李头"等社会电商资源，开展电商消费促进活动以及"赣品网上行"活动和电商进农村项目，鼓励电商、超市、批发市场等流通企业与农业龙头企业、专业合作社对接，帮助贫困地区销售农特产品。鼓励各大超市、本地电商销售平台、公益性农产品批发市场设立本地农产品专区，为我市农特产品特别是贫困村农特产品销售提供便利，引导社会消费。七是市市场监管局建立相关的食品安全监督机制。八是市供销社加强对农村现代流通服务网络的规划、管理、监督和指导，改善农村消费环境，开拓农村市场，促进城乡经济社会统筹发展。

2.激发社会力量积极参与消费扶贫。将消费扶贫纳入"百企帮百村"精准扶贫行动，鼓励民营企业采取"以购代捐""以买代帮"等方式采购贫困地区产品和服务。推进"百社解千难"活动，发挥行业协会、商会、慈善机构等社会组织作用，积极参与行业主管部门举办的扶贫产品展销会、对接会，通过集中采购、组织展销、开展扶贫产品专卖等方式，动员爱心企业、爱心人士等社会力量参与消费扶贫。依托国家扶贫日、中国社会扶贫网、电商平台，积极策划相关活动，发出消费扶贫倡议，推动消费扶贫需求与供给精准对接，引导全社会广泛参与。〔牵头单位：市工商联；责任单位：市民政局、市农业农村局、市商务局、市扶贫办、市会展办、市总工会、团市委、市妇联，各县（区）人民政府、开发区（新区）管委会〕

具体措施：一是向商会、会员企业发出倡议，鼓励他们在食堂采购、员工福利、年会庆典等环节优先采购贫困村贫困户产品。二是引导商会、会员企业在开展走访慰问时，将简单的慰问金慰问品的形式转换为购买贫困群众产品和服务。三是收集"百企帮百村"活动中消费扶贫的数据及案例，适时对商会和贫困村消费扶贫提供服务和帮助，营造良好发展氛围。

3. 积极促进贫困地区劳务消费。支持贫困县与经济发达地区实施劳务协作，鼓励劳务输出地政府在贫困劳动力较集中的城市或地区建立劳务站，提高全省贫困地区劳务输出组织化程度。鼓励公共就业服务机构及各类人力资源服务机构开展劳务输出，组织开展专场招聘、就业创业指导和技能培训，扩大贫困地区招工规模。围绕月嫂、老年康养护理、家政服务、物业管理、餐饮等服务消费需求，加强贫困地区职业教育和贫困人口就业培训，打造一批职业素养高、市场口碑好的专业化劳务输出品牌。［牵头单位：市人社局；责任单位：市商务局、市扶贫办、各县（区）人民政府、开发区（新区）管委会］

具体措施：一是结合各类主题招聘活动促进农村劳动力转移就业。通过开展"春风行动""民营企业招聘周""金秋招聘月"等招聘活动，促进农村贫困劳动力跨县、跨省有组织转移就业。二是积极为民营企业、工业园区企业和求职者搭建供需平台。通过送政策、送岗位、送培训、送创业项目进社区、入校园、下乡村等形式多样的活动，帮助求职者与用工单位达成就业意向，提高贫困地区招工规模。三是坚持因地制宜、分类指导的原则，对有劳动能力及培训意愿的贫困劳动力开展技能培训，尤其是开展月嫂、养老护理、餐饮等服务行业培训，加强贫困劳动力就业技能，利用技能实现增收，坚定早日脱贫信心，刺激消费。

（二）聚焦拓宽贫困地区扶贫产品流通和销售渠道

4. 延伸供应链条。开展扶贫产品交易市场转型升级建设，加强扶贫产品零售终端建设。引导扶持一批企业参与消费扶贫，提升完善基础设施、供应链服务、生产基地建设，打通农业生产向加工、流通、销售、旅游等链条的结合。加快推进县、乡、村三级物流网络节点建设，整合农村客运站、电商点、邮政所、基层供销社、农技服务中心、农村综合服务社等，实现农产品从田间到餐桌的全链条联动。［牵头单位：市商务局；责任单位：市农业农村局、市交通运输局、市供销社、市邮政管理局，各县（区）人民政府、开发区（新区）管委会］

具体措施：一是全力推动农产品物流体系建设，解决"运"的问题。尽快建立农村物流三级配送体系，加大物流体系特别是冷链物流体系建设；积极整合邮政、供销、农业农村等部门原有农村网点资源，培育本地承接物流企业，构建电商快递配送网络，降低物流成本；认真研究农产品的包装技术，提高农产品的包装质量，尤其是要提高农产品的保鲜程度。二是着力提高电商公共服务水平，解决"人"

的问题。对贫困地区及周边区域农户进行信息技术和电子商务培训,提高电子商务在农户中的了解度和可信度;加强对农产品电子商务人才的培养,加快农民经纪人队伍建设,提高农村信息人员素质。

5. 拓宽扶贫产品销售渠道。强化电商平台建设,依托中国社会扶贫网,打造合作开放共赢的江西电商扶贫联盟。加大邮乐购、供销e家、赣农宝、和我信、阿里巴巴、苏宁等电商平台宣传推广及应用,鼓励和引导贫困地区农产品企业入驻各电商平台。支持符合条件的贫困村农产品参加重大展示展销活动,积极推介我市贫困村优质农产品开拓线下线上市场。开展农民手机应用技能培训,提高贫困地区农民利用手机进行农产品网上营销的能力。发挥南昌国家粮食交易中心作用,利用中国谷物网、江西粮食电子交易平台为贫困地区粮食种植户、粮食企业提供粮食市场交易、价格指数、物流等信息。引导粮食企业与贫困地区粮食种植户签订粮食收购订单,缔结产销合作联盟。[牵头单位:市商务局;牵头单位:市扶贫办、市农业农村局(含粮食局)、市供销社,各县(区)人民政府、开发区(新区)管委会]

具体措施:一是大力推动电商扶贫新模式,解决"名"的问题。大力引导推广"电商企业+农业龙头企业+合作社+农户(贫困户)""你种我销、你养我卖""线上线下、同城对接"等电商新模式,推动大数据和电商在"以销定产"方面的运用,不断壮大农业龙头企业和村集体企业;鼓励和支持企业(合作社)推进集约化、规模化、品牌化的订单式农业生产,推动由"种什么卖什么"向"要什么种什么"转变;引导企业开展"三品一标"农产品认证和网销产品商标注册,做大做强我市农产品电商品牌,打响我市农产品电商"新名片"。二是强力推动电商资源与贫困地区对接,解决"销"的问题。充分利用"邮乐网""供销e家""淘宝直播"等电商平台以及淘宝江西特色馆、"老李头"等社会电商力量资源组织电商消费促进活动以及"赣品网上行"活动和电商进农村项目,鼓励电商、超市、批发市场等流通企业与农业龙头企业、专业合作社对接,帮助贫困地区销售农特产品;鼓励各大超市、本地电商销售平台、公益性农产品批发市场设立本地农产品专区,为我市农村地区特别是贫困地区农特产品销售提供便利,引导社会消费。

6. 建设完善农村物流网络。加快推进冷链物流建设。鼓励供销社、邮政和电商企业、物流企业、农产品批发市场等,整合产地物流设施资源,增强仓储、分拣、包装、初加工、运输等综合服务能力。推进"快递下乡"工程,2019年年底前全市乡镇快递服务覆盖率保持100%。支持快递企业以合资合作方式,健全贫困地区县乡村快递服务网络,降低贫困地区快递成本。支持邮政企业、快递企业开放贫困地区网络资源,与农业、供销、商贸企业共享农村邮政业基础设施,共建县、乡、村流通服务网络。[牵头单位:市商务局、市邮政管理局;责任单位:市供销社、市交通运输局,各县(区)人民政府、开发区(新区)管委会]

具体措施:一是鼓励深农批、玉丰集团、肉联集团、马力冷运等连接重要产销地的企业整合产地供销、邮政、电商物流设施资源,增强仓储、分拣、包装、初加工、运输综合服务能力;继续实施县乡农贸市场建设改造,推进县乡社区生鲜便利店建设试点。二是深入推进邮政电商扶贫工程,指导南昌市邮政公司结合其"农村电商扶贫工程"的具体工作要求,由其基层员工或专门工作人员在各乡镇发现培养合适的经营者,寻找当地特色农产品上线其"邮乐购"农产品平台或者其他电商平台,然后利用其覆盖乡镇的邮运路线,最终实现农产品"田间到餐桌"。三是督导快递企业进一步规范乡镇快递网点经营许可管理,促进乡镇、农村快递网点经营合法化。四是持续推进"快递下乡"工程,推广新建区各快递品牌通过业务合作设立的"村社通"模式,加强引导快邮合作、快快合作,助推农村电商公共配送站点建设;加快交邮融合,实现快递服务全覆盖。五是服务乡村振兴战略,积极培育邮政服务三江马蹄、顺丰服务军山湖赣蟹、百世服务煌上煌等项目,打造本地服务农村电商典型项目。六是服务特色小镇助力精准扶贫,持续推进快递服务文港"文房四宝"金牌示范项目。

(三)聚焦提升扶贫产品供给水平和质量

7.推进标准化建设。支持贫困地区开展标准化生产,积极创建省级绿色有机农产品示范县,实施好绿色有机农产品和地理标志农产品的认证或登记工作,启动国家柑橘标准化区域服务与推广平台建设。实施科技特派团富民强县工程,鼓励引导涉农企业与农业科研院所、高校等院校开展产学研协同创新。积极配合开展江西省农产品可追溯标准体系的创制,推广应用国家农产品质量安全追溯平台和可追溯国家标准,扩大贫困地区特色农产品质量安全追溯覆盖面。开展贫困地区农产品生产、流通企业"双随机一公开"监管,落实联合激励与惩戒举措,加强贫困地区农产品质量安全监管。[牵头单位:市农业农村局;责任单位:市科技局、市市场监管局,各县(区)人民政府、开发区(新区)管委会]

具体措施:一是巩固南昌县、进贤县和新建区省级绿色有机农产品示范县创建成果,发挥示范引领作用,积极引导其他县区创建省级示范县。二是发挥奖补政策导向作用,大力发展绿色、有机农产品和农产品地理标志。三是强化农产品质量安全监管举措,落实部门联合奖惩措施,着力提升贫困地区农产品质量安全水平。四是加速农产品质量安全追溯体系建设,助推贫困地区特色农产品纳入国

家追溯平台。五是深入推进科技特派员制度，鼓励引导高校、科研院所的科技人才以问题为导向与涉农企业的技术需求进行对接，转化应用推广一批科技成果。

8. 提升规模化经营。推动贫困地区实施农业结构调整，结合资源禀赋发展特色种养殖业，重点打造蔬菜、果业、油茶、花卉苗木、畜牧业等产业。壮大新型农业经营主体，探索推广"龙头企业+家庭农场""龙头企业+农民合作社+农户"模式，在贫困地区建立生产基地，大力发展订单农业，提高农产品供给的规模化水平。落实农产品产地初加工补助政策，统筹整合资金通过"以奖代补"、财政贴息等方式，支持农产品初加工和精深加工企业扩大产能，提升农产品加工水平。[牵头单位：市农业农村局；责任单位：市财政局，各县（区）人民政府、开发区（新区）管委会]

具体措施：一是对于具有扶贫带动作用，开展绿色种植业、养殖畜禽产业的企业、新型经营主体，在政策上给予倾斜。二是迎合畜禽养殖企业、合作社等新型农业经营主体技术需求，适时开展相关养殖、疫病防控培训。三是修订《南昌市农业产业化专项资金管理办法》，落实各项补助政策，并向带贫益贫企业给予政策倾斜。

9. 实施品牌化建设。深入实施消费品"三品"战略，做大做强一批农业优势产业品牌。[牵头单位：市农业农村局、市商务局；责任单位：市发改委、市市场监管局，各县（区）人民政府、开发区（新区）管委会]

具体措施：一是全面加强老字号品牌情况摸排，挖掘符合申报条件的企业申报"中华老字号""江西老字号"品牌。二是加大我市老字号品牌宣传推广工作。三是积极组织我市老字号企业赴全国各地参会参展，扩大品牌知名度。

（四）聚焦贫困地区休闲农业和乡村旅游融合发展

10. 强化规划引领。落实好《江西省旅游业发展"十三五"规划》中提出的贫困地区旅游项目建设，优先实施贫困地区乡村旅游点建设。充分发挥南昌市内旅游院校和旅游规划机构人才优势，建立贫困地区"专家+乡村旅游点"双向互动机制，鼓励和引导专家深入休闲农业和乡村旅游点实施定点帮扶。[牵头单位：市农业农村局、市文广新旅局；责任单位：各县（区）人民政府、开发区（新区）管委会]

具体措施：一是制订《休闲农业和乡村旅游产业推进脱贫行动实施方案》。二是免费为部分有旅游资源的贫困村编制乡村旅游规划；成立旅游资源普查委员会，请专家对乡村旅游点实施定点帮扶；对符合旅游产业资金管理办法的建设项目进行补助。

11. 完善基础设施。按照"乡村环境景区化"的标准，结合干线公路及农村公路建设，完善贫困地区乡村旅游点路网建设，到 2020 年，实现全省贫困地区 3A 级以上乡村旅游点通三级及以上公路达 100%，4A 级以上乡村旅游点具有通行旅游大巴的能力，具备条件的 4A 级以上乡村旅游点客车通达率达 100%。加强贫困地区乡村旅游服务体系建设，完善游步道、停车场、供水供电、应急救援、医疗救护等服务设施，支持重点乡村旅游点建设国家 A 级标准旅游厕所，鼓励农家乐、渔家乐等民宿建设三格式无害化厕所。加强贫困地区乡村排污整治，积极推广"户分类—村收集—乡运转—区域处理"的城乡环卫一体化生活垃圾收运处理体系，乡村旅游重点镇、旅游风情小镇和规模较大的乡村旅游村庄，应建设污水处理设施或按照经济原则，就近将产生的污水纳入城市污水收集管网。〔牵头单位：市交通运输局、市农业农村局、市文广新旅局、市建设局、市城管局；责任单位：市公路局，各县（区）人民政府、开发区（新区）管委会〕

具体措施：一是积极推进城乡客运一体化建设，加快建制村通客车工作，紧盯乡村旅游点，层层压实责任，争取地方人民政府加大财政支持和政策扶持力度，科学规范客运站点，完善运营管理机制，狠抓道路运输安全，加强动态管控力度，保障客运班线稳定运行，以乡村旅游消费升级助推打赢脱贫攻坚战。二是依托我市农村公路窄路面拓宽、升级改造及普通国省道建设等工作计划，争取地方政府及各旅游景区的政策和资金支持，积极推进我市各 3A 级以上景区路网建设，力争在时间节点前完成工作任务。三是市农业农村局积极推广"户分类、村收集、乡转运、县区处理"农村生活垃圾治理模式，选择基础条件较好的乡镇开展农村垃圾分类处理试点工作，做好城乡环卫一体化生活垃圾收运处理。四是加大对贫困乡村建设指导，对命名为乡村旅游点、符合旅游产业资金管理办法的建设项目进行资金补助；对省 3A 级以上乡村旅游景点，在本年度内建设（含新建及改建）并完成的国家 A 级标准旅游厕所，在验收合格后，将在国家、省、市三级旅游公厕建设扶持资金中给予奖补措施。五是按照省住建厅有关建制镇污水处理项目建设工作部署，督促相关县区做好相关污水处理项目建设工作。六是督促江西洪城康恒环保公司加快推进日处理 2400 吨的麦园垃圾焚烧发电厂项目建设，力争 2019 年底建成投产。七是督促并协助南昌首创环保能源公司加快南昌泉岭生活垃圾焚烧发电厂扩建项目前期报建手续，力争项目于 2019 年底开工建设，计划 2020 年底建成投产。

12. 推进融合发展。在贫困地区推动"乡村旅游+"，支持乡村旅游与休闲、观光、科普、体验、养老、运动、中医药等多种业态融合发展，着力打造以生态观光、文化旅游、城郊游憩、休闲农业、红色旅游等为重点的乡村旅游产品。促进"互联网+旅游商品"发展，引导贫困地区将农副产品开发为土特产品、旅游纪念品、特色食品等乡村旅游商品，推进乡村旅游重点村全面与旅游电商、现代物流等企业建立合作关系，延长销售链条，实现有效增收。推动知名在线旅行商与贫困地区乡村旅游企业合作，建设乡村旅游电商平台，完善导游、导航、导览、导购等智慧旅游服务。〔牵头单位：市文广新旅局、市农业农村局；责任单位：市委网信办、各县（区）人民政府、开发区（新区）管委会〕

具体措施：一是大力推动"乡村旅游+"业态与乡村旅游深度融合，打造提升乡村旅游特色精品线路，推进乡村旅游发展持续升级；组织乡村旅游产品参加一些知名的旅游商品展览、参赛。二是以《关于加快推进农业结构调整实施方案》为抓手、整合统筹相关资金，加大投入力度，引导有资源要素条件且有意愿的贫困村发展休闲农业和乡村旅游业；培育壮大具有扶贫带动作用的休闲农业企业，引导企业与贫困户建立契约型、股权型利益联结机制；深入挖掘贫困村蕴含的特色景观、农耕文化、乡风民俗等优质资源，丰富文化内涵，拓展农业功能，开发特色产品，发掘村落历史，建设一批设施完备、功能多样的乡村民宿、农耕体验、康养基地等休闲观光园区，发挥长效的扶贫带动作用。积极创建休闲农业品牌，扶持建设一批功能完备、特色突出、服务优良的农家乐、休闲农庄、美丽休闲乡村等，并重点向贫困村倾斜。

13. 提升服务能力。建立完善休闲农业和乡村旅游产品、服务标准和规范，引导贫困地区乡村旅游差异化、特色化、规范化发展。开展乡村旅游智力扶贫工程，协调企业、科研院所和高校专家与行业精英力量，帮助贫困地区培训休闲农业和乡村旅游人才，提供项目策划、创业辅导、经营管理、市场营销等一站式服务。开展乡村旅游创客工程，创建乡村旅游创客基地，组织引导大学生、返乡农民工、艺术人才、专业技术人员、青年创业团队等各类创客投身乡村旅游发展，改善乡村旅游人才结构。〔牵头单位：市文广新旅局、市农业农村局；责任单位：市人社局、市扶贫办，各县（区）人民政府、开发区（新区）管委会〕

具体措施：一是举办乡村旅游人才培训班。二是制定《南昌市美丽休闲乡村评定办法》《南昌市星级农家乐评定办法》《南昌市十佳休闲农庄评定办法》《南昌市休闲农业市级精品线路评定办法》等评定办法。

14. 加强宣传推介。加强贫困地区休闲农业和乡村旅游目标市场的分析和定位，积极引导社会资本开拓旅游市场、促进产业发展。广泛运用广播电视、平面媒体及互联网等新兴媒体，将乡村旅游融入"江西风景独好"品牌宣传，纳入全市旅游形象营销整体。开展旅游扶贫公益宣传，深入挖掘、策划、推介一批贫困地区休闲农业和乡村旅游精品目的地。［牵头单位：市文广新旅局、市委宣传部；责任单位：市扶贫办，各县（区）人民政府、开发区（新区）管委会］

具体措施：一是结合"天下英雄城·南昌"城市品牌宣传，通过省市卫视、报纸等传统媒体和网络，移动互联网等新媒体，策划、宣传南昌乡村旅游景区和旅游产品。二是组织市属媒体宣传报道我市贯彻落实《江西省人民政府办公厅关于深入开展消费扶贫助力打赢脱贫攻坚战的实施意见》的具体举措、典型经验、典型人物及贫困地区发展休闲农业和乡村旅游的举措、成效等。根据市、县（区）两级扶贫部门、旅游部门提供的新闻线索，开展宣传报道，营造脱贫攻坚舆论氛围。

三、工作要求

（一）强化组织领导

各部门要把消费扶贫工作纳入部门行业扶贫工作计划任务中，明确工作职责，细化政策举措，有序推进消费扶贫各项任务落实。各地要结合脱贫攻坚实际，科学制订方案，明确目标任务，完善工作机制，动员机关和国有企事业单位示范带头，发挥有关行业组织作用，鼓励民营企业和社会力量积极参与，营造全社会广泛参与的浓厚氛围，推动消费扶贫深入开展。［市发改委、市扶贫办、市农业农村局、市商务局、市文广新旅局、市供销社、市财政局和各县（区）人民政府、开发区（新区）管委会各负其责］

（二）强化政策激励

统筹相关政策资源和项目资金，对在贫困地区从事农产品加工、销售和休闲农业、乡村旅游的企业，在金融、土地、水电等方面给予倾斜支持。充分调动各方面积极性，对参与消费扶贫有突出贡献的单位和个人，采取适当方式给予奖励激励。建立健全消费扶贫台账，重点统计购买贫困村、贫困户农产品和消费扶贫成效突出企业、合作社的产品相关数据，作为政策支持、评先评优等重要依据。［市发改委、市财政局、市农业农村局、市商务局、市文广新旅局、市扶贫办和各县（区）人民政府、开发区（新区）管委会各负其责］

（三）强化督促落实

加强对消费扶贫工作的督促指导，落实财政部、国务院扶贫办《关于运用政府采购政策支持脱贫攻坚的通知》（财库〔2019〕27号）的要求，定期调度各预算单位采购贫困地区农副产品及贫困地区物业服务情况。将消费扶贫工作开展情况作为考核帮扶单位定点帮扶工作的重要内容。及时跟踪消费扶贫工作进展，协

调解决工作推进中的困难和问题,对落实不力、进度滞后的进行督促整改,对真抓实干、成效明显的给予表扬激励。[市发改委、市财政局、市扶贫办、市农业农村局、市商务局、市文广新旅局和各县(区)人民政府、开发区(新区)管委会各负其责]

南昌市人民政府办公厅

2019年10月14日

关于调整市防范化解重大风险工作领导小组等部分议事协调机构及相关组成人员的通知（节选部分）

各县区委、县区人民政府，市委各部门，市直各单位，各人民团体：

鉴于人事调整，根据工作需要，市委、市政府决定调整市级议事协调机构（共90个）。机构名单及其组成人员如下。

六、市扶贫开发领导小组

组　　长：	吴晓军	省委常委、市委书记
	黄喜忠	市委副书记、市长
副组长：	严　允	市委副书记
	樊三宝	副市长
成　　员：	沈　杰	市人大常委会副主任、市卫健委主任
	聂嘉平	市委副秘书长、信访局局长
	张湘赣	市委副秘书长、办公厅主任
	王小文	市政府副秘书长
	余志坚	市委组织部常务副部长
	黄小华	市委组织部副部长、市人社局局长
	夏清平	市委宣传部常务副部长、市委统战部常务副部长
	黄　文	市委统战部副部长、市民宗局局长
	熊冬燕	市委统战部副部长、市工商联党组书记
	杨启棠	市直机关工委书记
	刘众星	团市委书记
	胡　裔	市妇联主席
	余　颖	市残联理事长、市发改委主任

谢为民	市教育局局长
刘志勇	市科技局党组书记
何　琦	市工信局局长
邹晓东	市民政局局长
万昱原	市财政局局长
陶　志	省自然资源厅二级巡视员、市自然资源局局长
陈宏文	市生态环境局局长
吴韶宸	市城乡建设局局长
王　强	市房管局局长
熊保良	市交通运输局局长
胡崇敬	市水利局局长
赵晓毛	市农业农村局局长
陈建军	市商务局局长
赵刚平	市文广新旅局局长
万仁如	市审计局局长
詹水发	市国资委主任
宋　明	市林业局局长、市金融办主任
夏小兰	市统计局局长
郭　宇	市医保局局长
李　鑫	市大数据局局长
蔡　飚	国家统计局南昌调查队队长
罗毛则	市供销社主任、南昌警备区政治工作处主任
蔡小平	国网南昌供电公司总经理
郭纪平	中国邮政集团有限公司南昌市分公司总经理
孙　磊	农发行江西省分行营业部党委书记
李麒麟	农行南昌市分行行长
余　德	南昌农商银行行长

市扶贫办负责人兼任领导小组办公室主任。

中共南昌市委
南昌市人民政府

南昌市扶贫开发
领导小组（市扶贫办）文件

关于加大 2017 年精准扶贫力度的几点措施

为了确保我市实现在全省率先脱贫的目标，按照中央、省关于贫困村、贫困户退出指标体系的要求，2017 年我市要全面贯彻实施好《中共南昌市委、南昌市人民政府关于推进农村精准扶贫工作加快实现脱贫目标的意见》（洪发〔2015〕11号）和《市委办公厅　市政府办公室关于在全市开展"百名书记扶百村、千个单位挂千点、万名干部联万户"行动的通知》（洪办字〔2015〕39 号）的文件精神，进一步加大精准扶贫工作力度，努力做到"七个全覆盖"，确保 2017 年全市贫困村、贫困户全面脱贫。

一、光伏扶贫全覆盖

继续推进光伏扶贫工程，2017 年全面完成全市 2000 户"无劳力、无资源、无稳定收入来源"的农村贫困户 3KW 光伏扶贫户站和 80 个 30KW 光伏扶贫村站建设，实现"三无"贫困户光伏扶贫收益户年均增收 3000 元以上，扶贫村村年均增收 3 万元以上的目标。

二、保障扶贫全覆盖

所有建档立卡贫困户全部纳入低保救助范围，做到应保尽保。落实医疗救助、教育救助、临时救助等各项保障政策，实现扶贫对象兜底保障全覆盖。

三、安居扶贫全覆盖

全面实施农村危房改造安居工程，认真做好全市农村危房调查核实登记工作，并切实解决贫困户住房条件，确保 100% 农户住房安全，无人居住危房拆除率 100%。

四、结对帮扶全覆盖

完善干部帮扶工作机制，强化全市党员干部与所有建档立卡贫困户结对帮扶责任，细化实化帮扶措施，督促政策落实和工作到位，切实做到扶真贫、真扶贫，不脱贫不脱钩。

五、村庄环境整治全覆盖

全市80个扶贫村所有自然村都必须做好环境整治工作，实现70%以上农户享有水冲式卫生厕所，25户以上自然村排水沟渠基本健全、无污水横流现象，确保每个自然村有1个垃圾集中收集点和1名保洁员。

六、主要基础设施建设全覆盖

确保贫困村25户以上自然村道路硬化率达到100%，85%以上农户入户路硬化；100%农户饮水安全，有水质、水量达标的自来水或家用井水；100%农户通生活用电，村委会所在地通动力电。

七、公共服务全覆盖

确保100%农户能收看电视节目，村委会所在地通宽带网络。每个贫困村建立综合服务中心、农民文化乐园、卫生室等公共服务设施。

南昌市扶贫开发领导小组
2016年10月24日

南昌市贫困村退出验收办法

为确保贫困村规范有序退出，根据《江西省扶贫开发领导小组关于建立贫困户贫困村贫困县退出机制的意见》（赣开发〔2016〕2号）和《中共南昌市委办公厅、南昌市人民政府办公厅印发〈关于坚决打赢全市脱贫攻坚战的实施意见〉的通知》（洪办发〔2016〕16号）精神，进一步规范全市贫困村退出标准，实现贫困村退出评价指标的体系化、数量化，增强可操作性，确保退出的贫困村真正享有较完善的基础设施条件、较好的公共服务水平，现结合我市实际，特制定贫困村退出验收办法。

一、指导思想

全面贯彻落实党的十八大和十八届五中、六中全会精神，深入贯彻习近平总书记系列重要讲话精神特别是对江西工作提出的"新的希望、三个着力、四个坚持"的重要要求，紧紧围绕在全省率先全面脱贫和全面小康的"两个率先"目标，把精准扶贫、精准脱贫作为基本方略，充分调动贫困村群众的积极性和主动性，坚决打赢脱贫攻坚战。

二、退出目标

2017年全市80个贫困村（省级63个、市级17个）全部退出，其中2016年退出31个贫困村（省级24个、市级7个），2017年退出49个贫困村（省级39个、市级10个）。

三、退出标准

（一）交通方面

1.25户（含25户）以上自然村有3.5米以上（含3.5米）宽度的通村委会硬化道路。

2.90%以上农户入户路硬化。

（二）饮水方面

100%农户饮水安全，有水质、水量达标的自来水、家用井水或山泉水。

（三）住房方面

1.100%农户住房安全。

无人居住危房拆除率100%。

（四）用电方面

1.100%农户通生活用电。

村域内通动力电。

（五）通讯方面

1.村委会所在地通宽带网络。

2.100%农户能收看电视节目。

（六）环境建设方面

1.80%以上农户享有水冲式卫生厕所。

2.25户（含25户）以上自然村排水沟渠基本健全，正常年份的降雨期无内涝现象，平时无污水横流现象。

3.25户（含25户）以上自然村有保洁员。

425户（含25户）以上自然村有垃圾集中收集点。

（七）公共服务设施方面

1.贫困村有卫生室。

2.贫困村有农村综合服务平台或综合文化活动室（中心）。

四、验收程序

市扶贫开发领导小组是贫困村退出验收的责任主体。

（一）乡村自评

每年11月初，由乡镇组织村"两委"和驻村帮扶工作队组成乡镇验收小组，对照贫困村退出验收指标进行测评。测评达到退出验收标准的由村党支部书记、村委会主任、驻村帮扶工作队队长签字确认，并在本乡镇范围内公示。公示时间不少于7天。公示无异议后，由乡镇党委书记、乡镇长、乡镇扶贫工作站站长（扶

贫专干）签字认可，报县（区）脱贫攻坚领导小组。

（二）市县验收

由市扶贫开发领导小组组织退出验收指标涉及的市县两级相关行业部门组成验收工作组，对乡镇上报的拟退出贫困村逐村逐项实地进行验收，填写"南昌市贫困村退出验收评分表"、相关部门认定意见及验收工作组意见，形成验收结果，由验收工作组组长签字确认。

（三）签字认定

对照贫困村退出验收指标评分95分（含）以上的为达标，视为符合退出标准；95分以下的视为不符合退出标准。县（区）要形成达标的贫困村退出名单，由县（区）委书记、县（区）长、县（区）扶贫办主任签字认可，报市扶贫开发领导小组，由领导小组组长签字认定，在本市及拟退出贫困村所在县（区）主要媒体上公告，并报省备案和批准。

五、工作要求

（一）切实加强领导

各级党委、政府必须高度重视贫困退出验收工作，认真履职尽责。贫困退出年度任务完成情况纳入市对县（区）党委政府扶贫开发工作成效考核内容。各县（区）脱贫攻坚领导小组应当加强组织领导和综合协调，靠实各行业部门在退出验收工作中的责任，及时研究解决退出验收工作中发现的问题，为退出验收顺利开展创造必要的工作条件。各级相关行业部门应当严格按照行业标准对相关行业指标进行验收认定，提出认定意见。扶贫部门应当做好指导培训、信息录入、协调服务等工作。

（二）强化监督问责

有关部门应当加强对贫困退出工作的督促检查，确保实体性要求达到退出验收标准，程序性要求不变通、不走样，防止贫困村"被摘帽"。对贫困退出验收工作中发生重大失误、造成严重后果的，对存在弄虚作假、违规操作等问题的，依纪依法追究相关部门和人员责任。

六、附则

本办法适用于南昌县、进贤县、安义县、湾里区、新建区的建档立卡贫困村。具体解释工作由市扶贫开发领导小组办公室负责。退出验收指标具体解释工作由相关行业部门负责。

本办法自 2017 年 1 月 1 日起施行。

附件：南昌市贫困村退出验收评分表

南昌市扶贫开发领导小组

2017 年 1 月 13 日

附件

南昌市贫困村退出验收评分表

贫困村名称：　　　　　　　　　　　　　　　　验收日期：

序号	指标	计分条件或评分标准	标准分	评价方法和数据来源	评分结果
	合计		100		
一	交通方面		25		
1	25户（含25户）以上自然村有3.5米以上（含3.5米）宽度的通村委会硬化道路	每少一条通村委会硬化道路扣1每，直至扣完为止	15	全面核态	
2	90%以上农户入户路硬化，入户道路宽度不少于1米、厚度不少于0.1米	90%（含）—80%农户入户路硬化扣2分，80%（含）—70%扣4分，70%（含）—60%扣6分，60%（含）—50%扣8分，50%以下扣10分	10	随机抽查30%以上农户，按抽查比例计分	
二	饮水方面		10		
3	100%农户饮水安全，有水质、水量达标的自来水、家用井水或山泉水	1户—5户（含）农户饮水不安全扣4分，5户—10户（含）扣7分，10户—15户（含）扣10分	10	随机抽查30%以上农户、相关部门认定	
三	住房方面		20		
4	100%农户住房安全	1户—5户（含）农户住房不安全扣5分，5户—10户（含）扣10分，10户以上扣15分	15	全面核查、相关部门认定	
5	无人居住危房拆除率100%	无人居住危房没有拆除，每留一幢扣0.5分，扣完为止	5	全面核查、相关部门认定	
四	用电方面		10		
6	100%农户通生活用电	1户—5户（含）农户不通生活用电扣2.5分，5户—10户（含）扣5分	5	随机抽查一定比例	
7	村域通动力电	不通动力电全扣	5	现场核查	
五	通讯方面		5		
8	村委会所在地通宽带网络	不通宽带网络全扣	2	现场核查	

续表

序号	指标	计分条件或评分标准	标准分	评价方法和数据来源	评分结果
9	100%农户能收看电视节目	1户—5户（含）农户不能收看电视节目扣1.5分，5户—10户（含）扣3分	3	随机抽查一定比例、现场核查	
六	环境建设方面		20		
10	80%以上农户享有水冲式卫生厕所	80%—65%（含）农户没有水冲式卫生厕所扣2分，65%—50%（含）扣4分，50%—35%（含）扣6分，35%以下扣10分	10	随机抽查30%以上农户	
11	25户（含25户）以上自然村排水沟渠基本健全，正常年份的降雨期无内涝现象，平时无污水横流观象	按全面核查比例得分	5	全面核查、随机询问	
12	25户（含25户）以上自然村有保洁员	每少一个自然村的保洁员扣0.5分，直至扣完为止	2	全面核查	
13	25户（含25户）以上自然村有垃圾集中收集点	每少一个垃圾集中收集点扣1分，直至扣完为止	3	全面核查	
七	公共服务设施方面		10		
14	有卫生室	没有全扣	5	现场核查	
15	有农村综合服务平台或综合文化活动室（中心）	没有全扣	5	现场核查	

相关部门意见：

验收工作组组长签字：　　　　　　是否符合退出标准：

南昌市脱贫攻坚督查工作办法

为深入贯彻习近平总书记对江西"在脱贫攻坚方面领跑"的指示精神,落实《中共江西省委、江西省人民政府关于全力打好精准扶贫攻坚战的决定》(赣发〔2015〕10号)、《中共江西省委办公厅、江西省人民政府办公厅关于坚决打赢脱贫攻坚战的实施意见》(赣办发〔2016〕14号)和《中共南昌市委、南昌市人民政府关于推进农村精准扶贫工作加快实现脱贫目标的意见》(洪发〔2015〕11号)和《中共南昌市委办公厅、南昌市人民政府办公厅关于坚决打赢全市脱贫攻坚战的实施意见》(洪办发〔2016〕16号)精神,确保我市率先在全省实现全面脱贫和全面小康的"两个率先"目标,制定本办法。

一、督查目标

通过开展督查,掌握中央、省、市关于精准扶贫、精准脱贫工作决策部署落实情况,督促各县区、市直各帮扶单位在脱贫攻坚组织领导、责任担当、力量整合、政策措施等方面落实到位,以严格的要求、扎实的作风打赢脱贫攻坚战。

二、时间安排

从2017年2月起,每月督查一次,每次督查时间一周。

三、对象范围

督查对象为各县区及乡镇党委、政府和市直各帮扶单位。

四、组织实施

由市扶贫开发领导小组从市委农工部(市扶贫办)、市农业局、市林业局、市水务局、市农发办抽调人员组成4个脱贫攻坚督查工作组,每组4人,组长由市委农工部、市农业局、市林业局、市水务局副县级领导中选派。

五、督查内容

重点督查脱贫攻坚责任落实情况，专项规划和重大政策措施落实情况；精准识别、精准退出情况，减贫任务完成情况；重点项目实施、财政涉农资金整合情况。具体内容如下：

（一）扶贫对象准不准

贫困对象确定是否符合程序，贫困户属性和致贫原因是否与建档立卡系统数据一致，是否存在弄虚作假、随意修改、谎报、瞒报和漏报等情况。

（二）扶贫数据全不全

重点检查贫困村、贫困户资料是否完整，管理是否有序，数据是否完整、真实、准确等情况。

（三）脱贫措施实不实

重点检查对标脱贫退出指标体系，县委、县政府在人、财、物方面政策措施制定和落实情况，"七个全覆盖"推进情况，资金整合到位情况。市直帮扶单位驻村帮扶机制是否完善，帮扶措施是否符合实际，帮扶力度是否适应贫困村、户脱贫退出的需要。帮扶干部责任是否落实到位，特别是非贫困村中贫困户帮扶责任人和帮扶措施是否落实到位等情况。

（四）扶贫力量强不强

重点检查县区、乡镇是否要求配齐配强了脱贫攻坚队伍；是否选派了责任心强、作风扎实、能干实事的党员干部与贫困户"一对一"结对帮扶；每个有建档立卡贫困对象的村是否派驻了扶贫（连心）小分队。市直单位是否选派了责任心强、作风扎实、能干实事的干部担任驻村第一书记、扶贫（连心）小分队工作队队员和"一对一"帮扶责任人。

（五）资金使用准不准

重点检查贯彻落实中央、省、市有关扶贫资金使用的政策和制度情况，扶贫项目和资金是否集中踏准贫困村、贫困户，贫困户是否受益，扶贫资金是否存在挤占、挪用、冒领、私分等情况。

（六）脱贫成效真不真

重点对标贫困户、村脱贫退出指标体系，督查摸清贫困户收入是否明显高于国家脱贫标准，有无辍学、医疗救助、住房环境和政策惠及、能力提升等方面情况。帮扶成效是否真实、收入是否属实、贫困户是否满意等情况。

六、督查方式

督查采取以乡镇为单位，以贫困村、贫困户为样本，坚持全面督查与随机抽查相结合、进村入户查看了解情况，主要采取以下方式进行：

（一）实地查看

督查组深入贫困村，到贫困户家里、项目现场，详细查看了解有关情况。

（二）基层座谈

召开由乡镇干部、驻村"第一书记"、村组干部、村民代表组成的座谈会，听取基层干部群众意见。

（三）查阅资料

查阅贫困村、贫困户精准识别、干部帮扶、项目管理和资金使用等资料，了解精准扶贫、精准脱贫工作落实情况。

（四）随机抽查

脱贫攻坚督查组采取随机抽查的方式，通过"查、看、访、问"等方法，不打招呼、直接进村入户开展实地调查，每次抽查的样本应为对象总数的10%以上。

七、工作要求

（一）精心组织，保证质量

要把督查作为当前的常规动作来抓，抽调熟悉农村工作、了解基层情况的同志参加，细化工作安排、突出重点任务，集中精力和时间，高质量开展督查。

（二）上下联动，协同推进

要加强统筹衔接，充分发挥各地党委、政府的作用，调动基层干部积极性，激发群众参与热情，形成工作合力，促进督查工作有力有序开展。

（三）求真务实，改进作风

要深入基层一线，摸清情况、找准问题，从实际出发，把握共性与个性，在查实情、出实招、求实效上下功夫。要严格遵守中央八项规定和省委、市委若干规定，严格纪律，务求实效。

（四）总结梳理，及时反馈

督查结束后，督查工作组要认真总结督查过程中发现的好经验、好做法和工作亮点，梳理推进过程中存在的问题，及时反馈督查结果，并形成书面汇报材料报市扶贫开发领导小组办公室，由其汇总报市委、市政府。

附件：1. 南昌市贫困户脱贫情况督查表
　　　2. 南昌市贫困村退出情况督查表

南昌市扶贫开发领导小组
2017 年 1 月 13 日

附件1

南昌市贫困户脱贫情况督查表

县（区）　　　乡（镇）　　　村　　　填表日期：　年　月　日

序号	指标类型	督查指标	督查内容	督查认定意见	督查整改意见
1	两不愁	人均纯收入稳定超过当年国定退出验收标准	人均纯收入是否稳定超过退出验收标准　是□　否□（收入元）	达标□ 未达标□	
2		有增收渠道	1.有无脱贫增收产业　是□　否□ 是否取得了实用技术培训合格证书或是否有培训台账记录 是□　否□ 有贷款需求的是否享受了精准扶贫专项贷款　是□　否□	达标□ 未达标□	
3			2.有无外出务工人员（包括有外出务工意愿人员）是□　否□ 有无就地务工就业人员　是□　否□	达标□ 未达标□	
4		贫困家庭成员有一定劳动能力	3.贫困家庭子女是否接受了中职或高职教育　是□　否□	达标□ 未达标□	
5		贫困家庭成员无劳动能力	成员家庭是否享受了低保或五保兜底政策 是□（　类低保□　五保□）否□	达标□ 未达标□	
6		无因病因学因房大额借款（5万元以上）	无因病因学因房大额借款（5万元以上）　有□　无□（借款　　元，其中因病　　元，因房　　元）	达标□ 未达标□	
7	三保障	义务教育阶段适龄人口无辍学学生	1.有无义务教育阶段适龄人口　有□　无□ 2.有无义务教育阶段适龄人口无辍学学生（因病休学和因残疾、智障而不能上学，辍学，休学填"无"）无□　有□	达标□ 未达标□	
8		接受学前和高中阶段教育的学生享受了相关特惠政策	有无学前、在校学生　有（学前□　小学□　中学□　高中□ 中职□　大学□　硕研□）无□ 2.学前教育学生是否享受相关特惠政策　是□　否□ 3.在校就读学生是否享受相关特惠政策　是□　否□	达标□ 未达标□	

续表

序号	指标类型	督查指标	督查内容	督查认定意见	督查整改意见
9		家庭成员全部参加了城乡居民基本医疗保险并享受了参保费用补贴政策	家庭成员是否全部参加了城乡居民基本医疗保险 是□ 否□ 符合条件的是否全部享受了参保费用补贴政策 是□ 否□	达标□ 未达标□	
10				达标□ 未达标□	
11		患病人口享受了基本医疗特惠政策	1.有无患病人口 是□ 否□ 2.患病人口是否享受了基本医疗特惠政策 是□ 否□	达标□ 未达标□	
12	基本医疗有保障	符合条件的患病人口享受了大病保险（含门诊慢特病）、医疗救助（含重特大疾病）、疾病应急救助等特惠政策	1.有无符合条件的患病人口 有□ 无□ 2.符合条件的患病人口是否享受了特惠政策 是□ 否□	达标□ 未达标□	
13			1.有无符合条件的患病人口 有□ 无□ 2.符合条件的患病人口是否享受了大病保险（含门诊特病）、医疗救助（含重特大疾病）、疾病应急求助等特惠政策 是□ 否□	达标□ 未达标□	
14		有安全住房	1.现有主要居住用房是否达到《农村危险房屋鉴定技术导则（试行）》确定的A、B级标准 是（A级□ B级□） 否□ 2.人均居住面积是否达到了15平方米以上 是□（人均 平方米） 否□	达标□ 未达标□	

1.贫困户户主签字

按照贫困人口退出验收标准和程序，我们承诺：对该户脱贫督查的真实性负责

2.驻村支部第一书记签字   3.村党支部书记、村委会主任签字   4.驻村帮扶工作队队长签字

年 月 日   年 月 日   年 月 日   年 月 日

督查结果：已达到退出验收标准□   未达到退出验收标准□   督查工作组组长签字：   年 月 日

备注：1.督查时请在相应的"□"内打"√"。
2.无驻村帮扶工作队的非贫困村，由包村干部在驻村帮扶工作队队长签字栏签字。
3.本表一式四份，督查工作完成后，村、乡（镇）、帮扶工作队、督查组各留存一份。

附件2

南昌市贫困村退出情况督查表

县（区）　　　　乡（镇）　　　　村　　　　填表日期：　　年　　月　　日

序号	指标类型	督查指标	督查内容	督查认定意见	督查整改意见
1	交通方面	25户（含25户）以上自然村有3.5米以上（含3.5米）宽度的通村委会硬化道路	已硬化道路自然村数_个，未硬化道路自然村数_个	达标□ 未达标□	
2		90%以上农户入户路硬化，入户道路宽度不少于1米，厚度不少于0.1米	已硬化入户道路户数_户，未硬化入户道路户数_户，硬化率_%	达标□ 未达标□	
3	饮水方面	100%农户饮水安全、有水质、水量达标的自来水、家用井水或山泉水	有水质水量达标的农户数_户，无水质水量达标的农户数_户，未达标比例_%	达标□ 未达标□	
4	住房方面	100%农户住房安全	安全住房户数_户，危房或无房户数_户	达标□ 未达标□	
5		无人居住危房拆除率100%	无人居住危房_幢，已拆除_幢，拆除比例_%	达标□ 未达标□	
6	用电方面	100%农户通生活用电	已通电农户数_户，未通电农户数_户	达标□ 未达标□	
7		村或通动力电	是□ 否□	达标□ 未达标□	

续表

序号	指标类型	督查指标	督查内容	督查认定意见	督查整改意见
8	通讯方面	村委会所在地通宽带网络	是□ 否□	达标□ 未达标□	
9		100%农户能收看电视节目	能收看电视节目的农户数_户，不能收看电视节目的农户数_户，能收看电视节目农户占比_%	达标□ 未达标□	
10	环境建设方面	80%以上农户享有水冲式卫生厕所	享有水冲式卫生厕所农户数_户，未享有水冲式卫生厕所农户数_户，享有水冲式卫生厕所农户占比_%	达标□ 未达标□	
11		25户（含25户）以上自然村排水沟渠基本健全，正常年份的降雨期无内涝现象，平时无污水横流现象	符合要求的自然村个数_个，不符合要求自然村个数_个	达标□ 未达标□	
12		25户（含25户）以上自然村有保洁员	有保洁员的自然村个数_个，没有保洁员的自然村个数_个	达标□ 未达标□	
13		25户（含25户）以上自然村有垃圾集中收集点	有垃圾集中收集点的自然村个数_个，没有垃圾集中收集点的自然村个数_个	达标□ 未达标□	
14	公共服务设施方面	有卫生室	是□ 否□	达标□ 未达标□	
15		有农村综合服务平台或综合文化活动室（中心）	是□ 否□	达标□ 未达标□	

南昌市农村贫困人口重大疾病医疗补充保险实施细则

为贯彻落实我市脱贫攻坚工作有关政策措施，切实解决群众因病致贫、因病返贫问题，减轻贫困人口的就医负担，根据江西省《关于建立农村贫困人口重大疾病医疗补充保险制度的工作方案（试行）》（赣扶移字〔2016〕37号）文件精神，制定本实施细则。

第一章 目标要求

第一条 实施农村贫困人口重大疾病医疗补充保险，是实现脱贫攻坚战略目标，对农村贫困人口给予补充性医疗保障的特惠政策，必须坚持精准扶贫、精准脱贫基本方略，将其作为实施健康扶贫的超常举措；必须完善脱贫攻坚医疗保障兜底机制，织密农村贫困人口重大疾病医疗补充保险与城乡居民基本医保、大病保险、医疗救助相互融合、互为补充的健康扶贫医疗保障网；必须着力解决"因病致贫、因病返贫"突出问题，让农村重大疾病贫困患者得到及时有效救治，自己负担的医疗费用大幅减轻，以提升医疗保障水平为农村贫困人口同步迈入全面小康提供健康扶贫医疗保障。

第二章 保障对象及保障时限

第二条 保障对象。农村贫困人口重大疾病医疗补充保险的参保对象为各县（区）通过精准识别并建档立卡的贫困户家庭成员、农村特困供养人员和未进入贫困户建档立卡系统的农村低保人员。

第三条 保障时限。农村贫困人口重大疾病医疗补充保险从2017年起按年度整年投保。受理时间为每年的元月1日至12月31日，已经实施的县（区）依据本实施细则结合当地实际进行完善。

第三章 资金筹措

第四条 筹资组织。按照江西省统一政策要求，农村贫困人口重大疾病医疗补充保险由政府统一投保，县（区）政府落实组织筹资。

第五条 筹资标准。各县（区）在筹资承担所有建档立卡贫困人口参加城乡居民基本医保个人缴费的基础上，统一按每人每年90元的筹资标准为其购买重大疾病医疗补充保险。各县（区）在执行全省统一筹资标准的前提下，可综合考虑本地经济社会发展水平、筹资能力以及贫困人口医疗保障补偿发生等情况，根据上年度该项保险业务实施绩效及当年农村建档立卡贫困对象人数，适当提高本地筹资标准和保障水平。

第六条 资金来源。各县（区）为农村贫困人口购买重大疾病医疗补充保险的资金与承担其参加城乡居民基本医保个人缴费的资金，一并由政府全额承担；所需资金由县（区）政府通过统筹财政涉农扶贫资金予以安排。

第四章 保障政策

第七条 保障内容。农村贫困人口重大疾病患者的住院和南昌市认定的门诊特殊慢性病医疗费用（具体病种见《南昌市城乡居民基本医疗保险暂行办法》洪府发〔2015〕37号），经城乡居民基本医保、大病保险补偿后需个人负担的费用，由医疗补充保险按政策规定给予报销补偿，普通门诊费用不纳入重大疾病医疗补充保险报销补偿范围。

第八条 补偿标准。农村贫困大口重大疾病医疗补充保险报销补偿不设起付线，符合政策规定的医疗费用在按城乡居民基本医保年封顶线10万元、大病保险年封顶线25万元报销补偿后，再对剩余个人负担费用按年封顶线25万元给予补充保险报销补偿，即农村贫困人口重大疾病患者符合政策规定的医疗费用，按以上三项报销补偿顺序叠加后，年封顶线最高可达60万元。其中基本医保、大病保险报销补偿的医疗费用，按南昌市城乡居民报销补偿的统一政策规定执行；补充保险报销补偿的医疗费用，按以下政策规定执行：

1. 贫困人口重大疾病医疗补充保险在基本医疗保险目录内的医疗费用报销补偿：参保贫困人口医疗费用，按南昌市城乡居民基本医保和大病保险报销补偿后，需个人自负的目录内医疗费用，由重大疾病医疗补充保险报销补偿90%，个人负担10%。

2. 贫困人口重大疾病医疗补充保险在基本医疗保险目录外医疗费用的报销补偿：参保贫困人口医疗费用中需个人全额负担的目录外医疗费用，对属县级以上综合医院认定的、该疾病治疗必需的、无法替代的药品和医疗器材费用,由重大疾病医疗补充保险报销补偿75%,个人负担25%。

农村贫困人口重大疾病患者医疗费用经城乡居民基本医保、大病保险和重大疾病医疗补充保险报销补偿后,仍需个人负担的医疗费用,符合医疗救助条件的可向当地乡镇(街道)申请医疗救助。

第九条　政策衔接。各县(区)要扎实做好农村贫困人口重大疾病医疗补充保险与健康扶贫医疗保障其他各项政策的融合衔接,建立健全医保机构、保险机构、定点医疗机构与扶贫、民政部门之间的政策互补、工作互动、信息互联机制,通力筑牢城乡居民基本医保、大病保险、重大疾病医疗补充保险、医疗救助四道政策防线,最大限度遏制和解决"因病致贫、因病返贫"的突出问题。

第五章　实施方式

第十条　购买保险服务。农村贫困人口重大疾病医疗补充保险以县(区)为单位组织实施,采取政府招标或政府采购服务方式,择优选定本地承保的保险机构。承保农村贫困人口重大疾病医疗补充保险与承保城乡居民大病保险的保险机构原则上应相一致,方便贫困患者报销各类医疗保障救助费用,提高医疗保险服务效率。2017年农村贫困人口重大疾病医疗补充保险购买工作应于2017年2月底以前完成,以后年度的农村贫困人口重大疾病医疗补充保险购买工作应于上年度12月底前完成。

第十一条　规范保险业务

(一)合同签订。各县(区)为农村贫困人口疾病医疗补充保险工作的责任主体,并由具体业务部门负责与保险机构签订服务协议。服务协议要明确双方的责任、权利、义务及保险机构承办保险业务发生运营费用等具体内容。

(二)保险费交付。中标的保险机构应在国有商业银行开设农村贫困人口疾病医疗补充保险资金专户,实行专户存储,独立核算,确保资金安全。资金专户除向参保人员支付补偿费用和运营费用外,不得发生其他支出。各县(区)应在签订合同一个月内,向中标保险机构提供参保对象名单,并按标准一次性划转保险费。

(三)运营费用的核定。保险承办机构的运营费用按不高于该项保险费收入的3%一次性提取。费用列支范围主要包含人力成本、查勘费、宣传费、硬件配置和信息系统维护费等。合理处置超额结余及政策性亏损。年度保险费收入减去年度补偿款和运营费用后的结余,政府将结余部分的20%奖励给承保保险机构,80%滚存充实下一年度保费。对出现政策性和不可抗拒力的亏损,对承保保险机构实行尽职免责政策,亏损由县(区)政府与承保保险机构各负担50%,实行风险共担。

（四）违约责任。建立以保障水平和参保人满意度为核心的考核办法。保险机构不得因本身经营原因，单方终止履行协议，因违反合同约定或发生严重损害参保人权益的行为，协议双方可以提前终止或解除合作。

（五）理赔结算

1. 承保保险机构办理疾病医疗补充保险补偿时，取得的材料包括住院发票、诊断书、住院费用总清单、医用材料说明书复印件，以及相关部门已补偿的回执单。申请材料为复印件的需加盖已给予补偿的相关部门公章。

2. 承保保险机构在定点医疗机构设立综合服务窗口，为贫困患者提供医疗费用结算补偿"一站式"服务，做到一次性信息交换和即时办结。对经县（区）医疗保险经办机构批准，贫困患者在本市以外定点医疗机构住院治疗所发生的医疗费用的报销补偿，保险机构应在县（区）医保经办机构设立服务窗口，为贫困患者提供医疗费用结算补偿"一站式"服务。保险机构应按照本地7个工作日、异地15个工作日内完成查勘、核实、结算及支付工作，如遇特殊情况可延长5个工作日。农村贫困人口住院医疗费用，经审核确认后，补偿资金以转账方式汇入其个人"惠农一卡（折）通"。

第六章　保障措施

第十二条　加强组织领导。各县（区）农村贫困人口重大疾病医疗补充保险在健康扶贫工作领导小组领导下开展工作。各地要按照中央《脱贫攻坚责任制实施办法》的要求，切实履行好建立和实施农村贫困人口重大疾病医疗补充保险制度的主体责任，将其作为打赢脱贫攻坚战的重大举措，列入实施健康扶贫工程的重要任务和重点工作，周密制订细则，抓紧建立制度，扎实抓好筹资落实、政策实施、问题排解和督查推进，切实让农村贫困人口精准脱贫有医疗兜底保障。

第十三条　强化部门协作。各职能部门要认真履行职责，发挥职能和行业优势，加强沟通协调，积极推进农村贫困人口疾病医疗补充保险工作的落实。扶贫部门要抓好农村贫困人口重大疾病医疗补充保险制度的政策制定、组织实施、督促指导和考核宣传工作，核实核准建档立卡贫困人口，向人社、卫计部门和相关保险机构、定点医疗机构提供享受该项制度对象的准确信息，督促检查该项制度精准扶贫的成效；人社部门要将农村贫困人口重大疾病医疗补充保险制度协同衔接纳入城乡居民基本医疗保险制度整合推进工作范围，提供基本医保、大病保险结算数据信息，为进一步实施农村贫困人口重大疾病医疗补充保险报销提供结算数据支持；卫计部门要督促各级定点医疗机构配合相关部门做好贫困人口重大疾病医疗补充保险的费用结算工作；财政部门要落实统筹整合涉农扶贫资金对实施该项制度的保险筹资支持，做好保险筹资使用的监管与清算；民政部门要核实提供农村特困供养人员和未进入贫困户建档立卡系统的农村家庭低保人员名单，落实对符合条件参保对象的医疗救助政策；承保机构要积极参与该项保险业务，并设立一站式贫困人口重大疾病医疗补充保险费用结算窗口，切实提高偿付能力和服务水平。

第十四条 强化考核监管。各地要将实施农村贫困人口重大疾病医疗补充保险制度的成效，作为考核各地实施脱贫攻坚战略的重要内容，纳入评估各地实施健康扶贫工程考核体系的重要指标，市级每年考核一次，并作为奖惩保险机构及是否续签合同的重要依据。提高信息化管理水平，及时跟踪监测、通报和反馈工作进展情况。加强保险资金使用和补偿支付的审计，强化政策实施的监督力度。完善公开透明的监督机制，将筹资标准、保障水平、结算补偿、支付流程以及保费资金年度收支情况等向群众和社会公开，广泛接受监督。同时，要通过开展日常抽查、开辟投诉受理渠道等多种方式，督促保险机构按合同要求提高保险服务质量和水平；督促定点医疗机构推进按人头付费、按病种付费、按床日付费、总额预付等支付方式改革，规范医疗服务行为，确保医疗服务质量，控制医疗费用不合理增长。

第十五条 加大宣传培训。承办保险机构要与各相关部门共同做好业务知识培训，让双方工作人员尽快熟悉政策和操作流程，并充分利用各种新闻媒体，大力宣传农村贫困人口重大疾病医疗补充保险相关政策，让农村贫困人口真正了解重大疾病医疗补充保险的内容，增强其战胜病魔、努力脱贫的信心。要积极营造浓厚氛围，大力宣传实施成效，增强精准扶贫医疗保障惠民政策的影响力和感召力，充分展示党和政府不忘初心、心系民生的光辉形象。

第十六条 本实施细则从2017年1月起试行。

南昌市扶贫开发领导小组办公室
南昌市人力资源和社会保障局
南昌市计划生育委员会
南昌市财政局
南昌市民政局
2017年1月13日

南昌市关于扎实开展扶贫扶志感恩行动的实施方案

根据中央13部委《关于开展扶贫扶志行动的意见》（国开办发〔2018〕45号）和全省《关于扎实开展扶贫扶志感恩行动的实施方案》（赣开发〔2019〕6号）文件要求，结合南昌实际，现就扎实开展扶贫扶志感恩行动，特制定如下实施方案。

一、总体要求

以习近平新时代中国特色社会主义思想为指导，着眼更高层次贯彻落实习近平总书记寄予江西"要在脱贫攻坚上领跑，不让一个老区群众在全面小康中掉队"的厚望与重托，坚持精准扶贫精准脱贫基本方略和脱贫攻坚目标标准，按照党建引领、以人为本、多方参与的原则，通过大力开展感恩自立教育、感恩自强培育、感恩自力激励、感恩自尊治理等四大行动，着力解决部分贫困群众主体意识淡薄、"等靠要"思想滋生、内生动力不足、孝观念不强、陈规陋习顽固和一些地方帮扶工作简单发钱发物等突出问题，进一步增强贫困群众的主体意识、自主脱贫内生动力、自我发展精气神，进一步营造文明新风，广泛传播脱贫攻坚"南昌声音"。

二、具体目标

感恩意识更强。大力引导贫困群众感恩习近平总书记牵挂关怀，感激党中央政策扶持，感念中国特色社会主义制度无比优越，永远听党话、坚定跟党走。自强动力更足。贫困群众自主创业、艰苦奋斗、奋发有为的意识更强，不甘落后、我要脱贫、脱贫光荣的意识更足。脱贫质量更高。实现扶贫扶志与脱贫质量同步推进、同步提高。文明素养更厚。通过全面提升贫困群众的文明素养，整体提升农村精神文明和移风易俗水平，助推我市文明城市创建。

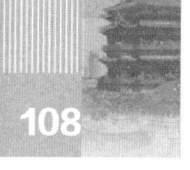

三、实施"四大行动"

（一）开展感恩自立教育行动

1.强化政策宣传。广泛开展学习宣传习近平总书记关于扶贫工作的重要论述和扶贫扶志的重要指示精神；深入宣传中央、省、市乡村振兴的政策措施，充分用好市属报、台、网、新媒体等各类平台，综合运用消息、特写、通讯、图片报道、记者手记等多种手段和形式，加大对产业扶贫、就业扶贫、教育扶贫、健康扶贫、危房改造、饮水安全、保障扶贫等政策的解读、阐释报道，教育引导贫困群众知党恩、跟党走。（责任单位：市委宣传部、市委网信办、市扶贫办、南昌日报社、南昌广播电视台、市直相关单位）

2.加大典型宣传。以深入开展扶贫扶志感恩行动为契机，鼓励各地结合实际开展典型示范宣传工作，积极挖掘在全市脱贫攻坚中涌现出的典型人物、先进事迹、感人故事，并做好典型宣传。总结好脱贫攻坚成功经验、典型做法，建好一批脱贫攻坚素材库，重点是建好减贫案例和故事库、典型人物库、脱贫攻坚图片库、微电影微视频库、扶贫文艺作品库等系列素材库，并及时进行宣传和推广。（责任单位：市委宣传部、市委网信办、市扶贫办、南昌日报社、南昌广播电视台）

3.拓宽宣传范围。在做好贫困群众宣传教育引导的同时，注重对贫困群众亲友、非贫困户的宣传教育引导力度，重点对"边缘户"开展政策宣讲、技能培训、典型引领等活动，拓宽"扶贫扶志感恩行动"的覆盖面和宣传面。充分发挥村"两委"班子和帮扶干部的引领作用，以干部示范教育群众，感染群众，组织群众，帮助引导贫困群众和"边缘户"树立正确的价值导向。（责任单位：市扶贫办）

4.搭建宣传载体。加强媒体宣传，持续打造微信公众号、门户网站、扶贫工作H5互动、"掌上南昌"等平台。加大电视、广播、报刊等媒体的宣传力度，继续在重要版面、重要时段开设脱贫攻坚相关专栏专题，推出动态性报道和典型报道。积极开展脱贫攻坚展览、征文、摄影（网络视频）展、脱贫攻坚奖评选及专题节目、壮丽七十周年主题采访、扶贫日系列活动等，深入展示脱贫攻坚的生动实践和发展成果。充分运用群众喜闻乐见的文艺形式，组织开展丰富多彩、积极健康的民俗文化活动；鼓励全市文艺工作者深入乡村挖掘脱贫攻坚中的先进事迹和典型案例，开展扶贫文艺采风、创作、巡演等。在全市贫困村大力实施"村村响"工程，推广利用广播媒体做好脱贫攻坚宣传；采取配备政策宣传车等有效载体，通过图文并茂、通俗易懂、喜闻乐见的方式，巡回开展政策宣传，教育贫困群众，真正解决政策宣传"最后一公里"、服务贫困群众"最后一米"的问题。（责任单位：

市委宣传部、市文广新旅局、市扶贫办、南昌日报社、南昌广播电视台）

（二）开展感恩自强培育行动

1. 落实教育扶贫政策。全面落实贫困家庭学生教育资助政策，持续深化贫困家庭子女就学资助、留守儿童教育关爱、帮扶建档立卡贫困家庭高校毕业生初次就业全覆盖，让贫困家庭学生应享尽享各种助学政策，阻断贫困代际传递。大力推行义务教育扶贫资助学校校长、乡镇属地"双负责"制，变"学生跑""家长跑"为"校长跑""镇长跑"，强化控辍保学，消除学生因贫辍学现象。严格落实贫困家庭学生中高职教育"雨露计划"资助政策，做到一个不漏，应补尽补，斩断"穷根"。积极推进党恩教育进学校进课堂，带动学生家长共同感恩奋进、自强不息。（责任单位：市教育局、市扶贫办）

2. 加大教育培训力度。紧密结合贫困群众发展产业和务工就业需求，采取贫困户"点菜"、政府"下单"的方式，组织开展实用技术和劳动技能培训。依托全市扶贫干部能力提升轮训、"一村一名大学生"培训、村干部"双带"培训，不断提升扶贫干部的政策理论、业务能力水平和准确把握政策、实际操作能力，培养造就一支懂扶贫、会帮扶、作风硬的扶贫干部队伍。（责任单位：市人社局、市扶贫办、市农业农村局）

3. 发挥能人示范帮带。加强贫困村致富带头人培育培养，增强新型经营主体带动作用，发挥产业大户、创业能手、致富带头人等"田教授""农秀才"的重要引领作用，带动贫困群众脱贫致富。通过"教授传学员""师傅带徒弟"的做法，依托身边的产业、遴选身边的能人、传授身边的技术、带富身边的群众，提高贫困户发展产业和参与创业本领，增强"造血"能力，让广大贫困户求带有人、求技有路、求技有方。（责任单位：市农业农村局）

（三）开展感恩自力激励行动

1. 提升"两业"水平。通过大力推进"田园综合体"建设、乡村旅游、美丽经济和民宿经济发展，进一步建立健全带动贫困村、贫困户可持续增收的利益联结机制，拓宽贫困群众增收渠道。支持贫困群众发展特色产业，结合送科技下乡活动，强化产业扶贫科技特派员驻村帮扶指导制度，为贫困群众增收脱贫提供科技信息支撑。大力推广"一领办三参与"产业扶贫合作模式；进一步发挥农民专业合作社带动作用，采取直接扶贫模式和间接扶贫模式，规范合作社发展，强化合作社带贫益贫功能。因地制宜打造就业扶贫车间平台，推动贫困劳动力就业意愿、就业技能和就业岗位精准对接，实现贫困户有尊严的增收脱贫。加强地域间劳务协作，在政策宣传解读、岗位信息发布、求职招聘推介等方面加大力度，提高劳务对接组织化程度,拓宽贫困劳动力务工就业渠道。采取劳务补助、劳动增收奖励等方式,提倡多劳多得、多劳多奖,让贫困群众通过自身努力、自食其力,改变贫困现状,实现脱贫增收。(责任单位:市农业农村局、市人社局、市扶贫办)

2. 转变帮扶方式。创新扶贫资金使用和扶贫项目实施方式,减少简单发钱发物式帮扶,更多采用生产奖补、劳务补助等方式,调动贫困群众脱贫积极性、主动性,防止贫困户掉进"福利陷阱"和产生贫困户与非贫困户之间"悬崖效应"。进一步规范帮扶干部对挂点贫困户过度送钱送物的行为,积极推广帮扶干部"走亲戚"式扶贫,用心温暖贫困户。规范资产收益扶贫中的产业扶贫、光伏扶贫等项目收益分配,切忌对贫困户简单一股了之、一发了之、一兜了之,财政资金和村集体资产入股形成的收益由村集体开展扶贫。推广有条件现金转移支付方式,除现行政策明确规定的,原则上不得无条件发放现金。杜绝"保姆式"扶贫,防止政策"养懒汉"。积极推广电商扶贫、消费扶贫、旅游扶贫等新业态,促进贫困群众增收脱贫。积极筹建"扶贫爱心超市",通过采取"民主评比+统一管理+自主捐赠"的管理模式,鼓励贫困户以劳动换取积分,以积分到"爱心超市"换取商品,激励贫困户树立正能量,倡导新风尚。(责任单位:市农业农村局、市扶贫办、市直相关单位)

3. 强化正面激励。充分尊重贫困群众的首创精神和主体地位,鼓励贫困群众向村"两委"签订脱贫承诺书,明确贫困群众脱贫责任。落实贫困群众知情权、选择权、管理权和监督权。优选突出典型参评全国"脱贫攻坚奖"和参与"新时代赣鄱先锋"选树活动;在全市大力开展"最美贫困户""精神扶贫榜样村"评选活动,并对其给予一定的资金奖励,让通过勤劳脱贫致富的贫困群众既有获得感,更有荣誉感。(责任单位:市扶贫办)

(四)开展感恩自尊治理行动

1. 加强文明乡风建设。深入推进农村精神文明建设,大力开展"兴家风、淳民风、正社风"活动,让讲文明、树新风成为思想自觉和行动自觉,鼓励贫困户积极参与村内公益事业、保持良好生活和卫生习惯、营造优良文明家风等行为,推动移风易俗,倡导文明新风。(责任单位:市文明办、市农业农村局、市扶贫办)

2. 加强精神文明建设。指导修订完善村规民约,传承艰苦奋斗、勤俭节约、勤劳致富、自尊自强、孝亲敬老、遵纪守法等优良传统,引导贫困群众自觉遵守、自我约束。鼓励成立村民议事会、乡贤理事会、道德评议会、红白理事会、禁毒禁赌会等自治组织,探索出台控制婚丧嫁娶规模标准等约束规定,成立专门"劝导队",吸纳贫困户全程参与。积极开展驻村干部讲、基层干部讲、贫困农户讲和定期评议等"三讲一评"颂党恩活动,教育群众铭记党恩。(责任单位:市文明办、

市农业农村局、市民政局、市扶贫办）

3. 加强不良习俗惩戒。推行设立"好人榜"，宣传关心集体、孝敬长辈、诚信守法、勤劳脱贫、互帮互助等好人好事。对故意隐瞒个人与家庭重要信息争当贫困户和骗取社会救助、具有赡养能力却不履行赡养义务、虚报冒领扶贫资金、严重违反公序良俗等失德缺志行为人，列入失信人员名单，情节严重、影响恶劣的，通过公益诉讼等手段依法惩治。对参与黑恶活动、黄赌毒盗和非法宗教活动且经劝阻无效的，可取消其获得帮扶和社会救助资格。（责任单位：市文明办、市农业农村局、市扶贫办）

五、保障措施

（一）强化组织领导

扶贫扶志感恩行动由市委宣传部、市扶贫办牵头，强化统筹协调，整体联动实施。市直相关单位要树立"一盘棋"思想，铆足劲、下足力狠抓落实，确保齐心协力推动扶贫扶志感恩行动各项政策举措落地生效。充分发挥驻昌部队、共青团、妇女组织、残联和社会组织等的重要作用，形成扶贫扶志工作合力，共同帮助贫困群众树立战胜贫困的信心和斗志。

（二）强化统筹调度

逐级建立扶贫扶志感恩行动重点工作督办机制。把各级扶贫扶志感恩行动推进落实情况，纳入脱贫攻坚年度工作要点和全市文明城市创建工作中，加强日常的调研督导，推动扶贫扶志感恩行动各项举措落地见效。加强对扶贫扶志感恩行动的工作调度，纳入全市扶贫开发领导小组会议以及其他脱贫攻坚会议的重要内容。

（三）强化政策保障

根据扶贫扶志感恩行动工作需要，加强政策、资金保障，所需经费从全市年度支农资金中列支，确保各项工作有序开展。加强资金拨付管理和监督，确保及时拨付资金、资金安全高效运行。

南昌市扶贫开发领导小组
2019 年 6 月 13 日

南昌市实施"秋冬巩固"攻势
解决"两不愁三保障"突出问题工作方案

为了贯彻落实《江西省实施"秋冬巩固"攻势解决"两不愁三保障"突出问题工作方案》（赣开发〔2019〕7号）要求，持续巩固"春季整改"及"夏季提升"整改攻势成果，着力解决"两不愁三保障"突出问题，高质量打好打赢脱贫攻坚战，特制订如下工作方案。

一、总体要求

深入落实习近平总书记在解决"两不愁三保障"突出问题座谈会及视察我省时的重要讲话精神，切实树牢"四个意识"、坚定"四个自信"、坚决做到"两个维护"，以高度的责任感和使命感聚焦"两不愁三保障"脱贫标准，全面排查、精准解决农村贫困人口在不愁吃、不愁穿，义务教育、基本医疗、住房安全、饮水安全有保障等方面存在的突出问题和薄弱环节，全面夯实贫困人口稳定脱贫基础。强化产业扶贫、就业扶贫、扶贫扶志动能，加快建立巩固脱贫攻坚长效机制，不断提升我市脱贫攻坚质量，确保到2020年如期高质量打赢脱贫攻坚战。

二、工作重点

（一）制订市级方案

按照全省"秋冬巩固"方案要求，立足我市脱贫攻坚问题整改和"两不愁三保障"突出问题，制定我市"秋冬巩固"方案，明确重点工作和要求，扎实推进我市"秋冬巩固"攻势。

（二）扎实开展"回头看"

由市、县（区）扶贫开发领导小组办公室牵头，会同教育、建设、水利、卫健、医保、农业农村、人社、发改、财政等部门，组织驻村工作队等各类帮扶力量入户，对照全市义务教育、基本医疗、住房安全、饮水安全等有保障工作标准以及脱贫攻坚"回头看"工作清单，按照逐村逐户逐人逐项开展核查的要求，全面摸底排查贫困人口"两不愁三保障"和安全饮水存在的问题，摸清脱贫户后续发展需求，采集核对贫困人口的脱贫措施。突出核实三类对象：（1）重度残疾贫困对象照护服务政策落实情况，（2）返贫人口的原因，（3）因变故而新发生的贫困对象；重点查看两项资料：（1）中央巡视反馈和国家、省考核反馈问题整改落实情况，（2）脱贫攻坚建档立卡户的信息是否完整合理。

（三）抓好项目实施

1.坚持统筹整合资源，优先安排资金项目解决"两不愁三保障"突出问题。将因自然灾害、因突发事件造成的贫困地方、贫困户"两不愁三保障"问题，及时纳入项目库，重点优先实施。

2.进一步加大财政投入力度，发挥好政策性金融在脱贫攻坚中的重要作用，强化信贷资金和财政资金的协同配合，加大力度支持解决"两不愁三保障"和安全饮水突出问题。积极引导各级对口帮扶单位、各类企业、社会组织筹措帮扶资金，用于解决"两不愁三保障"突出问题。

3.按照简政放权的要求，减少和简化"两不愁三保障"项目审批环节，优化工作流程，加快项目实施进度。

4.加强"两不愁三保障"资金项目监管，完善县级脱贫攻坚项目库，健全公告公示制度，加快资金拨付进度，对扶贫项目资金相关预算的编制、执行、决算实施全过程绩效管理。

5.充分调动广大干部群众积极性和创造性，财政支持的贫困村微小型建设项目，允许按照"一事一议"方式直接委托村级组织自建自管。探索建立扶贫资金管理长效机制，保证工程质量和资金使用效益。

6.建立"两不愁三保障"项目后续管理制度，确保持续发挥效益。

（四）持续抓好问题整改和年度任务落实

统筹中央专项巡视反馈的问题、国家考核反馈的问题、省纪委省监委指出的问题、省际交差考核反馈的问题、省级督查暗访反馈的问题以及市级调研自查发现的问题等，持续深入抓好问题的整改。深入推进精准帮扶"十大行动"，切实提升脱贫攻坚质量。进一步查遗补漏，全面回查整改效果，核查脱贫质量，确保8200名贫困户顺利脱贫和各项工作圆满完成。

（五）加强宣传总结

结合扶贫扶志感恩行动，加强"两不愁三保障"政策宣传和正面引导，及时

总结和推广一批基层在解决"两不愁三保障"方面的突出典型案例和典型人物，引导社会各方面统一思想认识，营造良好工作环境。持续抓好扶贫干部全员轮训工作，把解决"两不愁三保障"突出问题作为培训的重要内容，进一步增强各级干部攻坚意识和服务能力。

三、时间步骤

8月20日前，制订市级方案。

8月30日前，各县区通过全面排查梳理，建立自查台账，汇总问题清单，同时立即整改，形成自查报告，报市扶贫开发领导小组办公室。

9月10日前，各县区通过边查边改、立行立改补齐短板，将整改情况汇总报市扶贫开发领导小组办公室。

9月20日前，市扶贫开发领导小组办公室组织力量对县级自查整改情况进行实地核查，对重点难点问题集中力量研究指导解决，形成核查报告报省扶贫开发领导小组办公室。

9月30日前，各县区对实地核查发现问题进行系统整改，全面迎接省级组织开展的抽查复核。

四、有关要求

（一）切实强化组织领导

各地各部门要把思想和行动统一到党中央和省委、省政府关于脱贫攻坚的决策部署上，把解决"两不愁三保障"突出问题作为决战决胜脱贫攻坚战的关键环节。市直各行业责任部门要根据工作职责，加强对负责领域工作的组织领导和业务指导，主要负责同志亲自抓，分管同志具体抓，把责任压实。各相关县区、市直各相关单位要制订工作方案，细化标准，统筹资源，倒排工期，强力推进。

（二）严格落实责任分工

坚持"省负总责、市县抓落实、乡镇推进和实施"的体制机制和相关行业部门牵头主抓合力攻坚的大扶贫格局，市、县（区）两级扶贫开发领导小组对解决"两不愁三保障"突出问题负总责，领导小组办公室负责牵头抓总，加强统筹协调。市教育局负责义务教育有保障工作；市卫健委和医保局负责基本医疗有保障工作（其中市卫健委负责加强乡村医疗服务能力建设，开展贫困人口常见病、慢性病的诊断和治疗；市医保局负责将建档立卡贫困人口全部纳入基本医疗报销、大病保险和医疗救助制度保障范围）；市建设局负责住房安全有保障工作；市水利局、市卫健委、市扶贫办负责饮水安全有保障工作；市农业农村局负责农业产业扶贫工作；市人社局、市扶贫办负责就业扶贫工作；市发改委（能源局）、市扶贫办负责光伏扶贫工作；市财政局、市扶贫办负责扶贫资金项目管理工作；市金融办、市扶贫办负责扶贫小额信贷工作。各县区对解决"两不愁三保障"突出问题负主体责任，乡镇负责抓好"两不愁三保障"突出问题的推进和实施，把各项政策举措落实到村、落实到户、落实到人。

（三）严把工作目标标准

坚决反对擅自拔高标准或降低标准，既着力攻克"两不愁三保障"薄弱环节，也避免盲目拔高标准，对贫困户作出脱离实际的承诺，把"三保障"变成上什么学都免费、看什么病都不花钱、危房改造变成拆旧房盖大房住好房等。各县区、市直相关行业责任部门已经实施的"两不愁三保障"政策举措，明显超出基本标准的，要实事求是地予以纠正；同时要保持政策连续性稳定性，防止"翻烧饼"。

（四）强化工作督导问效

将解决"两不愁三保障"突出问题工作情况作为年底向省委、省政府报告年度脱贫攻坚情况的重要内容。市扶贫开发领导小组办公室要加强日常督导，持续进行问题跟踪问责。各县区、市直各行业责任部门要严格落实"基层减负年"要求，避免重复进村入户和填表报数，切实减轻基层负担。

附件：
1. 南昌市义务教育有保障工作标准
2. 南昌市基本医疗有保障工作标准
3. 南昌市住房安全有保障工作标准
4. 南昌市饮水安全有保障工作标准
5. 南昌市脱贫攻坚"回头看"工作清单

南昌市扶贫开发领导小组
2019年8月20日

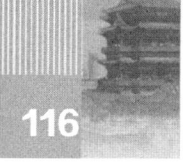

附件1

南昌市义务教育有保障工作标准

一、教育资助"四落实"

实现建档立卡贫困家庭学龄前儿童都能接受学前教育，在县级教育部门批准的普惠性幼儿园就读都能得到教育资助；义务教育阶段学生都能接受义务教育，寄宿学生都能得到寄宿补助；高中阶段学生都能得到高中普通教育或中职教育，并按资助政策得到教育资助；进入大专院校学生都能得到相关教育资助。

二、义务教育"三到位"

除身体原因不具备学习条件外，建档立卡贫困家庭义务教育阶段适龄儿童、少年不失学辍学；能够保障其有学上、上得起学；"两免一补"政策能够全部得到落实。

三、高中教育"两保障"

建档立卡高中阶段适龄学生能够接受高中普通教育或中职教育；符合资助政策的人员相关教育资助能够得到保障。

四、高等阶段"两提供"

对建档立卡贫困家庭高等教育阶段适龄人口提供更多接受高等教育的机会；对高中阶段学龄后人口提供适应就业创业需求的职业教育培训。落实相关资助政策。

附件 2

南昌市基本医疗有保障工作标准

一、医疗卫生机构"三个一"

1. 每个县（区）建好 1 所县级公立医院（含中医院），具有相应功能用房和设施设备。靠近或隶属于市级行政区的县（区），市级公立医院能够满足需求的，可结合当地实际不单独设立县级医院。

2. 每个乡镇建成 1 所政府办卫生院，具有相应功能用房和设施设备，能够承担常见病多发病诊治、急危重症病人初步现场急救和转诊等职责。

3. 每个行政村建成 1 个卫生室，具有相应功能用房和设施设备，能够开展基本的医疗卫生服务。人口较少或面积较小的行政村可与相邻行政村联合设置村卫生室，乡镇卫生院所在地的行政村可不设村卫生室。

二、医疗技术人员"三合格"

1. 每个县医院的每个专业科室至少有 1 名合格的执业医师。
2. 每个乡镇卫生院至少有 1 名合格的执业（助理）医师或全科医师。
3. 每个村卫生室至少有 1 名合格的乡村医生或执业（助理）医师，没有村医的行政村由乡镇卫生院调配其他村村医进驻执业，或安排乡镇卫生院医务人员定期巡诊。

三、医疗服务能力"三条线"

1. 常住人口超过 10 万人的县（区）有 1 所县医院（中医院）达到二级医院医疗服务能力。
2. 常住人口超过 1 万人的乡镇卫生院达到国家卫生健康委等部门《乡镇卫生院管理办法（试行）》（卫农卫发〔2011〕61 号）要求。
3. 常住人口超过 800 人的行政村卫生室达到《江西省村卫生室管理办法实施细则（试行）》（赣卫基层发〔2015〕1 号）要求。

四、确保医疗保障制度全覆盖

1. 实现应保尽保。农村建档立卡贫困人口全部纳入基本医疗保险、大病保险、医疗救助覆盖范围。坚持医疗保障现行制度基本标准，各地已经实施的农村贫困人口重大疾病医疗补充保险等兜底保障政策，到2020年前，逐步过渡到城乡医疗救助制度提供兜底保障。

2. 稳定住院保障。基本医疗保险、大病保险对农村建档立卡贫困人口实行适度倾斜保障政策，进一步加大医疗救助力度，鼓励探索建立临时救助、慈善救助等帮扶制度，实现建档立卡贫困患者住院实际报销比例稳定在90%的适度目标。

3. 保障门诊待遇。简化门诊特殊慢性病审批程序，将包括贫困人口在内的参保居民在选定的定点医疗机构因门诊特殊慢性病发生的医疗费用纳入医保支付范围。全面落实城乡居民基本医疗保险普通门诊统筹制度，参保居民在基层定点医疗机构发生的政策范围内门诊费用报销比例达到65%左右，不设起付线和封顶线。保障贫困人口就近就医，减轻门诊费用负担。

4. 完善结算机制。全面实行贫困人口县域内定点医疗机构住院"先诊疗后付费"和"一站式"结算制度。定点医疗机构垫付的基本医疗保险、大病保险、医疗救助的补偿资金，由各县区医保经办机构、承办大病保险公司及时与定点医疗机构结算，缓解定点医疗机构垫付医疗费用的压力。

附件3

南昌市住房安全有保障工作标准

一、住房安全保障目标

经扶贫部门认定的建档立卡贫困户有安全的住房居住。

二、住房鉴定"三精准"

住房情况分为安全住房户、危房户和无房户三类情况。安全住房户指其自有房屋经技术鉴定为安全等级为A、B级住房的农户，危房户指其自有房屋经技术鉴定为C、D级危房的农户，无房户是指由农户申报、村级评议、"乡村两级公示"等措施认定的无自有住房的农户。房屋危险程度鉴定由县级建设主管部门根据《关于印发〈江西省农村危险房屋鉴定要点〉的通知》（赣农房办字〔2012〕8号），结合实际情况进行鉴定，要做到鉴定等级精准。无房户做到认定精准。

三、住房保障"多方式"

C级危房应实施维修加固；D级危房且无维修加固价值的危房应拆除重建，无房户应新建房屋。对于自筹资金和劳动能力极弱的特困农户还可采用代建、"交钥匙工程"、长期租赁村里安全闲置农房等方式解决安居问题。对于危房户和无房户无改造意愿、自愿通过其他方式解决安居问题的，在履行确认改造意愿程序后可以不纳入危房改造范围。

四、改造过程"三标准"

1.维修加固标准。农村危房改造要依据《住房城乡建设部办公厅关于印发农村危房改造基本安全技术指导的通知》（建办村函〔2018〕172号），落实改造质量安全要求。房屋维修加固要求在房屋主要危险构件全部甄别鉴定完成的前提下，逐项除险加固、消除安全隐患，达到15年以上安全期限。

2.新建房屋标准。新建房屋要在确保质量安全的前提下，做好居住功能、建筑风貌、室内外环境等设计和施工。建房面积要严格执行《关于严控农村危房改造新建房屋面积的通知》（赣农房办字〔2019〕5号）要求。农户自建房屋层数为1层，面积不超过110平方米；原址重建中原宅基地面积较少，不足60平方米的，可建2层，总面积不超过110平方米。"交钥匙工程"建房面积为：1—2人户不超过40平方米，3人的不超过50平方米，3人以上不超过60平方米，层数不超过1层。

3.竣工验收标准。工程完工、达到入住条件后，要及时组织工程验收。维修加固房屋验收情况填写"农村危房改造建房安全验收表"、新建房屋验收情况填写"农村危房加固改造质量安全检查表"。

五、改造资金有保障

对建档立卡贫困户危房改造提供资金保障。中央和省级下达的补助资金，新建房屋的建档立卡贫困户每户补助不低于2.2万元，若同时还具有残疾人身份的贫困残疾人家庭，每户可在上述补助标准的基础上按不低于2000元标准增加安排补助资金。维修加固房屋的，每户补助不低于5000元。对于自筹资金和劳动能力极弱的特困农户，由县（区）政府兜底保障解决安居问题。维修加固房屋的，工程完工验收后一次性全部拨付到户。新建房屋的，补助资金拨付次数不得超过2次，验收合格后20个工作日内，要完成全部资金拨付到户。

附件 4

南昌市饮水安全有保障工作标准

农村饮水安全,是指农村居民能够及时、方便地获得足量、洁净、负担得起的生活饮用水。农村饮水安全包括水量、水质、用水方便程度和供水保证率 4 项评价指标,具体如下。

一、水量评价指标

人均每天不低于 35 升为基本达标,不低于 60 升为达标。

二、水质评价指标

水质检测结果符合《生活饮用水卫生标准 GB5749—2006》的规定为达标;水质检测结果符合《生活饮用水卫生标准 GB5749—2006》中的农村供水水质宽限规定为达标;饮用水中无肉眼可见杂质、无异色异味、用水户长期饮用无不良反应可评价为基本达标。

(一)监测指标

按照《生活饮用水卫生标准 GB5749—2006》进行水质常规指标、氨氮及可能存在风险的非常规指标的监测(放射性指标不要求)。不具备检测能力的指标须送其他有资质的机构进行检测。

(二)感官性状和一般化学指标

色度、浑浊度、臭和味、肉眼可见物、pH、铝、铁、锰、铜、锌、氯化物、硫酸盐、溶解性总固体、总硬度、耗氧量、挥发性酚类、阴离子合成洗涤剂、氨氮。

(三)毒理学指标

砷、镉、铬、铅、汞、硒、氰化物、氟化物、硝酸盐、三氯甲烷、四氯化碳。如用臭氧消毒时检测溴酸盐和甲醛,使用高纯二氧化氯消毒时检测亚氯酸盐,使用复合二氧化氯消毒时检测氯酸盐。

(四)微生物学指标

菌落总数、总大肠菌群、耐热大肠菌群(或大肠埃希氏菌)。

(五)与消毒有关的指标

根据饮用水消毒剂所用情况确定相应的指标,如游离余氯、高纯二氧化氯、臭氧等。

三、用水方便程度评价指标

供水管已进入用水户宅基地范围或院内的,用水方便程度评价为达标。供水管未进入的,人力取水往返时间不超过10分钟,或取水水平距离不超过400米、垂直距离不超过40米为达标;人力取水往返时间不超过20分钟,或取水水平距离不超过800米、垂直距离不超过80米为基本达标。

四、供水保证率评价指标

一年中实际供水量不符合标准的天数在18天以内,为饮水达标;一年中实际供水量不符合标准的天数在18—36天以内,为饮水基本达标。水量、水质、用水方便程度、供水保证率4项指标全部达标,则评价为安全;全部基本达标或基本达标以上,则评价为基本安全。只要有1项指标未达到基本达标的,则评价为不安全。

附件5

南昌市脱贫攻坚"回头看"工作清单

一、强化"四项保障"方面

1. 饮水安全。开展"三看"。一看饮水安全状况。按照《农村饮水安全评价准则》评价指标要求,以2019年6月核查数据结果为基础,全面清查统计建档立卡贫困户中水质、水量、用水方便度和供水保证率四项指标饮水不安全户数。二看台账建立情况。查看县、乡建档立卡贫困户安全饮水台账建立情况,是否真实、完整、准确。三看饮水安全整改落实情况。查看是否对贫困人口饮水不安全情况进行整改落实,是否对账销号。

2. 教育扶贫。开展"五看"。一看贫困人口学前教育、义务教育、普通高中和中职教育、大学教育等各阶段资助政策是否得到有效落实。二看是否按照学籍地管理要求,落实贫困家庭学生资助政策,明确学籍所在地教育部门是学生资助工作的第一责任人,提高学生资助精准度,实现建档立卡贫困学生"应助尽助"。三看贫困家庭义务教育阶段适龄儿童、少年,除身体原因不具备学习条件外,不失学辍学,保障有学上、上得起学。四看义务教育扶贫资助政策学校校长和乡镇属地管理"双负责制"是否得到有效落实。五看符合"雨露计划"培训补助要求的贫困家庭学生是否享受了相关政策补助。

3. 健康扶贫。开展"四看"。一看贫困人口住院最终报销补偿比例是否达到90%的适度要求,且不低于90%。二看贫困人口县域内定点医院住院是否实现了"先诊疗后付费"和"一站式结算"。三看是否建立基本医保普通门诊统筹制度并在乡镇卫生院和村卫生室开展门诊报销。四看村卫生室是否建立了坐诊或巡诊相关制度。

4. 危房改造。开展"三看"。一看对照前期省住建厅等四部门联合对四类对象存量危房摸底情况,查看各地建档立卡贫困户危房改造计划制订、台账建立、组织实施情况。二看对照中央脱贫攻坚专项巡视和国家考核以及全省年度脱贫攻坚考核反馈问题清单,查看整改措施是否有力、问题整改是否确实到位。三看对照《江西省2019年农村危房改造实施方案》要求以及南昌市城乡建设局《关于2019年农村危房改造夏季专项督查的情况通报》要求,查看省里下达的2019年四类对象改造计划任务是否全面完工。

二、强化"三项动能"方面

1. 产业扶贫

（1）扶贫产业利益联结机制。开展"三看"。一看产业合作模式是否规范，是否按照《江西省产业扶贫运行机制管理办法》要求，推行"五个一"和"一领办三参与"模式。二看是否按照《关于进一步发挥农民专业合作社带动作用助推产业扶贫的指导意见》，规范完善合作社与贫困户的利益联结机制，增强合作社带贫功能，是否简单发钱发物、一分了之、一股了之。三看是否坚持"因地制宜、分类指导、长短结合、市场导向、效益优先"原则，科学合理选择扶贫产业，是否不切实际搞"一刀切"，片面追求全覆盖。四看是否组织有种植、养殖技能培训意愿的贫困劳动力参加培训。

（2）光伏扶贫。开展"两看"。一看是否规范开展光伏扶贫电站运维管理。二看村级光伏扶贫电站收益是否按规定进行分配。

（3）扶贫小额信贷。开展"三看"。一看扶贫小额信贷是否规范开展，是否做到能贷尽贷。二看是否严格做好贷款发放的审核把关，是否存在向非贫困户发放贷款。三看是否存在用于非生产性支出未及时摸排整改情况，是否对已发生的存量户贷企用进行台账管理。

2. 就业扶贫。开展"四看"。一看贫困户家庭有培训意愿的劳动力是否接受了相关培训。二看扶贫车间吸纳贫困劳动力人数是否达到有关要求，以涉农扶贫资金建设的扶贫车间是否存在闲置现象，是否将扶贫车间相关情况录入全国扶贫开发信息系统。三看公益性岗位设置信息是否公开，是否存在公益性岗位招聘信息透明度不高的现象。四看交通补贴政策落实情况。

3. 扶贫扶志。开展"三看"。一看是否开展了扶志扶智扶勤扶德"四大感恩行动"（感恩自立教育、感恩自强培育、感恩自力激励、感恩自尊治理）。二看是否开展了"三讲一评"（驻村干部讲脱贫攻坚政策要求和帮扶措施、基层干部讲精准扶贫组织实施和落实落地、贫困户讲精准脱贫获得实惠和党的恩情，感恩行动评议组定期评议贫困农户内生动力和感恩表现）感恩教育。三看是否开展脱贫攻坚"爱心超市"试点工作以及试点的成效。

三、强化"四大支撑"方面

1. 动态管理。开展"三看"。一看识别是否精准。对照国家农村扶贫标准，按照"两不愁三保障"的要求，重点关注非贫困村生活困难的农户，重点关注前期暴雨洪涝灾害受灾农户，重点关注分散供养特困人员、低保人口、外出务工人员、新入户籍和无户籍人口、患重病大病人口，以及各级纪检、督查、评估、巡视、审计和社会监督等发现应纳未纳问题的农村人口。排查整户是否漏评，户内人员是否漏评，做到"应纳尽纳"，不漏一户一人。二看脱贫质量是否真实。通过与相关行业部门开展数据比对，建档立卡数据清洗及巡视、考核、审计、督导、"回头看"等，查找脱贫人口是否存在"缺、漏、短"项，排查脱贫人口"两不愁三保障"问题是否解决。对脱贫不实的贫困户予以回退，对基于自然灾害、意外事件等原因致贫、返贫的要及时帮扶，确保遇灾、遇困、遇病不返贫，确保脱贫结果真实。三看政策是否落实。按照习近平总书记"既要说清有多少人脱了贫，又要说清是怎么脱的贫"的要求，对历年脱贫户、退出贫困村享受的帮扶措施进行采集（相关的要求和表格另文下发）。看脱贫户是否享受各项脱贫扶持政策。

2. 驻村帮扶。开展"五看"。一看帮扶单位是否按相关要求选派驻村干部，驻村干部是否符合选派条件，是否存在向下级单位转嫁帮扶任务。二看是否存在驻村帮扶干部与原单位工作任务"不脱钩""两边跑"。三看驻村帮扶干部是否驻村。四看驻村帮扶干部是否经常参加村"两委"会议，是否参与扶贫项目资金管理。五看驻村帮扶是否取得实效。

3. 项目资金管理。开展"八看"。一看村级项目清单是否准实，到村、到户项目谋划是否合理，是否通过会议审议确定，是否经过群众充分酝酿、按要求公示。二看乡级项目汇总是否实际，是否组织实地核实，是否召开专题会议审查，是否按要求进行乡级公示。三看县级项目库工作是否扎实，上报项目要素是否齐全，内容是否科学、完善，是否按要求开展项目公示公告。四看资金是否有闲置，全面清理2017年及以前年度扶贫资金结余结转情况。五看扶贫资金支出是否精准到贫困村、贫困户。六看扶贫项目是否按照规定程序实施。七看项目档案是否完备齐全。八看项目是否存在闲置废弃。

4. 巩固提升成果。开展"三看"。一看贫困村退出后是否建立巩固提升机制。二看脱贫户收入是否稳定超过国家扶贫标准，脱贫户收入是否存在逐年减少情况。三看资料台账是否完整规范。

南昌市脱贫攻坚"爱心超市"建设实施意见

为大力实施"爱心超市"建设工作,现结合我市实际,特制定如下实施意见。

一、总体要求

以习近平总书记关于扶贫工作的重要论述和视察江西时的重要讲话精神为指导,按照扶贫扶志感恩行动的具体要求,通过推行"积分改变习惯、勤劳改变生活、环境提振精气神、全民共建美好乡村"的新模式,建立正向的积分奖励机制,教育引导困难群众树立积极乐观、自立自强、不甘贫困、艰苦奋斗的精神品质,着力提升基层党建工作水平、脱贫攻坚质量和乡风文明,努力实现物质脱贫与精神脱贫相互促进、同步提升,助力打好打赢我市脱贫攻坚战。

二、基本原则

(一)坚持政府主导

充分发挥党委、政府的主导作用,将建设"爱心超市"作为脱贫攻坚的创新之举和为民办实事工程来抓,多渠道做好困难群体、弱势群体帮扶工作。

(二)坚持群众主体

以贫困群众满不满意、认不认可作为"爱心超市"建设工作的根本标尺,坚持因地制宜、因村施策、因户量身,充分体现贫困群众需求、反映贫困群众意愿,真正把"爱心超市"作为扶贫济困、爱心传递的桥梁。

(三)坚持多方参与

积极鼓励社会各界爱心人士积极参与到脱贫攻坚工作和"爱心超市"建设中,凝聚爱心、聚焦扶贫,合力打好打赢脱贫攻坚战。

(四)坚持公开公平

坚持做到评分标准、评分过程、评比结果全程公开、公示,接受群众和社会各界的监督，真正做到让群众满意、让社会认可。

（五）坚持因地制宜

立足各地实际，按照扶贫扶志的具体要求，不搞简单"一刀切"、不搞统一模式，鼓励各地因地制宜探索开展"爱心超市"建设工作。

三、实施步骤

第一阶段：试点建设（2019年8月1日—10月1日）。5个有扶贫任务的县区在条件相对较完善、有一定基础的个别乡镇以及辖区内1—2个行政村先行开展试点建设。

第二阶段：面上推广（2019年10月1日—2020年3月1日）。在总结试点经验的基础上，再选择一批乡镇、行政村开展"爱心超市"建设工作。

第三阶段：扩面提质（2020年3月1日—2020年8月1日）。"爱心超市"覆盖面拓展至农村弱势群众及所有居民、党员干部，推动精神扶贫与乡风文明建设相衔接、与乡村振兴有机统一。

四、建设内容

（一）服务对象

辖区内的建档立卡贫困户，有条件的乡村可适当将服务范围拓展至低保户、五保户、残疾人等农村弱势群体。

（二）场所选择

本着"布局合理、面积适宜、方便群众、便于管理"的原则合理选址。

（三）物品配置

主要为保障基本生活的粮油、日化、日杂、衣物被褥以及基本农资等物品，也可根据服务对象的自行申请购买其他物品，或探索凭积分兑换现金的形式。

（四）建设标准

悬挂统一"爱心超市"的标识牌，做到统一挂牌，有便捷场所、有标准货架、有合适物品、有合理分区、有制度上墙、有专门台账（积分台账、兑换物品台账、捐赠物品台账等）、有明确标价（积分值）、有专人管理。

（五）筹资渠道

（1）各定点帮扶单位的帮扶资金，除发展产业、基础设施建设的，原则上作为脱贫攻坚"爱心超市"的运营资金；（2）扶贫产业、光伏电站村集体收益可按一定比例投入脱贫攻坚"爱心超市"；（3）帮扶干部平时走访以及爱心人士、企业

等社会捐赠的资金和物资，均不再直接送给贫困户，全部纳入"爱心超市"进行统一管理运营；（4）红十字会公益性捐赠等其他渠道募集资金。

（六）管理制度

各地要因地制宜、科学制定本地的脱贫攻坚"爱心超市"相关管理制度，管理制度内容需包括积分管理、公示制度、开放时间、管理人员制度等方面的要求。

（七）评分标准

评分标准可因乡、因村、因户制定，内容需包括产业就业、乡风文明、家庭美德、工作配合等方面。

五、保障措施

（一）组织保障

各县区扶贫开发领导小组要落实主体责任，强化工作调度，加强统筹协调、督促推进和政策扶持；各乡镇党委、政府要高度重视"爱心超市"建设工作，在人员队伍、日常管理、物质调配等方面加强统筹协调，保障"爱心超市"正常有序运转。

（二）宣传发动

加大"爱心超市"建设宣传力度，鼓励社会各界参与到关心关爱困难群众、共同参与到脱贫攻坚中来，积极吸纳社会捐赠，充分发挥各类社会组织及乡镇商会的作用，全面构建政府主体、社会组织参与、困难群众受益的大扶贫格局。

（三）强化督导

各级要将"爱心超市"建设纳入脱贫攻坚工作调度督导的重要内容，市级定期对各地"爱心超市"建设和运营情况开展督导，对相关单位工作开展情况进行通报。对"爱心超市"建设运营工作不重视、推进不力、不能按期完成的，将追究相关人员的责任。

（四）加大投入

市财政安排的扶贫专项资金可用于"爱心超市"建设和运行，各县区要配套安排相应的专项资金，确保"爱心超市"建设和运行的资金保障。

附件：1."爱心超市"管理制度（参考）
2."爱心超市"积分评定标准（参考）

南昌市扶贫开发领导小组
2019年9月30日

附件1

"爱心超市"管理制度(参考)

一、积分管理制度

为贯彻落实中央"精准扶贫,不落一人"的总要求,弘扬中华民族"扶贫济困,乐善好施"的传统美德。结合实际,制定本积分管理制度。

1. 主要为本村内所辖建档立卡贫困户,有条件的村可根据本村实际情况将对象范围扩大。

2. 各村依据本管理制度制定本村"贫困户积分管理表",以户为单位,每户设立一个积分卡,每月评分后按月录入卡内,其他对象初始积分为0分,实行一户一卡累计积分。对于其他对象积分标准可由各村自行制定,但不得高于贫困户。要统一制作积分卡,并按"一户一卡"发放到每一户贫困户。

3. 各村成立由村"两委"干部、驻村工作人员、部分有威望的老党员及群众组成的贫困户积分评定小组,负责对贫困户开展积分评定工作。每户贫困户的评分细则坚持精准的原则,可参考"爱心超市"积分评定标准(附件2)中细则,根据贫困户家庭实际情况,制定每户的评分细则,在"爱心超市"和村委会公示5天,各村积分管理制度要经乡镇审定后报区扶贫办备案。每月组织一次积分考核评定,评定结果在"爱心超市"和村委会公示5天,无异议后可直接录入积分卡内,并定期报所辖乡镇备案。

4. "爱心超市"内所有物品,均以"分"为单位标价(1分相当于1元)。贫困户凭积分卡内积分在"爱心超市"领取等分值价值的物品或现金,被兑换后的积分即从其账户中扣除。

各乡镇扶贫工作站负责脱贫攻坚"爱心超市"日常管理及监督指导工作。

二、"爱心超市"运营管理制度

各村要根据实际制定"爱心超市"规范运营管理制度。

(1)开放时间。各村可根据兑换需求情况,定期设立"爱心超市"开放日,原则上每月不得少于1天,对具备条件或兑换需求较大的,可根据实际情况进行调整。

(2)公示制度。"爱心超市"服务对象的确定,若需将服务扩大范围,需召开村民代表大会确定服务对象后，在各村小组公示 5 天。每户服务对象的评分标准确定后，需在"爱心超市"及村委会公示 5 天。每月服务对象的评分结果需在"爱心超市"及村委会公示 5 天。

（3）募捐物资管理。不定期组织开展捐赠活动充实"爱心超市"物资。对"爱心超市"募捐现金及物资要设立专项账户，专人管理，要严格财务、物品管理，做到及时登记入账，日清月结，账账相符，账物相符，要对物品的质量及保质期限进行严格把关。捐赠现金或物品的要协助捐赠者开具收据票据。每月进行一次库存物品盘点定期张榜公布捐赠发放情况，并将账务情况报乡镇监管审查，确保"爱心超市"所接收的捐款、捐物全部用于"爱心超市"。

（4）其他服务制度。各村要积极开展志愿服务，对年老体弱、行动不便的救助对象组织送物上门，把党和政府的温暖、社会各界的关爱及时送到贫困户家中。

三、"爱心超市"监管制度

各乡镇、村要充分发挥村务监督委员会的作用，对"爱心超市"运营、日常管理、物资募捐、公开公示及兑换账目进行监督。各"爱心超市"要积极配合审计部门、监察部门监督，接受社会监督。

附件2

"爱心超市"积分评定标准（参考）

类别	积分项目
产业就业	积极主动就业，参加各类劳动技能培训，或接受街乡镇、村介绍的就业岗位
	主动发展脱贫产业，自主发展种养殖技术
	积极加入合作社等农业组织，参与到产业发展中
	自主创业或带动贫困户在外务工半年以上，显著增加收入的
	积极参与以工代赈
乡风文明	积极主动自愿参加村集体组织的公益活动和环境整治等义务劳动
	自觉爱护公共卫生和村容村貌，不乱倒垃圾、乱堆粪土和柴草等
	遵守法律法规、村规民约，不参与非法组织或活动
	积极配合殡葬改革，倡导厚养薄葬
家庭美德	注重户容户貌，房前屋后干净整洁，讲究个人卫生
	孝敬赡养父母，子女能按时给赡养费
	严格管教子女，子女在校能遵守学校管理制度
	红白喜事不大操大办、相互攀比
	不参与封建迷信活动
	诚实守信，邻里之间和睦相处，不搬弄是非，不造谣生事
工作配合	了解本地扶贫政策对驻村工作队员随机抽查和检查中被问及的相关扶贫政策能准确回答
	主动学习并积极宣传党和政府的扶贫政策，户档资料齐全
	积极配合干部帮扶工作和各类检查调查，不隐瞒、不造假、不乱说
	积极参加村组会议及各类评选、选举等集体活动，服从村"两委"会和村民代表会议的议决事项
	依法维护自身权益，不参与不组织恶意上访，不煽动别人上访
其他（加分项或扣分项）	其他可由各村根据村级建设重点自定项目及分值
以上评分标准仅为参考意见，各村根据每户贫困户实际情况进行积分项目与分值的调整，可自定加分项或扣分项，评定标准报乡镇审核后方可执行	

南昌市引导支持社会组织和社会工作及志愿服务力量参与脱贫攻坚的实施意见

为全面贯彻落实党的十九大关于动员全社会力量参与脱贫攻坚的要求和习近平总书记关于扶贫开发的重要论述,根据《中共南昌市委、南昌市人民政府关于打赢脱贫攻坚战三年行动的实施意见》《关于加大城镇贫困群众脱贫解困力度的实施意见》和《江西省引导支持社会组织和社会工作及志愿服务力量参与脱贫攻坚的实施意见》精神,组织引导支持社会组织、社会工作、志愿服务力量参与脱贫攻坚和城镇贫困群众脱贫解困工作,构建我市大扶贫格局和助力打赢脱贫攻坚战,特制定本实施意见。

一、总体要求

党政引领,协同推进。引导和支持社会组织、社会工作、志愿服务纳入党委政府主导的脱贫攻坚总体规划中,同部署、同推进、同督促,充分发挥社会组织党组织在脱贫攻坚中的战斗堡垒作用和党员先锋模范作用。

上下协作,广泛参与。充分发挥市属社会组织示范带头作用,利用市、县两级社会组织、社会工作者和志愿者资源,上下协作,采用定点帮扶、对口支援、结对共建等方式开展帮扶服务。

以人为本,精准服务。深入了解贫困群众服务需求,分类制定个性化脱贫方案,精准有效配置扶贫资源,灵活选择服务方式,开展有针对性的个案服务,激发贫困群众内生动力,提升贫困群众自我发展、自我脱贫的能力。

发挥优势,注重实效。发挥社会组织资源丰富、灵活高效的优势,利用社会工作者善于组织协调、链接资源等专业特长,结合志愿者来源广泛、人数众多的特点,以社会组织为载体,充分发挥三方优势,在脱贫攻坚中取得实效。

二、重点领域

（一）参与产业扶贫

发挥社会组织在帮助需求县区发展特色产业的作用，鼓励行业协会商会、农村专业技术协会等有条件的社会组织与贫困户和城镇贫困群众建立利益联结机制，积极参与需求县区扶贫产业发展。支持社会组织、社会工作及志愿服务力量结合实际，培育农民专业合作组织、引进龙头企业、搭建产销平台、推广应用中国社会扶贫网、推进电商扶贫工程。加快建立社会组织帮扶项目与相关县区需求信息对接机制，鼓励社会组织为扶贫产业发展提供智力和技术支持，实现扶贫与扶智相结合，助力脱贫攻坚。

（二）参与教育扶贫

鼓励社会组织特别是民办院校参与《教育脱贫攻坚"十三五"规划》等政策的落实工作。鼓励社会组织到需求县区开展结对帮扶、扶贫助学和扶贫支教等活动，帮助提高教育质量和师资水平，提升贫困人口素质和职业技能水平。

（三）参与健康扶贫

动员民办医院等社会组织对贫困村、贫困户开展义诊、免费体检、"一对一帮扶"等公益活动，做好疾病预防宣传、早发现、早治疗等工作。支持社会组织加大向需求县区提供医疗技术支持、卫生人才培训和紧缺设备援助等，改善相关县区医疗服务条件。

（四）参与贫困群众关爱保障工作

社会组织特别是社会工作服务机构要参与贫困村农村社区服务体系建设，推动社会工作服务机构为贫困户，尤其是"三留守"人员，提供心理疏导、生活帮扶、权益保障、技能培训、生计发展等关爱保障工作，增强脱贫信心和内生动力，实现扶贫与扶志相结合。

（五）参与其他扶贫行动

社会组织要在乡村振兴、就业扶贫、文化扶贫、科技扶贫、村庄整治、基础设施建设等方面发挥积极作用。要开拓沟通渠道，吸收采纳社会组织、社会工作者和志愿者等对脱贫攻坚工作的政策建议，凝聚社会各方力量，构建大扶贫格局。在适当条件下，鼓励社会组织参与第三方评估等工作。

三、重点工作

（一）培育发展社区社会组织

贯彻落实市民政局等九部门印发《关于大力培育发展社区社会组织的实施意

见》，培育发展社区社会组织，符合法定登记条件的社区社会组织，可以到所在地县级民政部门申请登记，其中符合直接登记条件的可以直接登记。民政部门要通过简化登记程序、提高审核效率、结合社区社会组织特点制定章程范本等方式优化登记服务。

引导农村社区社会组织发扬邻里互助的传统，开展以生产互助、养老互助、救助互助为主的活动，增强农村居民自我服务能力。支持和发展社会工作服务机构和志愿服务组织，指导帮助社区社会组织提升服务水平。通过市、县两级社会组织共同参与脱贫攻坚，为社区社会组织提供技术支持、人才培训、项目共建等培育手段，带动社区社会组织的成长。

贯彻落实市委办公厅、市政府办公厅《关于加强乡镇政府服务能力建设实施方案的通知》（洪办字〔2018〕18号）精神，鼓励和引导开展公益慈善、社区服务、社会工作、志愿服务等活动的社区社会组织等有效承接政府购买服务。

具体措施：实施全市社会组织结对扶贫计划。发挥市属社会组织行业引领的推动作用，结合自身专长、优势进行结对扶贫。支持市属社会组织提供慈善信托、扶贫项目、捐赠款物、资助需求县区公益慈善组织等项目，促进社会组织发展，打通服务"最后一公里"。

（二）加快发展社会工作

要加快需求县区社会工作专业人才培养，将社会工作专业人才队伍建设纳入县乡党委政府议事日程，在党政干部、扶贫骨干的有关培训中增设社会工作专业课程。将社会服务职能部门、基层群众性自治组织、农村社区服务机构、基层群团组织、相关事业单位和社会组织中从事社会管理与服务工作的人员纳入社会工作专业培训范围。

鼓励符合条件人员参加全国社会工作者职业水平考试和社会工作学历学位教育，着力提升应用社会工作专业理念、知识与方法开展扶贫工作的能力。贯彻落实市委、市政府《关于加强和完善城乡社区治理的实施意见》（洪发〔2018〕21号）及《关于大力培育发展社区社会组织的实施意见》精神，对获得社会工作职业资格的社区工作者给予职业津贴。

通过合理开发公益性岗位、机构派驻、挂职锻炼、对口援建、城乡共建等方式，支持社会工作专业人才开展服务。鼓励社会工作领域社会团体、志愿服务组织、公益慈善类社会组织、企事业单位和个人通过对口援建、项目合作、定向帮扶、捐资创办等方式扶持发展一批面向需求县区的社会工作服务机构，依托乡（镇）社会救助站、综合服务设施等建设一批社会工作服务站点。

具体措施：积极引导社会工作专业人才，扎根贫困村开展社会工作服务。实施社会工作服务机构"牵手计划"。按照民政部的部署，从发达地区选择管理规范、服务专业、公信力强的社会工作服务机构，与我市社会工作服务机构、儿童福利机构、老年人福利机构、救助保护机构、特困人员救助供养服务机构、优抚安置服务机构、残疾人福利与服务机构、农村社区儿童之家等开展结对帮扶，通过人才支持、项目支持、督导支持、培训支持等方式，将受援机构的社会工作服务水平提升到一个新高度。实施面向相关县区的社会工作服务示范项目。每年支持实施一批农村留守儿童、困境儿童社会关爱示范项目，重点为相关县区儿童提供成长支持、精神关爱和社会保护服务。

（三）支持发展贫困帮扶志愿服务活动

加快孵化培育扶贫志愿服务组织，通过购买服务、公益创投等方式支持志愿服务组织实施扶贫志愿服务项目。在不违背社会组织管理法律法规基本精神前提下，可以适当放宽成立志愿服务组织所需条件。各有关单位要为相关县区志愿服务组织在活动场地、活动资金、人才培养等方面提供优先支持，激发志愿服务组织依法登记的积极性与主动性。

具体措施：积极开展脱贫攻坚志愿服务项目大赛。联合有关单位定期组织开展脱贫攻坚志愿服务项目大赛，对已经实施并取得良好社会效果的脱贫攻坚志愿服务项目通过政府购买服务方式予以继续支持。对优秀志愿服务项目推送到中国社会扶贫网和中国志愿服务网进行宣传报道。

开展"菜单式"志愿服务，引导社会组织开展志愿服务，利用全国志愿服务信息系统（http://jx.chinavolunteer.cn）进行扶贫志愿服务项目发布、志愿者招募、志愿服务记录等志愿服务动态管理。把扶贫志愿服务的开展情况，作为优秀扶贫志愿服务组织项目和服务品牌评选依据。

四、组织保障

（一）加强组织领导

各县（区）、开发区（新区）扶贫开发领导小组要加强宏观指导和统筹协调，将社会组织、社会工作和志愿服务力量参与脱贫攻坚纳入总体工作部署。民政部门要发挥好统筹推进社会组织、社会工作和志愿服务发展的职能作用，支持、规范社会组织、社会工作和志愿服务力量参与脱贫攻坚。扶贫部门要配合民政部门加强协调服务工作，及时解决社会组织、社会工作和志愿服务力量参与脱贫攻坚遇到的困难和问题。财政部门要充分发挥政府购买服务的作用，建立健全政府向社会组织购买扶贫服务制度，细化落实社会组织参与扶贫济困活动的税收减免、信贷支持、行政事业性费用减免等政策，努力为社会各方面力量参与脱贫攻坚提供优惠政策服务。以财政资金为牵引，引导整合各类慈善资金、社会资金投入扶贫社会服务。

（二）加强激励保障

各级扶贫开发领导小组成员单位要为社会各方面力量参与脱贫攻坚提供方便、创造条件。对参与脱贫攻坚的社会组织、社会工作者和志愿者给予必要的资金和项目支持，将表现优异、贡献突出的社会组织、社会工作者和志愿者纳入国家和地方脱贫攻坚表彰范围。大力宣传和表彰在脱贫攻坚中做出突出贡献的社会组织、社会工作者和志愿者，营造支持社会组织、社会工作和志愿服务等社会各方面力量参与脱贫攻坚的浓厚氛围。

（三）加强监督管理

市、县扶贫开发领导小组要加强社会组织、社会工作和志愿服务力量参与脱贫攻坚的监督管理，对过程中出现的违法违规问题及时依法依规处理。要部署相关县区县级民政部门会同扶贫部门建立健全各级、各类参与本行政区域内脱贫攻坚活动的社会组织信息统计制度，定期向社会公布，并于每年年底联合向市级民政部门和扶贫部门报送相关数据。

社会组织业务主管单位应当定期检查社会组织参与脱贫攻坚工作的情况，每年12月底前，统计并公布本单位、本部门、本系统社会组织参与脱贫攻坚的情况，并将检查情况和统计信息通报给同级登记管理机关和扶贫部门。

行业管理部门和登记管理机关要加强对社会组织、社会工作和志愿服务力量的监管，对在参与脱贫攻坚中弄虚作假的行为，要公开曝光批评；对挪用、截留扶贫资金或擅自改变用途，以及假借扶贫开发名义，违法募集、套取资金的，要依法依规从重处罚；对没有公开募捐资格或未获得互联网公开募捐信息平台指定，擅自开展在线扶贫募捐的，要严肃予以查处；对未经登记、擅自以社会组织名义进行扶贫开发的非法社会组织，要坚决取缔；对于假借扶贫名义，搞各种违法犯罪活动的，要坚决打击。

南昌市扶贫开发领导小组
2019年10月17日

南昌市扶贫开发领导小组（市扶贫办）文件

关于建立健全脱贫成果巩固提升机制的实施意见

各县（区）扶贫开发领导小组、市扶贫开发领导小组成员单位：

根据《江西省扶贫开发领导小组关于建立健全脱贫成果巩固提升机制的实施意见》（赣开发〔2019〕8号）文件精神，加快建立健全脱贫成果巩固提升机制，结合我市实际，提出如下实施意见。

一、总体要求

以习近平新时代中国特色社会主义思想为指导，深入贯彻落实习近平总书记关于扶贫工作的重要论述和视察江西时的重要讲话精神，围绕打赢脱贫攻坚战三年行动战略部署，按照"核心是精准、关键在落实、实现高质量、确保可持续"工作方针，紧盯全市建档立卡已脱贫、未脱贫的贫困户和贫困人口，坚持一手抓攻克战胜剩余贫困、一手抓巩固提升脱贫成果，加快建立健全完善脱贫成果巩固提升机制，筑牢高质量脱贫、可持续发展的坚实基础，圆满答好英雄城脱贫攻坚"时代之问"。

二、主要内容

（一）建立健全脱贫成果监测预警机制

——建立健全脱贫成果"回查"机制。聚焦"两不愁三保障"脱贫标准，结合全省脱贫攻坚全面排查整改工作，积极开展脱贫攻坚"定期回访"，重点核查义务教育、基本医疗、住房安全、饮水安全、农村低保等保障政策落实情况，核查产业扶贫、就业扶贫等帮扶措施落实情况。积极配合做好省级组织对非贫困县的普查工作。加强对脱贫人口的脱贫成效和收入监测，确保收入水平稳定超过国家扶贫标准以及整体水平逐年上升；进一步加强部门之间扶贫信息数据互通共享，对不符合条件的人口及时剔除，对符合条件但遗漏在外的人口和返贫人口及时纳入帮扶。

——探索建立"红、黄、绿"三级预警机制。对脱贫后比脱贫时家庭综合情况有所下滑,即家庭人均可支配收入仅为当年国定贫困线标准一定倍数以内或"两不愁三保障"任意项不达标,存在一级返贫风险的,启动红色预警;对脱贫后家庭综合情况与脱贫时持平,即达到"两不愁三保障",但家庭人均可支配收入为当年国定贫困线标准一定倍数以内,需观察是否存在返贫风险的,启动黄色预警;对脱贫后脱贫质量上升,即达到"两不愁三保障",且人均可支配收入超过国定贫困线标准一定倍数,不存在返贫风险的,进行绿色标注。同时,实施分类施策,对一级红色返贫风险户,以"帮"为主,优先享受市场化产业订单、岗位用工等推荐服务,高度关注因祸、因病、因灾等导致出现大额支出的贫困家庭,协调民政、人社、卫健等部门最大限度开展"点对点"精准帮扶。对二级黄色返贫风险户,以"扶"为主,重点以产业项目、金融扶贫予以帮扶,确保家庭至少有1—2项增收渠道,稳定增加家庭收入。对无返贫风险绿色户,以"引"为主,重点在扶志、扶智方面加强教育引导,加强技能、创业培训,实现稳定就业,在持续"输血"的同时着力提高"造血"功能。

(二)建立健全脱贫人口增收发展机制

——建立健全产业增收机制。紧扣我市都市现代农业发展定位,结合美丽经济、民宿经济、乡村旅游、农村电商等农村新产业、新业态,积极构建"美丽经济+产业扶贫""民宿经济+产业扶贫""乡村旅游+产业扶贫""农村电商+产业扶贫"等产业扶贫新格局;依托田园综合体、现代农业园区、农业产业化龙头企业等平台,积极带动贫困村和贫困户发展。探索开展"政银企户保"金融扶贫,着力解决产业扶贫中资金从哪来的问题。实施"创业致富带头人培育"计划,着力解决产业扶贫中人才不足的问题。继续巩固"五个一"产业扶贫模式和倡导"一领办三参与"产业合作方式,加强组织合作和利益联结机制,根据贫困户的实际情况实施差异化扶持。健全完善光伏扶贫质量管理、运营维护、电站收益分配等机制。

——建立健全消费扶贫机制。组织开展好扶贫产品"五进"活动,在质量安全可控的前提下,推动贫困村、贫困户的农产品定向直供直销机关、学校、医院、企业等单位食堂和交易市场,在同等条件下优先采购贫困地区产品。进一步推动各级机关、国有企事业单位以及民营企业等社会力量参与消费扶贫,将消费扶贫纳入各级结对帮扶工作的重要内容。不断发挥中国社会扶贫网、电商扶贫等作用,提升扶贫产品线上销售力度。

——建立健全就业扶贫机制。积极实行"搭建六类新平台、完善一套保障机制"

就业扶贫模式,拓展就业扶贫渠道,强化就近就地就业。加强职业技能培训,创新培训方式,开展订单式培训,按照参训群众的需求制订培训计划,确保有条件有意愿的贫困户通过技能培训掌握1项以上劳动技能。改变以往只关注培训、不重视就业的观念,积极筹建贫困劳动力和用人单位对接平台,大力开发适合贫困劳动者的公益性岗位、居家就业岗位、"微岗位"和辅助性岗位,吸纳更多贫困劳动者就业。

（三）建立健全防止返贫保险保障机制

——探索建立返贫责任保险制度。创新保险扶贫的有效方式,发挥保险助推脱贫攻坚的作用,在全市有脱贫攻坚任务的县区探索推行"防贫保"工作,保险对象主要针对农村建档立卡脱贫人口中的易返贫人口和农村非建档立卡贫困人口中的易致贫人口,保险内容分为因病防贫保险、因学防贫保险、因灾防贫保险、因赔偿责任保险、因生产资料损失保险等,进一步巩固提升脱贫成效。

——健全及时救助和保障制度。对特殊原因导致基本生活陷入困境的困难家庭或个人,探索通过政府应急救助、社会救助、社会扶贫网众筹帮扶和爱心人士及时对接等捐赠和社会力量帮扶措施,及时解决其生活困难。不断提高农村低保保障标准、补差和农村特困人员基本生活保障水平,完善困难残疾人生活补贴和重度残疾人护理补贴制度。

（四）建立健全扶贫项目运维管护机制

——完善运维管护主体和方式。规范扶贫项目运行管理,产权归属国有资产的按照国有资产管理规定管理,产权归属村集体所有的按照农村集体"三资"管理规定管理;村级扶贫项目原则上归村集体所有、由村级管护,落实主管部门责任,明确维护资金来源和资产固化管理。探索结合公益性岗位设立,推进农村基础设施维护工作;探索通过市场化方式引进资产管理公司,打造经营高效的组织体系,有效防范化解经营风险。

（五）建立健全志智双扶激励约束机制

——积极开展贫困户"红黑榜"评选活动。以扶贫扶志感恩行动为载体,持续强化精神扶贫正面激励,同时,探索建立扶贫扶志反向约束机制,开展贫困户"红黑榜"评选活动,围绕社会主义核心价值观、社会公德、家庭美德、个人品德等方面,定期组织村移风易俗理事会成员、村小组长、老党员、老干部、新乡贤等开展民主评议,对贫困村涌现出来的家庭和睦、孝老敬亲、勤劳致富、诚实守信、关心集体、助人为乐等先进模范和好人好事晒出"红榜"、颁发"光荣证"等方式予以大力宣传弘扬,树立崇德向善的社会正气。对不孝敬老人、不务正业、好逸恶劳、铺张

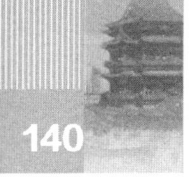

浪费、破坏公共财物、不讲究卫生等不文明行为和陈规陋习贴出"黑榜"进行曝光、鞭策和警示，对"黑榜"户公示后改正错误则登上"进步榜"，通过强化道德惩戒，激发贫困群众内生动力。

——大力推广脱贫攻坚"爱心超市"建设。通过推行"积分改变习惯、勤劳改变生活、环境提振精气神、全民共建美好乡村"的脱贫攻坚"爱心超市"模式，建立正向的积分奖励机制，改变帮扶方式，教育引导困难群众树立积极乐观、自立自强、不甘贫困、艰苦奋斗的精神品质，着力提升基层党建工作水平、脱贫攻坚质量和乡风文明，努力实现物质脱贫与精神脱贫相互促进、同步提升。

三、保障措施

（一）强化政策延续

严格落实"四个不摘"要求，压实主体责任、监督责任、监管责任，做到摘帽不摘责任；贫困村退出、贫困户脱贫后，继续执行脱贫攻坚主要政策，确保脱贫退出的稳定性和可持续，做到摘帽不摘政策；驻村工作队不撤，继续完成剩余贫困人口脱贫任务，实现脱贫人口稳定脱贫，做到摘帽不摘帮扶；继续加强跟踪问效，把防止返贫摆在突出位置，做到摘帽不摘监管。

（二）强化要素支撑

完善各级扶贫干部分类培训的长效制度和责任，不断提高扶贫干部研究贫困问题、解决攻坚难题和巩固提升脱贫成果的工作能力。坚持政府投入主体主导作用，加大扶贫资金投入力度，完善金融扶贫政策机制，强化资金项目监管，提高资金使用效率效益，确保扶贫投入与巩固提升脱贫成果的需要相适应。全面强化农村基层党组织领导核心地位，充分发挥农村党支部在脱贫攻坚中的战斗堡垒作用。

（三）强化作风保障

持续整治扶贫领域作风问题，力纠"怕慢假庸散"顽疾，力戒形式主义官僚主义。积极落实基层减负政策，保证基层扶贫干部集中精力巩固提升脱贫成果。坚持激励约束并举、严管厚爱结合，不断激励各级扶贫干部担当作为、扎实工作，用优良作风答好英雄城脱贫攻坚"时代之问"。

南昌市扶贫开发领导小组

2019 年 12 月 10 日

南昌市扶贫开发领导小组（市扶贫办）文件

2019年度县区脱贫攻坚综合评价工作实施方案

为了贯彻落实省扶贫开发领导小组关于《江西省2019年市县党委和政府脱贫攻坚工作成效考核实施方案》（赣开发〔2019〕9号）精神，扎实做好县区综合评价工作，特制订该实施方案。

一、评价对象

南昌县、进贤县、安义县、湾里区、新建区

二、工作组织

评价工作由市扶贫开发领导小组负责组织，由市委组织部、市委宣传部、市委统战部、市发改委、市教育局、市民政局、市财政局、市人社局、市建设局、市水利局、市农业农村局、市卫生健康委、市医保局、市残联、市扶贫办等单位参加，主要任务是：围绕任务分工要求，对各县区相关领域年度脱贫攻坚任务落实情况进行综合评价。

三、评价内容

各行业主管部门结合日常管理、系统数据监测、行业脱贫攻坚任务完成、问题整改落实情况，围绕本部门负责的行业扶贫责任落实、政策落实、工作落实等情况，对三县两区工作推进情况进行评价。

评价方式

1. 县区综合评价以百分制计算，90分为行业部门分值（15个行业部门各6分）10分为国家、省市发现问题分值。

2. 综合评价采取扣分制，对行业部门评为一类的县区不扣分，评为二类的县区扣1分，评为三类的县区扣2分，评为四类的县区扣3分，评为五类的县区扣4分。

对在国家巡察巡视、省级暗访审计、市级督导调研发现突出问题并在市级以上文件或会议通报的，每通报一个扣0分，10分扣完为止。

3. 各行业主管部门按照定量与定性相结合的方式，制订相应评价方案。评价结果按照一类、二类、三类、四类、五类顺序进行排序作为评价结果，有并列情况必须做出说明。

4. 市扶贫开发领导小组办公室综合各行业部门评价结果和扣分情况，提出我市县区综合评价初步结果，经市扶贫开发领导小组审定后，报省扶贫开发领导小组。

五、有关要求

1. 各行业部门对县区综合评价的方案及结果于12月20日前，由各行业主管部门主要负责人签字并加盖公章，报市扶贫开发领导小组办公室。

2. 各行业部门综合评价工作以日常掌握情况为主，不得以综合评价加重基层负担，变相开展督导考核工作，坚决杜绝综合评价过程出现形式主义官僚主义。

3. 各行业部门综合评价的结果力求客观公正，不予对外公布。

南昌市扶贫开发领导小组
2019年12月11日

南昌市扶贫开发领导小组（市扶贫办）文件

关于建立防止返贫监测和帮扶机制的实施方案

为深入贯彻落实习近平总书记在决战决胜脱贫攻坚座谈会重要讲话精神，根据《江西省扶贫开发领导小组关于建立防止返贫监测和帮扶机制的实施意见》（赣开发〔2020〕6号）文件要求，筑牢返贫致贫防线，巩固提升脱贫成果，确保高质量打赢脱贫攻坚战，现结合我市实际，就建立防止返贫监测和帮扶机制制订如下方案。

一、总体要求

深入学习贯彻习近平总书记关于扶贫工作的重要论述和对江西脱贫攻坚的重要要求，全面认真落实中央和省委省政府、市委市政府关于脱贫攻坚的重要决策部署，坚持"市县落实，乡镇推进和实施"工作机制，坚持精准扶贫精准脱贫基本方略，建立防止返贫监测和帮扶机制，统筹政府、市场和社会资源，采取"精准摸排找出来、动态监测管起来、针对措施扶起来"的方式，进一步强化脱贫人口分类管理和精准帮扶，有效防止脱贫人口返贫和边缘人口致贫，巩固脱贫攻坚成果，高质量打赢脱贫攻坚战。

二、监测范围和内容

（一）监测对象

以家庭为单位，主要监测建档立卡已脱贫但不稳定户（即监测户）和收入略高于建档立卡贫困户的边缘户。

（二）监测范围

人均可支配收入低于国家扶贫标准1.5倍左右的家庭，以及因病、因残、因灾、因新冠肺炎疫情影响等引发的刚性支出明显超过上年度收入和较上年度收入大幅缩减的家庭。监测对象规模由各地根据实际情况确定，一般为本县（区）建档立

卡贫困人口的 5% 左右。

（三）监测内容

1. 收入支出情况。监测对象收入水平及其结构中工资性、生产经营性、财产性和转移性等各类收入变化情况；监测对象教育、医疗、突发灾害等方面刚性支出情况。

2. "两不愁三保障"和安全饮水情况。监测对象中适龄儿童、少年义务教育阶段除身体原因不能上学外的失学辍学情况；监测对象住房安全、饮水安全达标情况以及脱贫监测户基本医疗保障及相关健康扶贫政策享受情况。

三、监测方式

各县区在精准摸排的基础上，通过常态化实时监测预警、行业部门数据交换预警和省大数据平台分析预警，对监测对象返贫致贫风险进行预警预判。

（一）常态化实时监测预警

建立"以县区为单位、乡镇（街道）为主体、村组为单元"的三级监测预警体系。采取入户核实、走访群众、实地查看、电话询问等方式对监测对象常态化实时实地进行监测；发现存在"两不愁三保障"不达标的监测户，以及遭受自然灾害、重大疾病或交通事故等意外变故情况，极有可能返贫致贫的监测户和边缘户，及时核实上报。

（二）行业部门数据交换预警

加强与医保、民政、残联、住建、教育、公安等行业部门数据信息的共享交换，建立对监测对象家庭有重大变故导致"两不愁三保障"稳定实现出现风险的定期反馈机制，及时分析研判返贫致贫风险，实行预警管理。

（三）省大数据平台分析预警

利用好省大数据平台返贫风险预警功能，对脱贫户特别是监测户返贫风险进行监测，做到早发现、早预警。对监测对象基本信息变化、帮扶措施落实等相关情况，及时在系统中予以更新。各县区根据省大数据监测平台预警情况，加大救助帮扶力度，限期消除风险点，防止返贫和新致贫。

四、帮扶措施

各县区扶贫开发领导小组办公室在 2 日内将确定的"两类人群"分别移交相关行业部门和乡镇。县区相关行业部门和乡镇接到县区扶贫开发领导小组移交的返贫致贫风险户后，必须在 2 日内确定帮扶责任人，帮扶措施落实到户。对无劳动能力的贫困户及"两类人群"采取政策兜底保障；对有劳动能力的贫困户及"两类人群"通过采取产业、就业、消费扶贫等措施，持续提高收入、保证脱贫质量。

（一）兜底保障政策

对无劳动能力的贫困户和"两类人群"，全面兜牢脱贫底线。

1. 住房安全方面：及时落实农村贫困人口危房改造政策，保障农村贫困人口住房安全。（责任单位：市建设局）

2. 基本医疗方面：对建档立卡贫困人口落实"三重保障"及慢性病门诊救助和大病集中救治。对参保非贫困人口按政策落实基本医保、大病保险等措施，特别困难的参保农户按程序和规定落实大病救助、临时救助、最低生活保障。（责任单位：市卫健委、市医保局、市民政局）

3. 义务教育方面：严格落实义务教育学生资助政策学校校长与属地乡镇双负责制，强化控辍保学措施，教育部门和学校积极做好劝返学生分类安置和关爱帮扶，确保贫困家庭义务教育阶段适龄儿童、少年不失学辍学。（责任单位：市教育局、市扶贫办）

4. 安全饮水方面：及时解决饮水安全隐患，确保贫困人口饮水安全有保障。（责任单位：市水利局、市卫健委、市扶贫办）

5. 特殊情况预警帮扶：对遭遇重大自然灾害或家庭重大变故问题可能引起返贫致贫的，区别脱贫人口和非贫困人口，按现行政策予以落实，及时采取临时救助、引导亲友帮助、社会捐助等措施，防止出现返贫或新增贫困人口。妥善做好因遭遇重大自然灾害或家庭重大变故问题可能引起致残的贫困人员办理残疾证工作。（责任单位：市民政局、市农业农村局、市医保局、市残联等）

（二）产业帮扶政策

对有劳动能力的贫困户通过采取产业、就业、消费扶贫等措施，持续提高收入、保证脱贫质量。

1. 将贫困户和"两类人群"种植的油茶优先纳入扶持范围，新栽植按照500元/亩进行补助，油茶低改按照200元/亩进行补助；鼓励种植企业和大户优先吸纳贫困户和"两类人群"在油茶种植基地进行务工、务劳，提高贫困户和"两类人群"收入。（责任单位：市林业局）

2. 因地制宜持续推进贫困村发展蔬菜、水果、中药材、花卉四大特色产业，适当降低基地规模标准，加大对贫困村产业基地的扶持力度。（责任单位：市农业农村局）

3. 在我市初次创办企业（含个体工商户）的贫困户，凭营业执照按规定给予

5000元一次性创业补贴。（责任单位：市人社局、市财政局）

（三）就业帮扶政策

1. 鼓励建档立卡贫困劳动力中有劳动能力的外出务工，对跨区域务工满一个月及以上者，可凭务工交通凭证或村委会证明及公示材料，享受一次性交通补贴。其中到省外务工的按500元/人标准、省内跨县（市、区）务工的按300元/人标准发放补贴。（责任单位：市人社局、市财政局）

2. 将16—65周岁具有劳动能力和培训意愿的贫困户和纳入就业技能培训范围，并按规定享受免费培训；贫困户和培训期间，按每人每天30元的标准给予培训生活补贴；贫困户参加就业培训并取得职业资格证书的，可享受500元/人的一次性求职补贴。（责任单位：市人社局、市财政局）

3. 鼓励贫困户到我市家庭服务业机构就业，18周岁以上65周岁以下的贫困户从事家政、居家养老、社区照料、病患陪护等家庭服务业工作的，享受每年一次的免费培训，并给予培训补贴。对被家服机构吸纳为员工制员工的，按规定给予岗位补贴和社保补贴。其中岗位补贴按当地最低工资标准的70%补贴，为期三年；社保补贴按企业为其缴纳的基本养老保险、基本医疗保险和失业保险给予补贴，补贴期限除距法定退休年龄不到5年的可延长至退休外，其余人员最长不超过3年（以初次核定其享受社会保险补贴时年龄为准）。（责任单位：市人社局、市财政局）

（四）消费扶贫政策

在全市商场、超市、农贸市场增设一批扶贫产品销售专区，为贫困户和"两类人群"开通扶贫产品绿色消费渠道，免费销售我市贫困村、贫困户和"两类人群"的农产品。（责任单位：市商务局、市扶贫办）

（五）金融扶贫政策

用好防贫保险政策，督促保险承保机构，及时查勘、合理定损、快速理赔、足额赔付，及时化解易致贫易返贫人口的生产生活风险，构建防范致贫返贫长效机制。（责任单位：市扶贫办、各相关县区）

（六）精神扶贫政策

将"边缘户"纳入"三讲一评"活动和"爱心超市"积分兑换范围，进一步激发贫困群众尤其是监测对象内生动力。（责任单位：市扶贫办）

五、工作要求

（一）强化工作责任

各有关单位要把防止返贫致贫作为坚决打赢脱贫攻坚战的重要任务，高度重视，精心谋划，及时部署，迅速推进。教育、卫健委、医保、民政、扶贫等部门要密切协调配合，加强数据共享与比对分析，确保形成工作合力。县乡两级要落实主体责任，统筹调配部门、政策、人员等方面力量，明确职责分工，强化责任落实，加大工作力度，巩固脱贫攻坚成果。

（二）强化机制保障

市县两级教育、卫健委、医保、民政、扶贫等部门要加强上下联动、横向衔接，拓宽工作思路，充分发挥主动性和创造性，总结推广好经验、好做法，及时发现解决监测预警和帮扶机制实施过程中出现的苗头性、倾向性问题，在实践中不断完善机制，改进工作方法，提高工作效率。

（三）强化作风保障

要切实转变工作作风，通过暗访、调研和实地督导等方式，深入开展扶贫领域作风问题专项治理活动，严明工作纪律，严防违纪违规、弄虚作假等问题，确保监测帮扶工作程序到位、管理到位、监督到位。充分运用系统数据，防止重复入户采集信息，尽量减少填表报数，切实减轻基层负担。

南昌市市扶贫开发领导小组
2020 年 6 月 19 日

三 南昌市其他单位（部门）文件

组织工作保障打赢脱贫攻坚战三年行动的实施方案

为贯彻落实中央和省、市委关于脱贫攻坚工作有关会议精神和文件要求，现就组织工作保障打赢脱贫攻坚战三年行动制订实施方案如下：

一、总体要求

以习近平新时代中国特色社会主义思想为指导，全面贯彻党的十九大精神，聚焦精准扶贫、精准脱贫基本方略，以建好班子带强队伍、选好干部育强人才、抓好组织增强活力为重点，着力提升组织工作服务群众、服务发展的能力和水平，充分发挥各级党组织在脱贫攻坚工作中的政治优势、组织优势，为打赢脱贫攻坚战三年行动提供坚强的组织工作保障。

二、工作目标

贯彻落实中央和省、市委组织工作会议精神，紧紧围绕全省脱贫质量和成效位居全国第一方阵的总体目标、全市贫困人口稳定脱贫和贫困村如期退出的攻坚任务，按照全市打赢脱贫攻坚战三年行动的决策部署，切实强化组织工作，深入推进抓党建促脱贫攻坚工作，将农村基层党组织打造成为脱贫攻坚的坚强堡垒，将党员干部锻造成为民、惠民、富民的先锋，推动各项扶贫政策更加精准地落实到贫困村、贫困户，助推2020年全面打赢脱贫攻坚战。

三、主要任务

1.加强领导班子和干部队伍建设。坚持"思想好、素质高、能力强、作风实、有活力"的选拔标准，选拔基层经验丰富、对人民群众有感情的本乡本土干部和乡镇专业技术干部进入乡镇领导班子。持续加大选调生选拔工作力度并统一安排到村任职两年，确保脱贫攻坚一线领导班子和干部队伍坚强有力。牢固树立面向基层、突出实干的用人导向,坚持把脱贫攻坚工作实绩作为选用干部的重要依据,加大从优秀村(社区)书记、主任中选拔乡镇(街道)机关领导干部力度,及时选拔重用脱贫攻坚有激情、脱贫工作有办法、精准扶贫有成效的优秀干部,引导扶贫领域干部在脱贫攻坚一线大显身手、奋发作为。跟踪了解扶贫领域领导班子运行状态和领导干部履职情况,对于工作不适应、不担当、长期打不开局面、弄虚作假的干部,及时进行交流调整,情形严重的需及时进行撤换,不断激励广大扶贫干部新时代新担当新作为。加大对年轻干部的培养力度,使年轻干部在脱贫攻坚一线干事创业、提高本领,有计划地在全市选派优秀年轻干部到脱贫攻坚一线加强实践锻炼,让年轻干部在脱贫攻坚主战场接地气、长才干、出实绩。

2. 完善第一书记和驻村工作队管理。抓好省委、省政府《江西省驻村第一书记和驻村工作队选派管理办法》和市委组织部、市委农工部《关于贯彻落实〈江西省驻村第一书记和驻村工作队选派管理办法〉的通知》的贯彻落实,成立县区级驻村工作领导小组,规范选派流程,确保贫困村驻村第一书记及驻村工作队全覆盖,软弱涣散村、集体经济薄弱村驻村第一书记全覆盖。加强日常管理,通过健全完善工作例会、考勤管理、工作报告、纪律约束等方面制度,对不胜任的及时召回调整,使第一书记和驻村工作队员沉在村里、扎实工作。扎实做好基础保障工作,督促派出单位严格落实项目、资金、责任捆绑要求,落实驻村工作队工作经费和驻村干部生活补助,落实从各级财政扶贫专项资金中统筹为每个贫困村每年安排不少于10万元的第一书记和驻村工作队帮扶经费。加强贫困村第一书记和驻村工作队员分类培训,通过专题轮训、现场观摩、经验交流等方式,加强对脱贫攻坚方针政策、基层党建、科技知识、市场信息等方面培训,帮助驻村干部掌握工作方法,熟悉业务知识,提高工作能力。

3. 实施农村带头人队伍优化提升行动。选好配强贫困村党组织书记,重点从外出务工经商创业人员、大学生村官、本村致富能手、退转军人、大中专毕业生等人员中选配;本村没有合适人员的,从县区、乡镇机关公职人员中派任,对不胜任、不合格、不尽职的贫困村党组织书记,坚决撤换到位。

4. 持续整顿软弱涣散村党组织。针对带领群众致富能力不强、组织动员力弱,组织生活不正常,宗族宗教和黑恶势力干扰渗透等问题,全面排查软弱涣散村党组织,深入分析问题根源,按照一村一策、因村施策的要求,制订整顿方案,细化整改措施,明确完成时限和责任人,扎实开展整顿工作。坚持整顿完成一个、审核验收一个,采取村党组织申报、乡镇党委审批、县级组织部门验收的办法,对整顿工作成效进行审核验收,坚决防止"走过场""摆样子"。把扫黑除恶和基

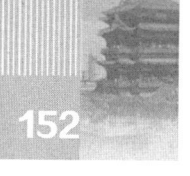

层党组织建设结合起来，坚决铲除黑恶势力滋生土壤，防止封建家族势力、地方黑恶势力、违法违规宗教活动侵蚀基层政权，干扰破坏村务。

5. 发展壮大村级集体经济。采取深入摸底、逐个甄别的办法，进一步摸清本地集体经济发展情况和薄弱村底数，因地制宜，精准施策，积极探索创新村级集体经济发展有效途径和办法，切实做到"一村一策"制订发展方案。进一步加大财政扶持、减轻税费负担、强化金融扶持、深化结对帮扶等措施予以支持，重点支持建档立卡贫困村发展壮大村集体经济，形成多元化投入保障机制，增强村集体经济"造血功能"。压实责任，统筹发力，努力促进村级集体经济增收落到实处，全面加强党对"消除经济薄弱村"工作的领导，充分发挥镇村主体作用，完善各部门各司其职的工作机制，确保完成消除经济薄弱村的目标任务。

6. 创新完善农村基层党组织设置。推动党的组织和党的工作进一步向自然村、村民小组延伸，向农民合作社、农业企业、家庭农场等延伸。高度关注农村党组织建设，加强农村中小学校党的工作。乡村两级党组织负责对区域和职责范围内的各类经济组织、社会组织的党建工作进行兜底管理，构建以乡镇和村党组织为核心的农村基层党建工作新格局。

7. 建强党员队伍。将贫困村发展党员工作列为发展党员工作的重点任务，在发展党员指标上向贫困村大力倾斜。着力加强在村委会优秀青年干部，致富带富能力强的优秀农民，素质高、作风硬的退伍军人，文化水平高、发展潜力大的回村大学毕业生等群体培养发展对象，强化党的教育，引导农村各类优秀青年积极向党组织靠拢，并在严把发展党员关口基础上，合理规范地缩短部分培养考察时间，确保完成每个贫困村每两年发展 1 名年轻党员的目标。

8. 夯实基层保障。在落实省市补助经费的基础上，逐步加大投入，全面落实村级组织工作经费、服务群众专项经费、党组织活动经费、组织员办工作经费和"两委"干部报酬。以县区为单位，探索标准相对统一的农村离任老村党支部书记和老村委会主任关怀帮扶措施。全面落实村级基层活动场所，不断提高场所面积达标率，注重优化整合现有办公场所、综合服务设施，坚持办公场所面积最小化、服务场所面积最大化的原则，防止大规模重复建设，防止盲目追求"高大上"，确保有限的经费用在刀刃上。

9. 强化人才支撑。继续实施"双带"致富工程，加强培养"一村一品"工程的示范村点负责人，组织动员和培育新型职业农民，加强"一村一名大学生工程"培养和使用，鼓励新型职业农民参加农业系列职称评审，重点实施洪城人才"墩苗计划"。未来五年，在全市范围内选拔 300 名"洪城农才"进行培养，培养周期为三年,每年遴选60名"洪城农才"(其中,农村特殊专长人才40名、农村传统与创新工艺专长人才10名、农业技术领军人才10名),经过一个周期的培养,使"洪城农才"的特殊专长得到充分发挥,技术和管理取得明显进步,农业生产获得较大发展,实现乡村人才数量倍增、能力提升、效能凸显。

四、组织领导

1. 压实工作责任。将打赢脱贫攻坚战三年行动摆在更加突出的位置,重点抓好工作部署、责任分解、投入保障等工作。主要领导要亲自抓,分管领导要具体抓,班子成员要分头抓,做到任务到人,责任到人,各司其职,各负其责,形成上下联动、齐抓共管的工作局面。

2. 细化推进措施。结合实际,制订工作方案,列出年度任务清单,细化到人、量化到岗,细化措施办法,明确责任主体和完成时限,确保各项工作全部完成。

3. 强化考核督促。将保障打赢脱贫攻坚战三年行动工作纳入书记抓基层党建工作述职评议考核、领导班子和领导干部年度考核,对不重视、措施不力的,约谈提醒相关责任人,对工作不力造成严重后果的,进行问责追责。市委组织部采取随机调研、明察暗访等方式进行日常督查,并对有关情况及时通报。

中共南昌市委组织部
2018年11月9日

南昌市"决胜全面小康、决战脱贫攻坚"主题宣传教育活动方案

2020年是决胜全面建成小康社会、决战脱贫攻坚收官之年。根据党中央、国务院和省委、省政府统一部署以及市委、市政府工作安排,结合我市工作实际,现就开展"决胜全面小康、决战脱贫攻坚"主题宣传教育活动制订如下方案。

一、总体要求

以习近平新时代中国特色社会主义思想为指导,深入贯彻落实党的十九大和十九届二中、三中、四中全会精神,贯彻落实习近平总书记扶贫工作重要论述和视察江西重要讲话精神,聚焦"决胜全面小康、决战脱贫攻坚"主基调,坚持扶志扶智相结合,深入开展脱贫攻坚主题宣传、成果展示、典型选树、文艺创作和理论阐释,广泛开展群众性宣传教育,做强正面宣传,着力讲好决胜全面小康、决战脱贫攻坚的奋斗故事,统一思想、汇聚共识、激发动力、坚定信心,为南昌市高质量打赢脱贫攻坚战营造良好氛围、提供文化支撑、凝聚精神力量。

二、活动安排

(一)精心组织脱贫攻坚主题宣传报道

1. 对照决战决胜脱贫攻坚重要时间节点,市级新闻媒体在重要版面、重要时段开设"决战决胜脱贫攻坚"专题专栏,策划系列重点报道,推出系列评论言论,举办系列特别节目,邀请扶贫领域的专家学者、政府部门的决策者和基层的实践者,围绕脱贫攻坚相关政策和热点话题进行交流探讨,为南昌决战决胜脱贫攻坚提供坚强有力的舆论支持。(牵头单位:市委宣传部;责任单位:南昌日报社、南昌广播电视台)

2. 以习近平总书记再次视察江西一周年为契机,大力宣传报道我市贯彻落实

习近平总书记重要要求的全过程、真成效、大变化。（牵头单位：市委宣传部；责任单位：南昌日报社、南昌广播电视台）

3. 策划开展"决胜全面小康、决战脱贫攻坚"主题采访活动，组织市级媒体骨干编辑记者开展集中蹲点调研采访。（牵头单位：市委宣传部；责任单位：南昌日报社、南昌广播电视台）

4. 发挥市县融媒体联动作用，根据统一安排，开展"百人、百村、百事"调研采访活动，全媒体、全平台开展脱贫攻坚报道。（牵头单位：市委宣传部；责任单位：南昌日报社、南昌广播电视台、各相关县区）

5. 开展"小康不小康、关键看老乡""脱贫中的南昌故事""我们村的脱贫故事"等网络主题活动，邀请中央新闻网站和网络名人，深入我市脱贫攻坚一线集中采访报道，推出系列新媒体产品。（牵头单位：市扶贫办；责任单位：市委网信办）

6. 聚焦决战决胜脱贫攻坚关键节点、重点事件、重要成果等，适时组织举办新闻发布会、新闻通气会等新闻发布活动，集中宣传展示脱贫攻坚南昌成就。（牵头单位：市扶贫办；责任单位：市委宣传部等）

7. 认真配合上级部门做好境外媒体来昌参访活动的相关工作，面向国际社会讲好中国减贫南昌故事。（牵头单位：市委宣传部；责任单位：市扶贫办）

8. 在南昌县、进贤县、安义县、湾里区、新建区的乡村布置脱贫攻坚宣传标语和公益广告，营造脱贫攻坚家喻户晓、入心入脑的浓厚社会氛围。（牵头单位：市扶贫办；责任单位：各相关县区）

9. 开展南昌扶贫产品公益直播活动，促进消费扶贫。（牵头单位：市扶贫办；责任单位：南昌广播电视台、各相关县区）

（二）扎实做好脱贫攻坚总结展示

1. 根据全省脱贫攻坚主题展览统一部署，举办脱贫攻坚南昌分厅展览，充分展示我市脱贫攻坚亮点和经验成果，反映各县区各部门齐心协力、上下联动决战决胜脱贫攻坚的强劲势态和缤纷格局。举办"脱贫·印记"大型图片巡回展。结合实际，在全市"三站一场"、公共文化场馆及广场公园等地举办形式多样的脱贫攻坚临时展览。（牵头单位：市扶贫办；责任单位：市文广新旅局、市文联）

2. 制作推出一批反映全市各领域各层面决战决胜脱贫攻坚，综合展示脱贫攻坚光辉历程和辉煌成就的专题片。（牵头单位：市扶贫办）

3. 做好收集整理留存"扶贫印记"工作，以图片、视频等形式记录我市脱贫攻坚的生动历程和取得的非凡成就。（牵头单位：市扶贫办）

4. 做好"共和国档案"江西脱贫攻坚资料的整理和展示。（牵头单位：市扶贫

办；责任单位：市档案局）

5.举办脱贫攻坚摄影（微视频）征集展示活动，发动媒体记者、摄影爱好者、网络短视频创作者等深入基层采风，用镜头记录决胜脱贫攻坚的辉煌成就和贫困群众生活的喜人变化。（牵头单位：市扶贫办；责任单位：市文联）

6.举办"打赢脱贫攻坚战三年行动"网络扶贫成果展，集中展示脱贫攻坚战三年期间，我市各县区各部门网络扶贫工作的典型做法和突出成效。（牵头单位：市扶贫办；责任单位：市委网信办、各有关县区）

（三）选树宣传脱贫攻坚先进模范

1.录制展播脱贫攻坚先进模范特别节目，表彰脱贫攻坚先进典型，通过短片、现场采访、记者口述等方式，宣传展示脱贫攻坚先进典型的感人事迹，大力弘扬脱贫攻坚精神。（牵头单位：市扶贫办）

2.开展脱贫攻坚感恩奋进典型人物学习宣传活动。结合扶贫扶志感恩教育"三讲一评"活动，通过召开动员会议、"村村响"广播宣传、入户发放宣传单等方式，组织开展"脱贫奋进之星"评议评选，并张榜公布。通过新闻报道、网络推送、社会宣传、公益广告等方式，特别是要发挥县级融媒体中心作用优势，宣传自立自强、劳动致富的脱贫攻坚感恩奋进典型。因时因地组织脱贫攻坚感恩奋进典型到企业、学校、社区、农村、新时代文明实践中心（站、所），宣讲党的政策关怀和个人光荣脱贫奋斗故事。（牵头单位：市委宣传部；责任单位：市扶贫办、各有关县区）

（四）创作推出脱贫攻坚主题文艺精品和出版物

鼓励文艺工作者深入脱贫攻坚一线开展文艺采风，发掘典型人物和生动故事，创作推出南昌采茶戏《抚河三道弯》、电影《神山》（暂定名）、电视剧《核杷黏黏日子甜》等一批脱贫攻坚题材的文艺精品。（牵头单位：市委宣传部；责任单位：市文广新旅局、市文联、南昌广播电视台、各有关县区）

（五）开展脱贫攻坚理论研究阐释和宣传宣讲

1.开展脱贫攻坚主题研究，组织全市社科研究机构和理论实践工作者开展调查研究，深入阐述习近平总书记脱贫攻坚重要论述，深刻总结全市脱贫攻坚经验成效，推出一批理论研究成果。（牵头单位：市委宣传部）

2.依托新时代文明实践中心（所、站），广泛开展形势政策宣讲，教育引导广大贫困群众听党话、感党恩、跟党走。（牵头单位：市委党校；责任单位：市扶贫办、市文明办、各有关县区）

三　南昌市其他单位（部门）文件

（六）开展"决胜小康、奋斗有我"群众性主题教育活动

1. 鼓励全市文艺工作者和文艺志愿者开展"文化下基层"活动，进一步丰富困难群众的精神文化生活。（牵头单位：市文广新旅局；责任单位：市文联、各有关县区）

2. 以"国家扶贫日"为契机，组织开展座谈交流、主题征文、书画摄影展、志愿服务等活动，引导社会各界关注扶贫问题、关爱贫困人口、支持扶贫工作。（牵头单位：市扶贫办；责任单位：市文联、市文明办）

3. 把脱贫攻坚纳入中小学思政课内容，开展"同上一堂课"活动，深化理想信念教育，深入开展中国特色社会主义教育和中国梦教育。（牵头单位：市教育局）

4. 组织开展"青春心向党·建功新时代"主题教育实践、"赣鄱红色娘子军"宣讲大赛、社科普及周等活动，展现各行各业建功新时代的生动实践，激发广大干部群众接续奋斗的昂扬激情。（牵头单位：市扶贫办；责任单位：团市委、市妇联、市社科联）

5. 组织开展脱贫攻坚主题电影公益放映活动。（牵头单位：市文广新旅局）

6. 依托新时代文明实践中心（站、所），组织开展非遗展示、楹联诗词征集、书画摄影展、舞蹈大赛等群众性文体活动。（牵头单位：市文广新旅局；责任单位：市文明办、市文联、各有关县区）

7. 开展全市文化科技卫生"三下乡"活动，坚持扶志与扶智相结合，激发群众脱贫内生动力，教育引导贫困群众依靠劳动脱贫致富。（牵头单位：市委宣传部；责任单位：市文明办、市发展改革委、市教育局、市科技局、市司法局、市农业农村局、市文广新旅局、市卫健委、市扶贫办、团市委、市妇联、市文联、市科协）

三、工作要求

1. 提高思想认识。要站在党和国家事业全局的高度，深入宣传习近平总书记关于决胜全面建成小康社会、决战脱贫攻坚重要论述的重大政治意义、深刻现实意义和长远历史意义，把助力脱贫攻坚、宣传脱贫攻坚、总结脱贫攻坚作为重要政治任务来抓，作为全年工作主题主线，与其他中心工作同部署、同推进、同落实，切实增强抓好脱贫攻坚工作的思想自觉、政治自觉和行动自觉。

2. 坚持正确导向。要坚持正面宣传为主，突出鼓舞干劲、坚定信心主基调。要加强涉贫舆情监测和处置，牢牢掌握舆论引导主动权，确保涉贫舆情总体稳定可控。要结合贯彻落实《中国共产党宣传工作条例》和《新时代公民道德建设实施纲要》《新时代爱国主义教育实施纲要》，创新工作思路和方式方法，有针对性地开展工作。要多运用群众语言和身边故事，吸引群众参与，让群众听得懂、感兴趣、受鼓舞。

3.加强统筹协调。各责任单位、各相关县区要加强沟通、形成合力，共同致力打赢全市脱贫攻坚战。要细化工作方案，倒排工期、挂图作战，高质量有特色推进各项任务落实。要加强工作调度和指导，一个任务一个任务推进，确保各项工作取得实效。要统筹做好疫情防控和脱贫攻坚工作，加大对贫困地区宣传教育工作的引导。

4.严格纪律要求。要严格落实意识形态工作责任制，加强对评论言论、影视创作、文艺出版、展览展示等内容的指导把关。要切实贯彻中央八项规定精神，力戒形式主义、官僚主义，严禁借活动搞商业投机和不正之风。要大力弘扬"走转改"精神，不断增强"脚力、眼力、脑力、笔力"，深入群众，深入基层，以扎实作风圆满完成任务。

中共南昌市委宣传部

2020年4月14日

南昌市发改委打赢脱贫攻坚战三年行动工作方案

为深入贯彻落实中央、省委、南昌市委关于打赢脱贫攻坚战的决策部署，确保我市脱贫攻坚战取得胜利，率先实现全面小康目标，根据《中共南昌市委南昌市人民政府关于打赢脱贫攻坚战三年行动的实施意见》（洪发〔2018〕17号）要求，进一步推动南昌市发改委更加有效地打好脱贫攻坚战，高质量完成脱贫攻坚战三年行动的各项任务，特制订本工作方案。

一、指导思想和总体目标

（一）指导思想

以习近平新时代中国特色社会主义思想为指导，全面贯彻落实中央、省委、南昌市委和市委扶贫开发工作会议精神，按照"核心是精准、关键在落实、实现高质量、确保可持续"的总要求，坚持精准扶贫、精准脱贫基本方略，突出问题导向、强化政策举措、狠抓贯彻落实，全面推进全市发改系统脱贫攻坚三年行动计划，确保2020年全面打赢脱贫攻坚战。

（二）总体目标

按照南昌市打赢脱贫攻坚战三年行动实施意见部署，认真履行发改工作职能，协助市直相关部门，完成基础设施建设、教育扶贫、挂点帮扶等重点扶贫工作任务；定点帮扶贫困村实现脱贫摘帽，确保现行标准下定点帮扶村贫困人口实现脱贫。

二、主要任务

切实发挥发改部门工作职能，突出问题导向，聚焦重点区域、重点领域、重点工程，切实转变工作作风，推动各项扶贫政策贯彻落实到位。

（一）补齐基础设施短板，夯实扶贫基础

1.加大基础设施政策资金投入。加大扶贫布局倾斜力度，进一步推动新增资

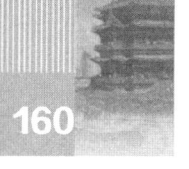

金、项目向贫困村倾斜。在市预算内基本建设专项资金中视情况对符合要求的贫困村基础设施建设项目适当予以资金补助,支持我市贫困村在农业生产、交通设施、社会事业等方面加大基础设施建设力度,提高贫困村基础设施建设水平。

2.扎实推进以工代赈工作。各相关县区要围绕当地脱贫攻坚总目标,科学申报以工代赈建设项目,严格按下达计划组织实施,提高以工代赈项目建设的针对性和有效性,弥补我市贫困村基础设施短板。

3.提升贫困村公共服务供给能力。加快推进全民健康保障工程建设,助力完善贫困村医疗卫生服务体系;加快推进社会服务兜底工程,助力贫困地区养老服务体系、残疾人服务体系、社会福利服务体系等社会服务基础设施建设;加快推进贫困地区农村公路工程建设,助力贫困地区"四好农村路"和城乡客运一体化建设。

4.持续推进光伏扶贫工程。加强与国家和省里的政策衔接,督促有关县区落实光伏扶贫质量管理制度,推进我市光伏扶贫项目运营维护管理工作。

(二)完善教育扶贫机制,改善办学条件

加快推进我市农村地区教育现代化工程建设,结合《南昌市教育精准扶贫工作实施方案》,争取中央资金投入改善县区教育基础设施建设。

(三)落实精准施策,持续开展帮扶工作

1.扎实开展挂点帮扶。按照全市定点帮扶工作部署和要求,加强定点帮扶组织领导,持续做好帮扶工作。委机关及委属单位要切实按照市扶贫领导小组统一安排,围绕我委定点帮扶村南昌市广福镇北头村的脱贫攻坚任务,突出问题导向,加大资金投入、项目建设、技术培训、社会保障、精神激励等全方位立体式帮扶力度。

2.深化驻村工作管理。择优选派干部到村担任第一书记、优化帮扶工作队,扎实开展帮扶工作,落实好驻村工作纪律,确保各项帮扶措施落到实处。

3.落实"脱贫不脱政策"。市发改委在前期完善帮扶村基础设施建设、贫困户全部实现脱贫、"贫困村"顺利摘除帽子的基础上,进一步巩固现有脱贫成果,强化动态管理,防止贫困反弹,通过"养、扶、教、帮、援"等举措,"精准滴灌、精准帮扶",切实做到"到组、到户、到人",帮助贫困户实现稳定增收,与全市人民一道同步实现小康。2018年至2020年,重点在小康示范村、高质量新农村建设、贫困村农业产业及社会发展基础设施建设、产业扶贫、集体经济收入增收、贫困户家居环境提升等方面开展各项扶贫建设工作,按照"小康示范村"的建设标准,全方位打造帮扶定点村。按照国家相关扶贫政策,做好贫困户享受脱贫后在医疗保险、产业扶贫、教育扶贫、低保扶贫等系列政策,确保"脱贫不脱政策、脱贫不返贫"。同时加大农村贫困人口动态管理工作力度,确保因病因灾或其他原因致贫的农村家庭及时纳入国家扶贫救助范围,及时享受扶贫救助措施。

(四)聚焦作风建设,持续深化作风整治

深入贯彻落实省市关于扶贫领域作风问题专项治理的决策部署,把作风建设摆在突出重要位置,狠抓光伏扶贫、以工代赈、贫困地区基础设施和公共服务设施建设等工作中存在的作风问题治理,进一步压紧压实责任,加大督促检查、事中事后监管和追责问责力度,切实转变脱贫攻坚工作作风,促进各项精准扶贫政策举措落实落地。

三、保障措施

1.强化组织领导。认真学习领会和贯彻落实习近平总书记关于扶贫工作的重要论述,切实提升打赢脱贫攻坚战三年行动的思想自觉和行动自觉,进一步增强"四个意识",按照中央、省里和市委市政府决策部署,自觉把各项扶贫工作任务落到实处,推动发改系统各项扶贫政策落地生根。对发改系统重点扶贫工作进行周密部署安排,一级抓一级,层层传导责任和压力,健全打赢脱贫攻坚战三年行动的工作机制。

2.压实工作责任。抓紧制定打赢脱贫攻坚战三年行动任务清单,进一步细化各项工作任务,进行项目化、责任化分解,建立落实台账,压实脱贫责任,逐项明确责任单位、责任人、时间进度,确保各项任务按时保质完成。

3.强化督促检查。加强动态管理和日常监督,统筹做好组织实施、日常调度、跟踪检查工作,对年度重点工作实行台账管理、定期调度,将工作情况作为对各地脱贫攻坚成效考核的参考依据。对落实不力、进度滞后的进行挂牌督办,对真抓实干、成效明显的给予表扬激励,确保各项工作顺利推进。

南昌市光伏扶贫电站运维管理办法

第一章 总则

第一条 为规范光伏扶贫电站维护管理，确保南昌市光伏扶贫电站发挥长期稳定的光伏扶贫效益，根据国家能源局、国务院扶贫办联合印发的《光伏扶贫电站管理办法》(国能发新能〔2018〕29号)和江西省发展改革委江西省扶贫和移民办《关于进一步加强全省光伏扶贫电站运营管理工作的通知》(赣发改能源〔2018〕1087号)等文件精神，制定本办法。

第二条 本办法适用于全市已建成进入运维阶段的光伏扶贫电站。要坚持长期与近期相结合的原则，以保证电站长期、稳定和安全运营为核心目标开展好电站运营管理工作。要强化长效机制的建设，保证已建成电站在全寿命周期均能稳定安全运行，保证电站不因机构和人员变动出现无人管理、无钱维护的现象。要以消除质量隐患、完善工作机制、提高精细化管理水平为重点，全面消除质量安全隐患，有问题要及时整改。

第三条 要落实好"三项质量保证机制"(即明确县级政府的行政领导责任、明确参建市场主体的法律责任、建立第三方监督制度)，将各方责任贯穿到电站长期运营管理工作中。光伏扶贫电站维护管理包括县直部门、乡镇、村、维护企业职责，人员培训、监控平台建设、发电监测、电站消缺、故障排除、故障设备更换维修、光伏板面的保洁、管护人员管理、绩效考核等。

第二章 职责分工

第四条 根据国家《光伏扶贫电站管理办法》，光伏扶贫电站由县级政府按照"规划、设计、施工、验收、运维"五统一的原则实施管理。有关县区要将光伏扶贫电站运营管理工作纳入政府领导工作分工，确定一名分管领导和具体负责运营管理工作的牵头管理部门,由该牵头部门对本县区光伏扶贫电站运营工作负责。

南昌市已建成光伏扶贫项目运维管理权限由县区发改部门和扶贫部门、供电部门三家分工负责。具体如下:县扶贫办负责全县光伏扶贫电站的扶贫系统录入、收益分配方案制订、电站运行的协同工作等工作。县供电公司负责光伏扶贫电站运行技术指导、上网电费结算等工作,并以电表为分界点,表前部分(指以电表为界点,电表至并网搭接处)由县供电公司负责运维,确保光伏发电系统并网正常、电表计量正常、采集正常。县发改委负责光伏扶贫电站综合协调、运营维护管理工作。

第三章 运行维护管理

第五条 县级政府运用市场化方式委托专业企业或机构负责光伏扶贫电站的运行和维护,县级牵头部门负责与运营企业(机构)签订合同,明确工作要求和相关法律责任。要保证电站运营管理的资金来源,电站运营费用可以纳入电站管理成本从电费中合理支出。电站日常运维工作交由第三方运维管理公司全面负责,包括日常维护、巡视、发现故障并及时维修到位。

第六条 县级牵头部门应全面掌握本地光伏扶贫电站项目运营工作并落实定期报告相关情况,出现安全事故要第一时间上报有关部门。市级相关职能部门要加强定期督导,加强对项目质量、安全工作的督导,发现问题督促当地及时整改并及时上报省级有关部门。

专业运营企业(机构)要向当地牵头部门定期提供管理的光伏扶贫电站运营管理情况,原则上每半年不少于一次。运维报告须包含发电量、电量损耗、安全管理、故障率和故障处理、维护成本等相关信息,要全面反映电站运营管理质量水平。县级牵头部门对运维报告审核后报市和省级有关部门备案。

第七条 电站日常管护人员按就地就近的原则,根据安装规模大小,原则上已安装光伏扶贫发电系统的行政村安排一名村级光伏管护员,对于安装规模小的村,可视情与相邻的几个村共同聘请一名村级光伏管护员,且具备一定的电工知识,了解电站各部分设备的性能,并由维护企业进行运维操作技能培训,全权负责管护区光伏扶贫电站的日常维护管理,指导单户光伏发电系统开展日常维护管理,及时上报维护信息。

第四章 督查考核

第八条 市发改委会同市扶贫办、市供电部门和县区相关人员不定期对光伏

扶贫电站进行安全督查，重点检查电站运行和维护情况。电站运行整体情况、设备检修、隐患故障排除、运维落实情况纳入县区考核指标。对运营效果好、发电效益远超同类光伏发电项目的运营机构，县级政府可予以适当奖励。

对于出现质量、安全、运维等问题的光伏扶贫电站，在按要求落实行政管理责任的同时，更应依法按约定追究相应建设、运营主体的法律责任，并加强诚信体系建设，对使用伪劣产品的建设主体和运维过程造假行为予以惩戒。

第五章 附则

第九条 本办法由市发改委负责解释。

第十条 本办法自发布之日起实施。

南昌市发展和改革委员会

南昌市扶贫办公室

2019 年 4 月 30 日

南昌市财政专项扶贫资金管理办法

第一章 总则

第一条 为贯彻落实《中共南昌市委办公厅 南昌市人民政府办公厅关于坚决打赢全市脱贫攻坚战的实施意见》（洪办发〔2016〕16号）和精准扶贫、精准脱贫基本方略，加强财政专项扶贫资金管理，提高资金使用效益，依据《关于印发〈江西省财政专项扶贫资金管理办法〉》（赣财扶〔2018〕12号）和《关于印发〈江西省扶贫项目资金绩效管理办法〉的通知》（赣财办〔2018〕105号）等规定，制定本办法。

第二条 本办法所称南昌市财政专项扶贫资金（以下简称财政专项扶贫资金），是指市本级财政预算安排的主要用于精准扶贫、精准脱贫的资金。

第三条 财政专项扶贫资金围绕脱贫攻坚的总体目标和要求，在精准识别贫困人口的基础上，以贫困村为重点，把资金使用与建档立卡结果相衔接，与脱贫成效相挂钩，切实使资金惠及贫困人口。

第二章 预算安排与资金分配

第四条 市财政依据脱贫攻坚任务需要和财力状况，在年度预算中安排专项扶贫资金。市本级专项扶贫资金年度预算安排和增长比例符合上级要求。

第五条 财政专项扶贫资金主要按照因素法进行分配。资金分配的因素主要包括贫困状况、政策任务和脱贫攻坚成效等。贫困状况依据各县区贫困人口规模及比例、贫困深度、农民人均纯收入、地方人均财力等反映贫困的客观指标。政策任务主要考虑市扶贫开发政策、年度脱贫攻坚任务等工作任务。脱贫攻坚成效主要考虑扶贫开发成效考核结果、财政专项扶贫资金绩效评价结果、财政专项扶贫资金拨付使用情况。每年分配资金选择的因素和权重，根据当年扶贫开发工作重点相应调整，并可适当向财力薄弱县区倾斜。

第三章 资金支出范围与下达

第六条 按照国家、省、市扶贫开发政策要求，结合各县区精准扶贫工作实际情况，紧密围绕脱贫的目标，财政专项扶贫资金使用范围必须遵循如下基本方向：

（一）围绕破解贫困户增收难题，对建档立卡扶贫对象发展种植、养殖、加工和乡村旅游等扶贫产业给予优惠补助；大力支持产业扶贫等资产收益扶贫，为"三无"贫困户增加稳定的收入来源。

（二）围绕改善扶贫村基本生产生活条件，支持修建小型公益性生产生活设施、小型农村饮水安全配套设施、扶贫村村组道路、小型水利设施、村小学、医疗站点建设改造、完善配套等，支持扶贫对象实施危房改造、易地扶贫搬迁等。

（三）围绕提高建档立卡扶贫对象就业和生产能力，对其家庭劳动力接受学历教育、职业教育、参加实用技术培训补助。

（四）围绕帮助建档立卡扶贫对象缓解生产性资金短缺困难，支持贫困户向金融机构小额贷款发展生产，对扶贫贷款实行贴息等。

第七条 财政专项扶贫资金不得安排用于下列各项支出：

（一）行政事业单位基本支出。

（二）各种奖金、津贴和福利补助。

（三）弥补企业亏损、企业担保金。

（四）修建楼、堂、馆、所及建档立卡贫困户改造以外的村民住房。

（五）弥补预算支出缺口和偿还债务。

（六）大中型基本建设项目。

（七）交通工具及通信设备。

（八）城市基础设施建设和城市扶贫。

（九）其他与脱贫攻坚无关的支出。

第八条 财政专项扶贫资金项目由县级审批，强化县级对财政专项扶贫资金的管理责任，各地要充分发挥财政专项扶贫资金的引导力度，以脱贫成效为向导，以脱贫攻坚规划为引领，统筹整合使用相关财政扶贫资金，提高资金使用精准度和效益。

第九条 县（区）要创新资金使用机制。探索推广政府和社会资本合作、政府购买服务、资产收益扶贫等机制，撬动更多金融资本、社会帮扶资金参与脱贫攻坚。

第十条 为加大预算执行力度,县级可根据项目金额大小、项目安全性和项目实施难易程度等因素,在县、乡间确定项目管理权,并按项目管理权限,实行县级或乡级报账制。在国库集中支付程序下,县级财政部门应同主管部门制定相应的制度规定,明确乡级报账制的实施范围、报账程序和监管办法。

第十一条 按照预算管理要求,市人大批复本级预算后的60日内,市财政会同市委农工部(市扶贫办)按因素分配法将资金下达至各县(区)。

第四章 资金管理和监督

第十二条 各县(区)应当加强资金和项目管理,做到资金到项目、管理到项目、核算到项目、责任到项目,并落实绩效管理各项要求。

(一)各级扶贫部门按照脱贫攻坚规划,在充分征求村、乡(镇、场)上报项目意见的基础上,扎实做好县级脱贫攻坚项目库建设。

(二)县、乡项目管理职责应清晰明确,并做到履职到位,责任分明。项目控制管理讲求科学,资金讲求效益,工作讲求效率。

(三)市本级及县区应将财政专项扶贫资金使用情况及时录入全国扶贫开发信息系统和财政扶贫资金动态监控系统。

第十三条 各县(区)应当加快预算执行,提高资金使用效益。结转结余的财政专项扶贫资金,按照财政部、省财政厅关于结转结余资金管理的相关规定管理。

第十四条 财政专项扶贫资金的支付管理,按照财政国库管理有关规定执行。属于政府采购、招投标管理范围的,执行相关法律、法规及制度规定。

第十五条 县(区)财政局和扶贫办要加强对财政专项扶贫资金和项目的日常管理和监督检查。做到年初有计划、中期有督查、年终有考核,确保项目实施进度,充分发挥财政专项扶贫资金使用效益。

第十六条 全面推行公告公示制度。推进政务公开,资金政策文件、管理制度、资金分配结果、资金安排使用等信息及时向社会公开,接受社会监督。

第十七条 扶贫专项资金使用管理实行绩效评价制度,项目主管部门作为绩效管理责任主体,应建立健全绩效评价体系,完善绩效评价指标。在项目实施前,应强化绩效目标管理;在项目运行过程中,注重绩效监控;在项目完成后,及时开展绩效评价,绩效评价结果以适当形式公布,并作为扶贫专项资金分配的重要因素,财政部门应认真履行绩效管理工作的抽查和监督责任。

第十八条 专项资金接受同级和上级主管部门、财政部门、审计部门、纪检监察、检察机关的监督检查,对在专项扶贫资金分配、使用管理等工作中,存在违反本办法规定,以及滥用职权、玩忽职守、徇私舞弊等违法违纪行为的,按照《预算法》《公务员法》《行政监察法》《财政违法行为处罚处分条例》等国家有关规定追求相应责任;涉嫌犯罪的,移送司法机关处理。

第五章 附则

第十九条 本办法由市财政局和中共市委农村工作部(市扶贫办)负责解释。

第二十条 本办法自下发之日起执行。原《南昌市财政专项扶贫资金管理办法》同时废止。

南昌市财政局
中共市委农村工作部
南昌市扶贫开发领导小组办公室
2018年10月17日

南昌市商务局关于打赢脱贫攻坚战工作实施方案

为深入贯彻党的十九大关于打赢脱贫攻坚战总体部署，全面落实中央、省、市印发的《关于打赢脱贫攻坚战三年行动的实施意见》等文件精神，有效发挥商务职能作用，大力助推全市坚决打赢脱贫攻坚战，特制订如下实施方案：

一、指导思想

以习近平新时代中国特色社会主义思想为指导，全面贯彻落实党的十九大精神，按照党中央关于打赢脱贫攻坚战的重大决策部署，从更高层次贯彻落实习近平总书记对江西工作重要要求，全面落实省委市政府、市委市政府关于脱贫攻坚三年行动实施意见，以推进商务经济发展带动贫困地区脱贫为目标，以精准扶贫、精准脱贫为根本，发挥商务职能作用，加大投入力度，充分调动各方资源和力量，深入实施电商扶贫、家政扶贫、市场扶贫、定点扶贫四大行动，为坚决打赢脱贫攻坚战作出积极贡献。

二、目标任务

到 2020 年，贫困地区商务经济发展取得明显成效，主要商务指标年均增幅高于全市平均水平，贫困地区流通基础设施更加完善，现代服务业显著发展，农村市场体系更加成熟，农产品流通水平明显提高，市场流通公共服务体系更加健全，商务经济对当地经济发展的贡献度显著增强。

三、深入实施扶贫四大行动

（一）电商扶贫提质增效行动

1.进一步规范南昌市电商扶贫服务站点的建设、服务与管理。根据《江西省电商扶贫服务站点建设与管理规范（试行）》，对辖区内的电商扶贫服务站点的规

划布局、功能配置、站点运营人员三项进行了梳理,对不合格的"僵尸站点"进行了撤并,对运营效果不佳的站点进行了优化和分类指导,切实发挥电商扶贫服务站点便民惠民的作用。(责任处室:电子商务信息化处)

2. 进一步夯实南昌市电商扶贫产业基础。与当地特色产业结合,找准当地具备电商销售的产品;与农业龙头企业或当地合作社结合,提升产品品质和规模;与乡村振兴战略结合,构建县—乡—村三级电商服务体系,打通农产品销售"最后一公里",使"农产品进城和工业品下乡"渠道更加通畅。(责任处室:电子商务信息化处)

3. 进一步解决南昌市电商扶贫瓶颈和困难。大力推动农村电商新模式,解决"名"的问题。推广"电商企业+农业龙头企业+合作社+农户(贫困户)",打响南昌市农产品电商"新名片"。大力推动电商资源与农村地区对接,解决"销"的问题。充分利用"邮乐网""村播计划"等电商平台及"赣品网上行"活动,与农业龙头企业、合作社对接,帮助农村地区销售农特产品。大力推动农产品物流体系建设,解决"运"的问题。积极整合邮政、供销等部门原有农村网点资源,培育本地承接物流企业,构建电商快递配送网络,降低物流成本。大力推动电商公共服务水平建设,解决"人"的问题。对农民进行信息技术和电子商务培训,强化各级农业信息管理和服务人员的培训,提高其服务水平,改善农产品电子商务应用的社会基础。(责任处室:电子商务信息化处、流通业发展处)

(二)家政扶贫精准对接行动

1. 制定扶持政策,优化发展环境。结合南昌实际,制订南昌市家政扶贫实施方案,在市服务业引导资金中重点支持本地龙头家政企业的培育和家政扶贫就业培训等项目。(责任处室:商贸服务业处)

2. 加大宣传力度,营造适宜氛围。一是广泛利用电视、微信公众号等众多媒体,宣传家政服务行业在脱贫攻坚中的重要意义和家政扶贫方面的方针政策,用"送政策到田间地角,请专家进社区街道"的方式开展培训宣传,让广大贫困人口了解政策,增强宣传效果。二是宣传典型"能人示范"优秀事例,引导广大人民群众尊重和崇尚家政服务,增强家政行业吸引力,充分调动困难群众从事家政服务的积极性。(责任处室:商贸服务业处)

3. 搭建对接平台,强化政企联动。一是强化市级部门,各区、县政府间的协作。市商务局与市扶贫办、市妇联、市人力资源和社会保障局、市总工会和各县、区人民政府相互配合,建立协作机制,充分发挥各相关部门在政策协调、组织资源、资金支持等方面的优势,合力做好家政扶贫工作。二是家政培训与劳务输出相对接。

加大与发达地区广州、深圳、杭州、南京等地的家政企业签订合作协议，共同致力于家政扶贫工作。（责任处室：商贸服务业处）

4.积极与发达地区开展家政扶贫合作。一是组织企业和区商务主管部门拜访杭州、南京等发达地区商务主管部门，建立劳务输出渠道，签订就业输出协议，并积极拜访杭州、南京家政企业，鼓励企业对接培训项目。二是安排杭州、广州的家政企业选择优质师资人员到定点贫困村进行现场授课，协助杭州、广州企业了解学员基本情况和进行岗前心理辅导，选择推荐优秀学员到发达地区就业。（责任处室：商贸服务业处）

（三）市场拓展扶贫促进行动

1.推进贫困村所在县区农贸市场建设改造。积极争取、整合和筹集资金，重点支持贫困地区开展农贸市场建设改造，力争在2020年前基本完成县乡农贸市场的建设改造任务。（责任处室：市场体系建设处）

2.支持企业开拓市场。鼓励贫困村所在乡镇企业、合作社参加"赣品网上行""淘遍江西"等活动。（责任处室：电子商务信息化处）

（四）定点扶贫巩固提升行动

在现有工作的基础上，继续加强对新建区象山镇井岗村定点帮扶工作，巩固提升帮扶成效。

1.精心组织定点帮扶工作。深入学习贯彻《习近平扶贫论述摘编》，成立"精准帮扶"工作领导小组。同时将帮扶井岗村脱贫攻坚工作列入党委重要议事日程推进定点帮扶工作所涉项目实施。选派一支年富力强的"连心小分队"常年驻扎在井岗村扶贫一线；整合凝聚帮扶力量，将我局正科级及以上领导干部与17户建档立卡贫困户进行一对一结对帮扶，并严格落实帮扶责任，如期完成脱贫任务。（责任处室：组织人事处、局驻点扶贫小组）

2.进一步提升党建工作。着力加强村党支部建设，落实"四议两公开"，扎实开展"三会一课"，推进"两学一做"常态化制度化。局驻点扶贫工作组要加强与困难群众的沟通交流，落实精准帮扶，抓好各项政策落地；落实作风建设，强化扶贫工作纪律；落实党建帮扶，夯实基层堡垒，定期报告党建工作，局领导每年至少一次赴扶贫点指导党建工作，局机关党委每年至少一次赴扶贫点开展党建帮扶工作。（责任处室：机关党委、组织人事处、局驻点扶贫小组）

3.提升教育扶贫水平。充分发挥党员志愿服务先锋模范带头作用，积极开展"名著小书包"进村小、经典名著伴读等党员志愿服务活动，推动局机关党员与新建区象山镇村小学开展教育扶贫对接，结对共读，诵读经典著作，接受文化熏陶，

培养阅读习惯，激发学习热情，提升文化知识水平，提高教育扶贫成效。（责任处室：机关党委、组织人事处、局驻点扶贫小组）

4.强化产业扶贫实效。推进黄蜀葵、百香果等产业发展，发挥产业合作社带头作用，积极推进农村电子商务，引导苏宁易购、老李头、正邦科技等电商企业开展扶贫帮扶活动，提高电商扶贫成效。（责任处室：局驻点扶贫小组、电子商务信息化处）

四、建立和完善商务扶贫保障机制

1.加强组织领导。商务扶贫工作涉及处室的主要负责人为扶贫工作的"第一责任人"，必须明确工作目标任务和人员分工，加大项目实施力度，确保商务扶贫工作有部署、有检查、有考核。（责任处室：组织人事处、各有关处室）

2.完善定点扶贫攻坚机制。整合市、县（区）两级商务部门的扶贫工作资源，完善商务系统定点扶贫工作机制，统筹推进商务扶贫工作。积极争取国家和省有关部门对商务扶贫工作的支持，推进先行先试。（责任处室：办公室、局驻点扶贫小组）

3.加强宣传引导。加大商务扶贫宣传，充分发挥报纸、电视、广播、网络、微信等主流媒体和新媒体的作用，加强商务扶贫工作宣传报道，及时总结和宣传推广商务扶贫工作中的好做法、好经验，营造商务扶贫的浓厚氛围，促进全社会关心、支持商务扶贫工作。（责任处室：组织人事处、局驻点扶贫小组、各有关处室）

4.健全长效机制。加大督查力度，进一步健全和完善商务扶贫工作的长效机制，加强商务扶贫的调度和督查，及时发现脱贫攻坚工作中存在的问题，限期加以整改，确保商务扶贫工作取得实效。（责任处室：办公室、各有关处室）

南昌市商务局
2019 年 12 月 10 日

南昌市交通运输局保障打赢脱贫攻坚战三年行动实施方案

为贯彻落实中央和省、市委关于脱贫攻坚工作有关会议精神和文件要求，现就交通运输工作保障打赢脱贫攻坚战三年行动制订实施方案如下：

一、总体要求

以习近平新时代中国特色社会主义思想为指导，全面贯彻党的十九大精神，聚焦精准扶贫、精准脱贫基本方略，以建好农村公路、推进城乡客运一体化建设为重点，着力提升交通工作服务水平，为实现人便其行、货畅其流、服务群众、奉献社会的交通梦，为打赢脱贫攻坚战三年行动任务作出交通部门的贡献。

二、工作目标

贯彻落实中央和省、市扶贫工作要求，紧紧围绕全省脱贫质量和成效位居全国第一方阵的总体目标、全市贫困人口稳定脱贫和贫困村如期退出的攻坚任务，按照全市打赢脱贫攻坚战三年行动的决策部署，切实强化农村基础设施即农村公路建设工作，深入推进城乡客运一体化建设，持续开展交通扶贫领域腐败和作风问题专项治理，推动各项扶贫政策更加精准地落实到贫困村、贫困户，助推2020年全面打赢脱贫攻坚战。

三、主要任务

1. 推进农村客运一体化建设。到2020年实现具备通客运班车条件的建制村100%通班车的总体目标，通过定期月报、科学规划、年度计划、逐年推进、销号管理等方式，建立未通客运班车建制村管理档案，依照2018年度完成未通客运班车建制村通车50%，2019年通车80%，2020年通车100%的步骤，彻底扫除通

盲点建制村。（责任单位：市公路运输管理处）

2. 推进农村公路建设。加快补齐贫困村设施短板。大力推进贫困村（组）道路新建、损坏道路维修、入户便道硬化。提升贫困地区交通水平。抓好"四好农村路"建设，2018年完成25户以上自然村通水泥路，2019年底实现所有村民小组通水泥路。加快贫困地区农村公路安全生命防护工程建设，基本完成乡道及以上行政等级公路安全隐患治理。推进窄路基路面农村公路合理加宽改造和危桥改造。改造建设一批贫困乡村旅游路、产业路、资源路。2018年完成25户以上自然村通水泥路；2019年底实现所有村民小组通水泥路；2020年底基本完成乡道及以上行政等级公路安全隐患治理。有条件的贫困村推进窄路基路面农村公路合理加宽改造和危桥改造，改造建设一批贫困乡村旅游路、产业路、资源路。

按照《关于打赢脱贫攻坚战三年行动的实施意见》要求，全市贫困村涉及南昌县、进贤县、安义县、新建区和湾里区（以下简称三县两区）共80个行政村，把"2019年底实现所有村民小组通水泥路，2020年基本完成乡道及以上行政等级公路安全隐患治理"纳入市政府对以上三县两区政府工作目标考核，由县区政府推进，实行属地化管理，定期对任务完成情况进行排名通报并追究问责。

积极争取省级计划支持，保障农村公路脱贫攻坚任务顺利完成。（责任单位：市农村公路管理所）

3. 深入开展定点扶贫工作。深入推进局机关、局属单位结对联系帮扶机制，加强工作指导和督促检查，帮助定点扶贫村打赢扶贫攻坚战。选派优秀干部驻村和定点帮扶，落实保障支持措施。（责任单位：局组织人事处、局属各事业单位）

4. 持续开展交通扶贫领域腐败和作风问题专项治理。重点治理行业扶贫工作中责任落实不到位、工作措施不精准、项目和资金管理不规范、工作作风不扎实等问题。将交通扶贫领域腐败和作风问题专项治理工作贯穿脱贫攻坚全过程。（责任单位：局组织人事处、驻局纪检监察组）

四、组织领导

1. 落实工作责任。将打赢脱贫攻坚战三年行动摆在更加突出的位置，重点抓好工作部署、责任分解、投入保障等工作。主要领导要亲自抓，分管领导要具体抓，班子成员要分头抓，做到任务到人，责任到人，各司其职，各负其责，形成上下联动、齐抓共管的工作局面。

2. 细化职责措施。结合实际，制订工作方案，列出年度任务清单，细化到人、量化到岗，细化措施办法，明确责任主体和完成时限，确保各项工作全部完成。

3.加强考核验收。认真开展农村公路脱贫攻坚项目完成情况监督检查,并将检查结果纳入市政府对相关县区考核工作中,对没有完成工作任务或发现弄虚作假的,追究相关人员责任,并责成县区政府立即整改,其考核结果纳入市政府对县区政府综合考核体系。

南昌市交通运输局

2018 年 11 月 15 日

关于做好全市2019年度农村公路脱贫攻坚工作的通知

各县（区）公路管理站：

根据《江西省交通运输厅关于印发全省交通运输打赢脱贫攻坚战三年行动（2018—2020）实施方案的通知》及《中共南昌市委、南昌市人民政府关于打赢脱贫攻坚战三年行动的实施意见》文件精神，结合本行业工作实际，现将全市2019年农村公路脱贫攻坚工作相关要求通知如下：

一、工作目标

根据聚焦全面建成小康社会和脱贫攻坚奋斗目标，加快补齐贫困村设施短板，大力推进贫困村（组）道路新建、损坏道路维修、入户便道硬化的总体目标。加快提升贫困地区交通水平，抓好"四好农村路"建设。围绕贫困村，特别是80个市级贫困村，按照省、市相关农村公路建设政策实施一批农村公路新建、维修、升级改造工程，2019年底实现所有村民小组通硬化公路建设。

二、工作要求

1. 各县区公路管理站要加强与辖区贫困村的联系，积极对接并宣讲农村公路政策，帮助贫困村规划交通建设项目。

2. 立即开展摸底调查工作，建立2019农村公路脱贫攻坚项目库，并于2019年3月底前将项目库上报市所（上报表格见附表）。

3. 加强项目调度，加快推进项目前期与建设工作，及时处理阻碍项目推进的问题，确保完成年度脱贫攻坚建设任务。

4. 对纳入了农村公路脱贫攻坚的项目，要按照《江西省普通公路工程技术档案管理办法（试行）》（赣路办字〔2018〕12号）文件要求做好项目建设档案管理工作。

5. 对 2019 年度完成全市通村民小组公路建设的任务，要以各县区公路管理站主管局（办）正式行文方式上报，并附相关村民小组名录及通公路情况明细表。

6. 加大脱贫攻坚工作宣传力度，做好交通扶贫优秀案例、先进人物、典型事迹的线索收集，加大宣传推广，营造良好氛围。

7. 各县区公路管理站要严格落实好省、市关于交通扶贫领域腐败现象和作风问题的有关整治要求，严格执行各项交通工程有关管理办法及规定，规范项目建设及资金管理程序，增强交通扶贫领域监督、执纪、问责工作，杜绝出现"怕、慢、假、庸、散"等作风问题，确保本单位、本行业不出现违规、违纪情况。

南昌市农村公路管理所

2019 年 2 月 26 日

南昌市人力资源社会保障系统精准扶贫工作方案

为贯彻落实人力资源社会保障部《关于在打赢脱贫攻坚战中做好人力资源社会保障扶贫工作的意见》（人社部发〔2016〕71号）、省人社厅《关于印发〈江西省人力资源社会保障系统精准扶贫行动计划〉的通知》（赣人社发〔2016〕53号）精神要求，充分发挥人力资源社会保障部门在推进精准扶贫、精准脱贫上的职能作用，结合我市实际，经研究决定，制订本工作方案。

一、指导思想

坚持以党的十八大和十八届三中、四中、五中、六中全会精神为指导，全面贯彻落实习近平总书记系列重要讲话和对江西提出的"新的希望、三个着力、四个坚持"要求，结合全局系统"实施'九大项目'建设'一流人社'"活动的开展，按照板块项目化模式，强化精准发力，强化责任落实，不断加大就业创业扶持力度，提升社会保障水平，扩大人才智力支撑，为打好精准扶贫攻坚战作出积极贡献。

二、工作目标

"十三五"时期，通过对有就业意愿的建档立卡农村贫困劳动力进行精准识别，摸清底数、区分类型、找准问题、分类施策，以"三年脱贫、两年巩固"为目标，以任务分解为抓手，全力帮扶全市23886名建档立卡农村贫困人口开展人社保障精准扶贫，努力实现"五个一批"目标，即帮助有就业意愿和就业能力的建档立卡农村贫困劳动力尽快转移就业，能转尽转，实现就业促进脱贫一批；对有创业能力且有创业愿望的建档立卡农村贫困劳动力的创业项目提供创业担保贷款，应贷尽贷，实现创业扶持脱贫一批；组织劳动年龄内、有劳动能力和培训意愿的建档立卡农村贫困劳动力每年至少参加一次免费职业培训，愿培尽培，实现技能培训脱贫一批；大力推进贫困村"一村一品"特色扶贫产业发展，可扶尽扶，实现产业发展脱贫一批；引导建档立卡农村贫困人口积极参保续保，法定人员全部参加基本养老、医疗保险，应保尽保，实现社会保障脱贫一批。

三、主要措施

根据《江西省人力资源社会保障系统精准扶贫行动计划》工作要求，全市人社系统精准扶贫行动任务分解为"就业促进扶贫""创业扶持扶贫""技能提升扶贫""社会保障扶贫""人才支撑扶贫"五大板块39项具体任务，详见"南昌市人力资源社会保障系统精准扶贫工作任务分解表"（附件1），由牵头单位和配合单位具体实施落实。

四、组织保障

为切实加强领导，有序推进行动计划的开展，成立"南昌市人力资源和社会保障局精准扶贫工作领导小组"，组长由黄小华局长担任，副组长由局班子成员担任，成员由各县区（开发区、新区）人社局局长、局属各相关处室（单位）主要负责同志组成。领导小组下设办公室，办公室主任由李更生副局长兼任。办公室设在局就业失业处，具体负责领导小组日常工作。

五、工作要求

（一）高度重视，强化组织领导

各责任单位要把精准扶贫、精准脱贫工作作为一项重大政治任务摆上重要日程，高度重视，切实加强组织领导，各县区（开发区、新区）人力资源和社会保障部门要成立由主要领导任组长的专门工作机构，制定工作目标任务，层层落实到具体责任人。乡镇人力资源社会保障所要明确专职人员负责，脱贫任务重的村要设置专职协管员，层层压实扶贫脱贫责任。局各项目责任单位要结合工作职能，对建档立卡农村贫困人口主动提供精准服务，将各项扶贫政策落到实处。

（二）精准识别，掌握信息数据

各责任单位要充分发挥金保工程"多险合一"数据大集中的优势，与扶贫部门建立贫困人口和贫困劳动力信息共享机制，做实做细，实现动态调整。目前，我市暂有49个贫困村，共计23886名建档立卡农村贫困人口，主要分布在"三县两区"：南昌县、进贤县、安义县、新建区、湾里区。对建档立卡农村贫困人口相对集中的"三县两区"人社部门，要主动与扶贫部门衔接，依托各基层人力资源社会保障公共服务平台，开展对全市建档立卡农村贫困人口基本信息及就业、培训、社会保险等信息的比对，精准识别、动态掌握扶贫对象情况。其他暂未有建档立卡农村贫困人口县区（开发区、新区）人社部门，要建立动态监测制度，及时掌握本辖区流动贫困劳动力情况，并提供相应的扶贫帮扶。要统一建立"江西省建档立卡农村贫困人口就业和社会保障情况精准识别卡"（见附件2），做好台账备查，为实施人力资源社会保障部门精准扶贫、动态评估成效提供数据支撑。

（三）倾斜投入，保障资金扶持

各责任单位要进一步加大对就业、技能培训、社会保障和人才智力扶贫等资金投入力度，按照贫困人口数量、脱贫任务等精准分配资金，重点向扶贫任务重、目标任务完成好的县区（开发区、新区）倾斜。加强资金使用管理，强化审计监督，提高资金使用效益。

（四）定期汇报，加强调度考核

局扶贫工作领导小组办公室要加强对精准扶贫工作的调度，定期组织开展督促检查；将精准扶贫攻坚实绩列入市县科学发展综合考核内容，推动各项任务落到实处；同时，要做好扶贫成效统计工作，明确一名联络员专门负责工作对接，定期填报"南昌市建档立卡农村贫困人口人力资源社会保障统计表"（季报，每季度末27日前报送，见附件3），并及时汇总报送贫困人口和贫困劳动力就业、培训、参加社会保险以及劳动就业和社会保障平台建设等情况。

（五）加大宣传，营造良好氛围

各责任单位要结合当地实际，运用多种渠道，采取多种举措，加大人力资源社会保障精准扶贫各项惠民政策、富民政策的宣传力度，做好政策解读，形成良好的舆论氛围，确保人力资源社会保障扶贫政策及时、有效落地。

南昌市人力资源和社会保障局
2017年3月13日

关于进一步加强和规范就业扶贫资金使用管理的通知

各县区就业局：

为进一步加强扶贫资金和项目管理，提高扶贫资金使用效益和透明度，规范扶贫资金分配、使用管理和扶贫项目实施、检查、验收，保障就业扶贫资金落到实处。根据《江西省财政厅　江西省人社厅关于印发江西省就业补助资金管理办法的通知》（赣财社〔2019〕1号）、《江西省人社厅　江西省财政厅关于调整就业补助资金涉及建档立卡贫困劳动力有关规定的通知》（赣人社字〔2018〕369号）文件精神，结合工作实际，现就进一步加强就业扶贫资金管理，作出如下通知：

一、严格就业扶贫资金使用

（一）资金支出范围

享受就业扶贫资金的补贴对象为年龄16周岁至60周岁有劳动能力的特定劳动者、15周岁及以上未升学的应届初中毕业生、16周岁及以上具有劳动能力的城乡贫困劳动力。城乡贫困劳动力是指农村特困家庭、农村居民最低生活保障家庭、城镇特困家庭、城镇居民最低生活保障家庭、城镇支出型贫困家庭等7类家庭中的劳动力。

1. 吸纳城乡贫困劳动力就业补贴。对吸纳建档立卡农村贫困劳动力在家门口就业，与其签订劳动合同、累计工作时间不少于6个月的就业扶贫车间和人社部确定的就业扶贫基地，每吸纳1名建档立卡农村贫困劳动力，在其就业年度内按年给予1000元补贴，对在深度贫困村建设的就业扶贫车间和人社部确定的就业扶贫基地按年给予2000元补贴。工业园区每吸纳1名城乡贫困劳动力，按年给予1000元补贴。自然年度内每人可补贴一次。

2. 交通补贴。对城乡贫困劳动力和化解过剩产能企业中的就业困难人员跨地区求职就业，到省外务工的给予每人500元交通补贴，到省内跨县（市、区）务

工的给予每人300元交通补贴。对深度贫困村内建档立卡贫困劳动力到省外务工，给予每人600元交通补贴，到省内跨县（市、区）务工的给予每人400元交通补贴。每人每年可享受一次交通补贴。

3.生活费补贴。城乡贫困劳动力中的就业困难人员参加职业培训的，培训期间享受生活费补贴，补贴标准为每人每天30元，最长不超过6个月。参加劳动预备制培训的城乡未继续升学的应届初高中毕业生中的农村学院和城市低保家庭学员，生活费补贴标准为每人每月200元（不足半个月的按半个月发放，超过半个月不足一个月的按一个月发放）。生活费补贴随职业培训补贴一并申请，自然年度内每人可享受一次。

（二）资金申请与使用

符合条件的就业扶贫车间和就业扶贫基地申请补贴资金时，当地人社部门应审核以下材料：城乡贫困劳动力证明材料、就业扶贫车间和就业扶贫基地吸纳城乡贫困劳动力花名册、城乡贫困劳动力身份证复印件、就业扶贫车间和就业扶贫基地与贫困劳动力签订的劳动合同复印件、工资支付凭证复印件。

城乡贫困劳动力中的就业困难人员申请一次性交通补贴时，当地人社部门应审核以下材料：城乡贫困劳动力证明材料、就业困难人员证明材料、身份证复印件、交通费凭证以及三个月以上工资收入证明。

二、加强资金项目管理

（一）健全扶贫资金制度

各县区就业局应建立健全扶贫资金专户运行、专账核算、专人管理、财政报账制度，强化监督检查作用，定期开展专项检查，加强风险防控等级。

（二）完善扶贫资金基础工作

各县区就业局应建立和完善就业扶贫资金发放台账，做好扶贫资金使用管理的基础工作，有效甄别享受补贴政策的人员、单位的真实性，防止出现造假行为。加强信息化建设，将享受补贴人员、项目补助单位、资金标准及预算安排和执行等情况及时纳入管理信息系统，并实现与财政部门的信息共享。

（三）加快扶贫资金拨付进度

各县区就业局应当加快扶贫资金拨付进度，减少结转结余，要按照本办法规定积极推动落实就业扶贫工作扶持政策，确保资金用出成效。

三、强化资金使用效益

（一）加强组织领导

各县区就业局应当进一步优化资金审核、使用和落实的流程，进一步加强扶贫资金管理的组织领导力度，切实为扶贫资金的合理使用把好关卡。

（二）明确职责分工

各县区就业局应会同各主管部门做好扶贫项目预算安排和向上级申报工作，制定扶贫资金管理办法；组织开展扶贫资金支出预算建议、监督检查、绩效评价等。主管部门负责制定扶贫资金管理办法，做好扶贫资金申报工作，加强扶贫资金管理。

（三）加大惩处力度

就业扶贫资金要专款专用，各县区应严格按规定使用，不得擅自扩大支出范围，不得以任何形式挤占、挪用、截留和滞留。对故意编造虚假信息，骗取补助的，除责令立即纠正、扣回、停拨补助资金外，还应按规定追究有关单位和人员的责任。各县区就业局及其工作人员在扶贫资金的分配审核、使用管理等工作中，存在滥用职权、玩忽职守、徇私舞弊等违法违纪行为的，按照国家有关法律法规追究相应责任。涉嫌犯罪的，依法移送司法机关处理。

南昌市劳动就业服务管理处
2019 年 3 月 26 日

南昌市教育扶贫打赢脱贫攻坚战三年行动的实施意见

根据《江西省教育扶贫打赢脱贫攻坚战三年行动的实施意见》及《中共南昌市委 南昌市人民政府关于打赢脱贫攻坚战三年行动的实施意见》，结合我市教育脱贫攻坚的目标任务，提出我市教育扶贫打赢脱贫攻坚战三年行动的实施意见。

一、指导思想

以习近平新时代中国特色社会主义思想为指导，全面贯彻党的十九大精神和党中央、国务院决策部署，在市委、市政府的正确领导下，牢记习近平总书记对江西脱贫攻坚的殷切嘱托，充分发挥政治优势和制度优势，把精准扶贫、精准脱贫作为基本方略，按照"核心是精准，关键在落实，确保可持续"的要求，全面实施好教育脱贫攻坚各项任务，切实提高贫困人口获得感，为全面建成小康社会履行好教育脱贫攻坚应尽之责。

二、目标任务

总体目标：2020年全面完成教育脱贫各项任务，阻断贫困代际传递，坚决打赢教育脱贫攻坚战，实现"人人有学上、个个有技能、家家有希望"，为实现2020年全市农村贫困人口如期脱贫，脱贫实效和质量进入全国"第一方阵"提供有力支撑。

具体目标：大力发展学前教育，巩固提高义务教育，普及高中阶段教育。实现农村建档立卡贫困家庭和城镇困难家庭（以下简称贫困家庭）子女就学资助全覆盖、留守儿童教育关爱全覆盖；对建档立卡贫困家庭学龄前儿童，确保都有机会接受学前教育；对贫困家庭义务教育阶段适龄人口，确保都能接受公平有质量的义务教育；对贫困家庭高中阶段适龄人口，确保都能接受高中阶段教育特别是中等职业教育；配合人力资源社会保障部门为贫困家庭学龄后人口提供适应就业创业需求的职业技能培训。

贫困地区教育总体发展水平显著提升,保障各教育阶段从入学到毕业的全程全部资助,保障贫困家庭孩子都可以上学,不让一个学生因家庭困难而失学。每个人都有机会通过教育实现家庭脱贫,教育服务区域经济社会发展的能力显著增强。

三、政策举措

(一)进一步加强领导,压实责任,强化考核问责

按照"省负总责、市县抓落实、乡镇推进和实施、扶持到校、扶贫到生"的要求,建立教育扶贫工作落实机制,进一步完善教育扶贫工作考核评价机制,把教育扶贫实绩作为对各地党委和政府脱贫攻坚工作成效考核的重要依据。南昌市教育局成立教育扶贫工作领导小组,强化沟通协调,及时研究解决工作中存在的突出问题,指导和督促各地开展教育精准扶贫,要求相关部门和单位做好"两个全覆盖""四个专项计划""两项结对帮扶工程"的工作部署,进一步压实责任,扎实推进,落实教育资助工作中小学校长和乡镇属地双负责制。(责任部门:局教育扶贫领导小组成员)

(二)进一步运用好"两个全覆盖"长效机制进行精准帮扶,实现精准脱贫

1.对贫困家庭子女就学实施资助全覆盖。

一是对学前教育资助。在经县以上教育行政部门审批设立的普惠性幼儿园就读的建档立卡贫困家庭儿童,在原有每生每年按不低于500元标准发放学前教育资助金的基础上,新增1000元,新增教育资助金,由县级政府通过统筹财政涉农扶贫资金予以安排。到2018年底,实现农村"一乡一幼"全覆盖。(责任部门:资助中心、义教处)

二是对义务教育资助。巩固好"两免一补"政策,进一步完善"控辍保学"机制,确保贫困家庭子女顺利完成义务教育;免除全省义务教育阶段学生学杂费、提供免费教科书、对贫困家庭义务教育寄宿生进行补助,小学每生每年1000元、初中每生每年1250元,特教小学每生每年1200元、特教初中每生每年1450元;实现义务教育阶段免费教育,有力保障贫困家庭子女完成义务教育。(责任部门:资助中心、义教处)

三是对普通高中教育资助。对全日制普通高中学校(含民办普通高中学校)和完全中学的高中部在校学生中的家庭经济困难学生进行资助,平均资助标准为每生每年2000元;免除公办普通高中贫困家庭学生(含非建档立卡的家庭经济困

难残疾学生、农村低保家庭学生、农村特困救助供养学生、城镇困难群众家庭学生）学杂费，对在政府教育行政管理部门依法批准的民办普通高中就读的符合免学杂费政策条件的学生按照当地同类型公办普通高中免除学杂费标准给予补助。对当年考取高校的江西籍家庭经济困难考生给予每生一次性5000元政府资助金补助；落实好中国教育发展基金会关于普通高校家庭经济困难新生到校报到路费补助，按省外1000元、省内500元的标准一次性给予。（责任部门：资助中心）

四是对中等职业教育资助。对中等职业学校全日制一、二年级涉农专业学生和非涉农专业家庭经济困难学生按每生每年2000元发放助学金；对公办中等职业学校全日制一、二、三年级所有农村（含乡镇）学生，城市涉农专业学生和家庭经济困难学生（艺术类相关表演专业学生除外）免除学费，民办中职学校免学费标准按当地同类型同专业公办中职学校免学费标准予以补助。（责任部门：资助中心）

五是对高等教育资助。对家庭经济困难学生实施生源地信用助学贷款政策，本专科生最高贷款额度为每生每年8000元，研究生最高贷款额度为每生每年12000元，学生在读期间利息全部由财政补贴。（责任部门：资助中心）

2. 对贫困家庭留守儿童实施教育关爱全覆盖。进一步发挥家庭、学校、政府、社会力量共同参与的"四方联动"留守儿童关爱服务网络作用，为留守儿童提供生活、学习、心理和安全教育等提供精准帮助；配合省级部门做好省级留守儿童教育关爱信息化管理平台建设，按省级部门要求到2020年要实现全市留守儿童教育关爱的台账管理。（责任部门：义教处、保健所、技术中心）

（三）进一步执行好"四个专项计划"，助力精准扶贫和精准脱贫

1. 执行好贫困地区办学条件改善的专项计划。

一要加大在农村留守儿童集中地区加强农村寄宿制学校建设力度。统筹推进乡镇特别是农村留守儿童集中地区寄宿制学校建设，重点加强食堂、学生宿舍、沐浴设施、热水供应设施等生活设施建设，进一步促进寄宿制学校合理分布，以提高农村留守儿童入住率。二要加大对特殊教育的投入。进一步加大对各类残疾人进入各类相应学校的支持力度，提高贫困地区残疾儿童教育普及水平，按照"一人一案"的要求，采用多种方式安置建档立卡的未入学适龄残疾儿童入学，并引导不同残疾类型分类入学；改善特殊学校和普通学校附属特教班的办学条件，提升办学水平，为适龄残疾儿童平等接受义务教育创造条件；支持有条件的普通义务教育学校，建设资源教室、配备资源教师，为轻度适龄残疾儿童到普通学校随班就读创造条件。实现在常住人口达30万人及以上的县（市、区）建设一所特殊教育学校，常住人口未达到30万人的县（市、区）能开设特教班，以满足适龄残

疾儿童就学需要；进一步提高随班就读教育教学质量，保障残疾儿童平等受教育权利。三要切实做好全面改薄工程。农村中小学校舍维修改造工程、市级支持县区基础教育民生工程、教育现代化推进工程等项目建设工作，统筹安排建设资金，积极推进学校标准化建设，办好必要的教学点。同时，加强农村学校教育教学设施设备和活动场地建设。优先支持教育基础薄弱县（区）普通高中建设项目，要加大对贫困地区普通高中的投入力度，建立健全普通高中经费保障制度。（责任部门：义教处、计财处、基建处、普高处）

2. 执行好现代职业教育创新计划。

一要优化中等职业学校布局结构，在人口集中和产业发展需要的贫困地区建好一批中等职业学校。重点支持建设县级职业教育中心（职业高中）或技工院校，实现每县、市（区）域内都必须建成1所达标中职学校或技工院校目标；继续推进中等职业教育资源整合，强化办学特色，提高办学水平，完善与区域产业转型升级相适应的专业设置与动态调整机制，提高人才培养与经济社会发展的契合度。二要实施中等职业教育协作计划和落实技能脱贫千校行动。支持贫困家庭初中毕业生到省（区、市）外经济较发达地区接受中等职业教育，贫困家庭初中毕业生在享受免学费和国家助学金政策的基础上，各地通过一定渠道给予必要的住宿费、交通费等补助，帮助贫困家庭子女实现就业；会同相关部门加大职业技能提升计划和贫困户教育培训工程实施力度，引导企业扶贫与职业教育相结合，鼓励职业学校面向贫困家庭开展多种形式的职业教育和培训；配合农林部门加快发展贫困地区现代农林职业教育，构建培养新型职业农民公益性培养培训长效；支持职业学校联合人力资源社会保障、旅游、林业、能源、工会等部门（单位），面向未升学初高中毕业生、进城农民工、农村富余劳动力等群体开展劳务输出、乡村旅游、生态护林、林下经济、节能环保等相关职业技能培训，实现脱贫举措与技能培训精准对接。三要落实好职教圆梦行动计划。配合人力资源社会保障部门统筹协调国家示范和国家重点中等职业学校（含技工院校），针对贫困家庭子女，引导他们选择就业前景好的专业，并确保他们至少掌握一门实用技能；注重引导订单式、学徒制等校企联合培养类职业教育项目优先招收贫困家庭子女就读。四要积极开展推普脱贫攻坚工作。加大乡村学校语言文字推广普及力度，组织乡村教师参加语言文字相关培训，提高贫困地区村民说好普通话、用好规范字的能力，提升村民文化素养。（责任部门：职成处、宣教处）

3. 执行好贫困生中招优惠录取计划。

根据《南昌市教育精准扶贫工作实施方案》，三县、新建区和湾里区制定适合

本县区的贫困生降分录取县重点高中和适度向农村贫困生倾斜录取职业学校的具体优惠政策，并组织实施。（责任部门：普高处、考试院）

4. 执行好教师队伍建设支持计划。

一要改善贫困地区乡村教师待遇，全面落实艰苦边远地区农村中小学教师特殊津贴和乡镇工作补贴等政策。严格落实好我市艰苦边远地区农村中小学教师特殊津贴和乡镇工作补贴等政策；推进艰苦边远地区农村学校教师周转宿舍建设，切实改善乡村教师工作和生活条件，全面落实"十三五"教师周转宿舍建设规划。二要加大贫困地区教师特岗计划实施力度。继续争取教育部、省教育厅支持，加大特岗教师招聘力度，优先满足贫困地区的需要。三要深入推进义务教育学校教师校长交流轮岗和对口帮扶工作。每年实现交流轮岗校长教师适应交流人数的10%，建立城镇优秀教师向乡村学校流动制度，城镇教师晋升高级职称（职务）必须曾在乡村学校任教1年以上。实行高校音体美专业大学生赴农村中心小学实习支教，不断完善对口帮扶工作，进一步促进城乡之间、校校之间教师资源配置均衡化。四要组织乡村教师参加各级各类培训项目。积极选送优秀乡村教师参加国培、省培计划专项培训，组织乡村教师参加"全省中小学幼儿园教师信息技术应用能力提升工程"培训，每年组织2—3期农村音体美等薄弱学科的短期集中培训，不断提高农村教师整体素养。（责任部门：组人处、宣教处）

（四）进一步落实好"结对帮扶"工程，助力教育脱贫攻坚

1. 落实大学生支教服务工程。落实全省高校师范类音体美专业大学生赴边远农村小学实习支教服务试点。通过实习支教、定向培养、公开招聘等多种途径，提升农村小学音体美专职教师比例，力争所有农村小学都能开齐开足音体美课程。（责任部门：组人处）

2. 做好"心连心"贫困家庭学生结对帮扶工程。搭建方便快捷的"心连心"爱心资助互动平台，精准建立爱心人士和特困学生资助关系，形成人人关心扶贫、人人支持扶贫、人人参与扶贫的良好氛围，实现社会助学精准扶贫。（责任部门：资助中心）

（五）进一步发挥好信息技术引领作用，助力精准扶贫和精准脱贫

一要利用好"江西省教育厅精准扶贫系统"，针对在市内就读具有市内学籍的"建档立卡"贫困学生、残疾学生和留守儿童的电子档案信息要统一"出口和入口"，有力实施贫困学生台账化精准控辍，确保贫困家庭适龄学生不因贫失学辍学，强化义务教育控辍保学联保联控责任，并在辍学高发区"一县一策"制订工作方案；加强从学前教育资助到高中及中职教育资助，确保每一个建档立卡贫困学生享受

到相应的帮扶政策,助力精准扶贫和精准脱贫。二要发挥在贫困地区优先实施农村中小学信息技术引导作用,切实加强学校网络教学环境建设,实现优质教育资源共享。(责任部门:资助中心、义教处、技术中心)

(六)进一步凝聚社会力量广泛参与教育脱贫攻坚,形成良好社会氛围

引导企业、各类社会组织开展捐资助学;引导社会力量投入教育脱贫攻坚;引导动员社会各界力量关心支持教育脱贫攻坚,广泛形成教育脱贫攻坚的良好社会舆论氛围。(责任部门:宣教处、基金会)

南昌市教育局

2018 年 11 月 16 日

关于做好建档立卡等贫困家庭学生资助工作的通知

各县（区）教体局，开发区（新区）教办（中心），局属学校、省属事业单位办学校、市管民办学历教育学校、市属中职学校：

为落实教育脱贫整改工作精神，做好我市学生资助工作，经研究决定，现就全市建档立卡等贫困家庭学生资助工作的有关事项通知如下：

一、运用好全国资助等系统的数据信息，落实学生资助政策。各地各校要对建档立卡等贫困家庭学生，依托当地扶贫办、民政等部门提供的建档立卡、低保等人口数据及教育扶贫系统、全国资助等系统的数据信息做好建档立卡等学生资助台账，严格按文件要求进行资助，确保资助项目清晰，标准明确，受助人精准。

二、落实好学校法人代表责任制、强化"双负责制"保障，巩固脱贫攻坚成效。进一步强化义务教育扶贫资助政策学校校长与乡镇属地双负责保障，压实责任；各地各学校要落实好学生资助工作法人代表负责制，校长是第一责任人，强化资助工作管理，确保资助工作的流程规范，做到校长、教师、家长、学校人人皆知，按时间节点，全面落实在校就读的建档立卡等贫困家庭学生资助工作，确保资助政策全覆盖。

三、各地各校请在6月27日前结合本单位实际情况进行全面排查并形成报告加盖公章逐级上报，报告内容要有多少名建档立卡人员，对应享受什么相关资助项目及资助金额和责任落实情况等表述字样。县区教育局的报告及市级学校的报告以扫描件形式发送到指定邮箱：378723715@qq.com。

南昌市教育局
2019年6月13日

关于进一步加强工作整改、加大健康扶贫工作力度的实施意见

根据《南昌市人民政府办公厅转发市卫生计生委等部门关于推进健康扶贫再提升工程的实施方案的通知》(洪府厅发〔2018〕74号)和《关于印发南昌市2018年健康扶贫"夏季整改"行动方案的通知》(洪卫扶贫字〔2018〕4号)要求,为进一步抓好全市健康扶贫工作存在问题的整改工作,全面提升健康扶贫整改工作成效,现结合工作实际,制定本实施意见。

一、指导思想

以习近平总书记扶贫开发系列重要讲话精神为指导,认真贯彻落实脱贫攻坚"核心是精准,关键在落实,确保可持续"工作思路,切实增强健康扶贫整改工作的政治责任感和紧迫感,聚焦突出问题,狠抓工作落实、政策落实、责任落实,坚持较真碰硬,全面落实健康扶贫整改工作,进一步巩固提升健康扶贫质量,助力全市打赢打好脱贫攻坚战。

二、工作原则

（一）坚持目标标准不变

始终坚持健康扶贫年度工作目标不变,按照现行标准,既不降低标准、影响质量,也不提高标准、吊高胃口,既不急功近利,也不消极拖延,全面整改制约健康扶贫的突出问题和难点问题。

（二）坚持精准方略不偏

按照"一个确保,五个全覆盖"的目标要求,依托健康扶贫"六项再提升工程",聚焦因病致贫、因病返贫人员,坚持因地制宜、因户施策、因人帮扶,在精准上下足"绣花"的功夫,尽锐出战打赢打好健康扶贫攻坚战,确保健康扶贫成

效经得起历史和实践的检验。

（三）坚持问题死角不留

对照省、市整改工作问题清单和成效考核、督察反馈的问题，本着四个"不放过"的原则（问题不查清不放过、整改不到位不放过、成效不达标不放过、群众对整改不满意不放过），举一反三，深入全面查摆问题，追根溯源，深刻剖析问题产生原因，狠抓问题整改落实，做到能立即解决的立行立改，不能立即解决的制订工作计划，限时整改到位。坚决做到问题整改不留死角、责任落实不推诿。

（四）坚持工作作风不虚

深入推进健康扶贫领域腐败和作风问题专项治理行动，集中力量解决扶贫领域"四个意识"不强、责任落实不到位、工作措施不精准、资金使用管理不规范、工作作风不扎实等突出问题，狠刹健康扶贫工作中的形式主义、官僚主义、弄虚作假歪风，从严要求，统筹推进各项工作的落实，将全面从严治党要求贯穿健康扶贫工作全过程。

三、工作重点

（一）完善健康扶贫信息填报

根据贫困人口动态管理情况和建档立卡贫困人口数据库系统，对贫困人口进行逐一比对，加强数据信息共享，完善因病致贫返贫建档立卡贫困人口数据库，确保我市因病致贫返贫贫困人口精准识别到人。在贫困人口数据比对的基础上，开展因病致贫返贫贫困人口补充调查，核实核准因病致贫返贫贫困人口的基本信息，疾病名称与类别，治疗需求与方式，疾病诊断或治疗医院等情况，并根据贫困人口的动态数据信息，及时调查核实核准，确保因病致贫返贫原因精准到病种。

（二）提升补充保险筹资标准和保障水平

各县区按照每人每年不低于330元筹资标准为农村建档立卡贫困人口购买重大疾病医疗补充保险，进一步提高贫困人口重大疾病医疗补充保险筹资水平，使之与兜底保障功能相适应。一是对农村建档立卡贫困患者在定点医疗机构住院经居民基本医保报销后剩余费用达不到大病起付线的患者，经居民基本医保报销后剩余费用由重大疾病医疗补充保险进行报销补偿；二是对农村建档立卡贫困患者在定点医疗机构住院经城乡居民基本医保报销后剩余费用能够达到大病起付线的患者，经居民基本医保和大病保险报销后剩余费用由重大疾病医疗补充保险进行报销补偿。重大疾病医疗补充保险分别按目录外75%、目录内90%的比例和顺序进行补偿，使农村建档立卡贫困患者最终实际报销补偿比达到90%以上。

（三）建立健康扶贫第五道保障线

对贫困患者经城乡居民基本医保、大病保险、补充保险、医疗救助"四道保障线"补偿后仍有困难承担个人自负费用的，以及不需住院但要长期服药的慢性病、精神病、失能性疾病等特困患者，由县级政府建立第五道保障线，实行兜底解决。鼓励各地探索建立政府、社会、慈善相结合的"爱心"救助兜底机制。

（四）提升贫困人口基本公共卫生服务和签约服务

基层医疗卫生机构为贫困慢性病患者每年进行一次免费健康体检，检查并评估心率、血压和血糖等指标，提供饮食、运动、心理等健康指导。结合健康体检和疾病筛查结果，进一步完善贫困人口尤其是慢性病患者的健康档案，健全贫困人口个人基本情况、健康体检信息和诊疗记录，为每个贫困人口建立一份准确、完整、规范的电子健康档案。逐步将健康档案信息与签约服务信息、医疗信息进行对接，提高健康档案的利用率。同时，组织家庭医生团队，为所有贫困人口签订服务协议，免费制作、发放一张签约服务卡，服务卡用于记载签约对象的基本信息、疾病、治疗情况和签约医生的姓名、电话以及签约服务内容、标准和要求等。有条件的要同步建立电子化的签约服务卡，逐步实现就医"一卡通"。

（五）开展重大疾病免费救治和专项救治

继续实施10种大病免费救治和15种重大疾病专项救治政策，对15种专项救治的重大疾病，实行按病种付费总额控制。贫困患者在二级定点医疗机构救治费用先按城乡居民基本医保政策规定报销，基本医保报销不足定额标准80%的部分，由大病保险补足到80%，再由补充保险核报18%、个人负担2%；在三级定点医疗机构救治费用先按城乡居民基本医保政策规定报销，基本医保报销不足定额标准70%的部分，由大病保险补足到70%，再由补充保险核报27%、个人负担3%。

（六）加强贫困人口就医费用结算服务

提高健康扶贫服务水平和效率，方便贫困人口看病和结算。对贫困人口在县域内定点医院住院治疗，落实"先诊疗、后付费"政策，医疗费用报销补偿实行"一站式"结算服务，将城乡居民基本医保、大病保险和补充保险、医疗救助、财政兜底"五道保障线"统一结算，贫困患者只需支付不超过就医费用10%的自负部分即可。同时，定点医疗机构按标准设置扶贫病床，落实对就医贫困患者的"七免三先一后"政策。

（七）保障门诊特殊慢性病待遇水平

一是将地中海贫血、血吸虫病、结核病、癫痫、儿童生长激素缺乏症纳入门诊特殊慢性病，确保门诊特殊慢性病种类达到30种，其中Ⅰ类8种、Ⅱ类22种。

二是将门诊特殊慢性病报销比例提高到住院水平，即一级医疗机构报销90%、二级医疗机构报销80%、三级医疗机构报销60%。三是提高门诊特殊慢性病年度支付限额。将Ⅰ类门诊特殊慢性病年度最高支付限额提高到10万元，将Ⅱ类门诊特殊慢性病年度平均最高支付限额由3000元提高到平均5000元。四是将门诊特殊慢性病治疗医疗机构下沉到乡镇卫生院（社区卫生服务中心），方便贫困人口就近看病就医。

四、工作要求

（一）强化组织领导

进一步落实压紧健康扶贫的主体责任，强化"一把手"亲力亲为的使命感和责任感，按照健康扶贫部门职责分工，重点推进落实"一个确保，五个全覆盖"目标任务，进一步完善配套措施支持，完善各负其责、责任清晰、合力攻坚的责任体系和推进机制。

（二）强化资金保障

各县区要切实强化脱贫攻坚资金保障，重点聚焦健康扶贫工作中存在的短板和难点，进一步加大资金投入和落实力度，确保资金投入与健康扶贫任务相适应。同时，进一步规范资金项目管理。

（三）强化督查考核

切实发挥督查和考核指挥棒作用，采取督促指导、现场交流和电话抽查相结合的方式，对健康扶贫工作落实、政策落实、责任落实进行督导，发现各地好的做法、经验、典型要及时宣传推广，发现整改不到位、帮扶不得力、群众不满意等问题将进行通报并限期整改到位，对整改不力的启动问责机制。

南昌市卫计委
2018年8月1日

南昌市健康扶贫三年攻坚行动实施方案

为贯彻落实党的十九大精神和习近平总书记重要指示精神、李克强总理重要批示要求，坚决打赢脱贫攻坚战，根据省卫健委、省发改委、省财政厅、省人社厅、省医保局、省扶贫办、省民政厅《关于印发江西省健康扶贫三年攻坚行动实施方案的通知》（赣卫基层字〔2018〕3号）和市委、市政府《关于打赢脱贫攻坚战三年行动的实施意见》（洪发〔2018〕17号），结合我市健康扶贫工作实际，制订本方案。

一、总体要求

（一）总体思路

深入贯彻党的十九大精神和中央、省脱贫攻坚决策部署，以习近平新时代中国特色社会主义思想为指导，坚持目标标准，坚持问题导向，聚焦贫困村和卫生健康服务薄弱环节，加大政策供给和投入支持力度，创新体制、转换机制，防治结合、关口前移，坚决打赢健康扶贫攻坚战，保障建档立卡贫困人口享有基本医疗卫生服务，防止因病致贫因病返贫。

（二）任务目标

到2020年，基本医保制度、大病保险、医疗救助、签约服务管理、公共卫生服务对建档立卡贫困人口实现全覆盖；贫困地区医疗卫生服务能力和可及性明显提升，建档立卡贫困人口大病和长期慢性病得到及时有效治疗，贫困地区艾滋病、结核病、血吸虫病等重大传染病和地方病得到有效控制，健康教育和健康促进工作明显加强，贫困地区群众健康素养明显提升。

二、实施贫困人口大病和慢性病精准救治三年攻坚行动

（三）全面推进大病救治工作

全面落实健康扶贫"三个一批"行动计划，对大病患者进行集中救治。在继续实施10种大病免费救治，深入做好对贫困人口患食道癌、胃癌、直肠癌、结肠癌、肺癌、耐多药肺结核、慢性粒细胞白血病、急性心肌梗塞、脑梗死、血友病、Ⅰ型糖尿病、甲亢、儿童苯丙酮尿症、尿道下裂及地中海贫血等15种重大疾病实行专项救治的基础上，逐步扩大救治病种。2019年，将肝癌、尘肺病等纳入专项救治范围，年底前扩大到27个病种。到2020年，扩大到30个病种，实现贫困人口大病救治工作规范化。

（四）做实做细慢病签约服务管理

对农村建档立卡贫困人口实现家庭医生签约服务应签尽签，做到签约一人，履约一人，做实一人，重点加强高血压、糖尿病、结核病、严重精神障碍等慢病患者的规范化管理与服务。有条件的县区，可以结合实际探索扩大慢性病管理服务范围。鼓励县级及以上医疗机构医务人员加入家庭医生团队，为贫困人口提供有针对性的医疗卫生服务。加强健康教育，开展健康知识传播和健康生活方式引导，宣传和普及健康素养基本知识与技能，提升贫困人口健康素养。

三、实施贫困地区重点传染病、地方病综合防控三年攻坚行动

（五）实施艾滋病防治攻坚行动

全面落实艾滋病免费筛查、治疗、母婴阻断措施。对贫困家庭继续实施艾滋病机会性感染免费救治。针对贫困艾滋病感染者，通过家庭医生签约服务提供规范化的抗病毒治疗随访管理，督促艾滋病感染者按时服药，定期检测，同时应注意患者信息保密。

（六）做好结核病防治工作

加强肺结核筛查工作，对结核病患者确诊检查提供适当补助。在结核病定点医疗机构设置贫困家庭结核病治疗专用床位，为贫困患者免费提供一线抗结核药品和健康管理服务，提高服药依从性和治疗成功率。将耐多药结核病纳入贫困人口大病专项救治范围。

（七）深入实施晚期血吸虫病贫困患者免费救治

晚期血吸虫病贫困患者在定点医疗机构实行免费救治，救治费用按规定经各类医疗保障制度补偿后，剩余费用按规定在重大公共卫生项目资金中统筹安排。

（八）开展现症地方病病人分类救治

将符合建档立卡条件的地方病病人全部纳入大病集中救治范围。地方病病区建立氟骨症、克汀病、二度及以上甲状腺肿大、慢性和晚期血吸虫病等确诊病人健康档案，实行个案管理。

四、实施贫困地区妇幼健康和健康促进三年攻坚行动

（九）全面落实妇幼健康项目

深入推进贫困妇女两癌免费检查工作，落实农村贫困妇女两癌免费检查任务，实现建档立卡农村贫困妇女两癌免费检查全覆盖。

（十）加强出生缺陷综合防治

深入开展免费孕前优生健康检查，针对贫困家庭出生缺陷患儿实施遗传代谢病救助项目和结构性畸形救助项目，利用天津市华夏器官移植基金会资金对3种先天结构畸形患儿开展救助。倡导优生优育，利用基层计划生育服务力量，加强出生缺陷综合防治宣传教育。

（十一）加强健康促进与教育

建立覆盖各级各类医疗卫生机构的健康教育工作网络。针对贫困地区主要健康问题，制订实施健康教育计划。针对重点人群、重点疾病、主要健康问题和健康危险因素开展健康教育，通过健康讲座等多种方式，普及健康知识。对于当地患病率较高的疾病患者，根据疾病特点分类发放健康教育材料，开展健康指导。面向全民普及健康素养基本知识，倡导自身是健康第一责任人理念，引导形成健康生活方式和行为。

（十二）全面推进"将健康融入所有政策"

统筹推进健康城市、健康（促进）县区、卫生县城（乡镇）、健康乡村等区域健康促进工作，强化各部门健康职责，开展跨部门健康行动，探索建立健康影响评价制度。大力开展各类场所健康促进工作，建设一批健康促进医院、健康促进学校、健康促进机关、健康促进企业、健康社区、健康村和健康家庭，不断改善贫困地区居民的日常学习、工作和生活环境。

五、实施医疗保障扶贫三年攻坚行动

（十三）实现应保尽保

将建档立卡贫困人口作为医疗救助对象，落实建档立卡贫困人口参保缴费补贴政策，实现建档立卡贫困人口基本医保、大病保险、医疗救助全覆盖。

（十四）实施综合保障

基本医保取消建档立卡贫困人口在一级、二级定点医疗机构住院补偿起付线。大病保险要加大倾斜支付力度，对农村贫困人口降低起付线50%，提高支付比例5个百分点，逐步提高并取消封顶线。简化建档立卡贫困患者慢性病审批程序，允许建档立卡贫困患者在乡镇卫生院门诊治疗门诊特殊慢性病发生的费用纳入医保支付。医疗救助要加大帮扶力度，确保年度救助限额内建档立卡贫困人口政策范围内个人自付住院医疗费用救助比例不低于70%，对特殊困难的进一步实施倾斜救助。筑牢基本医保、大病保险、补充保险、医疗救助"四道保障线"，使贫困患者住院最终实际报销补偿比达到90%。各县（区）政府已经实施的兜底医疗保障政策，到2020年前应逐步过渡到城乡医疗救助制度提供兜底保障。

全面落实省人社厅、省财政厅、省卫生计生委《关于完善城乡居民基本医疗保险普通门诊统筹制度的意见》（赣人社发〔2017〕5号），参保居民在一级及一级以下定点医疗机构政策范围内门诊费用按65%左右报销，参保居民在乡级定点医疗机构普通门诊就医补偿不设封顶线，减轻贫困患者门诊医疗费用负担。

坚持基本保障，明确责任边界，严格执行基本医疗保障支付范围和标准，规范医疗机构诊疗行为、加强医疗费用管控、提高资金使用效率，规范贫困人口就医秩序和监管、引导贫困人口建立绿色就医理念，尽力而为、量力而行，始终做到可持续，防止不切实际过高承诺、吊高胃口、过度保障，避免造成过度医疗、过度消费等不良现象。

（十五）优化管理服务

落实基本医疗保障范围规定，促进定点医药机构控制服务成本，提高贫困地区基层经办机构服务能力，全面落实农村贫困住院患者县域内先诊疗后付费和"一站式"结算。

六、实施贫困地区基层医疗卫生机构能力提升三年攻坚行动

（十六）全面改善设施条件

按照"填平补齐"原则，在符合国家全民健康保障工程规划总体要求下，积极争取中央预算内投资项目，将贫困地区未达标的县级医疗卫生机构全部纳入国家全民健康保障工程支持范围，确保每个县（市、区）建好1—2所县级公立医院（含中医院）和妇幼保健院。联络赣籍知名医学专家帮助县级公立医院建设603个重点专科。落实地方政府主体责任，重点改善乡镇卫生院和村卫生室设施条件。

（十七）加强人才综合培养

全面实施全科医生特岗计划，争取到2020年贫困地区每个乡镇卫生院有1名全科医生。通过规范化培训、助理全科医生培训、转岗培训、定向免费培养等多种途径，加大贫困地区全科医生培养力度。实施乡镇卫生院订单定向免费培养医学生项目和订单定向培养乡村医生项目。鼓励引导贫困地区对基层医务人员实行县招县管镇用，从实际出发，研究采取保持公益性、调动积极性的好政策，激发基层创新活力。完善乡镇卫生院人才招聘制度，对艰苦边远地区县乡医疗卫生机构适当放宽年龄、学历、专业等要求，拿出不超过30%比例的岗位面向本县、本市或周边县市户籍人员（或生源）招聘，着力解决基层执业医师紧缺问题。

（十八）深入推进三级医院对口帮扶

压实帮扶责任，帮扶人员连续蹲点帮扶时间不少于6个月。强化帮扶机制，通过组建医联体，推动支援医院与受援医院建立深度合作关系。提高帮扶针对性，在当地群众急需、医疗机构紧缺、帮扶效果可见的专科领域重点发力，帮助提升医疗服务能力。开展帮扶成效考核，加强专项督查和定期评估，推动帮扶责任落实。

（十九）实施互联网＋医疗健康

推进远程医疗服务覆盖全市所有医疗联合体和县级医院，并逐步向乡镇卫生院和村卫生室延伸，实现医疗资源上下贯通、信息互通共享、业务高效协同，便捷开展预约诊疗、双向转诊、远程医疗等服务。督促指导"互联网＋健康扶贫"应用试点单位开展项目建设，为建档立卡贫困人口提供健康教育、疾病预防、慢病管理、分级诊疗、康复指导等全方位全周期的卫生健康服务。

（二十）创新基层医疗卫生机构管理机制

推进县域医共体建设，探索实施以县级医院为龙头、乡镇卫生院为枢纽、村卫生室为基础的县乡村一体化管理，构建三级联动的县域医疗服务体系。

七、大力支持贫困村脱贫攻坚

（二十一）大力推进贫困村健康扶贫

编密健康扶贫保障网。筑牢贫困村基本医保、大病保险、补充保险、医疗救助"四道保障线"，确保贫困患者县域内住院先诊疗后付费和"一站式"结算服务政策落实，自付费用比例控制在10%以内。优先实现大病专项救治、家庭医生签约服务、大病和慢性病分类救治对深度贫困村"三个全覆盖"，全面开展城乡居民基本医保门诊统筹，对自付费用困难的贫困患者，探索政府、社会和慈善相结合的"爱心"救助机制。加大疾病与残疾预防控制和健康促进力度，从源头上防止因病致贫返贫。

（二十二）改善深度贫困村卫生服务设施

每个贫困村有1所标准化村卫生室和至少1名乡村医生，对暂无乡村医生执业的，要选定乡村医生或选派乡镇卫生院医务人员入驻执业。加强乡村医生在岗培训，提高乡村医生技术水平。

八、加强健康扶贫攻坚行动支撑保障和责任落实

（二十三）强化健康扶贫攻坚责任制

按照中央统筹、省负总责、市县抓落实的脱贫攻坚管理体制，进一步落实市县党委政府主体责任。卫生健康行政部门要切实发挥牵头部门作用，会同发改、财政、人社、医保、扶贫、民政等部门进一步加强统筹推进，健全攻坚工作机制，将健康扶贫融入卫生健康工作全过程。各级卫生健康行政部门要逐级分解任务，明确时间表、路线图，夯实健康扶贫基层基础工作，解决政策落地"最后一公里"问题。

（二十四）加强督导考核

推动将健康扶贫纳入各级党委和政府脱贫攻坚工作成效考核。明确按照现行扶贫标准，细化考核指标，建立考核结果反馈和问责机制。将健康扶贫作为卫生健康工作重点督查内容，定期开展督促指导。定期通报各县（区）健康扶贫主要工作任务进展和目标实现情况，指导各地及时改进工作。

（二十五）加强基层基础工作

制订方案，分解任务，分级分类对全市全系统健康扶贫干部队伍开展培训，2019年底前，要对参与健康扶贫工作的所有干部轮训一遍。结合健康扶贫工作新形势、新需求，创新培训方式，丰富培训内容，采用案例教学、现场教学、体验教学等实战培训方式提升培训效果。通过培训，进一步提高思想认识，提升政策水平、业务能力和实战技能。建设完善健康扶贫动态系统，实现全过程跟踪管理。推动健康扶贫信息系统逐步实现与建档立卡信息系统互联互通，建立健康扶贫重点对象准入和退出机制，实现健康扶贫与其他扶贫措施有效衔接，提高健康扶贫成效。

（二十六）开展健康扶贫领域作风问题专项治理

深入贯彻中央和省、市关于扶贫领域作风问题专项治理工作的部署要求，全面推进健康扶贫形式主义官僚主义问题立行立改工作，将作风治理贯穿健康扶贫全过程，全面解决贯彻落实中央健康扶贫决策部署不力、牵头责任落实不到位、政策措施不精准、政策落实"最后一公里"等问题，杜绝擅自提高健康扶贫政策

标准，防止出现贫困人口"看病不花钱"现象。

（二十七）加大投入力度

中央和省、市财政卫生健康专项转移支付资金和规划建设项目最大限度向贫困地区倾斜。严格落实国家在贫困地区安排的公益性建设项目取消县级和西部连片特困地区地市级建设资金的政策，除中央预算内补助投资外，切实落实省级建设资金，确保项目地方投资及时到位。未纳入中央专项资金支持范围的项目，由地方政府负责落实财政性资金，统筹安排建设。各级卫生健康行政部门实施的重大改革、保障和改善民生项目优先支持贫困地区。

（二十八）进一步动员社会力量参与

按照国家和省统一部署，指导有关慈善组织建立社会力量参与健康扶贫行动网络平台，引导社会组织、公募基金、公司企业和爱心人士精准对接健康扶贫需求，推出一系列具有广泛社会影响力的健康扶贫公益品牌项目。引导现有各类卫生健康公益项目向贫困村倾斜。鼓励社会资本积极参与，推动贫困地区发展智慧医疗、移动医疗等新技术新业态，引导社会资本与地方政府合作设立健康产业发展基金，为贫困地区健康产业发展提供资金支持。

（二十九）营造良好舆论氛围

组织动员基层健康扶贫干部向贫困人口宣传健康扶贫政策，提高政策知晓度。加强健康扶贫政策解释，加大健康扶贫工作和典型经验、先进人物、先进事迹宣传力度，为健康扶贫攻坚行动提供良好舆论氛围。

南昌市卫生健康委员会

2019年1月7日

南昌市医疗保障扶贫三年行动实施方案
（2018—2020年）

为认真贯彻落实党的十九大精神，习近平总书记关于扶贫工作的重要指示精神，党中央、国务院、省委省政府和市委市政府打赢脱贫攻坚战三年行动战略部署，扎实推进我市医疗保障扶贫工作，助力打赢脱贫攻坚战，根据《国家医保局 财政部 国务院扶贫办关于印发〈医疗保障扶贫三年行动实施方案（2018—2020年）〉的通知》（医保发〔2018〕18号）和《江西省医疗保障局 江西省财政厅 江西省扶贫办公室关于贯彻落实〈医疗保障扶贫三年行动实施方案（2018—2020年）〉的实施意见》（赣医保发〔2019〕4号）精神，结合南昌市实际情况，制订我市医疗保障扶贫三年行动实施方案。

一、指导思想

认真落实"习近平新时代中国特色社会主义思想，党的十九大精神和中央、省、市脱贫攻坚决策部署"，重点聚焦贫困地区和因病致贫返贫等特殊贫困人口，充分发挥基本医保、大病保险、医疗救助和农村贫困人口重大疾病医疗补充保险四项保障制度作用，坚持精准扶贫精准脱贫基本方略，坚持脱贫攻坚目标和现行扶贫标准，将打赢脱贫攻坚战作为当前和今后的首要任务，立足当前、着眼长远，精准施策、综合保障，提高农村贫困人口医疗保障受益水平，减轻农村贫困人口医疗费用负担，解决农村贫困人口"因病致贫、因病返贫"问题，为实现2020年我市现行标准下农村贫困人口如期脱贫提供坚强保障。

二、任务目标

统筹现行医疗保障政策，完善医疗保障制度，提升医疗保障公共服务水平，到2020年农村贫困人口全部纳入基本医疗保险、大病保险、医疗救助保障范围，实现参保缴费有资助、待遇支付有倾斜、基本保障有边界、管理服务更高效、就医结算更便捷，完成"农村贫困人口医疗保障政策覆盖率达到100%和医疗保障领域脱贫攻坚任务"目标。

进一步落实基本医疗保障制度。不断完善城乡居民基本医疗保险政策，全面落实基本医疗保险各项待遇，提升整体保障水平和保障能力，实现农村贫困人口享受基本医保待遇有保障。

进一步加大大病保险倾斜力度。充分发挥大病保险对贫困人口倾斜支付政策，继续保持农村贫困人口大病保险起付线降低50%的标准、合理确定报销比例、逐步提高并取消封顶线，实现农村贫困人口享受大病保险待遇有倾斜。

进一步增强医疗救助保障能力。将农村建档立卡贫困人口作为救助对象，确保年度救助限额内农村贫困人口政策范围内个人自付住院医疗费用医疗救助比例不低于70%；对特殊困难的进一步加大倾斜救助力度，低保对象在现行救助比例的基础上，提高5个百分点予以救助，实现农村贫困人口享受医疗救助待遇有提升。

进一步优化补充保险保障政策。增强农村贫困人口重大疾病医疗补充保险托底保障功能，筑牢基本医保、大病保险、医疗救助、农村贫困人口重大疾病医疗补充保险"四道保障线"，将农村贫困人口住院医疗费用实际报销比例稳定在90%的适度水平，实现农村贫困人口享受补充保险待遇有边界。

进一步深化医保付费方式改革。促进定点医疗机构加强医疗服务费用管控，规范医疗服务行为，因病施治、合理检查、合理用药，减轻农村贫困人口医疗费用负担，实现医保基金高效安全使用，更好地服务农村贫困人口。

进一步加强医保信息系统建设。不断优化各项经办服务举措，推进线上与线下、网上与窗口协同服务，经办服务触角横向铺开、纵向延伸，实现农村贫困人口享受高效便捷的医疗保障服务。

三、基本原则

坚持精准识别，建立动态调整机制。加强农村贫困人口精细化管理，通过建立数据共享机制，比对农村贫困人口基本信息，精准识别扶贫对象，定期核实、动态调整，将符合条件的农村贫困人口全部纳入医疗保障范围。

坚持精准施策，明确医疗保障边界。整合现有制度，提高保障能力，在现有基本医保、大病保险、医疗救助保障制度基础上，坚持普惠政策与特惠措施相结合，统筹设计医疗保障扶贫举措，尽力而为、量力而行，千方百计保基本、始终做到可持续，确保医疗保障扶贫举措惠及全部农村贫困人口。合理统筹使用基金和服务资源，严格执行基本医疗保障支付范围和标准，加强医疗费用管控，提高基金使用效率，防止不切实际过高承诺、过度保障，避免造成基金不可持续和出现待遇"悬崖效应"。

坚持精准配合，形成合力保障体系。发挥机构改革优势，加强医疗保障扶贫与健康扶贫制度衔接，多部门协同解决贫困地区医疗资源不足等问题，提高贫困人口医疗服务利用可及性。坚持社会保障与家庭尽责相结合，加大外部帮扶救助，落实普惠保障政策，引导增强自我健康意识，落实家庭照护责任。

四、工作措施

（一）织密医疗保障网，实现贫困人口应保尽保

精准认定是确保贫困人口及时享受各项医疗保障待遇的首要条件，相关部门要建立信息共享机制，加强数据比对工作，落实财政资助贫困人口参加医疗保险的政策，确保将贫困人口及时纳入医疗保障范围，实现贫困人口基本医保、大病保险、医疗救助三项保障制度覆盖率达到100%。

"待遇保障一个不落"。结合全民参保计划推进工作，做好农村贫困人口身份标识、信息采集和参保缴费等工作，确保已核准有效身份信息的农村贫困人口全部参保。逐步实现农村贫困人口"随时认定、随时标识、随时参保、随时享受待遇"，进一步提升农村贫困人口参保的及时性、时效性和准确性。

"资助参保一个不落"。合理提高城乡居民基本医疗保险政府补助标准和个人缴费标准，农村贫困人口参加城乡居民基本医疗保险的个人缴费部分由财政全额资助。

"托底保障一个不落"。各级财政要加大医疗救助投入，加强医疗救助托底保障，按照规定足额安排补助资金并及时拨付到位。按照国家和省里要求，逐步将资助参保资金统一通过医疗救助渠道解决。各地已经实施重大疾病医疗补充保险和其他政府兜底性医疗保障政策，到2020年底前逐步过渡到城乡医疗救助制度进行兜底保障，实现农村贫困人口住院医疗费用实际报销比例稳定在90%的适度目标。

（二）筑牢医疗保障线，提高保障水平

立足基本医保、大病保险、医疗救助三项保障制度，在实现基本医疗有保障基础上，由大病保险对农村贫困人口实施免住院起付线、提高报销比例等倾斜补偿政策，对发生的高额医疗费用实施医疗救助、重大疾病免费（专项）救治或其他托底保障政策，减轻农村贫困人口个人自付医疗费用负担。

一是完善基本医疗保险保障政策。稳步推进城乡居民基本医疗保险市级统筹

工作，统一规范待遇标准，合理提高门诊和住院医疗保障水平。

建立城乡居民基本医疗保险普通门诊统筹制度，实现参保居民在基层定点医疗机构发生的普通门诊费用按65%左右比例报销，在基层定点医疗机构普通门诊就医补偿不设起付线和封顶线，切实提高农村贫困人口医疗保障待遇，减轻农村贫困人口门诊医疗费用负担。农村贫困人口门诊特殊慢性病待遇水平按现行标准执行。

不断优化城乡居民基本医疗保险住院医疗费用报销政策，逐步提高住院医疗费用报销水平。

二是实施大病保险倾斜支付政策。城乡居民大病保险对农村贫困人口继续按照起付线标准降低50%的现行标准及政策实施，逐步提高并取消大病保险封顶线。农村贫困人口年度累计自付的政策范围内住院医疗费超过起付线标准的部分，按相关规定进行二次报销。

三是稳步提升医疗救助托底政策。继续做好各项医疗救助工作，完善重大疾病医疗救助政策，分类、分档细化农村贫困人口救助方案，确保年度救助限额内农村贫困人口政策范围内个人自付住院医疗费用医疗救助比例不低于70%。依据上级有关文件精神，可在确保医疗救助资金运行平稳情况下，合理提高年度救助限额。在此基础上，对个人及家庭自付医疗费用负担仍然较重的，进一步加大救助力度，并适当拓展救助范围。

四是继续落实重大疾病救治政策。做好"光明·微笑"工程、"儿童两病"、重性精神病等重大疾病免费救治工作，对农村贫困人口患食道癌等20种重大疾病实行专项救治工作。根据省里统一部署，逐步扩大救治病种范围。

（三）完善医疗保障各项举措，提升服务水平

增强农村贫困人口医疗保障待遇获得感，确保农村贫困人口充分享受医疗保障扶贫政策，优化信息系统建设、简化经办服务流程、提升经办服务水平、提高政策知晓度。

一是落实医疗保障待遇清单管理制度，推进相关工作落地。认真贯彻落实国家、江西省医疗保障待遇清单管理制度，全面执行国家基本医保药品目录和医保谈判准入药品目录，根据省里统一部署，加快推进谈判抗癌药政策落地，尽快惠及广大癌症患者。按照国家对诊疗项目目录和医疗康复项目管理工作要求，积极落实江西省医疗保险医疗服务项目目录和医用材料目录。

二是结合分级诊疗制度建设，促进就医公平可及。将家庭医生签约服务费按规定纳入医保支付范围，参加城乡居民基本医疗保险的由门诊统筹基金或统筹基

金补助3元。实行一级定点医疗机构住院医疗费用报销比例相对更高的政策，引导参保人员优先选择在基层医疗机构就医。根据省里统一部署，实现在江西省范围内就医结算执行所在统筹地区同等报销政策，探索将互联网诊疗服务纳入医保支付范围。

三是广泛宣传医疗保障政策，营造良好社会氛围。把医疗保障政策用漫画、宣传册、宣传横幅等百姓喜闻乐见的形式展现出来，借助定点医疗机构、驻村工作队、扶贫干部等社会力量，对农村贫困人口进行面对面宣讲、一对一解读，同时引导农村贫困人口建立合理的医保待遇心理预期，把党和政府的关怀落到实处，确保农村贫困人口真正知晓各项医疗保障扶贫政策，让农村贫困人口充分享受"看病不难、看病不贵"的特惠政策。

四是优化各项保障制度衔接，完善经办服务流程。全面推进基本医保、大病保险、医疗救助和农村贫困人口重大疾病医疗补充保险"四道保障线"信息共享与服务衔接，完善各部门协作机制，提升经办服务水平。积极引导农村贫困人口在县域内医保定点医疗机构首诊，实现农村贫困人口在设区市范围内"先诊疗后付费"和"一站式"结算服务。按照简化备案、承诺补充、便捷服务等"三个一批"要求，深入推进医保领域"放管服"改革，简化基层医保经办证明和备案手续。对异地安置和异地转诊的农村贫困人口，医保经办机构要优先做好异地就医登记备案和就医结算等服务，切实做好外出就业、创业农村贫困人口异地就医备案工作。确保农村贫困人口切身体验党和政府提供的"专属"医疗保障经办服务。

五是着手建设医疗保障系统，让信息数据多"跑腿"。借助机构改革、职能整合机遇，按照国家医疗保障信息化建设试点要求和统一部署，在省医保局的安排和指导下，推进"互联网+医保"信息化建设，对接全省统一、高效、兼容、便捷的信息系统，提升医保经办管理服务水平，实现信息数据代"群众跑腿"，智能化、信息化医疗保障服务惠及广大农村贫困人口。

（四）规范医疗保障服务行为，基金合理使用

医疗保障基金是广大农村贫困人口的救命钱，维护基金安全是各级相关部门的法定职责。一方面要积极探索多元支付方式，提高医疗保障基金"购买力"，合理、合规使用医疗保障基金，满足农村贫困人口就医需求；另一方面要切实加强医疗保障基金监管工作，形成高压态势，严厉打击医疗保障领域欺诈骗保行为。

一是探索支付方式改革，提高基金使用效率。深入推进总额预算管理下的以按病种付费为主的多元复合式医保支付方式改革，稳步推进基于大数据应用基础上的按病种分值付费改革。按照国家、省医保局统一部署，积极探索开展DRGs

付费试点。探索建立区域内医疗卫生资源总量、医疗费用总量与经济发展水平、医保基金支付能力相适应的调控机制。继续推进三级医院日间手术收付费试点工作，减轻参保人员医疗费用负担，提高医疗保险基金使用效率。

二是完善协议管理机制，提升医疗服务质量。强化定点医药机构服务协议管理，进一步完善定点医药机构评估办法，将考核结果与医保基金支付挂钩，简化定点医药机构协议管理流程，优化结算方式，改善医疗服务质量。

三是积极开展专项治理，强化医保基金监管。全面开展医保智能监控，确保医保基金安全使用。根据开展打击欺诈骗保专项治理工作方案，继续深入推进打击医疗保障领域欺诈骗保治理工作，对相关要求进行部署和强调，积极、认真开展检查工作，严厉查处医疗机构虚构服务及零售药店串换项目等违规行为，扎扎实实做好打击欺诈骗保专项治理工作，将异地就医纳入就医地协议管理和智能监控范围。

五、工作要求

（一）加强组织领导，提高政治站位

医疗保障部门要把打赢脱贫攻坚战作为重大政治任务，坚持县（区）抓落实的工作机制，强化一把手负总责的领导责任制。要成立医疗保障扶贫工作领导小组，加强医疗保障扶贫工作的组织领导，将医疗保障扶贫工作纳入年度重点任务推进，按照实施方案制定具体举措加以落实。

（二）狠抓贯彻执行，确保政策落地

要充分认识医疗保障扶贫任务的重要性、艰巨性和长期性，将思想和认识统一到中央、国务院、省委省政府和市委市政府的决策部署上来，既要狠抓落实确保扶贫任务全面完成，也要高度重视防范出现不切实际过度承诺、过度保障、不可持续的问题。坚持基本医疗保障标准，充分发挥现有医疗保障制度功能，贯彻落实精准方略，创新医疗保障扶贫机制，坚持严格管理，确保基金长期平稳可持续。对出现的苗头性、倾向性问题，要采取有效措施，及时规范整改，并做好衔接和平稳过渡。各县（区）在现有医疗保障制度之外开展的医疗保障扶贫措施，在2020年底前转为基本医疗保险、大病保险和医疗救助三重保障框架下进行。制度过渡期间，农村贫困人口重大疾病医疗补充保险仍由各级财政全额补助。

（三）开展专项治理，夯实工作作风

深入贯彻落实中央、国务院、省委省政府和市委市政府关于扶贫领域作风问题专项治理工作的部署要求，将作风建设贯穿医疗保障扶贫全过程，健全医疗保

障扶贫领域专项治理工作机制，明确职责分工，按照"谁主管、谁负责"的原则，共同推进医疗保障扶贫领域专项治理工作。重点解决贯彻落实医疗保障扶贫决策部署不力、牵头责任落实不到位、政策措施不精准、资金管理使用不规范、工作作风不扎实、考核评估不严格等问题，坚持问题导向，切实做好整改工作，防止形式主义、官僚主义，加强工作实效，切实减轻基层工作负担。

（四）主动协同配合，建立调度机制

各级医保、财政、扶贫等部门要主动加强沟通、联系，建立健全医疗保障扶贫工作信息交换、信息共享和工作调度机制，统筹基本医保、大病保险、医疗救助、农村贫困人口重大疾病医疗补充保险制度，加强农村贫困人口参保缴费、患病就医、待遇保障、费用结算等情况监测，定期汇总报送数据，加强医疗保障扶贫工作督导和调研，不定期开展帮扶指导，及时发现和解决问题，协同配合完成医疗保障领域脱贫攻坚各项工作任务。

（五）做好宣传工作，营造良好氛围

深入宣传习近平总书记关于扶贫工作的重要论述和党中央关于精准扶贫精准脱贫的重大决策部署，利用电视、广播、网络媒体等形式宣传农村贫困人口医疗保障扶贫各项政策措施，提高群众对医疗保障扶贫政策的知晓度，宣传医疗保障扶贫成就和典型事迹，营造良好舆论氛围。

南昌市医疗保障局

南昌市财政局

南昌市扶贫办公室

2019年6月24日

南昌市农村危房改造脱贫攻坚战三年行动计划
（2018—2020年）

为加快推进全市农村危房改造和住房保障，决胜脱贫攻坚，同步全面小康，特制订本行动计划。

一、总体要求

深入贯彻落实习近平总书记系列重要讲话和对江西工作的重要指示精神，紧紧围绕决胜脱贫攻坚、同步全面小康目标，对全市现有农村危房全面实施改造，保障质量安全，保障基本居住动能和卫生健康条件，推动农村住房提质升级，切实增强农民群众的获得感和幸福感。

二、基本原则

1.坚持政府主导与农民主体相结合。充分发挥政府的主导作用，通过规划引导、资金补助、技术指导等多渠道引导危改户有序实施住房改造。坚持农民群众的主体地位，通过对自身住房的质量安全改造和居住功能完善，增强农危改户的获得感、责任感，调动其建设家园的积极性、主动性。

2.坚持对象精准、重点突出。补助对象必须精准识别，不符合政策条件的坚决甄别剔除，切实帮助真正困难群众解决住房安全保障问题，重点支持有脱贫任务的困难农户改造危房，对特困户在总量明确前提下，统一规划、分批实施、兜底解决。

3.坚持因地制宜、经济节约。保证质量安全的前提下，大力推广低成本建造和加固改造技术，提倡就地取材，提升改造住房的经济性，在建设标准上做好管控指导，引导农户量力而行，摒弃攀比、浪费陋习。

4.坚持资源整合、提升成效。加强农村危房改造工程质量，实现安全居住基本目标。在此基础上，优化完善房屋结构和功能设计，统筹整合基础设施投入和项目配套，优化人居环境，提升工作整体效率。

三、工作目标

1.落实兜底保障措施，完成农村危房改造任务。坚持保障安全与完善功能相结合，深入推进农村危房改造，全面消除就地脱贫群众住房安全隐患，实现"住房安全有保障"脱贫底线目标。完善农村住房基本功能，改善卫生健康条件，切实提升农村居民的生活质量。在完成省危改办下达给各县区改造任务的基础上，各县区要对辖区内的建档立卡贫困户的住房情况进行全面排查，对排查出的C、D级危房要一户不漏地100%进行改造，对特困户要实施兜底改造。2020年底前，与全省同步全面完成全市农村危房改造任务。

2.加强质量安全管理。各县区建设行政主管部门要发挥职能作用，通过编撰图集、技术推广、工匠培训等方式提升农村危房改造技术水平，重点加大对加固改造技术的技术推广和监管指导，切实提高农房加固改造后质量水平确保达到15年安全年限。严格按照省住建厅下发的"农村危房改造建设质量检查表"和"农村危房加固改造质量安全检查表"的要求认真填写改造信息，以及危房改造前、中、后的照片等信息，建立健全农村危房改造档案，确保危改户档案完整、准确、及时归档。

四、工作要求

1.严格标准要求，分类推进。一是实行分类改造，能"固"则"固"，防止大拆大建，原则上二、三级危房都采取加固改造方式。严格控制建房面积和建房成本。二是保障房屋安全和基本卫生条件，主要部件合格、建构安全、达到当地抗震设防标准，并应具备卫生厕所、人畜分离等基本居住卫生条件。三是防止特困户因建房加重贫困或影响脱贫。四是注重建新拆旧，杜绝安全隐患。

2.落实规划管控，保障风貌特色。强化农村危房改造、"三改"与村庄规划、农房建设规划许可及宅基地管理的结合，统筹推进，提升综合效果。一级危房拆除需要另行选址新建的，引导其进入规划的居民点建设；各级各有关部门不得批准其占用耕地违反规划建设。规划、住房城乡建设部门为农危改户提供农房风貌改造指导，推动危房改造更好地与地域特色、民族文化等相结合。

五、工作保障

1.强化组织领导。市农村危房改造工程领导小组要切实加强对全市农村危房改造和住房保障三年行动计划的研究部署、组织协调和调度落实。各县、区人民政府承担主体责任,各乡镇政府承担直接责任,主要领导亲自抓,分管领导具体抓。县(区)住房城乡建设部门要切实履行好农村危房改造的主管部门职责,发展改革、财政、民政、扶贫、移民等有关部门要密切配合,形成合力。充分发挥村"两委"的组织发动作用,最大限度调动广大农民群众建设美好家园的主动性、积极性,要充分发挥电视、广播、报刊、网络等媒体的作用,开展形式多样的宣传教育活动,提高广大干部和危改对象的知晓率、认同感、参与度。

2. 强化资金监管。按照省的标准,四类重点对象分类补助标准如下:对于新建房屋的,对建档立卡贫困户和分散供养特困人员,每户补助不低于2.2万元;对属于低保户、贫困残疾人家庭,每户补助不低于2万元;确无经济能力和劳动能力的,要列为重点帮扶对象,进一步提高补助标准,必要时采取交钥匙工程等兜底保障方式,切实解决其最基本住房安全问题。对于维修加固房屋的,每户补助不低于5000元。

3. 强化培训服务。各地要组织多层次、全方位的培训,实现应训尽训、应知尽知、应会尽会。加强政策培训,提高相关领导干部和管理人员的政策水平、工作能力;加强规划培训,提高基层技术人员农房风貌现场管控和质量监管能力;加强工匠培训,提高农村建筑工匠技能、县(区)住房城乡建设部门要根据省住房城乡建设厅组织编制的农村危房改造技术导则、农房风貌图集,为"农村危房改造"提供规划、设计、施工、技术及政策服务。

4. 强化监督管理。严格质量安全监管和竣工验收,确保住房安全;加强财政资金专项审计,确保资金使用合规高效;加强执纪监督,坚决查处优亲厚友、冒名顶替、挪用截留、克扣拖欠和吃拿卡要等违纪违规行为;畅通群众举报渠道,主动接受群众监督。

5. 强化考核问责。县(区)住房城乡建设部门(危改办)牵头组织相关部门对"危改"按月调度、按季抽查、半年通报、年终考核。采取实地督查、明察暗访、交叉检查等多种方式,对政策落实、资金管理、工程进度、工程质量和群众工作等情况进行综合考核,及时通报。对作风不扎实、工作不落实,实施不力、进度滞后,监管不力、弄虚作假的,要从严追责、从严问责。

南昌市农村危房改造工作领导小组

2018年11月16日

南昌市农村危房改造"交钥匙工程"建设指导意见

各县、新建区、湾里区农村危房改造领导小组：

根据市委、市政府《中央脱贫攻坚专项巡视组反馈意见整改工作方案》文件要求，现制定南昌市农村危房改造"交钥匙工程"建设指导意见，请贯彻执行。

一、基本原则

严格执行省厅下发的建造标准和改造范围，坚持实事求是，注重因户施策，不拔高建设标准，不搞范围扩大化，做好"解决基本居住功能要求"的功能定位。

二、建造要求

1. 宅基地。尽量利用农村现有空置地基建造，重新选址建造的，新址位置要安全、便利。

2. 住房面积。严格按省厅标准，层数一层，贫困户家庭成员 1—2 人的不超 40 平方米，3 人的不超 50 平方米，3 人以上的不超 60 平方米要求建造。

3. 室内、室外。房屋内墙要粉刷到不露砖并刷白，外墙刷白。室内地面全部硬化，卧室、厨房、厕所要完全分割开，形成不同的生活区域，每个区域都有独立的电灯和电插座；厨房、厕所要通安全的自来水和排水管；厕所要建成水冲式，未通污水管道的要建化粪池。

4. 房屋周边。屋檐以内要硬化，屋前要有硬化的场地，并有连接主路的硬化道，做到雨天进屋脚不沾泥。

三、验收入住

"交钥匙工程"建造完成后要及时验收,做到建好一户验收一户,不拖延。验收后立即动员改造户入住,做到不空置。

南昌市农村危房改造工作领导小组办公室
2019 年 3 月 14 日

关于进一步加强农村饮水工程运行管理，切实保障农村居民饮水安全的紧急通知

各有关县（区）水利（农业农村）局：

近期以来，据有关媒体反映，部分地方的农村饮水工程存在不能正常供水的情况。为进一步加强农村饮水工程运行管理，切实保障农村居民饮水安全。特紧急通知如下。

一、认真做好摸底排查

各有关县（区）要立即开展摸底排查，全面准确掌握本地区农村饮水工程的供水状况，彻底摸清完全停运无法供水和间歇供水的农村饮水工程数量、影响范围与人口，以及无法正常供水的原因，认真梳理汇总并如实填报附表，请各有关县区于6月13日前报送市水利局农水处。

二、及时落实整改措施

各有关县（区）要提高政治站位，重视问题整改，明确整改责任单位和责任人，细化整改措施和完成整改时间，确保达到整改效果。

三、压实工程管理责任

各有关县（区）要切实组织好摸底排查和问题整改工作，严格按照《水利部关于建立农村饮水安全管理责任体系的通知》（水农〔2019〕2号）要求，加快落实农村饮水安全"三个责任"和"三项制度"，健全完善农村饮水安全管理责任体系，确保责任到人、管理到位。

南昌市水利局
2019年6月11日

关于社会组织积极参与脱贫攻坚的指导意见

各县(区)民政局、开发(新)区社发局,全市社会组织及业务主管单位:

为深入贯彻落实习近平总书记脱贫攻坚战略思想,认真落实江西省民政厅《关于社会组织积极参与脱贫攻坚的指导意见》和市委市政府办公厅《关于坚决打赢脱贫攻坚战实施意见》,充分发挥社会组织在脱贫攻坚的积极作用,现就动员和引导社会组织参与脱贫攻坚工作,提出以下指导意见:

一、深刻认识社会组织参与脱贫攻坚的重要意义

社会组织是社会建设、社会治理和社会服务的重要力量。当前,我市脱贫攻坚已经到了啃硬骨头、攻坚拔寨的冲刺阶段,社会组织积极参与脱贫攻坚工作,有利于帮助困难群众解决基本需求和改善生活,有利于满足社会组织和广大人民群众参与社会建设和社会治理的迫切愿望,有利于创新和完善人人皆愿为、人人皆可为、人人都能为的脱贫攻坚参与机制,形成政府、市场、社会协同推进的脱贫攻坚新格局。全市各社会组织要提高政治站位,深刻领会脱贫攻坚是我们当前和今后一个时期的头等大事,是第一民生工程,把扶贫济困作为自身的神圣职责,积极动员社会力量共同打赢脱贫攻坚战。

二、支持与引导社会组织参与脱贫攻坚

按照"核心是精准,关键在落实,确保可持续"要求,坚持问题导向,聚焦重点难点,牢牢把握脱贫攻坚的目标任务。加强对社会组织参与脱贫攻坚的政策规范和引导,强化脱贫攻坚项目实施的监督管理,增强社会组织参与脱贫攻坚工作的透明度。

各县(区)、开发(新)区民政(社发)部门要鼓励和支持社会组织牢牢把握脱贫攻坚"六个精准"(即扶持对象精准、项目安排精准、资金使用精准、措施到

户精准、因村派人精准、脱贫成效精准)的要求,配合相关部门推动政府购买服务,广泛动员和支持相关社会组织参与农村留守儿童关爱保护,低保、贫困户等特殊困难群体救助帮扶等工作。根据致贫原因、禀赋条件,采取绣花式扶贫、滴灌式扶贫的办法,策划慈善公益项目和活动,切实把"六个精准"从方案变为现实。

各业务主管单位应注重发挥社会组织在脱贫攻坚中的特殊作用和优势,为社会组织对接相关脱贫项目提供必要的支持。要扶持相关领域社会组织发展,广泛发动本行业、本领域社会组织积极参与本单位的脱贫攻坚工作。对社会组织开展脱贫攻坚提供信息服务和业务指导,鼓励其参与脱贫攻坚资源动员、配置和使用等,建立协作顺畅、充满活力的社会组织参与本行业、本领域脱贫攻坚工作机制。

社会组织要主动投身脱贫攻坚战,动员会员单位积极参与,搭建脱贫攻坚公益项目平台,营造社会组织参与脱贫攻坚工作的良好氛围。充分发挥在资金募集、人才荟萃、行业引领、专业指导等方面的优势和作用,整合与利用社会资源,推动社会组织参与脱贫攻坚规范化、常态化、制度化。结合"慈善日"等公益活动的开展,积极参与脱贫攻坚,为如期打赢脱贫攻坚这场硬仗发挥社会组织的应有作用。

三、社会组织参与脱贫攻坚的开展方式

充分发挥各类社会组织自身优势,积极开展多种帮扶形式参与脱贫攻坚。

慈善帮扶。具有公开募捐资格的慈善组织要以募用分离的方式与其他社会组织合作,开展多种形式的慈善项目募捐活动,支持基层扶贫类社会组织开展慈善活动。

产业帮扶。行业协会商会类社会组织要引导和组织具备条件的会员单位在贫困地区建立产业发展基地,加大对贫困地区产业转型升级的支持力度。

智力帮扶。科技类社会组织要发挥人才培养优势,有针对性地举办培训班,帮助有条件的贫困对象学习掌握职业技能、致富技术,提供职业指导,增强就业能力。

商贸帮扶。社会组织要利用会员广泛的优势,通过采购、代销、委托加工、农企直通车和电子商务等形式,帮助结对村对接外部市场,带动农户增收。

社工帮扶。通过社会工作的赋权、增能和协调等功能,消除社会排斥,增强脱贫信心,减少发展障碍,使贫困群体获得更多的机会和资本。

志愿帮扶。社会组织要动员志愿者参与贫困识别、扶贫调研、助教支医、文化下乡、科技推广、创业引领等脱贫攻坚活动,帮助贫困家庭和个人摆脱困境。

四、建立社会组织参与脱贫攻坚长效机制

探索建立考核评估机制。建立健全公益项目运作规范管理制度,确保脱贫攻坚工作依法依规、依章程规定进行。适时修订社会组织等级评估评分细则,将社会组织参与脱贫攻坚工作情况纳入评估内容。同时,民政(社发)部门和业务主管单位在各类评比表彰活动中,应充分考虑参与脱贫攻坚贡献突出的社会组织,让积极参与脱贫攻坚的社会组织在政治上有荣誉、事业上有发展、社会上受尊重。

各县(区)、开发(新)区民政(社发)部门要高度重视引导和支持社会组织参与脱贫攻坚工作,加强与脱贫攻坚工作部门的沟通协调,形成工作合力。加大社会组织参与脱贫攻坚的宣传力度,拓宽宣传渠道,加强舆论引导,选树社会组织参与精准扶贫的先进典型,发挥引领示范作用,营造扶贫济困的浓厚社会氛围。

全市社会组织应注重总结参与脱贫攻坚的经验做法,加强参与脱贫攻坚情况的信息公开力度,以脱贫攻坚项目开展促进自身发展,树立良好的社会形象。

南昌市民政局

2017 年 6 月 30 日

关于进一步做好农村低保兜底保障扶贫三年（2018年—2020年）行动计划

为进一步贯彻《中共南昌市委办公厅　南昌市人民政府办公厅关于坚决打赢全市脱贫攻坚战的实施意见》（洪办发〔2016〕16号）、《南昌市人民政府关于加强农村低保与扶贫开发制度衔接的实施方案的通知》（洪府发〔2016〕22号）、《江西省民政厅印发〈关于进一步做好农村低保兜底保障扶贫的指导意见（试行）〉的通知》（赣民发〔2017〕19号）等文件精神，健全完善农村低保制度，确保全面建成小康路上农村贫困群众一个都不掉队，现就进一步做好农村低保兜底保障扶贫工作制订三年（2018年—2020年）行动计划。

一、指导思想

以党的十九大精神及习近平新时代中国特色社会主义思想为指引，贯彻省委、省政府和市委、市政府关于坚决打赢脱贫攻坚战的各项决策部署，按照"弱有所扶"及"兜底线、织密网、建机制"要求，统筹城乡社会救助体系，完善最低生活保障制度，充分发挥农村低保在扶贫开发中的兜底保障作用，与其他扶贫政策一起形成合力，织牢编密"覆盖全面、救急解难、托底有力、持续发展"的基本民生安全网，确保农村贫困群众与全市人民同步进入小康社会。

二、总体目标

2018年至2020年按照不低于4740元/年（395元/月）、5340元/年（445元/月）、6120元/年（510元/月）的标准逐年提高，确保到2018年底，全市农村低保标准高于同期全国扶贫标准20%，到2020年，全市农村低保标准高于同期全国扶贫标准40%。实现全市农村低保主要指标达到全国平均水平，部分指标略高于全国平均水平。进一步强化农村低保与扶贫开发有效衔接，对完全丧失劳动能力的重度贫困户重点保障。进一步巩固农村低保兜底保障扶贫成果,建立农村贫困群众基本生活保障自然增长的体制机制,不断提高保障水平。

三、主要措施

(一)进一步完善农村低保制度

不断适应脱贫攻坚的新形势,完善农村低保制度申请审核审批各项流程环节,着力在农村低保对象识别、标准制定、政策设置、对象管理等方面加大创新,使农村低保制度对贫困群众的基本生活兜底保障网络更加织牢编密。

(二)进一步精准识别保障对象

全面实施低保申报制改革,严格落实"政府制定标准、群众自行申报、县乡审核审批"低保工作新机制,按照"七不保""四从严""五步骤"规定要求,确保农村困难群众应保尽保,重点把符合低保条件的建档立卡贫困群众纳入低保。加大新增农村低保向贫困地区、建档立卡贫困人口、农村支出型贫困低收入家庭倾斜力度。新增农村低保严格按户识别,禁止按照"一户保一人"审批。对存量"一户保一人"情况,应按照实际情况区分对待,符合"全户保"的,要及时将家庭其他成员全部纳入保障范围,不得以"指标有限"等理由拒绝纳入。对确实不符合"全户保"的,要加强动态管理,逐步退出。

(三)进一步加强两类对象有效衔接

各地民政部门要积极与当地扶贫部门建立信息共享机制,加强两类对象有效衔接。要整体提高农村最低生活保障户均保障人数、整户保障比例、常补对象保障比例,到2020年各地常补对象占低保对象的比例要不低于25%。要积极为农村低保对象落实同等享受各项扶贫开发帮扶政策,引导产业、教育、就业、金融、健康等扶贫措施惠及广大农村低保对象,全面提高农村低保对象脱贫致富能力。

(四)进一步巩固低保保障覆盖面

各地要保持农村低保合理比例,不得将贫困县"摘帽"时允许存在的贫困发生率2%作为农村低保覆盖面。经地方申请,当地实际保障低保人数确实低于基本保障覆盖面的,可申请予以调减。各地如预留用于日常应对突发性申请低保情况的,不得超过基本保障面的2%。

(五)进一步提高农村低保保障水平

各县(区)要加大农村低保资金投入,积极落实按照年均14.4%的增长比例提高农村低保标准及低保补助水平,完善经费稳定增长机制,确保低保资金与经济社会发展水平、人均可支配收入、保障标准及物价上涨联动挂钩,保障农村低保投入资金只增不减。要综合实际情况，充分考虑分类分档施保，对于获得低保后生活仍有困难的通过增发低保金、发放物价补贴、走访慰问等，提高当地农村低保保障标准。

（六）进一步强化农村低保动态管理

要落实精准动态调整，实行规范有序进出，坚持动态管理下的"应保尽保、应退则退"。对未解决"两不愁三保障"问题尚未脱贫的建档立卡贫困对象，均不能退出低保保障。对宣布脱贫后，确认不再符合低保条件、已解决"两不愁三保障"问题的，应按程序将其退出低保。对"政策保""人情保""关系保""错保"问题要坚决纠正，对"群体保"的低保对象，要严格按照家庭收入和财产状况进行核定。各县（区）要通过定期走访核查、信息化核对、低保清查等方式，及时掌握农村低保对象家庭人口、收入、财产变化情况，做到科学合理增发、减发或停发低保金。

（七）进一步加大医疗救助帮扶力度

各地要加大支出型低收入家庭大病患者及因病致贫对象救助力度，进一步推动困难群众重大疾病免费专项救治。落实对建档立卡之外的农村特困供养人员、农村低保人员统一参照建档立卡人员政策，购买商业补充保险。加大医疗救助与大病保险、重大疾病商业补充保险在对象范围、支付政策、经办服务和监督管理等方面的衔接。对建档立卡贫困人口中的低保对象政策范围内医疗费用，在现行救助比例的基础上，提高5个百分点；对特困人员、低保对象以外的建档立卡贫困户，要按照支出型贫困低收入家庭大病患者认定程序，纳入支出型大病救助范围予以救助；对不符合支出型贫困低收入家庭大病患者的，应用临时救助（特别救助）等救助政策综合保障。对未纳入建档立卡贫困人口的农村低保对象，同等享受已纳入建档立卡贫困人口的农村低保对象医疗救助政策。要加快推进"一站式"同步结算平台建设，积极做好县域内困难群众先诊疗后付费改革，落实困难群众出院只需结算个人自负费用。

（八）进一步发挥临时救助"救急难"作用

各地要发挥临时救助对农村贫困群众基本生活保障辅助叠加作用。要全面铺开"救急难"工作，完善"一门受理、协同办理"平台，形成对农村贫困群众的主动发现、快速回应、政策互补、急难有救的高效机制。要全面建立临时救助应急周转金制度，对贫困群众的突发急难需求，或救助金额较小的，全部委托乡镇（街道）审批，报县级民政部备案，提升临时救助时效。

（九）进一步提高农村特困人员救助供养水平

加快统筹城乡特困人员救助供养制度，提高特困人员救助供养水平。积极做好农村低保与特困人员救助供养制度的衔接，对农村低保对象中符合特困人员救助供养条件的人员，要将其由低保保障转为特困人员救助供养保障，确保应转尽转，尊重对象供养形式个人自愿。落实为特困人员中的自理及失能半失能人员安排照料护理经费，具备生活自理能力的，按照每月不低于重度残疾人护理补贴标准安排；部分丧失生活自理能力的，按照每月不低于当地最低工资标准的20%安排；完全丧失生活自理能力的，按照每月不低于当地最低工资标准的80%安排。每个县（区）至少建设一所床位不少于100张的护理型养老院，确保到2020年实现特困人员失能护理服务全覆盖。

（十）进一步强化核对工作手段及数据录入

各地要切实加强居民家庭经济状况核对机制建设，将申请低保家庭经济状况核对作为审核、审批程序的必经环节，准确掌握其家庭收入和家庭财产状况，为农村低保审核审批提供事实依据。对不授权核对的申请不予受理，对经核对明显不符合条件的申请不进入评议环节，不得予以审批。要全面推行居民家庭经济状况网络核对平台运用，加快实现新增审批的低保对象实时更新录入数据库。到2018年底，要全面完成农村在保对象家庭经济状况核对工作。

（十一）进一步引导慈善力量积极参与

在落实政府帮扶措施基础上，各地要建立政府救助和慈善救助衔接机制，对现有政府救助资源和救助政策无法覆盖或政府救助之后仍未摆脱困境的农村低保、特困人员等贫困群众，积极引导慈善力量介入，形成政府救助有效补充。积极搭建慈善救助供求信息平台，建立分级慈善救助资源数据库，做好慈善救助供需对接工作。

（十二）进一步加强基层经办能力建设

各地要加大政府购买社会救助服务力度，加强基层经办能力建设，提升服务困难群众的质量水平，让困难群众在更加优质的管理服务中有更多获得感。要着力加强乡镇社会救助窗口建设，完善"一门受理、协调办理"工作机制，明确办理时限及办理责任人，确保困难群众求助有门、受助及时，畅通困难群众救助服务"最后一公里"。

四、工作保障

（一）加强组织领导

各地要将农村低保兜底保障扶贫工作纳入当地脱贫攻坚大局，作为重大政治任务来抓，摆上重要议事日程。要依托县级困难群众基本生活保障协调机制，做好对农村低保兜底保障扶贫工作的定期调度、定期研究、定期协调，形成各负其责、

各司其职、一级抓一级、层层抓落实、齐抓共管的工作格局。

（二）落实责任分工

各地要层层压实农村低保兜底保障扶贫工作责任。形成横向到边、纵向到底的责任体系。设区市做好上下衔接、城内协调、督促检查工作。县（区）党委和政府承担主体责任，统筹做好进度安排、政策落地、推进实施等工作。乡镇（街道）要依托"一门受理、协同办理"工作机制，协调做好对象认定、人员管理、服务保障、跟踪落实等工作。村（居）委要发挥直接联系贫困群众的桥梁纽带作用，配合做好主动发现、入户调查等工作，切实发挥各部门职能作用，形成工作最大合力，做好农村低保兜底保障扶贫工作。

（三）实施考核评估

各地要切实动真碰硬，认真履行脱贫攻坚责任，建立农村低保兜底保障扶贫工作评估机制，完善考核评估体系，加强问效追责。对工作落实不力、保障效果不明显的，追究相关责任。

（四）加大宣传力度

各地要加强舆论引导，广泛宣传农村低保政策措施，做到各项政策内容家喻户晓。要通过各种媒体及多种形式，广泛宣传农村低保兜底保障扶贫工作的先进经验和典型事迹，营造全社会参与农村低保兜底保障扶贫工作良好社会氛围。

南昌市民政局

2018 年 2 月 11 日

南昌市农业局关于推进农业产业扶贫提质增效打赢脱贫攻坚战三年行动的实施意见

根据《江西省农业厅 江西省扶贫和移民办关于印发〈推进产业扶贫提质增效三年行动方案〉的通知》(赣农字〔2018〕61号)和全市《关于打赢脱贫攻坚战三年行动的实施意见(征求意见稿)》要求,为确保完成中央、省、市关于打赢脱贫攻坚三年行动的决策部署,结合我市当前农业产业扶贫发展现状,特制定实施意见如下。

一、总体要求

(一)指导思想

全面贯彻落实党的十九大精神,以习近平新时代中国特色社会主义思想为指导,以"全省脱贫质量和成效位居全国第一方阵"这一总体目标及"全市贫困人口稳定脱贫和贫困村如期退出"这一攻坚任务为基础,牢固树立并切实贯彻创新、协调、绿色、开放、共享的发展理念,坚持"以精准为核心、落实为关键、实现高质量、确保可持续"这一工作要求,突出问题导向,充分调动各方面的积极性,确保2020年全面打赢脱贫攻坚战,为全面建成小康社会提供强有力的支持,为顺利实施乡村振兴战略奠定坚实的基础。

(二)行动目标

到2020年,全市农业产业扶贫发展格局基本成型,支撑贫困农户稳定增收的农业产业体系基本完善。实现有扶贫任务的行政村农民专业合作社带动贫困户参与农业产业发展全覆盖,贫困村符合条件的高标准农田改造全覆盖。努力壮大农村新型经营主体,完善村集体经济组织,确保有产业发展能力的贫困农户人均年收入水平基本达到当地农村居民人均可支配收入的80%左右。

二、大力发展八大产业，着力促进产业升级

依托高标准农田建设以及现代农业产业示范园建设，主动促进产业转型升级，大力发展稻米、蔬菜、果业、畜牧业、水产、休闲农业和乡村旅游、茶叶、中药材等八大特色产业，使贫困农户享受到产业转型带来的红利。

（一）全力完善基础设施建设，夯实产业基础

根据全省统一部署，到2020年我市将完成统筹整合资金推进高标准农田建设任务，共计建设高标准农田81万余亩。在制订高标准农田建设计划，推动高标准农田建设时向贫困村倾斜，优先安排符合条件的贫困村开展高标准农田建设，并将高标准农田建设与农业产业调整、壮大村集体经济有机结合起来。

（二）大力整合涉农部门项目资金，实现产业升级

主动整合涉农资金，积极引进龙头企业、社会资本重点用于培育和壮大稻米、蔬菜、果业、茶叶、中药材等经济作物产业，改善经济作物生产基地基础设施水平，为稻米、蔬菜、果业、畜牧业、水产、休闲农业和乡村旅游、茶叶、中药材等八大特色产业的产业升级奠定坚实基础。

（三）大力推进一二三产业融合，带动特色发展

推动贫困地区围绕扶贫特色产业，延伸产业链、完善供应链、提升价值链，挖掘农业增收潜力。加快创建产业融合发展示范平台，支持在贫困地区建设现代农业示范园和现代农业产业园，力争到2020年，涉农乡镇实现"一乡一园"，在建设现代农业示范园的过程中，各项政策积极向贫困村倾斜。将扶持贫困地区农业产业示范园做大做强的同时，拓展示范园生产、生活、生态功能，促进农村一二三产业融合发展。以主导产业为重点，着力打造生产、加工、收储、物流、销售及服务于一体的农业全产业链。依托现代农业产业示范园这一平台，坚持以市场为导向，以贫困户产业脱贫为目标，以企业为龙头，通过园区内公司带动发展模式，建设优质稻米、绿色蔬菜瓜果、特色茶叶等种植加工基地、稻虾共生养殖、和畜禽标准化规模养殖场，带动特色产业深度发展。鼓励从实际出发，利用扶贫资金发展短期难见效但能够长期产生效益的产业。

三、全力培育经营主体，带动产业扶贫推进

通过多种手段，全力培育新型农业经营主体，发挥新型农业经营主体在产业扶贫领域的带动作用。一是通过加强对法律法规、相关政策的宣传，引导贫困农户以各种要素参加新型农业经营主体的经营活动，达到统一管理、统一经营、发挥规模化经营的优势，提高贫困农户收益。二是加强政策、技术等各方面培训，

提高以家庭农场、专业合作社为代表的新型农业经营主体的生产技术水平以及市场议价能力，提高贫困农户收益。三是加强政策扶持，结合市级农民合作社示范社的认定，将政策向带动贫困户脱贫能力强的新型农业经营主体倾斜，通过扶持新型农业经营主体带动贫困农户脱贫。四是引导新型农业经营主体联合经营，扩大产业规模，以规模抗风险，保障贫困农户收入随经营规模扩大、效益提高而稳步增长。

四、主动提高组织程度，盘活闲置集体资产

在开展产业扶贫工作的过程中，注重提高产业扶贫合作模式的组织化程度，形成规模效应；依法依规，充分利用闲置集体资产，达到提高产业化扶贫效果的目的。

（一）提高产业扶贫组织化程度

在开展产业扶贫的过程中，主动提高产业扶贫的组织化程度，通过多种手段引导新型经营主体与贫困农户对接，同时发挥基层党组织在组建合作社中的作用，大力推广村干部与能人带头领办、村党员主动参与、村民自愿参与、贫困群众统筹参与的"一领办三参与"产业扶贫合作模式，完善新型经营主体与贫困农户的利益联结机制，大力支持贫困农户以各种要素创办、参与或入股合作社、家庭农场等新型经营主体，提高贫困户经营性、工资性收入。鼓励有条件的地区采用购买服务的方式，通过购买服务的方式，节约行政成本，向贫困户提供更加高效、更加便捷的农业社会化服务。

（二）发展村集体经济，盘活闲置集体资产

以"核资产、建制度、定思路、创实体"为发展思路，集中优势力量做大、做强、做优村集体经济。大力盘活村集体闲置资产，通过合法途径将村集体的闲置资产及各级财政投入兴建的公益设施利用起来，实现村集体资产的有效利用和保值增值。鼓励村属物业发展，鼓励贫困村以土地入股、折股分红，与外部资源共同合作，开发物业项目或利用帮扶资金在区位优势明显的区域异地置业，获取物业收益。实现集体土地集约化发展，鼓励村集体将未承包到户的"四荒地"和贫困农户承包地集中流转，适度扩大经营规模，以达到土地增值、流转收益提高的目的。倡导股份合作经济，支持合作社采取集体资产折价入股、吸纳社会资金入股等方式开展股份制改造，支持村集体组织申报市级以上农业休闲旅游示范点，发展旅游经济。发展服务型经济，鼓励村集体创办代办代购、农贸市场等服务实体，帮助村集体建立电商服务经营平台，取得服务收入，增加集体收入。

五、开展惠民服务升级，助力产业扶贫开展

从典型宣传、技术帮扶、产销对接等方面入手，推行看得见、摸得着，有内容、有深度的惠民举措，切实帮助贫困农户发展产业，通过产业脱贫。

（一）树立典型加以推广

深入田间地头，加强调查研究，总结典型模式，充分利用现有的电视、报刊、网络等宣传平台，组织现场观摩，加大对产业扶贫政策、先进模式和典型范例的宣传力度，加强各县区产业扶贫领域经验交流，取长补短，相互借鉴，不断扩大示范带动作用。

（二）推广技术发展产业

扶贫要扶智，大力开展新型职业农民培训，培训计划优先安排贫困村、贫困户所需农业专业技术，为贫困农户发展农业产业打好基础。同时充分发挥农业科技在产业扶贫当中的助推作用，依托市、县、乡三级产业技术专家和服务团队，深入开展扶贫产业技术指导服务，进一步确保农业科技主力产业扶贫工作落到实处。充分调动农业产业技术专家和服务团队的积极性，通过技术包干，保证每一发展农业产业的贫困户至少有一名专家全程跟踪予以技术指导，明确与每一发展产业的贫困户对接服务的农技人员名单，实现贫困户全覆盖。

（三）产销对接提高收入

主动参加会展推介，组织开展省内外农产品展销活动，提升贫困地区农产品外向度、影响力。依托现代农业产业示范园，进一步推动"电商＋产业示范园"的模式，加快示范园电子商务平台及配套服务体系的建设，着力打造线上线下相结合、网络实体共发展的现代农业流通体系。培养电商人才，搭建销售平台，充分利用"赣农宝""社会扶贫网""邮乐购"等涉农电商平台，促进扶贫产品产销衔接、上网销售，以拓宽农产品销售渠道。同时努力推动扶贫农产品进学校、医院、企业、机关食堂、交易市场和大型超市，建立农产品直通直供直销。

六、保障措施

（一）强化组织领导

各县区农业部门应在上级部门的领导下，牵头开展产业扶贫工作，加强对扶贫产业的规划与指导，科学选择脱贫致富产业，建立到村、到户的产业扶贫台账，明确扶贫工作责任人，做到组织领导、工作部署、任务分解、责任落实、督促指导"五到位"，扎实推进产业扶贫工作落到实处。

（二）严格绩效考核

推进考评体系改革，建立科学的产业扶贫考核评价体系，轻总值重实效，树立正确政绩观，不急功近利不好高骛远，确保脱贫攻坚成果落到实处，能经得起历史和实践的检验。加大督察力度，将专项督察、重点督查与日常监督相结合，掌握工作开展的第一手资料，及时总结，及时完善，确保产业扶贫工作取得实效。

（三）营造浓厚氛围

加强宣传工作，通过多种方式，面向社会开展全面、广泛的宣传。树典型、立榜样，及时总结好的经验和做法，加强各县区之间的经验总结、交流，营造大力抓好产业扶贫工作的浓厚氛围。

（四）坚持群众主体

扶贫工作开展过程中，必须处理好国家、社会帮扶与贫困户自身努力的关系，做到扶贫扶智、扶贫扶志，充分调动贫困农户自身的积极性、创造性，鼓励贫困农户不等不靠主动脱贫，增强贫困农户的自我发展能力。

南昌市农业局
2018 年 11 月 16 日

南昌市农业农村局关于推进农业产业扶贫的实施意见

根据中央、省、市打赢脱贫攻坚战的精神,为确保完成"十大行动"的决策部署,结合我市当前农业产业扶贫发展现状,特制定实施意见。

一、总体要求

(一)指导思想

全面贯彻落实党的十九大精神,以习近平新时代中国特色社会主义思想为指导,以"全市贫困人口稳定脱贫和贫困村如期退出"这一攻坚任务为基础,牢固树立"创新、协调、绿色、开放、共享"的发展理念,坚持"以精准为核心、落实为关键、实现高质量、确保可持续"这一工作要求,突出问题导向,充分调动各方面的积极性,确保2020年全面打赢脱贫攻坚战,为全面建成小康社会提供强有力的支持,为顺利实施乡村振兴战略奠定坚实的基础。

(二)基本原则

——坚持因地制宜。综合考虑自然资源、产业基础、劳力资源、市场需求等因素,坚持宜种则种、宜养则养、宜工则工、宜游则游,选准适合贫困村、贫困户发展的扶贫产业类型,合理确定产业发展方向、重点和规模。

——坚持精准施策。针对贫困村、贫困户的具体情况,实施精准施策,因村施策、因户施策。坚持资金跟着贫困对象走、贫困对象跟着项目走、项目跟着产业走、产业跟着企业走,通过创新政策、整合资源,强化扶贫产业精准施策,不断培育壮大扶贫产业。

——坚持龙头带动。充分发挥新型经营主体在产业扶贫中的带动作用,推动农业龙头企业、农民专业合作社、种养大户、家庭农场等新型经营主体与贫困户建立稳定的利益联结,向贫困对象提供全产业链服务,切实提高产业增值能力和吸纳贫困劳动力就业能力。

——坚持群众主体。扶贫工作开展过程中，必须处理好国家、社会帮扶与贫困户自身努力的关系，做到扶贫扶智、扶贫扶志。充分调动贫困农户自身的积极性、创造性，鼓励贫困户不等不靠主动脱贫，增强贫困户的自我发展能力。

（三）主要目标

到 2020 年，全市农业产业扶贫发展格局基本成型，支撑贫困户稳定增收的农业产业体系基本完善。实现有扶贫任务的行政村农民专业合作社、家庭农场等新型经营主体带动贫困户以各种资源要素参与农业产业发展全覆盖。努力壮大农村新型经营主体，增强村集体经济组织发展能力，确保有产业发展能力的贫困户人均年收入基本达到当地农民人均年收入 80% 左右。

二、重点工作

（一）发展"九大产业"，大力提升扶贫产业质效

立足各地资源禀赋和生产条件，因地制宜，尊重农民意愿，充分发挥贫困群众主体作用，大力发展优质稻米、蔬菜、水果、茶叶、中药材、花卉苗木、畜牧业、水产业、休闲农业与乡村旅游九大产业，构建完善"县有优势主导产业、村有扶贫产业基地"的发展格局，夯实带动贫困户持续增收的产业基础。

1. 大力发展特色种养业。鼓励引导贫困村或贫困户发展"栽好一片果、养好一塘鱼、喂好一棚禽、种好一园菜（蔬菜、茶叶、中药材、花卉）、开好一家店、入好一个社"等"六个一"产业工程，同时聚集形成一批特色种养产业基地，增强贫困村、贫困户自我发展能力。

2. 大力发展休闲农业与乡村旅游。大力开展"农业＋旅游"扶贫，强化体验活动创意、农事景观设计、乡土文化开发，不断拓展农业多种功能。扶持具备条件的贫困村和贫困人口较多的非贫困村开展乡村旅游，改善乡村旅游基础设施条件，完善乡村旅游服务体系，发展一批精品农家乐、农家旅馆、乡村民宿，培育一批农家乐示范户和致富带头人，建设一批乡村旅游扶贫创新示范基地，推动休闲农业与乡村旅游发展和贫困人口脱贫致富有机结合。

3. 大力发展农产品加工业。引导贫困村或有扶贫任务的非贫困村发展分级分类等农产品产地初加工，实现优质优价。鼓励农业企业、合作社、种养大户发展规模农产品的烘干、储藏、包装，引导发展精深加工，实现多层次转化增值。

4. 大力推进三产融合发展。围绕乡村围绕扶贫特色产业，延伸产业链、完善供应链、提升价值链，挖掘农业增收潜力。加快创建产业融合发展示范平台，兴建现代农业示范园，实施田园综合体和"一乡一园"建设，大力推动一二三产业

融合发展,支持和帮助农业产业化龙头企业在贫困村建设绿色、特色农业生产、精深加工产业,提高农产品附加值,拓宽贫困户获得收益渠道。

(二)实施"四个一批",着力建立利益联结机制

1. 做强一批产业扶贫经营主体。围绕特色农业种植、养殖、加工、营销等路径,加快培育农业企业、合作社、家庭农场等扶贫经营主体,建立与贫困户多种紧密利益联结机制。鼓励扶贫经营主体设立"扶贫车间",建设一批贫困人口参与度高的特色农产品加工基地,支持贫困户以各种要素创办、参与或入股经营主体,提高贫困户获得的经营性和工资性等收入。推广"龙头企业+合作社+贫困户""龙头企业+贫困户""合作社+贫困户""家庭农场+贫困户"等多种模式,支持扶贫经营主体开展订单农业、土地托管、土地流转或入股、产销对接,确保贫困户收入持续稳定。

2. 培育一批脱贫致富带头人。坚持分类指导、重点培养、典型示范,加强推广村干部与能人带头领办、村党员主动参与、村民自愿参与、贫困群众统筹参与的"一领办三参与"扶贫产业合作模式。结合村干部"双带"、农业干部培训等工作,对贫困村"两委"班子成员实现轮训,提高干部带头致富能力;积极引导能人乡贤回乡创业,增强农业产业扶贫新活力,带动群众增收致富。

3. 壮大一批村级集体经济。以"核资产、建制度、定思路、创实体"为发展思路,集中优势力量做大、做强、做优村集体经济。鼓励支持大力盘活村集体闲置资产,通过合法途径将村集体的闲置资产及各级财政投入兴建的公益设施利用起来,实现村集体资产的有效利用和保值增值。引导贫困村、贫困户采取"资源变资产、资金变股金、农民变股东"的"三变"模式,鼓励村属物业发展,鼓励贫困村以土地入股、折股分红,与外部资源共同合作,开发物业项目或利用帮扶资金在区位优势明显的区域异地置业,获取物业收益。实现集体土地集约化发展,鼓励村集体将未承包到户的"四荒地"和贫困农户承包地集中流转,适度扩大经营规模,以达到土地增值、流转收益提高的目的。倡导股份合作经济,支持合作社采取集体资产折价入股、吸纳社会资金入股等方式开展股份制改造,支持村集体组织申报市级以上农业休闲旅游示范点,发展旅游经济。鼓励村集体发展服务型经济,创办代办代购、农贸市场等服务实体,帮助有条件的村集体建立电商服务经营平台,取得服务收入,增加集体收入。

4. 保障一批资产收益。区别不同类别贫困户的情况,按照精准扶贫、分类施策的要求,创新资产收益扶贫与贫困户现有土地山林等自有资产收益有机结合的新模式。选准收益有保障、风险可控制、发展能持续的产业项目,采取产业扶贫

资金投入用于固定资产,并量化到户、收益分红到户的特殊扶贫举措,提高产业扶贫资金使用效益,帮助贫困户直接获取资产收益,提升贫困户稳定持续增收水平。积极探索贫困户获取稳定保底资产性收入渠道,从根本上增强其自身脱贫和抵御返贫风险的实力和能力。

三、服务平台

从典型宣传、技术指导、产销对接等方面入手,打造看得见、摸得着,有内容、有实效、有深度的惠民服务平台,切实帮助贫困村、贫困户发展产业,通过产业脱贫。

(一)树立典型加以宣传

加强宣传工作,充分利用现有的电视、报刊、网络等宣传平台,通过多种方式,树典型、立榜样。深入田间地头,加强调查研究,总结典型模式,组织现场观摩,加大对产业扶贫政策、先进模式和典型范例的宣传力度,加强各县(区)产业扶贫领域经验交流,取长补短,相互借鉴,不断扩大示范带动作用。

(二)推广技术加强服务

扶贫要扶智,大力开展农民教育培训工作,培训计划优先安排贫困村、贫困户所需农业专业技术,为贫困农户发展农业产业打好基础。同时充分发挥农业科技在产业扶贫当中的助推作用,依托市、县、乡三级产业技术专家和服务团队,深入开展扶贫产业技术指导服务,进一步确保农业科技主力产业扶贫工作落到实处。充分调动农业产业技术专家和服务团队的积极性,通过技术包干,建立技术专家与参与扶贫产业发展的贫困户"一对一"技术结对指导机制。

(三)产销对接提高收入

主动参加会展推介,组织开展省内外农产品展销对接活动,提升扶贫产业农产品外向度、影响力。同时积极配合相关部门,大力发展"电商+扶贫",着力改善乡村网络基础设施。积极引导电商脱贫站与农民合作社有效对接组织贫困户加入现有合作社,广泛推行"农户种养制作+合作社加工包装+电商脱贫站推广销售"的模式,通过帮助乡村开发电商产品、培养电商人才、畅通物流渠道,把适宜网络销售的黑芝麻、特色水果、土鸡蛋、米酒、花卉、山茶油、中药材等特色产品"卖出去"。

四、保障措施

(一)强化组织领导

各相关县(区)农业农村部门应在上级部门的领导下,牵头开展农业产业扶贫工作,加强对农业产业扶贫的规划与指导,科学选择脱贫致富产业,建立到村、

到户的产业扶贫台账,明确扶贫工作责任人,做到组织领导、工作部署、任务分解、责任落实、督促指导"五到位",扎实推进产业扶贫工作落到实处。

(二)加大政策扶持

各相关县(区)农业农村部门、局相关处室、局属各单位要积极按照农业产业扶贫工作的要求,加大农业农村项目统筹安排,在农业产业扶贫项目、带贫益贫扶贫主体建设项目、村集体经济壮大项目安排上给予倾斜,支持全市农业产业扶贫项目建设,增强贫困村、贫困户自我发展动力,提升带贫益贫扶贫主体的带动效益。

(三)严格督查考核

加大督察力度,将专项督察、重点督查与日常监督相结合,掌握工作开展的第一手资料,及时总结,及时完善,确保产业扶贫工作取得实效。将农业产业扶贫工作作为各级农业农村部门绩效考核内容,建立专项督查机制,加强对县(区)、乡镇开展产业扶贫专项监督检查,对发现的问题及时要求整改,主动指导县(区)、乡镇抓好产业扶贫政策的落实,着力推动产业扶贫责任落实、政策落实和工作落实。

南昌市农业农村局办公室

2019 年 7 月 17 日

南昌市残联助力残疾人精准扶贫精准脱贫三年攻坚（2018—2020年）行动实施方案

党的十九大明确把精准脱贫作为决胜全面建成小康社会必须打好的三大攻坚战之一，做出了新的部署。当前，全市还有5626名农村贫困残疾人口需要脱贫，在剩余不到3年时间内完成脱贫目标，任务十分艰巨。为进一步明确2018—2020年全市贫困残疾人脱贫攻坚时间表和路线图，严格落实脱贫攻坚责任，指导推动各地脱贫工作实践，坚定完成脱贫攻坚目标，根据《中共南昌市委 南昌市人民政府关于打赢脱贫攻坚战三年行动的实施意见》和《江西省残联助力残疾人精准扶贫精准脱贫三年攻坚（2018—2020年）行动实施方案》精神，结合我市实际，制订本行动实施方案。

一、总体目标

进一步坚持精准方略，深入推进精准扶贫精准脱贫，确保到2020年贫困残疾家庭户年人均可支配收入稳定超过国家贫困标准，且不愁吃、不愁穿，义务教育、基本医疗、住房安全有保障，基本康复服务、家庭无障碍改造覆盖面有效扩大，贫困残疾人增收能力进一步提升，增收渠道进一步拓宽，脱贫成果进一步稳固，确保全市建档立卡贫困残疾人如期实现脱贫目标。

二、主要任务及分工

（一）狠抓残疾人教育扶贫政策落实

实施第二期特殊教育提升计划，落实家庭经济困难残疾学生资助政策，加强对因残、因贫辍学残疾儿童少年复学工作。加强对各地落实家庭经济困难残疾学生资助政策的督导，重点关注建档立卡贫困残疾学生资助工作，符合条件的残疾大学生和贫困残疾人家庭大学生子女优先获得助学金和助学贷款。配合教育部门加强对因残、因贫辍学残疾儿童少年的复学工作。加大对残疾儿童接受普惠性学前教育的资助，鼓励和支持普惠性幼儿园接收学前残疾儿童。对15—50岁有扫盲意愿的贫困残疾人文盲开展扫盲。[责任单位：教育就业处、各县（区）残联]

（二）积极促进贫困残疾人就业创业

开展实用技术助残行动，进一步加大就业技能培训力度，有就业意愿的残疾人普遍得到就业创业培训，技能岗位的残疾人普遍得到岗位技能提升培训。鼓励扶持贫困残疾人自主创业、灵活就业。开展助盲脱贫行动，加大盲人按摩培训就业力度。完善残疾人自主创业、灵活就业扶持政策。大力发展电商扶贫行动。鼓励、支持各县（区）利用县级农村电子商务公共服务中心、电商产业园等平台，为贫困残疾人提供免费电商培训。在每年元旦、春节、助残日等节日期间，集中帮扶就业困难人员、残疾登记失业人员就业创业。[责任单位：教育就业处、市残疾人劳动就业服务中心、市盲人按摩指导中心、各县（区）残联]

（三）加大助残创业就业基地扶持力度

落实省残联《关于推进残疾人创业孵化基地建设的指导意见》，以培育残疾人创业载体、开发残疾人就业岗位为目标，以完善残疾人创业就业服务为重点，充分发挥政府组织协调作用和政策优惠，整合政府和社会资源，依托已经建成的创业孵化基地，建立一批定位准确、管理规范的残疾人创业孵化基地，促进残疾人创业创新发展。加大省级阳光助残创业就业基地的扶持力度。2018—2020年，每年扶持一定数量的阳光助残创业就业基地建设，安置、辐射、带动贫困残疾人实现创业就业，增加收入，实现脱贫。[责任单位：教育就业处、市残疾人劳动就业服务中心、市盲人按摩指导中心、各县（区）残联]

（四）筑牢贫困残疾人社会保障，完善困难残疾人生活补贴和重度残疾人护理补贴制度

协调有关职能部门将符合条件的建档立卡贫困残疾人纳入农村低保和城乡医疗救助范围。配合民政部门完善困难残疾人生活补贴和重度残疾人护理补贴制度。在提高城镇残疾人两项补贴标准基础上，做好农村残疾人两项补贴提标工作，实现城乡标准统一。加强相关行业部门扶贫政策衔接。逐一核准因残致贫七项数据，对接相关部门，落实政策，使各项惠残保障政策措施落地生效。加大贫困残疾人住房安全保障扶贫行动。积极配合市建委加快推进农村贫困残疾人家庭危房改造工作，核实搞准农村贫困残疾人危房家庭存量和基本信息，确保到2020年贫困残疾人危房改造实现全覆盖。[责任单位：教育就业处、康复处、各县（市）残联]

（五）为残疾人提供多层次、多元化的托养服务

到2020年所有县（区）应至少建有一所残疾人康复中心、残疾人托养中心或残疾人综合服务中心。落实《江西省"十三五"残疾人托养服务工作计划》要求，继续实施阳光家园计划和政府购买残疾人日间照料服务项目，实行居家托养为主、日间照料和寄宿制托养为辅照护托养服务工作，为残疾人提供多层次、多元化托养服务。〔责任单位：教育就业处、办公室、市残疾人劳动就业服务中心、各县（区）残联〕

（六）大力实施贫困重度残疾人家庭无障碍改造

要推动将农村贫困重度残疾人家庭无障碍改造工作纳入脱贫攻坚的目标，统筹规划，加强督导落实，到2020年基本完成贫困重度残疾人家庭的无障碍改造。将贫困重度残疾人家庭无障碍改造纳入整体扶贫攻坚计划解决一批。大财政支持力度解决一批。通过引导社会力量参与解决一批。〔责任单位：维权处、各县（区）残联〕

（七）有效扩大残疾人精准康复服务

加强残疾人康复服务机构建设，大力推进社区康复服务，形成广覆盖的残疾人精准康复服务网络。完善并严格执行残疾人精准康复服务规范，提高残疾人精准康复服务水平，到2020年，实现80%以上有康复需求的残疾儿童及持证残疾人得到基本康复服务的目标。建立残疾儿童康复救助制度，到2020年，实现0-6岁重点保障残疾儿童应救尽救。优先发展残疾预防与康复、辅助器具、养护照料、无障碍等残疾人急需的专项公共服务，将更多的医疗康复项目纳入基本医疗保障。〔责任单位：康复处、市残疾人康复中心、市残疾人辅具中心、各县（区）残联〕

（八）积极构筑残疾人关爱服务体系

宣传发动社工、志愿者及社会各界积极参与农村残疾人扶贫开发工作，动员领导干部、党团员与农村贫困残疾人家庭结对开展帮扶，增强残疾人贫困户脱贫信心，引导带动残疾人贫困户脱贫致富。发挥驻村工作队、村第一书记在贫困残疾人脱贫攻坚中的作用。充分发挥残疾人专门协会作用，动员残疾人企业家、残疾人致富能人帮助带动残疾人贫困户增收。〔责任单位：组织宣传文体处、机关党总支、教育就业处、办公室、各县（区）残联〕

（九）努力提升法律援助和法律服务水平

向残疾人提供普惠、公益、可选择的优质高效的公共法律援助服务。进一步扩大残疾人法律援助事项范围，重点做好建档立卡、生活困难残疾人法律援助和法律服务工作，最大限度地维护他们的合法权益。〔责任单位：维权处、各县（区）残联〕

（十）加强扶贫领域作风问题建设

认真排查残疾人扶贫领导作风问题，重点盯紧严重影响脱贫攻坚工作落实、严重侵害贫困残疾人利益、严重损害党和政府形象新问题，盯牢扶贫领域"四风"问题新表现，坚持目标导向、问题导向、效果导向的原则，全面推进实施特殊教育惠残、就业惠残、兜底保障惠残、托养解困惠残及精准康复惠残等精准扶贫举措，不断完善残联系统精准扶贫体系。［责任单位：市残联各处室、各下属单位、各县（区）残联］

三、保障措施

（一）强化组织领导

各级残联要把贫困残疾人脱贫攻坚当作未来两年半的头等大事来抓，一把手负总责、分管领导负重责，尽锐出战，精准施策，抓重点破难点，加强各类惠残助残政策措施的梳理汇总，主动与扶贫、民政、卫生、住建等相关部门做好沟通，逐个部门逐个地区进行疏通对接，不断将贫困残疾人脱贫工作纳入各地扶贫工作大局。

（二）落实资金保障

各级残联要严格按照有关扶贫工作项目合理安排经费，加强扶贫资金的管理和信息化公开，使相关扶贫资金全部高效用于残疾人精准扶贫精准脱贫工作，帮助贫困残疾人脱贫奔康。

（三）加强宣传引导

通过媒体及时推介和全国助残日、全国扶贫日等宣传平台，大力宣传残疾人脱贫攻坚政策，充分挖掘贫困残疾人脱贫攻坚中典型的人和事，发挥典型带动作用，坚持扶贫与扶智、扶志、扶德相结合，激发贫困残疾人主动脱贫和勇于面对困难生活挑战的内生动力。

（四）加强考核检查

要加强各级党委、政府对贫困残疾人脱贫成效的考核，明确考核内容、权重分值。组织有关专家和社会组织对各县（区）精准扶贫政策措施、扶持效果、资金投入和使用效果及各地残疾人脱贫成效进行第三方评估。强化考核问责，进一步健全完善脱贫攻坚工作考核制度，对涉贫作风问题频发的地方和部门，严肃追究有关单位和个人的责任。

南昌市残疾人联合会

2018年11月10日

四

南昌县文件

南昌县农村扶贫对象识别到户工作实施意见

为贯彻落实全省扶贫开发工作会议和《中共江西省委办公厅、江西省人民政府办公厅印发〈关于全面推进农村扶贫帮扶到户工作的意见〉的通知》(赣办发〔2013〕13号)的精神,根据省扶贫和移民办《关于印发〈江西省农村扶贫对象识别到户工作实施意见〉的通知》(赣扶移字〔2013〕61号)和市扶贫办《关于印发〈南昌市农村扶贫对象识别到户工作实施建议〉的通知》(洪开发〔2013〕3号)要求,扎实做好我县农村扶贫帮扶到户的基础工作,特就全县农村扶贫对象识别到户工作制定本实施意见。

一、工作目标

按照精准识别的要求,对贫困农户全面登记造册、逐户建档立卡、实行动态管理,为精确帮扶到户和建立定对象、定政策、定措施、定责任、定目标"五定"帮扶到户机制打下坚定基础,确保扶贫开发的效果最终落实到贫困农户的脱贫致富上。

二、工作对象

扶贫对象是指家庭年人均纯收入低于2300元、有劳动能力和劳动意愿的农村居民,包括有劳动能力和劳动意愿的农村低保对象。

三、基本原则

农村扶贫对象识别到户工作,要立足实际、注重实效、积极稳妥、循序推进,具体贯彻以下基本原则:

(一)坚持公开、公平、公正,民主识别,阳光操作

通过并依靠群众识别找准农村扶贫对象,确保扶贫对象识别到户工作平稳有序。

（二）坚持条件，尊重民意

充分尊重群众意愿，按照规定程序，将自愿申请且符合条件的贫困人口确定为扶贫对象。

（三）严格标准，分工协作

县扶贫办会同县统计调查部门，将省统计调查部门测算的各县扶贫对象人数分解落实到乡、村，并具体组织乡、村做好扶贫对象识别到户、到人工作。

（四）因地制宜，因户施策

各地在精准识别到户的基础上，要按照本地扶贫开发工作规划，因地制宜、多措并举，落实帮扶扶贫对象的政策措施，做到因户施策、一户一策。

四、工作内容

在具体工作中，着重做好以下三方面工作：

（一）统一工作程序

严格按照农户申请、收入核查、民主评议、审核审批、公示公告等程序，认定农村扶贫对象。

（二）严格控制规模

省下达给各县（区）的扶贫对象人数为2012年底测算的扶贫对象人数，考虑识别工作结束时已到年底，因而各地在测算各乡、村扶贫对象人数时要充分考虑今年的扶贫成效及今年的减贫任务，具体可参照今年减贫计划目标。

（三）加强档案管理

县级扶贫办、乡镇人民政府要分别建立农村扶贫对象档案。在不断完善扶贫对象档案管理系统的基础上，逐步完善农村扶贫对象建档立卡数据库。

五、工作步骤

帮扶到户工作分四个阶段进行：

（一）前期准备阶段（11月10日前完成）

1. 县（区）扶贫办与县统计调查部门将扶贫对象人数分解落实到乡、村。

2. 县（区）部署工作并对工作人员进行全面系统的业务培训。

3. 深入宣传发动，将农村扶贫帮扶到户工作有关政策和要求宣传到户、到人。

4. 落实责任，县（区）、乡（镇）层层落实领导责任，并将县（区）、乡（镇）责任领导和责任人上报市扶贫办。

(二)对象识别阶段(12月10日前完成)

1. 户主申请。由户主本人向所在村委会提出确认其为扶贫对象的书面申请。

2. 民主评议。由村委会组织村民推选各方村民代表组成民主评议小组,对户主申请进行评议,核算申请人家庭收入,填写"贫困农户登记表",评议通过的申请对象提交村民代表会议或村民大会表决后张榜公示。(11月22日前完成)

3. 乡镇审核。村委会将公示无异议的申请对象报乡镇政府审核,审核结果再榜公示。(12月2日前完成)

4. 县级审批。乡镇政府审核结果公示无异议后,将扶贫对象报县(区)扶贫办,由县扶贫和移民办对乡镇申报对象进行抽查后三榜公示,对公示无异议对象予以审批确认。

5. 督查检查。市、县要深入各乡(镇)、村督导,及时总结经验、纠正偏差、督促落实。

各县(区)可根据当地实际情况,制定具体实施办法。

(三)采集信息和落实帮扶措施阶段(12月20日前完成)

1. 建立扶贫对象台账。对确认的扶贫对象情况进行登记造册,做到户有卡、村有册、乡有簿、县有电子档案。各地扶贫对象登记情况以县为单位汇总,汇总数据上报市扶贫办。

2. 录入贫困农户信息管理系统。待全国贫困农户信息管理系统调整部署后,县级再按要求对登记的贫困农户信息进行全面调查梳理并及时将登记造册扶贫对象规范的信息录入全国统一的贫困农户信息管理系统。

3. 落实帮扶措施。各地要通过扶持到户与整村推进相互结合、因户施策与项目带动协调并举、专项扶贫与社会扶贫合力扶持,逐户明确帮扶目标、制订帮扶计划、确定帮扶项目、落实帮扶责任人并建立帮扶效果考核制度。

六、保障措施

(一)加强组织领导

各地要站在全面建成小康社会的战略高度,深刻认识农村扶贫帮扶到户工作的重大意义。各级政府主要领导要亲自过问,并指派一名分管领导具体负责,抽调一批专业水平高、敬业精神强的人员从事帮扶到户工作,确保扶贫帮扶到户工作扎实开展。

(二)落实工作经费

各级扶贫部门要积极向当地党委政府汇报,争取当地政府安排专项工作经费。

省下达的扶贫统计监测经费要重点用于此项工作。

（三）抓好宣传培训

要采用通俗易懂的宣传形式，通过召开会议、广泛宣传和典型示范等方式，加强对帮扶到户工作的宣传，使扶贫帮扶到户政策深入人心。要认真组织乡（镇）扶贫对象识别工作人员的业务培训，不断提高业务素质，并提供必要的工作条件，努力提高管理和服务质量。要发挥大学生村官和扶贫志愿者的作用，充实乡村两级工作力量，确保工作顺利进行。

（四）建立责任机制

扶贫对象识别工作时间紧、任务重，要层层落实责任机制。县（区）、乡（镇）要有责任领导，每个行政村至少确定一名工作认真、作风踏实的乡（镇）工作人员为扶贫对象识别工作责任人，帮助指导村做好扶贫对象识别工作。

（五）加大督查力度

要进一步完善工作机制，提高管理水平，加强对帮扶工作的考核。要组织督导组，对帮扶到户工作情况进行检查督导，及时解决工作中出现的问题。要通过奖励先进、鞭策后进，调动基层干部的工作积极性。

（六）积极探索创新

要及时总结并大力推广帮扶到户工作的好经验、好做法、好模式，培育先进典型，充分发挥榜样的示范带动作用。要积极适应形势任务发展要求，以改革创新的精神，不断探索完善扶贫帮扶到户的新机制，加快农村贫困人口脱贫致富步伐。

南昌县扶贫开发领导小组办公室

2013 年 11 月 13 日

关于"十三五"期间扶持贫困村选定工作的方案

精准识别贫困村,是精准扶贫、精准脱贫的基础性工作。按照科学扶贫、精准扶贫的要求和省、市扶贫办的工作部署,结合我县实际,现就做好"十三五"期间扶持贫困村的选定工作提出如下方案:

一、贫困村的名额分配

全县共有贫困村名额20个(其中省级扶持12个、市级扶持8个),县分配到各乡镇贫困村名额按照以下原则进行:以维护社会稳定为前提,以各地贫困人口数量、基础设施建设和公共服务状况等为分配贫困村的依据,原则上县城周边乡镇(管委会、开发区)和控规区内乡镇(管委会、开发区)的行政村不得申报,侧重贫困滨湖乡镇,确保各地"十三五"贫困村选定工作平稳有序。

二、贫困村的选定标准

各乡镇要根据附表中规定的贫困村数量,制定筛选贫困村标准,必须把基础设施建设和公共服务状况、贫困发生率、农民人均纯收入、产业发展、基层组织建设状况等因素作为评定条件,确保把贫困程度较深、最需要得到扶持的行政村选定为"十三五"贫困村。有下列情况之一者,不得入选贫困村:

1. 行政村中80%以上的自然村均安排过省级和市级新农村建设点、村庄整治工作已经基本完成的村;

2. 乡镇所在地的行政村;

3. 城郊接合部的行政村;

4. 以往已扶持过的贫困村。

三、贫困村的选定原则

1. 突出重点、突出实效的原则。为保证"十三五"期间扶持贫困村选定工作的平稳进行，各地选定贫困村必须根据村里的贫困状况和程度，确保把贫困人口集中、贫困程度较深、最需得到扶持的村选定为贫困村。

2. 公开公平公正的原则。选定贫困村工作，关键在乡镇一级。各乡镇要严格遵循扶贫宗旨，坚持公开公平公正的原则，做到程序公开、过程公开、结果公开，充分体现群众参与，严格执行公示公告制，全面接受各方监督，确保贫困村确定的准确性和公认度。

3. 确保稳定的原则。各乡镇组织选定贫困村要扎实做好政策宣传解释，根据全市的统一规定，制定符合本地实际的贫困村具体确定标准和科学合理、严密规范的工作程序及规则，并严格遵照执行。坚决杜绝人为因素干扰，坚决防止影响稳定问题发生，确保在稳定中完成贫困村选定工作。

四、贫困村的选定程序

具体选定程序如下：

1. 乡（镇）政府依据县分配给本地贫困村数量和本地实际情况，制定本地贫困村选定的具体标准，并在本地各行政村及较大自然村组公示；

2. 乡（镇）政府依据公示评议意见修改完善具体标准，并依标准拟定候选村名单，在本地各行政村及较大自然村组公示；

3. 乡（镇）政府根据公示评议意见对候选村进行必要调整；

4. 乡（镇）政府组织各村民小组代表、乡（镇）人大代表和各行政村"两委"负责人对候选村进行票决；

5. 乡（镇）将票决产生的贫困村名单报县扶贫开发领导小组；

6. 县扶贫开发领导小组审议通过后，将以领导小组名义在本级政府网站、电视台面向全县公示；

7. 公示后，县扶贫开发领导小组将贫困村名单上报市扶贫开发领导小组，市扶贫开发领导小组审核汇总报省扶贫开发领导小组；

8. 省扶贫开发领导小组批准后，印发"十三五"贫困村名单。

五、时间要求

各乡镇要制订切实可行、符合实际的选定方案，并于2015年5月10日前将候审贫困村上报县扶贫领导小组。

贫困村识别拟定工作步骤为：

（1）确定符合当地实际的贫困标准

①乡（镇）政府拟定标准；

②公示拟定标准；

③征集意见修改标准；

④确定标准。

（2）识别确定候审贫困村

①乡（镇）政府依据确定的贫困标准拟定候选贫困村名单；

②公示候选贫困村名单；

③征集意见修改候选贫困村名单；

④组织各村民小组代表、乡（镇）人大代表对候选贫困村名单进行票决；

⑤依据票决结果产生候审贫困村上报县扶贫开发领导小组审批。

六、加强领导

1. 健全领导体系。各乡镇要切实担负起贫困村选定工作的领导责任，乡镇主要领导要亲自抓、具体抓。县扶贫开发工作领导小组将协调会同财政、发改、新村办等相关部门对贫困村选定工作进行指导和巡查，发现问题及时处理。

2. 完善监督机制。各乡镇在公示时要明确公布受理贫困村选定事项投诉和举报的联系人、联系电话。严禁弄虚作假行为，杜绝"人情村""关系村""锦上添花村"和乡镇所在地村，让真正贫困的村得到有力扶持，做到雪中送炭。

附表1：南昌县"十三五"期间扶持贫困村分配表
附表2：南昌县"十五""十一五""十二五"贫困村汇总表

南昌县扶贫开发领导小组办公室
2015年4月27日

附表1

南昌县"十三五"期间扶持贫困村分配表

单位	数量	"十三五"省定扶持贫困村个数	"十三五"市定扶持贫困村个数
南昌县	20	12	8
南新乡	2	2	
蒋巷镇	2	2	
塘南镇	3	2	1
泾口乡	2	1	1
武阳镇	1		1
塔城乡	1	1	
幽兰镇	3	2	1
冈上镇	1		1
广福镇	1		1
向塘镇	1	1	
黄马乡	2	1	1
三江镇	1		1

附表 2

南昌县"十五""十一五""十二五"贫困村汇总表

单位	"十五"	"十一五"	"十二五"
南新乡	爱民村	新洲村 大港村	东邺村 程湖村
蒋巷镇		北旺村	五丰村 胜利村
塘南镇	塘南村 梓溪村 新光村	富盛村 新图村 蔡家村	田万村 北联村 近港村 篁山村
泾口乡		东风村	东方村 大沙村
武阳镇	楞上村	南坊村	广丰村 茌港村
塔城乡	凤岗村 湖陂村	青岚村 东游村 秋溪村	南洲村 塔城村 芳湖村
幽兰镇		东联村	田坪村 牌坊村
冈上镇		石湖村	冈上村 长湖村
广福镇	官塘村	江家村	宋洲村
黄马乡	冯家村	东边村	郭埠村

关于全力打好精准扶贫攻坚战的实施方案

根据《省委省政府关于全力打好精准扶贫攻坚战的决定》(赣发〔2015〕10号)和《市委市政府关于推进农村精准扶贫工作加快实现脱贫目标的实施意见》(洪发〔2015〕11号)文件精神,为扎实推进我县精准扶贫工作、全力打好扶贫攻坚战,尽快帮助农村贫困人口脱贫致富,确保我县率先在全省实现全面脱贫和率先全面建成小康社会,结合我县实际,制订本实施方案。

一、指导思想

以习近平总书记"一个希望、三个着力"的重要指示为指引,遵循"识别到人、帮扶到户、落实到位"的要求,按照"找准原因、精准施策、建立机制、形成合力"的工作思路,以建档立卡对象为核心,以精准扶贫精准脱贫为根本目标,对全县12个省定、6个市定"十三五"扶贫重点村和6023户、12677名建档立卡贫困人口,全面实行精准扶贫攻坚,力争2年内全部实现精准脱贫,确保2017年全县基本消灭绝对贫困现象,2018年,稳定实现农村扶贫对象"两不愁三保障"(不愁吃、不愁穿,保障义务教育、基本医疗和住房),扶贫村农民人均纯收入增幅高于全县平均水平,基本公共服务主要领域指标接近或达到全县平均水平的目标,为我县"再造新小蓝、挺进三十强、率先奔小康、跻身文明城"奠定坚实的基础。

二、基本原则

——坚持稳定脱贫原则。坚持把加快发展作为促进减贫的根本举措,把稳定解决扶贫对象温饱、尽快实现脱贫致富作为扶贫开发的首要任务,在尊重群众意愿、接受群众监督的基础上,加大精准脱贫和扶贫开发力度,进一步改善群众生产生活条件,提升贫困户自主致富的"造血"能力。

——坚持一户一策原则。加快健全完善全县贫困人口信息管理系统,建立和完善驻村帮扶机制，发挥定点帮扶作用，精确分析查找致贫原因，采取"一户一策、一人一法、多措并举"的方法，科学精准制订贫困户脱贫致富的具体计划与工作方案，确保精准脱贫。

——坚持整体推进原则。立足城乡一体、整体推进，坚持把精准脱贫与工业化、城镇化、农业现代化、信息化、绿色化有机结合，统筹推进，把脱贫攻坚工作纳入"十三五"国民经济和社会发展计划，加强水利、交通、通信、电力、网络、电信等基础设施建设，推进科技、教育、文化、卫生、医疗事业的发展，全面提高贫困人口的生活质量。

——坚持合力攻坚原则。按照"统筹安排、集中使用、性质不变、渠道不乱"的原则，有效整合全县农业、新农村、发改、交通、水利、住建、国土、财政、民政、林业、旅游、社会保障等政策性资金，抓好以"百企帮百村"为主题的村企共建活动，努力激活企业、商会、慈善组织等社会资源参与精准扶贫，全面形成脱贫攻坚的工作合力和推进机制。

三、目标任务

根据省委、省政府"力争提前两年实现精准扶贫攻坚"的工作目标和市委、市政府"两个率先"的目标，结合我县实际，提出以下具体目标：

1. 率先实现减贫目标。到2017年，全县力争基本消除绝对贫困现象；2018—2020年，进一步巩固发展精准扶贫攻坚成果，稳定实现扶贫对象不愁吃、不愁穿，保障其义务教育、基本医疗和住房，扶贫村农民人均纯收入增幅高于全县平均水平，基本公共服务主要领域指标接近或达到全县平均水平的目标。

2016年，8个贫困村退出，6067名贫困人口脱贫；

2017年，10个贫困村退出，6610名贫困人口脱贫。

2. 贫困户收入明显提高。保持贫困人口人均可支配收入年均增幅高于全县平均增幅。对无法依靠产业扶持和就业帮助脱贫的家庭，实行政策性保障兜底，提高标准，兜牢底线。加大农村低保统筹力度，逐步提高农村低保扶贫标准。加大临时救助制度在建档立卡贫困户中的落实力度。提高农村特困人员供养水平，改善供养条件。加快建立农村低保和扶贫开发的数据互通、资源共享信息平台。加快完善城乡居民基本养老保险制度，引导农村贫困人口积极参保续保，逐步提高保障水平。

3. 贫困户自我发展能力明显增强。到2017年，力争每个有条件的贫困户至少参与一项"种养加"或设施农业增收项目；到2018年，有劳动能力贫困户都有一项以上增收致富的主导产业,贫困家庭劳动力掌握一门以上就业创业技能,新生代劳动力具备转移就业基本职业素质,贫困家庭孩子都能接受公平的有质量的教育。贫困村服务体系基本建立,专业合作经营机制较为完善,基层党组织作用坚强有力。

4. 贫困村生产生活条件明显改善。到2018年,建档立卡贫困户危旧房改造任务全面完成,18个贫困村基础设施较为完善,基本公共服务主要领域指标接近全县平均水平,贫困群众安居乐业。

四、重点工作

(一)完善数据,精准核查

1. 完善贫困户数据。对全县所有贫困人口,逐户调查核实,把真正的脱贫对象及准确信息摸清核准,为精准脱贫提供可靠依据,切实做到"三清":核准家底状况、致贫原因、收入来源、收入水平等基本情况,完善基础档案,做到"底数清";核准脱贫门路、需要解决的主要困难,提出具有针对性的帮扶措施,做到"对策清";对建档立卡户中除扶贫重点村之外的贫困户确定帮扶责任人,实行定户定人定时定责帮扶、不脱贫不脱钩的"四定两不"帮扶机制,做到"责任清"。

牵头部门:县委农工部(县扶贫办)

参与单位:县委各部门、县直各单位、各乡镇(管理处、管委会)

2. 完善贫困村信息。对18个省市扶贫重点村逐村摸底调查核实,重新录入全国扶贫信息网络系统,切实做到"五有":有村情档案,即有基本村情、基础设施、主导产业、公共服务、贫困状况、收入水平等;有问题台账,包括主要制约因素、以往扶持情况和效果、最迫切需要解决的瓶颈问题等;有需求清单,按照"缺什么、扶什么"的原则,抓住主要矛盾,提出项目清单;有村级规划,包括基础设施、主导产业、公共服务、专业合作组织发展计划等;有帮扶记录,包括领导、单位、干部帮扶工作记录,以及贫困户增收脱贫时限。

牵头部门:县委农工部(县扶贫办)

参与单位:各有关乡镇、村

(二)多措并举,精准脱贫

1. 开展单位定点帮扶贫困村促脱贫。省市已经安排了2个省直单位、24个市直单位挂点帮扶我县"十三五"18个扶贫重点村,并下派了18个第一书记挂点帮扶,县里也安排了所有县级领导、32个县委部门、县直单位挂点联系47个软弱涣散村开展帮扶工作,各帮扶单位成立的帮扶工作领导小组及组建的驻村"连心"小分队和第一书记,要按照帮制订实施脱贫规划、帮加强基础设施建设、帮发展扶贫产业、帮夯实基层基础"四帮"的要求,结合帮扶村实际,打好组合拳,坚持一帮到底,不脱贫不脱钩。受帮扶的贫困村、三类村要积极主动对接帮扶单位,充分发挥主观能动性,提高自我发展能力,激发贫困群众自立自强、干事创业的信心,增强脱贫致富的合力。

牵头部门:县委组织部、县委农工部(县扶贫办)

参与单位:各有关单位、各乡镇(管理处、管委会)

2. 开展干部结对帮扶贫困户促脱贫。县委部门、县直单位干部采取"321"的方式开展结对帮扶,即原则上县处级及以上领导干部结对帮扶3户,科级干部结对帮扶2户,一般干部(职工)结对帮扶1户建档立卡贫困户(也可根据实际情况两人或多人帮1户),其余贫困户由所在乡镇(管理处、管委会)干部(职工)包干托底,做到结对帮扶建档立卡户全覆盖。帮扶干部要深入贫困户家中,详细了解贫困户家庭状况、致贫原因和发展需求,填写帮扶工作日志,帮助制定针对性、操作性强的帮扶措施,积极开展送温暖、送政策、送技术、送项目"四送"活动,帮助贫困户尽快脱贫致富。同时,把干部驻村帮扶与基层组织建设结合起来,选好配强扶贫村"两委"班子,探索"党建+扶贫"的新路子。

牵头部门:县委组织部、县委农工部(县扶贫办)

参与单位:县委各部门、县直各单位、各乡镇(管理处、管委会)

3. 广泛动员社会力量参与结对帮扶促脱贫。多方发掘社会扶贫资源,充分发挥"10·17中国扶贫日"平台作用,鼓励、引导非公有制经济组织和社会各界积极参与结对扶贫工作,积极推进"百企帮百村"为主题的村企共建活动,做好驻昌部队和民兵预备役参与扶贫村建设和贫困户帮扶工作,构建社会扶贫工作新机制。

牵头部门:县工商联、县妇联、团县委

参与单位:县委农工部(县扶贫办)、各乡镇(管理处管委会)

4. 推进乡村建设促脱贫。对18个扶贫重点村,按照"整体推进、基础先行、改善面貌、提升功能"的思路,加大村整治力度。将贫困村宜居自然村庄作为新农村建设的重点,每年新农村建设村点安排对贫困村全覆盖,优先支持贫困村绿色生态环境保护和整治,土地整治项目、高标准农田建设项目优先向有条件的贫困村覆盖。加快完善贫困村生活垃圾处理设施,进一步改善群众生活条件、提升人居环境水平,对建档立卡中有危漏房等安全隐患的贫困户,优先实施危房改造等项目,促使贫困户住有所居、安居乐业。

牵头部门：县城建局、县委农工部（县新村办）

参与单位：县农业局、县国土局、县城管委、县开发办、县林业局、各相关乡镇

5. 推进产业发展促脱贫。对有一定劳动技能的贫困户，按照"宜种则种、宜养则养、宜工则工、宜商则商"的原则，采取"一户一业、一户一策、一人一法"的方式，鼓励发展苗木花卉、大棚蔬菜、网箱养鳝、瓜果种植、土鸡养殖、水禽水产养殖等特色产业，引导开办小商店、小农家乐等，有效增加经营性收入。对建档立卡户中有经营意愿但经营能力弱的贫困人口，充分发挥种植养殖大户、龙头企业、家庭农场、专业合作社的辐射带动作用，以合作、联营、入股等多种方式，实现搭帮互助，增加贫困户经营性收入。对建档立卡户中经营不了承包地或经营承包地效率低的贫困人口，由政府引导，支持和鼓励农业企业、合作社、家庭农场、种养殖大户优先流转贫困户承包地，并优先提供一定的就业岗位，增加贫困户财产性和工资性收入。对吸收贫困户加入其经营组织体系的企业、合作社、家庭农场、种养基地等，优先向上推荐申报扶持项目资金，优先纳入"财政惠农信贷通"授信范围。对建档立卡户中有一定文化水平、富有创业愿望的贫困人口，通过各种形式电商培训，鼓励和扶持其开办淘宝网店、开发电商产品、参与物流配送等，实现创业就业，增加收入。

牵头部门：县农业局、县供销社、县商务局、县委农工部（县扶贫办）

参与单位：县财政局、县林业局、县农机局、各乡镇（管理处、管委会）

6. 推进教育保障脱贫。加大对贫困户新生代职业学历教育培训力度，对建档立卡户中因家庭困难致子女难以完成学业的贫困人口，支持其完成从学前到大学学龄的学业教育，从根本上斩断"穷"根，阻断贫困代际传递。对贫困家庭小学生、初中生，继续用足用好义务教育阶段各项政策；对贫困家庭高中生，实行免除学费，并给予一定的生活补助费；对贫困家庭中高职在校生，除享受国家职业教育资助政策外，通过实施"雨露计划"等培训项目完成学业；对贫困家庭在校大学生，通过实施农村贫困家庭大学生助学项目、发放助学金、助学贷款等，帮助其完成学业。

牵头部门：县教体局、县委农工部（县扶贫办）

参与部门：县民政局、团县委、县总工会、县残联、县妇联、各乡镇（管理处、管委会）

7. 推进公益岗位建设促脱贫。对建档立卡户中有劳动能力但缺少经营能力的贫困人口，发挥"人力资源大县"等优势，定期组织园区或外地企业来县举办现

场招聘会,积极实施"春风行动",力促更多贫困户外出打工,鼓励企业开发爱心工作岗位,设立保洁员、协管员、保安员、仓库管理员等公益性岗位,吸纳和安置符合条件的贫困人口上岗工作,增加贫困户工资性收入。整合"雨露计划"、农业实用技术和新型农民培训等教育资源,为贫困农民搭建免费学习知识技术的平台,增强其就地发展产业、进城进园就业、自我发展创业的能力素质。

牵头部门:县人社局、县委农工部(县扶贫办)

参与单位:县城管委、县公安局、县农业局、县交警大队、县科技局、县财政局、各乡镇(管理处、管委会)

8. 推进项目建设促脱贫。大力实施农村电力保障工程。加大对扶贫村电网升级改造力度,开发光伏发电,提高扶贫村电力保障能力,2016年起根据市"无劳力、无资源、无稳定收入来源"的农村"三无"贫困户实施光伏扶贫项目计划,免费建设家庭分布式光伏电站,产权和收益归贫困户所有,使每户光伏扶贫用户每年约有3000元的收益,受益年限20年左右,保证贫困户长期稳定增收。同时,力争到2018年,18个扶贫村都建成30KW的扶贫村集体光伏电站,每个扶贫村每年约有3万元光伏发电收益,基本建成安全可靠、节能环保、技术先进、管理规范的新型农村电网。大力实施水利扶贫。进一步提高贫困农村饮水安全保障程度,优先扶持贫困村小型水利建设,提高防汛应急能力,大力发展节水灌溉,在贫困村基本建成较为完善的防洪减灾体系,优先安排贫困户和贫困村农村饮水安全工程建设,免除农村"三无"贫困户接入开户和管道费用,到2018年实现农村贫困户饮水安全保障全覆盖。大力实施交通扶贫。2017年完成18个"十三五"省市定贫困村25户以上宜居自然村的道路硬化,水泥路通畅率100%。大力实施文化扶贫。加强对贫困村公共文化服务体系建设,提升公共文化服务水平,加快贫困村互联网基础设施建设,全力提高宽带用户普及率,稳步推进宽带网络提速,加强扶贫村垃圾、污水、绿化、亮化、硬化等基础工程和综合服务中心、农民文化乐园、卫生计生室、村邮站等公共服务设施建设,实现扶贫村公共服务设施全覆盖。

牵头部门:县发改委、县供电局、县水务局、县交通局、县文广局、县委农工部(县扶贫办)

参与部门:县新村办、县卫计委、县城管委、县林业局、县工信委、县邮政局、县电信公司、各乡镇(管理处、管委会)

9. 政府保障兜底促脱贫。按照"托底线、救急难、可持续"的原则对建档立卡户中特殊贫困群体和确实丧失生产能力的贫困人员,按照国家相关政策和脱贫攻坚任务要求,由各级政府兜底脱贫。对贫困老年人,按规定发放基本养老金和高龄生活补贴；对生活困难残疾人，发放残疾人专项补贴；对因病丧失劳动能力的贫困人口，用好新农合等医保政策，符合条件的优先纳入大病医疗保障范围予以救助；对严重影响家庭生活的重大疾病、慢性病致贫农户，逐步建立参加新农合资金由市、县政府统筹解决的工作机制；对因遭疾病、事故、灾害等突发情况致贫的农户，通过临时救助和专项救助帮助解决其生活困难；对符合条件的"五保户"、孤寡老人等贫困群众，全部纳入农村最低生活保障和"五保"供养范围。

牵头部门：县民政局、县卫计委、县委农工部（县扶贫办）

参与部门：县财政局、县残联、县人社局、各乡镇（管理处、管委会）

五、组织保障

1. 强化组织领导。实施精准脱贫，是中央和省、市、县的重大决策，也是贫困群众的热切期盼，为了做好全县脱贫攻坚工作，成立由县委书记任第一组长、县长任组长，县委、县政府分管领导任副组长，县委有关部门、县直有关单位和各乡镇（管理处、管委会）主要领导为成员的南昌县脱贫攻坚工作领导小组，办公室设在县委农工部（县扶贫办），负责全县脱贫攻坚工作的组织、实施、协调、监督、落实等相关工作。各乡镇（管理处、管委会）也要建立相应机构，落实专门领导主抓，并组建有2名以上专职人员的脱贫攻坚工作站，专门负责精准识别、精准管理、精准帮扶、精准脱贫政策落实，抓好脱贫攻坚规划制订、进度安排、贫困需求调查、项目落地、资金使用、组织实施等工作，为脱贫攻坚工作提供组织保障。

2. 强化责任落实。精准脱贫攻坚工作实行县负总责，部门搞帮扶，乡镇（管理处、管委会）抓落实，精准到村到户到人。推行县级领导包乡镇、党政部门包村、科级和普通干部包户精准脱贫工作责任制，使每个包抓人员身上有担子、心里有压力、手里有办法、措施有实招。严格落实"一把手"负责制，层层签订脱贫攻坚工作责任状，主要领导负总责，分管领导具体抓，确保精准脱贫工作责任落实到行动中、体现在成效上，脱贫攻坚任务的完成与否列入精神文明单位创建考核的重要内容。

3. 强化资金投入。除中央和省、市各类专项脱贫资金外，县财政每年列支150万元精准脱贫攻坚专项资金，助力贫困户脱贫。整合各类扶贫资金和涉农项目资金，把专项扶贫、相关涉农资金和社会帮扶资金捆绑集中使用，集中财力、物力，集中攻坚脱贫，各部门安排的各项涉农项目、惠民工程项目要最大限度地向贫困村、贫困户倾斜；要加强对扶贫资金项目的监督管理，建立健全扶贫资金违规使用责任追究和扶贫项目公告公示制度，强化社会监督，确保扶贫资金效益和安全。鼓励社会各界支持脱贫攻坚工作，引导群众自筹资金，为脱贫项目供强资金保障。同时，主动向上争取资金，发挥财政资金撬动作用，开辟多元融资渠道，依靠内外力量发展经济，努力使脱贫攻坚工作由"输血"型向"造血"型转变，由"给钱给物"型向"帮助上项目、帮助建项目"型转变。

4. 强化服务指导。县脱贫攻坚工作领导小组负责指导乡镇村干部和群众按要求实施项目、发展产业，力促早日脱贫致富。各涉农部门要加大对农民实用技术的培训和指导，提高群众应用科学技术的能力，增强农民群众整体素质。要围绕农业主导产业，为贫困户提供新技术、新品种，提供市场信息、农业信息和项目信息，促使更多贫困户走向产业致富道路。各职能部门要加大行业扶贫力度，统筹使用各种资源，加快脱贫攻坚步伐。

5. 强化动态管理。建立全县结对帮扶精准扶贫信息系统，实行贫困人口和干部结对帮扶工作动态管理。每年对贫困人口脱贫和干部结对帮扶工作进行一次动态调整，及时将稳定脱贫人口退出系统，将新增贫困人口录入系统，明确帮扶责任人，落实帮扶措施，确保贫困户帮扶全覆盖。

6. 强化氛围营造。宣传部门、各乡镇要充分利用广播、电视宣传栏、门户网等宣传工具，大力宣传脱贫攻坚工作的重大意义、工作成效，使脱贫攻坚工作家喻户晓、尽人皆知。要及时总结脱贫攻坚先进典型，大张旗鼓进行表彰，着力营造全社会支持和参与脱贫攻坚工作的浓厚社会氛围。全县广大干部群众树立"一盘棋"思想，求真务实，真抓实干，打好"脱贫坚战"，确保各项脱贫措施掷地有声、落地开花。

各地各部门要认真抓好本方案的贯彻落实。各地各帮扶责任单位要制订本单位落实精准扶贫攻坚的实施方案，报县扶贫开发领导小组备案。县委、县政府每年底对贯彻落实情况组织专项督查。

附：1. 南昌县脱贫攻坚工作领导小组人员名单
2. 南昌县2016—2017年脱贫攻坚任务分解表（指导性计划）
3. 南昌县2016—2017年开展精准脱贫攻坚工作包乡（镇）挂村责任分工表

中共南昌县委
南昌县人民政府
2016年6月17日

附 1

南昌县脱贫攻坚工作领导小组人员名单

第一组长：郭　毅　　　县委书记、小蓝经开区党工委书记
组　长：刘　闯　　　县委副书记、县政府县长
副组长：汪众华　　　县委常委、农工部部长
　　　　江振国　　　县政府副县长
成　员：陶亿国　　　县政府副县长、蒋巷镇党委书记
　　　　陈伟峰　　　向塘开发区管委会主任、向塘镇党委书记
　　　　李建红　　　县委办主任
　　　　黄晓瓶　　　县政府办主任
　　　　李淑彬　　　县政府办副主任、县法制办主任
　　　　丁学善　　　县纪委副书记、县监察局局长
　　　　彭严明　　　县委组织部副部长、县人社局局长
　　　　傅　瑛　　　县委组织部副部长、县委老干局局长
　　　　樊庆华　　　县委组织部副部长
　　　　曾艳芳　　　县委宣传部副部长
　　　　李朝霞　　　县委统战部副部长、县侨联主席
　　　　刘小毛　　　县委政法委副书记、县维稳办主任、县信访局局长
　　　　龚三员　　　县委农工部副部长
　　　　何　英　　　县文广局副局长
　　　　喻竹如　　　县编办主任
　　　　邓文华　　　县台办主任
　　　　涂国根　　　县直机关工委书记
　　　　万志强　　　县档案局局长
　　　　喻德琪　　　县史志办主任
　　　　钟爱保　　　县委党校校长
　　　　彭年香　　　县总工会常务副主席
　　　　魏松林　　　团县委书记

黄花云	县妇联主席
赵金贵	县文联主席
涂义平	县残联理事长
邓国华	县科协主席
万国权	县工商联副主席
李咏梅	县社联主席、县电视台台长
王光华	县发改委主任
饶发全	县工信委主任
胡渔文	县安监局局长
朱新民	县统计局局长
江　龙	县城建局局长
程泽汝	县环保局副局长
殷红光	县交通局局长
章运新	县农业局局长
杨宇华	县水务局局长
姚振军	县林业局副局长
高新卿	县农业开发办主任
万茂文	县农机局局长
高　骅	县国土局局长
黄赏辉	县商务局局长
龚润水	县卫计委主任
胡金金	县教体局局长
黄华明	县科技局局长
彭银凤	县财政局局长
姚建军	县审计局局长
涂艳彬	县市场物业管理中心主任
危志钢	县行政服务中心主任
樊桃芳	县供销社主任
章国平	县粮食局局长
毛爱凤	县民政局局长
李林平	县城管委主任
高道荣	县司法局党组书记

廖晓青	县市场和质量监督管理局局长
万仁辉	县金融办主任
舒斯华	县渔政局局长
李慎欢	县防震减灾局局长
陈　皓	县城投公司董事长
万春明	县房管局局长
洪　龙	县公安局副局长
龚良玉	县公安局交管大队大队长
万日新	县国税局局长
姜建华	县地税局局长
黄文靖	县供电公司经理
谭风生	县供水公司经理
章在斌	县电信公司经理
邓　晖	县移动公司经理
邹　鹏	县联通公司经理
邓旭娥	县邮政局局长
章金华	莲塘镇党委书记
赵协冲	幽兰镇党委书记
万　军	塘南镇党委书记
谭水明	武阳镇党委书记
廖淑敏	冈上镇党委书记
郑美华	广福镇党委书记
万卫国	三江镇党委书记
李青文	泾口乡党委书记
龚芦花	南新乡党委书记
张　帆	八一乡党委书记
熊　军	黄马乡党委书记
黄炳峰	塔城乡党委书记
万汉平	东新乡党委书记
郭朝辉	富山乡党委书记
闵员根	银三角党工委书记
伍有其	小蓝经开区社会事业发展部部长

　　黄凤金　　小蓝经开区金湖管理处党委书记

　　张　伟　　小蓝经开区银湖管理处党委书记

　　领导小组下设办公室，负责领导小组的日常工作。办公室设在县委农工部（县扶贫办），办公室主任由龚三员同志兼任，副主任由县委农工部、民政局、卫计委、城建局和教体局分管领导担任，工作人员从相关单位抽调。

附2

南昌县2016—2017年脱贫攻坚任务分解表（指导性计划）

地区	总户数	总人数	2016年脱贫		2017年脱贫	
			脱贫人数	脱贫贫困村	脱贫人数	脱贫贫困村
八一乡	171	344	164		180	
东新乡	63	163	83		80	
富山乡	24	53	23		30	
冈上镇	250	593	293	合山村	300	
广福镇	362	934	434	北头村	500	
黄马乡	307	599	299	罗渡村	300	白城村
蒋巷镇	693	1157	557		600	立新村 三洞村
泾口乡	1150	1978	978		1000	东岗村
莲塘镇	20	56	26		30	
南新乡	107	315	155	团结村	160	九联村
三江镇	82	200	100		100	汗塘村
塔城乡	348	727	327	湖陂村	400	
塘南镇	874	1964	964	西河村	1000	石岗村
武阳镇	540	1093	493	朱坊村	600	
向塘镇	287	743	343		400	璜溪村
幽兰镇	696	1662	762	罗舍村	900	园艺场 南山村
银三角管委会	25	56	26		30	
金湖管理处	6	12	12		0	
银湖管理处	18	28	28		0	
合计	6023	12677	6067	8个	6610	10个

附3

南昌县2016—2017年开展精准脱贫攻坚工作县级领导包乡（镇）挂村责任分工表（一）

（参照2015年县级领导干部及县直部门单位挂乡包村安排）

责任乡（镇）	县级领导	挂点村	责任乡（镇）	县级领导	挂点村
莲塘镇	郭 毅	墨山村	银角管委会	涂莉华	棠左村
	谭伯乐	街上村		杨楼锐	春溪村
	李木旺	埂头村	广福镇	陈秀梅	荷山村
向塘镇	刘 闯	剑霞村		李成星	江家村
	李广祥	梁西村	黄马乡	胡文俊	南安村
	陈伟峰	西洛村		胡洪武	徐家村
武阳镇	陶亿国	付家村	蒋巷镇	刘光荣	柏岗山村
	吴曙明	前进村		黄连科	三洞村
塔城乡	胡小明	秋溪村		李信谆	山尾村
	江振国	闹上村	南新乡	汪众华	程湖村
泾口乡	陈圣栋	泥湾村		李红刚	山上村
	樊方平	杨芳村	八一乡	陈奇勇	甫下村
	黄志清	东岗村		伍 曦	涂埠村
东新乡	周仁斌	河下村	冈上镇	刘廷爱	板联村
	胡 炜	大洲村		熊 鹰	冈上村
	刘 玉	石歧村		熊明泉	蚕石村
幽兰镇	王三毛	黄坊村		吴克芳	万舍村
塘南镇	陈 翔	田万村	富山乡	颜建保	东亘村
	李 植	近港村		周庆鲁	若冈村
	姜润根	塘南村	三江镇	吴文卫	松林村
				康 健	竹山村

南昌县2016—2017年开展精准脱贫攻坚工作县直部门单位挂村帮扶责任表（二）

（参照2015年县级领导干部及县直部门单位挂乡包村安排）

乡（镇）	挂点县直部门单位	挂点村	乡（镇）	挂点县直部门单位	挂点村	乡（镇）	挂点县直部门单位	挂点村
莲塘镇	县委办	莲塘村	塔城乡	人大各办	秋溪村	幽兰镇	政法委	幽兰村
	纪委（监察局）	斗门村		国土局	塔城村		环保局	灌溪村
	物业中心	小蓝村		人社局	青岚村		林业局	园艺场
	妇联	王家村		科协	南洲村		移动公司	厚田村
	城管委	彭家村		编办	湖陂村		石油公司	亭山村
	寿保	定岗村		赣昌农商银行	闹上村	塘南镇	财政局	渡口村
向塘镇	政府办	剑霞村	泾口乡	政协各办	泥湾村		团县委	篁山村
	城建局	西洛村		水务局	山北村		城投公司	西河村
	商务局	向塘村		农发行	杨芳村		地税局	西联村
	供电公司	南店村		交行	东岗村		财保	田万村
	工行	丁坊村	东新乡	宣传部	河下村	银三角	统战部	棠左村
武阳镇	检察院	前进村		教体局	石歧村		发改委	涂家村
	文广局	付家村		党校	利用村		国税局	蛟溪村
	气象局	泗洪村		邮政储蓄银行	东岳村		史志地名办	春溪村
	电信公司	朱坊村					招行	敷林村

续表

乡（镇）	挂点县直部门单位	挂点村	乡（镇）	挂点县直部门单位	挂点村	乡（镇）	挂点县直部门单位	挂点村
广福镇	交通局	宋洲村	南新乡	农工部	程湖村	冈上镇	烟草公司	石湖村
	统计局	荷山村		法院	山上村		农行	蚕石村
	安监局	江家村		农机局	楼前村	富山乡	公安局	清湖村
	新华书店	南溪村		鄱阳湖邮政局	团结村		科技局	富山村
	人行	漳溪村		组织部	甫下村		供销社	三山村
	高坊岭公路分局	吴石村		机关工委	八一村		残联	张坊村
黄马乡	人武部	白城村	八一乡	老干局	后曲村		防震减灾局	东亘村
	粮食局	郭埠村		审计局	涂埠村		邮政局	滩上村
	台办	徐家村		司法局	大昌村	三江镇	农业局	源溪村
	农业开发办	丰林村		卫计委	院前村		总工会	三江村
蒋巷镇	信访局	白岸村		县公路分局	淡溪村		金融办	山下村
	文联	滁北村	冈上镇	工信委	蚕石村		调查队	东庄村
	行政服务中心	埠上村		民政局	安仁村		建行	岗坊村
	市场局	联圩村		工商联	石湖村			
	中行	高梧村		档案局	万舍村			

备注：金湖管理处和银湖管理处的村及贫困户由小蓝开发区安排挂点帮扶，具体名单报县委农工部（县扶贫办）；

未列入以上责任名单的全县其他村由各乡镇（管理处、管委会）负责安排人员挂点帮扶。

关于坚决打赢全县脱贫攻坚战的实施意见

根据《中共江西省委、江西省人民政府关于全力打好精准扶贫攻坚战的决定》（赣发〔2015〕10号）、《中共江西省委办公厅、江西省人民政府办公厅关于坚决打赢脱贫攻坚战的实施意见》（赣办发〔2016〕14号）和《中共南昌市委办公厅、南昌市市政府办公厅关于坚决打赢全市脱贫攻坚战的实施意见》（洪办发〔2016〕16号）文件精神，为扎实推进我县精准扶贫工作、全力打好脱贫攻坚战，确保我县率先在全省实现全面脱贫和率先全面建成小康社会，结合我县实际，提出如下实施意见。

一、指导思想

深入贯彻习近平总书记系列重要讲话精神和中央、省、市关于坚决打赢脱贫攻坚战的要求，把精准扶贫、精准脱贫作为基本方略，按照"找准原因、精准施策、建立机制、形成合力"的工作思路，开展"靶向型"脱贫攻坚，对全县18个"十三五"省市扶贫重点村和1.2万建档立卡贫困人口，全力实施"八大工程"确保2017年全县基本消灭绝对贫困现象，稳定实现农村扶贫对象"两不愁三保障"（不愁吃、不愁穿，保障义务教育、基本医疗和住房），扶贫村农民人均纯收入增幅高于全县平均水平，基本公共服务主要领域指标接近或达到全县平均水平的目标，为我县拼争"四个率先"、建设"五个昌南"奠定坚实的基础。

二、攻坚目标

（一）脱贫目标

到2017年，实现现行标准1.2万贫困人口全部脱贫，18个贫困村全部退出的目标，解决区域性整体贫困；到2020年，进一步巩固发展精准脱贫攻坚成果，稳定实现农村贫困人口不愁吃、不愁穿，义务教育、基本医疗和住房安全有保障。

2018年,具备劳动能力但缺乏发展条件的贫困农户人均可支配收入达到当地平均水平的70%左右;具有部分劳动能力的贫困农户人均可支配收入达到当地平均水平的50%左右;对完全丧失劳动能力的贫困农户重点保障,兜牢底线,使我县农村最低生活保障标准超过国家贫困标准的20%。到2020年,力争使我县农村最低生活保障标准超过国家贫困标准的40%,贫困村农民人均可支配收入增长幅度高于全县平均水平,基本公共服务主要领域指标接近全县平均水平。

(二)脱贫标准

根据国家有关建立贫困退出机制的意见,贫困人口脱贫要以贫困户年人均可支配收入稳定超过国家贫困标准,吃穿不愁,义务教育、基本医疗和住房安全有保障作为主要衡量指标。贫困村退出要以贫困发生率低于2%,重度贫困村小组村庄整治建设全部完成作为退出标准。

三、工作重点

(一)健全脱贫攻坚考核机制

打赢脱贫攻坚战是全面建成小康社会的底线目标,是各级党委、政府一定要兑现的承诺。要发挥考核的导向作用,以脱贫攻坚为最大政绩,完善对乡镇(管理处、管委会)的考核,出台全县脱贫攻坚工作成效考核办法,以脱贫实绩作为对各地党委和政府脱贫攻坚工作成效考核的重要依据,工作成绩好的要表彰表扬,工作不力的要通报批评,对未完成年度脱贫攻坚任务的取消当年评先评优资格。要进一步健全挂点帮扶单位、帮扶责任人考评机制,强化督查考核,将脱贫攻坚任务完成情况列入年度绩效考核内容,确保各单位落实扶贫责任。建立完善机关干部到村交流任职工作机制,对在基层一线成绩突出、群众公认的,要重点培养、优先提拔使用;对工作不力、成效不好的,要予以问责。(牵头单位:县委组织部,责任单位:县委办、县政府办、县扶贫办、县机关工委、县文明办、县综治办)

(二)健全精准脱贫退出机制

严格落实我县贫困户、贫困村退出标准和工作流程,坚持规范操作,切实做到程序规范公开、结果公正真实、数据准确有效、档案保存完整。贫困村退出、贫困户脱贫后至2020年,继续享受中央、省、市、县级扶贫开发相关政策和资金扶持,脱贫退出实行逐级公示制度。各级要组织对当年退出的贫困户、贫困村进行抽查和评估,探索建立第三方评估机制。由县调查队牵头,对当年退出的贫困户和贫困村进行评估。健全农村扶贫开发统计监测体系,加强对贫困状况、变化趋势和扶贫成效的监测评估。科学评价精准扶贫成效,既要看减贫数量,更要看脱贫质量,对"数字脱贫""虚假脱贫"和"被脱贫"现象要责令整改并严肃追责。(牵头单位:县扶贫办,责任单位:县调查队、县财政局、县纪委监察局)

(三)健全扶贫资金投入管理机制

加大财政专项扶贫资金投入,发挥政府投入在扶贫开发中的主体和主导作用,统筹整合专项扶贫资金和相关涉农资金用于脱贫攻坚项目实施和政策落实,各部门安排的各项涉农项目、惠民工程要最大限度地向贫困村、贫困户倾斜,确保政府扶贫投入力度与脱贫攻坚任务相适应。审计、纪检监察、财政部门以及其他资金使用管理部门要加大对扶贫领域资金监督检查力度,并对监管职责落实情况进行跟踪问效。要进一步完善资金管理方式,加快资金拨付进度,完善资金项目公告公示制度,确保扶贫资金专款专用。要通过建立落实税收优惠、贴息支持、财政奖补及过桥贷款、融资担保、风险补偿等机制,鼓励金融机构创新金融扶贫产品和服务,撬动更多信贷和社会资金投向扶贫。支持农村信用社、农行、村镇银行等金融机构为贫困户提供免抵押、免担保扶贫小额信贷。(牵头单位:县财政局,责任单位:县发改委、县金融办、县审计局、县扶贫办、县纪委监察局、县检察院)

(四)实施产业发展扶贫工程

对有一定劳动技能的贫困户,按照"宜种则种、宜养则养、宜工则工、宜商则商"的原则,对有劳动能力的贫困户支持其通过自身经营发展产业,充分发挥种植养殖大户、龙头企业、家庭农场、专业合作社的辐射带动作用,以合作、联营、入股等多种方式,实现搭帮互助,增加贫困户经营性收入。对无劳动能力、效率低的贫困人口,由政府引导,支持和鼓励农业企业、合作社、家庭农场、种养殖大户优先流转贫困户承包地,并优先提供一定的就业岗位,增加贫困户财产性和工资性收入。对吸收贫困户加入其经营组织体系的企业、合作社、家庭农场、种养基地等,优先向上推荐申报扶持项目资金,优先纳入"财政惠农信贷通"授信范围。积极推进电商扶贫、旅游扶贫、招商扶贫,支持条件适合的贫困村建设电商脱贫站,开发旅游资源。吸引各类经营实体到贫困村投资兴业。加快推广光伏扶贫工程,2017年,在完成市里18个贫困村每个村30KW的光伏扶贫村站,"无劳力、无资源、无稳定收入来源"(以下简称"三无")的贫困户每户3KW的光伏扶贫户站的建设目标基础上,多方筹资,积极整合扶贫专项资金和涉农资金,完成200户建档立卡"三无"贫困户3KW的光伏扶贫户站建设,进一步扩大光伏扶贫受益面,巩固"三无"贫困户脱贫成果。(牵头单位:县委农工部,责任单位:县发改委、县财政局、南昌县供电公司、县农业局、县扶贫办、县商务局、县文广局、县林业局、中国邮政南昌县分公司、县国土局)

（五）实施就业扶贫工程

以"培训一人、就业一人、脱贫一户"为目标，建立就业帮扶对象基础台账，提高就业服务、技能培训精准度。每年为法定劳动年龄内、有劳动能力和就业愿望建档立卡贫困人口提供不少于两次的就业创业政策咨询、职业指导、职业介绍、技能培训或创业培训等免费就业服务，继续加强对未继续升学的初高中毕业生参加职业培训。鼓励县内各类企业（单位）招用建档立卡贫困人员和开发公益性岗位，对企业（单位）招用建档立卡贫困人口按规定给予社保补贴和岗位补贴，对在法定劳动年龄内有创业能力、创业项目及稳定经营场所，从事个体经营或种养殖业生产的贫困人口按规定提供不超过10万元的贴息贷款。帮扶单位和帮扶责任人要充分发挥行业优势，积极做好建档立卡贫困户技能培训和引荐就业。同时，进一步加强输出地与输入地的沟通衔接，切实保障贫困群众合法权益。（牵头单位：县人社局，责任单位：县财政局、县扶贫办）

（六）实施教育扶贫工程

完善建档立卡贫困家庭学生就学资助体系，加大资助力度，通过企业助学、宗亲助学、助学基金等多渠道筹集助学资金，形成全社会捐资助学的良好氛围，实现资助建档立卡贫困家庭子女就学和关爱留守儿童全覆盖，确保没有一个建档立卡贫困家庭子女因贫失学、因贫辍学，坚决斩断贫困代际传递。对学前教育的建档立卡贫困家庭儿童按每人每年1500元发放学前教育资助金；对义务教育阶段的建档立卡贫困家庭学生免除学杂费和教科书费，在校内学生宿舍寄宿的建档立卡贫困家庭学生按照小学每生每年1000元、初中每生每年1250元，特教小学和初中学生在此基础上增加200元的标准给予生活补贴，义务教育阶段全日制公办学校的非学生宿舍内寄宿的建档立卡贫困家庭学生，按照每生每年800元的标准发放政府资助金；对普通高中建档立卡贫困家庭学生免除学杂费，每生每年按最高档发放普通高中国家助学金；对在南昌县中等专业学校就读的全日制建档立卡贫困家庭的在校学生免除学费，根据专业收费标准不同，财政分别按照每生每年850至4500元的标准给予学校学费补助；对在南昌县中等专业学校就读的全日制一、二年级涉农专业及建档立卡贫困家庭的在校学生，按照每人每年2000元标准发放国家助学金；对未录取普通高中的建档立卡贫困家庭学生，录取免费就读南昌县中等专业学校。对当年录取普通高校的建档立卡贫困家庭考生，按录取省内院校每人500元、录取省外院校每人1000元标准发放高校新生入学资助金，资助解决高校新生入学路费；按每人5000元标准发放高考入学政府资助金，资助解决大学第一年的基本学习、生活费用。对当年录取普通高校和高校在读的家庭经济困难学生提供大学生生源地信用助学贷款，全日制普通本专科学生每年可贷8000元，全日制研究生每年可贷12000元，学生在读期间的贷款利息全部由财政补贴。实现贫困家庭子女从学前教育到大学阶段教育资助全覆盖，不漏下一名贫困学生。（牵头单位：县教体局，责任单位：县财政局、县扶贫办）

（七）实施健康扶贫工程

构筑城乡居民医疗保险、城乡居民大病保险、农村贫困人口重大疾病商业补充保险、城乡医疗救助四道防线，切实减轻建档立卡贫困户因患重大疾病发生大额医疗费用的负担。对建档立卡贫困人口参加城乡居民医保个人缴费部分由财政给予补贴，实现贫困人口城乡居民医保参保率达到100%；在现有城乡居民医保、大病医疗保险待遇的基础上，扩大大病保险基金支付范围；全面推行贫困人口重大疾病商业补充保险，筹资标准每人每年不低于90元；建档立卡贫困人口低保对象政策范围内医疗费用，在现行救助比例的基础上，提高5个百分点予以救助；将五保、低保对象以外的建档立卡贫困户纳入支出型大病救助范围予以救助；进一步加强和完善医疗救助制度，将符合医疗救助条件的贫困人口全部纳入重特大疾病救助范围，将建档立卡贫困人口中五保对象政策范围内医疗费用，予以全额救助。加大农村贫困残疾人康复服务和医疗救助力度，逐步扩大纳入基本医疗保险范围的残疾人医疗康复项目。对贫困人口大病实行分类救治和县域内住院先诊疗后付费的结算机制。加强基层医疗卫生服务体系建设，深入开展医疗卫生对口帮扶工作，推进贫困村公有产权村卫生计生服务室标准化建设。优先为贫困人口建立贫困人口健康卡，实行签约服务。采取针对性措施，加强贫困村传染病、地方病、慢性病等防治工作。（牵头单位：县扶贫办，责任单位：县人社局、县卫计委、县民政局、县财政局、县残联）

（八）实施农村危旧房改造工程

核实核准建档立卡贫困户危旧房改造对象，建立贫困户危旧房改造台账，坚持整体推进与精准到村到户相结合，对有危旧房改造需求的贫困户，严格按照改造程序、改造标准和补助标准（补贴的建筑面积不超过60平方米、每户补助不超过3.9万元）组织实施贫困户危旧房改造工程，必要时采取"交钥匙工程"，力争做到改造一户、核销一户。帮扶责任人要主动作为、摸清贫困户住房现状，全程参与贫困户危旧房改造工作，积极引导和帮助贫困户完成危旧房改造，要做到心中有数、踏石留痕，确保到2017年完成全县建档立卡贫困户危旧房改造，确保所有贫困户安全住房有保障。（牵头单位：县城建局，责任单位：县财政局、县扶贫办、县民政局、县残联）

（九）实施村庄整治工程

依据贫困村村庄整治建设规划整合涉农资金，重点抓好"十三五"18个贫困村的村庄整治建设，对历年未开展新农村建设的村小组，在2017年实现新农村建设村点全覆盖，确保贫困村如期完成整治任务。全面消灭18个贫困村"满目疮痍"村组，贫困村基础设施建设和基本公共服务水平明显提升；全面实现走平坦路、喝干净水、上卫生厕、住安全房的愿望。尊重贫困村群众主体地位，把群众参与贯穿于村庄整治项目实施的全过程，并把群众满意度作为项目绩效评价的重要参考指标。（牵头单位：县委农工部，责任单位：县城管委、县交通局、县林业局、县水务局、县国土局、南昌县供电公司）

（十）实施社会保障扶贫工程

建立贫困户最低生活保障体系，坚持把符合条件的建档立卡贫困户全部纳入低保救助范围，做到应保尽保。逐年提高农村低保标准和五保人员供养标准，2017年，农村低保标准提高到4140元/年以上，2020年提高到6120元/年以上。低保基数超过中央、省、市拨款基数的，低保资金不足部分由县财政统筹安排。要将建档立卡贫困户中完全丧失劳动能力、无收入来源、处于重度贫困、靠自身条件无法改变生活状况的纯低保户列为农村低保常补对象，逐年提高常补对象占低保对象的比例。原则上2017年要达到15%。建立临时救助体系，对遭遇突发事件、意外伤害、重大疾病等原因导致基本生活暂时出现严重困难的贫困家庭给予500元至1.2万元的应急性、过渡性救助。建立完善农村"三留守"关爱机制，加快建立"三留守"人员动态信息库，分类施策进行保障。（牵头单位：县民政局，责任单位：县财政局、县扶贫办、县妇联、团县委）

（十一）实施基础设施建设扶贫工程

加大贫困村的道路建设，18个贫困村25户以上自然村进村道路硬化率达到100%，贫困村道路硬化省市财政投入资金不足部分由县财政统筹安排。优先安排贫困户的饮水安全项目建设和巩固提升。对建档立卡户中"三无"贫困户安全饮用水接入开户和管道费用实施全免。到2020年实现建档立卡户饮水安全保障全覆盖。加大小水库、小泵站等小型水利工程改造提升力度，增强贫困村防汛抗旱能力。土地整治和高标准农田建设项目优先向有条件的贫困村覆盖。推动教育、卫生、文化、体育等公共服务资源向贫困村倾斜。贫困村垃圾、污水、绿化、亮化等基础设施和便民服务中心、卫生室、通信等公共服务设施建设全覆盖。（牵头单位：县交通局，责任单位：县水务局、南昌县供电公司、县国土局、县农业局、县文广局、县工信委、县财政局、县发改委、县卫计委、县扶贫办）

四、强化保障

（一）强化组织领导

充分发挥各级党委、政府的领导核心作用，严格执行脱贫攻坚一把手负责制，层层签订脱贫攻坚责任书。各级党委、政府要做好脱贫攻坚规划制订、域内协调、督促检查工作；要继续加强扶贫领域反腐败工作，扎实做好扶贫领域的监督执纪问责，为打赢扶贫攻坚战提供坚强纪律保障。各有关职能部门要对照方案，加强沟通配合，制定出台健康扶贫、安居扶贫保障扶贫、教育扶贫、光伏扶贫等具体实施方案和细则。乡镇（管理处、管委会）党委、政府要切实承担起脱贫攻坚的主体责任，书记和乡（镇）长、主任作为第一责任人，把主要精力集中在贫困村退出、贫困户脱贫上，做好进度安排、贫困需求调查、项目申报、资金使用、推进实施等工作。有贫困村的乡镇要对照贫困村退出的标准，在交通、住房、饮水、环境整治和公共服务设施方面下大力气、进村入户，查漏补缺、补足短板。针对贫困户，要在入户调查核实的基础上，对照"两不愁三保障"的总体要求，找准致贫原因，尤其是针对建档立卡系统中的"三无"人员、贫困学生、无安全住房户和低于国家现行贫困标准的低收入贫困人群，要采取"一户一策、一人一法、多措并举"的方式，科学精准制定脱贫计划和帮扶措施，确保脱贫攻坚任务顺利完成。（牵头单位：县扶贫办，责任单位：县纪委、县委组织部、县卫计委、县民政局、县城建局、县教体局、县发改委、县交通局、县水务局）

（二）强化数据管理

不断完善建档立卡贫困户信息系统和大数据平台管理，定期对建档立卡贫困村、贫困户进行全面核查。进一步加强精准识别、动态管理，建立精准的扶贫业务台账，做到户有证、镇村有册、县有数据库，打牢精准扶贫精准脱贫基础。推进扶贫大数据平台建设，抓紧建立农村低保和脱贫攻坚的数据互通、资源共享信息平台，强化部门间协调沟通配合，实现贫困户数据采集相互共享互通、数据统计统一，进一步提升实施专项扶贫、行业扶贫、社会扶贫的精准度。各乡镇（管理处、管委会）要指定专人负责数据系统的维护和保密工作，做到贫困户信息动态管理，更新及时，数据真实完整，每个乡镇要落实2名以上扶贫工作人员。（牵头单位：县扶贫办，责任单位：县人社局、县民政局、县教体局、县卫计委、县城建局）

（三）强化结对帮扶

继续落实市县单位定点帮扶和"321"结对帮扶机制，帮扶单位、帮扶责任人

要在充分调研的基础上,掌握贫困户致贫原因,倾听贫困户诉求,在收入、教育、医疗、住房等方面,科学制定切实有效的帮扶措施,切实担负起结对帮扶的责任,做到不脱贫、不脱钩。同时多方发掘社会扶贫资源,动员和凝聚全社会力量广泛参与扶贫开发,充分发挥"10·17中国扶贫日"平台作用,鼓励、引导非公有制经济组织和社会各界积极参与结对扶贫工作,扎实做好民营企业"百企帮百村"活动,工会、共青团、妇联要通过深入开展"连心"工程中的"微心愿"等活动,架起帮扶单位与贫困村、贫困户之间的"连心桥",真正构建"大扶贫"格局。(责任单位:县委各部门、县直各单位)

(四)强化氛围营造

坚持正确舆论导向,弘扬正能量,准确解读党和政府脱贫攻坚的决策部署、政策举措,宣传部门、乡镇、村要充分利用广播、电视、宣传栏、门户网等媒体,大力宣传脱贫攻坚工作的重大意义和扶贫政策,生动报道精准扶贫、精准脱贫实践经验和先进典型,着力营造全社会支持和参与脱贫攻坚工作的浓厚社会氛围。要加强贫困村贫困户精神文明建设,移风易俗,倡导现代文明理念和生活方式,充分发挥乡规民约在脱贫攻坚中的积极作用,激发贫困群众奋发脱贫的内生动力,为我县拼争"四个率先"、建设"五个昌南"目标作出新贡献。(牵头单位:县委宣传部,责任单位:县扶贫办)

(五)强化督查督导

县直有关责任部门、各乡镇(管理处、管委会)要将年度脱贫攻坚工作推进情况和下一年度工作安排报县委、县政府和县脱贫攻坚领导小组。县委、县政府督查室要将脱贫攻坚工作作为年度督查工作重点,列入年度督查计划,重点对县直有关责任部门、各乡镇(管理处、管委会)在我县脱贫攻坚中采取的举措、取得的成效和存在的问题进行定期和不定期督导巡察,确保我县脱贫攻坚的各项具体政策落实到位,建档立卡贫困人口稳定脱贫,形成的督查报告要报县委、县政府,督查结果要作为县委各部门、县直各单位、各乡镇(管理处、管委会)评先评优的重要依据。(牵头单位:县委督查室、县督查室,责任单位:县委巡察办、县扶贫办)

中共南昌县委办公室

南昌县人民政府办公室

2017年1月5日

关于坚决打赢脱贫攻坚战三年行动的实施意见

为打赢脱贫攻坚战三年行动,确保如期高质量完成脱贫攻坚政治任务,按照中央、省、市部署和要求,现就打赢我县脱贫攻坚战三年行动,结合全县实际,提出以下实施意见。

一、指导思想

深入贯彻落实习近平总书记扶贫开发重要战略思想,坚持精准扶贫、精准脱贫基本方略,继续按照"核心是精准、关键在落实、实现高质量、确保可持续"的工作要求,进一步强化"县负总责、部门配合、乡(镇)村抓落实"的工作机制,狠抓脱贫攻坚责任落实、政策落实和工作落实,坚持现行扶贫标准,系统发力、重点突破、集中攻坚、尽锐出战,下足绣花功夫,更加注重脱贫质量,更加注重精准帮扶稳定脱贫,更加注重外部帮扶与激发内生动力并重,更加注重开发式与保障性扶贫并举,更加注重增强贫困群众的获得感,全力打好脱贫攻坚三年行动战役,确保2020年全面打赢脱贫攻坚战,为决胜全面小康提供强大支持,为实施乡村振兴战略奠定坚实基础。

二、目标任务

(一)年度任务分解

按照"核心是精准、关键在落实、实现高质量、确保可持续"的工作要求和"高质量脱贫"的总目标,全力推动脱贫攻坚三年行动计划实施,确保全面打赢脱贫攻坚决胜战。

2018年,深化落实年,围绕深化落实总要求,突出问题导向,加大整改攻坚力度,实现2600名以上贫困人口脱贫、6个贫困村脱贫退出(3个省级贫困村、3个市级贫困村),达到所有18个贫困村(12个省级贫困村、6个市级贫困村)全部脱贫退出的目标。

2019年，巩固提升年，围绕巩固提升总目标，着力巩固脱贫成果，加大产业就业扶贫力度和兜底保障力度，逐步建立稳定脱贫长效机制，确保实现剩余1200名以上贫困人口脱贫的目标，所有已脱贫的贫困人口、18个贫困村（12个省级贫困村、6个市级贫困村）脱贫成效进一步得到巩固提升。

2020年，全面决胜年，围绕决战决胜总任务，保持思想不松懈、工作不松劲，如期完成脱贫攻坚任务，确保现行标准下农村贫困人口实现高质量脱贫，消除绝对贫困，如期高质量打赢全县脱贫攻坚战。

（二）主要工作要求

1. 坚持精准扶贫精准脱贫基本方略。做到扶持对象精准、项目安排精准、资金使用精准、措施到户精准、因村派人（第一书记）精准、脱贫成效精准，从实际出发，解决好扶持谁、谁来扶、怎么扶、如何退问题，做到扶真贫、真扶贫，脱真贫、真脱贫。

2. 坚持严格执行现行扶贫脱贫标准。严格按照"两不愁三保障"要求，确保贫困人口不愁吃、不愁穿；保障贫困家庭孩子接受九年义务教育，确保有学上、上得起学；保障贫困人口基本医疗需求，确保大病和慢性病得到有效救治和保障；保障贫困人口基本居住条件，确保住上安全住房。量力而行，既不降低标准，也不擅自拔高标准、提不切实际的目标，避免陷入"福利陷阱"，防止产生贫困村和非贫困村、贫困户和非贫困户待遇的"悬崖效应"。

3. 坚持把提高脱贫质量放在首位。不急功近利，不好高骛远，更加注重帮扶的长期效果，夯实稳定脱贫、逐步致富的基础。合理确定脱贫时序，不赶时间进度，不拖延耽误，确保脱贫攻坚成果经得起历史和实践检验。

4. 坚持把扶贫同扶志扶智相结合。正确处理外部帮扶和贫困群众自身努力的关系，认真贯彻落实好《关于进一步激发内生动力加快精神脱贫的工作方案》中各项工作举措，强化脱贫光荣导向，更加注重培养贫困群众依靠自力更生实现脱贫致富的意识，更加注重提高贫困村和贫困人口自我发展能力，用扶贫成效和脱贫典型教育贫困户树立勤劳致富、脱贫光荣的思想信念。

5. 坚持开发式扶贫和保障性扶贫相统筹。结合推进现代农业建设，把开发式扶贫作为脱贫基本途径，针对致贫原因和贫困人口结构，尤其是我县贫困人口老弱病残多的特殊构成结构，进一步加强和完善保障性扶贫措施，造血输血协同，发挥两种方式的综合脱贫效应。

6. 坚持调动全社会参与扶贫的积极性。充分发挥政策和社会两方面力量作用，强化政府责任，引导市场、社会协同发力，继续引导好和发挥好人大代表、政协委员、爱心企业、红十字会、家官乡贤的积极作用，进一步丰富和完善"代表展风采、委员在行动、光彩公益、爱心词典"等活动的内涵、外延，深入营造全社会参与扶贫氛围，构建专项扶贫、行业扶贫、社会扶贫互为补充的大扶贫格局。

三、推进举措

（一）全力实施"十大行动"

1. 大力实施产业扶贫提质行动。打造一批"一领办三参与"村级示范扶贫产业基地。以"村有扶贫产业、户有增收门路"为目标，以优势特色产业为依托，以组建扶贫合作组织为渠道，以发展扶贫车间为手段，以建立利益联结机制为链条，强化长效脱贫根本之策，努力引导"城归"、"雁归"人才留乡创业，推进村干部与能人带头领办和村党员主动参与、村民自愿参与、贫困群众统筹参与的"一领办三参与"模式，发展贫困村集体经济，18个扶贫村每个村都要组建一个扶贫合作社、一个扶贫车间，确保所有贫困村村集体收入迈上新的台阶。进一步加快推进实施电商扶贫、旅游扶贫、金融扶贫、资产收益型扶贫、光伏扶贫工程等，着力抓好已完工光伏扶贫工程的后续管理工作，加快推进扶贫小额信贷工作，确保实现贫困户"应贷尽贷"。强化产业扶贫带贫益贫组织合作和利益联合机制，有序推进产业扶贫效益落实到经营主体、贫困户，提升贫困人口参与度和获得感。打造一批规模经营示范点。加快推进产业发展转型升级，积极依托农业结构调整和高标准农田建设，围绕发展优质稻、蔬菜、畜禽、特种水产和休闲农业等五大主导产业，大力推行以南昌智慧大田公司为代表的土地托管、租赁、股份合作等模式，加速推进土地流转，促进农村土地规模化经营，加快对贫困户增收带动作用。大力推进规模化、标准化基地建设，发展壮大种养大户、农民合作社、家庭农场等一批经营主体，示范引领贫困户增收脱贫。打造一批田园综合体。按照县级指导、乡镇主体、部门支持、多元运作的工作思路，重点打造市政公用生态园田园综合体、江西新汉光农业科技园田园综合体、工业控股菜篮子现代设施农业园田园综合体、凤凰沟田园综合体和印智航天农业产业园田园综合体等5个示范点。到2020年，实现农业类乡镇均建有1个以上田园综合体，使田园综合体成为贫困户脱贫增收的新模式。

2. 大力实施就业扶贫扩面行动。围绕方便贫困群众"挣钱""顾家"两不误，推动贫困劳动力就业意愿、就业技能和就业岗位精准对接，拓宽就业扶贫覆盖面，扎实建好园区企业承接、龙头企业带动、合作组织联动、扶贫车间吸纳、农村能人引领、公益岗位扶持等六类就近就地就业扶贫新平台，帮助贫困群众在家门口实现就业增收脱贫。要发挥扶贫资金、就业补助资金和其他各类资金作用，积极开发就业扶贫专岗；村级要合理安排保洁、保绿、图书管理员等公益性岗位，优先吸纳有就业意愿的贫困劳动力就业。扎实抓好劳动力就业技能培训。充分发挥扶贫部门"雨露计划"培训、就业部门技能培训平台，鼓励职业院校（含技工院校）优先招收贫困家庭子女就读，开展实用技能强、就业前景好等方向的职业教育。结合贫困人口培训意愿和劳动力市场需求，积极组织优质职业培训机构，开展乡村旅游、生态农业、家庭服务等领域的职业技能培训，采取课堂教学、互联网+培训等方式，开展进乡镇、进村社、进家庭等"点对点"的精准扶贫培训。深入开展贫困村致富带头人培训，支持致富带头人在贫困村创办企业、发展新型农业经营主体，鼓励致富带头人带动扶贫对象积极参与创业项目、多渠道增加收入。认真抓好"雨露计划"培训。认真落实"雨露计划"培训政策，组织开展好调查摸底、政策宣传、申报审批、组织实施、补助发放和档案管理等工作，确保贫困家庭中符合培训条件且有培训意愿的未升学初高中毕业生、青壮年劳动力全部获得培训，并按标准享受资金补助政策。全力抓好外出务工转移就业。通过组织开展就业援助月、"春风行动"和企业招聘周等公共就业服务专项活动，帮助符合岗位条件的贫困劳动力实现就业；提高劳务输出的组织化程度，落实好有组织外出务工的农村贫困人员的交通补贴政策。

3. 大力实施教育扶贫提升行动。围绕实现"三个确保、一个提供"的总要求，即：确保建档立卡学龄前儿童都有机会接受学前教育，确保贫困家庭义务教育阶段适龄人口都能接受九年义务教育，确保贫困家庭高中阶段适龄人口都能接受高中阶段教育特别是中等职业教育，对贫困家庭学龄后人口提供适应就业创业需求的职业技能培训，加快构建政府主导、基金辅助、宗亲助学"三位一体"的助学新模式，形成全社会捐资助学的良好氛围，坚决斩断贫困代际传递这一现象。加强学籍管理系统数据与建档立卡信息系统动态衔接，建立义务教育扶贫资助政策学校校长与乡镇属地双负责制，要在确保享受各种助学政策的基础上，对因病因残无法随班就学的，定期送教上门；对厌学的贫困学生，以引导入读职业学校的方式等因人施策，确保教育扶贫政策全面落实，不让一人因经济困难失学辍学。按照省教育厅、省语委要求，积极开展推普脱贫攻坚工作，加大乡村学校语言文字推广普及力度，组织乡村教师参加语言文字相关培训，提高贫困群众说好普通话，用好规范字的能力，提升村民文化素养。

4. 加快实施健康扶贫巩固行动。实现应保尽保。将建档立卡贫困人口作为医疗救助对象，落实建档立卡贫困人口参保缴费补贴政策，实现建档立卡贫困人口基本医保、大病保险、医疗救助全覆盖。实施综合保障。基本医保取消建档立卡贫困人口在一级、二级定点医疗机构住院补偿起付线。大病保险要加大倾斜支付力度，对农村贫困人口降低起付线50%，提高支付比例5个百分点，逐步提高并取消封顶线。简化建档立卡贫困患者慢性病审批程序，允许建档立卡贫困患者在乡镇卫生院门诊治疗门诊特殊慢性病发生的费用纳入医保支付。医疗救助要加大帮扶力度，确保年度救助限额内建档立卡贫困人口政策范围内个人自付住院医疗费用救助比例不低于70%，对特殊困难的进一步实施倾斜救助。筑牢基本医保、大病保险、补充保险、医疗救助、政府兜底"五道保障线"，使贫困患者住院最终实际报销补偿比达到90%。县政府已经实施的兜底医疗保障政策，到2020年前逐步过渡到城乡医疗救助制度提供兜底保障。实施医疗救治行动。继续实施城乡贫困人口重大疾病专项救治，加大支出型低收入家庭大病患者及因病致贫对象救助力度，推动困难群众重大疾病免费专项救治，强化医疗救助与大病保险、补充保险在对象范围、支付政策、经办服务和监督管理等方面衔接，进一步落实贫困患者县域范围内住院"先诊疗、后付费"和"一站式"结算，简化定点医疗机构的大病保险和补充保险补偿材料，承办大病保险和补充保险的保险机构应按月及时核报医疗机构"一站式"结算补偿垫付资金。做实做细慢病签约服务管理。对农村建档立卡贫困人口实现家庭医生签约服务应签尽签，做到签约一人，履约一人，做实一人，重点加强高血压、糖尿病、结核病、严重精神障碍等慢病患者的规范化管理与服务。优先实现大病专项救治、家庭医生签约服务、大病和慢性病分类救治对贫困村"三个全覆盖"，全面开展城乡居民基本医保门诊统筹，对自付费用困难的贫困患者，探索政府、社会和慈善相结合的"爱心"救助机制。加大疾病与残疾预防控制和健康促进力度，从源头上防止因病致贫返贫。

5. 大力实施危房改造清零行动。加强农村危房动态管理。规范简化农村危房改造对象认定和危房鉴定程序，健全农户申请和村级评议、乡镇（办）审核、县（区）复核的"三级审核""三榜公示"对象认定程序机制，全面排查危房，完善存量台账，实施精准管理，做到改造一户、销号一户。推进危房改造实施。在全面排查的基础上，根据脱贫需要，科学制定危房改造计划，及时推进建档立卡贫困户、分散供养特困人员、低保户、贫困残疾人家庭等"四类对象"危房改造。对符合国家危房改造政策的，全部纳入农村危房改造计划。对无经济能力、劳动能力的特别困难农户，实施"交钥匙工程"等措施，鼓励创新举措，通过盘活闲置集体资产、采用农房置换或长期租赁等低成本方式，兜底解决特别困难农户基本住房安全问题。确保2018年全面完成之前各年度脱贫户危房改造任务，2019年基本完成"四类对象"

现有存量危房改造任务，2020年全面完成后续扫尾任务。坚持实施分类改造。对C级危房实施维修加固，对D级危房和无房户进行新建。对新建住房的，要严格控制建房总面积和总造价，防止因举债过重加深贫困或返贫；强化质量安全监管，保证住房满足基本使用功能。强化资金投入和使用管理。进一步加大对农村危房改造对象的帮扶力度，健全完善分类分级补助标准，保障资金安全规范高效运行。要充分发挥人大代表、政协委员、爱心人士等社会力量捐资捐物助力安居扶贫工程。

6.大力实施保障扶贫兜底行动。持续加大农村低保资金投入。坚持扶贫开发与社会保障有效衔接、扶持脱贫与防止返贫并举并重，推进贫困户低保提标增效。按照"应保尽保"要求，结合低保提标提补和年度审核工作，及时把新增符合农村低保条件的贫困群众纳入农村低保。对脱贫的贫困人口，由县财政出资，探索开展脱贫返贫保险试点。2018年至2020年按照不低于4740元/年（395元/月）、5340元/年（445元/月）、6120元/年（510元/月）的标准逐年提高，确保到2018年底，全县农村低保标准高于同期全国扶贫标准20%，到2020年，全县农村低保标准高于同期全国扶贫标准40%。全面巩固农村低保兜底保障扶贫成果，建立农村贫困群众基本生活保障自然增长的体制机制，不断提高保障水平。进一步加强两类对象有效衔接，巩固低保保障覆盖面，积极引导慈善力量积极参与扶贫济困活动。进一步发挥临时救助"救急难"作用。对农村贫困群众临时救助标准按照不低于5%的比例上浮。全面建立落实乡镇临时救助备用金制度，对贫困群众的突发急难需求，或救助金额较小的，全部委托乡镇（街道）审批，报县级民政部门备案，提升临时救助时效。进一步关注特定贫困群体。重点关注贫困老年人、重病患者、重度残疾人、重度智障患者等完全丧失劳动能力和部分丧失劳动能力，且无法依靠产业就业帮扶脱贫的特定贫困群体，对失能、弱能的贫困人口加大资产收益扶贫支持力度，提高产业收益分配比例。筑牢贫困残疾人社会保障线，完善困难残疾人生活补贴和重度残疾人护理补贴制度，落实家庭经济困难残疾学生和残疾家庭子女资助政策，加强对因残、因贫辍学残疾儿童少年复学工作，强化对残疾儿童接受普惠性学前教育资助。加大对建档立卡失能重度残疾人照护和托养工作力度，强化困难残疾人多层次多元化托养服务。对因缺劳动力、因自身发展能力不足、因残而、失能弱能的贫困人口实行应保尽保，综合运用光伏、资产收益、加入合作组织、低保兜底等措施进行综合帮扶，确保兜牢保障底线。

7.大力实施基础设施完善行动。加快补齐贫困村设施短板。大力推进贫困村（组）道路新建、损坏道路维修、入户便道硬化、污水管网建设、危房改造、新农村建设（村庄整治）、公厕户厕等基础设施项目和"8+4"公共服务项目建设（农村基层综合公共服务平台、卫生室、便民超市、农家书屋、文体活动场所、垃圾处理设施、污水处理设施、公厕,小学、幼儿园、金融服务网点、公交站),全面补齐贫困村设施短板,确保2018年底前完成6个贫困村(省级3个、市级3个)的退出任务。全面实施村庄整治提升工程。加大新农村对贫困村自然村(组)的支持,每年的新农村建设点要优先向贫困村倾斜,确保进一步巩固贫困村村庄环境整治水平。大力推进贫困村房前屋后硬化、排水沟疏通、场地平整、垃圾清理和污水治理。深入持续开展农村生活垃圾处理,大力推进农村厕所革命,加强村庄规划,全面提升村容户貌,全面改善农村人居环境。加快提升改造贫困地区电力和网络。实施新一轮农网改造升级,加快推进贫困村电力基础设施建设。加快农村及偏远地区4G网络覆盖,鼓励基础电信企业加大投资,将宽带网络向有条件的贫困村自然村组延伸。加大贫困村的基础设施建设。贫困村道路硬化省市财政投入资金不足部分由县财政统筹安排。优先安排贫困户的饮水安全项目建设和巩固提升。对建档立卡户中"三无"贫困户安全饮用水接入开户和管道费用实施全免。到2020年实现建档立卡户饮水安全保障全覆盖。加大小水库、小泵站等小型水利工程改造提升力度,增强贫困村防汛抗旱能力。土地整治和高标准农田建设项目优先向有条件的贫困村覆盖。推动教育、卫生、文化、体育等公共服务资源向贫困村倾斜。贫困村垃圾、污水、绿化、亮化等基础设施和便民服务中心、卫生室、通讯等公共服务设施建设全覆盖。

8. 大力实施精准帮扶结对行动。深入开展结对帮扶工作。制定县各级部门单位年度扶贫考核方案和结对帮扶责任人管理办法;充分发挥好8名省市领导、22个省市机关单位在我县贫困村挂点帮扶作用以及军队和武警总队在我县挂点的人才、技术、动员等优势,集中力量打好脱贫攻坚战。积极引导全县121家农业产业化龙头企业、323家建筑企业、1000余家庭农场和专业合作社,参与全县扶贫事业,积极探索"龙头企业+贫困户、家庭农场+贫困户、专业合作社+贫困户、专业种养大户+贫困户、休闲大户+贫困户、光伏产业+贫困户、电商平台+贫困户"的扶贫新模式;加快推进民营企业参加"百企帮百村"精准扶贫行动,积极推进老板捐资扶贫、能人带动扶贫、大户帮助扶贫、部门结对扶贫、合作组织服务扶贫等社会扶贫模式,继续引导好和发挥好党代表、人大代表、政协委员、爱心企业、红十字会、家官乡贤的积极作用,进一步丰富和完善"代表展风采、委员在行动、光彩公益、爱心词典"等活动的内涵、外延,继续组织"两代表一委员"开展走访慰问、困难救助和公益扶贫活动,形成政府、市场、社会协同参与的大扶贫格局。落实压紧结对帮扶责任。进一步加强乡镇领导干部包片、乡镇干部包村、第一书记和驻村工作队驻村、结对帮扶干部包户工作。督促各结对帮扶干部要切实担负起结对帮扶的责任，进一步做实做细群众工作，细化帮扶举措，因户制定帮扶措施，精准开展结对帮扶工作，协助落实各项扶贫政策和脱贫举措，真正使帮扶工作与脱贫攻坚深度融合，年度内保证每月上门上户1次以上，倾听贫困户诉求，将政策和温情传递给贫困对象，对贫困户不满意的帮扶干部要建立责任追究机制。加强对驻村帮扶、结对帮扶工作的组织领导，定期研究帮扶工作，选派优秀中青年干部开展实践锻炼，落实驻村帮扶干部有关补助政策。大力开展扶贫志愿服务活动。结合"10·17"扶贫日活动，动员组织各类志愿服务组织、社会各界爱心人士开展扶贫志愿服务，支持引导专业社会工作和志愿服务力量积极参与精准扶贫，为贫困人口提供心理疏导、生活帮扶、能力提升、权益保障等专业服务；为贫困妇女、青年提供技能培训、能力提升、就业援助、生计发展等服务；参与开展贫困村老人、残疾人、留守儿童、低保家庭、特困人员等关爱保障工作，帮助化解其生活、学习等方面的困难。推进扶贫志愿服务制度化，建立扶贫志愿服务人员库，鼓励国家机关、企事业单位、人民团体、社会组织等组建常态化、专业化服务团队。制定落实扶贫志愿服务支持政策。

9. 大力实施"党建+扶贫"强化行动。深入推进抓党建促脱贫攻坚。全面提升贫困村党组织的组织力，进一步强化基层党组织建设，把扫黑除恶和基层党组织建设结合起来，坚决铲除黑恶势力滋生土壤。持续整顿带领群众致富能力不强、组织动员力弱等问题的贫困村软弱涣散党组织，选好配强贫困村党组织书记，重点从外出务工经商创业人员、大学生村官、本村致富能手、退转军人、大中专毕业生等人员中选配；本村没有合适人员的，从县、乡镇机关公职人员中派任，对不胜任、不合格、不尽职的贫困村党组织书记，坚决撤换到位。持续开展村级组织活动场所标准化建设，持续开展面向社会选聘农村社会工作人才到农村工作，大力消除农村集体经济"空壳村"。强化农村基层党建工作责任落实，将抓党建促脱贫攻坚情况作为乡镇党委书记抓基层党建工作述职评议考核的重点内容。按照《江西省驻村第一书记和驻村工作队选派管理办法》的要求，派强用好第一书记和驻村工作队，加强对第一书记和驻村工作的考核指导，对不胜任的及时召回调整。派出单位要严格落实项目、资金、责任捆绑要求，加大保障支持力度，进一步提升驻村帮扶质量。

10. 大力实施夯实基层基础行动。进一步加强建档立卡工作。提高贫困人口精准识别质量，进一步完善动态管理机制，加强对"边缘户"的跟踪识别，及时纳入新发生的符合条件贫困人口，确保"不漏一人、不落一人"。建立数据比对工作机制，适时开展数据比对衔接，通过扶贫信息系统与各有关部门信息管理系统端口对接、数据交换等方式，实现户籍、教育、健康、就业、社会保障、住房、农村低保、残疾人等信息与贫困人口信息有效对接，实现信息共享，提高建档立卡数据质量。建立数据质量通报制度，不定期通报国办信息系统、省扶贫开发大数据平台数据问题，及时修订完善建档立卡基础数据，确保信息系统数据、档案资料数据、公示公告数据与贫困户实际情况"四个一致"。进一步规范识别和退出工作程序，严格执行"一比对、两公示、一公告"制度，完善相关程序资料。加强精准扶贫档案管理。进一步规范乡镇和村级扶贫台账，完善贫困户精准扶贫、精准脱贫档案资料，确保纲目齐全、内容完整、信息准确、填写规范。提高贫困人口脱贫质量。严格执行贫困退出标准和程序，规范贫困村、贫困人口退出组织实施工作，扎实开展脱贫调查摸底，加强规划计划，合理安排脱贫时序，对完全依靠政策兜底脱贫的失能弱能贫困人口安排在脱贫攻坚期内最后脱贫。脱贫攻坚期内扶贫政策保持稳定，贫困村、贫困户退出后，相关政策保持一段时间。对已脱贫人口加强跟踪和动态监测管理，及时了解其生产生活情况，巩固脱贫成效。配合做好省级对非贫困县的贫困人口"两不愁三保障"实现情况、获得帮扶情况、贫困人口参与脱贫攻坚项目情况的普查工作。建立农村基层公共法律服务网络。对贫困人口开展精准法律援助服务，扶贫对象申请法律援助免于事项限制，实现贫困群众应援尽援，维护合法权益。对贫困村集体经济组织和个人引进外地资金技术开展的脱贫致富项目，给予各项法律意见指导，防范法律风险。加强对贫困群众的法治宣传和法律咨询服务，推动农村农民依法办事。完善贫困村基层人民调解组织建设，协助村组织引导信访当事人依法理性反映诉求，妥善处理信访案件，切实做好打击扶贫领域违法犯罪的法律服务。

（二）全力筑牢"八大保障体系"

1.严格落实脱贫攻坚责任制。健全脱贫攻坚工作机制。充分发挥各级党委总揽全局、协调各方的领导核心作用，严格落实县抓落实、部门配合、乡（镇）推进和实施的工作机制。县抓落实，重在推动脱贫攻坚各项政策措施落地生根；部门配合，重在督促指导各项政策措施逐一落实；乡（镇）推进和实施，重在做好脱贫攻坚政策承接、组织实施、分类推进等具体工作。乡镇党委、政府每月至少研究1次脱贫攻坚工作，党政正职每月至少有4个工作日用于扶贫，每周至少调度1次脱贫攻坚工作。实施遍访贫困对象行动，三年内，县委书记遍访贫困村，乡镇党委书记和村书记遍访贫困户，以遍访贫困对象行动带头转变作风，了解贫困群体实际需求，掌握第一手资料，发现突出矛盾，解决突出问题。建立领导挂点包村责任制。深入开展县四套班子挂点乡镇、贫困村，负责对挂点乡镇和贫困村脱贫攻坚工作的指导、调度、推进和管理。乡镇班子成员包村,负责对所包村脱贫攻坚工作的落实推进,开展遍访贫困户、边缘户和非贫困户活动。村两委干部包贫困户,具体落实贫困户政策享受及代办工作,定期与乡镇"两不愁三保障"责任部门对接,跟踪落实扶贫政策。压实行业部门扶贫责任。县直有关单位要按照省委、省政府和市委、市政府以及县委、县政府脱贫攻坚系列重大决策部署要求,落实行业部门配套政策举措,细化目标任务,强化组织实施。县扶贫开发领导小组负责分解落实全县脱贫目标任务,实化脱贫具体举措。各乡镇(管理处、管委会)、县扶贫开发领导小组主要成员单位每年向县委、县政府报告本部门本单位脱贫攻坚工作情况。

2.严格落实资金投入保障机制。加大财政扶贫投入力度。落实财政扶贫资金稳定增长机制,创新金融扶贫机制,用足用好"产业扶贫信贷通""财政惠农信贷通"等政策;县及各乡镇年度财政扶贫资金投入增长比例符合资金绩效管理要求,确保财政资金投入力度与脱贫攻坚任务相适应。加大财政扶贫资金动态监管,进一步完善扶贫项目实施和资金支出进度定期通报制度,在确保项目质量和资金安全的前提下,专项扶贫资金年度支出进度符合绩效考核要求。加大金融扶贫支持力度。全面推进创业、产业扶贫贷款和扶贫小额信贷,加大对产业扶贫、就业扶贫的支持,稳步推广"企业+基地+贫困户""企业/新型农村经营主体+贫困户""金融+扶贫车间"等金融扶贫新模式,完善与贫困户利益联结机制。加大精准扶贫信贷投放力度。精准发挥扶贫小额信贷对产业扶贫的支持作用,规范贷款使用方向,注重贫困户的自愿参与,加强风险防范。持续开展建档立卡贫困户小额信贷评级授信工作,对有效信贷需求做到应贷尽贷,在风险可控、商业可持续的前提下可办理无还本续贷业务,扩大"整村授信"业务运用范围。以县域为单位推进农村信用创建"两覆盖一提升"工程,实现农村信用创建行政村全覆盖、建档立卡贫困户全覆盖,促进农户信用贷款不断提升。健全金融扶贫风险补偿机制。持续实施扶贫信贷风险补偿金制度,建立基金动态补充机制,并及时足额补充到位;分担扶贫贷款风险代偿责任,缓释贷款风险。严格落实扶贫信贷贴息制度,落实对扶贫小额信贷和产业扶贫信贷100%给予贴息支持,降低贷款成本。强化风险管控,确保金融扶贫资金规范有序运行。强化农村金融服务工作。推进"农村普惠金融服务站"建设,打造农村金融综合服务平台。面向农户提供助农取款、金融精准扶贫、人民币反假、金融知识宣传等基础金融服务,实现基础金融服务不出村、综合金融服务不出乡镇。认真落实农业保险扶贫相关政策要求。建立完善县级脱贫攻坚项目库。充分调动和发挥部门作用,共建共用共享项目库,提高项目库质量。健全项目资金公告公示制度，落实"两个一律"公开要求，即：中央、省、市、县扶贫资金分配结果一律公开，乡村两级扶贫项目安排和资金使用情况一律公告公示。建立同级审（内审）机制，加强资金日常管理，定期分析账面资金，对审计结余、招标结余、立项重叠以及实施条件不成熟所造成的闲置资金，实行定期结算清理和回收再调整。加强扶贫资金项目常态化监管，强化主管部门监管责任，确保扶贫资金尤其是到户到人资金落到实处。严格落实扶贫资金项目公告公示制，进一步完善项目公告公示方式和内容，始终保持扶贫资金严管严查高压态势。

3. 大力加强脱贫攻坚干部队伍建设。加强贫困村年轻干部队伍建设。建立健全回引本土本村大学生、高校培养培训、县乡统筹招聘机制，为每个贫困村储备1至2名年轻干部。加大在贫困村青年农民、外出务工青年中发展党员力度。发挥党员在脱贫攻坚中的先锋模范作用，完善贫困村党员结对帮扶机制，鼓励党员领办创办专业合作社，安排贫困户就近务工就业，带动贫困户入股分红。全面落实贫困村"两委"联席会议、"四议两公开"和村务监督等工作制度。选派乡镇新录用公务员到贫困村担任村书记助理、主任助理（简称"双助理"），协助村"两委"第一书记开展工作。加强脱贫攻坚基层一线力量建设。加强县乡村扶贫机构建设，营造关心爱护扶贫干部的良好氛围，注重在脱贫攻坚一线培养锻炼优秀干部，在干部任用、表彰奖励、待遇补贴、人文关怀、抚恤救助等方面，让工作优秀的基层扶贫干部和驻村帮扶干部以及肯干实干、群众满意的基层扶贫干部得到最大的"实惠"。建立基层扶贫干部创新工作的容错纠错机制，为致力于脱贫攻坚事业的改革者鼓劲、实干者撑腰、担当者担当、负责者负责。加大从优秀村（社区）书记、主任中选拔乡镇（街道）机关领导干部力度，引导扶贫领域干部在脱贫攻坚一线大显身手、干出实绩。保证脱贫攻坚干部队伍的相对稳定，对于工作不适应、不担当、长期打不开局面、弄虚作假的干部，按照有关规定及时调整岗位并进行组织处理。继续推进农村致富系列工程。大力培养农村党员致富带头人，深入实施"一村一名"大学生工程，打造"不走的扶贫工作队"。充分发挥乡镇村扶贫工作站（室）专职管理职能，安排专业的人做专业的事，每个乡镇扶贫工作站落实1—2人、村级扶贫工作室落实1人专职信息员，负责精准扶贫信息的收集、更新、修改和录入工作，坚决克服基层干部填表报数多的问题。加强培训力度，分批次对乡镇党政领导、扶贫干部、驻村帮扶干部、创业致富带头人等进行培训，全面提升扶贫干部的脱贫攻坚技能。

4. 努力激发贫困群众内生动力。注重"四结合"。坚持将扶志、扶智、扶勤、扶德相结合，全面激发贫困群众内生动力。注重教育引导。通过"传习所""脱贫攻坚宣讲班""扶贫工作队""脱贫光荣证"等，广泛宣传表彰自力更生、自主脱贫的先进事迹和典型，讲好脱贫攻坚"农村故事"，引导和鼓舞贫困户自觉破除"等靠要"思想，激发贫困户脱贫致富的内生动力。注重本领培养。把智力扶持、人才培养、技能培训放在更加突出位置，统筹整合资源，发挥产业大户、创业能手、致富带头人等"田教授""农秀才"的头雁效应，推广"依托身边的产业、遴选身边的能人、传授身边的技术、带富身边的群众"模式，提高贫困户脱贫本领。注重正向激励。改进帮扶方式，落实以奖代补措施，利用产业、光伏等收益，加大对主动发展生产、参加务工就业的贫困户奖补力度，防止政策养懒汉、助长不劳而获和"等靠要"等不良习气。注重民风树立。广泛组织开展"脱贫致富典型""榜样家庭"等评比活动，对评比结果张榜公示，表彰先进，警示后进。大力开展移风易俗活动，修订完善村规民约，发挥村民议事会、道德评议会、红白理事会、禁毒禁赌会等群众组织作用，探索打造"红黑榜""曝光台"载体、建立贫困户脱贫成效评分奖励制度、推行依法治懒模式等，加强对高额彩礼、薄养厚葬、子女不赡养老人等问题的专项治理，推行将不履行赡养义务、虚报冒领扶贫资金、严重违反公序良俗等行为人列入失信人员名单。坚决杜绝"养不孝"和将家庭责任转嫁给政府和社会的行为。

5. 全面营造良好攻坚氛围。深入宣传习近平总书记关于扶贫工作的重要论述，宣传党中央、国务院、省委、省政府、市委、市政府和县委、县政府关于精准扶贫精准脱贫的重大决策部署，宣传全县脱贫攻坚典型经验，组织广播电视、报纸杂志、新闻网站等媒体将精准扶贫精准脱贫宣传纳入常态化宣传计划，开设专题、开辟专栏，推出一批脱贫攻坚重点新闻报道。利用重点新闻网站、微博、微信、手机报、移动客户端等新媒体平台开展脱贫攻坚宣传，结合重要时间节点组织脱贫攻坚网络媒体主题宣传活动，集中宣传脱贫攻坚工作成效。深入开展"10·17"全国扶贫日活动主题宣传。认真组织开展全国、全省脱贫攻坚典型奖的推选工作，培树一批脱贫攻坚先进典型，充分发挥榜样力量和示范引领作用。

6. 加快建立健全风险防范机制。做好脱贫攻坚风险防范，开展扶贫主导产业面临的技术和市场等风险评估制，防止产业项目盲目跟风、一刀切导致失败造成损失。防范扶贫小额贷款还贷风险，纠正户贷企用、违规用款等问题。防范社会风险，防止贫困户和其他农户因享受政策利益失衡引发矛盾，做好群众疏导工作。健全涉贫舆情分级管理和处置机制，加强对信访线索问题和社会舆情的分析预判，及时引导社会舆论，做好防范处置，确保社会安全稳定。建立健全气象灾害风险普查、风险区划等气象灾害风险防范制度，做好灾害防御工作，最大限度降低因灾致贫、因灾返贫风险。

7. 持续开展扶贫领域腐败和作风问题专项治理。把作风建设贯穿脱贫攻坚全过程，以严格的监督执纪，保障扶贫资金安全。集中力量解决扶贫领域"四个意识"不强、责任落实不到位、工作措施不精准、资金管理使用不规范、工作作风不扎实、考核监督从严要求不够等突出问题。改进调查研究，采取"不打招呼、不设路线"方式深入基层督查调查，切实提高发现问题、解决问题的能力。注重工作实效，减轻基层工作负担，减少村级填表报数，精简会议文件，让基层干部把精力放在办实事上。严格扶贫资金审计，对中央、省、市、县下拨的扶贫资金逐笔追踪、逐笔问效，加大扶贫事务公开力度，接受群众监督。严厉惩处扶贫领域腐败，严厉打击套取侵吞、截留私分、挤占挪用扶贫资金犯罪，以及发生在群众身边、损害群众利益的"蝇贪""蚁贪"等微腐败犯罪。依纪依法坚决查处贯彻党中央、省委、市委、县委脱贫攻坚决策部署不坚决不到位、弄虚作假问题，主体责任、监督责任和职能部门监管职责不落实问题，坚决纠正脱贫攻坚工作中的形式主义、官僚主义。进一步发挥巡察利剑作用，把扶贫领域腐败和作风问题作为巡察工作重点，县委巡察机构组织开展扶贫领域专项巡察，确保贫困村专项巡察全覆盖。加强警示教育工作，对扶贫领域腐败和作风问题典型案例公开曝光。加快建立谈话函询、通报曝光、督查整改、追责问责、常抓常效五项机制，持续保持常态化督查通报态势，强化扶贫领域监督执纪问责力度。

8. 统筹衔接脱贫攻坚与乡村振兴。探索建立已退出的贫困村、贫困户巩固提升脱贫成果机制，将乡村振兴与精准扶贫脱贫同步推进，让贫困群众分享县域经济发展成果，实现持续稳定脱贫致富。脱贫攻坚期内，实施乡村振兴战略要把贫困人口和贫困村作为重点，在资金、项目、人才、技术等方面给予倾斜。优先支持贫困村自然村组开展"整洁美丽、和谐宜居"新农村建设提升行动，科学规划贫困村生产空间、生活空间、生态空间的布局，因地制宜、突出特色、量力而行，加大贫困村整体提升力度，补齐基础设施和基本公共服务短板，以乡村振兴巩固脱贫成果，打造一批脱贫攻坚特色亮点。

以上工作，由县扶贫开发领导小组县各成员单位、各乡镇（管理处、管委会），按照《关于坚决打赢全县脱贫攻坚战的实施意见》（南办发〔2017〕1号）里明确的责任分工，各自细化年度目标任务和工作措施，并认真抓好落实。

南昌县脱贫攻坚工作领导小组

2018年9月30日

南昌县扶贫开发项目管理办法

第一章 总 则

第一条 为贯彻落实《中共江西省委 江西省人民政府关于全力打好精准扶贫攻坚战的决定》（赣发〔2015〕10号）、《中共南昌县委办 县政府办关于坚决打赢全县脱贫攻坚战的实施意见》（南办发〔2017〕1号）和精准扶贫、精准脱贫的基本方略切实加强财政专项扶贫资金项目管理，确保精准扶贫、精准脱贫成效，根据《关于印发〈南昌市扶贫开发项目管理办法〉的通知》（洪开办发〔2016〕10号）精神，现结合我县实际情况，特制订本管理办法。

第二条 纳入本管理办法管理的项目为：中央、省、市、县安排下达的主要用于精准扶贫、精准脱贫的财政专项扶贫资金项目。

第三条 县扶贫办、各乡镇（管理处、管委会）扶贫站具体负责扶贫开发项目的管理工作。

第二章 申报审批

第四条 按照国家、省、市扶贫开发政策要求，紧密围绕脱贫的目标，结合我县精准扶贫工作实际情况，财政专项扶贫资金使用范围必须遵循如下基本方向：

（一）围绕破解贫困户增收难题，对建档立卡扶贫对象发展种植、养殖、加工和乡村旅游等特色优势产业给予优惠补助；大力支持光伏扶贫等资产收益扶贫，提升贫困户收入托底水平。

（二）围绕改善扶贫村基本生产生活条件，支持修建小型公益性生产生活设施、小型农村饮水安全配套设施、扶贫村村组道路、小型水利设施、村小学、医疗站点建设改造，支持扶贫对象实施危房改造等。

（三）围绕提高建档立卡扶贫对象就业和生产能力，对其家庭劳动力接受学历教育、职业教育、参加实用技术培训补助。

（四）围绕缓解建档立卡扶贫对象因病致贫造成的经济和生活压力，对有长期慢性病、大病、重病或意外致伤致残的贫困户给予必要的生活补助。

（五）围绕帮助建档立卡扶贫对象缓解生产性资金短缺困难，支持贫困户向金融机构小额贷款发展生产，对扶贫贷款实行贴息等。

（六）围绕编制审核扶贫项目规划、实施和管理财政专项扶贫资金和项目而发生的项目管理费。

第五条　财政专项扶贫资金及项目管理费不得安排用于下列各项支出：

（一）行政事业单位基本支出；

（二）各种奖金、津贴和福利补助；

（三）弥补企业亏损；

（四）修建楼堂馆所及建档立卡贫困户改造以外的村民住房；

（五）弥补预算支出缺口和偿还债务；

（六）大中型基本建设项目；

（七）交通工具及通信设备；

（八）城市基础设施建设和城市扶贫；

（九）其他与脱贫攻坚无关的支出。

第六条　所有扶贫开发项目都必须按照"由下至上、逐级上报"的程序，认真填写好"南昌县扶贫开发项目申报审批表"（见附件1），并逐级上报。

第七条　各乡镇（管理处、管委会）对申报的项目进行实地查看，择优拟定扶贫财政专项扶贫资金项目并行文上报。

第八条　项目及资金安排经县政府研究同意后，下达资金项目计划至各有关乡镇（管理处、管委会），并报市扶贫和财政部门备案，同时抄送县纪检监察、检察、审计等部门。

第三章　实施管理

第九条　项目下达后，按照年度项目年度完成的原则，加快项目的实施进度，确保扶贫项目尽早发挥效益。扶贫项目如无特殊情况，不得随意变动，确需调整的项目，由项目单位提出申请报告，逐级上报至项目审批部门。由项目审批部门对申请内容进行实地考察论证后作出批复。未经批准擅自调整的，将取消该单位下年度项目申报资格。

第十条　每个扶贫开发项目都必须明确项目责任人和项目监督人，并明确各自职责。驻村扶贫第一书记和扶贫村党支部书记为财政专项扶贫资金使用监管的第一责任人，负责项目实施每个环节的落实工作。项目监督人由老党员、老干部和群众代表担任，对项目实施进度和项目实施质量进行监督。所有扶贫开发项目必须严格按照公开招投标有关规定规范操作，项目施工单位必须与项目单位签订项目实施合同书，明确双方的责任与权利。

第十一条 县扶贫部门负责做好扶贫项目的立项审批和实施督查工作，由乡镇、村或业主单位负责项目实施工作，要强化扶贫项目监管，完善资金项目公告公示等督查制度，推动扶贫工作的顺利开展。

第十二条 "雨露计划"和科技培训项目由县扶贫办负责提出培训计划并组织实施，落实分管领导及专门负责人，根据年度培训任务严格按照省、市的要求组织实施，培训资金补助标准按照省里的相关要求执行，确保按时、按质、按量完成。

第四章 检查验收

第十三条 每个扶贫开发工程类项目，竣工后都要进行验收，由各乡镇（管理处、管委会）对项目实施情况进行检查验收。验收合格后，签发"财政扶贫资金项目竣工验收单"（见附件2），并报县扶贫部门备案。财政扶贫资金项目决算实行第三方决算评审制，由乡镇（管理处、管委会）委托有资质的中介机构进行评审，决算评审机构须出具正式评审报告。

第十四条 项目验收必须具备以下条件：（1）按上级批准下达的项目建设内容及规模完成了建设任务；（2）工程质量达到了设计要求的技术、经济指标；（3）进行了项目竣工决算；（4）扶贫开发项目的收支情况，特别是项目支出明细情况，要在村务公开栏内向全体村民进行3个月以上的公开公示，同时公布市、县扶贫办的举报电话；（5）项目档案管理所需的有关材料和图表以及验收决算等其他相关资料。

第五章 资金管理

第十五条 财政扶贫开发项目资金严格按照"资金跟着项目走"的原则，乡镇财政和扶贫部门要对项目进行现场核查，确保项目的真实性、合规性，确保扶贫项目资金安全运行，确保资金足额到位、专款专用。

第十六条 财政扶贫资金项目的拨付严格按照《南昌县财政专项扶贫资金管理办法》（南政办发〔2017〕73号）和年度财政扶贫资金相关文件执行。要严控资金拨付进度，造成资金滞留的要追究相关人员责任。

第十七条 对建档立卡贫困户"两不愁三保障"等直补资金按照相关规定，

通过"一卡通"发放到位。

第六章 监督检查

第十八条 县、乡镇（管委会、管理处）扶贫和财政部门要加强对财政扶贫开发项目资金的日常管理和监督检查，做到年初有计划、中期有督查、年终有考核，确保项目实施进度，充分发挥财政专项扶贫资金使用效益。

第十九条 在项目实施过程中，县扶贫、财政部门要进行经常性的质量、进度监督检查。乡镇扶贫站、财政所、项目监督人驻村"连心"（扶贫）小分队要发挥就近就地监管的优势，加大巡查、检查力度，及时纠正并帮助解决项目实施过程中存在的问题。对监督检查中发现涉及干部违纪违规的行为，按干部管理权限及时移送相关纪检监察机关处理。

第七章 档案管理

第二十条 乡镇扶贫站应按一个项目一个档案的要求，认真抓好扶贫开发项目的建档工作，并做到专人管理、专柜存放。

第二十一条 扶贫开发项目档案内容包括：（1）项目申报审批表；（2）上级下达项目资金通知的文件；（3）项目设计方案；（4）项目预算；（5）项目招（投、议）标相关文件；（6）项目实施合同书；（7）项目实施计划；（8）财政扶贫资金核付凭证复印件；（9）项目总结；（10）项目决算明细表；（11）施工前后在同一位置拍摄的对比图片；（12）财政扶贫资金项目竣工验收单。

第二十二条 项目竣工验收交付使用后，项目单位和有关主管部门应加强对所建成项目的管理，建立相应的运行管理机制确保项目工程的长久效益。

第八章 附　则

第二十三条 本办法由县扶贫办负责解释.所述条款内容若与今后国家和上级有关规定精神相抵触，则按国家和上级规定执行。

第二十四条 本办法自发文之日起执行。

附件：
1. 南昌县扶贫开发项目申报审批表
2. 南昌县扶贫资金项目竣工验收单

南昌县人民政府办公室
2019年4月26日

附件 1

南昌县扶贫开发项目申报审批表

乡　　　　村（盖章）

项目名称				
项目实施单位			项目地点	
项目责任人		职务	联系电话	
项目建设内容及资金预算				
配套自筹资金落实情况		要求扶助资金		
项目受益面积		项目受益人口		
驻村工作队意见	驻村第一书记签字： 　　　　　　　　　　　　年　月　日			
乡现场考察审核意见	（盖章） 　　　　　　　　　　　　年　月　日			
县扶贫办审核意见	（盖章） 　　　　　　　　　　　　年　月　日			

附件 2

南昌县扶贫资金项目竣工验收单

项目单位	
项目名称	
项目地点	
项目批准文件及财政扶贫资金额	
项目建设内容及规模计划	
项目建设内容及规模计划建成情况	
项目质量评价	优（　）良（　）合格（　）
项目设计单位	
项目施工单位	
项目验收人	项目监督人
项目验收人	
项目验收时间	

关于有效应对新型冠状病毒感染的肺炎疫情坚决打赢脱贫攻坚战的实施方案

为深入贯彻落实习近平总书记重要指示精神，统筹打赢疫情防控阻击战和脱贫攻坚战，全面建成小康社会，根据省委、省政府《关于有效应对新型冠状病毒感染的肺炎疫情坚决打赢脱贫攻坚战的意见》（赣发〔2020〕4号）文件精神，结合我县实际，特制订以下实施方案。

一、指导思想

全面贯彻落实习近平总书记"在做好防控工作的同时，统筹抓好改革发展稳定各项工作，特别是要抓好涉及决胜全面建成小康社会、决战脱贫攻坚的重点任务"的重要指示精神，坚定信念决战决胜脱贫攻坚，确保现行标准下我县农村贫困人口今年全部实现高质量脱贫，切实把各项工作抓实、抓细、抓落地，坚决打赢疫情防控阻击战和脱贫攻坚战。

二、目标任务

全面完成剩余61户143人贫困人口减贫任务。持续巩固"两不愁三保障"及安全饮水。发展特色优势产业，打造劳务输出和就业平台，探索资产收益脱贫，坚持扶贫扶志。建立健全返贫、防贫和动态监测机制，创新服务机制，防范各类风险。持续强化责任、政策、工作落实，因地制宜，探索创新，实现高质量脱贫"昌南样板"，与全国一道全面建成小康社会。

三、全面打赢"四大战役"

（一）打赢疫情影响"阻击战"

全面排查监测贫困人口生产生活状况，重点监测排查受疫情影响存在返贫风险的已脱贫人口、存在致贫风险的边缘人口、存在脱贫困难的贫困人口。对因疫情影响出现返贫和新发生的贫困人口，按照"缺什么、补什么"原则，因户因人精准施策、及时帮扶。充分利用省数据交换平台和省精准脱贫大数据平台，加强部门数据交换共享和比对核实，及时掌握疫情影响精准脱贫动态信息，将受疫情影响降至最低。

（二）打赢剩余贫困"歼灭战"

实现剩余贫困人口高质量脱贫、已脱贫人口和贫困村持续巩固，对无劳动力和弱劳动力的贫困人口，综合社会保障措施、村集体经济、资产收益分红进行兜底，保障基本生活。筑牢义务教育、基本医疗、安全住房、安全饮水"四项保障"，推进监测预警机制，及时将返贫人口和新发生贫困人口纳入帮扶范围，确保精准脱贫不少一人。

（三）打好攻克堡垒"强攻战"

对照全面决胜脱贫攻坚目标，对标对表，坚持问题导向，将各级反馈问题整改贯穿始终，全面回查整改成效。深入推进发现反馈问题，针对产业利益联结不紧密，扶贫车间和扶贫产业带贫益贫功能不强，驻村工作队人员不稳定，贫困群众内生动力不足等，聚焦各类短板和薄弱环节，集中发力、强化措施，通过挂牌督战和常态化督导，进一步补齐短板、打牢基础，筑牢脱贫攻坚成果。

（四）打赢长效脱贫"接续战"

严格落实"四个不减"工作要求，强化政策、责任、工作落实；加强扶贫队伍建设，保障队伍基本稳定，加强干部培训，提升业务能力，推进"党建+"扶贫，形成村"两委"干部和驻村工作队齐抓共管的工作机制；加大资金投入，利用南昌县区位及产业优势，强化产业扶贫带动能力，着力培育一批带贫益贫功能强的扶贫产业，带动贫困群众实现稳定增收，壮大村集体经济；确保扶贫政策落地生根，实现义务教育、医疗保障、危房改造饮水安全全面"清零"。

四、抓实十项重点工作

（一）实施返贫预警和保险机制

县扶贫办要牵头探索推行"防贫险"工作，对脱贫户和致贫的边缘户及时落实防贫保险政策，对存在返贫、致贫风险的通过防贫保险政策的落实，切实防止出现因疫致贫、返贫现象。建立"红、黄、绿"三级预警机制，对脱贫后比脱贫时家庭综合情况有所下滑，存在一级返贫风险的，启动红色预警；对需观察是否存在返贫风险的，启动黄色预警；对脱贫后脱贫质量上升，不存在返贫风险的，进行绿色标识。对一级红色返贫风险户,以"帮"为主;对二级黄色返贫风险户,以"扶"为主;对无返贫风险绿色户,以"引"为主。[牵头单位:县扶贫办;责任单位:各乡镇、管理处(管委会)党委和政府、县财政局、相关保险公司]

(二)强化扶贫产业带贫益贫

县农业农村局要按照"五个一"和"一领办三参与"的总体要求,因地制宜,结合扶贫专项资金发展好扶贫产业、培育致富带头能人。要全面落实《南昌县产业扶贫工程实施方案》工作要求,充分发挥农业产业化龙头企业、现代农业园区、种养基地、农民专业合作社等各类扶贫主体作用,发展稳定高效的带动发展方式,增强产业带贫能力;加强扶贫产业产销对接,提高贫困户产业扶贫的参与度和收益度,防止片面追求产业扶贫全覆盖,禁止产业扶贫"一刀切"。[牵头单位:县农业农村局;责任单位:各乡镇、管理处(管委会)党委和政府、县扶贫办]

(三)拓宽就业扶贫增收途径

县人社局要对贫困户务工情况进行台账管理,精准掌握每一个贫困户务工意愿、技能培训需求等信息,因人而异提供帮助。对因疫情无法返工的贫困群众,充分发挥我县产业优势、区位优势等积极为贫困人口提供家门口就业机会,对积极吸纳贫困劳动力就业的企业,落实好有关的优惠政策。对在外务工的贫困对象落实好交通补贴政策。县扶贫办因地制宜兴建和培育扶贫车间(扶贫基地),为贫困群众提供更多就近就地就业平台,结合今年安排的产业扶贫项目,将用工指标向贫困群众倾斜,做好就地就业兜底保障,增强扶贫车间的带贫作用。[牵头单位:县人社局;责任单位:各乡镇、管理处(管委会)党委和政府、县扶贫办、县财政局、县农业农村局、县科工局]

(四)探索消费扶贫特色新模式

各乡镇、管理处(管委会)要摸清本地受疫情影响的滞销农产品情况,主动加强与机关、企业点对点对接,落实好扶贫农产品"六进"活动,落实机关事业单位职工工会费用的30%用于购买扶贫产品,依托社会扶贫网、微信小程序、手机APP等手段,线上、线下同时运作,做长"产—供—销"消费扶贫链条,促进扶贫产品产销对接、产销两旺,用"消费扶贫"支撑产业扶贫。[牵头单位:县农业农村局;责任单位:各乡镇、管理处(管委会)党委和政府、县商务局、县扶贫办、县卫健委、县教体局、县财政局、县工商联]

(五)强化扶贫资金项目绩效管理

县扶贫办会同县财政局要加强对扶贫项目和扶贫专项资金的管理,针对疫情影响,调整和优化扶贫项目结构,培育扶贫产业,完善贫困村基础设施。加强项目管理监测,对于带贫效果差、资产闲置、经营亏损的产业扶贫项目要妥善整改或者调整终止。按照《南昌县扶贫资产管理细则(试行)》文件要求,对2016—2019年各级扶贫资金建设的扶贫项目所形成的资产,全面开展扶贫资产确权登记。〔牵头单位:县扶贫办;责任单位:各乡镇、管理处(管委会)党委和政府、县财政局〕

(六)加强运维稳固光伏扶贫

县发改委要牵头加强对受疫情影响不大的光伏扶贫电站的日常运维,确保光伏扶贫电站正常运行,效益不减,各乡镇、管理处(管委会)可根据受疫情影响情况程度,先借支2020年光伏扶贫电站收益用于补贴受疫情影响的贫困户,但要保证收益的80%用于公益性岗位和贫困户劳务费用。〔牵头单位:县发改委;责任单位:各乡镇、管理处(管委会)党委和政府、县扶贫办、县财政局〕

(七)强化驻村帮扶工作

对各级派驻的驻村第一书记和工作队进行管理,督促其严格执行驻村帮扶工作制度,坚持思想不松懈、工作不松劲、措施不松力;加强对驻村帮扶的监督考核,确保驻村工作的稳定。发挥驻村干部疫情防控和脱贫攻坚帮扶作用,督促协同村"两委"落实疫情属地防控责任,扎实做好疫情防控结束后的帮扶工作,推进应对疫情决胜脱贫攻坚政策举措落实落地。〔牵头单位:县委组织部;责任单位:各乡镇、管理处(管委会)党委和政府、县扶贫办、各驻村干部派出单位〕

(八)筑实筑牢农村防疫根基

县卫健委要以疫情防治为切入点,加强贫困村公共卫生体系建设,进一步改善乡镇卫生院和村卫生室服务条件,全面提升基层卫生健康服务能力。要通过多种形式开展防疫知识宣传教育,加大向农村贫困群众宣传普及有关传染病疫情、疾病与公共卫生安全知识的力度。扎实开展爱国卫生活动,加强农村环境卫生整治,教育引导贫困户和农民群众养成健康生活习惯。〔牵头单位:县卫健委;责任单位:各乡镇、管理处(管委会)党委和政府、县医保局、县财政局、县扶贫办〕

(九)全面完成脱贫攻坚普查

聚焦脱贫攻坚效果真实性和准确性,配合做好省级脱贫攻坚普查工作,数据质量既是决策的依据,也是普查的依据,要把做到"账账相符、账实相符"作为基础工作来抓,及时对系统信息修正更新。落实"一口清"工作,精准采集历年贫困户数据信息;对照全面普查工作要求,开展脱贫攻坚"三落实""三精准""三保障"全面排查,全面检验脱贫攻坚成效和成色,为全面总结脱贫攻坚提供翔实依据。〔牵头单位:县调查队;责任单位:各乡镇、管理处(管委会)党委和政府、

脱贫攻坚各牵头责任单位］

（十）开展脱贫攻坚总结宣传

聚焦"决胜全面小康、决战脱贫攻坚"主基调，大力开展决战决胜脱贫攻坚大型主题宣传及总结表彰活动，积极配合做好全省举办"江西脱贫攻坚成就展"工作，全面宣传展示南昌县脱贫攻坚显著成效，讲好脱贫攻坚"昌南故事"。围绕脱贫攻坚精准帮扶"十大行动""八大体系"和巩固提升脱贫成果"五大机制""六项保障"，认真总结决战决胜脱贫攻坚"昌南篇章"，聘请有关权威机构和专家编制南昌县脱贫攻坚"文献资料库""典型案例库""音像图文库""先锋模范库"，为高质量打赢脱贫攻坚战、建成全面小康社会留下"信史"档案。完善涉贫舆情会商研判和预警监测机制，主动回应社会关切，牢牢把握舆论主导权。防止对各类舆情乱贴"扶贫标签"，防止用个别问题否定脱贫攻坚成就，防止以恶意炒作干扰脱贫攻坚大局。［牵头单位：县委宣传部；责任单位：各乡镇、管理处（管委会）党委和政府、脱贫攻坚各牵头责任单位］

五、工作要求

（一）强化责任落实

严格执行各级党政一把手决胜脱贫攻坚责任制，深入落实五级书记带头抓、各级各部门合力抓、驻村干部和基层干部具体抓的责任体系。严格落实摘帽不摘责任、不摘政策、不摘帮扶、不摘监管"四个不摘"和非贫困县攻坚力度、帮扶力量、投入保障、攻坚举措"四个不减"，严防松劲懈怠。

（二）严格监督执纪

聚焦扶贫领域形式主义官僚主义问题，全面落实省委、市委关于减轻基层负担的文件要求和省政府、市政府"五型政府"建设的要求,持续整治扶贫领域"怕、慢、假、庸、散"作风问题，加强最严格考核督导、较真碰硬、从严从实，推动各级党组织尽锐出战、善作善成。

（三）落实激励关怀

要关心关爱基层扶贫干部，提供必需的服务保障，确保他们的身心健康。严管厚爱结合、激励约束并重，落实容错免责、防止问责泛化、简单化，注重在有效应对疫情、决战脱贫攻坚关键时刻考察识别和选拔干部，加大实绩突出、群众公认扶贫干部提拔使用力度，大力宣传评选扶贫干部先进典型，落实一线扶贫干部的休假、轮休、体检、意外伤害保险等人文关怀。

（四）建立长效制度

加快研究编制全县"十四五"巩固脱贫成果规划。抓紧研究制定脱贫攻坚与实施乡村振兴战略有机衔接的意见。制定出台解决相对贫困的长效机制，接续推进减贫战略和工作体系纵深发展。

南昌县脱贫攻坚工作领导小组

2020年3月3日

五

进贤县文件

关于"十三五"期间扶持贫困村选定工作的方案

精准识别贫困村，是精准扶贫、精准脱贫的基础性工作。按照科学扶贫、精准扶贫的要求和市办的工作部署，结合我县实际，现就做好"十三五"期间扶持贫困村的选定工作提出如下方案：

一、贫困村的选定规模

按照国扶办和省、市办的要求，结合我县贫困村实际情况，全县"十三五"期间将对24个（其中省级扶持15个、市级扶持9个）贫困村予以扶持。

二、贫困村的名额分配

全县共24个贫困村的名额，县里分配乡镇贫困村名额按以下原则进行：以维护社会稳定为前提，以各乡镇经济发展现状贫困人口数量为分配贫困村的依据，李渡镇、文港镇、温圳镇经济发展水平相对较高，贫困发生率较低，不推选贫困村。其他各乡镇分别推选1—2个经济发展水平相对较差，贫困发生率较高的行政村为"十三五"扶持贫困村；以2015年安排贫困村整村推进财政扶贫资金总额为基数，保持现有每年贫困村的扶贫资金投入强度，以不断提高贫困村扶持效果。

三、严格贫困村的选定标准

各乡镇要根据附表中规定的贫困村数量，制定筛选贫困村标准，必须把基础设施建设和公共服务状况、贫困发生率、农民人均纯收入、产业发展、基层组织建设状况等因素作为评定条件，确保把贫困程度较深、最需要得到扶持的行政村选定为"十三五"贫困村。有下列情况之一者，不得入选贫困村：

1.行政村中80%以上的自然村均安排过省级和市级新农村建设点，村庄整治工作已经基本完成的村；

2. 乡镇所在地的行政村；

3. 城郊接合部的行政村。

四、贫困村的选定原则

1. 突出重点、突出实效的原则。为保证"十三五"期间扶持贫困村选定工作的平稳进行，各乡镇确认贫困村必须根据村里的贫困状况和程度，突出经济条件较差的行政村为扶持重点，确保把贫困人口集中、贫困程度较深、最需得到扶持的村选定为贫困村。

2. 公开公平公正的原则。选定贫困村工作，关键在乡镇一级。要严格遵循扶贫宗旨，坚持公开公平公正的原则，做到程序公开、过程公开、结果公开，充分体现群众参与，严格执行公示公告制，全面接受各方监督，确保贫困村确定的准确性和公认度。

3. 确保稳定的原则。各乡镇组织选定贫困村要扎实做好政策宣传解释，根据市县的统一规定，制定符合本乡镇实际的贫困村具体确定标准和科学合理、严密规范的工作程序及规则，并严格遵照执行。坚决杜绝人为因素干扰，坚决防止影响稳定问题发生，确保在稳定中完成贫困村选定工作。

五、贫困村的选定程序

县将"十三五"期间扶持的贫困村按省扶持和市扶持贫困村数逐级下达乡（镇），采取自下而上的程序予以选定。

具体选定程序如下：

1. 乡（镇）政府依据县分配给本乡镇贫困村数量和实际情况，制定乡镇贫困村选定的具体标准，并在各行政村及较大自然村组公示；

2. 乡（镇）政府依据公示评议意见修改完善具体标准，并依标准拟定候选村名单，在各行政村及较大自然村组公示；

3. 乡（镇）政府根据公示评议意见对候选村进行必要调整；

4. 乡（镇）政府组织各村民小组代表、乡（镇）人大代表和各行政村"两委"负责人对候选村进行票决；

5. 乡（镇）将票决产生的贫困村名单报县（区）扶贫开发领导小组；

6. 县（区）扶贫开发领导小组审议通过后，以领导小组名义在本级政府网站、电视台面向全县公示；

7. 公示后，县扶贫开发领导小组将贫困村名单报市扶贫开发领导小组，市扶贫开发领导小组审核汇总报省扶贫开发领导小组；

8. 省扶贫开发领导小组批准后，印发"十三五"贫困村名单。

六、时间要求

（一）分配指标阶段

县依据省、市贫困村分配指标和分配原则，研究拟订贫困村选定工作方案于2015年4月25日前下达到乡镇并报市备案，乡镇具体落实工作的方案由县扶贫开发领导小组审批。

（二）乡镇识别拟定阶段

各乡镇于2015年5月10日前将候审贫困村报县区。

贫困村识别拟定工作步骤为：

（1）确定符合当地实际的贫困标准

①乡政府拟定标准；

②公示拟定标准；

③征集意见修改标准；

④确定标准。

（2）识别确定候审贫困村

①乡政府依据确定了的贫困标准拟定候选贫困村名单；

②公示候选贫困村名单；

③征集意见修改候选贫困村名单；

④组织各村民小组代表、乡（镇）人大代表对候选贫困村名单进行票决；

⑤依据票决结果产生候审贫困村上报审批。

（三）审核认定阶段

1. 各县区审核候审贫困村，于2015年5月15日前将候审贫困村汇总名单报市审核。

2. 市审核县区上报的候审贫困村名单，于2015年5月20日前将候审贫困村汇总名单报省审批。

七、加强领导

1. 健全领导体系。县区扶贫开发领导小组组织领导贫困村选定工作，领导小组组长亲自抓、具体抓，财政、发改、新村办等相关机构积极配合，齐心协力抓好抓实。扶贫开发工作领导小组办公室要加大对贫困村选定工作的指导和巡查力度，发现问题及时处理。

2. 精心组织实施。各乡镇要根据本方案的要求，紧密结合实际，周密制订工作方案上报批准后投入实施。科学合理地提出贫困村识别指标并明确识别权重，对贫困村的分配依据、衡量标准、工作方法、产生程序等方面作出具体规定，确保贫困村选定工作的可操作性。

3. 完善监督机制。县领导小组在公示时明确公布受理贫困村选定事项投诉和举报的联系人、联系电话。严禁弄虚作假行为，杜绝"人情村""关系村""锦上添花村"和乡镇所在地村，让真正贫困的村得到有力扶持，做到雪中送炭。

进贤县扶贫开发领导小组
2015 年 4 月 23 日

关于全力打好脱贫攻坚战的实施方案

根据《省委、省政府关于全力打好精准扶贫攻坚战的决定》（赣发〔2015〕10号）和《市委、市政府关于推进农村精准扶贫工作加快实现脱贫目标的实施意见》（洪发〔2015〕11号）文件精神，为扎实推进我县结对帮扶精准扶贫工作，全力打好脱贫攻坚战，确保我县率先实现全面脱贫和率先全面建成小康社会，结合我县实际，制定本实施方案。

一、指导思想

深入贯彻党的十八大和十八届三中、四中、五中全会精神，全面贯彻习近平总书记关于扶贫开发的重要战略思想，按照省委、省政府、市委、市政府对扶贫工作的工作部署和要求，围绕两个率先的目标，以"第一书记"驻村帮扶和开展结对帮扶大行动为重要抓手，组织单位干部和社会各界全面开展结对帮扶，打好民生改善、产业发展、基础设施"三个攻坚战"。扎实推进扶贫攻坚活动，加快贫困对象脱贫奔小康的步伐，为实现我县农民生活大变样，2017年实现两个率先目标作出贡献。

二、工作目标

对全县15个省定"十三五"扶贫重点村、6个市定扶贫重点村，实施定点帮扶、整村推进基础设施建设，改善贫困村的生产生活条件。对经精准识别建档立卡贫困人口6958户18099人，按照"识别到人、帮扶到户、落实到位"的要求，精准结对，实现结对帮扶全覆盖。通过采取综合扶贫措施，因户施策，精准施策，2016年实现精准脱贫9000人，2017年精准脱贫9099人，确保2017年全县基本消灭绝对贫困现象，2016年、2017年、2018年每年退出贫困村7个，2018年贫困村全部退出，解决区域性贫困现象。2018年稳定实现农村扶贫对象"两不愁三保障"（不愁吃、不愁穿，保障义务教育、基本医疗和住房）。扶贫村农民人均纯收入增幅高于全县平均水平，基本公共服务主要领域指标接近或达到全县平均水平的目标。

三、主要措施

（一）复核识别，精准识别贫困对象

1.精准核查。在完成前一轮贫困户识别的基础上，按照"五定"工作目标，通过农户申请收入核查、民主评议、审核审批、公告公示等"三审两公示一公告"的识别程序，县、乡、村、组四级联动，每年进行一次贫困户识别工作，根据省办赣扶移办字〔2015〕80号《关于进一步精准识别贫困户贫困村的指导意见》对存在一票否决七种情形及四种从严审核甄别情况的贫困户，认真核查，对不符合建档立卡条件的贫困户，要从信息系统中删除，确保建档立卡贫困户数据信息质量。并逐级签订数据质量承诺函。

2.科学分类。在精准识别、精准核查的基础上，根据贫困户、家庭人口、资源状况、居住条件、就业渠道、收入来源等情况分析致贫原因，按贫困户属性分为三类，按扶持方式分为开发性扶贫对象和托底保障性扶贫对象。

3.完善系统。按照国家统一的贫困户建档立卡要求，实现"户有卡、村有册、乡有簿、县有电子档案"，完善档案资料，及时更新贫困户信息，完善信息系统，建立县、乡、村三级互联互通扶贫信息系统平台，做到"一户一网页、一户一对策、一户一帮扶、一年一结果、一年一核查"，实现各级与贫困户信息直通，做到信息互通，资源共享。

4.动态管理。按照脱贫出返贫进的原则，以乡镇为单位，年度为节点，以脱贫目标为依据，建立贫困人口的动态管理机制，合理把握贫困标准与脱贫程序，及时进行数据更新，使已脱贫者及时退出。贫困群体得到更为集中的扶持和帮助。

（二）机制创新，发挥好"第一书记"作用

全县100个驻村"第一书记"和连心小分队（其中省市21个，县直单位79个），164个村选派书记主任"双助理"，开展驻村精准扶贫加强基层组织建设。为明确责任落实任务，加强督办调度进度，规范考核，确保驻村帮扶、精准扶贫各项任务全面完成。根据市、县派驻"第一书记"和小分队《管理办法》，按照七大指挥部的工作运行机制，制订《驻村帮扶精准扶贫工作方案》，以项目推进形式督查调度"第一书记"驻村工作，并及时通报情况和发函提示。这一机制调动"第一书记"的积极性，开展工作以来成绩显著。县委、县政府继续坚持高位推动、高层调度、高效管理，做到领导责任到位，县委书记担任驻村帮扶工作领导小组第一组长,县委组织部部长为组长,各派出单位的主要负责同志为第一责任人,"第一书记"的作用发挥到位,对下派的"第一书记"工作上和乡镇领导干部一样使用,生活上和乡镇领导干部一样关心,让其下得去、留得住、干得好。

(三)精准结对,开展结对帮扶大行动

以县领导挂点,省、市、县派驻"第一书记"和连心小分队,驻村帮扶为基础,实行"领导挂点,单位帮村,干部包户,社会参与,结对帮扶,精准扶贫",组织开展县直单位、县、乡、村干部与贫困户结对帮扶活动,与省、市驻村定点帮扶单位联动,与对接单位互动。工、青、妇、工商联等组织开展扶贫助困活动,动员社会各界参与结对活动,实现贫困户结对全覆盖。帮扶时间两年,一年脱贫,可提前完成结对帮扶任务,结对帮扶一包到底,不脱贫,不脱钩。乡镇提供贫困户名单,帮扶单位落实结对帮扶责任人。结对模式:一是县乡村干部原则上按"321"模式结对,一个县级领导挂点一个乡镇,帮扶一个村,结对帮扶3户贫困户,一个县直单位挂点一个村(按"第一书记"和小分队定点不变),一个科级干部结对帮扶2户贫困户,一般干部(在编人员)结对帮扶1户贫困户。二是省、市定点帮扶单位与贫困村的贫困户结对帮扶。三是引导非公经济组织爱心人士结对帮扶,对接扶贫助困单位(西湖区政府、高新区政府)干部与部分贫困户结对帮扶。四是其余贫困户由乡村干部托底结对帮扶。帮扶内容:单位帮村主要是帮助建设基础设施,发展扶贫主导产业,加强基层组织建设。干部结对帮扶,按照"交朋友、摸实情、找路子、定措施、扶资金、保脱贫"的办法分户施策,一户一策,开展"送温暖、送政策、送项目、送技术"活动。帮扶资金:县财政安排190万元专项帮扶资金,用于挂点乡镇结对帮扶,县直单位自筹帮扶资金,倡导单位干部捐资结对帮扶。鼓励非公经济组织和爱心人士捐资结对帮扶。帮扶责任:落实帮扶责任制,结对干部为帮扶责任人,建帮扶台账,在村设公示牌,明确帮扶人、帮扶措施、目标任务、帮扶投入、帮扶结果、脱贫时间等内容和指标。

(四)搭建平台,动员社会力量参与扶贫济困

我县非公有制经济发展迅速,产业特色明显,发挥"10·17"扶贫日的引导作用。通过工、青、妇、工商联等组织搭建社会扶贫平台,动员和凝聚民间经济力量广泛参与扶贫脱贫活动,大力倡导民营企业百企帮百村活动,倡导非公经济组织和社会各界参与扶贫助困活动。一是积极引导爱心人士为贫困村和贫困户捐款、捐物、捐资助学、扶贫济困,帮助贫困村发展公益事业。二是引导非公经济组织发挥资金、技术、市场管理优势,到贫困村投资兴业,发展产业辐射带动贫困户增收。三是鼓励非公经济组织大力吸收贫困户到企业就业,并帮助介绍贫困户到相关地

区企业就业，拓宽贫困户就业渠道。四是充分发挥非公经济组织信息广渠道多的优势，为贫困村和贫困户提供农产品购销、科技推广、劳动力转移等信息服务。

（五）整村推进，夯实脱贫攻坚的基础

今年将全面实现县委、县政府"三年大变样"的奋斗目标，进一步推进美丽乡村建设、农村清洁工程等重点项目。在农村实施一批基础设施建设项目，进一步改善农村的生产生活条件，改变农村面貌，同时继续按照"受益面广、急事先办、量力而行、注重效益"的原则，以改善民生需求为重点，与帮扶单位共同做好项目计划和资金筹措工作。在21个贫困村实施基础设施项目，以村庄整治为重点，在道路硬化、农田水利、公共服务等方面加大建设力度，在贫困村优先安排新农村建设点。今年每个贫困村至少安排1个新农村建设点，优先完善贫困自然村的垃圾转运设施。加强扶贫村硬化、亮化、绿化等基础工程建设，在有条件的贫困村优先安排水利设施、安全饮水、土地整治、高标准农田等建设项目。进一步改善群众的生活条件，提升人居环境水平，对建档立卡贫困户优先安排实施危房改造项目。

（六）发展产业，加快贫困群众脱贫致富的步伐

坚持因地制宜、分类指导、扶贫到户、分户施策，按照突出产业扶贫、突出地方特色、找准产业项目、延伸产业链条、形成产业优势、实施扶贫转型升级的需求，积极引导扶贫村结合本地特色资源、传统技术、农民意愿和市场需求，调整产业结构，培育壮大收益好、见效快，特别是贫困户有能力参与的可持续发展的主导产业。把贫困村的产业发展规划融入农业产业化及富硒产业规划中，重点培育水产养殖、家禽养殖、高产油茶种植、瓜果种植、花卉苗木等特色种养。把发展扶贫产业作为增加群众收入，实现脱贫致富的突破口。一是促进扶持政策到村到户，扶持贫困户能直接参与、直接受益、稳定增收的种植、养殖、农产品加工和服务项目，发挥产业基地对贫困户的辐射带动作用。二是建立产业发展带动机制，积极引导承包土地向专业种养大户、农民合作社、农业产业化龙头企业流转，推行"公司+合作社（基地）+贫困户"等模式，提高贫困户的组织化水平，让贫困户从产业发展中获得更多利益。

（七）创新创业，探索电商扶贫新途径

充分利用我县获得电子商务进农村综合示范试点县的契机，结合我县特色产业，大力发展贫困村农产品电子商务，不断提升贫困村干部群众电子商务应用能力，通过建立贫困村电子商务服务站点，促进贫困村、贫困户农产品上行，达到脱贫致富的目的。一是培训帮扶。将贫困村驻点"第一书记"、大学生村官和贫困人员

纳入电商基础培训范围，培养电商人才。二是打造"一村一品"，通过成立合作社等形式，包装农产品，使农产品能进行线上销售，增加农民收入。三是建设村级服务站点或网店，通过村淘合伙人或"最进贤"平台实现农产品上行。

（八）扶智扶本，加大教育培训扶贫力度

对贫困家庭子女难以完成学业的，支持其完成学前到大学学龄的学业教育，用好用足义务教育阶段贫困家庭子女的补助政策，贫困家庭子女高中就学实行资助政策，并逐步提高资助标准。贫困家庭子女就读高职，除享受国家资助政策外，通过"雨露计划"项目完成学业，通过实施农村贫困家庭在校大学生助学项目，发放助学金、助学贷款、"一对一"帮扶、帮扶单位资助等完成学业。实施就业精准扶贫，一是建立动态台账，实现就业扶贫对象的"精准识别，精准帮扶，精准管理"；二是实施就业援助引导扶贫对象就地就近就业；三是开展就业培训，提升扶贫对象的就业能力。根据扶贫对象的意愿和企业用工需求，开展订单式免费技能培训，对企业开展扶贫对象就业培训的给予扶贫对象适当的培训补贴。实施"雨露计划"对参加培训每人补助1000元。大力实施新型农民职业培训，为扶贫对象免费开展农村实用技术培训。加强劳动预备制培训，对参加劳动预备制培训的扶贫对象给予补贴，全面提高扶贫对象的劳动技能。

（九）完善制度，提高托底保障救助水平

1. 完善最低生活保障制度。实现贫困对象低保全覆盖，进一步加强农村低保与精准扶贫、精准脱贫衔接，充分发挥农村低保在扶贫开发中的托底作用，协同解决农村低保对象贫困问题。逐步提高低保"五保"补助标准，加强敬老院建设，提高管理服务水平。

2. 健全医疗保障。加大政策扶持力度，一是实行财政资助参加新农合，对农村低保、五保供养对象参加新农合，其个人缴费由省、县两级财政全额负担，实现贫困人口新型合作医疗参保率达100%；二是根据洪府发〔2015〕37号文件精神，农村低保、五保供养对象在县级定点医疗机构住院，起付线标准为400元，报销比例为80%；三是实行贫困人口大病救助，逐步加大救助力度。

3. 实施临时救助制度。对因遭疾病事故、灾害等突发情况致贫的农户通过临时救助和专项救助帮助解决其生活困难。

四、工作要求

（一）加强组织领导

成立脱贫攻坚工作领导小组，县委书记为第一组长，县政府县长为组长，县委、县政府分管领导为副组长，相关部门、各乡镇的主要负责人为成员。领导小组下设办公室，办公室设在县委农工部（扶贫办），负责全县脱贫攻坚工作的组织实施、协调、督查落实。成立驻村帮扶精准扶贫工作领导小组，县委书记为第一组长，县委常委组织部部长为组长，县委、县政府分管领导为副组长，政府副县长兼办公室主任，负责"第一书记"驻村帮扶的管理、督查和考核。各乡镇建立乡镇主要领导为第一责任人，分管领导为站长，从民政所、农经站、党建办抽调3名以上工作人员组成扶贫工作站，负责乡镇贫困对象的精准识别，结对帮扶脱贫攻坚工作的组织实施。

（二）落实工作责任

各乡镇党委政府是实施脱贫攻坚责任主体，要把精准扶贫脱贫攻坚列入重要议事日程。落实"一把手"负总责，层层签订"脱贫攻坚责任书"。各单位各乡镇主要负责人要坚持脱贫攻坚重大问题亲自研究，难点问题亲自协调，关键环节亲自过问，出实招，办实事，求实效，坚决打赢脱贫攻坚战。

（三）注重部门协作

各有关部门、单位和各乡镇要认真履行职责，发挥行业和职能优势，从人才、资金、技术、项目、信息等方面为贫困村、贫困户提供扶持，确保帮扶措施和任务的落实。各相关职能部门要按照省、市行业部门精准扶贫脱贫攻坚实施方案的要求，结合我县实际，制订行业部门脱贫攻坚方案，各帮扶部门单位和个人要加强与乡镇党委政府及有关部门的沟通协作，及时研究解决工作中出现的新情况新问题，确保精准脱贫工作的顺利开展。

（四）加大资金投入

建立与县域经济发展相适应的财政扶贫投入稳定增长机制，县财政列入190万元结对帮扶脱贫攻坚专项资金，各部门筹集专项帮扶资金，助力贫困户脱贫，整合涉农部门的各项强农、惠农资金，支持贫困对象发展产业，增加收入。各部门安排各种涉农项目、惠农工程项目要最大限度地向贫困村、贫困户倾斜。积极参与扶贫助困对接活动，争取帮扶单位和社会各界的资金支持，合力脱贫攻坚。严格按照扶贫资金管理办法，加强对扶贫资金的监督管理，实行扶贫项目资金的公示公告制，接受群众监督，完善制度，建立扶贫资金监管的长效机制，确保扶贫资金的安全运行。

（五）强化督查考核

把精准扶贫脱贫攻坚工作纳入七大指挥部重点项目，按七大指挥部重点项目调度督查办法，县督查指挥部、县脱贫攻坚领导小组定期调度督查精准扶贫脱贫攻坚工作，对在驻村帮扶结对帮扶工作中有实招、干实事、见实效的先进单位和个人，给予通报表扬。并作为评先评优提拔的重要依据；对工作不力、进展缓慢的单位和个人，给予通报批评，视情况予以发函扣分，并要求限期整改。

附件：进贤县脱贫攻坚工作领导小组人员名单

中共进贤县委

进贤县人民政府

2016 年 3 月 26 日

附件

进贤县脱贫攻坚工作领导小组人员名单

第一组长：万　凯	县委书记
组　　长：钟益民	县委副书记、县政府县长
副 组 长：郑响龙	县委常委
万国辉	县政府副县长
成　　员：熊志清	县委办主任
黄振明	县政府办主任
邹忠文	县纪委副书记、县监察局局长
李斌雄	县委组织部常务副部长
万筱飞	县委宣传部常务副部长
李林根	县委统战部常务副部长
许方贵	县委政法委副书记
汪水生	县委农工部部长
程国根	县农办主任
付国成	县人力资源和社会保障局局长
付贤国	县总工会副主席
姜　蕾	团县委书记
颜贤萍	县妇联主席
徐锐平	县残联理事长
曹旭标	县工商联党组书记、副主席
胡文卿	县发改委副主任
许才兴	县工信委主任
熊鸣飞	县财政局副局长
万燕飞	县统计局党组书记
章汉阳	县住房和城市建设规划局局长
付皆成	县环保局局长
许结云	县交通运输局副局长
舒结云	县农业局局长

万　平	县水务局局长
雷俊明	县林业局局长
罗晓敏	县农业开发办负责人
张　能	县农机局党组书记
黄奉水	县国土局局长
杨爱平	县商贸局局长
高信群	县卫计委主任
王林波	县教体局副局长
胡伯玉	县科技局局长
焦江才	县审计局局长
黄发先	县民政局局长
吴佑民	县市场和质量技术监督局局长
付迎胜	县供电公司经理
涂传钢	县电信公司经理
曾华林	县委农工部副部长（县扶贫办主任）
吴克清	民和镇党委书记
吴绍云	文港镇镇长
晁兴华	李渡镇党委书记
胡国星	温圳镇党委书记
王平辉	梅庄镇党委书记
夏德才	罗溪镇党委书记
涂莉花	前坊镇党委书记
龚汉俊	架桥镇党委书记
黄道文	张公镇党委书记
吁文宏	三里镇党委书记
余益平	二塘乡党委书记
段龙根	钟陵乡党委书记
徐　强	南台乡党委书记
曾保斌	池溪乡乡长
杨耀辉	三阳集乡党委书记
桂爱娇	七里乡党委书记
洪江涛	下埠集乡乡长

邹国兵　　衙前乡乡长
付向宇　　白圩乡党委书记
吴绍欣　　长山晏乡党委书记
杨耀华　　泉岭乡党委书记

领导小组下设办公室，负责领导小组日常工作，办公室设在县委农工部（扶贫办），办公室主任由曾华林兼任，工作人员从相关单位抽调。

关于开展"结对帮扶、脱贫攻坚"的工作意见

根据省委、省政府《关于全力打好精准扶贫攻坚战的决定》(赣发〔2015〕10号)和市委、市政府《关于推进农村精准扶贫工作加快实现脱贫目标的实施意见》(洪发〔2015〕11号)文件精神,为扎实推进我县结对帮扶精准扶贫工作,全力打好脱贫攻坚战,确保我县率先实现全面脱贫和率先全面建成小康社会,结合我县实际,制定本工作意见。

一、指导思想

深入贯彻党的十八大和十八届三中、四中、五中全会精神,全面贯彻习近平总书记关于扶贫开发的重要战略思想,按照省委、省政府、市委、市政府对扶贫工作的工作部署和要求,围绕"两个率先"的目标,以驻村帮扶开展结对帮扶大行动为重要抓手,组织单位干部和社会各界全面开展结对帮扶,打好民生改善、产业发展、基础设施"三个攻坚战"。扎实推进扶贫攻坚活动,加快贫困对象脱贫奔小康的步伐,为实现我县农民生活大变样,2017年实现"两个率先"目标作出贡献。

二、目标任务

按照"领导挂点、单位帮村、干部包户、社会参与、结对帮扶、精准扶贫"的要求,开展县直单位和县、乡、村干部与贫困村、贫困户结对帮扶活动,与省、市驻村定点帮扶单位联动,动员社会各界参与,确保每个贫困村有帮扶单位,每户贫困户有干部帮扶,实现精准结对帮扶全覆盖,结对帮扶一包到底,不脱贫不脱钩。通过两年扶贫攻坚,到2017年底,全面实现扶贫对象18099人全部脱贫。

三、工作措施

（一）摸清结对帮扶对象

各乡镇组织乡村干部逐村逐户对已在册贫困户的家庭人口、资源状况、贫困现状、致贫原因、劳力状况、技能技术等情况，进行进一步核实核准，认真按照贫困户三个类别的标准，摸清"一般贫困户、低保贫困户"与"五保贫困户"底数，为开展分类帮扶打下基础。

（二）明确结对帮扶方式

对已确定的贫困村和贫困户全面落实帮扶责任单位、责任人和帮扶措施，做到帮扶全覆盖。落实帮扶责任制，结对干部为帮扶责任人，建帮扶台账，在村设公示牌，明确帮扶人、帮扶措施、目标任务、帮扶投入、帮扶结果、脱贫时间等内容和指标。实行五种结对帮扶模式：一是县乡村干部"321"结对，即一个县级领导挂点一个乡镇，帮扶一个村，结对帮扶3户贫困户，一个县直单位挂点一个村（按"第一书记"和小分队定点不变），一个科级干部结对帮扶2户贫困户，一个普通干部结对帮扶1户贫困户；二是省、市定点帮扶单位与贫困村的贫困户结对帮扶；三是对接扶贫助困单位（西湖区政府、高新区政府）结对帮扶；四是引导非公有制经济组织和社会各界参与结对扶贫；五是其余贫困户由乡、村干部托底结对帮扶。

（三）筹措结对帮扶资金

县财政安排每个县级领导5万元专项帮扶资金，用于挂点乡镇结对帮扶，县直单位自筹帮扶资金，倡导单位干部捐资结对帮扶，引导非公经济组织和爱心人士捐资结对帮扶。

（四）落实结对帮扶任务

各帮扶单位和帮扶干部要按照"一村一策，一户一案"的要求，综合施策、组合帮扶，对村和贫困户落实精准帮扶措施，确保取得帮扶实效。重点开展单位包村"四帮"、干部包户"四送"。

1.单位包村"四帮"。一是帮制订实施脱贫规划。驻村工作队要结合当地实际，帮助围绕改善发展条件、提升发展能力制订年度工作计划和整体脱贫规划，并积极参与规划项目的实施与监督。二是帮加强基础设施建设。按照建设生态文明美丽乡村的要求，帮助大力实施农村危旧房改造工程、村庄清洁工程、道路硬化工程、基本农田水利建设工程、饮水提升工程、电网升级改造工程、农村信息化工程等，大力改善农村人居环境。三是帮发展扶贫产业。结合帮扶村情况，着眼于形成"一村一品",帮助贫困村发展特色产业,培育主导产业,做强优势产业,并依托农村经济合作组织,引导贫困群众以土地、山林流转、入股等多种形式参与产业发展。四是帮夯实基层基础。帮助加强村级基层组织建设,强化村"两委"班子成员的教育培训,切实提高村"两委"班子推进精准扶贫的能力和水平。帮助制定困难帮扶、文明礼仪、纠纷调解等村规民约,提高贫困村自我管理服务能力。协助开展平安创建,妥善解决群众关心的热点难点问题,加大矛盾纠纷排查调处力度,不断促进社会和谐。

2. 干部包户"四送"。一是送温暖。本着尽力而为、量力而行的原则,积极帮助贫困户解决生产、生活中的实际困难,保证他们有粮吃、有衣穿、有房住,孩子不失学、有病能救治。二是送政策。结合结对帮扶贫困户的生产、生活和思想实际,积极宣传党的惠民政策和县委、县政府的一系列重大决策部署,宣传经济发展的先进典型和致富经验,帮助解放思想,更新观念,开阔眼界,拓宽思路,特别是克服等、靠、要的观念,使他们增强创业致富的信心。三是送技术。根据结对帮扶贫困户的实际情况,对有条件的贫困户,可通过组织参与"雨露计划"、"新型农民职业培训"、"金蓝领工程"和订单式技能培训以及协调落实岗位等途径,帮助提供就业门路和劳务输出;对在村务农的,要引导和帮助他们掌握1—2门实用技术,让他们早日致富奔小康。四是送项目。结合结对帮扶贫困户实际,提供市场信息,帮助他们选准一条增收路子或1个致富项目,尽快改善生产、生活条件。

四、工作要求

(一)加强组织领导

县脱贫攻坚领导小组组织开展结对帮扶脱贫攻坚行动。乡镇党委、政府承担扶贫攻坚的主体责任。县直帮扶单位主要负责人为结对帮扶工作第一责任人,对结对帮扶工作负总责。要认真制订工作方案,把结对帮扶活动的具体任务和责任进行逐级分解落实,丰富结对帮扶活动的形式和内容。县脱贫攻坚领导小组办公室要负责做好结对帮扶的统筹协调、督查落实、考核汇总等工作。

(二)严格奖惩措施

建立评优罚劣奖惩机制。充分调动单位和干部的工作积极性,将结对帮扶贫困村工作情况作为文明单位创评的重要考核指标;对帮扶干部工作积极、成绩特别突出的,可优先评选为本单位年度优秀公务员或先进工作者,同时作为提拔使用的重要依据;对态度不积极,不履行帮扶职责,造成恶劣影响的,要视其情节分别给予通报批评和纪律处分。对结对帮扶工作不达标,致使帮扶村面貌未得到有效改善的帮扶单位，须向县脱贫攻坚领导小组作出书面检讨并制订整改方案报县脱贫攻坚领导小组办公室。

（三）营造良好氛围

各地各部门要整合宣传资源，充分利用电视、广播、报刊、手机短信、微信、手机报、宣传画、宣传横幅、板报等各种载体，对结对帮扶工作进行深度宣传报道，及时总结、宣传好的经验、做法，营造良好的社会氛围，推动结对帮扶工作深入开展。

（四）强化监督检查

县督查指挥部、县脱贫攻坚领导小组将加强对结对帮扶工作的日常督查和指导。年底牵头开展对本年度结对帮扶工作的考核。县脱贫攻坚领导小组各成员单位要切实履行职责，密切配合，积极推动结对帮扶工作落到实处。

中共进贤县委办公室
进贤县人民政府办公室
2016年3月26日

附件

县领导、省市县单位挂点结对帮扶安排表

序号	挂点领导	县直帮扶单位	乡镇	帮扶村名单
1	万　凯	县委办	温圳镇	温圳镇联里村
2	许方清	县国投公司		温圳镇路边村
3		县卫计委		温圳镇康山村
4		县创建办		温圳镇湖南村
5	钟益民	县政府办、县法制办	李渡镇	李渡镇文丰村
6	张周平	县商贸局		李渡镇南溪村
7		县宗教局、团县委		李渡镇安阳村
8		江西长运进贤客运站		李渡镇柴埠村
9	熊馨梅	县民政局	文港镇	文港镇前塘村
10		县委老干局		文港镇晏殊村
11		县鄱湖局		文港镇湖潭村
12		中国石化进贤分公司		文港镇南湾村
13	万晓鸣	县人大机关	白圩乡	白圩乡致岭村
14	万国辉	县物业中心		白圩乡葫塘村
15		县地税局		白圩乡石巷村
16		县公路局		白圩乡剑溪村
17	钱和平	县政协机关	泉岭乡	泉岭乡自治村
18	黄南昌	县住建局		泉岭乡梁东村
19		县科协、县残联		泉岭乡何桥村
20		县文联、县社联		泉岭乡义珑村
21		人保财险进贤公司		泉岭乡大塘村
22	赖育雷	县委组织部	七里乡	七里乡谷升村
23	刘　杭	县财政局		七里乡兰溪村
24		县农业局		七里乡石桥村
25		县重点办		七里乡罗源村
26		江西财经职业学院		七里乡太和村
27	袁一旦	县经济开发区	三阳集乡	三阳集乡北坑村
28		县畜牧局		三阳集乡艾家村
29		县司法局		三阳集乡三阳村
30		县信访局		三阳集乡荆陵村
31		农业银行进贤支行		三阳集乡藕塘村
32	胡鹏飞	县文化局	南台乡	南台乡赤岭村
33	夏国平	县气象局		南台乡湖滨村
34		县邮政局		南台乡石坑村
35		县邮储银行		南台乡高坑村

续表

序号	挂点领导	县直帮扶单位	乡镇	帮扶村名单
36	刘国平	县委宣传部	梅庄镇	梅庄镇新付村
37		县教体局		梅庄镇梅庄村
38		县供销社		梅庄镇梅西社区
39		县安管局		梅庄镇杰岗村
40		南昌银行进贤支行		梅庄镇新瑶村
41	郑响龙	县水务局	衙前乡	衙前乡秧塘村
42	胡 裔	县统战部		衙前乡罗家村
43		军山湖管委会		衙前乡梅岭村
44		县域办		衙前乡新建村
45	陈建华	县委政法委	钟陵乡	钟陵乡钟陵村
46	何慧明	县工商联		钟陵乡彭桥村
47		县卫计委		钟陵乡罗盘村
48		县机关工委		钟陵乡盈塘村
49		农发银行进贤支行		钟陵乡茶园村
50	胡俊峰	县行政服务中心	架桥镇	架桥镇汗城村
51	罗祥发	县检察院		架桥镇彭宗村
52		县委农工部		架桥镇南岗村
53		县档案局		架桥镇荣华村
54		建设银行进贤支行		架桥镇架桥村
55	龚林涛	县纪委	池溪乡	池溪乡欧溪村
56		县人防办		池溪乡栋山村
57		县科技局		池溪乡黎家村
58		县国土局		池溪乡桥南村
59		江西工程学校		池溪乡湖田村
60	焦官印	县总工会	罗溪镇	罗溪镇罗溪村
61		县人社局		罗溪镇坝塘村
62		县红十字会		罗溪镇莲塘村
63		工商银行进贤支行		罗溪镇三房村
64	张万荣	县市场和质量监督管理局	长山晏乡	长山晏乡新居村
65	温雪华	县烟草专卖局		长山晏乡墩上村
66		县国税局		长山晏乡上付村
67		县妇联、县侨联		长山晏乡圳晁村
68		中国银行进贤支行		长山晏乡五桥村
69	梅雪灿	县商务局	下埠集乡	下埠集乡鹅窠村
70	王桂珍	人民银行进贤支行		下埠集乡杨家村
71		县农机局		下埠集乡双溪村
72		县史志办		下埠集乡前东村

续表

序号	挂点领导	县直帮扶单位	乡镇	帮扶村名单
73	邓必勇	县工信委、人寿保险公司	张公镇	张公镇牛溪村
74	万剑波	县公安局		张公镇老王村
75		县环保局		张公镇全福村
76		县交警大队		张公镇城上村
77		江西省红壤研究所		张公镇桐岭村
78	罗通文	县粮食局、移动进贤分公司	民和镇	民和镇凤岭村
79	叶新山	县交通局		民和镇苗圃社区
80		县委党校		民和镇凰岭村
81		县统计局		民和镇解放街社区
82		县轻工联社		民和镇五七社区
83		县地方海事处		民和镇西塘村
84	王成久	县城管局	二塘乡	二塘乡新民村
85	叶意如	县机关事务局		二塘乡中谭村
86		县城投公司		二塘乡潭津村
87		县编办		二塘乡鹿塘村
88		县盐务局		二塘乡康乐村
89	张周平 徐立克	县人武部	三里乡	三里乡黄家村
	杨雨晨	县供电公司		三里乡石岗村
90		电信分公司		三里乡新乐村
91		县林业局、新华书店		三里乡曹门村
92		五里垦殖场		三里乡新和村
93		县防震减灾局		三里乡倪坊村
94	胡建华	县法院	前坊镇	前坊镇英山村
95		县发改委		前坊镇西湖村
96		县审计局		前坊镇沙口村
97		县农业开发办		前坊镇高兴村
98		中国联通进贤分公司		前坊镇大池村

关于打赢脱贫攻坚战三年行动的实施意见

脱贫攻坚战，作为决胜全面建成小康社会必须打好的三大攻坚战之一，对于实现第一个百年奋斗目标具有决定性意义。为明确今后三年脱贫攻坚时间表和路线图，确保如期高质量完成脱贫攻坚政治任务，按照党中央、国务院和省委、省政府、市委、市政府关于打赢脱贫攻坚战三年行动的决策部署，现就打赢我县脱贫攻坚战三年行动，结合全县实际，提出以下实施意见。

一、总体要求

（一）指导思想

以习近平新时代中国特色社会主义思想为指导，全面贯彻党的十九大精神，紧紧围绕全省脱贫质量和成效位居全国第一方阵的总体目标、全县贫困人口稳定脱贫和贫困村如期退出的攻坚任务，坚持按照"核心是精准、关键在落实、实现高质量、确保可持续"的工作要求，突出问题导向，强化"县抓落实、乡（镇）推进和实施"的工作机制，突出问题导向，优化政策供给，下足绣花功夫，尽锐出战攻坚，切实增强贫困群众的获得感，确保2020年全面打赢脱贫攻坚战，为决胜全面小康提供强大支持，为实施乡村振兴战略奠定坚实基础。

（二）行动目标

总体目标。到2020年，稳定实现全县农村贫困人口"两不愁三保障"目标，贫困群众人均可支配收入增长幅度高于全县农村平均水平，确保现行标准下全县农村贫困人口全部实现稳定脱贫，消除绝对贫困现象；21个贫困村如期退出。

年度目标。2018年，确保实现1700名贫困人口脱贫、7个省市级贫困村全部退出的目标任务。2019年，确保实现3102名贫困人口脱贫的目标任务。2020年，确保现行标准下全县农村贫困人口全部稳定脱贫，巩固提升脱贫成果。

（三）工作要求

坚持严格执行现行扶贫标准。严格按照"两不愁三保障"要求，确保贫困人口不愁吃、不愁穿；保障贫困家庭孩子接受九年义务教育，确保有学上、上得起学；保障贫困人口基本医疗需求，确保大病和慢性病得到有效救治和保障；保障贫困人口基本居住条件，确保住上安全住房。要量力而行，既不能降低标准，也不能擅自拔高标准、提不切实际的目标，避免陷入"福利陷阱"，防止产生贫困村和非贫困村、贫困户和非贫困户待遇的"悬崖效应"。

坚持精准扶贫精准脱贫基本方略。做到扶持对象精准、项目安排精准、资金使用精准、措施到户精准、因村派人（第一书记）精准、脱贫成效精准，从实际出发，解决好扶持谁、谁来扶、怎么扶、如何退问题，做到扶真贫、真扶贫，脱真贫、真脱贫。

坚持把提高脱贫质量放在首位。牢固树立正确政绩观，不急功近利，不好高骛远，更加注重帮扶的长期效果，夯实稳定脱贫、逐步致富的基础。合理确定脱贫时序，不搞层层加码，不赶时间进度、搞冲刺，不拖延耽误，确保脱贫攻坚成果经得起历史和实践检验。

坚持扶贫同扶志扶智相结合。正确处理外部帮扶和贫困群众自身努力的关系，强化脱贫光荣导向，更加注重培养贫困群众依靠自力更生实现脱贫致富的意识，更加注重提高贫困人口自我发展能力。

坚持开发式扶贫和保障性扶贫相统筹。把开发式扶贫作为脱贫基本途径，针对致贫原因和贫困人口结构，加强和完善保障性扶贫措施，造血输血协同，发挥两种方式的综合脱贫效应。

坚持调动全社会扶贫积极性。充分发挥政策和社会两方面力量作用，强化政府责任，引导市场、社会协同发力，构建专项扶贫、行业扶贫、社会扶贫互为补充的大扶贫格局。

二、全力实施十大行动

（一）产业扶贫提质行动

按照全县规划和要求，结合进贤县资源优势和产业基础，重点推进"培育一批新型经营主体、建成一片高标准农田、兴建一个都市现代农业示范园、完善一个村集体经济组织、建立一所电商服务平台"的"五个一"产业发展目标，强化产业扶贫带贫益贫组织合作和利益联结机制，有序推进产业扶贫效益落实到经营主体、贫困户，提升贫困人口参与度和获得感。

推进产业发展转型升级。积极依托农业结构调整和高标准农田建设,大力发展稻米、蔬菜、果业、畜牧业、水产、花卉苗木、休闲农业和乡村旅游、中药材等九大特色产业,加大对贫困户增收的带动作用。立足当地资源和生产条件,因地制宜,尊重农民意愿,充分发挥贫困群众主体作用、规模基地带动作用。在高标准农田建设任务中,优先安排扶贫村建设,并将高标准农田建设与农业产业结构调整、壮大村集体经济有机结合。整合涉农部门项目资金,重点用于培育和壮大蔬菜、果业、中药材、油茶等经济作物产业,改善经济作物生产基地基础设施水平。深入推进"一乡一园"建设,重点向贫困村倾斜。积极引进龙头企业,通过争取各级财政资金,撬动社会资本投入,大力扶持做大做强示范园。发展优质水稻,继续大力推广品质优、市场好的优质水稻品种,帮助和指导乡镇逐步调减市场销路差的普通水稻品种播面,增加优质水稻面积,带动贫困户增收。大力推动一二三产业融合发展,支持和帮助引进培育农产品精深加工企业,坚持以市场为导向,以贫困户产业脱贫为目标,以企业为龙头,通过各种公司带动发展模式,建设优质稻米、绿色蔬菜瓜果、特色茶叶等种植加工基地,稻虾共生养殖和畜禽标准化规模养殖场,带动特色产业深度发展。鼓励从实际出发,利用扶贫资金发展短期难见效、未来能够持续发挥效益的产业。

提高产业扶贫组织化程度。完善新型经营主体与贫困户的利益联结机制,支持贫困户以各种要素创办、参与或入股合作社及家庭农场,提高贫困户获得的经营性和工资性等收入。一是加强法律政策宣传,引导贫困户以各种要素入股合作社,创办家庭农场,将土地的要素流转到合作社或家庭农场统一管理、统一经营,发挥适度规模经营的效益,提高贫困户在合作社或家庭农场的租金收入、工资性收入。二是加强政策技术培训,提高合作社和家庭农场的生产技术水平和市场议价能力。三是加强财政资金扶持,建立财政资金扶持优先机制,资金和政策优先扶持带动贫困户脱贫能力强的新型经营主体。四是建立联合经营机制,引导贫困户参与合作社等新型农业经营主体联合经营,提高风险抗击能力,促进贫困户的收入随着经营效益提高而稳步增长。

加强产业发展技术帮扶。依托县、乡各级产业技术专家和服务团队,深入开展扶贫产业技术指导服务。一是全程技术跟踪指导服务。通过技术包干服务,实现贫困村发展农业产业的村集体、企业或贫困户至少一名专家全程跟踪服务。二是开展新型职业农民培育。培训计划中优先安排贫困村、贫困户所需的农业专业技术。三是鼓励购买服务。本地政府部门通过购买服务方式,向贫困户提供更加高效、便捷的农业社会化服务。

深入推进电商扶贫。拓宽扶贫产品销售渠道，深化与电商平台对接合作，大力发展"邮乐购""供销 e 家""社会扶贫网"等电商扶贫平台，推广"农校对接""农企对接""农超对接"，畅通农产品营销渠道，把贫困地区的产品优势转化为市场优势。

发展壮大村集体经济。按照"核资产、建制度、定思路、创实体"的发展思路，集中优势做大做强村集体经济。盘活村集体闲置资产，对村集体闲置的办公用房、校舍、厂房、仓库等资产资源和各级财政投入兴建的水利、交通、文教、卫生等公益性设施，通过合规合法途径，实现村集体资产有效利用和保值增值。发展村集体村属物业，鼓励贫困村以土地入股、折股分红共同合作开发建设物业项目，获取物业收益。整合集体土地资源，鼓励村集体将未承包到户的空闲地和荒山、荒滩、荒坡等未利用地和贫困户的承包地集中流转发展适度规模经营，获取流转收益和土地增值。发展股份合作经济，支持合作社采取集体资产折资入股、吸纳社会资金入股等方式发展股份合作经济，支持有特色资源优势的村以土地、资源、传统技艺折价入股等形式引进工商资本，发展农家乐、民宿、度假村、休闲农业、乡村旅游等，支持村集体组织申报市级以上农业休闲旅游示范点。发展服务型经济，鼓励村集体创办代办代购、农贸市场、餐饮住宿、健康养老、教育托管等服务实体和领办农机、技术、劳务输出、农产品销售、农资供应、储运加工等服务组织，支持村集体建立电商服务经营平台，取得服务收入，增加集体收入。实行政府购买服务发展村集体经济，对一些经济发展条件欠缺的行政村，做好生态环境保持、基本农田保护、山林河湖管护等基础性工作，以政府购买服务的方式，通过使用新增建设用地土地有偿使用费给予适当奖补，增加村集体收入。

责任单位：县农业局、县林业局、县商务局、县发改委（县能源局）、县委组织部、县扶贫办、县供销社、县工信委、县审计局、县文广新局、县教科体局、县市管局、中国邮政进贤分公司、进贤县供电公司，各乡镇党委和政府

（二）就业扶贫扩面行动

按照"拓宽一个主渠道、搭建六类新平台、完善一套保障机制"的就业扶贫模式，推动贫困劳动力就业意愿、就业技能和就业岗位精准对接，拓宽就业扶贫覆盖面。2018—2020 年进贤县就业扶贫目标任务：未脱贫劳动力中有劳动能力和就业意愿的贫困劳动力就业率达到 75% 以上，其中扶贫车间吸纳、返乡创业带动、有组织劳务输出、公益性岗位安置实现就业人数 850 人。

扎实推进技能扶贫。充分发挥扶贫部门"雨露计划"培训、就业部门技能培训平台，鼓励职业院校（含技工院校）优先招收贫困家庭子女就读，开展实用技能强、

就业前景好等方向的职业教育。结合贫困人口培训意愿和劳动力市场需求，积极组织优质职业培训机构，开展乡村旅游、生态农业、家庭服务等领域的职业技能培训，采取课堂教学、互联网＋培训等方式，开展进乡镇、进社区、进家庭等"点对点"的精准扶贫。深入开展贫困村致富带头人培训，支持致富带头人在贫困村创办企业、发展新型农业经营主体，鼓励致富带头人带动扶贫对象积极参与创业项目、多渠道增加收入。

推进外出务工转移就业。通过组织开展就业援助月、"春风行动"和民营企业招聘周等公共就业服务专项活动，通过广播、电视、手机客户端等多种形式将岗位信息送到贫困劳动力手中，帮助符合岗位条件的贫困劳动力与企业取得联系，促进其实现就业。开启企业与贫困乡镇劳务对接，组织贫困劳动力市内转移就业，提高劳务输出脱贫的组织化程度，对于外出务工的农村贫困人员给予交通补贴，给予到省外务工的贫困劳动力一次性交通补贴500元／人，到省内跨县（市、区）务工的贫困劳动力一次性交通补贴300元／人。每名贫困劳动力每年可享受一次。

强化就业脱贫平台建设。支持创建就业扶贫基地、龙头企业扶贫基地、就业扶贫车间、新型农村合作社、就业扶贫专岗等就地就业平台，支持平台吸纳贫困劳动力就近就地实现就业。对吸纳不少于1名贫困劳动力在家门口就业，与其签订6个月以上劳动合同，累计工作时间不少于6个月且工资待遇不低于当地最低工资标准的乡村生产车间，认定为就业扶贫车间。每吸纳1名贫困劳动力，在其就业年度内，按年给予就业扶贫车间1000元的一次性奖补，用于就业扶贫车间发生的物管费、卫生费、房租费、水电费补助。各地要发挥扶贫资金、就业补助资金和其他各类资金作用，积极开发就业扶贫专岗；村级要充分发挥保洁、图书管理等公益性岗位，优先吸纳有就业意愿的贫困劳动力就业。

强化"雨露计划"培训。认真落实"雨露计划"培训政策，组织开展好调查摸底、政策宣传、申报审批、组织实施、补助发放和档案管理等工作，确保贫困家庭中符合培训条件且有培训意愿的未升学初高中毕业生、青壮年劳动力全部获得培训，并按标准享受资金补助政策。

责任单位：县人社局、县教科体局、县商务局、县农业局、县林业局、县文广新局、县财政局、县扶贫办，各乡镇党委和政府

（三）教育扶贫提升行动

完善教育扶贫责任制。全面实行义务教育扶贫资助政策学校校长与乡镇（办）属地"双负责"制度，学校和乡镇（办）共同推进教育扶贫资助政策落实，确保贫困学生享受教育扶贫资助政策全覆盖。持续深化农村留守儿童关爱，把关爱农

村留守儿童纳入全县经济社会发展总体规划，多举措为农村留守儿童提供寄宿、托管、课外辅导、心理关爱以及校外文体活动等各方面服务。根据《南昌市教育精准扶贫工作实施方案》，制定适合我县贫困生降分录取县重点高中和适度向农村贫困生倾斜录取职业学校的具体优惠政策，并组织实施。实现"三个确保、一个提供"。即确保建档立卡学龄前儿童都有机会接受学前教育，确保贫困家庭义务教育阶段适龄人口都能接受九年义务教育，确保贫困家庭高中阶段适龄人口都能接受高中阶段教育特别是中等职业教育，对贫困家庭学龄后人口提供适应就业创业需求的职业技能培训。加强学籍管理系统数据与建档立卡信息系统数据比对衔接，全面核查，动态跟踪贫困户子女受教育状况，控辍保学，确保不让1名义务教育贫困学生因贫失学辍学；加大对非义务教育贫困学生支持力度，帮助其顺利完成学业。

改善贫困地区办学条件。进一步加快"全面改薄"建设工程，改善农村义务教育薄弱学校办学条件，实施底部攻坚，统筹规划布局农村基础教育学校，全面加强乡村小规模学校和乡镇寄宿制学校两类学校建设和管理。加快以城带乡，扩大优质教育资源供给，不断提高乡村教育质量。关爱特殊儿童，改善特殊教育学校和普通学校"资源教室"办学条件，建设1所独立设置的特殊教育学校，推进融合教育，落实"一人一案"安置，保障农村残疾儿童享有公平而有质量的教育。

加强教师队伍建设。深入实施乡村教师支持计划，改善贫困地区乡村教师待遇，按政策落实乡村教师生活补助待遇。加大贫困地区"特岗计划"教师补充力度，深入推进义务教育学校校长教师交流轮岗。积极选送优秀乡村教师参加国培、省培计划专项培训，组织乡村教师参加"全省中小学幼儿园教师信息技术应用能力提升工程"培训，每年组织2—3期农村音体美等薄弱学科的短期集中培训，不断提高农村教师整体素养。按照省教育厅、省语委要求，积极开展推普脱贫攻坚工作，加大乡村学校语言文字推广普及力度，组织乡村教师参加语言文字相关培训，提高贫困地区村民说好普通话、用好规范字的能力，提升村民文化素养。

责任单位：县教科体局、县扶贫办，各乡镇党委和政府

（四）健康扶贫巩固行动

推进健康扶贫工程。根据脱贫需求，提高补充保险筹资标准和保障水平，完善贫困人口健康扶贫保障投入增长机制，将贫困人口全部纳入基本医疗、大病医疗和重大疾病医疗补充保险保障范围，贫困人口参加城乡居民医保个人缴费部分和重大疾病医疗补充保险费全部由财政承担。进一步筑牢基本医保、大病保险、补充保险、医疗救助、政府兜底"五道保障线"，使贫困患者住院最终实际报销补

偿比达到90%以上。

实施医疗救治行动。继续实施城乡贫困人口重大疾病专项救治，加大支出型低收入家庭大病患者及因病致贫对象救助力度，推动困难群众重大疾病免费专项救治，持续开展大病集中救治行动。在已开展儿童先心病、儿童白血病、胃癌、食道癌、结肠癌、直肠癌、终末期肾病等大病专项救治基础上，增加肺癌、肝癌、乳腺癌、宫颈癌、急性心肌梗死、白内障、神经母细胞瘤、儿童淋巴癌、血友病、地中海贫血、唇腭裂、尿道下裂等作为专项救治病种。加强专项救治医疗质量安全管理，加快落实"一站式"结算。强化医疗救助与大病保险、补充保险在对象范围、支付政策、经办服务和监督管理等方面衔接，落实贫困患者县域范围内住院"先诊疗、后付费"和"一站式"结算，简化定点医疗机构的大病保险和补充保险补偿材料，承办大病保险和补充保险的保险机构应按月及时核报医疗机构"一站式"结算补偿垫付资金。保障贫困人口门诊就医待遇，将门诊特殊慢性病年度最高支付限额提高到平均5000元。

加强健康扶贫基层基础建设。支持乡镇卫生院提升医疗卫生服务与健康扶贫能力，实施农村订单定向医学生培养计划和村卫生室订单定向医学生培养计划，为乡镇卫生院招募特岗全科医生。按照国家有关规定，完善乡镇卫生院医疗人才招聘制度，对县乡医疗卫生机构适当放宽年龄、学历、专业等要求，并可拿出不超过30%比例的岗位面向本县、本市或周边县市户籍人员（或生源）招聘，着力解决基层执业医师紧缺等问题。

落实妇幼重大公共卫生服务项目举措。继续实施农村妇女国家"两癌"检查项目，深入推进城镇贫困妇女"两癌"免费检查工作，落实"两癌"免费检查任务，对符合救助条件的确诊患者实施救助。

责任单位：县卫计委、县人社局、县民政局、县扶贫办、县财政局，各乡镇党委和政府

（五）危房改造清零行动

加强农村危房动态管理。规范简化农村危房改造对象认定和危房鉴定程序，健全农户申请和村级评议、乡镇（办）审核、县复核的"三级审核""三榜公示"对象认定程序机制，全面排查危房，完善存量台账，实施精准管理，做到改造一户、销号一户。

大力推进危房改造实施。在全面排查的基础上，根据脱贫需要，科学制订危房改造计划，及时推进建档立卡贫困户、分散供养特困人员、低保户、贫困残疾人家庭等"四类对象"危房改造。对符合国家危房改造政策的，全部纳入农村危

房改造计划。对无经济能力、劳动能力的特别困难农户,实施"交钥匙工程"等措施,并鼓励各地创新举措,通过盘活闲置集体资产、采用农房置换或长期租赁等低成本方式,兜底解决特别困难农户基本住房安全问题。确保2018年全面完成之前各年度脱贫户危房改造任务,2019年基本完成"四类对象"现有存量危房改造任务,2020年全面完成后续扫尾任务。严格危房改造政策标准。

坚持实施分类改造。对C级危房实施维修加固,对D级危房和无房户进行新建。对新建住房的,要严格控制建房总面积和总造价,防止因举债过重加深贫困或返贫。

强化质量安全监管。保证住房满足基本使用功能,对C级危房加固改造后,要确保房屋达到15年以上安全期限。

强化资金投入和使用管理,进一步加大对农村危房改造对象的帮扶力度,健全完善分类分级补助标准,保障资金安全规范高效运行。

责任单位:县住建局、县财政局、县民政局、县扶贫办、县残联,各乡镇党委和政府

(六)保障扶贫兜底行动

持续加大农村低保资金投入,2018年至2020年按照不低于4740元/年(395元/月)、5340元/年(445元/月)、6120元/年(510元/月)的标准逐年提高,确保到2018年底,全县农村低保标准高于同期全国扶贫标准20%,到2020年,全县农村低保标准高于同期全国扶贫标准40%。全面巩固农村低保兜底保障扶贫成果,建立农村贫困群众基本生活保障自然增长的体制机制,不断提高保障水平。

加强临时救助工作。对农村贫困群众临时救助标准按照不低于5%的比例上浮。全面建立落实乡镇临时救助备用金制度,对贫困群众的突发急难需求,或救助金额较小的,全部委托乡镇(街道)审批,报县级民政部门备案,提升临时救助时效。

力促残疾群体脱贫。夯实贫困残疾人"两不愁三保障",确保3072名建档立卡贫困残疾人实现脱贫目标。有效扩大基本康复服务、家庭无障碍改造覆盖面。实施第二期特殊教育提升计划,落实家庭经济困难残疾学生和残疾家庭子女资助政策,加强对因残、因贫辍学残疾儿童少年复学工作,强化对残疾儿童接受普性学前教育资助。促进贫困残疾人就业创业,开展实用技术助残行动和残疾人就业援助月活动,加大助残创业就业基地扶持力度,资产收益扶贫项目优先安排贫困残疾人家庭。筑牢贫困残疾人社会保障,完善困难残疾人生活补贴和重度残疾人护理补贴制度,推动有条件的地区生活补贴对象向低收入、无固定收入等其他困难残疾人拓展,护理补贴范围向非重度智力、精神残疾人拓展,及时提高补贴标准,实现城乡标准统一。继续实施"阳光家园"计划和政府购买残疾人日间照料服务

项目，加大对建档立卡失能重度残疾人照护和托养工作力度，强化困难残疾人多层次多元化托养服务。

关注特定贫困群体。重点关注贫困老年人、重病患者、重度残疾人、重度智障患者等完全丧失劳动能力和部分丧失劳动能力，且无法依靠产业就业帮扶脱贫的特定贫困群体，对失能、弱能的贫困人口加大资产收益扶贫支持力度，提高产业收益分配比例。全面落实低保、医疗、养老、住房、救助等社会保障政策，因地制宜提高政策保障水平。

责任单位：县民政局、县残联、县卫计委、县教科体局、县扶贫办，各乡镇党委和政府

（七）基础设施完善行动

加快补齐贫困村设施短板。大力推进贫困村（组）道路新建、损坏道路维修、入户便道硬化、污水管网铺设、危房改造、新农村建设七改三网、村庄整治、公厕户厕等基础设施项目和"8+4"公共服务项目建设（农村基层综合公共服务平台、卫生室、便民超市、农家书屋、文体活动场所、垃圾处理设施、污水处理设施、公厕，小学、幼儿园、金融服务网点、公交站），全面补齐贫困村设施短板，确保2018年底前完成7个贫困村的退出任务。

提升贫困地区交通水平。抓好"四好农村路"建设，2018年完成25户以上自然村通水泥路，2019年底实现所有村民小组通水泥路。推进城乡客运一体化建设，到2020年实现具备通客运班车条件的建制村通班车达到100%。加快贫困地区农村公路安全生命防护工程建设，基本完成乡道及以上行政等级公路安全隐患治理。推进窄路基路面农村公路合理加宽改造和危桥改造。改造建设一批贫困乡村旅游路、产业路、资源路。

完善贫困地区水利设施。一是推进农村饮水安全巩固提升工程建设。"十三五"期间农村饮水工程项目重点向建档立卡贫困人口倾斜，全面解决贫困人口安全饮水问题。二是大力推进水利工程标准化管理工作。基本完成包括贫困地区堤防工程在内的水利工程标准化创建工作，基本完成贫困地区万亩以上圩堤加固整治项目和灾后水利中小河流治理项目。

改造贫困地区电力和网络。实施新一轮农网改造升级，加快推进贫困地区电力基础设施建设，引导电网企业做好贫困地区农村电力建设管理和供电服务。大力推进贫困地区农村可再生能源开发利用。创新"互联网+"扶贫模式，统筹推进网络覆盖、农村电商、网络扶智、信息服务、网络公益五大工程向纵深发展。加快农村及偏远地区4G网络覆盖，鼓励基础电信企业加大投资，将宽带网络向有

条件的贫困村自然村组延伸。推进网络提速降费，引导基础电信企业加大面向贫困地区和贫困人口的优惠力度，鼓励推出扶贫专属资费优惠，减轻贫困群体宽带网络使用负担。

全面提升环境整治水平。加大贫困村、贫困户资金和项目支持力度，确保满足脱贫退出任务需要。加大新农村建设对贫困村自然村（组）的支持，按照省、市委要求在2017年对25户以上村庄全覆盖的基础上贫困村根据实际情况安排村点进行补缺提升，确保进一步巩固贫困村村庄环境整治水平。全面实施村庄整治提升工程，大力推进贫困村房前屋后硬化、排水沟疏通、场地平整、垃圾清理和污水治理。深入持续开展农村生活垃圾处理，大力推进农村厕所革命，加强村庄规划，全面提升村容户貌，全面改善农村人居环境。

责任单位：各乡镇党委和政府，县委农工部（县扶贫办）、县发改委、县交通运输局、县水务局、进贤供电公司、县国土局、县农业局、县文广新局、县财政局、县卫计委、县工信委

（八）精准帮扶对接行动

深入开展帮扶工作。各级各定点帮扶单位落实定点帮扶工作责任，定点帮扶单位主要负责同志为第一责任人，要把定点帮扶工作纳入本单位工作重点，加强对驻村帮扶、结对帮扶工作的组织领导，定期研究帮扶工作，选派优秀中青年干部开展实践锻炼，落实驻村帮扶干部有关补助政策。坚持落实"一村一法、一户一策"的帮扶工作要求，因村制定具体帮扶措施。加强对脱贫攻坚工作的指导，督促落实脱贫主体责任。各级结对帮扶责任人要因户制定帮扶措施，精准开展结对帮扶工作，协助落实各项扶贫政策和脱贫举措。深化中国社会扶贫网推广、应用和对接。

责任单位：县委组织部、县扶贫办，各乡镇党委和政府

全面激励社会力量参与脱贫攻坚。全面发动全县党代表、人大代表、政协委员，县青联委员及县青企协会员、县女企协会员、各商会会员等参加帮扶工作。继续组织"两代表一委员"开展走访慰问、困难救助和公益扶贫活动。深入推进民营企业"百企帮百村、百贤助千户"精准扶贫行动，引导民营企业积极开展产业扶贫、就业扶贫、公益扶贫，组织民营企业在中国社会扶贫网上对接贫困户帮扶需求，鼓励有条件的大型民营企业通过设立扶贫产业投资基金等方式参与脱贫攻坚。持续推进光彩事业，提高精准扶贫成效。

责任单位：县委统战部、县工商联、县财政局、县扶贫办，各乡镇党委和政府

大力开展扶贫志愿服务活动。动员组织各类志愿服务组织、社会各界爱心人士开展扶贫志愿服务。实施社会工作专业人才服务贫困地区系列行动计划，支持引导专业社会工作和志愿服务力量积极参与精准扶贫，为贫困人口提供心理疏导、生活帮扶、能力提升、权益保障等专业服务；为贫困妇女、青年提供技能培训、能力提升、就业援助、生计发展等服务；参与开展贫困村老人、残疾人、留守儿童、低保家庭、特困人员等关爱保障工作，帮助化解其生活、学习等方面的困难。推进扶贫志愿服务制度化，建立扶贫志愿服务人员库，鼓励国家机关、企事业单位、人民团体、社会组织等组建常态化、专业化服务团队。制定落实扶贫志愿服务支持政策。

责任单位：县民政局、县文明办、县总工会、团县委、县妇联、县扶贫办，各乡镇党委和政府

（九）党建扶贫强化行动

深入推进抓党建促脱贫攻坚，全面强化贫困地区农村基层党组织领导核心地位，切实提升贫困村党组织的组织力。进一步强化基层党组织建设。每年按照一定比例进行排查，持续整顿存在带领群众致富能力不强、组织动员力弱等问题的贫困村软弱涣散党组织。把扫黑除恶和基层党组织建设结合起来，坚决铲除黑恶势力滋生土壤，防止封建家族势力、地方黑恶势力、违法违规宗教活动侵蚀基层政权，干扰破坏村务。选好配强贫困村党组织书记，重点从外出务工经商创业人员、大学生村官、本村致富能手、退转军人、大中专毕业生等人员中选配；本村没有合适人员的，从县（区）、乡镇（办）机关公职人员中派任，对不胜任、不合格、不尽职的贫困村党组织书记，坚决撤换到位。强化农村基层党建工作责任落实，将抓党建促脱贫攻坚情况作为县、乡镇党委书记抓基层党建工作述职评议考核的重点内容。

强化贫困地区农村基层党建工作责任落实，将抓党建促脱贫攻坚情况作为县乡党委书记抓基层党建工作述职评议考核的重点内容。对不重视贫困村党组织建设、措施不力的地方，上级党组织要及时约谈提醒相关责任人，后果严重的要问责追责。

责任单位：县委组织部、县扶贫办、县民政局、县公安局，各乡镇

党委和政府派强用好第一书记和驻村工作队，按照《江西省驻村第一书记和驻村工作队选派管理办法》抓好贯彻落实，从科级及以上党政机关选派过硬的优秀干部参加驻村帮扶，在第一书记全覆盖的基础上，加强考核指导，对不胜任的及时召回调整。派出单位要严格落实项目、资金、责任捆绑要求，加大保障支持

力度，进一步提升驻村帮扶质量。

责任单位：县委组织部、县扶贫办，各乡镇党委和政府

（十）基层基础夯实行动

进一步加强建档立卡工作。提高贫困人口精准识别质量，进一步完善动态管理机制，加强对"边缘户"的跟踪识别，及时纳入新发生的符合条件贫困人口，确保"不漏一人、不落一人"。建立数据比对工作机制，适时开展数据比对衔接，通过扶贫信息系统与各有关部门信息管理系统端口对接、数据交换等方式，实现户籍、教育、健康、就业、社会保障、住房、农村低保、残疾人等信息与贫困人口信息有效对接，实现信息共享，提高建档立卡数据质量。建立数据质量通报制度，不定期通报国办信息系统、省扶贫开发大数据平台数据问题，及时修订完善建档立卡基础数据，确保信息系统数据、档案资料数据、公示公告数据与贫困户实际情况"四个一致"。进一步规范识别和退出工作程序，严格执行"一比对、两公示、一公告"制度，完善相关程序资料。加强精准扶贫档案管理。全面规范县、乡镇和村级扶贫台账，完善贫困户精准扶贫、精准脱贫档案资料，确保纲目齐全、内容完整、信息准确、填写规范。

提高贫困人口脱贫质量。严格执行贫困退出标准和程序，规范贫困村、贫困人口退出组织实施工作，扎实开展脱贫调查摸底，加强规划计划，合理安排脱贫时序，对完全依靠政策兜底脱贫的失能弱能贫困人口安排在脱贫攻坚期内最后脱贫。脱贫攻坚期内扶贫政策保持稳定，贫困村、贫困户退出后，相关政策保持一段时间。对已脱贫人口加强跟踪和动态监测管理，及时了解其生产生活情况，巩固脱贫成效。促进规范有序退出，确保如期实现脱贫攻坚目标。配合省级对非贫困县的贫困人口"两不愁三保障"实现情况、获得帮扶情况、贫困人口参与脱贫攻坚项目情况的普查工作。

责任单位：县扶贫办、县公安局、县教科体局、县卫计委、县人社局、县民政局、县国土局（市不动产登记局）、县残联、县财政局，各乡镇党委和政府

建立县级脱贫攻坚项目库，充分调动和发挥部门作用，共建共用共享项目库，提高项目库质量。健全公告公示制度，落实"两个一律"公开要求，即中央、省、市、县扶贫资金分配结果一律公开，乡、村两级扶贫项目安排和资金使用情况一律公告公示。建立同级审（内审）机制，加强资金日常管理，定期分析账面资金，对审计结余、招标结余、立项重叠以及实施条件不成熟所造成的闲置资金，实行定期结算清理和回收再调整。加强扶贫资金项目常态化监管，强化主管部门监管责任，确保扶贫资金尤其是到户到人资金落到实处。

责任单位：县扶贫办、县财政局、县审计局，各乡镇党委和政府

建立农村基层公共法律服务网络。对贫困人口开展精准法律援助服务，扶贫对象申请法律援助免于事项限制，实现贫困群众应援尽援，维护合法权益。对贫困村集体经济组织和个人引进外地资金技术开展的脱贫致富项目，给予各项法律意见指导，防范法律风险。加强对贫困群众的法治宣传和法律咨询服务，推动农村农民依法办事。完善贫困村基层人民调解组织建设，协助村组织引导信访当事人依法理性反映诉求，妥善处理信访案件，切实做好打击扶贫领域违法犯罪的法律服务。

责任单位：县司法局、县信访局、县法院、县检察院，各乡镇党委和政府

三、筑牢八项保障体系

（一）严格落实脱贫攻坚责任制

严格落实省负总责、市县抓落实、乡（镇）推进和实施的工作机制。市县抓落实，重在从当地实际出发，推动脱贫攻坚各项政策措施落地生根；乡（镇）推进和实施，重在做好脱贫攻坚政策承接、组织实施、分类推进等具体工作。充分发挥各级党委总揽全局、协调各方的领导核心作用。健全脱贫攻坚工作机制。县委和政府每季度至少专题研究1次脱贫攻坚工作，党政正职每月至少有2个工作日用于扶贫、每月至少调度1次脱贫攻坚工作；乡镇党委、政府每月至少研究1次脱贫攻坚工作，党政正职每月至少有4个工作日用于扶贫，每周至少调度1次脱贫攻坚工作。实施遍访贫困对象行动，县委书记遍访贫困村，乡镇党委书记和村党组织书记遍访贫困户，以遍访贫困对象行动带头转变作风，了解贫困群体实际需求，掌握第一手资料，发现突出矛盾，解决突出问题。建立领导挂点包村责任制。深入开展县四套班子挂点乡镇、贫困村，负责对挂点乡镇和贫困村脱贫攻坚工作的指导、调度、推进和管理。乡镇班子成员包村，负责对所包村脱贫攻坚工作的落实推进，开展遍访贫困户、边缘户和非贫困户活动。村"两委"干部包贫困户，具体落实贫困户政策享受及代办工作，定期与乡镇"两不愁三保障"责任部门对接，跟踪落实扶贫政策。

压实行业部门扶贫责任。县直有关单位要按照省委、省政府和市委、市政府脱贫攻坚系列重大决策部署要求，落实行业部门完善配套政策举措，细化目标任务，强化组织实施。县扶贫开发领导小组要分解落实各地区脱贫目标任务，实化脱贫具体举措，分解到年、落实到人。县扶贫开发领导小组成员单位每年向县委、县政府报告本部门本单位脱贫攻坚工作情况。

责任单位：县扶贫开发领导小组各成员单位，各乡镇党委和政府

（二）资金投入保障

加大财政扶贫投入力度，健全财政扶贫资金投入增长机制，县各年度财政扶贫资金投入增长比例符合资金绩效管理要求，确保政府投入力度与脱贫攻坚任务相适应，尽快补齐脱贫攻坚短板。加大财政扶贫资金动态监管，落实扶贫项目实施和资金支出进度定期通报制度，在确保项目质量和资金安全的前提下，专项扶贫资金年度支出进度符合绩效考核要求，提高扶贫资金使用效益。

责任单位：县财政局、县扶贫办，各乡镇党委和政府

加大金融扶贫支持力度，全面推进创业、产业扶贫贷款，加大对产业扶贫、就业扶贫的支持，健全金融扶贫风险补偿机制。建立扶贫信贷风险补偿金，分担扶贫贷款风险代偿责任，缓释贷款风险。县政府财政出资设立风险补偿金，建立基金动态补充机制，并及时足额补充到位；按 1∶8 的比例放大，撬动银行扶贫贷款，加大对扶贫小额信贷、创业就业和产业扶贫信贷的发放力度。严格落实扶贫信贷贴息制度，落实对扶贫小额信贷和产业扶贫信贷 100% 给予贴息支持，降低贷款成本。强化风险管控，确保金融扶贫资金规范有序运行。

强化农村金融服务工作。推进"农村普惠金融服务站"建设，打造农村金融综合服务平台。面向农户提供助农取款、金融精准扶贫、人民币反假、金融知识宣传等基础金融服务，实现基础金融服务不出村、综合金融服务不出乡镇。持续落实农业保险扶贫相关政策要求。

责任单位：金融办、银监办、县扶贫办、县人民银行、县财政局、农商行、农业银行、邮储银行

（三）脱贫攻坚干部队伍保障

加强贫困村年轻干部队伍建设。建立健全回引本土大学生、高校培养培训、县乡统筹招聘机制，为每个贫困村储备 1 至 2 名年轻干部。加大在贫困村青年农民、外出务工青年中发展党员力度，力争每个贫困村每两年发展 1 名年轻党员。发挥党员在脱贫攻坚中的先锋模范作用，完善贫困村党员结对帮扶机制，鼓励党员领办创办专业合作社，安排贫困户就近务工，带动贫困户入股分红。全面落实贫困村"两委"联席会议、"四议两公开"和村务监督等工作制度。选派乡镇新录用公务员到贫困村担任村书记助理、主任助理（简称"双助理"），协助村"两委"第一书记开展工作。

加强脱贫攻坚基层一线力量，突出抓好扶贫一线领导班子和干部队伍建设，注重从熟悉基层工作的副科级年轻党员干部中选派第一书记，加大选调生选拔工

作力度并统一安排到村任职两年,着力培育出一支朝气蓬勃、坚强有力的优秀扶贫年轻干部队伍。牢固树立面向基层、突出实干的用人导向,及时选拔重用脱贫攻坚有激情、脱贫工作有办法、精准扶贫有成效的优秀干部,加大从优秀村(社区)书记、主任中选拔乡镇(街道)机关领导干部力度,引导扶贫领域干部在脱贫攻坚一线大显身手、干出实绩。保证脱贫攻坚干部队伍的相对稳定,对于工作不适应、不担当、长期打不开局面、弄虚作假的干部,按照有关规定及时调整岗位并进行组织处理。

继续实施"双带"致富工程,加强培养"一村一品"工程的示范村点负责人,实施洪城人才"墩苗计划",组织动员和培育新型职业农民,加强"一村一名大学生工程"培养和使用,鼓励新型职业农民参加农业系列职称评审。

责任单位:县委组织部、县扶贫办,各乡镇党委和政府

(四)激发贫困群众内生动力

坚持将扶志、扶智、扶勤、扶德相结合,全面激发贫困群众内生动力。注重教育引导。通过"脱贫攻坚宣讲班""扶贫工作队"等,加强基层文化建设,广泛宣传表彰自力更生、自主脱贫的先进事迹和典型,讲好脱贫攻坚"农村故事",引导和鼓舞贫困户自觉破除"等靠要"思想,激发贫困户脱贫致富的内生动力。注重本领培养。把智力扶持、人才培养、技能培训放在更加突出的位置,统筹整合资源,发挥产业大户、创业能手、致富带头人等"田教授""农秀才"的头雁效应,推广"依托身边的产业、遴选身边的能人、传授身边的技术、带富身边的群众"模式,提高贫困户脱贫本领。注重正向激励。改进帮扶方式,落实以奖代补措施,利用产业、光伏等收益,加大对主动发展生产、参加务工就业的贫困户奖补力度,防止政策养懒汉、助长不劳而获和"等靠要"等不良习气。注重民风树立。广泛组织开展"脱贫致富典型""榜样家庭"等评比活动,对评比结果张榜公示,表彰先进,警示后进。大力开展移风易俗活动,修订完善村规民约,发挥村民议事会、道德评议会、红白理事会、禁毒禁赌会等群众组织作用,探索打造"红黑榜""曝光台"载体、建立贫困户脱贫成效评分奖励制度、推行依法治懒模式等,加强对高额彩礼、薄养厚葬、子女不赡养老人等问题的专项治理,推行将不履行赡养义务、虚报冒领扶贫资金、严重违反公序良俗等行为人列入失信人员名单。坚决杜绝"养不孝"和将家庭责任转嫁给政府和社会的行为。

责任单位:县委宣传部、县委农工部、县教科体局、县文广新局、县人社局、县农业局、县民政局、县扶贫办、县法院、县公安局、县司法局,各乡镇党委和政府

（五）营造良好舆论氛围

深入宣传习近平总书记关于扶贫工作的重要论述，宣传党中央、国务院、省委、省政府和市委、市政府关于精准扶贫精准脱贫的重大决策部署，宣传全县脱贫攻坚典型经验，讲述好贫困群众"脱贫故事"，传播好脱贫攻坚"进贤成就"，为打赢脱贫攻坚战注入强大精神动力。组织广播电视、报纸杂志、新闻网站等媒体将精准扶贫精准脱贫宣传纳入常态化宣传计划，开设专题、开辟专栏，推出一批脱贫攻坚重点新闻报道。利用重点新闻网站、微博、微信、手机报、移动客户端等新媒体平台开展脱贫攻坚宣传，结合重要时间节点组织脱贫攻坚网络媒体主题宣传活动，集中宣传脱贫攻坚工作成效。深入开展"10·17"全国扶贫日活动主题宣传。认真组织开展全国、全省脱贫攻坚典型奖的推选工作，培树一批脱贫攻坚先进典型，充分发挥榜样力量和示范引领作用。

责任单位：县委宣传部、县扶贫办、县文广新局、县文联，县脱贫攻坚"十大工程"牵头部门，各乡镇党委和政府

（六）强化风险防范

做好脱贫攻坚风险防范，开展扶贫主导产业面临的技术和市场等风险评估，防止产业项目盲目跟风、一刀切导致失败造成损失。防范扶贫小额贷款还贷风险，纠正户贷企用、违规用款等问题。防止地方政府以脱贫攻坚名义盲目举债、违法违规变相举债。防范社会风险，防止贫困户和其他农户因享受政策利益失衡引发矛盾，做好群众疏导工作。健全涉贫舆情分级管理和处置机制，加强对信访线索问题和社会舆情的分析预判，及时引导社会舆论，做好防范处置，确保社会安全稳定。建立健全气象灾害风险普查、风险区划等气象灾害风险防范制度，做好灾害防御工作，最大限度降低因灾致贫、因灾返贫风险。

责任单位：县委宣传部、县公安局、县扶贫办、县财政局、县农业局、县金融办、县信访局、县气象局，各乡镇党委和政府

（七）扶贫领域腐败和作风问题专项治理

持续开展扶贫领域腐败和作风问题专项治理，把作风建设贯穿脱贫攻坚全过程，以严格的监督执纪，保障扶贫资金安全；以精准务实的工作，确保如期打赢脱贫攻坚战。集中力量解决扶贫领域"四个意识"不强、责任落实不到位、工作措施不精准、资金管理使用不规范、工作作风不扎实、考核监督从严要求不够等突出问题。改进调查研究，采取"不打招呼、不设路线、不搞迎送、不要陪同、不作报道"方式深入基层调查研究，切实提高发现问题、解决问题的能力。注重工作实效，减轻基层工作负担，减少村级填表报数，精简会议文件，让基层干部

把精力放在办实事上。严格扶贫资金审计,对中央、省、市、县下拨的扶贫资金逐笔追踪,逐笔问效,加大扶贫事务公开力度,接受群众监督。严厉惩处扶贫领域腐败,严厉打击套取侵吞、截留私分、挤占挪用扶贫资金犯罪,以及发生在群众身边、损害群众利益的"蝇贪""蚁贪"等微腐败犯罪。依纪依法坚决查处贯彻党中央、省委、市委、县委脱贫攻坚决策部署不坚决不到位、弄虚作假问题,主体责任、监督责任和职能部门监管职责不落实问题,坚决纠正脱贫攻坚工作中的形式主义、官僚主义。进一步发挥巡察利剑作用,把扶贫领域腐败和作风问题作为巡察工作重点,县委巡察机构组织开展扶贫领域专项巡察,确保贫困村专项巡察全覆盖。加强警示教育工作,对扶贫领域腐败和作风问题典型案例公开曝光。

责任单位:县纪委监委、县委组织部、县扶贫办、县财政局、县审计局、县检察院、县法院,各乡镇党委和政府

(八)统筹衔接脱贫攻坚与乡村振兴

脱贫攻坚期内,贫困地区乡村振兴主要任务是脱贫攻坚。乡村振兴相关支持政策要优先向贫困地区、贫困人口倾斜,补齐基础设施和基本公共服务短板,以乡村振兴巩固脱贫成果。

责任单位:县委农工部(县扶贫办)、县农业局,各乡镇党委和政府

中共进贤县委
进贤县人民政府
2018 年 12 月 14 日

进贤县"百企帮百村、百贤助千户"精准扶贫行动实施方案

为全面贯彻落实党的十九大、省委十四届六次全会、市委十一届五次全会和县委十四届六次全会精神,根据《省委、省政府关于打赢脱贫攻坚战三年行动的实施意见》(赣发〔2018〕28号)、《市委办公厅、市政府办公厅关于坚决打赢全市脱贫攻坚战的实施意见》(洪办发〔2016〕16号)、《县委、县政府关于全力打好脱贫攻坚战的实施方案》(进字〔2016〕1号)等文件要求,进一步引导民营企业、商会、乡贤能人履行社会责任,发挥助力脱贫攻坚的积极作用,促进精准扶贫,全力打好打赢精准扶贫攻坚战,结合我县实际,制订如下实施方案。

一、目标任务

以民营企业、商会、乡贤能人为帮扶方,以21个贫困村、92个有贫困人口的行政村和5115户贫困户为帮扶对象,扶贫助困、脱贫攻坚,开展精准扶贫系列活动。从2018—2020年,动员全县民营企业、商会、乡贤能人参与帮助加快全县21个贫困村及贫困人口脱贫进程,确保如期实现全面脱贫。

二、结对原则

自愿原则。充分尊重民营企业、商会、乡贤能人和村民意愿,量力而行,不搞强迫命令,不包办代替,由帮扶方和帮扶对象根据自身状况与发展需要,协商确定帮扶形式、内容和期限。

共赢原则。坚持优势互补、互惠互利,推动双方建立稳定持久的帮扶合作关系,努力实现村里得益、农民受惠、企业获利、义利兼顾的多边合作共赢关系。

就近原则。充分考虑民营企业生产基地、乡贤能人乡籍等实际情况,兼顾工作连续性和帮扶工作便利性,就近确定结对帮扶关系。

均衡原则。统筹考虑帮扶力量强、符合帮扶对象需求的帮扶方与帮扶对象进行结对帮扶,促进均衡发展。

三、帮扶途径

针对结对帮扶村、贫困户的脱贫需求,帮扶企业、商会、乡贤能人按照"有什么帮什么""能帮什么帮什么"的原则,通过产业帮扶、就业帮扶、智力帮扶、商贸帮扶、捐赠帮扶、其他帮扶等形式,共同构建专项扶贫、行业扶贫、社会扶贫互为补充的大扶贫格局,形成脱贫攻坚合力。

(一)产业帮扶

结合"美丽乡村"建设、乡村扶贫产业基地建设、企业转型升级,民营企业发挥在产业、资金、技术、管理等方面优势,根据受扶村土地、劳动力和特色产业等资源禀赋,通过"企业+贫困村"、"企业+合作社"、建设产业园区等模式,帮助受扶村发展特色产业,推进种养结合、农旅结合,提高产业化组织化程度,发展壮大村集体经济,增加贫困人口收入。

(二)就业帮扶

民营企业通过本企业或上下游企业为结对帮扶村贫困户提供各类长期、短期就业岗位,实现贫困人口就地就近就业,增加收入。同时,对贫困人口开展针对性的技能培训,适时在帮扶村建立劳务培训基地,开展订单定向培训,增强其就业的结对性和稳定性,实现贫困户靠技能脱贫。

(三)智力帮扶

民营企业、乡贤能人通过自身人才优势开展智力帮扶,对贫困群众开展实用技术、生产技能、经营管理等技能培训,提高贫困人口自我发展能力,帮助群众树立积极进取的生产生活观念。

(四)商贸帮扶

民营企业、乡贤能人发挥在市场开拓、销售渠道和市场信息等方面优势,通过采购、代销、委托加工、农企直通车等形式,帮助结对帮扶对象对接外部市场,带动贫困人口增收。

(五)捐赠帮扶

以援建农村道桥、卫生设施、文化场所、饮水工程、农村危房等方式,以在校学生、重病患者、留守儿童、空巢老人、残疾人为重点,通过捐款、捐物、助学、助老、助残、助医等形式,实行精准对接,解决贫困人口的紧迫困难,帮助贫困村改善生产生活条件。

（六）其他帮扶

积极创新帮扶模式和途径，通过牵头组建或参与管理农村专业合作社、扶持结对村致富带头人创办企业、从企业中选派人员驻村帮扶、组织员工开展志愿者服务、发挥个人影响力引进扶贫资源等多种形式和路径实施帮扶。

四、工作安排

"百企帮百村、百贤助千户"精准扶贫行动自2018年10月开始至2020年11月结束，助推结对帮扶村及贫困户如期脱贫，2020年实现全面小康。

（一）举办启动仪式

举办"百企帮百村、百贤助千户"精准扶贫行动启动仪式，向全县广大民营企业家和仁人志士发放倡议书，组织民营企业、乡贤能人与受扶村、贫困户对接见面，向社会公告参与行动的民营企业、乡贤能人名单，营造良好舆论氛围，增强民营企业、乡贤能人的责任感和荣誉感。

（二）做好统筹协调

各乡镇、农工部（扶贫办）、工商联、经开区、工信委、商务局、住建局要主动做好各项服务，提供多方面支持，创造良好环境，抓好精准对接，统筹协调解决帮扶过程中的困难和问题。

（三）建立工作台账

加强沟通协调，按照扶贫工作要求，制订帮扶计划，落实帮扶措施，建立帮扶工作台账。

（四）强化示范推动

县农工部（扶贫办）、宣传部开展调查研究，发现典型，总结经验，将好经验、好做法，通过交流会、现场观摩会、专题宣传等形式，向全县宣传推广，供学习借鉴。

（五）及时总结表彰

在县扶贫开发领导小组的统一领导下，由县农工部（扶贫办）负责组织，与定点扶贫单位扶贫工作成效考核工作同步，每年对民营企业和乡贤能人帮扶工作成效进行年终总结。对在"百企帮百村、百贤助千户"精准扶贫行动中成绩突出的民营企业、单位和个人进行表彰和通报。

（六）落实褒奖政策

县委、县政府为成绩突出的民营企业和乡贤能人，在其结对村树碑，铭记功绩。民营企业和乡贤能人对帮扶对象的各类投资和捐赠，依法享受优惠财税政策。对积极参与扶贫开发、带动贫困群众脱贫致富、符合信贷条件的民营企业给予信贷支持，并按有关规定给予财政贴息，优先纳入政银企产业扶贫合作平台享受金融扶持政策。对在"百企帮百村、百贤助千户"精准扶贫行动中受到表彰的企业和个人，优先推荐政治安排和上级表彰。

五、组织保障

（一）加强组织领导

成立"百企帮百村、百贤助千户"精准扶贫行动领导小组，组长为县委副书记丁俊昌，副组长由县政府副县长吴克清，县政府党组成员、县政协副主席、财政局局长刘杭担任。各乡镇、县农工部（扶贫办）、县工信委、县工商联、县经开区、县商务局、县住建局为成员责任单位。领导小组下设办公室在县农工部（扶贫办）。县农工部（扶贫办）牵头负责对"百企帮百村、百贤助千户"精准扶贫行动的组织领导、任务分解、对接协调、台账统计、检查督导、宣传推广和考核表彰等具体工作。

（二）明确责任分工

各责任单位之间要加强协调配合，共同推动精准扶贫行动取得实效。各乡镇负责安排专人与帮扶方对接，主动提供贫困户需求和贫困村人口结构、资源禀赋等有关信息；组织帮扶方与帮扶对象建立结对帮扶关系。县工信委牵头负责联合各乡镇、县农工部（扶贫办）、县工商联、县经开区、县商务局、县住建局为帮扶企业提供政策、信息、融资等方面的支持，协调解决企业在帮扶过程中遇到的困难和问题。县农工部（扶贫办）负责做好各类信息、数据统计，跟踪掌握工作进度，督促帮扶项目落实。县工信委负责帮助帮扶企业优先享受党委政府支持民营企业发展的政策；协调帮扶企业依法享受扶贫方面各类财税、金融优惠政策和扶持政策，努力使参与行动并符合条件的帮扶企业"应享尽享"。

（三）加大宣传力度

各责任单位、宣传部门要加大宣传力度，创新宣传形式，充分利用报纸、广播、电视、微博、微信等媒体和手段，全面专题报道"百企帮百村、百贤助千户"精准扶贫行动，大力宣传劳动光荣、脱贫光荣的理念，广泛宣传先进典型，推广先进经验，增强民营企业、商会、乡贤能人的荣誉感和社会责任感，激发全社会关注扶贫、参与扶贫的热情，营造"我参与、我荣耀"的浓厚舆论氛围。

进贤县扶贫开发领导小组

进贤县工商业联合会

2018年10月10日

关于建立扶贫小额信贷工作协调和联席机制的通知

根据《省级扶贫小额信贷工作第一次联席会议纪要》（赣扶移综字〔2018〕39号）文件精神，建立工作联席机制和监测统计机制，发现苗头性倾向问题，及时研究解决措施。经县扶贫开发领导小组研究同意，现就建立扶贫小额信贷工作协调和联席机制通知如下：

一是成立县扶贫小额信贷工作协调小组。组长：丁俊昌（县委副书记），副组长：刘杭（财政局局长、政协主席）。成员单位为县扶贫办、县农业局、县财政局、县金融办、中国人民银行进贤支行、县银监办、中国农业银行进贤支行、进贤县农商银行、中国邮政储蓄银行进贤支行主要负责人。协调小组办公室设在县扶贫办。

二是建立联席会议制度。召开各成员单位主要负责人联席会议，重点监测贷款逾期、户贷企用、用于非生产性消费等风险，分析工作进展，研究下步工作。根据工作情况不定期召开工作碰头会和工作推进会，各成员单位处科室负责同志参加工作碰头会；各成员单位分管领导和科室负责同志参加工作推进会。

三是明确部门职责。县扶贫小额信贷工作协调小组组长、副组长负责召集成员单位主要负责人召开联席会议，研究扶贫小额信贷重要工作。县扶贫办负责抓好小额信贷工作的组织实施，推动贫困户获贷覆盖，组织做好评级授信工作中建档立卡贫困户的申请、评议工作；县农业局负责协助规范扶贫小额信贷使用用途；县财政局负责风险补偿金和贴息拨付及监管；县金融办负责协调扶贫小额信贷推进工作；中国人民银行进贤支行负责监测贷款额度、基准利率放贷等方面情况。评级授信工作中牵头组织各合作银行做好建档立卡贫困户的评级授信和颁证工作；县银监办督促合作银行做好扶贫小额信贷贷款逾期、户贷企用、用于非生产性消费等的监测和风险预警防控工作，对符合标准和条件的，依照程序办理续贷；中国农业银行进贤支行、进贤县农商银行、中国邮政储蓄银行进贤支行负责指导各地加大扶贫小额信贷发放力度，做好建档立卡贫困户的评级和授信颁证，做好扶贫小额信贷的贷前调查、贷中审查、贷后检查，规范贷款发放，具体监测贷款逾期、户贷企用、用于非生产性消费等风险。

进贤县扶贫开发领导小组

2018年10月9日

进贤县2019年度扶贫对象动态管理工作实施方案

根据江西省扶贫开发领导小组办公室印发《关于做好2019年度扶贫对象动态管理工作的通知》(赣扶字〔2019〕17号)文件要求,结合我县实际,特制订进贤县2019年度扶贫对象动态管理工作实施方案。

一、指导思想

为贯彻落实习近平总书记在解决"两不愁三保障"突出问题座谈会上的重要指示精神和视察江西重要讲话精神,结合当前"不忘初心、牢记使命"主题教育,对动态管理进行客观公正、公开透明、群众认可、严格标准、规范程序的操作,用"绣花"功夫扶真贫、脱真贫、真脱贫,确保贫困退出、纳入结果经得起历史和人民群众的检验,为2020年全面打赢脱贫攻坚战打下坚实基础。

二、工作内容

(一)扶贫对象动态调整和标注

包括贫困户脱贫、贫困户新识别和脱贫户返贫、贫困村出列;贫困户(含脱贫户)家庭成员自然增加和自然减少。

(二)扶贫对象信息采集、更新和录入

包括新识别贫困户、新增贫困户家庭成员基础信息采集和录入;贫困户(含脱贫户)基础信息更新;贫困村(含出列村)、贫困村村民小组(原称自然村)的基础信息更新;贫困户(含历年脱贫户)帮扶措施信息核实、采集和录入。

(三)边缘户摸底和信息采集录入

对非建档立卡农户中,人均纯收入低于5000元且有致贫风险的边缘户进行摸底,采集和录入相关信息。

（四）脱贫监测户的摸底和标注

按照"人均纯收入低于5000元且有返贫风险"的标准，对已脱贫户中不稳定户进行摸底监测，将摸底情况进行标注。

（五）建档立卡数据核实核准

通过全国扶贫开发信息系统打印贫困户基础信息、帮扶措施等对照表，入户核实核准各项数据信息，对信息系统中不实不准的数据进行完善和整改。

三、进度安排

（一）动员部署和开展培训

9月26—27日，国务院扶贫办信息中心对我省开展省、市、县三级业务培训；随后省扶贫办将召开全省2019年建档立卡动态调整工作专题部署会。在此基础上我县扶贫办还会组织开展进一步的培训（具体时间另行通知）。

（二）动态调整和信息采集

10月1日至11月10日，各乡镇组织开展进村入户，完成贫困户脱贫退出、新识别和返贫纳入，完成扶贫对象各类信息采集和更新；完成贫困户历年帮扶措施采集；完成边缘户和脱贫监测户的摸底及信息采集。

（三）动态管理督导

10月20日至11月20日，县扶贫办将对各乡镇动态管理工作进行督导。一方面推进工作进度；另一方面防止出现规模控制、系统数据和实际情况不符、退出标准把握不严、程序履行不规范、五类重点人群（住危房农户；因婚嫁、升学、户籍迁出迁入等原因，致使"两不管"的农户；新发生贫困的一般农户；未纳入建档立卡贫困户的五保户、低保户、残疾人户、老人户；曾经提交申请而未被纳入的农户）应纳未纳等问题。

（四）数据录入和系统操作

11月11日至11月30日，为信息数据录入时间。各乡镇在完成动态调整和信息采集工作后书面报县扶贫办申请开通全国扶贫开发信息系统相关功能，并于11月30日24时前完成全部数据录入和系统操作工作。如未按时完成录入的，将严肃问责。

（五）数据分析和问题梳理

12月1日至10日，省、市、县扶贫办和乡镇扶贫站应同步开展数据分析，查找梳理数据质量及退出质量不高、识别纳入不精准、返贫不实等问题。各乡镇要汇总上级下发问题清单和本级自查问题清单，汇总形成本乡镇问题清单。

（六）问题核查

12月11日至20日，县扶贫办将根据问题总清单，组织开展实地核查工作，各乡镇应对查实问题进行线下整改，做好纸质档案修正和有关程序调整。

（七）完善系统数据

12月21日至31日，县扶贫办将申请开放全国扶贫开发信息系统相关功能。各乡镇要根据问题核查整改情况，在系统中对数据进行调整和完善。

（八）工作总结

2020年1月1日至10日，各乡镇对2019年度扶贫对象动态管理工作进行总结，并将报告和2019年度动态管理统计表（待发）报县扶贫办。

四、有关事项

（一）关于脱贫监测户和边缘户的摸底

以乡镇为单位，每个乡镇纳入监测范围的两类人口总量控制在2013年底建档立卡贫困人口总规模的10%—20%。由村"两委"和驻村工作队研究，提出名单，县乡综合平衡，内部掌握。农户和脱贫户不申请，结果暂不公示。

（二）关于农户收入计算周期

农户家庭收入计算周期为2018年10月1日至2019年9月30日。

（三）关于贫困户脱贫校验功能

在全国扶贫开发信息系统中对"贫困户脱贫"操作设置了限制条件，凡"两不愁三保障"数据显示未解决的贫困户，均无法进行"脱贫"操作。

（四）关于脱贫户返贫问题

结合脱贫人口"回头看"工作，将那些因病、因灾和突发事件等导致家庭已陷入经济困难的脱贫户作为返贫户处理，并予以及时帮扶。

（五）关于当年识别当年不能退出问题

对于今年新识别和返贫的贫困户，不能做脱贫操作。对今年已新识别纳入的贫困人口，要根据当前情况进行基础信息更新。

（六）关于做好与部门数据衔接的问题

针对"三保障"和饮水安全存在问题的数据，各乡镇要充分与相关行业部门进行衔接，在全国扶贫开发信息系统中统一标注，确保数据一致，避免出现"一个部门一套数"问题。

（七）关于使用手机APP开展信息核实工作

为减轻基层负担，减少表格打印带来的负担，各乡镇要充分利用建档立卡手机 APP 的相关功能开展信息核实。

五、工作要求

（一）加强组织领导

扶贫对象动态管理是年度重点工作，今年又增加了新的工作内容，时间紧、任务重，政策性很强，各乡镇务必高度重视。要把扶贫对象动态管理工作作为第二批"不忘初心、牢记使命"主题教育的重要抓手和检验教育成果的重点内容。各乡镇一把手要亲自抓，切实负起责任，重要问题要提请县扶贫开发领导小组及时研究。

（二）严把工作质量

要严格执行标准，严格履行程序，做到"应退尽退、应纳尽纳"，杜绝虚假脱贫、数字脱贫。要采取有效措施，切实提高数据质量，确保建档立卡数据的准确性、完整性和真实性。

（三）强化统筹协调

今年动态管理工作时间紧任务重。各乡镇务必下足"绣花"功夫，把握重要环节和关键时间节点，压茬推进不同阶段工作，确保在规定时间内完成各项工作任务。避免重复入户，切实减轻基层工作负担。

附件：1. 信息采集和录入工作的具体要求
   2. 新识别贫困户信息采集表
   3. 边缘户信息采集表
   4. 贫困户家庭成员自然增加情况表
   5. 贫困户家庭成员自然减少情况表
   6. 脱贫监测户信息采集表
   7. 填表说明和指标解释

进贤县扶贫开发领导小组

2019 年 9 月 29 日

附件 1

信息采集和录入工作的具体要求

一、信息采集范围

包括贫困户（含脱贫户）、贫困村（含出列贫困村），以及贫困村内的村民小组。主要采集发生变化的信息。新识别的贫困户和边缘户要采集所有基础信息。

二、信息采集方式

（一）新识别贫困户、边缘户信息采集

使用"新识别贫困户信息采集表""边缘户信息采集表"采集所有基础信息，详细内容见附件2和附件3。

（二）贫困户、脱贫户、返贫户的信息采集

通过全国扶贫开发信息系统打印"贫困户基础信息对照表"，入户核实并更新本年度发生变化的基础信息。返贫户须补充采集"返贫原因"。

（三）贫困户家庭成员自然变更的信息采集

使用"贫困户家庭成员自然增加情况表"和"贫困户家庭成员自然减少情况表"采集贫困户家庭成员自然变更相关信息。具体内容见附件4和附件5。

（四）贫困户历年帮扶措施的信息采集

使用全国扶贫开发信息系统打印历年帮扶措施信息对照表，入户核实并采集"是否接受医疗救助"指标。

（五）脱贫监测户信息采集

对于存在返贫风险历年脱贫户，摸底后，采集"返贫风险"指标。具体内容见附件6。

附件 2

新识别贫困户信息采集表

一、基本信息

家庭住址：_____省（区、市）_____市（地、州、盟）_____县（市、县、旗）_____乡（镇）_____村_____自然村（村民小组）

联系电话：_____

A23 识别标准（单选）：□国家　　　开户银行（选填）：_____　　　银行账号（选填）：_____

A24 贫困户属性（单选）：□一般贫困户　□低保贫困户　□特困供养贫困户

A25 军烈属　□是　□否　　　A26 计划脱贫年度 _____

二、家庭成员信息

序号	A1 姓名	A2 性别	A3 证件类型	A4 居民身份证（残疾人证）号码	A5 与户主关系	A6 民族	A7 政治面貌	A8 文化程度	A9 在校生状况	A10 健康状况	A11 劳动技能	A12 务工	A13 务工时间	A14 失学或辍学原因	A15 是否会讲普通话	A16 是否参加城乡居民基本养老保险	A17 是否参加城乡居民基本医疗保险	A18 是否参加大病保险	A19 是否享受农村居民最低生活保障	A20 是否参加商业人身意外医疗补充保险	A21 是否受人身意外保险补贴	A51 是否接受医疗救助
1					户主																	
2																						
3																						

三、致贫原因（可扩充）

A27a 致贫原因 1（单选项）：□因病 □因残 □因学 □因灾 □因婚 □因丧 □缺土地 □缺水 □缺技术 □缺劳动力 □缺资金 □交通条件落后 □自身发展动力不足

A27b 致贫原因 2（单选项）：□因病 □因残 □因学 □因灾 □因婚 □因丧 □缺土地 □缺水 □缺技术 □缺劳动力 □缺资金 □交通条件落后 □自身发展动力不足

A27c 致贫原因 3（单选项）：□因病 □因残 □因学 □因灾 □因婚 □因丧 □缺土地 □缺水 □缺技术 □缺劳动力 □缺资金 □交通条件落后 □自身发展动力不足

四、收入情况

续表

A28 工资性收入（元）		A29d 养老保险金（元）	
A29 转移性收入（元）		A29e 生态补偿金（元）	
A30 生产经营性收入（元）		A29f 其他转移性收入（元）	
A29a 计划生育金（元）			
A31 财产性收入（元）			
A29b 低保金（元）			
A31a 资产收益扶贫分红收入（元）			
A29c 特困供养金（元）			
A31b 其他财产性收入（元）			
A32 生产经营性支出（元）			

五、生产生活条件

A33 耕地面积（亩）		A35 水面面积（亩）	
A34 牧草地面积（亩）			
A36 林地面积（亩）		A36b 林果面积（亩）	
A36a 退耕还林面积（亩）			
A37 入户路类型		A39 是否加入农民专业合作组织	□是 □否
A38 与村主干路距离（公里）			
A40 危房等级		A42 是否通生活用电	□是 □否
A41 住房面积（平方米）			
A43 是否有卫生厕所	□是 □否	A45 主要燃料类型	
A44 是否解决安全饮用水	□是 □否		
A46 是否有龙头企业带动	□是 □否	A48 是否通广播电视	□是 □否
A47 是否有创业致富带头人带动	□是 □否		

六、帮扶责任人

序号	姓名	性别	政治面貌	帮扶（选派）单位名称	帮扶开始时间	帮扶结束时间	联系电话
1							
2							
3							

填表人： 联系电话： 户主签名： 填表日期： 年 月 日

附件 3

边缘户信息采集表

一、基本信息

家庭住址：_____省（县、市）_____市（地、州、盟）_____县（市、县、旗）_____乡（镇）_____村

联系电话：_____

二、家庭成员信息

序号	A1 姓名	A2 性别	A3 证件类型	A4 居民身份证（残疾人证）号码	A5 与户主关系	A6 民族	A7 政治面貌	A8 文化程度	A9 在校生状况	A10 健康状况	A12 务工县域	A13 务工时间
1					户主							
2												
3												

三、致贫风险

A52a致贫风险1（单选项）： □因大病 □因学 □因灾 □因残 □因突发事件 □因产业失败 □因就业不稳 □其他

A52b致贫风险2（单选项）： □因大病 □因学 □因灾 □因残 □因突发事件 □因产业失败 □因就业不稳 □其他

A52c致贫风险3（单选项）： □因大病 □因学 □因灾 □因残 □因突发事件 □因产业失败 □因就业不稳 □其他

四、收入情况

A28 工资性收入（元）		A29 转移性收入（元）	
A30 生产经营性收入（元）		A29a 计划生育金（元）	
A31 财产性收入（元）		A29b 低保金（元）	
A31a资产收益扶贫分红收入（元）		A29c 特困供养金（元）	
A31b其他财产性收入（元）		A29d 养老保险金（元）	
		A29e 生态补偿金（元）	
		A29f 其他转移性收入（元）	
A32 生产经营性支出（元）			

填表人： 联系电话： 填表日期： 年 月 日

附件 4

贫困户家庭成员自然增加情况表

行政村名称：　　　　行政县划代码：　　　　户主姓名：　　　　证件号码：

序号	A1 姓名	A2 性别	A3 证件类型	A4 居民身份证（残疾证）号码	A5 与户主关系	A6 民族	A7 政治面貌	A8 文化程度	A9 在校生状况	A10 健康状况	A11 劳动技能	A12 务工县域	A13 务工时间	A14 失学或辍学原因	A15 是否会讲普通话	A16 是否参加城乡居民基本养老保险	A17 是否参加城乡居民基本医疗保险	A18 是否参加大病保险	A19 是否享受农村居民最低生活保障	A20 是否参加商业补充医疗保险	A21 是否享受人身意外保险补贴	A51 是否接受医疗救助	增加原因
1												务工地点											
2																							
3																							

填表人：　　　　联系电话：　　　　填表日期：　　年　　月　　日

注：1. 村委会或驻村工作队针对有家庭成员增加的贫困户，以户为单位填报此表。

2. 增加原因包括（1）新生儿，（2）婚入，（3）户籍迁入，（4）刑满释放，（5）收养，（6）失联人口回归。填写增加原因后括号内的编号，如婚人填"2"。

附件 5

贫困户家庭成员自然减少情况表

行政村名称：　　　　　　　　　行政县划代码：

户主姓名	户主证件号码	减少家庭成员姓名	减少家庭成员证件号码	减少原因

填表人：　　　　　　联系电话：　　　　　　填表日期：　　年　月　日

注：1. 村委会或驻村工作队针对有家庭成员减少的贫困户，以户为单位填报此表。

2. 减少原因包括（1）死亡、（2）婚出、（3）出国定居、（4）判刑收监、（5）户籍迁出、（6）农转非、（7）失联、（8）分散供养转集中供养。填写减少原因后括号内的编号，如婚出填"2"。

附件6

脱贫监测户信息采集表

家庭住址：_____省（县、市）_____市（地、州、盟）_____县（市、县、旗）_____乡（镇）_____村

序号	户主姓名	居民身份证（残疾人证）号码	返贫风险1（必填）	返贫风险2	返贫风险3
1					
2					
3					

备注：返贫风险包括因大病、因学、因灾、因残、因突发事件、因产业失败、因就业不稳、其他。

附件7

相关采集表填表说明和指标解释

一、填表说明

1. 本表包括基本信息、家庭成员信息、致贫原因、收入情况、生产生活条件以及帮扶责任人信息等六个部分。

填表人、联系电话、户主签字、填表日期等内容为纸质版采集表归档使用，不录入系统。

2. 指标类型及填写说明

（1）字符型：填写数字或汉字，如家庭住址、联系电话、证件号码等。

（2）数值型：需填写数字，如务工时间、工资性收入等。

（3）选择项：需要勾选，如识别标准、贫困户属性等。

（4）是否项：需填写"是"或"否"，如饮水是否安全、是否通生产用电等。

3. 有些指标，如是否独生子女户、是否双女户为部分省（县）选填指标，不需要的可以不采集，省里可以在纸质版采集时将该项内容剔除。

4. 除选填项（联系电话、开户银行和银行账号）外，其他指标项不得为空。如没有外出务工的贫困人口，"务工时间"填"0"。

二、指标解释

（一）基本信息

1. 联系电话（字符型）

一般为户主电话号码，也可以填写能够联系该户主的家庭成员、亲戚、邻居、村负责人电话。若为固定电话，需填写县号。

2. 开户银行和银行账号（字符型）

指贫困户用于存取各类到户补贴资金所使用的具体开户银行和银行账号。

3. A23识别标准（选择项）

指贫困户所属范围，包括国家标准、省定标准和市定标准。国家农村扶贫标准是指依据国家统计局公布的扶贫标准。省、市级农村扶贫标准是指某些省根据自身财力和农村低保标准，自行确定的省、市级农村扶贫标准。本指标由省级统一填报口径，由登记员填报。我省为执行国家农村扶贫标准的省，登记员填写国家农村扶贫标准。

4.A24 贫困户属性(选择项)

包括一般贫困户、低保贫困户、特困供养贫困户。

"一般贫困户"是指狭义的贫困户,指家庭有劳动能力,且家庭人均纯收入低于国家贫困识别标准的农户。

"低保贫困户"是指享受了国家低保待遇,家庭人均纯收入仍低于国家贫困识别标准的农户。低保贫困户享受国家低保和扶贫双重待遇。

"特困供养贫困户"是指享受了国家特困供养待遇,家庭人均纯收入仍低于国家贫困识别标准的农户,特困供养贫困户享受国家特困供养和扶贫双重待遇。特困供养贫困户一般为分散供养的特困供养户。

5.A25 是否军烈属(是否项)

包括军属和军烈属。军属指现役军人的直系血亲、配偶和依靠现役军人生活的16岁以下的弟妹,或军人自幼依靠其抚养长大,现在又必须依靠军人生活的其他亲属。军烈属指因公牺牲军人遗属的简称,在役军人因公牺牲,其家属称军烈属。

(二)家庭成员信息

1.A1 姓名(字符型)

填写家庭成员的姓名,以本人身份证登记的名字为准,如无身份证,则以户口簿上登记的名字为准。

家庭成员是指居住在同一住宅内,常住或者与户主共享开支或收入的成员。包括由本家庭供养的在外学生、未分家农村外出从业人员或随迁家属、轮流居住的老人、因探亲访友等原因临时外出人员;不包括不再供养的在外学生、已分家子女、出嫁人员、挂靠人员或寄宿者、帮工、已应征入伍者。

2.A2 性别(字符型)

填写"男""女"。

代码	名称	代码	名称
01	男	02	女

3.A3 证件类型

代码	名称	代码	名称
01	居民身份证	09	残疾人证

4.A4 居民身份证(残疾人证)号码(字符型)

采用二代身份证或户口簿提供的身份证号码(18位)填写,无证者需经当地公安户籍部门甄别并出具身份证号码证明,方可填入系统。

持有中华人民共和国残疾人证(二代),直接填写二代残疾人证号码(第二代"残疾人证"采用全国统一编码,由 18 位身份证号加 1 位残疾类别代码和 1 位残疾人等级代码,共 20 位代码组成)。

5.A5 与户主关系(字符型)

指贫困户家庭成员与户主之间的关系,具体关系如下,填写汉字。

代码	名称	代码	名称
01	本人或户主	15	之公公
02	配偶	16	之婆婆
03	之子	17	之祖父
04	之女	18	之祖母
05	之儿媳	19	之外祖父
06	之女婿	20	之外祖母
07	之孙子	21	之兄弟姐妹
08	之孙女	22	之叔伯
09	之外孙子	23	之曾孙子
10	之外孙女	24	之曾孙女
11	之父	25	之侄儿
12	之母	26	之侄女
13	之岳父	27	之兄弟媳妇
14	之岳母	99	其他

6.A6 民族(字符型)

以本人身份证登记的民族为准,如无身份证,则以户口簿上登记的民族为准。

代码	名称	代码	名称
01	汉族	02	满族
03	回族	04	蒙古族
05	藏族	06	维吾尔族
07	苗族	08	彝族
09	壮族	10	布依族
11	朝鲜族	12	侗族
13	瑶族	14	白族
15	土家族	16	哈尼族
17	哈萨克族	18	傣族
19	黎族	20	傈僳族
21	佤族	22	畲族
23	高山族	24	拉祜族

续表

代码	名称	代码	名称
25	水族	26	东乡族
27	纳西族	28	景颇族
29	柯尔克孜族	30	土族
31	达斡尔族	32	仫佬族
33	羌族	34	布朗族
35	撒拉族	36	毛南族
37	仡佬族	38	锡伯族
39	阿昌族	40	普米族
41	塔吉克族	42	怒族
43	乌孜别克族	44	俄罗斯族
45	鄂温克族	46	德昂族
47	保安族	48	裕固族
49	京族	50	塔塔尔族
51	独龙族	52	鄂伦春族
53	赫哲族	54	门巴族
55	珞巴族	56	基诺族
99	其他		

7.A7 政治面貌（字符型）

指贫困人口的政治面貌，具体指标代码如下，填写汉字。

代码	名称	代码	名称
01	中共党员	04	民主党派人士
02	中共预备党员	05	无党派民主人士
03	共青团员	06	群众

8.A8 文化程度（字符型）

指贫困人口的受教育程度，具体指标代码如下，填写汉字。

代码	名称	代码	名称
01	文盲或半文盲	04	高中
02	小学	05	大专
03	初中	06	本科及以上

9.A9 在校生状况（字符型）

指贫困人口目前在学校就读的情况，具体指标代码如下，填写汉字。

代码	名称	代码	名称
01	学龄前儿童	14	高职高专二年级
02	学前教育	15	高职高专三年级
03	小学	17	技师学院一年级
04	七年级	18	技师学院二年级
05	八年级	19	技师学院三年级
06	九年级	20	技师学院四年级
07	普通高中一年级	21	本科一年级
08	普通高中二年级	22	本科二年级
09	普通高中三年级	23	本科三年级
10	中职一年级	24	本科四年级
11	中职二年级	25	本科五年级
12	中职三年级	26	硕士研究生及以上
13	高职高专一年级		

技师学院是在原高级技工学校基础上发展而成的技工院校，是技工院校的最高层次。其主要任务是培养高级工以上的高技能人才，可招收相关专业中职或高中毕业生，亦可招收初中毕业生。

10.A10 健康状况（字符型）

具体指标代码如下，填写汉字。

代码	名称	代码	名称
01	健康	03	大病
02	长期慢性病	04	残疾

"健康"是指过去一个月身体健康状况良好；"长期慢性病"是指需要长期吃药治疗的疾病，如肝炎、肺炎、糖尿病；"大病"是指如心脏病、癌症等需要经常住院治疗的疾病。

11.A11 劳动技能（字符型）

劳动技能本质上是人的劳动能力，这种劳动能力包括人的体力能力、智力能力和心理能力。具体指标代码如下，填写汉字。

代码	名称	代码	名称
01	普通劳动力	03	丧失劳动力
02	技能劳动力	04	无劳动力
05	弱劳动力或半劳动力		

普通劳动力是指16—60周岁具有劳动能力，但没有取得执业资格证书的人员；技能劳动力是指经过技术等级考试合格后，获得人社部门统一颁发的相应等级的

执业资格证书的具有劳动能力的人;丧失劳动力是指由于疾病、残疾而丧失劳动能力;无劳动力是指 16 岁以下未成年人和超过劳动年龄已经无劳动能力;弱劳动力或半劳动力是指 16—60 岁有劳动能力的病人以及 60 岁以上的健康人群,能够从事一些简单劳动的人员。

对残疾人有劳动力的界定应根据残疾人本人在生活生产中的实际情况准确判断,并在村民大会讨论和村委会核实中据实评判残疾人有无劳动力,避免主观上将残疾人直接列入无劳动能力的救助对象。原则上除一、二级肢体残疾人,精神残疾人,智力残疾人之外,其他类别和登记的成年残疾人都应视为有劳动力。

12.A12 务工县域(字符型)

在县内、省内县外、省外务工,选择务工企业所在的地县;如果在家务农、学生、军人等情况可选"其他"。务工县域包括务工所在省、市、县、乡。

13.A13 务工时间(字符型)

指在调查年度内累计务工时间,填写月数,范围为 0—12。如外出务工三个半月填写 3.5;如果是在家务农、学生、军人等情况,务工时间填 0。

14.A14 失学或辍学原因(字符型)

失学:从来没有上过学。辍学:没有完成规定学业发生的中途退学行为。

代码	名称	代码	名称
01	因病	03	厌学
02	因残	04	其他

15.A15 是否会讲普通话(是否型)

代码	名称	代码	名称
01	是	02	否

16.A16 是否参加城乡居民基本养老保险(是否型)

代码	名称	代码	名称
01	是	02	否

17. A17 是否参加城乡居民基本医疗保险(是否型)

代码	名称	代码	名称
01	是	02	否

18.A18 是否参加大病保险(是否型)

代码	名称	代码	名称
01	是	02	否

19. A19 是否享受农村居民最低生活保障（是否型）

代码	名称	代码	名称
01	是	02	否

20. A20 是否参加商业补充医疗保险（是否型）

代码	名称	代码	名称
01	是	02	否

21. A21 是否享受人身意外保险补贴（是否型）

代码	名称	代码	名称
01	是	02	否

22. A23 识别标准

代码	名称	代码	名称
01 02	国家 省级	03	市级

我省建档立卡贫困人口识别标准均为国家识别标准，填报时，识别标准请选择国家。

23. A24 贫困户属性

代码	名称	代码	名称
01 02	一般贫困户 低保贫困户	03	特困供养贫困户

特困供养贫困户：农村中无劳动能力、无生活来源、无法定赡养扶养义务人或虽有法定赡养扶养义务人，但无赡养扶养能力的老年人、残疾人和未成年人。

24. A25 是否军烈属（是否型）

代码	名称	代码	名称
01	是	02	否

25. A26 计划脱贫年度

（三）致贫原因

1. A27 致贫原因（字符型）

代码	名称	代码	名称
01	因病	08	缺技术
02	因残	09	缺劳动力
03	因学	10	缺资金
04	因灾	11	交通条件落后
05	因婚	12	自身发展动力不足
06	缺土地	13	因丧
07	缺水		

（四）收入情况

1. A28 工资性收入（元）（数值型）

主要指调查年度该户所有人外出务工的所有工资收入。

2. A29 转移性收入（元）（数值型，自动生成）

指国家、单位、社会团体对居民家庭的各种转移支付和居民家庭间的收入转移，包括计划生育补贴、低保金、特困供养金、养老保险金、生态补偿金。除以上各类补贴外，还包括政府、非行政事业单位、社会团体对农户转移的退休金、社会救济和补助、救灾款、经常性捐赠和赔偿等；住户之间的赡养收入、经常性捐赠和赔偿以及农村地县（村委会）在外（含国外）工作的本住户非常住成员寄回带回的收入等。

3. A29a 计划生育金（元）（数值型）

实行计划生育的独生子女父母以及双女户的奖励。

4. A29b 低保金（元）（数值型）

农村低保即农村居民最低生活保障，它的保障对象是家庭年人均纯收入低于当地最低生活保障标准的农村居民。必须是民政认定的低保户，否则为 0。

5. A29c 特困供养金（元）（数值型）

特困供养对象，主要包括村民中符合下列条件的老年人、残疾人和未成年人。特困供养对象指农村中无劳动能力、无生活来源、无法定赡养扶养义务人或虽有法定赡养扶养义务人，但无赡养扶养能力的老年人、残疾人和未成年人。

6. A29d 养老保险金（元）（数值型）

城乡居民养老保险、城镇职工养老保险参保人员，到达待遇领取年龄后领取的养老保险待遇。参加城乡居民社会养老保险、城镇职工养老保险但未到领取年龄者为 0。

7.A29e 生态补偿金（元）（数值型）

对个人或县域保护生态系统和环境的投入或放弃发展机会的损失的经济补偿。

8.A29f 其他转移性收入（元）（数值型）

包括政府、非行政事业单位、社会团体对农户转移的退休金、社会救济和补助、救灾款、经常性捐赠和赔偿，以及粮食补贴、农资综合补贴、农机具补贴等生产类补贴等；住户之间的赡养收入、经常性捐赠和赔偿以及农村地县（村委会）在外（含国外）工作的本住户非常住成员寄回带回的收入等。

9.A30 生产经营性收入（元）（数值型）

主要指农户以家庭为生产经营单位通过生产经营活动取得的收入。分为农业、林业、牧业、渔业、工业、建筑业以及第三产业。

10.A31 财产性收入（元）（数值型）

也称资产性收入，指通过资本、技术和管理等要素参与社会生产和生活活动所产生的收入，即家庭拥有的动产（如银行存款、有价证券）和不动产（如房屋、车辆、收藏品等）所获得的收入。包括出让财产使用权所获得的利息、租金、专利收入；财产营运所获得的红利收入、财产增值收益等。

11.A31a 资产收益扶贫分红收入（元）（数值型）

通过资产入股开展各类项目，不需参加劳动而直接从项目收益中获取的分红。

12.A31b 其他财产性收入（元）（数值型）

除资产收益扶贫分红收入以外的财产性收入。

13.A32 生产经营性支出（元）（数值型）

主要指农户以家庭为生产经营单位开展生产经营活动的支出，包括家庭经营费用支出、生产性固定资产折旧、税金和上交承包费用等。

（五）生产条件

1.A33 耕地面积（亩）（数值型）

指种植农作物的土地面积，包括出于各种原因休闲和抛荒的土地面积，不包括代他人临时耕种和租入的土地面积。

2.A34 牧草地面积（亩）（数值型）

指该户承包集体的全部牧草地面积，不包括代他人临时经营或租入的牧草地面积。

3.A35 水面面积（亩）（数值型）

指承包集体的水产品养殖水面面积，不包括代他人经营或租入水面面积。

4.A36 林地面积（亩）（数值型）

指包括生长乔木、竹类、红树林和灌木林等主要用于林业的土地面积，不包括代他人临时经营和租入的面积。

5.A36a 退耕还林面积（亩）（数值型）

指从生态、社会、经济条件实际出发，将易造成水土流失的坡耕地和沙化耕地转为林地的面积。

6.A36b 林果面积（亩）（数值型）

指包含水果、干果、木本粮油、茶、竹、中药材、用材林、食用菌以及花卉、种苗等特色经济林面积。

7.A39 是否加入农民专业合作组织（是否型）

代码	名称	代码	名称
01	是	02	否

8.A46 是否有龙头企业带动（是否型）

代码	名称	代码	名称
01	是	02	否

9.A47 是否有创业致富带头人带动（是否型）

代码	名称	代码	名称
01	是	02	否

（六）生活条件

1.A37 入户路类型（字符型）

代码	名称	代码	名称
01	泥土路	03	硬化路
02	砂石路		

2.A38 与村主干路距离（公里）（数值型）

指到村内主干公路（道路）的最小距离。A37、A38 用于了解入户路情况。

3.A40 危房等级（字符型）

代码	名称	代码	名称
01	C级	02	D级

4.A41 住房面积（平方米）（数值型）

指农户自有住房建设面积，不包括仓库等作为生产用途房屋面积。无房户的住房面积为0。

5. A42 是否通生活用电（是否型）

代码	名称	代码	名称
01	是	02	否

6. A43 是否有卫生厕所（字符型）

代码	名称	代码	名称
01	有	02	无

7. A44 是否解决安全饮用水（是否型）

指饮用水量有保障，水质安全。水量有保障指的是正常年份每人每天可获得的水量不低于 20 升；水质安全指的是水质符合国家饮用水卫生标准的相关要求，且单次取水往返时间不超过 20 分钟，且不间断供水。

代码	名称	代码	名称
01	是	02	否

8. A45 主要燃料类型（字符型）

柴草、干畜粪、煤炭、清洁能源、其他。单选，其中"清洁能源"是指太阳能、风能、生物质能、水电潮汐地热等，也包括沼气和天然气。

9. A48 是否通广播电视（是否型）

代码	名称	代码	名称
01	是	02	否

10. A51 是否接受医疗救助（是否型）

代码	名称	代码	名称
01	是	02	否

11. A52 致贫风险（字符型）

代码	名称	代码	名称
01	因大病	02	因学
03	因灾	04	因残
05	因突发事件	06	因产业失败
07	因就业不稳	09	其他

（七）帮扶责任人

1. 姓名（字符型）

填写帮扶责任人姓名，一户可有多个帮扶责任人。

2. 性别（字符型）

填写"男"或"女"。

3. 政治面貌（字符型）

填写帮扶责任人政治面貌。

代码	名称	代码	名称
01	中共党员	04	民主党派人士
02	中共预备党员	05	无党派民主人士
03	共青团员	06	群众

4. 帮扶（选派）单位名称（字符型）

帮扶责任人所属的单位名称。录入时从系统中已存在的帮扶单位中选择。

5. 帮扶开始时间（字符型）

必填项，填写帮扶开始时间，精确到月份（如：2015年1月）。

6. 帮扶结束时间（字符型）

填写帮扶结束时间，精确到月份（如：2015年1月）。如无法确定结束时间可不填。

7. 联系电话（字符型）

必填项，填写能够联系到帮扶责任人的固定电话或移动电话。采集表可以不填写，录入时根据选中的帮扶单位自动生成。

关于做好新型冠状病毒感染肺炎疫情防控和脱贫攻坚有关工作的通知

为深入贯彻落实习近平总书记重要指示精神和《江西省关于做好新型冠状病毒感染肺炎疫情防控和脱贫攻坚有关工作的通知》要求，遵照县委、县政府有关决策部署，结合我县实际，现就全县扶贫系统切实做好疫情防控和近期脱贫攻坚重点工作通知如下：

一、切实提高政治站位

各乡镇扶贫干部要深刻认识做好疫情防控工作的重要性、紧迫性，把打赢疫情防控阻击战作为当前最重大的政治任务。按照坚定信心、同舟共济、科学防治、精准施策的要求，以对党和人民高度负责的精神，在各乡镇党委政府的统一指挥下有序参与疫情防控工作，遇事不慌、遇难不避，迎难而上面对问题，攻坚克难解决问题，在疫情防控阻击战中见初心、担使命。

二、统筹安排攻坚工作

在全县上下开展新型冠状病毒疫情防控决战重要时刻，确保疫情防控力量同时，统筹兼顾乡镇脱贫攻坚业务工作力量。各乡镇分管扶贫领导要兼顾好脱贫攻坚工作，要确保至少一名专职扶贫专干用于脱贫攻坚的工作时间。

三、高度关注贫困群众疫情防控

面对严峻的疫情防控形势，要高度重视贫困群众生命安全和身体健康，认真落实联防联控属地责任，充分发挥基层组织作用，切实做到疫情防控不落一户、不漏一人，做好"四个一"防疫帮扶工作。

1. 消一遍毒。各乡镇要组织人员对贫困户生活场所彻底进行一遍防疫消毒。

作业人员在开展消毒工作时,要按规范佩戴口罩、护目镜和手套等,做好个人保护。

2. 送一次口罩。各乡镇要为建档立卡贫困人口免费送一次口罩,教他们正确佩戴。向他们宣传防疫知识,确保辖区防疫抗疫宣传全覆盖、无死角。

3. 公开一个送货热线。根据疫情防控相关要求,广大老百姓都形成了"居家安全"的意识,因为不出门、少出门,有些贫困户家中生活必需品不全,为帮助贫困户解决生活难题,全县24家"爱心超市"要公开24小时服务热线,为贫困户提供"送货到家"服务。

4. 问询一次防疫需求。各乡镇要按网格化管理要求,将责任人联系方式告知贫困户,根据贫困户家庭实际情况,保证每天至少一次上户或电话问询,结合贫困户需求及时提供防疫帮扶服务。

四、转变日常工作方式

各乡镇在疫情防控期间一般不采取入户帮扶方式,可充分利用现代化信息手段开展帮扶工作,暂不自行举办扶贫相关的会议和集体活动。需要会议研究审定的事项,尽量改为书面或电子报送相关材料等方式进行。

五、关心关爱扶贫干部

要严格遵守疫情防控有关规定,强化安全意识,做好办公场所消毒防护,普及科学防护知识。要严格落实应急值守制度,重要情况及时报县扶贫开发领导小组办公室。要关心关爱基层扶贫干部,提供必要的服务保障,确保他们的身心健康。

六、做好先进典型总结宣传

要注重总结扶贫干部在疫情防控中涌现出来的先进事迹,及时发现贫困户在"抗疫一线"中表现突出的典型案例,广泛宣传他们的先进事迹和崇高精神,激励干部群众提振精神,顽强拼搏,夺取疫情防控工作的全面胜利。

进贤县扶贫开发领导小组

2020年2月5日

六

安义县文件

安义县 2013 年扶贫开发工作实施意见

为认真贯彻落实中央、省市扶贫工作会议精神，扎实推进全县 2013 年扶贫开发工作，现提出如下实施意见。

一、指导思想

以党的十八大精神为指导，紧紧围绕"三县一城"发展战略，以重点村（镇）为主战场，以改善贫困地区生产生活条件为中心，以增加贫困群众收入为目标，坚持开发式扶贫，坚持政府主导，统筹发展，把扶贫开发作为全县"三农"工作的重中之重，纳入经济社会发展总体规划和民生工程整体部署，提高扶贫标准，加大扶贫力度，落实目标责任，完善工作机制，创新发展模式，大力实施项目扶贫、产业扶贫、科技扶贫和社会扶贫等扶贫开发系统工程，努力开创我县扶贫开发工作新局面，推动全县经济社会和谐协调发展。

二、工作目标

以解决扶贫对象温饱、尽快脱贫致富为首要任务，进一步改善贫困地区生产生活条件和社会保障水平，确保贫困地区农民人均纯收入增幅高于全县农民人均纯收入增幅，基本公共服务主要领域指标接近全县平均水平，力争实现全县贫困人口脱贫率超过 20%，脱贫人数达到 6000 人。

三、工作重点

（一）抓硬件建设，夯实农村基础

按照"急事先办、受益面广、量力而行、注重效益"的思路，根据扶贫开发规划，围绕贫困群众关心的热点、难点问题，结合村庄环境综合整治，找准突破口，狠抓贫困地区基础设施等硬件建设。重点从五方面着力：一是解决贫困地区生产设施不牢固的问题。在桃一村、六溪村和南果村实施3个农业水利设施项目，在乌溪村、战坪村实施4座水库除险加固项目，不断提高农业综合生产能力，为生产提供可靠保障。二是解决贫困地区交通条件不完善的问题。在车田村、云庄村和石湖村硬化公路2.7公里；在合水村、天坪村和前泽村完成4座公路桥建设。三是解决贫困地区群众就医不便利的问题。在埂上村、石湖村新建卫生所2个，面积450余平方米。四是解决贫困地区教学条件不太好的问题。在柏树村新建教学楼一栋，建筑面积1180平方米。五是解决贫困地区村庄环境不美观的问题。在13个省级贫困村完成改水改厕826户，新建下水道16.5公里；在车田村、天坪村和战坪村拆除危旧房、猪牛栏舍等74间；在车田村、云庄村、天坪村等11个村建垃圾池29个；在车田村、大路村、天坪村共新建农民健身场所2600平方米；在南果村和合水村修建农民文化活动场所950平方米；在车田村、乌溪村、合水村、石湖村和柏树村完成村庄绿化2600平方米；在车田村、柏树村、云庄村、天坪村和战坪村新建门塘5口。

（二）抓产业发展，增加农民收入

发展扶贫主导产业，引导贫困地区农民选择合适的种养项目，是增强贫困群众"造血"功能的主要途径，更是"十二五"扶贫工作的重要任务。围绕葡萄、苗木、蔬菜、食用菌、油茶种植以及生猪、水产及野鸡（兔）等特色养殖选准扶贫主导产业，借助"百龙带百业"政策的带动和对扶贫主导产业发展奖补政策的推动，力争发展九大类扶贫主导产业，重点在新民乡的3个贫困村主推水果种植和食用菌生产，在黄洲镇、鼎湖镇的2个贫困村主推绿色蔬菜种植，在长埠镇、石鼻镇、长均乡和乔乐乡的8个贫困村主推苗木、油茶种植和特色养殖，在万埠镇、东阳镇的3个贫困村主推水产养殖、生猪养殖。通过主导产业的发展壮大，带动贫困村农民人均年增收700元以上。

（三）抓社会参与，形成扶贫合力

抢抓机遇，巧借外力，不断凝聚社会力量形成合力，推进社会帮扶，促进扶贫开发工作。一是激发省市帮扶单位帮扶热情。"十二五"期间，省市35个帮扶单位对接帮扶我县16个扶贫重点村。为激发帮扶单位帮扶热情，凝聚力量，重点做到"三统一、四凡是"。"三统一"，即帮扶计划与扶贫规划相统一，帮扶内容与帮扶单位领导关注的内容相统一，帮扶业绩与帮扶宣传相统一；"四凡是"，即凡是帮扶单位在帮扶中遇到的问题要立即解决；凡是帮扶单位领导下村调研考察，县主要领导或分管领导要尽可能全程陪同；凡是帮扶单位投入的资金要使用好；凡是帮扶的项目必须保质保量按时做好，进展情况及时向帮扶单位领导汇报好。

二是实施县领导挂点、县直部门定点帮扶措施。结合落实县委办、县政府办下发的《关于建立县领导、部门、单位挂点联系基层经常性联系和服务群众工作制度的意见》(安办字〔2013〕10号)文件精神，挂点联系乡镇县领导要帮助和协调所在乡镇的扶贫重点村按上级部署要求抓好扶贫开发工作；挂点联系扶贫重点村的部门和单位要成立帮扶工作组驻村帮扶，帮助重点村制定一个脱贫致富规划，解决一批实际问题，建立一套好的规章制度，培育一个扶贫主导产业。

（四）抓人员培训，提高农民素质

劳动力转移培训是提高贫困群众素质的重要途径。2013年，我县将开展贫困村劳动力转移培训和"一村一名"中高级技工培训145人，实用技术培训600人。以市场需求为导向，以提高综合素质和就业能力为目标，按照"实际、实用、实效"的原则，确定塑钢铝合金型材加工安装、电脑操作、钢化玻璃或磨具制作等实用技术及法律法规、城市生活常识等基本知识为培训主要内容。凭借办学基础、师资条件等办学优势，县委党校被确定为2013年"雨露计划"培训基地。县委党校在培训中要努力把好培训对象审核关、培训基地认定关、培训内容实用关、培训质量确保关、培训就业服务关，实现"培训一人、输送一人、稳定一人、脱贫一户"的工作目标。

四、工作措施

（一）加强领导，明确工作职责

按照"党委领导、政府主导、分级负责"的原则，实行"县领导挂点、部门和单位定点"扶贫工作机制，实行乡镇党政一把手对所辖贫困村的扶贫开发负总责的扶贫开发责任制，并将扶贫工作纳入全县综合目标考核内容。各挂点帮扶部门要与各乡镇（场）搞好衔接，结合自身职能，加大帮扶工作力度，解决一批在农业基础设施建设和产业发展方面的实际问题。县委、县政府将适时召开现场会，进行现场观摩、乡镇场汇报、领导点评，切实起到交流经验、鞭策后进的作用。

（二）加大投入，增强发展动力

按照"政府主导、分级负责、社会参与"的原则，为实现全县扶贫开发工作的预期目标，县财政按照每个扶贫重点村投入5万元的标准，设立产业扶贫专项基金，主要用于奖补发展扶贫主导产业具有一定规模的扶贫重点村，不断增强贫困群众的"造血"功能。各相关部门要以3个扶贫重点乡镇、16个扶贫重点村为载体，精心包装项目，积极向省市财政、水利、农业开发、教育、卫生、农业、扶贫和移民等部门争取项目资金，力争项目资金总量同比增长30%以上。

（三）加强管理，提高扶贫效益

按照《南昌市财政扶贫资金项目管理办法》和《南昌市财政扶贫资金县级报账制管理办法》的规定，县财政要严把资金使用关，确保资金专款专用，对所有财政扶贫资金分三次下拨到扶贫重点村，第一次下拨 50% 作为扶贫项目启动资金；第二次拨款待项目实施完工后，再将项目资金下拨到 90%；剩下的 10% 待省市验收合格以后再下拨，并且做到县级报账、账账往来。各乡镇（场）要督促扶贫重点村建立扶贫项目资金公示栏，及时公开资金使用情况，增加透明度，杜绝扶贫资金的截留、挪用等不良现象发生。县委农工部要严把项目管理关，要求各项目单位对所有扶贫开发基础设施项目都进行招（议）标，确定承包人，杜绝"暗箱操作"，并会同县财政部门对项目实施情况进行检查验收，确保项目工期和质量，提高扶贫成效。

中共安义县委办公室
安义县人民政府办公室
2013 年 8 月 2 日

安义县精准扶贫工作实施意见

为贯彻落实中央和省委、省政府及市委、市政府关于创新机制扎实推进农村扶贫开发工作的系列部署和指示精神,增强农村扶贫开发针对性和实效性,现就推进我县农村精准扶贫工作,加速实现全面小康目标制定如下实施意见:

一、充分认识实施精准扶贫开发的重要性和紧迫性

扶贫开发是实现共同富裕的首要民生工程。对照县区全面实现小康社会的5大类25个指标,我县在13个指标上有欠账,其中欠账最大的是城乡居民人均收入,同时我县还有13个省定贫困村,6889名贫困人口,这些都是安义实现全面脱贫、全面小康最大短板。在农村,因病、因灾、无劳动能力、无创业技术、无生产资源而导致生活贫困人口的生产生活条件还没有从根本上得到改变。各乡镇、各部门、各单位要充分认识全县扶贫开发工作的严峻性、艰巨性和复杂性,把扶贫开发当作一项重大的政治任务和民生工程来抓,以更大的决心、更强的力度、更有效的举措打好新一轮扶贫攻坚战。

二、准确把握精准扶贫的指导思想、基本原则和总体目标

(一)指导思想

以习近平总书记关于精准扶贫系列重要讲话精神为指引,深入贯彻落实中央、省、市关于精准扶贫工作部署,以"四个切实"为基本要求,以"六个精准"为努力方向,以"五个一批"为重点内容,推进基础建设、培育产业、教育培训、易地搬迁、兜底保障,集中解决贫困对象的生产生活突出困难,加快贫困群众脱贫致富、贫困地区全面小康步伐。

(二)基本原则

1.政府主导,部门协作。把扶贫攻坚两年行动计划纳入经济社会发展战略及

发展规划。各相关部门和单位在制定政策、编制规划、分配资金、安排项目时优先保证贫困群众，形成扶贫开发合力，推进行动计划实施。

2.创新思路，分类指导。根据各村各户贫困现状、致贫原因，创新工作方式方法，因地因人制定分村、分类别扶贫政策，有针对性的扶持政策。

3.到户到人，精准施策。扶贫攻坚战略重点在面，战术关键在村，战绩体现在户，战果收获在人。要明确要求，把握重点，规划到户、责任到人，采取"一户一策、一人一法"措施。

4.落实责任，强化保障。落实党政一把手负总责的扶贫攻坚责任制，制定和完善扶贫攻坚考核办法，将扶贫成果作为各乡镇、各部门、各单位责任领导年度政绩考核、选拔任用和奖惩的重要依据。

（三）总体目标

到2017年，按照人均纯收入2800元/年的扶贫标准，实现建档立卡贫困人口"两不愁三保障"（不愁吃、不愁穿，保障其义务教育、医疗和住房），完成13个贫困村整村脱贫建设任务，贫困村农民人均纯收入增幅高于全县平均水平，基本公共服务主要领域指标接近或达到全县平均水平。

三、主要措施

1.瞄准贫困户。根据国家扶贫标准，切实按照定对象、定政策、定措施、定责任、定目标"五定"工作目标和"县为单位、规模控制、分级负责、精准识别、动态管理"的工作原则，继续严格按照"户主申请、村民小组提名、村民代表评议和票决、村委会审查、乡镇政府审核、县扶贫办复核"的程序，对精准扶贫农户进行动态调整，已经达到脱贫目标的要及时退出，新增的贫困户要及时补进，坚决杜绝优亲厚友、弄虚作假等行为，坚决杜绝"富人戴着穷人帽"的现象。对每个贫困户建档立卡，深入分析致贫原因，逐村逐户地制定帮扶措施，集中力量予以扶持，确保在规定时间内达到脱贫目标。继续完善全县农村贫困人口识别、建档立卡和录入全国贫困农户信息系统，实行信息化管理。

2.瞄准扶贫村。要着力找准贫困地区制约发展的突出问题，按照重点改善水、电、路、校等贫困地区基础设施和公共事业设施建设的要求，找准群众最迫切、反映最强烈、直接影响群众生产生活的现实难题。对正在推进的"十三五"扶贫村的扶贫工作和扶贫项目要跟踪问效，及时解决基础设施和产业发展的实际困难，确保不脱贫不验收达标。

四、工作重点

在摸清底数的基础上,根据致贫原因和发展需求,按照"规划落地、责任到人,一户一法、一村一策、多措并举,整合资源、综合施策,精准帮扶、全面完成"的工作要求,实施三大扶贫工程。

(一)实施安居扶贫工程

优先安排贫困户农村饮水安全工程建设,免除农村"三无"贫困户接入开户和管道费用,到2018年实现农村贫困户饮水安全保障全覆盖;落实农村危房改造补助政策,用好扶贫对象专项扶贫补助资金,对建档立卡贫困户优先实施危房改造,切实解决贫困户住房条件,根据市下达任务要求完成符合条件的贫困户危房改造工程;加大扶贫村道路建设,按照扶贫村水泥路通畅率100%、完善村级公路网络的基本要求,对有条件的扶贫村主要出口公路和连村一般出口公路进行硬化。加强安全防护设施和中小危桥改造,提高农村公路安全水平和服务能力。到2018年实现具备条件的村组通水泥路和通班车;优先安排扶贫村农村饮水安全工程建设,加大小水库、小泵站等8类小型水利工程改造提升力度,提升扶贫村小型水利工程除涝灌溉能力。到2018年扶贫村饮水安全保障程度和自来水普及率进一步提高,小型水利工程效益进一步提升,防汛抗旱能力进一步增强;加大对扶贫村电网升级改造力度,开发光伏发电,提高扶贫村电力保障能力;推动教育、卫生、文化、体育等公共服务资源向扶贫村延伸、项目向扶贫村倾斜,对符合条件的扶贫村优先列入新农村村庄整治点给予支持。加强扶贫村垃圾、污水、绿化、亮化、硬化等基础工程和综合服务中心、农民文化乐园、卫生计生室、村邮站等公共服务设施建设,实现扶贫村公共服务设施全覆盖。

(二)实施产业扶贫工程

对贫困户的后备劳动力和有转移就业愿望和能力的贫困劳动力,免费开展转移技能培训。未能继续升学的贫困户家庭初高中毕业生,参加中高级技工学历教育的每人每年补助2000元。实施农村贫困家庭就业工程,完善贫困家庭成员就业动态管理机制,稳定实现农村贫困家庭中有劳动能力和就业意愿的农户至少1人转移就业。完善就业创业扶持政策,鼓励和支持贫困农民自主创业;整合"雨露计划"、农业实用技术、残疾人就业培训和新型农民培训等教育资源,为贫困农民搭建免费学习知识技术的平台,保障有培训愿望的贫困劳动力"应培尽培、想培就培",确保贫困户掌握1—2项农业"种养加"实用技术和增收技能;对有一定劳动技能的贫困户,按照"宜种则种、宜养则养、宜工则工、宜商则商"的原则,通过"公司（基地）+农户"、"合作社+农户"、能人带农户，以及"一户一业、一户一策、一人一法"的方式，帮助贫困户发展脱贫产业、增加收入。鼓励龙头企业、农民合作社通过订单、合作、入股等模式带动贫困户发展生产，确保每个贫困户都有一个增收致富的渠道；加大光伏扶贫力度，2016年继续对全县"无劳力、无资源、无稳定收入来源"的"三无"农村贫困户实施光伏扶贫，免费建设家庭分布式光伏电站，产权和收益归贫困户所有，目标使每户光伏扶贫用户每年约有3000元的收益，受益年限20年左右，保证贫困户长期稳定增收。

（三）实施保障扶贫

建立贫困户最低生活保障体系，推进扶贫开发和农村低保制度的有效衔接，实行动态管理；加大政策扶持力度，筹集新农合资金，实现贫困人口新型合作医疗参保率达到100%。对严重影响家庭生活的重大疾病致贫农户，逐步建立参加新农合资金统筹解决的工作机制；实施城乡医疗救助制度，资助农村低保对象、农村五保户、社会散居孤儿、符合医疗救助条件的重点优抚对象和农村低收入家庭大病患者、重度残疾人、低收入家庭老年人，参加当地合作医疗和医疗保险。对以上人员住院治疗产生的费用，按照医疗救助政策给予救助。对因遭疾病、事故、灾害等突发情况致贫的农户，通过临时救助和专项救助帮助解决其生活困难。对于确实丧失生产能力的贫困人员，最终由政府托底帮扶。

五、工作要求

（一）加强组织领导

按照"乡镇为主体、工作到村、责任到人"要求，建立领导机制，落实工作责任。成立和充实县脱贫攻坚工作领导小组，强化领导小组统筹协调、组织指挥职能，落实好联席会议制度，建立成员单位分工协作机制，抓好扶贫开发各项任务的督促检查，研究解决好工作推进中的难题。各乡镇、相关部门和单位要认真落实"一把手"负责制，把脱贫攻坚工作摆在更加突出的位置，将其作为首要的民生来抓，积极作为、敢于担当，共同打好新一轮脱贫攻坚仗。

（二）明确工作职责

按照"渠道不变、各计其功"原则，各乡镇、各部门、各单位要将相关政策和项目资金集中向贫困村、贫困户倾斜，构建"大扶贫"格局。县脱贫攻坚工作领导小组办公室要认真开展好整村推进、产业扶持、技能提升等工作，侧重落实好到人到户政策。领导小组成员单位、相关部门要认真履行部门职能职责，重点解决贫困地区困难群众行路、饮水、上学、就医、就业、住房等工作，切实改善

贫困群众生产生活条件。联系帮扶贫困村的机关、企事业单位要发挥本部门信息、项目、资金和技术优势，帮助贫困村、贫困户实现脱贫目标。各乡镇要组织好扶贫项目的具体实施，主动争取社会各界的关心和支持，广泛动员广大群众自力更生、艰苦创业，充分发挥困难群众的主人翁精神。

（三）营造良好环境

准确把握扶贫宣传导向，大力宣传中央、省、市扶贫工作会议精神，充分展示全县扶贫开发的成就和经验，及时报道和宣传社会各界积极参与扶贫开发的成功做法和先进典型，全面反映贫困村干部群众自力更生、艰苦奋斗的精神风貌。县电视台要开辟专栏，及时宣传扶贫开发政策和扶贫工作动态。各乡镇要做好进村入户宣传工作，对重点项目要有明显标志标识，客观反映党和政府对贫困村、贫困农民的关心关爱。

（四）强化队伍建设

以培养吃苦耐劳、业务精湛、爱岗敬业的扶贫干部队伍为目标，大力开展联系贫困群众"连心"活动，增强群众观念，增进与贫困群众的血肉感情。对县、乡镇扶贫干部开展多形式的扶贫培训，提高扶贫系统干部政策理论和业务素质。加强贫困村基层组织建设，抓好驻村扶贫"第一书记"选派工作，每个乡镇配备2名扶贫专干，每个贫困村有1名大学生村官，鼓励优秀的年轻干部到贫困村工作，增强村级领导班子带领脱贫致富的能力。加强反腐倡廉教育，督促扶贫干部严格遵守廉洁自律各项规定，积极追求健康向上的生活情趣，努力建设有理想、懂政策、熟业务的高素质扶贫干部队伍。

中共安义县委

安义县人民政府

2016年2月25日

关于坚决打赢全县脱贫攻坚战的实施意见

为深入贯彻习近平总书记对江西"在脱贫攻坚方面领跑"的指示精神，贯彻落实《中共江西省委、江西省人民政府关于全力打好精准扶贫攻坚战的决定》（赣发〔2015〕10号）、《中共江西省委办公厅、江西省人民政府办公厅关于坚决打赢脱贫攻坚战的实施意见》（赣办发〔2016〕14号）和《中共南昌市委、南昌市人民政府关于推进农村精准扶贫工作加快实现脱贫目标的意见》（洪发〔2015〕11号）及《中共南昌市委、南昌市人民政府关于坚决打赢全市脱贫攻坚战的实施意见》精神，紧扣我市率先在全省实现全面脱贫和全面小康的"两个率先"目标，现特制定如下实施意见。

一、指导思想

全面落实党的十八大和十八届三中、四中、五中、六中全会精神，以邓小平理论、"三个代表"重要思想、科学发展观为指导，深入贯彻习近平总书记系列重要讲话精神，牢固树立并切实贯彻创新、协调、绿色、开放、共享的新发展理念，围绕市委、市政府提出的"抢占制高点、聚焦增长极、提升首位度、共筑'四强'梦"的战略要求，把精准扶贫、精准脱贫作为基本方略，以产业扶贫为根，以立志扶贫为本，以贫困村为重点，精准编制实施"十三五"脱贫攻坚规划，明确靶向、因地制宜、量身定做、对症下药，确保2017年全县基本消除绝对贫困现象，提前三年完成攻坚目标；打赢产业脱贫、保障脱贫、安居脱贫三大攻坚战；完善责任体系、考核体系、保障体系三大体系。传承红色基因，弘扬"八一"精神，充分调动贫困村、贫困群众的积极性和主动性，以更大的决心、更明确的思路、更精准的举措、超常规的力度，坚决打赢脱贫攻坚战。

二、攻坚目标

（一）脱贫目标

到 2017 年，实现现行标准下贫困人口全部脱贫，13 个贫困村全部退出的目标，解决区域性整体贫困；到 2020 年，进一步巩固发展精准脱贫攻坚成果，稳定实现农村贫困人口不愁吃、不愁穿，义务教育、基本医疗和住房安全有保障。到 2018 年，具备劳动能力但缺乏发展条件的贫困农户人均可支配收入达到当地平均水平的 70% 左右；具有部分劳动能力的贫困农户人均可支配收入达到当地平均水平的 50% 左右；对完全丧失劳动能力的贫困农户重点保障，兜牢底线，使我县农村最低生活保障标准超过国家贫困标准的 20%。到 2020 年，力争使我县农村最低生活保障标准超过国家贫困标准的 40%，贫困村农民人均可支配收入增长幅度高于全市平均水平，基本公共服务主要领域指标接近全市平均水平。

（二）脱贫标准

根据国家有关建立贫困退出机制的意见，贫困人口脱贫要以贫困户年人均可支配收入稳定超过国家贫困标准，2016 年达到 3146 元以上，到 2017 年达 3335 元以上。吃穿不愁，义务教育、基本医疗和住房安全有保障作为主要衡量指标。贫困村退出要以贫困发生率低于 2%，重度贫困村小组村庄整治建设全部完成作为退出标准。乡镇脱贫标准（六有一达到），即六有：有脱贫攻坚工作领导小组和脱贫攻坚站，有脱贫攻坚行动方案，有贫困户信息台账，要有干部帮扶贫困户安排，各村建有"1 中心 2 室"（便民服务中心、村卫生室、村民文化活动室），各村有脱贫产业；一达到：贫困满意度调查结果满意率达 100%。贫困村脱贫标准（五通七有），即五通：通路、通安全饮用水、通电、通广播电视、通宽带；七有：有稳定的村集体收入、有富民产业、有专业合作组织、有标准卫生室、有综合性文化服务中心、有整洁的村容村貌、70% 以上农户享有水冲式卫生厕所。贫困户脱贫标准（五有一无），即五有：有安全的住房，有基本医疗能就近保障，有安全的饮用水，有持续稳定的收入渠道（农村低保和产业收入），有一定劳动能力或有一技之长，能劳务就业；一无：家庭无义务教育阶段辍学人员。

三、工作要求

（一）正确处理脱贫攻坚与区域发展的关系

打赢脱贫攻坚战是全面建成小康社会的底线目标，是各级党委、人民政府一定要兑现的承诺。要把贫困人口脱贫问题作为全面建成小康社会最大的短板，把解决贫困人口的脱贫问题作为首要任务；要坚持扶贫到户，做到精准识别，摸清底数，因户施策。落实好针对贫困人口的特惠性政策，提高扶贫的政策、措施、资金、项目的瞄准度。通过解决贫困人口的脱贫问题，进而完成贫困村退出的任务。在此前提下，将脱贫攻坚规划融入区域经济社会发展规划，按照脱贫攻坚的需要，加大投入力度，解决基础设施和公共服务设施薄弱等制约发展的瓶颈问题，解决区域性贫困问题，通过区域发展为贫困群众脱贫创造更好的发展条件和环境。

（二）正确处理开发扶贫与保障扶贫的关系

按照扶贫对象精准、项目安排精准、资金使用精准、措施到户精准、因村派人精准、脱贫成效精准的要求，使有劳动能力的一般贫困户通过发展产业、转移就业实现增收脱贫；完全丧失劳动能力的贫困人口通过社会保障政策实现兜底脱贫；部分丧失劳动能力的贫困人口通过产业扶持和保障扶贫叠加政策脱贫。按照我县农村最低生活保障制度与扶贫开发政策有效衔接的实施方案要求，各乡镇要进一步加强农村低保申请家庭经济状况核查工作，将所有符合条件的建档立卡贫困家庭纳入低保范围，做到应保尽保，实现农村低保制度和扶贫开发政策对农村贫困人口的全面覆盖。

四、工作重点

（一）健全脱贫攻坚考核机制

发挥考核的导向作用，以脱贫攻坚为最大政绩，完善对乡镇和定点扶贫单位的考核。相关乡镇每年要向县委、县政府报告脱贫攻坚进展情况，以脱贫实绩作为对各乡镇党委、人民政府脱贫攻坚工作成效考核的重要依据。要创新考核方式，抓紧出台县委、县政府对各乡镇党委、人民政府脱贫攻坚工作成效考核办法。健全完善群众参与扶贫评价的具体办法。健全定点扶贫单位考核评价机制，表彰先进，对工作不力的通报批评，对未完成年度预期工作任务的取消当年评先评优资格，确保各扶贫单位落实扶贫责任。建立完善机关干部到贫困地区特别是贫困村交流任职工作机制。对在基层一线实绩突出、群众公认的，要重点培养、优先提拔使用；对工作不力、成效不好的，要予以问责。（责任单位：县委办公室、县政府办公室、县扶贫办、县委组织部、县综治办、县考核办、县文明办）

（二）健全精准脱贫退出机制

严格落实我县贫困户、贫困村退出标准和工作流程，坚持规范操作，切实做到程序公开、结果公正、脱贫真实、数据准确、档案完整。各乡镇根据本乡镇实际，制订切实可行的贫困户、贫困村退出规划并报县脱贫攻坚工作领导小组备案。贫困户、贫困村退出后至2020年，继续享受中央、省、市、县扶贫开发相关政策和资金扶持。退出实行公示制度,各乡镇要组织对当年退出的贫困户、贫困村进行抽查和评估。建立第三方评估机制。由县统计局农调队牵头,对当年退出的贫困户和贫困村进行评估。健全农村扶贫开发统计监测体系,加强对贫困状况、变化趋势和扶贫成效的监测评估。科学评价精准扶贫成效,既要看减贫数量,更要看脱贫质量,对"数字脱贫""虚假脱贫"和"被脱贫"现象要责令整改并严肃追责。(责任单位:县扶贫办、县监察局、县财政局、县统计局农调队)

(三)健全扶贫资金投入管理机制

加大财政专项扶贫资金投入,发挥政府投入在扶贫开发中的主体和主导作用,积极调整财政支出结构,开辟扶贫开发新的资金渠道,确保政府扶贫投入力度与脱贫攻坚任务相适应。财政支农投入新增部分重点用于农村扶贫开发。县政府是整合资金统筹使用的责任主体,负责资金的使用、管理和项目实施。各乡镇要以脱贫攻坚规划为引领,以重点扶贫项目为平台,精确瞄准建档立卡贫困人口和贫困村,按照脱贫的需求和效益最大化原则配置资源。审计、纪检监察、财政部门以及其他资金使用管理部门要加大对相关乡镇的监督检查力度,并对乡镇监管职责落实情况进行跟踪问效。探索引入第三方监督,引导贫困人口主动参与监督,构建多元化的资金监管机制。进一步完善资金管理方式,加快资金拨付进度,完善资金项目公示公告制度。通过建立落实税收优惠、贴息支持、财政奖补及过桥贷款、融资担保、风险补偿等机制,鼓励金融机构创新金融扶贫产品和服务,撬动更多信贷和社会资金投向扶贫。鼓励和引导商业性、政策性、开发性、合作性等各类金融机构加大对扶贫开发的金融支持。支持贫困地区设立扶贫贷款风险补偿基金。支持农村信用社、农行、村镇银行等金融机构为贫困户提供免抵押、免担保扶贫小额信贷。加强银保合作,探索并大力推广"保险+信贷"融资模式在扶贫领域的应用。推动发展面向贫困户的农业保险新品种,支持贫困地区积极开发扶贫小额贷款保证保险。(责任单位:县财政局、县扶贫办、县监察局、县检察院、县发改委、县审计局、县国税局、县金融办)

(四)健全脱贫攻坚督导机制

对各乡镇、各扶贫单位在我县脱贫攻坚中采取的举措、取得的成效和存在的问题进行定期和不定期督导,确保我县脱贫攻坚的各项具体政策落实到位,惠及扶贫对象。建立年度扶贫开发工作逐级督查制度。各乡镇党委、人民政府要将年度工作落实情况和下一年度工作安排报告县委、县政府和县脱贫攻坚工作领导小组。各扶贫单位每半年要形成本单位帮扶工作书面报告材料报县脱贫攻坚工作领导小组;各责任单位每季度要将脱贫攻坚重点工作推进落实情况和下步打算书面报告材料报县扶贫办。县委督查室、县政府督查室要将脱贫攻坚工作作为督查工作重点，列入年度督查计划，定期进行督查，形成督查报告报县委、县政府。各项定期和不定期督查结果，作为各乡镇、各部门、各单位评先评优的重要依据。（责任单位：县委督查室、县政府督查室、县扶贫办）

（五）实施产业发展扶贫工程

编制好贫困村特色产业发展规划，建立项目到村到户机制。支持贫困农户按照宜种则种、宜养则养、宜商则商的原则发展脱贫产业。在经营形式上，对有劳动能力的贫困户支持其通过自身经营发展产业，或通过投资合作社、龙头企业与自身参与生产经营结合起来发展产业。对无劳动能力的，主要探索光伏扶贫等资产收益性扶贫方式。在组织形式上，着力在优势产业发展程度较成熟、组织化程度较高的贫困村推广"四位一体"（即选准一项优势主导产业、组建一个合作组织、设立一笔贷款风险金、落实一种帮扶机制）产业扶贫模式。建立龙头企业、经营大户等与贫困户稳固的利益联结机制，各乡镇可根据龙头企业带动农户的数量、质量情况，对其给予信贷贴息、基础设施建设等方面的适当支持。推进电商扶贫、旅游扶贫、招商扶贫，支持条件适合的贫困村建设电商脱贫站，开发旅游资源。吸引各类经营实体到贫困村投资兴业。加快推广光伏扶贫工程，组织实施光伏扶贫村站和户站建设，实现13个贫困村每个村有一个30KW的光伏扶贫村站，全县200户"无劳力、无资源、无稳定收入来源"（以下简称"三无"）的贫困户每户有一个3KW的光伏扶贫户站的建设目标。（责任单位：县委农工部、县发改委、县财政局、县商务局、县供销社、县农业局、县林业局、县国土资源局、县畜牧水产局、县文化广播电视新闻旅游出版局、县供电公司、县邮政公司）

（六）实施就业扶贫工程

以"培训一人、就业一人、脱贫一户"为目标，建立就业帮扶对象基础台账，提高就业服务、技能培训精准度。为扶贫对象提供就业创业政策咨询、就业指导、职业介绍、技能培训或创业培训等免费服务。支持建档立卡户中有劳动能力和就业意愿的劳动者以及未继续升学的初高中毕业生参加职业培训。对在中、高职就读的全日制家庭经济困难的在校学生免除学费，根据专业收费标准不同，财政分别按照每生每年850至4500元的标准给予学校学费补助，对在中、高职就读的全日制一、二年级涉农专业及家庭经济困难的在校学生，按照每人每年2000元标准发放国家助学金。对有创业意愿并具备一定创业条件的扶贫对象，给予创业担保贷款贴息扶持。积极推进贫困村创业致富带头人培训和贫困妇女巾帼致富带头人工程。加强输出地与输入地的沟通衔接，保障贫困群众合法权益。（责任单位：县

人社局、县扶贫办、团县委、县妇联、县发改委、县财政局、县教科体局、县金融办）

（七）实施危旧房改造工程

抓紧核实建档立卡贫困户农村危房改造对象。危旧房改造标准、形式要切合实际，以住房安全有保障为原则。对有危旧房改造需求的贫困户，根据贫困程度的差异，县财政要安排专项资金，通过提高补助标准，探索实行差别化的保障政策等方式，必要时要采取"交钥匙工程"，切实解决贫困户危旧房改造资金问题。改造一户、核销一户，力争到2017年全面完成建档立卡贫困户危旧房改造任务。（责任单位：县住建局、县扶贫办、县发改委、县民政局、县财政局）

（八）实施村庄整治工程

依据贫困村村庄整治建设规划整合涉农资金，重点抓好"十三五"贫困村中的重度贫困村组村庄整治建设，确保贫困村如期完成整治任务。在2017年底前13个贫困村全面消灭"满目疮痍"村组，贫困村基础设施建设和基本公共服务水平明显提升；全面实现走平坦路、喝干净水、上卫生厕、住安全房的愿望。尊重贫困村群众主体地位，把群众参与贯穿于村庄整治项目实施的全过程，并把群众满意度作为项目绩效评价的重要参考指标。（责任单位：县新村办、县扶贫办、县交通运输局、县住建局、县农业局、县林业局、县水务局、县国土资源局、县供电公司）

（九）实施基础设施建设扶贫工程

加大贫困村的道路建设，2017年25户以上自然村道路硬化率达到100%，在此基础上推动城乡客运一体化。优先安排贫困户的饮水安全项目建设和巩固提升。对建档立卡户中"三无"贫困户安全饮用水接入开户和管道费用实施全免。到2017年实现建档立卡户饮水安全保障全覆盖。加大小水库、小泵站等8类小型水利工程改造提升力度，增强贫困村防汛抗旱能力。土地整治和高标准农田建设项目优先向有条件的贫困村覆盖。推动教育、卫生、文化、体育等公共服务资源向贫困村倾斜。贫困村垃圾、污水、绿化、亮化等基础设施和综合服务中心、农民文化乐园、卫生室、通信等公共服务设施建设全覆盖。（责任单位：县扶贫办、县发改委、县工信委、县交通运输局、县财政局、县农业局、县水务局、县国土资源局、县文化广播电视新闻旅游出版局、县教科体局、县卫计委、县供电公司）

（十）实施生态保护扶贫工程

落实好贫困地区退耕还林、天然林保护、防护林建设、湿地保护与恢复、坡耕地综合整治、水生态治理等重大生态工程项目和资金倾斜政策，为贫困群众发展生产、改善生活创造良好条件。积极开发生态公益性岗位，优先安排有劳动能力的贫困人口就业，让贫困户从生态保护中得到更多实惠。（责任单位：县林业局、县扶贫办、县发改委、县人社局、县环保局、县财政局、县水务局、县国土资源局）

（十一）实施社会保障扶贫工程

建立贫困户最低生活保障体系，坚持把符合条件的建档立卡贫困户全部纳入低保救助范围，做到应保尽保。逐年提高农村低保标准和五保人员供养标准，2017年，农村低保标准从3720元／年（310元／月）提高到4140元／年（345元／月）；2020年，农村低保标准提高到6120元／年（510元／月）。农村五保人员集中供养标准和散居供养标准均略高于农村低保标准。加大儿童福利院、救助保护机构、特困人员供养机构、残疾人康复托养机构、社区儿童之家、养老设施建设的投入力度。落实对重度残疾人、农村孤儿和事实无人抚养儿童等严重困难群体救助政策和困难残疾人生活补贴及重度残疾人护理补贴制度。推进康复扶贫贷款贴息重点投向适合残疾人特点的种植业、养殖业、农副产品加工业、家庭手工艺制作、零售商业及各类服务业项目。加快完善城乡居民基本养老保障制度，适时提高基础养老标准，逐步提高保障水平。（责任单位：县人社局、县民政局、县扶贫办、团县委、县妇联、县残联、县发改委、县财政局）

（十二）实施健康扶贫工程

构筑城乡居民医疗保险、城乡居民大病保险、农村贫困人口重大疾病商业补充保险、城乡医疗救助四道防线。对贫困人口参加城乡居民医保个人缴费部分由财政给予补贴，实现贫困人口城乡居民医保参保率达到100%。全面推行贫困人口重大疾病商业补充保险，逐步提高给贫困户造成较大医疗负担的慢性疾病费用报销比例。进一步加强和完善医疗救助制度，将符合医疗救助条件的贫困人口全部纳入重特大疾病救助范围。加大农村贫困残疾人康复服务和医疗救助力度，逐步扩大纳入基本医疗保险范围的残疾人医疗康复项目。对贫困人口大病实行分类救治和县域内住院先诊疗后付费的结算机制。加强基层医疗卫生服务体系建设，深入开展医疗卫生对口帮扶工作，推进贫困村公有产权村卫生计生服务室标准化建设。支持和引导符合条件的乡村医生按规定参加城镇职工基本养老保险。优先为贫困人口建立贫困人口健康卡，实行签约服务。采取针对性措施，加强贫困村传染病、地方病、慢性病等防治工作。（责任单位：县人社局、县卫计委、县扶贫办、县妇联、县残联、县发改委、县民政局、县财政局）

（十三）实施教育扶贫工程

落实现有学生资助政策，继续完善家庭经济困难学生资助体系。对在经县以上教育行政部门审批设立的普惠性幼儿园就读的建档立卡贫困家庭儿童给予每人1500元学前资助；义务教育阶段学生全部实行免除学杂费和免费提供教科书政策，同时按照小学每生每年1000元、初中每生每年1250元，特教小学和初中学生在此基础上增加200元，对家庭经济困难的寄宿生提供生活补助；对普通高中建档立卡家庭困难学生免除学杂费，并按照每生每年2000元标准发放国家助学金；对当年录取普通高校的家庭经济困难考生，按录取省内院校每人500元、录取省外院校每人1000元标准发放高校新生入学资助金，按每人5000元标准发放高考入学政府资助金；对在高校就读的全日制普通本专科在校生中贫困家庭学生，按照平均每人每年3000元标准发放国家助学金；对在高校就读的全日制研究生，按照硕士每年6000元、博士每年10000元标准发放国家助学金。依托"赣青扶贫结对行动"，为贫困家庭留守儿童提供爱心陪伴、学习辅导、思想引导、心理疏导、成长指导等服务。（责任单位：县教科体局、县扶贫办、团县委、县妇联、县发改委、县人社局、县民政局、县财政局）

五、强化保障

（一）强化政策支撑体系

全面落实《中共江西省委、江西省人民政府关于全力打好精准扶贫攻坚战的决定》和《中共南昌市委、南昌市人民政府关于推进农村精准扶贫工作加快实现脱贫目标的意见》及其配套举措政策。进一步建立健全以动态管理机制、约束考核机制、贫困退出机制、绩效考评机制、用人导向机制、投入整合机制、年度脱贫攻坚报告和督察制度为主要内容的精准扶贫政策体系。建立重大涉贫事件舆情监测、通报、反馈及联动处置机制。健全贫困地区公共法律服务制度。以法治思维、制度长效机制解决脱贫攻坚战中扶持谁、谁来扶、怎么扶、如何退的问题。相关乡镇参照上级做法，建立完整科学的扶贫攻坚政策体系，通过打好政策"组合拳"，有力支撑脱贫攻坚的实施。（责任单位：县扶贫办、县委宣传部、县司法局）

（二）强化组织保障体系

充分发挥党委总揽全局、协调各方的领导核心作用，严格执行脱贫攻坚一把手负责制，县乡村三级书记一起抓，层层签订脱贫攻坚责任书。各乡镇党委、人民政府做好上下衔接、域内协调、督促检查工作，把精力集中在贫困村的退出上。各乡镇党委、人民政府承担主体责任，党委书记和乡镇长是第一责任人，做好进度安排、项目落地、资金使用、人力调配、推进实施等工作。加强扶贫机构队伍建设，强化各级脱贫攻坚工作领导小组决策部署、统筹协调、督促落实、检查考核职能。各乡镇要组建脱贫攻坚站,每个乡镇脱贫攻坚站要落实2名以上扶贫工作人员。每个贫困村要有帮扶单位和驻村工作队,每户贫困户要有帮扶责任人。把加强农村基层组织建设作为脱贫攻坚的重要任务,向贫困村派驻"第一书记"。进一步明确驻村工作队的主要职责是做好贫困识别建档立卡工作、编制脱贫规划和年度计划、落实脱贫攻坚各项到村到户政策,监督扶贫资金使用。加强基层党组织建设,进一步牢固树立"党建+"理念,深入推进"连心、强基、模范"三大工程,配好配强贫困地区基层领导班子特别是村支部书记,加强贫困地区基层干部队伍建设。加强扶贫领域反腐败工作,扎实做好扶贫领域的监督执纪问责,为打赢扶贫攻坚战提供坚强纪律保障。加快推进贫困村村务监督委员会建设,继续落实好"两议四公开"、村务联席会等制度,健全党组织领导的村民自治机制。(责任单位:县委组织部、县扶贫办、县纪委、县民政局)

(三)强化大数据平台体系

不断完善扶贫对象建档立卡信息监管系统,定期对建档立卡贫困村、贫困户进行全面核查。进一步加强精准识别,建立更加精准的扶贫台账,规范细化台账内容,打牢精准扶贫精准脱贫基础。推进扶贫大数据平台建设,做到户有卡,村有册,省市县乡四级有数据库,做好我县扶贫数据信息录入全省的扶贫信息网络工作。抓紧建立农村低保和扶贫开发的数据互通、资源共享信息平台。建立扶贫信息系统数据对接和共享机制,采集精准扶贫数据与各行业部门统计数据一致,实现动态监测管理、工作机制有效衔接,提高实施专项扶贫、行业扶贫、社会扶贫的精准度。(责任单位:县扶贫办、县发改委、县民政局、县住建局、县财政局、县教科体局、县卫计委)

(四)强化社会帮扶体系

完善好县级领导挂点帮扶一个贫困村、结对帮扶几户贫困户的机制。扎实开展各级部门"十三五"时期新一轮定点帮扶贫困村工作。工会、共青团、妇联要通过深入开展"连心"工程中的"微心愿"等活动,架起帮扶单位与贫困村之间的"连心桥"。继续实施贫困地区人才支持计划,鼓励教育、科技、文化、卫生、法律等行业人员和志愿者定期到贫困地区工作、服务。加强贫困地区精神文明建设,移风易俗,倡导现代文明理念和生活方式,充分发挥乡规民约在扶贫济困中的积极作用,激发贫困群众奋发脱贫的内生动力。推进民营企业实施"百企帮百村"行动;引导支持社会团体、基金会等各类组织积极从事扶贫开发事业;完善社会力量参与扶贫的鼓励政策,动员和凝聚全社会力量广泛参与扶贫开发,培育多元社会参与主体。坚持正确舆论导向,弘扬正能量,准确解读党和政府扶贫开发的决策部署、政策举措,生动报道各地区各部门精准扶贫、精准脱贫丰富实践和先进典型。加快社会扶贫信息平台建设,传递贫困群众的帮扶需求和贫困地区的发展需求,为社会各界提供扶贫需求、帮扶渠道、政策宣传、帮扶成效等多层次、全方位的扶贫信息服务,为我县、我市打赢脱贫攻坚战,率先在全省实现全面脱贫和全面小康"两个率先"目标作出新贡献。(责任单位:县扶贫办、县委组织部、县委宣传部、县委统战部、县人武部机关、县总工会、团县委、县妇联、县工商联、县教科体局)

中共安义县委

安义县人民政府

2016年11月25日

安义县关于打赢脱贫攻坚战三年行动的实施意见

打赢脱贫攻坚战，作为决胜全面建成小康社会必须打好的三大攻坚战之一，对于实现第一个百年奋斗目标具有决定性意义。为明确今后三年脱贫攻坚时间表和路线图，确保如期高质量完成脱贫攻坚政治任务，按照中央、省、市关于打赢脱贫攻坚战三年行动的决策部署，现就打赢我县脱贫攻坚战三年行动，结合全县实际，提出以下实施意见。

一、总体要求

（一）指导思想

以习近平新时代中国特色社会主义思想为指导，全面贯彻党的十九大精神，紧紧围绕全县贫困人口稳定脱贫和贫困村如期退出的攻坚任务，坚持按照"核心是精准、关键在落实、实现高质量、确保可持续"的工作要求，突出问题导向，强化"市县抓落实、乡镇推进和实施"的工作机制，突出问题导向，优化政策供给，下足绣花功夫，尽锐出战攻坚，切实增强贫困群众的获得感，确保2020年全面打赢脱贫攻坚战，为决胜全面小康提供强大支持，为实施乡村振兴战略奠定坚实基础。

（二）行动目标

总体目标：到2020年，稳定实现全县农村贫困人口"两不愁三保障"目标，贫困群众人均可支配收入增长幅度高于全县农村平均水平，确保现行标准下全县农村贫困人口全部实现稳定脱贫，消除绝对贫困现象；全部贫困村如期退出。

年度目标：2018年，确保实现1250名贫困人口脱贫、7个省级贫困村全部退出的目标任务。2019年，进一步强化"两不愁三保障"工作水平，减少贫困家庭在教育、医疗、住房方面的负担；紧扣可持续脱贫的要求，重点在就业扶贫、产业扶贫、光伏扶贫、金融扶贫方面下功夫，促进贫困家庭收入稳定增长，确保实现1734名贫困人口脱贫的目标任务，确保全县精准扶贫、精准脱贫取得决定性成效。2020年,确保现行标准下全县农村贫困人口全部稳定脱贫,巩固提升脱贫成果。

(三)工作要求

坚持严格执行现行扶贫标准。严格按照"两不愁三保障"要求,确保贫困人口不愁吃、不愁穿;保障贫困家庭孩子接受九年义务教育,确保有学上、上得起学;保障贫困人口基本医疗需求,确保大病和慢性病得到有效救治和保障;保障贫困人口基本居住条件,确保住上安全住房。要量力而行,既不能降低标准,也不能擅自拔高标准、提不切实际的目标,避免陷入"福利陷阱",防止产生贫困村和非贫困村、贫困户和非贫困户待遇的"悬崖效应"。

坚持精准扶贫精准脱贫基本方略。做到扶持对象精准、项目安排精准、资金使用精准、措施到户精准、因村派人(第一书记)精准、脱贫成效精准,从实际出发,解决好扶持谁、谁来扶、怎么扶、如何退问题,做到扶真贫、真扶贫,脱真贫、真脱贫。

坚持把提高脱贫质量放在首位。牢固树立正确政绩观,不急功近利,不好高骛远,更加注重帮扶的长期效果,夯实稳定脱贫、逐步致富的基础。合理确定脱贫时序,不搞层层加码,不赶时间进度、搞冲刺,不拖延耽误,确保脱贫攻坚成果经得起历史和实践检验。

坚持扶贫同扶志扶智相结合。正确处理外部帮扶和贫困群众自身努力的关系,强化脱贫光荣导向,更加注重培养贫困群众依靠自力更生实现脱贫致富的意识,更加注重提高贫困地区和贫困人口自我发展能力。

坚持开发式扶贫和保障性扶贫相统筹。把开发式扶贫作为脱贫基本途径,针对致贫原因和贫困人口结构,加强和完善保障性扶贫措施,造血输血协同,发挥两种方式的综合脱贫效应。

坚持调动全社会扶贫积极性。充分发挥政策和社会两方面力量作用,强化政府责任,引导市场、社会协同发力,构建专项扶贫、行业扶贫、社会扶贫互为补充的大扶贫格局。

二、全力实施十三大行动

(一)党建扶贫强化行动

深入推进抓党建促脱贫攻坚,切实提升贫困村党组织的组织力。进一步强化基层党组织建设。每年按照一定比例倒排整顿农村软弱涣散党组织,并把扫黑除恶和基层党组织建设结合起来,坚决铲除黑恶势力滋生土壤,防止封建家族势力、地方黑恶势力、违法违规宗教活动侵蚀基层政权,干扰破坏村务。选好配强贫困村党组织书记，重点在外务工创业人员、大学生村官、本村致富能手、退转军人、大中专毕业生等人员中选配；本村没有合适人员的，从县、乡镇机关公职人员中派任，对不胜任、不合格、不尽职的贫困村党组织书记，坚决撤换到位。强化农村基层党建工作责任落实，将抓党建促脱贫攻坚情况作为乡镇党委书记、村党组织书记抓基层党建工作述职评议考核的重点内容，对不重视贫困村党组织建设、措施不力的地方，上级党组织要及时约谈提醒相关责任人，后果严重的要问责追责。

派强用好第一书记和驻村工作队，按照《江西省驻村第一书记和驻村工作队选派管理办法》抓好贯彻落实，注重从县直机关选派过硬的优秀干部参加驻村帮扶，在第一书记全覆盖的基础上，加强考核指导，对不胜任的及时召回调整。派出单位要严格落实项目、资金、责任捆绑要求，加大保障支持力度，进一步提升驻村帮扶质量。

责任单位：县委组织部、县扶贫办、县民政局、县公安局，各乡镇

（二）产业扶贫提质行动

加快发展优势特色种养业。把高标准农田建设作为夯实扶贫产业发展基础性工程抓紧抓实，建设布局优先向贫困村覆盖、建设推进优先向扶贫产业衔接，2017年—2020年全县建设高标准农田14.49万亩。以实施农业结构调整工程为引导，围绕稻米、蔬菜、果业、休闲农业、油茶等特色产业，因地制宜建设吸纳贫困户参与的规模化、绿色化、标准化农产品生产基地。增强对贫困户增收带动作用。

增强农业经营主体带动脱贫能力。加快培育壮大各类新型农业经营主体，吸纳更多贫困户入社。着力培育壮大一批带动脱贫能力强、市场前景好、与优势主导产业关系密切的产业化龙头企业。加大农民合作社、家庭农场、种养大户等新型经营主体培育力度，多途径推动新型农业经营主体与贫困户对接。

着力提升产业组织化程度。完善新型农业经营主体与贫困户利益联结机制。发挥基层党组织在组建合作社中的作用，大力推广村干部与能力带头领办、村党员主动参与、村民自愿参与、贫困群众统筹参与的"一领办三参与"产业扶贫合作模式。支持贫困户以各种要素参与合作社或入股合作社，确保贫困户获得稳定收益。

发展壮大村级集体经济。支持贫困村通过产业发展，壮大村级经济实力，促进集体经济发展和农民持续增收。增加贫困村集体经济收入。

建立技术对接帮扶机制。依托省、市、县、乡四级产业技术专家和服务体系，深入开展扶贫产业技术指导服务，实行扶贫产业发展技术包干服务，确保每个贫困村有一名专家或技术人员全过程技术跟踪指导服务，非贫困村的贫困户有4名

农技人员组成技术服务队指导服务。加大对农技人员、职业农民、新型经营主体的培训力度，帮助贫困村建立本土化技术专家队伍。优先把贫困村扶贫创业致富带头人和贫困户纳入培训对象，提升生产实用技能和综合素质。

进一步落实产业扶贫责任。上下联动，形成产业扶贫强大工作合力。产业扶贫工作领导小组成员单位强化沟通协作，明确责任分工，及时研究解决产业扶贫三年行动推进中的困难和问题。

切实加大政策扶持力度。用足用好高标准农田建设和农业结构调整出台的支持政策，将符合条件的各类经营主体贫困户优先纳入支持范围。整合用于扶贫的涉农资金应优先用于扶贫产业发展。积极实施"扶贫产业信贷通""财政惠农信贷通"，鼓励各类金融机构创新金融扶贫产品和服务，加大对产业扶贫开发的金融支持。

强化产业扶贫考核调度。加大督查指导，重点调度推进政策措施落实、扶贫产业覆盖、新型经营主体带动等情况，增加建档立卡贫困人口产业扶贫有关数据的采集，及时掌握产业扶贫推进情况。

营造产业扶贫良好氛围。加强产业扶贫政策宣传引导，持续开展农业大讲堂下基层宣讲活动，为产业扶贫三年行动注入精神动力。

责任单位：县农业局、县林业局、县商务局、县发改委、县委组织部、县扶贫办、县供销社、县工信委、县审计局、县文化广电旅游新闻出版局、县市场和质量监督管理局、县邮政公司、县供电公司，各乡镇

（三）基础设施完善行动

加快补齐贫困村设施短板。大力推进贫困村（组）道路新建、损坏道路维修、入户便道硬化、污水管网铺设、危房改造、新农村建设、村庄整治和公厕户厕等基础设施项目和"8+4"公共服务项目建设（农村基层综合公共服务平台、卫生室、便民超市、农家书屋、文体活动场所、垃圾处理设施、污水处理设施、公厕、小学、幼儿园、金融服务网点、公交站），全面补齐贫困村设施短板。

提升农村公路通行水平。抓好"四好农村路"建设，2018年完成25户以上自然村通水泥路，2019年底实现所有村民小组通水泥路。推进城乡客运一体化建设，到2020年实现具备通客运班车条件的建制村通班车达到100%。加快县域内农村公路安全生命防护工程建设，基本完成乡道及人、车流量较密集的重要村道公路安全隐患治理。加快推进建制村优选通达路线（优选通客运班车路线）窄路面拓宽改造和危桥改造。新建和改造建设一批贫困乡村旅游路、产业路、资源路。

完善贫困地区水利设施。一是推进农村饮水安全巩固提升工程建设。"十三五"

期间农村饮水工程项目重点向建档立卡贫困人口倾斜,全面解决贫困人口安全饮水问题。二是大力推进水利工程标准化管理工作。基本完成包括贫困地区堤防工程在内的水利工程标准化创建工作。

改造贫困地区电力和网络。实施新一轮农网改造升级,加快推进贫困地区电力基础设施建设,引导电网企业做好贫困地区农村电力建设管理和供电服务。大力推进贫困地区农村可再生能源开发利用。创新"互联网+"扶贫模式,统筹推进网络覆盖、农村电商、网络扶智、信息服务、网络公益五大工程向纵深发展。加快农村及偏远地区4G网络覆盖,鼓励基础电信企业加大投资,将宽带网络向有条件的贫困村自然村组延伸。推进网络提速降费,引导基础电信企业加大面向贫困地区和贫困人口的优惠力度,鼓励推出扶贫专属资费优惠,减轻贫困群体宽带网络使用负担。

全面提升环境整治水平。加大贫困村、贫困户资金和项目支持力度,确保满足脱贫退出任务需要。加大新农村建设对贫困村自然村(组)的支持,安排的新农村建设点要优先向贫困村中25户以上自然村(组)倾斜,确保进一步巩固贫困村村庄环境整治水平。全面实施村庄整治提升工程,大力推进贫困村房前屋后硬化、排水沟疏通、场地平整、垃圾清理和污水治理。深入持续开展农村生活垃圾处理,大力推进农村厕所革命,加强村庄规划,全面提升村容户貌,全面改善农村人居环境。

责任单位:各乡镇,县委农工部(县扶贫办、县新村办)、县发改委、县交通运输局、县水务局、县住建局、县供电公司、县国土局、县农业局、县文化广电旅游新闻出版局、县财政局、县卫计委、县工信委

(四)社会扶贫对接行动

组织开展全县非公经济领域"精准扶贫"爱心捐款行动。充分发挥全县非公企业和非公经济人士参与慈善事业、扶贫事业的热情与作用,进一步发挥好我县商会和非公企业爱心人士扶贫济困、奉献社会的优良传统,通过爱心捐赠、志愿服务、结对帮扶等多种形式帮扶济困,推动全县脱贫攻坚工作取得成效。

开展同心圆志愿者协会"精准扶贫"乡村行活动。依托志愿服务平台,筹集爱心捐款,在全县所有乡镇开展多样志愿服务活动,把社会各界的关爱惠及更多困难群众。

组织开展各种扶贫主题实践活动。充分发挥各民主党派、工商联以及工会、共青团、妇联、残联、侨联等群众团体和社会团体在脱贫中的作用,组织动员工会、共青团、妇联、残联、工信委、县直机关工委、统战部等成员单位结合自身工作

特点和优势，继续深化再创新，每年各组织一至两次脱贫攻坚重大活动，形成集体社会效益。

积极引导有条件的行政村，由非公经济人士牵头，集聚本村各种资源，建立教育扶贫等公益慈善基金。共同助力精准扶贫，形成全社会参与扶贫工作的氛围。

责任单位：县工商联、县总工会、团县委、县妇联、县残联、县工信委、县直机关工委、县委统战部，各乡镇

（五）就业扶贫扩面行动

做好就业扶贫政策宣传。稳步推进就业扶贫各项工作开展，充分利用宣传单、宣传栏（牌）、宣传手册、新媒体、各类新闻媒体，举办宣传活动等形式，大力宣传就业扶贫政策，及时发布就业扶贫工作信息。

创新搭建就业信息平台。建设我县就业用工网络信息平台，动态发布我县园区企业、各乡镇域内用人单位用工岗位信息，建立用人单位与贫困劳动力信息互动机制。对贫困劳动力的就职意愿筛查匹配，开展有针对性的送岗入户，促进一部分人就地就近在本县就业。

大力建设标准扶贫车间。充分利用各乡镇、村集体闲置土地、房屋创办厂房式车间、设置分散加工的居家式车间，依托当地产业，加快建设"扶贫车间"，稳定吸纳农村劳动力特别是建档立卡贫困劳动力就地就近就业，按每吸纳1名补贴1000元的标准进行补贴，用于就业扶贫车间及基地的物管费、卫生费、房租费、水电费补助，每个乡镇要争取建设一个及以上符合政策标准的扶贫车间。

做好就业创业培训工作。紧盯产业培育、市场需求和贫困劳动力个人意愿设立培训项目，做好对贫困劳动力技能培训工作，开展精准扶贫劳动力培训不少于0.1万人次，确保建档立卡贫困户中有培训意愿的劳动力实现愿培尽培。同时，鼓励培训合格的贫困劳动力进行职业技能鉴定，落实一次性求职补贴政策。

落实创业奖励优惠政策。对本县行政区域内有创业意向且初次创办微利项目的建档立卡的贫困劳动力，给予10万元创业贴息贷款，并进行免费创业培训及创业项目指导；对初次创办企业且稳定经营6个月以上的建档立卡农村贫困劳动力，给予5000元一次性创业补贴，做到应贷尽贷、应补尽补，通过创业带动一批贫困户脱贫。综合运用各类扶持政策，鼓励发展创业示范（孵化）基地，吸纳建档立卡贫困劳动力入园就业创业，对入驻创业示范（孵化）基地的创业者，可按规定减免租金、水电等费用，并给予税费优惠。

开发一批公益扶贫专岗。对现有210个扶贫专岗动态化加大监管，确保扶贫专岗补贴专款专用。至2020年前在全县新增开发乡村道路维护、保洁、绿化、公

益设施管理等类别的岗位不少于100个，全力支持农村贫困家庭人员就业，提高贫困家庭人员收入水平达到现行标准下脱贫的收入水平。

探索有效组织劳务输出。加强与相关省市县人社部门的对接，积极沟通劳务信息，搭建劳务输转渠道，把有就业愿望的贫困劳动力输送至岗位上就业，对符合条件的贫困户，按政策发放300—500元/人/年的交通补贴。

强化"雨露计划"培训。认真落实"雨露计划"培训政策，组织开展好调查摸底、政策宣传、申报审批、组织实施、补助发放和档案管理工作等工作，确保贫困家庭中符合培训条件且有培训意愿的未升学初高中毕业生、青壮年劳动力全部获得培训，并按标准享受资金补助政策。

责任单位：县人社局、县农业局、县扶贫办、团县委、县妇联、县财政局，各乡镇

（六）保障扶贫兜底行动

持续加大农村低保资金投入。2018年至2020年按照不低于4740元/年（395元/月）、5340元/年（445元/月）、6120元/年（510元/月）的标准逐年提高，确保到2018年底，全县农村低保标准高于同期全国扶贫标准的20%，到2020年，全县农村低保标准高于同期全国扶贫标准的40%。全面巩固农村低保兜底保障扶贫成果，建立农村贫困群众基本生活保障自然增长的体制机制，不断提高保障水平。

加强临时救助工作。对农村贫困群众临时救助标准按照不低于5%的比例上浮。全面建立落实乡镇临时救助备用金制度，对贫困群众的突发急难需求，或救助金额较小的，全部委托乡镇审批，报县民政局备案，提升临时救助时效。

力促残疾群体脱贫。夯实贫困残疾人"两不愁三保障"，确保建档立卡贫困残疾人实现脱贫目标。有效扩大基本康复服务、家庭无障碍改造覆盖面。实施第二期特殊教育提升计划，落实家庭经济困难残疾学生和残疾家庭子女资助政策，加强对因残、因贫辍学残疾儿童少年复学工作，强化对残疾儿童接受普惠性学前教育资助。促进贫困残疾人就业创业，开展实用技术助残行动和残疾人就业援助月活动，加大助残创业就业基地扶持力度，资产收益扶贫项目优先安排贫困残疾人家庭。筑牢贫困残疾人社会保障，完善困难残疾人生活补贴和重度残疾人护理补贴制度，推动有条件的地区生活补贴对象向低收入、无固定收入等其他困难残疾人拓展，护理补贴范围向非重度智力、精神残疾人拓展，及时提高补贴标准，实现城乡标准统一。继续实施阳光家园计划和政府购买残疾人日间照料服务项目，加大对建档立卡失能重度残疾人照护和托养工作力度，强化困难残疾人多层次多元化托养服务。

关注特定贫困群体。重点关注贫困老年人、重病患者、重度残疾人、重度智障患者等完全丧失劳动能力和部分丧失劳动能力，且无法依靠产业就业帮扶脱贫的特定贫困群体，对失能、弱能的贫困人口加大资产收益扶贫支持力度，提高产业收益分配比例。全面落实低保、医疗、养老、住房、救助等社会保障政策，因地制宜提高政策保障水平。

责任单位：县民政局、县残联、县卫计委、县教科体局、县扶贫办、各乡镇

（七）安居扶贫危房改造清零行动

农村危房改造作为脱贫攻坚"两不愁三保障"的核心内容之一，着力帮助农村困难群众解决住房安全问题，是我县当前脱贫攻坚工作的重中之重。

本着精准认定、精心实施、精工完成的原则，及时推进建档立卡贫困户、分散供养特困人员、低保户、贫困残疾人家庭等"四类对象"危房改造。对符合国家危房改造政策的，全部纳入农村危房改造计划。对无经济能力、劳动能力的特别困难农户，实施"交钥匙工程"等措施，并鼓励各地创新举措，通过盘活闲置集体资产、采用农房置换或长期租赁等低成本方式，兜底解决特别困难农户基本住房安全问题。

2018年，作为深化落实年，加大攻坚力度，全面落实危房改造任务，对建档立卡贫困户等四类对象符合危改条件的全部纳入危改计划，并重点做好年度脱贫村、脱贫户的危房改造任务。

2019年，作为巩固提升年，按照上级下达年度改造任务，基本完成农村建档立卡贫困户等四类对象现有存量危房改造任务。

2020年，作为全面决胜年，着力巩固农房改造成果，全面完成全县农村危房改造任务扫尾，提高贫困人口安居水平，如期高质量打赢全县住房安全攻坚战。

责任单位：县住建局、县扶贫办、县民政局、县残联、县公安局、县房管局、县车管所、县审计局、县市场和质量监督管理局、各乡镇

（八）财政金融扶贫扶持行动

加大财政扶贫投入力度。健全财政扶贫资金投入增长机制，县各年度财政扶贫资金投入增长比例符合资金绩效管理要求，确保政府投入力度与脱贫攻坚任务相适应，尽快补齐脱贫攻坚短板。

加大财政扶贫资金动态监管。落实扶贫项目实施和资金支出进度定期通报制度，在确保项目质量和资金安全的前提下，专项扶贫资金年度支出进度符合绩效考核要求，提高扶贫资金使用效益。

加大对金融扶贫的支持力度。全面推进创业、产业扶贫贷款和扶贫小额信贷，

大力推广"企业+基地+贫困户""企业或新型农村经营主体+贫困户""金融+扶贫车间"等金融扶贫新模式；健全金融扶贫风险补偿机制，缓释贷款风险，由县财政出资设立风险补偿金，建立基金动态补充机制，并及时足额补充到位，按1∶8的比例放大，撬动银行扶贫贷款，加大对扶贫小额信贷、创业就业和产业扶贫信贷的发放力度；严格落实扶贫信贷贴息制度，降低贷款成本；强化风险管控，确保金融扶贫资金规范有序运行。

加大精准扶贫信贷投放力度。精准发挥扶贫小额信贷对产业扶贫的支持作用，规范贷款使用方向，注重贫困户的自愿参与，加强风险防范；全面推进建档立卡贫困户小额信贷评级授信，对有效信贷需求做到应贷尽贷，扩大"整村授信"业务运用范围；协调推进以县域为单位的农村信用创建"两覆盖一提升"工程，实现农村信用创建行政村全覆盖、建档立卡贫困户全覆盖，促进农户信用贷款不断提升。对确因非主观因素不能到期偿还贷款的贫困户，协调相关银行对其办理贷款展期业务。

强化农村金融服务工作。协调县人行、各涉农银行推进"农村普惠金融服务站"建设，打造农村金融综合服务平台。面向农户提供助农取款、金融精准扶贫、人民币反假、金融知识宣传等基础金融服务，实现基础金融服务不出村、综合金融服务不出乡镇；持续落实农业保险扶贫相关政策要求。

责任单位：县财政局、县金融办、县人民银行、县农业银行、县农商银行、县邮政储蓄银行、县扶贫办，各乡镇

（九）教育扶贫提升行动

完善教育扶贫责任制。全面实行义务教育扶贫资助政策中小学校校长与乡（镇）村属地"双长负责"制度，学校和乡（镇）村共同推进教育扶贫资助政策落实，确保贫困学生享受教育扶贫资助政策全覆盖。持续深化农村留守儿童关爱，把关爱农村留守儿童纳入全县经济社会发展总体规划，多举措为农村留守儿童提供寄宿、托管、课外辅导、心理关爱以及校外文体活动等各方面服务。

组织落实《安义县教育扶贫实施方案》，实现"三个确保"。即确保建档立卡学龄前儿童都有机会接受学前教育，确保贫困家庭义务教育阶段适龄人口都能接受九年义务教育，确保贫困家庭高中学生特别是中等职业学生不因经济困难而失学。

加强学籍管理系统数据与建档立卡信息系统数据比对衔接。全面核查、动态跟踪贫困户子女受教育状况，控辍保学，确保不让1名义务教育贫困学生因贫失学辍学；加大对非义务教育贫困学生支持力度，帮助其顺利完成学业。把各项资

助政策精准落实到人。在不折不扣落实国家、省、市教育扶贫政策的同时,由县本级财政对建档立卡贫困户家庭在读学前教育的学生每人每年再补助500元,在读小学、初中的学生每人每年再补助1000元,在读高中(含职高)的学生每人每年再补助1500元,当年录取普通高校的新生每人再补助5000元。对未在普惠性幼儿园就读的幼儿、义务教育阶段非寄宿生、高中复读生及在外县就读的学生,由县本级财政按国家、省、市教育扶贫政策标准给予兜底补助。对建档立卡贫困户家庭参加中考的考生,中考总分加5分,即总等级值减0.5分。

改善贫困村办学条件。进一步加快"全面改薄"和"均衡发展"等教育项目,资金分配向贫困村村小(教学点)倾斜,全面改善基本办学条件,促进义务教育均衡优质发展。

加强教师队伍建设。深入实施乡村教师支持计划,对贫困村村小学在1∶1.5标准配置的情况下,再增加一名教师。加大新老教师的交流,每年从省招聘或定向委培生中分配一部分青年教师到贫困村村小,增加学校活力,引入教学新理念,促进学校教师年龄结构更加合理,以加强贫困村学校的师资力量。

改善贫困村教师待遇,按政策落实乡村教师生活补助待遇。积极选送优秀乡村教师参加国培、省培计划专项培训,组织乡村教师参加"全省中小学幼儿园教师信息技术应用能力提升工程"培训,每年组织2—3期农村音体美等薄弱学科的短期集中培训,不断提高农村教师整体素养。

责任单位:县教科体局、县财政局,各乡镇

(十)健康扶贫巩固行动

推进健康扶贫工程。根据脱贫需求,提高补充保险筹资标准和保障水平,完善贫困人口健康扶贫保障投入增长机制,将贫困人口全部纳入基本医疗、大病保险和重大疾病医疗商业补充保险保障范围,贫困人口参加城乡居民医保个人缴费部分和重大疾病医疗商业补充保险费全部由财政承担。完善贫困人口五保、低保对象大病医疗救助保障机制,加大支出型低收入家庭大病患者及因病致贫对象救助力度。进一步筑牢基本医保、大病保险、医疗救助、商业补充保险"四道保障线"兜底保障机制,使贫困患者住院最终实际报销补偿比达到90%以上。

继续实施城乡贫困人口重大疾病免费救治和专项救治。切实保障贫困人口门诊特殊慢性病待遇水平,将门诊特殊慢性病报销比例提高到住院水平。强化医疗救助与大病保险、补充保险在对象范围、支付政策、经办服务和监督管理等方面衔接,落实贫困患者县域范围内住院"先诊疗、后付费"和"一站式"结算,简化定点医疗机构的大病保险和补充保险补偿材料,承办大病保险和补充保险的保险机构应按月及时核报医疗机构"一站式"结算补偿垫付资金。

加强健康扶贫基层基础建设。支持乡镇卫生院提升医疗卫生服务与健康扶贫能力，实施农村订单定向医学生培养计划和村卫生室订单定向医学生培养计划，为乡镇卫生院招募特岗全科医生。按照国家有关规定，完善乡镇卫生院医疗人才招聘制度，对县乡医疗卫生机构适当放宽年龄、学历、专业等要求，并可拿出不超过30%比例的岗位面向本县、本市或周边县市户籍人员（或生源）招聘，着力解决基层执业医师紧缺等问题。

落实妇幼重大公共卫生服务项目举措。继续实施农村妇女国家"两癌"检查项目，深入推进城镇贫困妇女"两癌"免费检查工作，落实"两癌"免费检查任务，对符合救助条件的确诊患者实施救助。

责任单位：县卫计委、县人社局、县民政局、县扶贫办、县财政局，各乡镇

（十一）生态益贫行动

生态公益林护林员选聘向贫困户倾斜。安排有一定能力、身体条件尚可的贫困人员加入生态公益林护林员队伍，确保贫困户不少于20%。

森林防火护林员选聘向贫困户倾斜。在全县建档立卡贫困户中，乡镇（村）优先公开聘用年龄在18至65岁，身体素质较好、责任心较强、能胜任野外巡护工作的贫困人员为专职森林防火护林员。

林业项目优先给予贫困户。重点帮扶贫困户栽种油茶、造林，并在苗木采购、栽培技术指导方面给予全过程跟踪指导服务，建立帮扶关系。重点帮扶贫困户承包经营荒山荒地及有林地，优先安排适宜的项目给予贫困户对荒山荒地、有林地经营管理资金投入支持。

责任单位：县林业局，各乡镇

（十二）"百企帮百村"升温行动

全面组织动员全县民营企业参与"百企帮百村"精准扶贫行动，采取"多企帮一村""一企帮一村""一企帮多村"等方式开展结对帮扶活动，引导支持民营企业发挥资金、技术、人才、信息及经营理念等方面的优势，广泛开展捐赠帮扶、就业帮扶、产业帮扶、基础设施建设帮扶等措施，与贫困村、贫困户的生态、产业、就学和劳动力方面资源及需求相对接，帮助贫困村、贫困户解决就学和技术提升，开发优势特色资源，培育主导产业，促进就业增收，推进民生事业，改善生活条件，拓宽致富渠道，加快贫困村、贫困户脱贫致富进程。

责任单位：江西安义工业园区管委会，各乡镇

（十三）光伏扶贫推进行动

稳妥有效推进光伏扶贫。准确把握上级政策精神，发挥县级层面的能动性，立足县情实际，利用三年时间，让更多的贫困户享受光伏扶贫项目所带来的效益。一是夯实已实施的光伏扶贫工程基础，多渠道筹集资金实施光伏扶贫扩面工程，有效推进新民乌溪村集中式光伏扶贫电站建设，完善全县光伏扶贫工作台账；二是争取各级政策和资金支持，让更多的光伏扶贫项目在我县落地生效；三是出台光伏扶贫项目后期运维机制，稳定光伏扶贫项目的发电效益，确保关联贫困户的稳定增收。

责任单位：县发改委、县扶贫办、县供电公司，各乡镇

三、筑牢八项保障体系

（一）严格落实脱贫攻坚责任制

严格落实省负总责、市县抓落实、乡镇推进和实施的工作机制。市县抓落实，重在从当地实际出发，推动脱贫攻坚各项政策措施落地生根；乡镇推进和实施，重在做好脱贫攻坚政策承接、组织实施、分类推进等具体工作。充分发挥各级党委总揽全局、协调各方的领导核心作用。健全脱贫攻坚工作机制。县委和县政府每季度至少专题研究1次脱贫攻坚工作，党政正职每月至少有2个工作日用于扶贫、每月至少调度1次脱贫攻坚工作；乡镇党委、政府每月至少研究1次脱贫攻坚工作，党政正职每月至少有4个工作日用于扶贫，每周至少调度1次脱贫攻坚工作。实施遍访贫困对象行动。持续实施县委书记遍访贫困村，乡镇党委书记和村党组织书记遍访贫困户，以遍访贫困对象行动带头转变作风，了解贫困群体实际需求，掌握第一手资料，发现突出矛盾，解决突出问题。结合"大乡镇长""大村长"责任制深入开展县四套班子挂点乡镇、贫困村，负责对挂点乡镇和贫困村脱贫攻坚工作的指导、调度、推进和管理。乡镇班子成员包村，负责对所包村脱贫攻坚工作的落实推进，开展遍访贫困户、边缘户和非贫困户活动。村"两委"干部包贫困户，具体落实贫困户政策享受及代办工作，定期与乡镇"两不愁三保障"责任部门对接，跟踪落实扶贫政策。

压实行业部门扶贫责任。县直有关单位要按照各级党委、政府脱贫攻坚系列重大决策部署要求，落实行业部门完善配套政策举措，细化目标任务，强化组织实施。县扶贫开发领导小组要分解落实各乡镇脱贫目标任务，实化脱贫具体举措，分解到年、落实到人。县扶贫开发领导小组成员单位每年向县委、县政府报告本部门本单位脱贫攻坚工作情况。

责任单位：县扶贫开发领导小组各成员单位，各乡镇

（二）资金投入保障

结合我县财政金融扶贫专项行动，加大财政扶贫投入力度，健全财政扶贫资金投入增长机制。加大金融扶贫支持力度，加大精准扶贫信贷投放力度。强化农村金融服务工作。

责任单位：县财政局、县金融办、县人民银行、县农业银行、县农商银行、县邮政储蓄银行、县扶贫办，各乡镇

（三）脱贫攻坚干部队伍保障

加强贫困村年轻干部队伍建设。建立健全回引本土大学生、高校培养培训、县乡统筹招聘机制，为每个贫困村储备1至2名年轻干部。加大在贫困村青年农民、外出务工青年中发展党员力度，力争每个贫困村每两年发展1名年轻党员。发挥党员在脱贫攻坚中的先锋模范作用，完善贫困村党员结对帮扶机制，鼓励党员领办创办专业合作社，安排贫困户就近务工，带动贫困户入股分红。全面落实贫困村"两委"联席会议、"四议两公开"和村务监督等工作制度。选派乡镇新录用公务员到贫困村担任村书记助理、主任助理（简称"双助理"），协助村"两委"第一书记开展工作。

加强脱贫攻坚基层一线力量，突出抓好扶贫一线领导班子和干部队伍建设。注重从熟悉基层工作的副科级年轻党员干部中选派第一书记，加大选调生选拔工作力度并统一安排到村任职两年，着力培育出一支朝气蓬勃、坚强有力的优秀扶贫年轻干部队伍。牢固树立面向基层、突出实干的用人导向，及时选拔重用脱贫攻坚有激情、脱贫工作有办法、精准扶贫有成效的优秀干部，加大从优秀村书记、主任中选拔乡镇机关领导干部力度，引导扶贫领域干部在脱贫攻坚一线大显身手、干出实绩。保证脱贫攻坚干部队伍的相对稳定，对于工作不适应、不担当、长期打不开局面、弄虚作假的干部，按照有关规定及时调整岗位并进行组织处理。

继续实施"双带"致富工程，加强培养"一村一品"工程的示范村点负责人。组织动员和培育新型职业农民，加强"一村一名大学生工程"培养和使用，鼓励新型职业农民参加农业系列职称评审。

责任单位：县委组织部、县扶贫办，各乡镇

（四）激发贫困群众内生动力

坚持将扶志、扶智、扶勤、扶德相结合，全面激发贫困群众内生动力。注重教育引导。通过"新时代文明实践中心""脱贫攻坚宣讲班""扶贫工作队""脱贫光荣证"等，加强基层文化建设，广泛宣传表彰自力更生、自主脱贫的先进事迹和典型，讲好脱贫攻坚"农村故事"，引导和鼓舞贫困户自觉破除"等靠要"思

想,激发贫困户脱贫致富的内生动力。注重本领培养。把智力扶持、人才培养、技能培训放在更加突出的位置,统筹整合资源,发挥产业大户、创业能手、致富带头人等"田教授""农秀才"的头雁效应,推广"依托身边的产业、遴选身边的能人、传授身边的技术、带富身边的群众"模式,提高贫困户脱贫本领。注重正向激励。改进帮扶方式,落实以奖代补措施,利用产业、光伏等收益,加大对主动发展生产、参加务工就业的贫困户奖补力度,防止政策养懒汉、助长不劳而获和"等靠要"等不良习气。注重民风树立。广泛组织开展"脱贫致富典型""榜样家庭"等评比活动,对评比结果张榜公示,表彰先进,警示后进。大力开展移风易俗活动,修订完善村规民约,发挥村民议事会、道德评议会、红白理事会、禁毒禁赌会等群众组织作用,探索打造"红黑榜""曝光台"载体、建立贫困户脱贫成效评分奖励制度、推行依法治懒模式等,加强对高额彩礼、薄养厚葬、子女不赡养老人等问题的专项治理,推行将不履行赡养义务、严重违反公序良俗等行为人依法列入失信人员名单。坚决杜绝"养不孝"和将家庭责任转嫁给政府和社会的行为。

责任单位:县委宣传部、县委农工部、县教科体局、县文化广电旅游新闻出版局、县人社局、县农业局、县民政局、县扶贫办、县法院、县公安局、县司法局,各乡镇

(五)营造良好舆论氛围

深入宣传习近平总书记关于扶贫工作的重要论述,宣传党中央、国务院,省委、省政府,市委、市政府关于精准扶贫精准脱贫的重大决策部署,宣传全县脱贫攻坚典型经验,讲述好贫困群众"脱贫故事",为打赢脱贫攻坚战注入强大精神动力。组织广播电视、报纸杂志、新闻网站等媒体将精准扶贫精准脱贫宣传纳入常态化宣传计划,开设专题、开辟专栏,推出一批脱贫攻坚重点新闻报道。利用重点新闻网站、微博、微信等新媒体平台开展脱贫攻坚宣传,结合重要时间节点组织脱贫攻坚网络媒体主题宣传活动,集中宣传脱贫攻坚工作成效。深入开展"10·17"全国扶贫日活动主题宣传。认真组织开展全国、全省脱贫攻坚典型奖的推选工作,培树一批脱贫攻坚先进典型,充分发挥榜样力量和示范引领作用。

责任单位:县委宣传部、县扶贫办、县文化广电旅游新闻出版局、县文联,县脱贫攻坚"十三大工程"牵头部门,各乡镇

(六)强化风险防范

做好脱贫攻坚风险防范,开展扶贫主导产业面临的技术和市场等风险评估,防止产业项目盲目跟风、"一刀切"导致失败造成损失。防范扶贫小额贷款还贷风

险，纠正户贷企用、违规用款等问题。防止乡镇以脱贫攻坚名义盲目举债、违法违规变相举债。防范社会风险，防止贫困户和其他农户因享受政策利益失衡引发矛盾，做好群众疏导工作。健全涉贫舆情分级管理和处置机制，加强对信访线索问题和社会舆情的分析预判，及时引导社会舆论，做好防范处置，确保社会安全稳定。建立健全气象灾害风险普查、风险区划等气象灾害风险防范制度，做好灾害防御工作，最大限度降低因灾致贫、因灾返贫风险。

责任单位：县扶贫办、县财政局、县农业局、县金融办、县委宣传部、县公安局、县信访局、县气象局，各乡镇

（七）扶贫领域腐败和作风问题专项治理

持续开展扶贫领域腐败和作风问题专项治理，把作风建设贯穿脱贫攻坚全过程，以严格的监督执纪，保障扶贫资金安全；以精准务实的工作，确保如期打赢脱贫攻坚战。集中力量解决扶贫领域"四个意识"不强、责任落实不到位、工作措施不精准、资金管理使用不规范、工作作风不扎实、考核监督从严要求不够等突出问题。改进调查研究，采取"不打招呼、不设路线、不搞迎送、不要陪同、不作报道"方式深入基层调查研究，切实提高发现问题、解决问题的能力。注重工作实效，减轻基层工作负担，减少村级填表报数，精简会议文件，让基层干部把精力放在办实事上。严格扶贫资金审计，对中央、省、市、县下拨的扶贫资金逐笔追踪，逐笔问效，加大扶贫事务公开力度，接受群众监督。严厉惩处虚报冒领扶贫资金等扶贫领域腐败，严厉打击套取侵吞、截留私分、挤占挪用扶贫资金犯罪，以及发生在群众身边、损害群众利益的"蝇贪""蚁贪"等微腐败犯罪。依纪依法坚决查处贯彻中央、省、市、县脱贫攻坚决策部署不坚决不到位、弄虚作假问题，主体责任、监督责任和职能部门监管职责不落实问题，坚决纠正脱贫攻坚工作中的形式主义、官僚主义。进一步发挥巡察利剑作用，把扶贫领域腐败和作风问题作为巡察工作重点，县委巡察机构组织开展扶贫领域专项巡察，确保贫困村专项巡察全覆盖。加强警示教育工作，对扶贫领域腐败和作风问题典型案例公开曝光。

责任单位：县纪委监委、县委组织部、县扶贫办、县财政局、县审计局、县检察院、县法院，各乡镇

（八）统筹衔接脱贫攻坚与乡村振兴

脱贫攻坚期内，贫困地区乡村振兴的主要任务是脱贫攻坚。乡村振兴相关支持政策要优先向贫困地区、贫困人口倾斜，补齐基础设施和基本公共服务短板，以乡村振兴巩固脱贫成果。

责任单位：县委农工部（县扶贫办）、县农业局，各乡镇

中共安义县委办公室
安义县人民政府办公室
2018 年 12 月 28 日

关于实施"一户一策"清零行动，
确保如期打赢脱贫攻坚战的通知

各乡镇党委、人民政府，县委、县政府各部门，县直各单位，省市驻县各单位：

2020年是全面打赢脱贫攻坚战收官之年，为高质量如期完成脱贫任务，确保全县212户364人的剩余贫困人口、14户40人的脱贫监测户、27户81人的边缘户等三类群体（以下简称"三类人员"）在6月底前脱贫和化解返贫致贫风险，特将有关事项通知如下：

1. 大乡镇长牵头调度，压实帮扶责任。全面统筹提升"三类人员"帮扶力度，在剩余贫困人口、脱贫监测户前期已安排帮扶责任人的情况下，原有帮扶干部是副科级以上的继续保留，其他每户再安排副科级及以上干部进行攻坚帮扶，首先安排挂点大乡镇长，其次安排贫困户所在村定点帮扶单位主要领导，再安排乡镇主要领导和乡镇副科级干部及第一书记；每户边缘户原则上安排乡镇副科级及以上干部进行帮扶。新增的帮扶人明确为攻坚责任人，攻坚责任人负责指导、协助、帮带原帮扶责任人共同完成脱贫目标，负责引导协调边缘户化解致贫风险。（责任单位：县扶贫办、县委组织部，责任期限：2020年3月底并长期坚持）

2. 强化健康扶贫，及时进行救助帮扶。在2020年一季度建立"三类人员"健康台账，每月监测相关人员住院看病信息，对医保报销、大病救助、医疗救助、慢性病签约认证的符合人群及时跟进落实。（责任单位：县卫生健康委、县医保局、各乡镇；责任期限：2020年4月底并长期坚持）

3. 落实精准防贫保险，建立稳定保障机制。将包括"三类人员"在内的建档立卡贫困户、全县农村人口纳入防贫保对象，防控因病、因灾、因赔偿责任、因生产资料损失等造成致贫返贫的风险。（责任单位：县扶贫办、县财政局、各乡镇；责任期限：2020年4月底）

4. 加大产业直补扶持，引导产业增收。对贫困户发展产业的进行奖补，帮助

有劳动能力人员选准选好能力范围内的产业方向，引导有条件的贫困户通过种植养殖等增收创收。（责任单位：县扶贫办、县农业农村局、各乡镇；责任期限：2020年6月底并长期坚持）

5. 大力推动就业扶贫，统筹开发公益专岗。结合疫情防控、人居环境整治、村集体财产管护、社会治安维稳等需求，统筹开发一批适合"三类人员"中有劳动力或弱劳半劳力人口的公益性岗位；对有就业需求培训意愿的对象开展就业培训，推荐就业岗位。（责任单位：县人力资源社会保障局、各乡镇；责任期限：2020年6月底并长期坚持）

6. 推动消费扶贫对接，定点帮扶采购。对"三类人员"发展生产的农业产品，由定点帮扶单位积极组织认购，在符合产品质量要求的前提下，优先购买。（责任单位：县扶贫办、县财政局、有定点帮扶任务的单位、各乡镇；责任期限：2020年4月底并长期坚持）

7. 筑牢兜底保障线，定期监测补遗漏。进行兜底保障条件大核对，对符合条件的"三类人员"及时"应纳尽纳"纳入低保、特困供养、残疾等保障范围，对符合低保调标的要"应调尽调"，确保低保动态调整达到或超过国家扶贫标准。（责任单位：县民政局、县残联、各乡镇；责任期限：2020年4月底并长期坚持）

8. 关注特困残疾对象，动态监测生活保障。针对"三类人员"中的特困供养对象、残疾人等有生活障碍的，由属地跟踪管理，要在2020年一季度前完成所有残疾对象或疑似对象的排查和更新办证定级或提级，确保"两项补贴"到位。（责任单位：县民政局、县残联、各乡镇；责任期限：2020年4月底并长期坚持）

各相关责任单位要主动认领任务，明确责任到人，挂图作战，按照时间节点开展工作调度推进，建立工作台账，确保"三类人员"在2020年6月底前完成脱贫，有效遏制返贫、致贫风险。

中共安义县委办公室

安义县人民政府办公室

2020年3月28日

安义县2020年推进创业致富带头人培育工作实施方案

根据国家、省、市有关文件精神和《安义县贫困村创业致富带头人培育工作实施方案》（安扶办发〔2018〕30号），为进一步推动我县创业致富带头人培育带动工作落地落实、抓出成效，特制订《安义县2020年推进创业致富带头人培育工作实施方案》。

一、强化人员遴选

按照政治思想强、创业意愿强、创业基础强、带动能力强的要求，聚焦具有一定产业基础且发展良好的贫困村新型经营主体负责人，从具有领办村级产业项目的实力和能力、有意愿履行带动贫困人口脱贫致富社会责任的本土人才和致富能人中，选取创业致富带头人。努力将创业致富带头人培育带动工作扩大到符合条件的非贫困村。

二、强化政策扶持

进一步突出以带贫减贫实效为导向，充分整合利用现有产业扶贫、职业技能培训、创业服务、电商扶贫、消费扶贫、"百企帮百村"、保险、税收等有关政策，因地制宜制定致富带头人培训政策和支持激励政策，激励创业致富带头人带动更多贫困户发展产业或稳定就业。

三、强化实训基地建设

因地制宜、注重质量，结合本地优势主导产业打造一批如石鼻镇果田村沙洲果园、石鼻镇罗田村花果园、鼎湖镇湖溪村"稻、虾"种养等形态多样、各具特色的创业致富带头人实训基地。

四、强化创业致富带头人培训

为进一步推进全县创业致富带头人培训工作顺利实施,扩大示范性培训效应,有效提升示范带动、上下联动的培训方式,组织各乡镇产业扶贫领域乡镇村干部、全县产业基地负责人、全县农业龙头企业负责人,采取集中授课、现场观摩教学、邀请专家技术指导等形式举办1期以上创业致富带头人培训班,为全县创业致富带头人与有意愿成为创业致富带头人的创业人才授课。由各乡镇组织本乡镇创业致富带头人进行培训交流,探讨、交流带动贫困户创业致富经验。贫困村要完成每村累计培训3人以上创业致富带头人的任务。

五、强化台账管理

各乡镇要对致富带头人培育和带贫益贫情况建立台账管理,充分利用国扶系统贫困村创业致富带头人模块强化动态管理。同时,按照相关文件要求建立完整的工作台账,对致富带头人遴选情况、培育情况、实训基地建设情况、带贫益贫情况进行精细化管理。

六、强化调度推进

县扶贫办将对各乡镇创业致富带头人培育及带动贫困户发展产业或稳定就业等带贫益贫情况进行调度通报,对于工作落后的乡镇将责令整改。

七、强化成效考核

将创业致富带头人培育带动工作涉及的加强领导、人员遴选、扶持政策落实、实训基地建设、组织培训培育、带贫益贫效果、台账管理、调度推进、工作落实进度等纳入对乡镇考核的范围。

安义县扶贫开发领导小组办公室
2020年2月18日

关于防疫期间开展脱贫攻坚八大行动的通知

各乡镇、各相关部门、各帮扶单位：

今年是决胜全面建成小康社会、决战脱贫攻坚收官之年，新型冠状病毒感染的肺炎疫情给脱贫攻坚工作带来新的风险挑战。为贯彻落实2月16日全省扶贫办主任视频培训会议精神，结合现阶段我县工作实际情况，现就防疫期间开展脱贫攻坚八大行动通知如下：

一、加强对贫困群众的关心关爱

（一）村"两委"干部走访一遍

村"两委"干部要分村、分组，对辖区内所有贫困户进行走访摸排。对贫困户被传染、被隔离或存在发热情形的，在按照县防控指挥部规定的上报程序上报之外，相关乡镇要及时报告县扶贫办。对贫困户因疫导致生活困难的，要"应帮尽帮"，对存在物资需求的，可充分发挥社会扶贫网的作用，帮助贫困户发布需求。

（二）帮扶干部联系一遍

全县各帮扶干部要采取电话、微信等形式，了解自己对接帮扶贫困户当前的生活状况、就业状况及健康状况，询问目前遇到的困难问题，并千方百计为贫困户解决问题。同时积极认领解决帮扶贫困户在社会扶贫网上发布的需求，并委托村"两委"干部送帮扶物资上门。

（三）相关部门排查一遍

"两不愁三保障"及民政、医保等部门要尤其关注贫困群众在生活上、医疗报销上因疫情所受到的影响，并做好跟进服务工作。

二、加大对扶贫产业的帮扶帮助

（四）镇、村摸底一遍

各乡镇、村要组织人员，对辖区内具有扶贫、带贫益贫的扶贫基地上门摸底，询问了解扶贫产业原材料、用工、资金及产品销路等方面的状况和问题，帮助复工复产，帮助化解现阶段"产品出不去、原材料进不来、用工跟不上、资金转不了"的难题，对存在扶贫产品滞销的要想办法帮助销售，统计扶贫产业因疫情而受到的损失并报县扶贫办。

（五）就业部门帮助一遍

对扶贫产业在复工复产中遇到的用工难题，县人社就业部门要发挥相关平台优势，帮助发布相关信息，同时做好困户的返岗稳岗就业工作。

（六）政府部门、社会力量采购一遍

各部门、各单位要按照《消费扶贫实施方案》和《进一步做好政府采购扶贫产品的通知》，切实将采购扶贫产品列入本单位年度经费预算，并切实落实采购扶贫产品工作。按照省、市要求，县扶贫办将经常性进行统计，推动扶贫产品进机关事业、学校、医院、企业、社区等单位食堂和交易市场等"六进"活动。鼓励社会力量参与采购扶贫产品、消费扶贫工作，鼓励农业龙头企业收购、收储扶贫产品。

三、加大对扶贫工作的推进推介

（七）对扶贫工作梳理一遍

指导激励广大扶贫干部在坚决做好疫情防控工作的同时，科学统筹安排脱贫攻坚工作，确保脱贫攻坚工作力度不减、靶心不偏、节奏不乱、质效不降，确保以最高的政治站位、最大的决心、最严的举措、最大的努力，夺取疫情防控阻击战和脱贫攻坚决战的全面性胜利。

（八）对感人事迹宣传一遍

加强总结宣传工作，对疫情防控期间广大扶贫干部、第一书记、驻村队员以及贫困户的感人事迹深入挖掘、广泛宣传。

安义县扶贫开发领导小组办公室
2020 年 2 月 17 日

新建区文件

新建区 2014 年扶贫开发工作实施方案

2014年,在省、市扶贫开发办的关心和指导下,在县委、县政府的精心部署下,在乡、村两级的大力支持与配合下,我县扶贫开发事业蓬勃发展。为进一步推动我县贫困地区经济社会更好更快发展,现结合实际,特制订本方案。

一、指导思想

高举中国特色社会主义伟大旗帜,以邓小平理论和"三个代表"重要思想为指导,深入贯彻落实科学发展观,努力践行党的群众路线教育实践活动,围绕基本消除绝对贫困现象这一战略目标,坚持用党的群众路线教育实践活动统领扶贫开发工作,坚持专项扶贫、行业扶贫、社会扶贫"三位一体",以整村推进为纽带,一手抓扶贫政策到户,一手抓贫困区域发展,帮助贫困人口加快脱贫致富步伐,提高自我发展能力,扶持贫困地区加快经济社会全面、协调、可持续发展,为推进我县全面建成小康社会奠定坚实基础。

二、基本原则

（一）坚持政府主导、全社会共同参与

各级党委和政府要从政治的、战略的、全局的高度把扶贫开发摆上重要位置,纳入国民经济社会发展的总体规划,制定有利于贫困地区、贫困人口稳定脱贫、加快发展的优惠政策,不断加大工作和投入力度。同时,充分发挥社会主义的政治优势,积极动员和组织相关部门和社会各界参与扶贫开发,采取多种形式支持贫困地区的开发建设。

（二）坚持瞄准贫困人口、实行分类指导

扶贫开发要始终瞄准贫困地区、贫困农户、贫困人口,实事求是地确定扶持标准和对象,明确扶贫开发的目标和任务,制定对农村贫困地区、贫困人口实行全面扶持的扶贫政策。同时，对不同类型的贫困地区采取分类决策，制定有针对性的扶持政策，逐步解决边远山区等其他特殊类型地区的贫困问题。

（三）坚持综合开发，走全面发展之路

按照"产业第一、能力至上、基础先行、社会进步"的基本要求，把发展特色支柱产业、增加贫困农民收入、提高自我发展能力，摆在扶贫开发的首要位置，把改善贫困地区贫困群众基本生产生活条件作为扶贫开发的重要内容，重视贫困地区科技、教育、卫生、文化等社会事业的发展，改善贫困人口生存和发展环境。

（四）坚持生态环保并重，走可持续发展之路

扶贫开发必须与资源保护、生态建设相结合，与计划生育相结合，与发展减灾、避灾农业和低碳经济相结合，提高贫困地区可持续发展能力。

（五）坚持自力更生，走自我发展之路

充分发挥贫困地区广大干部群众的积极性、创造性，自强不息，苦干实干，不等不靠，主要依靠自身力量改变贫穷落后面貌。

三、扶持重点

2014年底，全县农村建档立卡贫困人口19324人、8748户，26个贫困村建档立卡贫困人口4614人、2151户，是扶贫开发的重点扶持对象和实行低保政策对象，主要集中在边远山区、库区等特殊困难地区，是"十二五"期间扶贫开发的重点扶持区域。

四、目标任务

（一）扶贫对象减贫主要目标

到2015年，稳定实现扶贫对象不愁吃、不愁穿，保障其义务教育、基本医疗和住房。大多数扶贫对象年人均纯收入达到4800元以上，特困人口实行应保尽保，农村绝对贫困现象基本消除。

（二）重点贫困村建设主要目标

到2015年，每个村建有1—2项能够辐射带动贫困户的支柱产业，农民人均纯收入增幅高于本地平均增长水平；正常年景贫困发生率、返贫率控制在3%以内；实现村村主干道畅通、环村公路基本建成；100%的群众能够饮上安全卫生水；贫困农户居住的危房基本得到改造；群众看病、上学、通信等问题得到基本解决；100%的村有活动场所、卫生室；基层组织战斗力明显增强；生产生活条件和村容村貌明显改善；劳动者素质明显提高，地区发展差距明显缩小。

五、主要途径

（一）产业开发

贫困地区培育和发展了一批以养殖肉蛋鸭、鹌鹑、肉牛、水产为主的养殖基地；以种植马蹄、大棚蔬菜、油茶、莲藕、白莲、葡萄、苗木为主的种植基地，形成以绿色、特色为主的产业链。在推进产业化扶贫的同时，要引导贫困地区农民大力发展庭园经济、打工经济及第三产业，通过多种途径增加收入。

（二）基础设施

以整村推进为平台，坚持高位推动，加强资金整合力度，完善缺项补项措施，按照"统一规划，集中使用，渠道不乱，用途不变，各负其责，各记其功"的原则，大力支持农口基础设施建设，主要抓好贫困地区农田、水利、道路、通信等工程设施建设，改善生产生活条件。

（三）科技扶贫

围绕农业增效、农民增收，通过组织考察、试验示范、办班培训、能人带动等形式，大力推广优良品种、先进种植模式、加工制作技术、现代管理方式，把先进适用技术普及到贫困地区千家万户。把实用技术培训、科学技术推广延伸到村组、农户。推进科技进步与创新，增强贫困地区可持续发展能力。

（四）劳动力培训

大力开展新型农民培训、贫困劳动力职业技能培训、实用技术培训，加强能力建设。"雨露计划"工程以建档立卡的贫困家庭劳动力为对象，初中、高中毕业后未升学、未就业的"两后生"以中长期职业培训为主，其他贫困劳动力以农业实用技术、短期务工技能为主，逐步拓宽工作领域，提高就业领域、稳定增收的能力。

六、主要措施

（一）增加财政投入，提高扶贫开发水平

建立财政扶贫资金稳定增长机制，把扶贫专项资金纳入各级财政预算。进一步加大财政转移支付力度，增加对贫困群众改善民生的投入。同时，调整和优化资金使用结构，重点用于支持优势特色产业发展项目和提高贫困人口自我发展能力，安排更多资金通过项目效益让更多贫困户直接受益。

（二）继续实施整村推进，推进贫困地区经济社会发展

逐年实施整村推进扶贫开发，把整村推进和建设社会主义新农村结合起来。全县每年实施26个重点贫困村的整村推进，主要选择基础薄弱、发展滞后、贫困人口相对集中的村启动实施。要根据变化了的形势，结合实际，制定新的整村推进验收标准,完善后续管理机制,做到推进一个村、脱贫一个村、长远致富一个村。

(三)充分发挥部门作用,做好驻村定点帮扶工作

进一步做好26个县直机关驻村定点帮扶工作,坚持帮扶单位"一把手"带领部门开展驻村帮扶一定五年、不脱贫不离开的对口帮扶工作机制。各部门结合自身职能优势,在项目、资金、物资、技术、人才等方面向贫困地区倾斜,优先安排,着力推进公共服务全覆盖、均等化。

(四)动员社会力量,积极参与扶贫开发

加大扶贫宣传力度,引导社会各界开展多种形式的扶贫济困活动,鼓励支持企业事业单位、社会团体和个人到贫困地区参与经济建设,兴办教育、科技、文化、卫生、体育、社会福利等社会事业。强化对外联络工作,充分发挥扶贫开发办的协调作用,积极整合各类资金,加大对贫困地区的投入力度。

七、组织领导

(一)落实扶贫开发领导责任制

切实加强指导,确保我县扶贫开发工作的顺利开展。为加强对我县扶贫开发工作的领导,县政府成立了县扶贫开发领导小组,县委常委詹洪武任组长,县政府副县长熊国爱任副组长,县委农工部、县委组织部、县农业局、县水务局、县林业局、县农开办、县发改委、县财政局、县农办、县民政局、县科技局等相关单位负责同志任成员。领导小组下设办公室,办公室设在县委农工部,负责领导小组日常工作,程年根同志兼任办公室主任,李佑芬同志任办公室副主任。各乡镇要切实担负起贫困村扶贫开发工作的领导责任,并要成立相应的组织机构,落实专门人员,负责主抓此项工作的落实。各乡(镇)党委书记要负总责、乡(镇)长要亲自抓、分管领导要具体抓,齐心协力抓好抓实。

(二)制订本年度扶贫规划

各乡镇、村都要按照"十二五"扶贫开发五年规划的要求,本着实事求是、综合设计、因地制宜、分类指导的原则,分别制订本级本地区扶贫开发年度规划,明确奋斗目标、建设内容、政策措施、实施步骤、帮扶单位和资金来源。

(三)强化扶贫项目资金监管

县扶贫办会同县财政局定期开展督办检查,及时纠正项目实施管理中出现的问题。坚持"项目跟着规划走,资金跟着项目走,监管跟着资金走",实行项目、资金公告公示制度,加强对乡镇、村扶贫规划的组织落实、项目实施、资金使用、对口帮扶等情况的监督、检查,加强对项目资金使用的审计监督,提高资金的使

用效果。

（四）做好扶贫统计监测工作

乡镇、村要指定专人负责贫困统计监测工作，有关部门配合，制定新的扶贫统计与贫困监测制度，全面、系统、准确、动态地反映规划实施情况和贫困人口的收入水平、生活质量的变化，为科学决策提供依据。

（五）加强基层组织建设

把基层组织建设作为实施扶贫开发规划的一项重要工作来抓，不断加强基层干部队伍思想作风建设，提高政治思想素质，提高工作能力，形成能够带领群众艰苦创业、脱贫致富的坚强战斗堡垒；不断完善村民自治，大力发展集体经济，积极推行村务公开，着力抓好社会治安，努力形成文明村风，为规划实施和新建设创造良好环境。

（六）加强扶贫工作机构队伍建设

建设好各级扶贫工作机构，是扶贫规划顺利实施的基础和重要保证，各地要把加强扶贫工作机构队伍建设作为搞好扶贫开发的基础性工作来抓，切实帮助解决机构调整、人员编制、经费安排等方面的实际困难和问题。各级扶贫部门要大力加强效能建设、廉政建设，增强扶贫开发的组织协调和科学管理能力，提高扶贫开发工作水平，确保完成当年扶贫开发工作任务。

新建区扶贫开发领导小组

2014年2月5日

新建区脱贫攻坚"百日行动"实施方案

根据省委、省政府印发《关于深入推进脱贫攻坚工作的意见》(赣办发〔2017〕14号)、《江西省扶贫开发领导小组关于印发〈江西省脱贫攻坚"百日行动"实施方案〉的通知》(赣开发〔2017〕10号)及《南昌市脱贫攻坚"百日行动"实施方案》文件要求,为巩固发展脱贫攻坚工作整改成果,确保今年我区脱贫攻坚工作成效全面达标提升,区委、区政府研究决定于第四季度,在全区集中力量开展脱贫攻坚"百日行动"。现制订实施方案如下。

一、指导思想

深入贯彻落实习近平总书记扶贫开发重要战略思想和在深度贫困地区脱贫攻坚工作座谈会上重要讲话精神,遵循"单位帮村、干部包户、社会参与、民政托底、结对帮扶、精准扶贫、决战五年、同步小康"的要求,以建档立卡扶贫对象为核心,以精准扶贫、精准脱贫为根本,按照"核心是精准、关键在落实、确保可持续"的工作方针,聚焦贫困对象、聚焦均衡发展、聚焦精准施策、聚焦脱贫标准,着力实施脱贫攻坚重点工程,完善支持脱贫攻坚投入政策,夯实打牢脱贫攻坚工作基础,强化推进脱贫攻坚实施保障,确保今年全区脱贫攻坚工作成效达标、水平提升,经得起实践和历史检验,为我区脱贫成效和质量如期进入全省"第一方阵"奠定坚实基础。

二、目标任务

根据省委、省政府提出确保今年全省脱贫攻坚成效全面达标提升,脱贫攻坚质量和成效如期进入全国"第一方阵"的工作目标,结合我区实际,提出以下具体目标:

（一）实现减贫目标

到 2017 年底，稳定脱贫 0.3022 万人贫困人口，实现扶贫对象"两不愁三保障"目标，即不愁吃、不愁穿，保障其义务教育、基本医疗和住房。

（二）贫困农村生产生活条件显著改善

到 2017 年底，建档立卡贫困户 638 栋危旧房改造任务全面完成，贫困家庭孩子都能接受公平的有质量的教育，1825 名贫困学生全部落实教育扶贫资助政策，贫困患者出院只需缴纳 10% 的医疗费用；贫困村基础设施较为完善，基本公共服务主要领域指标达到贫困村退出要求，农民群众安居乐业。

（三）扶贫对象自我发展能力明显增强

建立坚强有力的村级"战斗堡垒"，有劳动能力的贫困户都有一项以上增收致富的主导产业，贫困家庭劳动力掌握一门以上就业创业技能，新生代劳动力具备转移就业基本职业素质，大部分贫困村"一村一品"产业基本建立，小部分贫困村扶贫产业初具雏形，专业合作经营机制较为完善。

三、行动步骤

脱贫攻坚"百日行动"于 9 月下旬启动，至 12 月底结束，按三个步骤扎实开展，即：

第一步，部署动员。9 月 27 日，部署乡镇及区直职能部门完成"百日行动"工作方案的制订，并汇总完成制订区级总体行动实施方案；区委、区政府于 27 日在省、市召开深入推进脱贫攻坚工作电视电话会议后进行动员部署。各乡镇、璜溪管理处、区林业局要在 9 月 30 日之前完成动员部署。

第二步，开展行动。9 月 28 日至 12 月底前，集中力量开展行动。

第三步，考核检验。12 月 20 日之前，结合考核各乡镇、璜溪管理处、林业局 2017 年脱贫攻坚工作成效，区里对各乡镇、璜溪管理处、区林业局"百日行动"开展情况进行初评，12 月底前迎接省、市考核检验，严格兑现奖惩。

四、行动方略

1. 倒排工期。对表今年脱贫攻坚目标任务，以日为单位抓调度、保进度，以目标为导向，倒逼补短板、抓重点、强弱项，确保今年脱贫攻坚各项目标任务全面完成，计划脱贫的贫困村、贫困户如期退出。

2. 严把标准。对标"两不愁三保障"脱贫标准，以户为对象落实精准帮扶，以问题为导向，严防严查虚假脱贫、数字脱贫，确保贫困发生率、脱贫人口错退率、贫困人口漏评率和群众认可度符合考核要求。

3. **夯实载体**。对照今年脱贫攻坚工作部署，以实施脱贫攻坚工程为载体，提高精准扶贫的针对性，提升精准脱贫的有效性，为实现今年脱贫攻坚目标提供强力支撑。

4. **整体推进**。对应脱贫攻坚不留死角、不留盲点的工作要求，深入推进贫困村脱贫攻坚，高度重视非贫困村脱贫攻坚，确保精准扶贫、精准脱贫不落一户一人，统筹推进今年全区脱贫攻坚成效整体达标提升。

五、行动重点

1. **突出贫困人口精准帮扶**。全面完善贫困人口动态识别管理系统，健全贫困人口建档立卡信息与相关部门信息比对共享机制，按照因户制宜、分户施策的要求，严格核查精准扶贫政策措施落实情况，以实现各方帮扶政策与贫困人口精准对接，促进完成今年精准脱贫任务。

2. **突出脱贫攻坚重点工程**。深入推进脱贫攻坚"九大工程"，重点加快产业扶贫全覆盖、健康扶贫再提升、教育扶贫再对接、贫困村村庄整治再推进，力促脱贫攻坚四大重点工程年内取得突破性进展，让贫困群众有实实在在的获得感。

3. **突出落实压紧工作责任**。按照"百日行动"时间节点和冲刺目标，落实压紧各级党委和政府主体责任、各级部门重点是脱贫攻坚"九大工程"牵头部门行业扶贫责任、各级驻村扶贫干部精准帮扶责任、区派督察组督察责任、乡镇扶贫开发领导小组组织实施责任，严防思想松懈、工作松劲，确保"百日行动"工作务实、过程扎实、结果真实。

六、行动保障

1. **组织保障**。区扶贫开发领导小组成立脱贫攻坚"百日行动"指挥部，由区主要领导任总指挥，指挥部办公室设在区扶贫办，负责全区"百日行动"的统筹协调和调度指挥。各乡镇、璜溪管理处、区林业局要把脱贫攻坚作为头等大事和第一民生工程，统筹各方力量，专门成立由主要领导负总责的"百日行动"指挥部。区直各部门要立足本部门行业扶贫、定点扶贫责任，专门成立本部门"百日行动"指挥部，主要领导要亲自挂帅，分管领导要全力负责，责任单位及人员要集中精力抓好具体落实。

2. **任务保障**。依据《省委办公厅、省政府办公厅关于深入推进脱贫工作的意见》（赣办发〔2017〕14号）明确的60条任务清单及责任分工，逐项明确"百日行动"

冲刺目标（附后）。各乡镇、璜溪管理处、区林业局和区直各部门要对应分工责任，分别制订本地区本部门"百日行动"的具体工作方案，进一步分解细化任务、强化政策举措、明确工作进度，确保今年目标任务全面落实。各级选派驻村工作队和第一书记要制订驻在贫困村精准帮扶"百日行动"工作计划，确保实现今年帮扶目标。

3. 投入保障。各乡镇、璜溪管理处、区林业局要紧紧围绕"百日行动"冲刺目标，在用好各级扶贫资金的基础上，集中资金和统筹整合财政涉农扶贫资金，用足用好金融扶贫政策，充分运用社会扶贫网平台，全力保障完成今年脱贫攻坚任务的投入。区直各部门要把落实今年行业扶贫、定点扶贫任务摆在突出位置，最大限度保障今年本部门肩负扶贫任务的投入支持。

4. 监督保障。将监督开展"百日行动"与考核各乡镇、璜溪管理处、区林业局2017年度脱贫攻坚成效紧密结合，实行最严格的考核评估。区派督察组要严格督察纠正各地各部门开展"百日行动"中的形式主义问题、苗头性问题、倾向性问题。对行动不实不力的，由区委、区政府领导视情约谈相关地方和部门主要领导或分管领导；对违纪违规行为，严格执行扶贫领域监督执纪问责规定。

七、行动要求

1. 强化担当实干。各乡镇、璜溪管理处、区林业局要强化政治担当，尤其是主要领导要靠前指挥作战，每日过问"百日行动"，每周集中研究一次"百日行动"，并经常深入一线掌握调度"百日行动"开展情况，现场解决"百日行动"遇到的实际问题。区委各部门、区直各单位主要领导每月要专门听取一次本部门"百日行动"指挥部工作汇报，研究推进本部门"百日行动"政策措施，指挥部要经常调研掌握和全力抓好本部门"百日行动"工作落实。各级选派驻村干部要坚守扶贫岗位，全身心驻村开展精准帮扶"百日行动"。要通过扎实的工作，确保交上圆满完成今年脱贫攻坚各项目标任务的合格政治答卷。

2. 强化进展调度。各乡镇、璜溪管理处、区林业局及脱贫攻坚"九大工程"区直牵头部门的"百日行动"工作方案，报区扶贫开发领导小组备查，并于每月底前报送一次落实进度情况，以此建立今后各乡镇、璜溪管理处、区林业局脱贫攻坚和区直部门行业扶贫任务落实的情况报送和工作调度机制；各级部门单位选派驻村工作队及第一书记工作计划，报组织部门、扶贫部门和派出部门备查，于每月底前报送一次落实进度情况。区扶贫开发领导小组开设"'百日行动'情况通报"，及时将各地各部门开展"百日行动"动态情况通报全区，报送区委、区政府领导。

3.强化舆论宣传。以"决战第四季度,决胜百日行动"为主题,在区内主流媒体开设专栏,大力宣传各地各部门开展"百日行动"的政策举措、工作经验和生动典型、行动成效,营造全区合力冲刺今年脱贫攻坚目标的浓厚舆论氛围。

附件:1.脱贫攻坚"百日行动"任务清单
      2.乡镇(璜溪管理处、区林业局)脱贫攻坚"百日行动"月报表

中共新建区委办公室
新建区人民政府办公室
2017年10月11日

附件1

脱贫攻坚"百日行动"任务清单

对照省委办公厅、省政府办公厅印发《关于深入推进脱贫攻坚工作的意见》5大部分20项具体任务分工,逐项明确"百日行动"的任务清单。

一、聚焦贫困对象

1. 各乡镇、瑶溪管理处、区林业局对贫困村和贫困发生率较高的非贫困村要在区领导挂点的基础上,各乡镇、瑶溪管理处、区林业局主要领导也要安排挂点,安排定点帮扶单位,派驻强有力的第一书记,实行乡镇干部和结对帮扶干部包户全部到位。

2. 科学制订村庄提升规划,安排专门资金,因村因户因人施策,加大基础设施建设,加大产业、就业、资产收益等政策落实力度,实现村级集体经济健康发展,户户有增收渠道。在较短的时间内贫困村有较大起色,帮扶成效明显。

3. 盯牢深度贫困人口,对因病致贫返贫和低保人口、残疾人、孤寡老人、长期患病者等"无业可扶、无力脱贫"群体,于10月底前全面摸清底数,逐户分析原因,因户因人采取精准保障措施。

责任单位:各乡镇、瑶溪管理处、区林业局、区残联、区人社局、区农业局、区卫计委、区民政局及区直定点帮扶单位

二、狠抓精准落实

1. 按照精准扶贫、精准脱贫基本方略,严把精准识别核心要义,根据国家、省、市、区对精准识别工作检查反馈情况,对存在的问题,举一反三,确保10月底前全部整改到位。

责任单位:各乡镇、瑶溪管理处、区林业局、区扶贫办

2. 在建档立卡信息共享基础上，加强各相关部门信息数据和帮扶政策的对接，不漏一户、不落一人，因村因户因人精准施策、有效帮扶。

责任单位：各乡镇、璜溪管理处、区林业局、区残联、区人社局、区住建局、区教科体局、区卫计委、区民政局、区扶贫办

三、严把脱贫标准

立足精准扶贫的实际，对照贫困人口"两不愁三保障"脱贫标准，加强扶贫开发与社会保障、教育就学、卫生医疗、安全住房等各项政策有效衔接，稳定解决不愁吃、不愁穿问题，全力保障义务教育、基本医疗、住房安全。2017年脱贫退出任务圆满完成，各乡镇、璜溪管理处、区林业局贫困人口漏评率、脱贫人口错退率均低于2%，贫困群众认可度达到90%以上。各项扶贫政策全部得到落实。

责任单位：各乡镇、璜溪管理处、区林业局、区残联、区农业局、区人社局、区住建局、区教科体局、区卫计委、区民政局、区财政局、区交通运输局、区扶贫办

四、推进产业扶贫全覆盖工程

1. 进一步完善特色产业精准扶贫规划，科学设计项目，明确带动主体、利益联结机制和带动脱贫数量。以贫困村为单位，编制产业扶贫实施方案，确定主导产业，落实产业带动模式，新型经营主体带动全覆盖，确保每个产业扶贫对象都有一个新型经营主体带动。

责任单位：有贫困村的乡镇、区农业局、区林业局、区文广旅新局、区商务局、区扶贫办

2. 坚持长短结合原则，推进产业扶贫与建设高标准农田、发展村级集体经济、调整农业产业结构、培育农业新型经营主体相结合。

责任单位：区农业局、区农业开发办、区水务局、各乡镇、璜溪管理处、区林业局、区扶贫办

3. 深入开展扶贫产业技术指导与服务，实行贫困村产业发展技术包干服务，确保每个贫困村至少有一名专家或技术人员开展全过程技术跟踪指导服务。加强产业扶贫调查研究，深度挖掘、总结提炼一批可复制、可推广的产业扶贫模式和典型范例，打造各具特色的"龙头企业＋合作组织＋贫困农户"产业扶贫模式。

责任单位：区农业局、各乡镇、璜溪管理处、区林业局、区扶贫办

4. 发展乡村"扶贫车间"。组织开展一次就业扶贫车间和扶贫就业专岗摸底调

查，引导建立扶贫车间。组织建档立卡劳动力在家门口就地就近就业。

责任单位：区人社局、各乡镇、璜溪管理处、区林业局、区扶贫办、区直相关部门单位

5. 拓展农村社区服务和生态护林员等公益岗位。开发一批公益性岗位，重点将农村公路养护、保洁、图书室管理、治安巡逻、基层综合性文化服务中心管理员、生态保护等公益性岗位，用于扶持贫困人口就业。

责任单位：区人社局、区林业局、各乡镇、璜溪管理处、区直相关部门单位

6. 实施光伏扶贫扩面工程。全区2016年度光伏扶贫项目在9月底前，全面完成验收；产业资金或帮扶资金建设的光伏户站，在今年12月底前完成验收及并网；2017年市计划光伏扶贫项目，在确保落实安全、规范建设条件的前提下，对准备较为充分的村级电站，年底前，先期启动建设要达到50%以上，为明年年中全面完成项目建设和并网打下基础。

责任单位：区发改委、各乡镇、璜溪管理处、区林业局、区财政局、区国土局、区农业局、区供电公司、区住建局、区环保局、区扶贫办

7. 完成产业直补资金发放。确保真正发展了产业的贫困户补贴发放到位，不漏一户。加大扶贫小额贷款发放力度，力争符合条件有意愿发展产业的贫困户能贷款1万—5万元。

责任单位：区农业局、区金融办、中国人民银行新建区支行、区银监办、各乡镇、璜溪管理处、区林业局、区扶贫办

8. 推进电商扶贫站建设。年底前，在贫困村或贫困人口较多的非贫困村，建成9个以上的电商扶贫站点，覆盖全区70%以上的贫困村。打造2个以上电商扶贫示范点或电商扶贫精品站点，通过示范引领推动电商扶贫的进程。

责任单位：区商务局、中国邮政新建区分公司、区农业局、有关乡镇、区扶贫办

五、开展健康扶贫再提升工程

1. 进一步筑牢"四道保障线"，提升大病补充保险水平，确保所有贫困户住院自负医疗费用比例控制在10%以内。

2. 全面推进城乡贫困人口重大疾病专项救治。到年底前，各乡镇专项救治信息台账患者的救治比例达到50%以上。

3. 开展贫困人口家庭医生签约服务，贫困人口签约服务实现全覆盖，贫困慢病患者签约服务率达100%，满意率达80%。

4. 完善贫困人口健康档案，贫困人口电子建档率达 90% 以上。

5. 全面实行县域内贫困患者住院先诊疗后付费。到 2017 年底，100% 落实县域内贫困患者住院先诊疗后付费政策措施，并同步推进"一站式"结算等便民措施。

责任单位：区卫计委、区人社局、各乡镇、璜溪管理处、区林业局、区民政局、区财政局、区扶贫办

六、落实教育扶贫再对接工程

1. 完成建档立卡信息系统与教育部门学生管理系统数据比对，确保贫困家庭受教育子女资助政策全覆盖。

2. 按照"一人一案"的要求，针对建档立卡贫困学生、残疾学生和留守儿童建立学籍电子档案，实行从学前教育开始的入学、升学、毕业、就业、资助和家庭情况的全过程跟踪，12 月底前上线试运行。

3. 全面落实贫困家庭受教育子女资助政策校长负责制，确保贫困家庭子女受教育权利，确保不让一名学生因家庭经济困难而辍学。

责任单位：区教科体局、各乡镇、璜溪管理处、区林业局

4. 完成新增农村贫困劳动力信息的核实和补充。重点围绕本地特色产业和企业用工需求，开展"金蓝领工程""雨露计划"等教育培训，确保有培训需求的贫困劳动力全部得到培训。

责任单位：区人社局、各乡镇、璜溪管理处、区林业局、区财政局、区农业局、区扶贫办

七、实施贫困村村庄整治再推进工程

1. 力争所有列入今年新农村建设支持的贫困村组，在 11 月 10 日前基本达到贫困村退出条件，在 11 月 30 日前全面完成建设任务。

2. 进一步加快推进 25 户以上自然村公路建设，确保到 2017 年底，实现 25 户以上自然村全部通水泥路。

3. 11 月底之前，全面解决拟退出贫困村农户住房安全、饮水安全问题，100% 农户通生活用电，实现网络全覆盖，有卫生室、综合文化活动室或综合服务平台，25 户以上自然村有保洁员、有垃圾集中收集点。

责任单位：区委组织部、区交通运输局、区委农工部、区卫计委、区文广旅新局、区住建局、区水务局、区电信局、区供电公司、各乡镇、璜溪管理处、区林业局、区扶贫办

4. 对所有贫困户住房进行鉴别，9月底前全部完成2017年贫困户危旧房改造任务，10月底完成验收和资金拨付工作。住房改造严格执行"一户一档"的农村危房改造农户档案管理制度，改造前、改造中及改造后照片必须全部录入信息系统。

责任单位：区住建局、区财政局、各乡镇、璜溪管理处、区林业局、区扶贫办

八、强化脱贫攻坚投入力度

1. 加强扶贫项目和资金管理。切实解决涉农扶贫资金整合不到位、项目实施进度慢、资金拨付使用慢的问题。结转结余两年以上的资金全部收回财政重新安排；结转结余1—2年的资金，结转结余率必须小于2%；当年资金结转结余率必须小于8%。规范项目档案建设，健全项目和资金公示公告制度，建立各级财政扶贫资金的投入增长机制，县财政扶贫资金增长率超过市级财政扶贫资金增长率，资金投入达到省级拨付各地财政扶贫资金的20%。

责任单位：区财政局、有关乡镇

2. 用好金融和保险业助推精准扶贫政策、金融债和资本市场服务脱贫攻坚政策，加快推进村级金融精准扶贫工作站建设。

责任单位：区金融办、各乡镇、璜溪管理处、区林业局、区扶贫办

九、扎实推进"百企帮百村"工作

1. 督查"百企帮百村"工作实施情况，并召开全区"百企帮百村"现场推进会。

责任单位：区委统战部、区工商联、各乡镇、璜溪管理处、区林业局、区扶贫办

2. 将"百企帮百村"工作纳入对当年当地党委政府加分项目考核。

责任单位：区委统战部、区工商联、各乡镇、璜溪管理处、区林业局、区扶贫办

十、加快推进社会扶贫网工作

1. 10月底前区和乡镇制定出台社会扶贫网实施推广管理办法，明确管理机构、考核推广的形式、目标、任务、奖励办法和措施等。

2. 夯实社会扶贫网的基础工作，着力推进贫困户、爱心人士、管理员的注册工作。12月底以前，社会扶贫网的用户量（贫困户注册、爱心人士注册、管理员的注册总量）要达到1万人以上。并将贫困户注册、爱心人士注册、信息发布质量、发起贫困需求情况、爱心捐赠情况等纳入乡镇党委和政府考核。

3. 落实社会扶贫网专门管理人员和管理机构，在乡镇现有扶贫工作站的基础上，充实人员，确保有人管理，信息维护及时快捷。

4. 年底前，建立和完善社会扶贫网对外展示厅和展示点，及时发布贫困户真实客观完整的需求信息、公布贫困户成功对接信息，公开和公示爱心人士的捐赠信息，接受社会监督，广泛宣传社会扶贫网的帮扶成效。

责任单位：各乡镇、璜溪管理处、区林业局、区扶贫办

十一、加强基层扶贫力量

1. 加强机构队伍建设，在现有机构限额和编制总量内，充实和加强扶贫工作力量，确保区、乡、村三级有与脱贫攻坚任务相适应的机构、人员配置、场所和经费。

2. 实行乡镇领导班子成员包片、乡镇干部包村、驻村干部和基层党员包户全覆盖。

责任单位：区编办、各乡镇、璜溪管理处、区林业局

十二、强化驻村工作队和第一书记作用

1. 关心支持第一书记和工作队队员开展工作，要落实从各级财政扶贫专项资金中统筹为每个贫困村每年安排不少于10万元的第一书记和工作队帮扶经费的支持措施。

2. 第一书记要严格遵守每季度在村工作时间（含因公出差、开会和培训）不少于50天的要求。

责任单位：区委组织部、区财政局、各定点派出单位、各乡镇、璜溪管理处、区林业局、区扶贫办

十三、强化脱贫攻坚监督检查

1. 各督察组要统筹协调脱贫攻坚督察队伍，开展常态化督察。10月重点督察产业扶贫、教育扶贫、健康扶贫情况，11月重点督察区、乡镇驻村帮扶、结对帮扶、社会扶贫网情况，12月重点督察脱贫攻坚工作成效考核第三方评估工作的开展情况，配合区扶贫开发领导小组做好相关考核评估工作。

2. 加大扶贫领域监督执纪问责力度，对扶贫工作督察中涉嫌违规违纪违法问题线索及时移送有关部门查处，始终保持惩治扶贫领域腐败行为的高压态势，常态机制，实现廉洁扶贫。

3. 实行最严格考核评估，12月底完成乡镇考核。

责任单位：区纪委、区脱贫攻坚督察组、区教科体局、区卫计委、区人社局、区民政局、区农业局、区财政局、各乡镇、瑶溪管理处、区林业局、区扶贫办

十四、强化脱贫攻坚舆论宣传

1. 区级媒体继续在"喜迎十九大""砥砺奋进的五年"等专栏中加大脱贫攻坚宣传力度，充分反映我区开展脱贫攻坚"百日行动"成效，聚焦贫困对象、聚焦均衡发展、聚焦精准施策，不断完善财政投入、行业扶贫、金融扶持、社会扶贫政策，为脱贫攻坚"百日行动"顺利开展营造浓厚的舆论氛围。

2. 大力宣传我区精准扶贫精准脱贫的积极进展、先进典型、感人事迹，充分反映宣传贫困地区干部群众努力改变贫困落后状况的精神面貌和工作成效，生动呈现贫困地区干部群众"滴水穿石"的韧劲、实实在在的获得感、发自内心的感恩之情。

3. 加强在中央、省级、市级主要新闻媒体的宣传报道力度，争取在省级主要媒体刊播反映我区脱贫攻坚经验。

责任单位：区委宣传部、各乡镇、瑶溪管理处、区林业局、区扶贫办

《关于深入推进脱贫攻坚工作的意见》（赣办发〔2017〕14号）60条具体任务其他未列入此清单的工作，在脱贫攻坚"百日行动"中也要加强，并贯穿脱贫攻坚全过程。

附件2

乡镇（璜溪管理处、区林业局）脱贫攻坚"百日行动"月报表

填报单位：　　　　　　　　　　　　填报时间：　　年　　月　　日

年度脱贫任务完成情况					
本乡镇十年扶贫开发纲要确定贫困人口数（人）		2016年底贫困人口（人）		2017年贫困人口脱贫计划（人）	
本乡镇十年扶贫开发纲要确定贫困村数（个）		2016年底贫困村（个）		2017年贫困村退出计划（个）	
产业扶贫					
至本月底有劳动能力的贫困家庭发展产业扶持（户）		产业覆盖率（%）		至本月底有电商精准脱贫站点的贫困村（个）	
至本月底有产业的贫困村（个）		本月新建电商扶贫站点个数（个）		至本月底有电商精准脱贫站点的贫困村覆盖率（%）	
至本月底享受资产受益的贫困户（户）		至本月底贫困户就业公益性岗位（人）		至本月底累计建成电商扶贫站点个数（个）	
至本月底有光伏扶贫产业的贫困户（户）		至本月底村级光伏扶贫电站完工村数（个）		本月底新增村级光伏扶贫电站完工村数（个）	
至本月底安排风险补偿金（万元）		至本月底安排贷款贴息资金（万元）			
就业扶贫					
至2016年底贫困家庭青壮年劳动力（人）		累计享受"雨露计划"培训人数（人）		本月享受"雨露计划"培训人数（人）	
至本月底建设就业扶贫车间（个）		其中建在贫困村（个）		建在非贫困村（个）	
建在乡镇（个）		贫困村就业车间覆盖率（%）		本月建设就业扶贫车间（个）	
至本月底开发扶贫就业专岗（个）					
健康扶贫					

续表

财政资助建档立卡贫困人员参加城乡居民基本医疗保险总人数（人）		城乡居民基本医保覆盖率（%）		
城乡居民大病保险覆盖率（%）		财政购买商业补充医疗保险总人数（人）		商业补充医疗保险覆盖率（%）	
2017年社会救助人数（人）		至本月底社会救助金额（万元）		至本月底社会救助覆盖率（%）	
大病集中救治一批				
2017年救治病种（项）		至本月底救治贫困人口（人）		至本月底救治覆盖率（%）	
慢病签约服务管理一批				
至本月底贫困家庭医生签约服务率（%）		至本月底贫困人口签约服务人数（人）		至本月底贫困患者签约服务满意率（%）	
至本月底建立贫困人口电子健康档案人数（人）		至本月底贫困人口开展健康体验人数（人）		至本月底认定贫困人口慢性病人（人）	
重病兜底保障一批				
至本月底实现县域住院先诊疗后付费医院（个）		至本月底完成一站式结算医院（个）		先诊疗后付费及一站式结算完成率（%）	
易地扶贫搬迁				
至本月底2016年计划搬迁项目竣工率（%）		至本月底2016年计划搬迁贫困户入住率（%）		2016年贫困人口搬迁计划完成率（%）	
至本月底2017年计划搬迁项目开工率（%）		至本月底2017年计划搬迁项目竣工率（%）		至本月底2017年计划搬迁贫困户入住率（%）	
教育扶贫				
贫困家庭受教育子女数（人）		至本月底贫困人员享受教育资助人数（人）		至本月底贫困人员享受教育资助资金总数（万元）	
至本月底贫困家庭子女辍学人数（人）		至本月底实行教育资助政策校长制学校及幼儿园数（所）			
村庄提升（拟退出贫困村）				

续表

2017年拟退出贫困村（个）		2017年拟退出贫困村共投入资金（万元）		至本月底25户以上自然村对外机动车道硬化率（%）	
至本月底饮水安全率（%）		至本月底住房安全率（%）		至本月底无害化卫生厕所普及率（%）	
危旧房改造					
贫困户住房危险性评定（户）		其中认定为C类住房（户）		至本月底加固改造完成（户）	
认定为D类住房（户）		至本月底除险加固完成（户）		2017年预脱贫户危旧房改造率（%）	
2017年预脱贫户危旧房补助资金发放（万元）		补助资金发放率（%）			
资金管理					
2017年涉农扶贫资金应整合数		2017年涉农扶贫资金已整合数		2017年涉农扶贫资金已拨付	
2017年度财政专项扶贫资金应拨付		2017年度财政专项扶贫资金已拨付		2017年财政专项扶贫资金结余结存（万元）	
本级2017年财政扶贫资金投入（万元）		本级2017年财政扶贫资金投入增长率（%）		2016年以前扶贫资金结余结存（万元）	
2017年项目资金是否实施绿色通道方案					
社会扶贫网推广工作					
至本月底累计爱心人士注册数量（人）		至本月底爱心捐赠的累计数量		至本月底累计贫困户注册数量（户）	
至本月底发起贫困需求的累计数量		贫困需求对接成功率（%）		爱心捐赠对接成功率（%）	

新建区健康扶贫"一站式"结算服务中心管理办法

第一条 为进一步方便群众就医报销，简化贫困患者医疗费用报销程序，让贫困人口"报销不跑腿"，根据《南昌市人民政府办公厅转发市卫生计生委等部门关于推进健康扶贫再提升工程的实施方案的通知》(洪府厅发〔2018〕74号)及《南昌市新建区人民政府办公室关于印发新建区推进健康扶贫再提升工程实施方案的通知》(新府办发〔2018〕71号)文件精神，结合我区实际，制定本管理办法。

第二条 设立健康扶贫"一站式"结算服务中心（以下简称服务中心），由区卫计委牵头负责管理。区卫计委、区民政局、区医保局、承保保险公司统一派人进驻。

第三条 工作机制

（一）服务中心的服务事项实行窗口受理、集中审核、限时办结等工作原则。推行服务事项、办事程序、报销材料、办理期限、服务承诺等公开制度。

（二）服务中心工作人员由区卫计委、区民政局、区医保局、承保保险公司派驻，每个岗位工作人员要相对稳定，工作人员接受服务中心与派驻单位双重管理，原则上一年内不得换人，并要实行A、B岗制，确因工作需要调整的，须经服务中心同意，对不能胜任窗口工作或有违法违纪行为的工作人员，派驻部门必须应服务中心要求及时进行调整，以确保工作的连续性和稳定性。

（三）窗口工作人员请事假，或因公外出参加学习培训、开会等，须事先提交本单位证明材料，报服务中心负责人同意后批假。

（四）窗口只有一名工作人员的，如需请假，派出单位必须安排代岗人员，否则不予批假。

（五）各办事窗口受理服务事项实行首问责任制、一次性告知制、限时承诺制，并提供相关的咨询服务。

第四条 结算标准和程序

（一）结算标准

按照《南昌市新建区人民政府办公室关于印发新建区推进健康扶贫再提升工程实施方案的通知》（新府办发〔2018〕71号）执行。

（二）结算方法

贫困人员在区域内定点医疗机构住院，出院时到定点医疗机构"一站式"结算服务窗口报销，结清个人应承担的费用（不超过医疗总费用的10%）即可离院。

贫困人员在区域外医疗机构住院，出院后携带本人的户口本、身份证、医保卡、贫困人口证明、住院发票、出院小结、费用清单、报销结算单、一卡通账号等报销材料到区健康扶贫"一站式"结算服务中心申报审核报销，结算后的费用会在规定工作日内汇入其个人账户。

（三）结算程序

区域外住院贫困患者携带报销材料——"一站式"结算服务中心——1号窗口基本医保进行结算——2号窗口大病保险、重大疾病医疗补充保险进行核算——3号窗口民政医疗救助进行核算——4号窗口财政兜底结算——5号窗口汇总报表，经审核后，在规定工作日内将报销款汇入患者个人账户。

（四）其他情形处理方案

1. 医疗费用相关报销材料遗失的情况

（1）贫困户本人或其家属到就诊医院复印医疗费用发票（医院存根联）或由医院打印一张费用凭证，并让医院加盖财务科印章确认本次费用属实；费用清单和出院小结可以到医院病案室复印，并加盖病案室印章。

（2）让贫困户或其家属出具医疗费用发票遗失的情况说明（主要内容样式参照附件1）。

（3）各乡（镇）政府在贫困户复印后的相关报销材料和贫困户发票遗失情况说明上盖乡（镇）政府公章，注明"经核实，情况属实"。由乡（镇）医保所收集材料齐全后及时递交给"一站式"结算服务中心审核。

2. 无法提供医疗费用相关报销材料原件及复印件的情况

（1）此类情形一般为医院对贫困户的部分或全部费用进行了减免，可以认定为贫困户的医疗待遇已保障到位，不需再进行报销补偿。

（2）各乡（镇）医保所必须上门入户对贫困户的情况进行核实，并让贫困户或其家属出具情况说明（主要内容样式参照附件2），医保所经办人员在发票上写明"经核实，情况属实"，并加盖乡（镇）医保所公章。

第五条　各部门工作职责

（一）区卫计委：牵头负责服务中心的日常管理；负责贫困患者报销数据的汇总、统计、分析；会同区民政局、区医保局、承保公司等相关部门对贫困患者住院费用经过基本医保、大病保险、大病医疗补充保险、民政医疗救助报销后财政兜底资金的结算；负责对定点医疗机构"一站式"结算服务窗口的业务指导与管理。

（二）区人社局：区医保局负责区域外住院贫困患者报销材料的第一关审核工作，对于报销材料不全的要一次性告知相关服务对象补齐；负责基本医保程序的报销审核，并牵头组织承保保险公司开展大病保险、大病医疗补充保险报销审核；区人社局信息中心负责开展"一站式"结算服务软件的开发与对接工作。

（三）承保保险公司：负责贫困患者大病保险、大病医疗补充保险的审核、报销。

（四）区民政局：负责医疗救助费用报销审核，协助做好"一站式"结算服务软件安装运行和日常维护，加强对定点医疗机构关于医疗救助服务的指导和管理；落实医疗救助"一站式"结算服务情况的网上监控和救助资金的复核、审批工作。

（五）区财政局：负责财政兜底资金的筹集和拨付，并负责对"一站式"结算服务资金使用情况的监督管理。

第六条　窗口工作人员职责

（一）基本医保窗口：负责基本医疗保险报销资金结算审核；负责区域外住院贫困患者基本医保未报销人员住院材料报销材料的接收与初核。

（二）大病保险、大病医疗补充保险窗口：负责贫困患者大病保险、大病医疗补充保险的审核、报销，个人报销资料录入及软件使用问题的反馈，以及负责区域外住院贫困患者已进行基本医疗保险报销人员住院材料的接受和初核。

（三）民政医疗救助窗口：负责民政救助对象身份的确认和民政医疗救助的审核及报销资料梳理、管理。

（四）财政兜底审核窗口：负责贫困患者财政兜底资金及五道保障线报销金额对错的审核。

（五）综合窗口：负责汇总和部分财务审核及各项事务的调剂。

所有窗口工作人员服从服务中心的统一工作安排。

第七条　窗口工作人员违反本办法规定，有下列行为之一的，由服务中心或其单位给予批评教育或责令作出书面检查，并可依规给予行政处分：

（一）违反工作程序，应当直接办理或在规定期限内办结而拖延不办的；

（二）违反首问责任制规定，对负责办理的事项敷衍塞责的；

（三）工作纪律散漫、服务态度恶劣的；

（四）索取或者收受他人财物或者谋取其他利益的。

第八条　本办法自印发之日起施行。

附件：1. 关于医疗费用发票遗失的情况说明
　　　2. 关于无法提供医疗费用相关报销材料原件及复印件的情况说明

南昌市新建区人民政府办公室
2018 年 12 月 31 日

附件 1

关于医疗费用发票遗失的情况说明

　　本人×××，性别，身份证号码，××乡（镇）建档立卡贫困户，联系电话×××。本人于××××年××月××日至××××年××月××日在××医院住院治疗，医疗总费用××元，因个人原因不慎将医疗费用发票/费用清单/出院小结遗失，现已到就诊医院复印医疗费用发票（或打印医疗费用凭证）。本人承诺以上情况属实，并承诺发票原件没有给商业保险报销。

×××（贫困户本人签字并按手印）

××××年××月××日

　　备注：如为贫困户家属代写代办的，需签双方姓名按手印并写明双方关系和联系电话。

附件 2

关于无法提供医疗费用相关报销材料原件及复印件的情况说明

　　本人×××，性别，身份证号码，××乡（镇）建档立卡贫困户，联系电话×××。本人于××××年××月××日至××××年××月××日在××医院住院治疗，医疗总费用××元，由该医院对医疗费用进行了减免。本次住院个人无任何自付费用（或本次住院缴纳多少金额，个人自付费用低于医疗费用金额的10%），医院未出具发票，我同意不对本次费用申请报销。

×××（贫困户本人签字并按手印）
××××年××月××日

　　备注：如为贫困户家属代写代办的，需签双方姓名掘手印并写明双方关系和联系电话。

新建区脱贫攻坚工作指导方案

为深入贯彻落实省、市脱贫攻坚工作部署,进一步推进全区脱贫攻坚工作,切实做到脱贫攻坚责任落实、政策落实、工作落实"三个落实",高质量完成脱贫攻坚政治任务,根据《江西省脱贫攻坚督查巡查工作办法》(赣办字〔2016〕73号)及《新建区关于打赢脱贫攻坚战三年行动的实施意见》《新建区2019年脱贫攻坚工作要点》文件精神,区委、区政府研究决定,对全区脱贫攻坚工作实施常态化指导,结合我区脱贫攻坚工作实际,特制订如下方案。

一、指导思想

全面贯彻落实党的十九大、中央经济工作会议、中央农村工作会议和全国扶贫开发工作会议精神,坚持以习近平新时代中国特色社会主义思想为指导,深入学习领会习近平总书记关于扶贫工作的重要论述,坚持"核心是精准、关键在落实、实现高质量、确保可持续"的工作方针,坚持全面检查、分类指导、突出重点、务求实效的原则,通过开展脱贫攻坚常态化精准指导,切实解决建档立卡贫困户"两不愁三保障"的突出问题,确保如期打好打赢脱贫攻坚战。

二、总体要求

全面贯彻精准扶贫、精准脱贫基本方略,紧紧围绕"十三五"期间22个省市级贫困村、建档立卡贫困户4668户12816人(未脱贫1160户2733人、已脱贫3508户10083人)脱贫攻坚重点工作,坚持紧盯目标、聚焦问题、实事求是、突出重点、群众参与的原则,统筹兼顾,合理安排,突出对工作责任、政策措施、重点项目、难点工作、薄弱环节的督促与指导,通过发现问题促进工作落实,查找解决问题、改进工作方法,总结典型经验,按期完成年度脱贫攻坚任务。

三、指导范围

1. 各乡镇（璜溪管理处、区林业局）、区委各部门、区直各单位。

2. 访谈乡镇负责人、驻村"第一书记"及驻村工作队成员、村"两委"班子成员、结对帮扶干部等。

四、指导方式

1. 通过采取"四不两直"（即不发通知、不打招呼、不听汇报、不用陪同接待，直奔基层、直入贫困户）开展座谈、查看档案资料和入户调查方式进行指导，以定期和不定期相结合、明察与暗访相结合、指导与回访相结合的方式进行。

2. 每个指导组每个月至少进村入户 10 天，实地走访贫困户 100 户、"五类人员" 20 户。

3. 指导组对每次发现的问题建立台账，下发整改督办函，并不定期对反馈问题整改情况进行回访指导。

五、指导内容

（一）基层基础

1. 办公场所：乡镇、村具有专属的办公场所，并悬挂单位标识（即脱贫攻坚工作站、脱贫攻坚工作室），规章制度健全，档案资料规范，配备办公桌椅、电脑、打印机、档案柜等必备的办公用品。村级按照"五个一"（一个工作室、一个文件柜、一个贫困户文件资料袋、一个贫困户帮扶卡、一块贫困户信息公示牌）标准建设扶贫工作室。

2. 人员配备：乡镇按规定设置专职扶贫专干和信息员，村级配备专职信息员，切实与本地脱贫攻坚工作相适应。

3. 工作经费：工作经费能够满足脱贫攻坚工作的需要。

4. 档案管理：贫困村档案依照贫困村识别和退出要求，建立贫困村档案目录，不能缺项漏项，内容完全正确；贫困户档案按照贫困户精准识别和退出程序、档案管理的要求，建立贫困户档案，一户一档，不能缺项漏项；贫困户档案填写内容规范，信息准确，各项指标录入完整，大数据平台及建档立卡管理系统中的信息与实际相符；每年是否对贫困户信息及年度收益进行了采集。

（二）"八大扶贫工程"政策落实情况

1. 饮水安全。核查贫困人口饮水安全状况，包括供水保障情况、水质安全情况、用水方便程度。

2. 教育扶贫。核查四个方面：一是义务教育扶贫资助学校校长、乡镇属地双负责制；二是控辍保学措施；三是贫困户家庭子女学前教育、义务教育、普通高中、中等职业教育等资助发放，重点是异地就学建档立卡贫困家庭子女教育资助；四是"雨露计划"职业教育培训补助政策落实。

3. 健康扶贫。核查六个方面：一是贫困人口参加城乡居民基本医疗保险、商业补充保险情况，重点核查财政补贴政策落实情况；二是基本医保、大病保险、商业补充保险、医疗救助"四道保障线"和财政兜底等项政策落实情况，重点核查贫困患者住院医疗费报销补偿比例是否达到90%的适度要求；三是县域内住院"先诊疗、后付费"和"一站式"结算落实情况；四是查看贫困患者门诊特殊慢性病办理及落实情况；五是贫困人口家庭医生签约履约情况，重点核查签约服务履约率和签约对象满意度；六是产权公有村卫生室管理和运行情况，是否有村医在岗执业或安排卫生院医务人员定期巡诊，为群众提供医疗健康服务。

4. 安居扶贫。核查四个方面：一是建档立卡贫困户、低保户、农村分散供养特困人员和贫困残疾人家庭等四类重点对象台账建立及危房改造情况；二是贫困户房屋等级鉴定台账；三是危改补助资金发放到位情况；四是脱贫户住房安全情况。

5. 保障扶贫。核查三个方面：一是查看农村最低生活保障制度和扶贫开发有效衔接实行情况，是否做到了应扶尽扶、应保尽保；检查低保和五保提标到位情况；二是残疾人员的认定及残补的发放情况；三是财政缴纳建档立卡贫困户城乡居民基本养老保险金的情况。

6. 产业扶贫。核查贫困户产业扶持情况：一是资产收益项目，对照资金发放名单、股权证、村委会公示公告等内容，入户走访，查看补助资金是否足额发放到位，扶持效果是否达到预期目标；二是扶贫小额信贷，核查评级授信、贷款逾期、非生产性支出、贷款收益等情况；三是光伏扶贫项目，贫困户光伏发电收益、村站收益分配、电站运维等情况；四是财政资金直接奖补项目，对照直补发放名单进村入户，查看"一卡通"直补资金到账情况。

7. 就业扶贫。核查四个方面：一是具备就业能力并有就业意愿的贫困户就业情况及劳务输出交通补助情况；二是有条件的贫困村和贫困人口较多的村建设就业扶贫车间吸纳贫困户的情况及奖补资金的落实；三是就业扶贫专岗的安排情况；四是贫困户家庭劳动力参加转移就业技能培训合格并获取技能证书（资格证书）"雨露计划"补助发放情况。

8. 基础设施（村庄整治）。核查贫困村、贫困户的退出工作。一是按照贫困村退出九大指标体系的要求，查看贫困村村庄整治建设及交通、饮水、电网、互联网、公共服务设施等基础设施建设情况；二是进村入户查看贫困户家庭"两面光"、改水改厕、入户路等人居环境。

（三）开展贫困户满意度指导

进村入户采取"先问、再看、后抽查"的方法开展贫困户满意度指导工作。先问村干部、驻村工作队员对精准扶贫工作情况熟不熟悉，再看户档村册资料完不完善，后抽查贫困户对精准扶贫政策了不了解，抽查帮扶干部对贫困户情况清不清楚。

1. 精准识别与退出情况

贫困村、贫困户信息是否准确，大数据平台及建档立卡管理系统中是否与实际相符，各项指标录入是否完整，不存在漏人、漏登，无户籍人员现象，贫困户识别和退出程序是否合规，贫困人口精准识别率、精准退出准确率、贫困群众满意度测评。

2. 社会帮扶情况

（1）驻村帮扶。全部行政村第一书记覆盖率，贫困村驻村工作队覆盖率，贫困村驻村工作满意度测评情况，工作队和第一书记执行工作纪律情况。

（2）结对帮扶。贫困户结对帮扶覆盖率，结对帮扶满意度测评情况，"一证两册"落实和规范填写及信息数据质量情况，电话访谈帮扶干部结对帮扶贫困户情况（访谈内容：贫困户基本情况、帮扶措施、下一步打算等）。

六、组织领导

（一）成立领导小组

区委、区政府成立全区脱贫攻坚工作指导领导小组，组长夏云标，副组长张伟，区纪委监委、区委办、区政府办、区委组织部、区委宣传部、区扶贫办、区农业农村局、区发改委、区审计局、区财政局、区人社局、区医保局、区民政局、区住建局、区教体局、区卫健委、区残联、区公安分局、区文广新旅局、区水利局、区供电公司、区电信公司等部门为成员；领导小组下设办公室，负责协调和开展日常工作。办公室设在区扶贫办，办公室主任由区农业农村局局长万勇担任，副主任由区扶贫办负责人卞红担任。

（二）设立指导组

指导领导小组下设五个指导组，第一组组长由区委台办主任熊超志担任，负责金桥乡、大塘坪乡、樵舍镇、铁河乡。第二组组长由团区委书记刘强担任，负责昌邑乡、联圩镇、象山镇、溪霞镇。第三组组长由区委统战部副部长、区工商联党组书记胡必成担任,负责石埠镇、西山镇、望城镇、厚田乡。第四组组长由区委第三巡察组组长易晓东担任,负责石岗镇、松湖镇、流湖镇、乐化镇。第五组组长由区扶贫办负责人卞红担任,负责长陵镇、南矶乡、璜溪管理处、区林业局及区农业农村局、区发改委、区财政局、区人社局、区医保局、区民政局、区住建局、区教体局、区卫健委、区残联等区直职能单位。每个组组员由3名经验丰富、熟悉业务的干部组成,组员从区扶贫办(区农业农村局)抽调4人、区住建局2人、区教体局2人、区医保局2人、区人社局1人、区卫健委1人。从2019年4月下旬至2020年底开展全区脱贫攻坚常态化指导工作。

七、指导要求

(一)明确指导责任

在脱贫攻坚期内,各指导组是所包片脱贫攻坚各项工作指导的责任单位,要不定期开展常态化指导查看,要随时提出指导意见,随时报送区委、区政府主要领导及分管领导,并及时指导各地在规定的时限内整改到位,在限期内未进行整改的,将进行问责处理。

(二)协同配合工作

各乡镇(璜溪管理处、区林业局)及相关职能单位要高度重视,认真配合做好指导查看各项工作。区扶贫办要安排好指导组办公场地,为指导组工作人员提供后勤保障、解决工作用车等。各指导组成员派出单位,要全力支持指导工作,抽调的人员一经确定,不得随意更换,除特殊情况经领导小组批准外,人员要保持稳定,为熟悉业务、掌握情况、指导工作提供人力支持。

(三)报送指导成果

按照脱贫攻坚工作指导领导小组要求,各指导组每半月报送一次指导情况,每月形成指导片区情况书面报告,报送区脱贫攻坚工作指导领导小组,指导结果将作为评价各乡镇(区林业局、璜溪管理处)、区委各部门、区直各单位年度高质量发展目标管理考核的重要依据。

(四)指导成果运用

指导成果每月将在全区通报,并报送至区四大家领导,由挂点大乡(镇)长抓好落实;各乡镇(璜溪管理处、区林业局)、区委各部门、区直各单位要认真对待指导成果,切实做好指导反馈问题的完善整改工作,逾期未整改的或次月有相同问题未整改到位,由挂点大乡(镇)长约谈;对屡查屡犯还存在问题乡镇由分管扶贫工作的区领导约谈,并作出书面说明;造成严重后果的,将转区纪委监委处理。

（五）严格指导纪律

指导组认真贯彻落实中央八项规定精神，严格执行区委有关要求，进村入户轻车简从，不劳民扰民，采取"四不两直"（即不发通知、不打招呼、不听汇报、不用陪同接待，直奔村组、直入贫困户）方式开展指导工作。

新建区扶贫开发领导小组

2019年4月26日

新建区关于推进贫困村巩固提升工程的实施意见

为深入贯彻落实习近平总书记"要实施贫困村提升工程"的重要指示精神，根据国务院扶贫办等部门《关于加快推进贫困村提升工程的指导意见》（国开办发〔2018〕29号）、江西省扶贫办等部门《关于进一步推进贫困村提升工程的实施意见》（赣扶移字〔2018〕36号）文件精神，扎实推进我区"十三五"贫困村巩固提升工程，结合我区实际，提出如下实施意见。

一、总体要求

（一）指导思想

以习近平新时代中国特色社会主义思想和党的十九大精神为指导，深入贯彻习近平总书记关于扶贫工作的重要论述，认真落实国家和省、市关于打赢脱贫攻坚战的决策部署，坚持精准扶贫精准脱贫基本方略，按照"核心是精准、关键在落实、实现高质量、确保可持续"的要求，以实现贫困人口稳定脱贫为目标，以实施打赢脱贫攻坚战三年行动为抓手，以打通贫困村脱贫攻坚政策落实"最后一公里"为重点，在2018年22个贫困村已全部完成出列任务的基础上，再全面完成贫困村提升工程整体建设任务。

（二）主要目标

到2020年，全区22个"十三五"贫困村巩固提升成效明显。通过实施巩固提升工程，贫困村道路、饮水、电网、网络、住房、人居环境等基础设施建设深入推进，教育、医疗卫生、社会保障、文化信息等基本公共服务水平显著提升。贫困村特色主导产业优势明显增强，产业扶贫组织化程度不断提高，创业致富带头人作用显现，村集体经济不断壮大，村级治理体系得到完善，乡风文明建设取得明显成效。贫困群众"两不愁三保障"水平得到保障，内生动力增强，传统美德、文明风尚得以弘扬，为打好打赢精准脱贫攻坚战和推动实施乡村振兴战略奠定了坚实基础。具体实现如下目标：

贫困村、贫困户实现全面稳定脱贫。（1）贫困村所有村民小组通水泥路；（2）100%农户住房安全、饮水安全、通生活用电；（3）贫困村有卫生室和综合服务平台；（4）实现村村有扶贫产业，村集体收入稳定达到5万元以上；贫困户收入来源稳定;（5）贫困户均购买城乡基本医疗保险、大病保险、大病医疗商业补充保险、城乡居民基本养老保险；（6）九年义务教育阶段无因贫辍学学生。

二、主要任务

（三）村庄基础建设再提升

1. 改善交通路网。在完成25户以上自然村道路通水泥路的基础上，实现贫困村所有村民小组通厚度不低于18毫米、宽度不低于3.5米的水泥路，在陡坡、急弯、临水等危险路段，同步规范建设安防设施，加大对贫困村组组通水泥路路域环境整治、边沟、涵管清淤等日常养护性、切实保障村民出行安全。

2. 巩固饮水安全。支持贫困村小型农田水利工程建设，建设一批适度规模的集中供水工程，综合采取改造、配套、升级、联网等方式，不断提升贫困村供水保障能力和水平，做好管网入户改造升级工作，加强饮用水水源地保护、备用水源建设和水质监测工作，到2020年，全面解决贫困村和建档立卡贫困户饮水安全问题。

3. 改造电力设施。扎实开展新一轮农网改造升级，推进贫困村电力基础设施建设，做好电力建设管理和供电服务，确保所有贫困户通生活用电，贫困村动力电覆盖率100%。

4. 铺开网络建设。深入实施网络扶贫行动，推进网络向贫困村全覆盖，加强贫困村信息基础设施建设和信息化应用推广普及，提升数字文化资源供给水平。推进贫困村电信普通服务工作，具备为学校、文化室、卫生室等公益机构提供宽带接入的能力，有条件的自然村通宽带。

5. 整治人居环境。开展贫困村环境综合整治，推进绿化、亮化、美化、净化和街道整齐工程，有条件的村打造村级文化墙。推进乡村清洁工程，加强贫困村污水治理、户用卫生厕所建设和改造。加强贫困村垃圾治理，生活垃圾定点存放、专人清运、有效处理，全面解决人畜混居问题。"残垣断壁、污水乱泼、垃圾乱倒、粪土乱堆、杂草乱垛、畜禽乱跑"等突出问题得到有效解决,村容村貌得到彻底改善。

6. 完善公共服务。着力建设一批村内最急需、群众最急盼、受益最直接的公共服务项目，逐步建成"功能健全、便民惠民、管理规范、运转高效"的农村公

共服务体系。推进贫困村卫生室、便民超市、农家书屋、文化活动场所等公共服务项目建设。建立长效管护机制,按照有制度、有标准、有队伍、有经费、有督查的"五有"机制管护贫困村建设成果,健全卫生保洁、设施维护等制度,提高贫困村公共服务能力水平。

(四)民生保障能力再提升

提升基础教育。合理规划学校布局,全面改善贫困村义务教育办学条件,加强学籍管理系统数据与建档立卡信息系统贫困户数据动态衔接,及时落实贫困村贫困户就学子女教育扶贫资助,实行教育扶贫政策落实校长和属地乡镇双负责制。加强控辍保学工作,对因病因残无法跟班就学的,做到送教上门,对厌学的贫困学生采取因学施教的方式,保证每一名有意愿的贫困学生都能受到合适的教育,支持贫困地区教育发展和贫困家庭子女接受教育。

1. 保障医疗卫生。加大健康扶贫政策宣传力度,形成正面的舆论宣传,确保健康扶贫政策可持续。按照"保基本、救大病、建机制"的要求,定点医院严格按有关规定合理安排治疗和用药,充分利用有限医保医疗资源。巩固城乡基本医保、大病保险、商业补充保险、医疗救助"四道保障线"、区域内"先诊疗、后付费"和"一站式"结算保障体系,确保贫困患者住院医疗自付费用控制在10%左右。对确实难以负担自付医疗费用的贫困患者,探索政府、社会和慈善相结合的爱心救助机制。10种大病免费救治和15种重大疾病专项救治政策,对15种专项救治的重大疾病,实行按病种付费总额控制。保障门诊特殊慢性病待遇水平,将地中海贫血、血吸虫病、结核病、癫痫、儿童生长激素缺乏症纳入门诊特殊慢性病,确保门诊特殊慢性病种类达到30种。对全区所有村卫生室进行因地制宜、分类施策、整体推进、精准指导的原则,做到"三个一批",即"精品打造一批、巩固提升一批、统筹整合一批"。

2. 稳固安居工程。全面完成贫困村危房改造任务。规范简化危房改造对象认定和危房鉴定程序,将居住危房的建档立卡贫困户全部列入危房改造对象。完善危房改造台账,实施精准管理,做到房屋等级挂牌,鉴定报告入档,做到改造一户、销档一户。对无经济能力、无劳动能力的贫困户,实施"交钥匙工程"。加强贫困户危房加固改造质量安全管理,确保加固改造后农房"不漏风、不漏雨、门窗完整",达到规定安全年限要求。

(五)"两业"带贫减贫能力再提升

10. 推动产业发展。立足贫困村现有资源优势,大力发展特色优势农业产业;在贫困村推行"选准一项主导产业、打造一个龙头、设立一笔扶持资金、建立一套利益联结机制、培育一套服务体系"的"五个一"产业扶贫模式，坚持长短结合，推进贫困村特色产业发展转型升级，确保村有脱贫产业，户有增收门路。推进贫困村产业融合发展，支持在贫困村建设现代农业示范园和产业园。推行村干部与能人带头领办和村党员主动参与、村民自愿参与、贫困群众统筹参与的"一领办三参与"产业合作模式，支持贫困村以特色优势产业为依托组建专业合作社。引导贫困户发展适销对路、优质高效的农业产业。支持和帮助贫困群众规避发展产业的自然风险和市场风险，多渠道解决农产品销售问题，推进扶贫产品"五进"，即进机关、进学校、进医院、进企业、进市场，真正让贫困群众增产增收。发挥新型农业经营主体带贫作用，通过实施股份合作、订单帮扶来带动就业，建立贫困户稳定增收利益联结机制。保障贫困户产业扶贫资金需求，扶贫小额信贷做到应贷尽贷，对失能弱能贫困人口实施资产收益扶贫。

11. 拓宽就业渠道。建立涵盖政策扶持、资金奖补、就业服务、金融支持等的帮扶工作机制，打造就业扶贫园区、龙头企业扶贫基地、乡村就业扶贫车间、新型农村合作社、非正规就业组织和就业扶贫专岗托底平台等六类就近就业平台。精准实施就业援助，建立完善贫困人口就业信息管理系统，为贫困户搭建用工对接平台，帮助贫困人口外出就业。积极开发公路及高标准农田养护员、治安巡逻员、保洁员、护林员、保安员、农家书屋管理员等公益岗位用于安排贫困户就业，帮助贫困户增收脱贫。进一步推进乡村扶贫车间建设管理，结合当地产业发展和自然资源禀赋特点，重点选择就业门槛低、劳动密集、适合贫困劳动力上手的项目建设扶贫车间，吸纳更多贫困人口就业，帮助贫困人口实现挣钱顾家两不误。

12. 培育致富能人。建立贫困村致富带头人创业项目减贫带贫机制，到2020年，全省贫困村每村培育3—5名扶贫创业致富带头人，每人带动3户以上贫困户脱贫，力争实现10万以上贫困人口增收脱贫。促进贫困村党组织带头人和创业致富带头人两支队伍有机融合，既要把村党组织带头人和有致富能力的党员培养成创业致富带头人，又要把优秀创业致富带头人发展成党员、培养成村"两委"干部。支持能人、城归雁归人才，特别是有志于改变家乡贫困面貌的企事业单位人员回流贫困村领办创办扶贫项目。

（六）村级治理水平再提升

13. 提升组织能力。深入推进抓党建促脱贫攻坚，切实提升贫困村党组织的组织力。选好配强贫困村党组织书记，重点从外出务工经商创业人员、大学生村官、本村致富能手、退转军人、大中专毕业生等人员中选配。派强用好驻村第一书记和工作队员，实现贫困村第一书记及驻村工作队员全覆盖。加大对村"两委"干部、

驻村第一书记和工作队员的培训力度。切实提高他们的能力素质，发挥党员在脱贫攻坚中的先锋模范作用。加强贫困村村级后备力量建设，力争每个贫困村每两年发展1名年轻党员。强化贫困村基层党建工作责任落实，对软弱涣散贫困村党组织，加大整顿力度。

14.提高治理水平。稳妥推进村民自治下沉，增强贫困村村民小组（自然村）治理能力。加强贫困村农村社区服务机构和设施建设，提升贫困村治理和服务能力。构建自治、法治、德治相结合的贫困村治理体系。引导建立村民理事会、村民议事会、道德评议会、红白理事会等协商议事形式，丰富村规民约内容。充分发挥农村老党员、老干部、老教师、老模范、老退伍军人在完善村规民约、化解村民矛盾、加强思想教育等方面的作用。

15.壮大集体经济。积极探索多元化发展模式，引导贫困村盘活各类集体资产。推进贫困村资源变资产、资金变股金、农民变股东改革，通过盘活集体资源、入股或参股、量化资产收益等渠道，增加村集体经济收入。鼓励贫困户将闲置农房、土地经营权等资产入股。大力支持有条件的贫困村发展乡村旅游、电商扶贫，建设村级光伏电站、扶贫车间，实现村集体经济不断壮大。

（七）乡风文明水平再提升

16.纠正陈规陋习。坚持以社会主义核心价值观为引领，倡导科学文明、健康向上的生活理念，诚实守信、尊老爱幼的道德风尚，利用乡规民约加强对农村婚丧嫁娶、人情交往、娱乐方式等的规范引导，破除封建迷信、聚众赌博、酗酒扰民、婚丧嫁娶大操大办等陈规陋习。建设好乡风文明、管理民主、社会和谐的农村新社区。

17.激发内生动力。坚持扶志为先，强化教育引导和正向激励，鼓励创办脱贫攻坚"农民夜校""新时代文明实践中心"和组建"扶贫文艺宣讲队""精神扶贫工作队"等，加强贫困村文化建设，大力开展思想、道德、文化教育，弘扬自尊、自爱、自强精神，提升贫困群众精气神，摆脱"等靠要"思想。加强贫困人口基本文化素质和实用技能培训，强化扶贫措施与贫困群众参与度，通过"群众点菜""双向承诺"等方式，让贫困户通过自身努力摆脱贫困。建立脱贫激励制度，评选先进脱贫典型，发挥身边典型示范带动作用，讲好"扶贫小故事"，用身边事教育身边人，进一步激发贫困群众脱贫动力。

（八）乡村振兴建设再提升

按照建设"产业兴旺之美、自然生态之美、文明淳朴之美、共建共享之美、和谐有序之美"的"五美乡村"要求，统筹规划建设贫困村。脱贫攻坚期内，乡村振兴政策资金举措要向脱贫攻坚倾斜，同时，贫困村脱贫攻坚要围绕实施乡村振兴战略目标组织实施。一要强化规划先行。按"五美乡村"要求，编制贫困村乡村振兴和脱贫攻坚规划，注重统筹协调，坚持因地制宜，严格规划执行，依规建设。二要加大资金投入。用好统筹整合财政涉农扶贫、金融扶贫、社会帮扶等各类资金，合力助推脱贫攻坚。三要有序推进各类项目建设。因地制宜分类施策，从本地实际出发，不搞一刀切，不贪大求洋，不大拆大建，不搞形式主义，要循序渐进、量力而行。深化环境综合整治，加大生态保护力度，聚焦村容村貌提升、垃圾污水治理、秸秆焚烧治理等重点任务，落实农村人居环境整治三年行动，塑造绿色赣鄱、美丽乡村新风貌。

（九）加强组织领导

要切实加强对贫困村提升工程的组织领导，统筹整合各方资源，合力推进贫困村建设。区直各职能部门要加强对贫困村提升工程的指导和督查，区扶贫开发领导小组每季度调度一次贫困村提升工程。乡、村要严格按照贫困村提升方案组织实施各项建设，牢牢把住时间节点和关键环节，确保工程进度和质量。

（十）落实部门责任

扶贫部门、农业部门负责贫困村村庄整治建设工作；交通部门负责公路建设工作；水利部门负责安全饮水工程；农业部门负责产业扶贫的组织实施工作；财政部门负责对贫困村提升工程建设资金提供保障；教育部门全面实施教育扶贫工程；卫计部门负责健康扶贫工作；民政部门负责将符合条件的贫困家庭纳入农村最低生活保障；住建部门牵头负责农村危房改造；城管部门负责指导贫困村庄生活垃圾治理；发改部门负责光伏扶贫；医保部门负责基本医保、大病保险、商业补充医疗保险相关工作；人社部门负责就业扶贫、基本养老保险相关工作；其他相关部门按照责任分工，各司其职、密切配合、共同推进贫困村提升工程建设。

（十一）加大资金投入

将贫困村提升工程建设列入年度脱贫攻坚重点任务，以规划为引领，以项目为平台，充分利用好财政专项扶贫资金、统筹财政涉农扶贫资金的相关政策，统筹社会帮扶和捐赠资金、银行信贷资金和群众自筹资金等各类资源，切实加大贫困村提升工程资金投入，提高资金使用效率。

（十二）创新提升机制

区级要加大财政资金的统筹整合力度，积极通过政府和社会资本合作、政府购买服务、贷款贴息等方式，撬动更多的金融和社会资本投入贫困村提升工程。鼓励支持包村单位、社会各界积极参与贫困村提升工程建设。发挥好贫困村和群众首创精神,鼓励积极探索、大胆创新,推进贫困村提升工程实施。

(十三)严格监督考核

将贫困村提升考核纳入区级党委、政府脱贫成效考核体系。区脱贫攻坚领导小组要对照年度贫困村退出考核指标,加强贫困村提升责任落实、工程质量和资金使用监管,规范执行公告公示制度,提高扶贫资金使用效率,构建多元化的监管机制,确保贫困村退出真实可信,经得起群众、社会和历史的检验。

新建区扶贫开发领导小组

2019 年 5 月 13 日

新建区结对帮扶工作管理办法

为认真贯彻落实习近平总书记关于脱贫攻坚系列重要指示精神和中央、省、市、区关于结对帮扶工作的相关要求，推进我区贫困户结对帮扶责任人（以下简称帮扶责任人）选派与管理工作科学化、规范化，充分调动帮扶责任人的积极性、主动性和创造性，确保全区建档立卡贫困户的帮扶政策落实、帮扶措施到位、帮扶效果明显，如期完成各项脱贫攻坚工作任务，结合我区工作实际，特制定本办法。

一、指导思想

坚持以党的十九大会议精神为指导，深入贯彻落实中央、省、市、区关于脱贫攻坚的一系列重要会议和文件精神，紧扣坚决打赢打好脱贫攻坚战这一核心，按照"贫困户结对帮扶不漏一户、帮扶责任人不漏一人"的要求，切实加大结对帮扶力量，通过全区党员干部结对帮扶与贫困群众自身努力相结合，加快实现贫困户"一超过两不愁三保障"目标，使所帮扶的建档立卡贫困户全部如期高质量脱贫。

二、管理对象

全区 18 个乡镇、璜溪管理处、区林业局所有建档立卡贫困户的结对帮扶责任人。

三、工作职责

帮扶责任人为全区干部职工（含省、市派出机构人员），都有结对帮扶的职责和义务，要汇聚脱贫攻坚强大合力，为全区脱贫攻坚工作提供坚实保障。帮扶责任人在工作中要切实当好"四员"：

（一）当好工作战斗员

各帮扶责任人要扎实做好入户走访工作。要根据帮扶对象的致贫原因、实际情况及发展需求，对照脱贫标准与帮扶对象商定脱贫计划。要帮助帮扶对象选好发展项目，争取资金支持，为帮扶对象提供市场、供求、务工等信息，扩大帮扶对象致富视野；要有针对性地联络推荐在实用技术、劳动技能、致富本领等方面的教育培训和技术指导机会，积极帮助帮扶对象落实好义务教育、基本医疗、住房安全、饮水安全等工作。

（二）当好政策宣传员

要根据帮扶对象的实际情况，精准宣讲与帮扶对象有关的中央、省、市、区扶贫政策，尤其是宣讲我区"八大扶贫工程"中的相关政策，提高贫困户扶贫政策知晓率，激发其自主创业、脱贫致富的内生动力。

（三）当好民情信息员

要与帮扶对象交朋友，跟帮扶对象家庭成员见面谈心，并熟记其基本情况，保持经常性联系，确保帮扶对象知晓帮扶责任人的具体单位，叫得出帮扶责任人的姓名。要详细了解帮扶对象的实际困难、致贫原因，掌握帮扶对象脱贫需求、发展意愿及家庭收入和支出情况。要通过谈心准确掌握帮扶对象的思想动态，及时发现帮扶对象的消极情绪和不正确的思想观念，认真分析原因，并做好教育和引导工作。

（四）当好资料核查员

要进一步核查核实帮扶对象的基本信息，看乡、村、户系统信息是否一致，是否真实反映家庭状况，确保信息精准；看帮扶对象是否有"七清四严"情形，对疑似错评和户内漏人的，要及时报告乡镇及驻村工作队核实；看帮扶资料是否完善，要及时配合乡镇、村、驻村工作队完善帮扶资料，真实准确填写好贫困户"一户一档"、帮扶干部手册、信息采集表等刚性资料；看帮扶对象是否稳定脱贫，帮扶对象是否达到"一超过两不愁三保障"标准。

四、工作要求

（一）落实管理主体

各帮扶单位、乡镇对结对帮扶工作负有监管职责，要成立本单位、本乡镇结对帮扶工作领导小组，领导小组下设办公室，并结合实际制定出本单位、本乡镇的管理办法。

（二）压实帮扶责任

各乡镇对辖区内结对帮扶工作负总责，统筹安排帮扶单位对所联系村建档立卡贫困户的结对帮扶，帮扶人员不够的由乡镇统筹安排到位。各帮扶单位对结对帮扶工作负具体责任，在帮扶人员安排上，要保持人员的相对稳定性，原则上做到应派尽派，特殊人员不能安排结对帮扶的必须说明原因并提供佐证材料，报乡镇备案，同时要负责组织结对帮扶责任人开展脱贫攻坚业务培训。各乡镇应加强帮扶责任人的业务指导，提醒帮扶责任人履职到位。

各帮扶责任人对结对帮扶对象负直接责任，每次进行帮扶活动应认真填写帮扶干部手册等资料，由帮扶对象签字认可。

（三）健全工作台账

帮扶责任人发生工作调整或退休情况的，由帮扶单位与所在乡镇进行协调衔接，以确保帮扶工作的延续性。各帮扶单位、乡镇要出台结对帮扶工作相关制度，公示结对帮扶责任人对接帮扶信息，建立结对帮扶责任人工作台账和单位结对帮扶工作微信群。各帮扶责任人要做好结对帮扶走访记录，定期向本单位汇报帮扶对象入户走访、基础台账、帮扶措施落实等工作的进展情况，帮扶单位每半年向所在乡镇和区扶贫办上报结对帮扶成效报告。

（四）帮扶结果运用

每年各乡镇对所辖范围内所有帮扶责任人进行电话访谈；全区脱贫攻坚工作指导领导小组下设的五个指导组每月至少对20位帮扶责任人进行电话访谈（详见附件：帮扶责任人访谈问卷）。访谈成绩分为优秀、合格和不合格三个档次。90分及以上为优秀，80—89分为合格，80分以下为不合格。对电话访谈结果每月进行汇总，将不合格的帮扶责任人反馈给乡镇和帮扶单位，并呈报区委、区政府主要领导和分管领导阅示，同时在全区进行通报。帮扶单位要对反馈结果中涉及不合格的帮扶责任人进行提醒谈话，并督促其对脱贫攻坚工作履职尽责。区扶贫办将不定期再次对不合格的责任人进行电话访谈，对两次以上（含两次）不合格的帮扶责任人交区纪委区监委处理。对帮扶对象满意度较高、表现优秀的帮扶责任人，由帮扶单位进行表彰奖励；对结对帮扶表现特别突出的帮扶责任人，纳入全区向省、市报送脱贫攻坚通报表扬和嘉奖的评选范围；作为单位个人推荐提拔重用和年度考核评优的依据。

五、鼓励社会帮扶

进一步动员社会各方面力量参与脱贫攻坚，鼓励有帮扶能力的"两代表一委员"、家、志愿者、经济能人及社会各界人士参与社会结对帮扶。社会结对帮扶按照"属地结对帮扶"的原则,由各乡镇统一安排结对帮扶工作,相关部门统筹管理。社会帮扶力量参与结对帮扶的,不纳入结对帮扶工作管理。对社会反响好、结对帮扶成效显著的(人士)授予"新建区脱贫攻坚爱心(人士)"牌匾,同时纳入全区向省、市报送表扬嘉奖的评选范围。

六、附则

本办法由区纪委区监委、区委组织部、区扶贫开发领导小组办公室负责解释,自印发之日起施行。

附件:帮扶责任人访谈问卷

新建区扶贫开发领导小组
2019 年 6 月 11 日

附件

帮扶责任人访谈问卷

访谈日期		建档立卡贫困户姓名	
帮扶责任人姓名		单位	
职务		电话	

一、家庭基本情况（20分）得分

1. 人员情况。家庭人员姓名、人口、健康状况、务工情况。户口簿上人数，实际生活人数。致贫原因是什么，是否有分户、拆户，联系电话是多少。（10分）

2. 生活情况。田亩多少，是否自己耕种，耕种年收入，如未耕种有无租赁给他人，租金多少。家中有无电风扇、电视机等日常家用电器，有无卫生厕所、单独厨房，是否通自来水（或井水）、通电，入户便道是否硬化，全年家庭收入多少、年人均可支配收入多少。（10分）

二、政策落实情况（65分）得分

（一）两不愁三保障（25分）

1. 不愁吃。是否能保证每餐不愁，存有20天以上口粮，食用油是否充足。（5分）

2. 不愁穿。过冬有无棉袄，家中有无足够棉被。是否有衣柜，衣柜中是否有春夏秋冬换洗衣物。（5分）

3. 住房保障。现居住房屋属不属于危房，房屋等级是多少（住建部门鉴定书），若属于C类或者D类危房，是否享受危房改造政策，是否交钥匙工程，危房改造补助是否已发放到位（C类维修补助标准6500元，D类或无房重建补助标准35000元），重建住房是否通水通电，达到入住标准；子女、家庭成员是否另外有安全住房；在本地居住的，其他地方有无安全住房，不在本地居住的是否在外地有租住或其他安全住房。（5分）

4. 医疗保障。家中有无病人，是何病种，若是大病是否办理住院，住院是否报销，哪年报销的，具体报销多少金额，报销比例是否达到了90%，如未达到90%是什么原因。若是慢性病是否办理慢性病诊疗。是否有家庭医生签约，家庭医生在病愈后有无回访。（5分）

5.教育保障。家中是否有子女上学,分别在何处上学,分别处于哪种教育阶段(幼儿园、小学、初中、高中、中职、高职、大专、本科、研究生),如有考上大学是哪年考上的。是否享受相应的教育补助,中职、高职的是否已享受"雨露计划"补助。(5分)

(二)社会保障方面(10分)

1.家中成员是否有享受低保、五保,享受了几人,每月的标准是多少,何时开始享受。每个人未享受低保、五保的原因是什么。(5分)

2.家中成员是否有残疾人,残疾种类、残疾等级是多少,有无办理残疾证,是否享受残疾两项补贴,何时开始享受。(5分)

(三)"两业"方面(30分)

1.产业(15分)

(1)小额信贷。是否有家庭成员享受扶贫小额贷款,贷款金额是多少,贷款是否和贫困户签订协议,贫困户是否加入了合作社,合作社名称和主营业务是什么,加入合作社是否签订协议。(5分)

(2)光伏扶贫。是否享受光伏,是村站还是户站,贫困村、贫困户和区供电公司之间是否签订光伏发电收益协议。(5分)

(3)资产性收益。是否享受资产性收益,一年能够得到多少分红收益。(5分)

2.就业(15分)

(1)务工。家庭成员是否有务工,何种务工,务工地点,是长期工还是零工,工资标准。(5分)

(2)公益性岗位。何种岗位,有无签订协议,工资标准。(5分)

(3)就业培训。是否参与就业培训,外地务工的是否申领交通补贴(由区人社局统一负责,各乡镇先要对全区近年在省内外务工的建档立卡贫困劳动力家庭情况进行全面排查,摸清何时何地外出务工,并提供相关证明材料。先由乡镇按照规定发放后,由区人社局统计汇总,上报区政府研究。及时发放交通补贴,确保不落一户一人)。(5分)

三、下步打算情况(15分)得分

针对贫困户帮扶情况达到的目前扶持效果,你帮扶的贫困户现在是未脱贫户或脱贫户,你认为下一步要怎么做才能实现稳定脱贫、真脱贫、脱真贫?

本次访谈总分:100分

新建区关于建立防范返贫分级预警机制实施办法

第一章　总则

第一条　为深入学习贯彻习近平总书记关于扶贫开发工作的重要论述精神，按照"既不降低标准，也不吊高胃口"的要求，推进精准扶贫、精准脱贫，有效防止返贫，根据省市有关文件规定，结合我区实际，制定本办法。

第二条　本办法适用对象为2014年以来已脱贫的建档立卡贫困户（以国家扶贫开发信息系统数据为准，以下简称脱贫户）。

第二章　预警级别

第三条　根据脱贫户现有产业、就业、家庭收支及致贫主要原因等情况，划定三类预警级别：

1. 一级红色预警。对脱贫后比脱贫时家庭综合情况有所下降，即家庭年人均可支配收入在上一年度省确定的脱贫线（2019年为3747元）1.5倍以下或"两不愁三保障"任意项不达标，存在一级返贫风险，收入不稳定，脱贫质量不高的启动红色预警，原则上脱贫监测户全部纳入红色预警。

2. 二级黄色预警。对脱贫后家庭综合情况与脱贫时持平，即达到"两不愁三保障"，年人均可支配收入在上一年度省确定的脱贫线1.5倍以上2倍以下，需观察是否存在返贫风险的，启动黄色预警。

3. 三级绿色标注。脱贫后脱贫质量上升，达到"两不愁三保障"，年人均可支配收入在上一年度省确定的脱贫线2倍以上，不存在返贫风险的，有稳定收入来源，已实现稳定脱贫的（如产业、就业稳定，已购置私家车等高档消费品，或子女毕业后进入机关、企事业单位有稳定工作等），进行绿色标注。

第三章 分类管理

第四条 按照"脱贫不脱政策、脱贫不脱帮扶、脱贫不脱责任、脱贫不脱监管"的要求，根据不同预警级别，提供针对性帮扶措施：

1. 一级红色预警户，以"帮"为主。继续享受脱贫攻坚各项扶持政策，同时，针对存在的返贫风险，综合施策。高度关注因祸、因病、因灾等导致大额支出的贫困家庭，要协调民政、人社、卫健等部门最大限度开展"点对点"精准帮扶，对于产业基础不稳的，要在产业上加大帮扶力度，包括项目安排、技术培训、产品销售等；对于生产资料较少而又有劳动能力的，要千方百计帮助解决稳定就业，包括就业培训、推荐用工、安排公益性岗位等；对于产业、就业均难解决的，符合低保条件的，要积极纳入兜底保障，根据实际困难情况安排资产收益扶贫，增加收入。

2. 二级黄色预警户，以"扶"为主。继续享受脱贫攻坚各项扶持政策，同时，针对已经缓解的致贫主要原因、观察分析出的返贫风险，继续采取有效的帮扶措施。优先安排产业项目，优先推荐就业岗位和公益性岗位（优先级低于一级预警户），对符合条件的安排扶贫小额信贷资金用以发展生产，确保家庭至少有1—2项增收渠道，实现收入稳定增长。

3. 三级绿色标注户，以"引"为主。继续享受脱贫攻坚各项扶持政策。重点在扶志、扶智方面加强教育引导，加强技能、创业培训，实现稳定就业，在持续"输血"的同时着力提高"造血"功能。

第四章 预警等级评定

第五条 每年3月份启动当年度返贫预警等级评定工作，程序如下：

1. 驻村工作队（帮扶工作队）评估。由驻村工作队（帮扶工作队）会同村"两委"主要负责人、帮扶责任人组成评估小组（至少3人），以国家扶贫开发信息系统数据为基准，上户进行评估，拟订预警级别，由乡镇汇总报区扶贫办进行信息比对，主要比对已脱贫户购置商品房、私人轿车、参办企业，以及直系亲属在国家机关、企事业单位工作等情况，比对结果及时反馈给乡镇、村。

2. 村"两委"预审。召开村"两委"扩大会议，逐户审核预警级别评估结果。对上户评估情况有不同意见，且比较突出的，应申请乡镇党委、政府复核，复核结果由乡镇汇总后报区扶贫办备案。

3. 村民代表大会评议。召开村民代表会议（村民代表到会须达三分之二以上），以票决形式，对本村已脱贫户预警级别进行民主评议。评议通过后，在村务公开栏和各村民小组张榜公示7天，无异议后，报乡镇党委、政府。

4. 乡镇审定公告。召开乡镇党委会审定，并在党务政务公开栏和各村村务公开栏张榜公告7天。村"两委"、驻村工作队和各帮扶责任人应及时告知脱贫户预警等级评定情况。

5. 区级备案。评定结果由乡镇党委、政府报区扶贫开发领导小组备案。

第五章　预警等级调整

第六条　每年定期评定工作结束后，脱贫户基于自然灾害、突发变故等原因造成家庭状况发生重大变化的，由脱贫户提出申请按程序调整预警等级，特殊情况需要做返贫处理的，按贫困户评定程序办理。

第七条　对符合预警等级调整条件的脱贫户，应在30个工作日内完成评定程序；不符合条件的，应在10个工作日内向申请户给予答复和说明。

第八条　加强返贫风险动态监测，对所有脱贫户都要按照"四不脱"（不脱政策、不脱帮扶、不脱责任、不脱监管）要求，由驻村工作队、帮扶责任人定期上户走访（每月不少于1次），详细了解脱贫户产业、就业、教育、医疗、住房等情况，及时掌握动态变化。对于红色预警户，驻村工作队和帮扶责任人每季度要综合会商1次，根据情况变化和补短板强弱项的要求，采取更有针对性、有效性的帮扶措施；对于黄色预警户，每半年要综合会商1次；对于绿色标注户，每年要综合会商1次，全面评价脱贫户的情况和变化，并视情调整帮扶力量和帮扶措施，确保脱一户稳一户、可持续能致富。

第六章　附则

第九条　本办法由区扶贫办公室负责解释。

第十条　本办法自发布之日起执行。

新建区扶贫开发领导小组
2019年12月27日

新建区消费扶贫行动实施方案

今年是脱贫攻坚决战决胜年，是巩固提升年、是全面收官年。全区上下正在积极应对新型冠状病毒疫情防控阻击战的关键时期，消费扶贫需要采取超强举措和有效办法大力推进，既是帮助贫困村和贫困群众解决扶贫农产品的销售问题，实现持续增收脱贫目的，更是建立解决相对贫困的长效机制，确保高质量打赢脱贫攻坚战。根据《关于印发〈江西省消费扶贫行动实施方案〉的通知》（赣扶字〔2020〕2号）文件精神，现就我区扎实开展消费扶贫行动制订如下实施方案。

一、工作目标

通过消费扶贫行动，建立扶贫产品认定机制，推动扶贫产品线上线下销售，推进扶贫产品定向直供直销机关、学校、医院、企业等单位食堂和社区、交易市场（简称"六进"）活动，拓宽扶贫产品销售渠道，实现贫困群众持续增收、稳定脱贫、逐步致富，巩固提升脱贫成果，确保以高质量脱贫成色、可持续脱贫成效，坚决打赢脱贫攻坚战。

二、工作原则

（一）政府引导，市场运作

坚持政府引导与市场机制相结合，政府支持平台建设，通过协调提供场地、减免费用、给予补贴等优惠政策，发掘市场潜力，鼓励支持各类市场主体积极参与消费扶贫，合法诚信经营扶贫产品，实现合作共赢。

（二）优势互补，互惠互利

坚持贫困地区群众发展生产增收脱贫与解决城市"菜篮子""米袋子"问题相结合，充分挖掘贫困地区优质扶贫产品，不断提高扶贫产品品质，精准对接各大中城市居民对优质安全扶贫产品的需求，解决"菜篮子""米袋子"问题。

（三）强化评价，定点帮扶

坚持消费扶贫与定点扶贫相结合，将消费扶贫作为巩固提升定点扶贫帮扶成果的重要举措，将扶贫产品销售情况作为评价定点扶贫工作成效的重要内容之一，推动各级机关企事业单位积极参与消费扶贫行动。

（四）完善方式，双线销售

坚持销售方式线上线下相结合，线上主要依托中国社会扶贫网以及各类电商平台和新媒体平台，线下重点组织动员各类市场主体设立消费扶贫专柜、专区、专馆等，构建扶贫产品线上线下销售体系，为社会各界购买扶贫产品、参与消费扶贫行动提供便利条件。

（五）创新试点，建立机制

坚持创新试点与建立长效机制相结合，采取分类指导、分步推进的方式，支持引导有基础、有实力、有诚信的市场主体和有意愿的地区开展消费扶贫行动创新试点，推动建立扶贫产品与市场需求有效对接的长效机制。

三、工作任务

（一）规范扶贫产品认定，持续发挥消费扶贫带贫益贫功能

1. 申请条件。申请扶贫产品认定的单位为本地注册具有法人资格的企业、合作社等市场主体，并承诺提交的申报材料和带贫成效真实可信，产品质量合格、价格合理，自觉接受相关部门监管和社会监督。申请认定的产品，应符合国家法律和相关规定，符合农产品质量和食品安全的相关标准，具有明确的带贫减贫效应。

2. 认定程序。经营主体经乡镇认可同意后，向区级扶贫部门申请，区级扶贫部门会同相关职能部门审核并公示无异议后，报市级扶贫部门。市级扶贫部门复核后报省扶贫办审核备案。省扶贫办审核公示无异议后列入《江西省扶贫产品目录》，并在中国社会扶贫网上公布。

3. 目录管理。《江西省扶贫产品目录》实行动态管理，有效期为一年。若产品状况、带贫情况等发生变化，申请单位应及时向乡镇报告，乡镇应做相应调整并逐级上报至省扶贫办。

4. 监督监管。各乡镇、相关部门要对扶贫产品实施监管，确保扶贫产品质量合格、价格合理、带贫真实，坚决防止打着消费扶贫旗号敛财牟利。对有违法违规行为市场主体所生产的产品或出现严重质量和食品安全问题的产品，一经查实，立即将其清理出《江西省扶贫产品目录》并将相关市场主体纳入扶贫失信黑名单，情节严重的依照相关法律法规追究责任。对监管失职、市场主体和扶贫产品出现

问题较多的地方，区级将启动约谈机制。

扶贫产品认定结果及过程接受全社会监督。对于有异议的产品和申请单位，任何单位和个人可通过"12317"监督举报电话投诉举报。对出现公众投诉、媒体曝光等情况的产品，受理部门及时进行调查，做出相应处理，并反馈调查处理结果

（二）加强政府支持引导，持续推进机关企事业单位采购扶贫产品

5. 根据《南昌市新建区财政局　南昌市新建区扶贫服务中心公室关于做好政府采购政策支持脱贫攻坚的通知》（新财字〔2019〕111号）文件要求，从今年起，各预算单位全面启动贫困地区扶贫农产品采购工作，要将本部门、本单位2020年预留采购扶贫农产品项目数、预算金额、实际采购金额等情况汇总后报区财政局和区扶贫服务中心，也可以在中国社会扶贫网江西馆上采购我区扶贫农产品（网址：http://www.zgshfp.com.cn）。区财政局、区扶贫服务中心将定期通报预算单位购买贫困地区扶贫农产品、供应商带贫益贫等情况。原则上各预算单位预留年采购实际发生量不少于20%的份额，用于采购扶贫产品。

6. 定点帮扶单位要优先采购定点帮扶村的扶贫农产品，要着力帮助定点帮扶村建立扶贫农产品销售渠道；帮扶干部在走访慰问贫困户时，所需慰问品尽量采购我区扶贫农产品。

7. 对成立了工会机构的所有单位进行摸底调查，督促设立了工会机构的单位使用工会经费或职工福利采购农产品时，统一采购我区扶贫农产品，原则上2020年人均不低于600元（含疫情补贴300元）。

8. 各行业牵头部门，要指导和督促相关单位加大我区扶贫农产品采购力度，特别是涉及消费扶贫"六进"单位。

（三）健全市场对接机制，持续推动市场主体线下销售扶贫产品

9. 建立稳定的线下销售场所。鼓励和引导商场超市发挥自身优势，专门设立扶贫产品专柜（列入《江西省扶贫产品名录》的农产品），帮助贫困地区销售农特产品，我区在心怡超市（新都超市）设立新建区消费扶贫农产品展销中心，为全区农特产品特别是贫困村农特产品销售提供便利，引导社会消费。支持大型商超、农产品配送企业在贫困地区建立直采直供基地，畅通"菜篮子""米袋子"供销渠道，大力引进产供销一体的农产品第三方平台，充分发挥消费扶贫产业链条终端作用，切实解决扶贫农产品销售"最后一公里"问题。

10. 扩大优质农产品知名度。挖掘符合条件的企业申报"南昌老字号""江西老字号"品牌，配合省、市扶贫办开展扶贫产品展销会，组织扶贫企业参加各类农产品展销会，充分挖掘会展经济潜力，拓宽扶贫产品销售渠道，提升扶贫产品

品质，培育优质扶贫产品品牌，积极推介我区优质农产品开拓市场。充分发挥我区商会的作用，鼓励会员采取订单农业、会员制家庭农场等方式参与消费扶贫。

11. 搅动社会帮扶力量。将消费扶贫纳入"百企帮百村"精准扶贫行动，鼓励民营企业采取"以购代捐""以买代帮"等方式采购贫困地区产品和服务，鼓励企业在食堂采购、员工福利、年会庆典等环节优先采购贫困村贫困户农产品，将消费扶贫纳入"百企帮百村"精准扶贫行动台账统计内容。

（四）强化"互联网+"消费扶贫，持续提升扶贫产品线上销售成果

12. 提高农产品线上销售份额。鼓励和引导贫困地区农产品企业入驻电商平台，用好本区"巴夫洛"、淘鑫、"供销e家"、益农信息社等现有成熟的电商资源，开展电商消费促进活动，联动实施"赣品线上行""村播计划"等行动，帮助扶贫产品扩大网络销售。

13. 建立农村电商服务站。整合农村邮政所、基层供销社、农村综合服务社等现有资源，优先在有产业、有需求的贫困村或贫困人口较多的村建立农村电商服务站，加大扶贫产品上行力度。

14. 做好农村电商培训。加强对农产品电子商务人才的培训，提高电子商务在农户中的了解度和可信度，重点加强对驻村扶贫工作队、大学生村官、村"两委"干部、农村创业致富带头人、愿参与并能参与电商的贫困户、电商网点经营者等人员的培训，营造良好的电商发展氛围，培育一批电商扶贫带头人。

15. 用好中国社会扶贫网。依托中国社会扶贫网，加大我区各类扶贫产品上线力度，精准统计扶贫产品销售数据并进行定期通报，根据销售情况、社会需求积极做好线上扶贫产品的配送，引导更多互联网企业参与消费扶贫。

（五）开展示范试点工作，持续完善消费扶贫模式

16. 积极参与消费扶贫国家试点工作，大力推进溪霞农业园区建立国家级消费扶贫农产品交易中心。

17. 积极配合江绿集团江西省大成仓经济管理有限公司在我区机关企事业单位及写字楼、社区、火车站、地铁站、机场、高速公路服务区等人员密集地区布放消费扶贫无人售货柜，积极为经营主体解决场地等问题。

四、分工与职责

（一）区扶贫服务中心

1. 将消费扶贫纳入定点单位帮扶与干部结对帮扶工作内容；

2. 负责扶贫产品的认定，对《江西省扶贫产品目录》实行动态管理；

3. 统计监测消费扶贫开展情况；

4. 每月通报一次各乡镇消费扶贫工作进展情况；

5. 负责消费扶贫各方面协调、统筹工作。

（二）区财政局

负责组织各预算单位根据《江西省财政厅 江西省扶贫办转发财政部 国务院扶贫办关于运用财政采购政策支持脱贫攻坚的通知》要求，开通激活"贫困地区农副产品网络销售平台"（简称832平台）交易账号和采购统计工作。

（三）区商务局

1. 负责对扶贫产品通过电商平台销售进行业务指导；

2. 鼓励引导支持各大型商超设立扶贫专柜、专区；

3. 按照相关政策支持各类电商企业开设扶贫产品专区、专栏、专铺、专店，直采直销本地扶贫产品。

（四）区直机关工委

引导区直机关工委直属党组织所在单位及单位职工积极采购扶贫产品。

（五）区机关事务服务中心

引导区直各机关单位及单位职工积极采购扶贫产品。

（六）区总工会

1. 负责指导基层工会在使用工会经费或支出职工集体福利采购物资时，优先采购扶贫产品；

2. 每月通报一次各工会单位消费扶贫进展情况。

（七）区市场监督管理局

加强市场监管，并打击市场上打着消费扶贫旗号敛财牟利的行为。

（八）区农业农村局

1. 负责对纳入扶贫产品的相关经营主体产业发展进行技术指导；

2. 按照国家法律和相关规定，对申请认定的扶贫产品实施监管，确保符合农产品质量和食品安全的相关标准。

（九）区教体局

1. 引导区属学校单位职工积极采购扶贫产品，指导各乡镇教办开展消费扶贫活动；

2. 负责开展扶贫产品进学校食堂相关工作；

3. 每月通报一次相关单位消费扶贫进展情况。

（十）区卫健委

1. 引导各大医院积极采购扶贫产品，指导各乡镇卫生院开展消费扶贫活动；

2. 负责开展扶贫产品进医院食堂相关工作；

3. 每月通报一次相关单位消费扶贫进展情况。

（十一）区委宣传部

1. 负责组织各类媒体通过新闻报道、公益广告和新媒体平台等资源，提升新建区扶贫产品的知名度和影响力；

2. 宣传开展消费扶贫行动中好的做法、典型经验。

（十二）区委统战部、区工商联

1. 将消费扶贫纳入"百企帮百村"精准扶贫行动；

2. 动员商会、民营企业、行业协会等社会组织积极参与消费扶贫；

3. 动员新建区外地商会采购新建区扶贫产品。

（十三）各级定点帮扶单位

1. 鼓励各级定点帮扶单位在节假日走访慰问贫困户，优先采购扶贫产品；

2. 引导帮扶单位或帮扶个人购买贫困户直接生产的产品。

（十四）各乡镇

1. 负责乡镇内消费扶贫工作的开展；

2. 负责本地区域电商配送企业的选定；

3. 挖掘本地潜在资源，积极对接加工企业，发挥带贫益贫效果；

4. 引导乡镇企业节假日发放职工福利时，优先采购新建区扶贫产品。

五、工作要求

（一）加强组织领导

区直牵头单位和各乡（镇）要把消费扶贫作为打赢脱贫攻坚战的重要抓手，制订切实可行的实施方案，把工作任务落实到部门、落实到责任人。区直相关部门要依据职责，采取有效措施，扎实做好贫困地区农产品产销对接工作；各乡镇党委、政府要搭建产销对接平台，组织开展多种形式的农产品营销活动，指导贫困地区开展消费扶贫工作，充分发挥乡村两级干部和帮扶队伍作用，组织实施好消费扶贫工作，确保各项措施落地落实落细。

（二）加强政策支持

统筹相关政策资源和项目资金，对在贫困地区从事农产品加工、销售和休闲农业、乡村旅游的企业，在金融、土地、水电等方面给予倾斜支持。特别是对受

疫情影响较大的龙头企业、专业合作社、致富带头人等经营主体,要在帮助复产复工、拓宽销售渠道方面优先落实相关政策。充分调动各方面积极性,对参与消费扶贫有突出贡献的单位和个人,采取适当方式给予奖励激励。建立健全消费扶贫台账,重点统计购买贫困村、贫困户农产品和消费扶贫成效突出企业、合作社的产品相关数据,作为政策支持、评先评优等重要依据。

(三)加强品牌培育

鼓励龙头企业、骨干企业、农民专业合作社等生产经营主体在贫困地区建厂或设立分支机构,引进先进技术和品牌资源,推广新型生产经营模式,带动贫困户开展订单式农业、标准化生产、品牌化营销。用好农产品地理标志、有机产品认证、原产地品牌建设与保护等相关政策,引导和支持贫困地区开展绿色、有机、地理标志农产品认证,打造贫困地区名特优产品区域品牌。

(四)加强诚信建设

要遵循市场价格规律,建立农产品产销对接双向竞争机制,实行议价销售模式。贫困地区要树立诚信经营促脱贫理念,提供质优价廉的产品,确保消费者购买到放心满意产品。要强化质量安全督查和检验监测,建立农产品追溯机制,奖优罚劣,提高产品质量安全保障能力。要加大市场管控力度,严厉打击借消费扶贫之名以假乱真、以次充好、扰乱市场、牟取私利行为。相关职能部门要加强行业管控,防止出现拖欠货款的行为。

(五)加强宣传引导

区委宣传部、区扶贫服务中心要充分运用报刊、电视、广播和网络等媒体,加大推介力度,加快提升扶贫产品品牌效益和市场知名度。加大消费扶贫引导力度,培育社会大众消费扶贫献爱心理念,选树一批好的机关单位、龙头企业、合作社和诚信贫困户进行宣传表彰,营造全社会参与消费扶贫的浓厚氛围。

附件:新建区扶贫农产品认定办法

新建区扶贫开发领导小组办公室
2020 年 4 月 29 日

附件

新建区扶贫农产品认定办法

今年是脱贫攻坚收官之年，为促销贫困村及贫困户扶贫农产品，促进贫困人口增收致富，助力高质量打赢脱贫攻坚战，根据《关于印发〈江西省消费扶贫行动实施方案〉的通知》（赣扶字〔2020〕2号）文件精神，结合我区工作实际，特制定本认定办法。

一、申请条件

申请扶贫产品认定的单位为本地注册具有法人资格的企业、合作社等市场主体，并承诺提交的申报材料和带贫成效真实可信，产品质量合格、价格合理，自觉接受相关部门监管和社会监督。申请认定的产品，应符合国家法律和相关规定，符合农产品质量和食品安全的相关标准，具有明确的带贫减贫效应。

二、认定程序

1. 经营主体经所在乡镇认可同意后，向区级扶贫部门申请。
2. 区级扶贫部门对申请认定的市场主体和产品的带贫减贫成效进行审核。相关行业部门对产品的质量和安全进行审核。
3. 对符合条件的产品进行公示，对不符合条件的经营主体和产品及时反馈。
4. 公示5个工作日无异议后，报市级扶贫部门复核。
5. 市级扶贫部门复核通过后，报省扶贫办审核备案。
6. 省扶贫办审核通过后在中国社会扶贫网上公示，公示5个工作日无异议后，列入《江西省扶贫产品目录》。

三、申请材料

1. 江西省扶贫产品认定申请书。
2. 经营主体的工商注册、生产经营许可等资格证书。
3. 经乡镇认可的带贫益贫成效证明（要有带动贫困户户数、人数及贫困户年人均纯收入相关数据并盖章）。
4. 雇用建档立卡贫困劳动力名册、合作社成员名册。
5. 其他需要提供的材料。

四、目录管理

1. 扶贫产品认定坚持自愿、公开、公正的原则。

2.《江西省扶贫产品目录》实行动态管理，有效期为一年。申请单位可在有效期满前三个月再次提出申请认定。

3. 有效期内，若产品状况、带贫情况等发生变化，申请单位应及时向乡镇报告，乡镇应做相应调整，区级扶贫部门要在5个工作日内将调整情况逐级上报至省扶贫办。

4. 区级扶贫部门应加强对扶贫产品带贫减贫机制的管理，区级行业部门应加强对扶贫产品质量和安全的管理，了解跟踪扶贫产品及经营主体变化情况，对不再符合认定条件或出现问题的产品，及时上报区级扶贫部门，然后逐级上报至省扶贫办将其清理出《江西省扶贫产品目录》，并在中国社会扶贫网上公布。

五、本办法由新建区扶贫服务中心负责解释

六、本办法自发布之日起施行

江西省扶贫产品认定申请书

经营主体名称：_____

统一信用证代码（身份证号码）：_____

地址：_____

联系电话：_____　　电子信箱：_____

产品名称	产地	产品类别	生产资料来源	年产量	供货时间

带贫减贫机制及成效：_____
_____
_____。（要有带动贫困户户数、人数及贫困户年人均纯收入相关数据）

本人（公司/合作社）承诺提交的申报材料和带贫成效真实可信，产品质量合格、价格合理，并自觉接受相关部门监管和社会监督，如有虚假，愿意承担一切责任。

签名（盖章）：_____　　日期：_____

八

湾里区文件

湾里区 2014 年农村危房改造实施方案

为切实做好我区 2014 年农村危房改造工作,根据国家住建部、发改委、财政部《关于做好 2014 年农村危房改造工作的通知》(建村〔2014〕76 号)及省住建厅、发改委、财政厅、民政厅、扶贫移民办《关于印发江西省 2014 年农村危房改造实施方案的通知》(赣建村〔2014〕18 号)等文件精神,结合我区实际,特制订本实施方案。

一、指导思想、目标任务和基本原则

(一)指导思想

以党的十八大和十八届三中、四中全会精神为指导,认真贯彻落实习近平总书记系列重要讲话精神,坚持自力更生和政府扶持相结合,科学规划,精心组织,扎实推进,进一步健全农村住房保障体系,切实解决农村困难群众安居问题,促进社会和谐稳定。

(二)目标任务

2014 年省级下达我区的农村危房改造总任务数为 40 户(分两批次下达,第一批 19 户、第二批 21 户)。其中:维修加固 8 户,拆旧建新或新建 32 户(含贫困残疾人家庭 10 户),具体任务分解如下(详见附件 1):

招贤镇 9 户,其中:拆旧建新或新建 7 户(含贫困残疾人家庭 3 户),维修加固 2 户;

梅岭镇 5 户,其中:拆旧建新或新建 4 户(含贫困残疾人家庭 1 户),维修加固 1 户;

罗亭镇 13 户,其中:拆旧建新或新建 10 户(含贫困残疾人家庭 3 户),维修加固 3 户;

太平镇 10 户,其中:拆旧建新或新建 8 户(含贫困残疾人家庭 2 户),维修加固 2 户；

区林业园林局 3 户，其中：拆旧建新或新建 3 户（含贫困残疾人家庭 1 户）。

我区 2014 年农村危房改造任务系根据各镇农房数、危房数和上报的"农村危房改造'十二五'规划"等进行分配，并重点向偏远贫困地区、受地质灾害威胁区倾斜。城中村一律不纳入农村危房改造范围；建制镇和集镇规划区域内的农村，原则上不安排农村危房改造任务。

（三）基本原则

政府支持，农户自愿。区、镇两级要加大对农村危房改造工作的政策支持力度，充分整合可用资源加快推进。同时要充分尊重困难农户改造危房的意愿，调动群众自主建房的主动性和积极性，自力更生建设家园。

科学规划，节约用地。要摸清农村困难群众危房数量，区别轻重缓急，实行统筹规划，分批实施。新建农房要按照乡村规划和农房设计要求，须符合乡镇土地利用总体规划，并尽量安排利用村内空闲用地、闲置宅基地和老宅基地进行建设，严格执行"一户一宅、拆旧建新"，严禁削坡建新房。

经济适用，确保安全。要从农村实际出发，因地制宜、分类指导，充分考虑农户的承受能力，严格控制建房面积和标准，引导和帮助农户建设安全、经济、美观、适用的房屋。

政策公开，阳光操作。要规范操作程序，坚持政策公开、对象公开、补助标准公开，通过民主评议、张榜公示等方式，实行阳光操作，全过程接受农民群众和社会监督。

二、补助对象和补助标准

（一）补助对象

我区农村危房改造补助对象为居住在危房中的农村分散供养五保户、低保户、贫困残疾人家庭和其他贫困农户。要将居住在 D 级危房中且无经济实力建房的农村特别困难户优先列为补助对象，优先帮助住房最危险、经济最贫困的农户解决最基本的安全住房需求，并对因自然灾害倒塌住房的农户予以优先安排。

（二）补助标准

我省今年农村危房改造资金补助标准平均 1.25 万元/户。其中，中央财政下拨平均 0.75 万元/户；省财政配套平均 0.50 万元/户，由省、区财政按 6∶4 分摊（详见资金筹集）。

根据我区农村危房改造方式、补助对象自筹资金能力不同等实际情况，制定以下两类补助标准。

第一类：对拆旧建新或新建房屋的困难农户，分三种情况给予补助。

1. 属于分散供养五保户或低保户对象的，补助 1.90 万元 / 户；

2. 属于低保户、贫困残疾人家庭的，补助 1.50 万元 / 户；

3. 属于其他贫困户对象的，补助 1.20 万元 / 户。

第二类：对修缮加固房屋的困难农户，补助 0.35 万元 / 户。

三、危房改造的基本要求

（一）选择改造方式

拟改造农村危房经鉴定为整栋（D级）危房的要拆除重建，为局部（C级）危房的要维修加固。重建房屋坚持以分散分户改造和以农户自建为主；农户自建房屋确有困难并有代建意愿的，地方政府要发挥组织、协调作用，帮助农户选择技术可靠的施工队伍代建。

（二）执行建设标准

我区农村危房改造要执行最低建设要求，改造后的住房须达到建筑面积适当、主要部件合格、房屋结构安全和基本功能齐全，又要重点控制新建房屋面积，禁止超标。原则上，改造后每户住房建筑面积控制在 60 平方米以内；3 人以上农户（含 3 人）的人均建筑面积不得超过 18 平方米，每户住房建筑面积不得超过 90 平方米。凡是建房面积超标的，不能作为困难户享受国家农村危房改造补助资金。各镇要加强引导和规范运作，具体审批原则须按《湾里区关于加强农村村民建房规划建设管理实施细则的通知》（湾府办发〔2013〕12 号）文件有关要求执行，既要防止改造后住房达不到最低建设要求，又要防止群众盲目攀比、超标准建房。农村危房改造集中建设点要积极编制村庄规划，统筹新农村建设、扶贫开发等方面的资金，协调道路、供水、沼气、环卫等设施建设，整体改善村庄人居环境。

（三）强化质量管理

各镇要建立农村危房改造质量安全管理制度。严格执行《农村危房改造抗震安全基本要求（试行）》（建村〔2011〕115 号），积极探索抗震安全检查合格与补助资金拨付进度相挂钩的具体措施。要建立和完善质量管理网络，各镇建设管理员要在农村危房改造的地基基础、主体结构、楼面等关键施工阶段，及时到现场逐户进行技术指导和检查，发现不符合抗震安全要求的当即告知建房户，并提出处理建议和做好现场记录，填写"江西省农村危房改造建房质量检查表"（附件7）。承揽农村危房改造项目的农村建筑工匠或者单位要对质量安全负责，并对所建房屋承担保修和返修责任。经鉴定为 C 级危房的，维修加固必须要找准危险部位，针对性地采取有效加固措施，避免短时间内重新变成危房。要加强各镇建设管理员和农村建筑工匠培训与管理，提高其农房建设抗震设防技术知识水平和业务素质。要组织编印和发放农房抗震设防手册或挂图，向广大农民宣传和普及抗震设防常识。区规建、建管、房管、土地等部门要组织技术力量，对危房改造开展质量安全巡查与指导监督，发现问题要及时整改，并做好农村危房改造竣工验收。要开设农村危房改造咨询窗口，为农民提供技术服务和工程纠纷调解服务。要健全和加强乡镇建设管理机构，提高服务和管理农村危房改造的能力。

四、资金筹集与发放

（一）资金筹集

省里下达我区今年农村危房改造总任务为 40 户，需筹集资金 50.00 万元。其中，中央财政下拨资金 30.00 万元；省财政配套资金 12.00 万元；区财政配套资金 8.00 万元。区财政局要把农村危房改造工作经费纳入财政预算，保障农村危房改造工作顺利开展。

（二）资金发放

农村危房改造资金要实行专款专用。区财政局要统筹规划，整合资源，将各渠道筹措的农村危房改造资金统一使用，提高资金使用效益。建设部门要定期将核定的补助对象及发放金额报送同级财政部门，财政部门及时将核定资金拨付到补助对象一卡通账户。各镇要按照《中央农村危房改造补助资金管理暂行办法》（财社〔2011〕88 号）和《江西省农村危房改造资金管理办法》（赣财社〔2011〕58 号）等有关规定加强农村危房改造补助资金的使用管理，完善农村危房改造资金发放管理办法，严禁截留、挤占、克扣和挪用补助资金，确保资金安全运行。同时，要合理确定补助资金分阶段发放比例，做到项目动工时先按审批补助额度拨付规定比例的补助资金，工程竣工验收合格后付清全部余款。

（三）资金监管

区财政局要会同区监察、审计等部门加强对农村危房改造资金管理、使用和兑现情况的监督与检查，对冒领、克扣、拖欠补助资金等行为要坚决查处，问题严重的要公开曝光，并追究有关责任人员的责任，涉嫌犯罪的，一律移交司法机关处理。

五、操作程序

（一）个人自愿提出申请

符合农村危房改造条件的农户，由户主自愿向所在村委会提出书面申请，并提供户籍、农村五保供养证、低保金领取证、贫困残疾人证明、其他贫困户证明和危房照片等材料。对居住在D级危房中且无经济实力建房的农村特别困难户，镇村干部要主动上门做工作，宣传农村危房改造政策，在个人申请的基础上优先安排。

（二）集体评议

村委会接到农户的申请后，召开村民会议或村民代表会议进行民主评议，议定是否属补助对象，并予以公示；经评议认为符合补助对象条件，且公示无异议的，填写"江西省农村危房改造建房审批表"（附件2）或"江西省农村危房改造维修审批表"（附件3）；确定为贫困户或无房户的，还要按照《关于做好农村危房改造贫困户和无房户认定工作的通知》（赣农房办字〔2010〕10号）要求，填写"江西省农村危房改造贫困户情况登记表"（附件4）或"江西省农村危房改造无房户情况登记表"（附件5），并上报镇政府。对经评议或公示存在异议、经复核不符合补助对象条件的，要及时向申请人说明理由。

（三）入户审核

各镇政府接到村委会的申报材料后，要组织人员进行入户审核。经审核符合条件的，由镇政府签署意见报区农村危房改造工作领导小组。不符合条件的，镇政府将材料退回所在村委会，并说明原因。镇政府审核结果要在村务公开栏进行公示。

（四）审批和公示

区农村危房改造工作领导小组接到镇政府上报的材料后，进行实地复核，对符合补助对象条件的，予以审批，并根据专业技术人员对住房危险程度作出的鉴定意见，核定补助方式及标准。对不符合补助对象条件的，不予审批，并说明原因。审批结果要在村委会和村小组进行张榜公示。公示内容包括户主姓名、家庭人口、家庭收入情况、家庭住房情况。同时，区农村危房改造工作领导小组要监督好镇政府与经批准的危房改造农户签订合同或协议工作。

（五）竣工验收

农村危房改造竣工后，区农村危房改造工作领导小组办公室要会同区民政局、区扶贫办、区残联、区发改委、区财政局、区房管局、区建管局、区农水局、湾里国土分局等相关部门,按照住房城乡建设部制定的"农村危房改造最低建设要求(试行)",对各自负责实施的拆旧建新、修缮加固房屋进行竣工验收,填写"农村危房改造最低建设要求验收表"(附件9)。

(六)设置标识牌

拆旧建新、修缮加固房屋经验收合格后,镇政府应在补助对象房屋的显著位置悬挂"政府资助援建"和"民心图案"标识牌。标识牌尺寸为28厘米×20厘米,材料为铜质或钛金,字体为红色,在标识牌下方标注"二〇一四年"。挂牌所需费用由所在镇政府承担。

六、实施步骤和时间节点

(一)调查摸底、登记造册阶段

各镇要及时组织有关人员深入村组,对农村分散供养五保户、低保户、贫困残疾人家庭和其他贫困户的住房情况进行调查摸底,并登记造册,建立台账。调查摸底工作必须于2014年8月中旬前完成。

另根据《湾里区人民政府办公室关于认真做好我区全国农村人居环境信息系统建立和农村危房现状调查工作的通知》(湾府办字〔2014〕99号)文件要求,各镇须在2014年12月底前完成农村危房现状调查和录入任务。此项工作时间紧、任务重、困难多,请各镇政府高度重视,精心组织,务必安排必要的工作经费,组织人员认真扎实开展工作。从2015年起,农村危房改造任务安排将以农村住房信息系统中农村危房数量作为重要依据。

(二)明确任务、分解落实阶段

区农村危房改造工作领导小组根据省政府审定下达的2014年危房改造任务分配计划,制订湾里区2014年农村危房改造实施方案,将任务细化分解到各镇和村组,并报市农村危房改造工作领导小组备案。

(三)危房鉴定、组织实施阶段

计划任务下达后,区规建、民政、扶贫等部门要督促各镇政府及时完成危房鉴定工作。区房管部门要积极配合各镇政府在调查摸底的基础上,按照《农村危险房屋鉴定技术导则(试行)》,组织专业技术人员对农村分散供养五保户、低保户、贫困残疾人家庭和其他贫困户的危险房屋进行技术鉴定,确定危房等级,填写"江西省农村房屋安全鉴定报告书"(附件6)。各镇要摸清需新建、维修加固的危房数量,并按照公平、公正、公开的原则确定建房对象和改造方式。补助对象基本信息和各审查环节结果要进行"三榜公示"。危房鉴定和补助对象确定工作要求在8月底

以前完成，9月初要全面开工。各镇危房鉴定和补助对象确定工作完成后，要迅速组织开工建设。

（四）检查验收、总结工作阶段

各镇在农村危房改造任务完成后，要进行自查验收，并向区农村危房改造工作领导小组办公室提交工作总结和竣工验收申请，自查验收工作要求在2014年12月底以前完成，区竣工验收2015年元月以前完成。2015年一季度，省农村危房改造工作领导小组将对我区危房改造任务完成情况组织开展省级检查验收。

七、工作措施

（一）加强组织领导

区农村危房改造工作领导小组各成员单位要负责挂点督查各镇的农村危房改造工作。各成员单位分管领导因工作发生变动的，要及时进行调整，办公室要配备工作人员与办公设备，落实工作经费。各镇要加强对农村危房改造工作的领导，建立健全工作机制；要强化镇政府和村级组织的责任，区、镇、村三级要层层签订责任状，采取分片包干、责任到人的办法，落实责任制；镇政府和村级组织要通过组织邻里相帮、结对帮扶、投工投劳等措施帮助困难农户改造危房。

（二）落实管理措施

农村危房改造过程中，凡涉及的收费项目，除国家明令不能减免的外，一律予以减免，并严格执行农村"一户一宅"政策，新房建成后原有旧房应无条件拆除。各镇要组织好相关建筑材料的生产、供应调度，防止发生建材乱涨价现象，并为农民提供建筑材料质量检测服务，严把建材质量关；要按照《转发关于建设全国扩大农村危房改造试点农户档案管理信息系统的通知》（赣农房办字〔2009〕4号）要求，完善危房改造农户纸质档案，实行一户一档，批准一户、建档一户（包括纸质档案和电子信息录入）。

纸质档案：包括①江西省农村危房改造农户纸质档案表（附件8）；②农户危房改造申请书；③江西省农村危房改造建房审批表（附件2）或江西省农村危房改造房屋维修审批表（附件3）；④江西省农村房屋安全鉴定报告书（附件6）；⑤农户（夫妻）身份证；⑥户口簿复印件、农村五保供养证或低保金领取证复印件、残疾人证书复印件；⑦江西省农村危房改造贫困户（或无房户）情况登记表（附件4、附件5）；⑧拆除旧房协议；⑨危房改造前、中、后对比照片；⑩其他有关资料等。做到专人管理、资料齐全、制度规范。

电子信息录入：在建立纸质档案的基础上，各镇还要建立健全农户纸质档案表信息化录入制度,确保农户档案及时、真实、完整、准确录入信息系统。从今年起,国家将逐步向社会公开农户档案有关信息,区农村危房改造工作领导小组办公室要加强对已录入农户档案信息的审核与抽验。

(三)抓好进度调度

要严格遵循工程进度月报制度,各镇每月底前将本月各自负责实施的农村危房改造进度情况报区农村危房改造工作领导小组办公室。区农村危房改造工作领导小组办公室将各镇的情况汇总后,于次月3日前上报市农村危房改造工作领导小组办公室。

各镇要按照农村危房改造时间节点要求,认真组织实施,狠抓工程进度,区农村危房改造工作领导小组将对各镇任务完成与政策执行情况进行监督检查,并根据各镇工程进度月报情况和农户档案信息系统中的有关数据,对各镇完成任务的情况进行排名通报。

(四)严格绩效评价

农村危房改造任务完成后,区农村危房改造工作领导小组将在各镇自查自验的基础上,组织开展年度区级验收和绩效评价工作,全面考核各镇2014年工作完成情况,绩效评价结果将通报全区,通报情况将纳入全区年度综合目标管理考核。

附件:1.湾里区2014年农村危房改造任务分解表
　　　2.江西省农村危房改造建房审批表
　　　3.江西省农村危房改造维修审批表
　　　4.江西省农村危房改造贫困户情况登记表
　　　5.江西省农村危房改造无房户情况登记表
　　　6.江西省农村房屋安全鉴定报告书
　　　7.江西省农村危房改造建房质量检查表
　　　8.江西省农村危房改造农户纸质档案表
　　　9.农村危房改造最低建设要求验收表
　　　10.农村危房改造农户档案信息公开内容

湾里区人民政府办公室
2014年10月28日

附件1

湾里区2014年农村危房改造任务分解表

单位：湾里区农村危房改造工作领导小组　　　　　　时间：2014年8月25日

	第一类：拆旧建新或新建						第二类：修缮加固0.35万元/户		总计	
	1.9万元/户		1.5万元/户		1.2万元/户					
	户数（户）	金额（万元）	户数（户）	金额（万元）	户数（户）	金额（万元）	户数（户）	金额（万元）	户数（户）	金额（万元）
招贤镇	2	3.8	2	3.0	3	3.6	2	0.7	9	11.1
梅岭镇	1	1.9	2	3.0	1	1.2	1	0.35	5	6.45
罗亭镇	2	3.8	5	7.5	3	3.6	3	1.05	13	15.95
太平镇	2	3.8	3	4.5	3	3.6	2	0.7	10	12.6
区林业园林局	—	—	1	1.5	2	2.4	—	—	3	3.9
总计	7	13.3	13	19.5	12	14.4	8	2.8	40	50.0

填表：刘春根　　　核对：刘端世　　　分管领导：熊和清

说明：1. 省下达我区今年农村危房改造总任务共为40户，其中拆旧建新或新建32户，修缮加固8户。

2. 今年我区农村危房改造资金总额为50.00万元，其中中央下拨30.00万元、省里配套12.00万元、区里配套8.00万元。

3. 第一类分三种情况：分散供养五保户或低保户补助1.90万元/户，低保户、贫困残疾人家庭补助1.50万元/户，其他贫困户补助1.20万元/户。

4. 本表分解后共用资金为50.00万元，与中央下拨和省区配套资金总和相吻合。

附件2

江西省农村危房改造建房审批表

县（市、区、风景名胜区）名称：

户主姓名		性别		年龄		家庭人口		家庭月人均收入	
身份证号					是否为残疾人		残疾证号码		
保障类别	□散居五保户 □低保户 □贫困残疾人家庭 □贫困户 □国家重点优抚对象				保障证号码 （革命烈士证号）		优抚对象类别及证书号码		
家庭详细地址									
房屋性质	□私房　□租房　□借住房 □其他					房屋结构	□砖混　□砖木　□土坯　□其他		
房屋状况	□无房　□危房　□严重破损房 □部分严重破损房 □一般破损房　□因灾倒塌住房					房屋面积（平方米）		需建造面积（平方米）	
申请意愿	□新建　□重建				自筹资金（万元）			动工时间	
一卡通账户名称				账号					
村委会评议意见	经调查，上述情况属实。根据其本人意愿和实际情况，建议补助其新建（重建）住房，如作为补助对象，我们将督促其按质按时完成施工任务。 　　　　　　　　　　　　　　　　　　　　　　　　单位（盖章） 调查人：　　村主任：　　　　　　　　　　　　　　年　月　日								
乡镇审核意见	经调查和评审，上述情况属实，建议补助其新建（重建）住房。 　　　　　　　　　　　　　　　　　　　　　　　　单位（盖章） 调查人：　　乡镇领导：　　　　　　　　　　　　　年　月　日								
县级农村危房改造领导小组审批意见	经调查、审核，上述情况属实。经研究同意其对房屋进行新建（重建），共安排危房改造补助资金　　　元。 　　　　　　　　　　　　　　　　　　　　　　　　单位（盖章） 调查人：　　县级领导：　　　　　　　　　　　　　年　月　日								

附件3

江西省农村危房改造维修审批表

县（市、区、风景名胜区）名称：

户主姓名		性别		年龄		家庭人口		家庭月人均收入	
身份证号				是否为残疾人			残疾证号码		
保障类别	□散居五保户　□低保户 □贫困残疾人家庭 □国家重点优抚对象 □革命烈士　□贫困户				保障证号码 （革命烈士证号）		优抚对象类别及证书号码		
家庭详细地址									
房屋性质	□私房　□租房　□借住房 □其他				房屋结构		□砖混　□砖木　□土坯 □其他		
房屋状况	□严重破损房　□部分严重破损房 □一般破损房				房屋面积（平方米）		需维修面积（平方米）		
一卡通账户名称				账号					
村委会评议意见	经调查和村委会评议，上述情况属实。根据其本人意愿和实际情况，建议资助其维修住房，如作为补助对象，我们将督促其按质按时完成施工任务。 　　　　　　　　　　　　　　　　　　　　单位（盖章） 调查人：　　　　　村主任：　　　　　　　　年　月　日								
乡镇审核意见	经调查和评审，上述情况属实，建议补助其维修住房。 　　　　　　　　　　　　　　　　　　　　单位（盖章） 调查人：　　　　　乡镇领导：　　　　　　　年　月　日								
县级农村危房改造领导小组审批意见	经调查、审核，上述情况属实。经研究同意其对房屋进行维修，共安排危房改造补助资金　　　元。 　　　　　　　　　　　　　　　　　　　　单位（盖章） 调查人：　　　　　县级领导：　　　　　　　年　月　日								

附件 4

江西省农村危房改造贫困户情况登记表

户主姓名		性别		出生年月		民族		家庭人口	
身份证号						家庭年纯收入			
家庭详细地址		市　　县（市）　　乡（镇）　　村委会　　村小组							
家庭其他成员情况	姓名	性别	出生年月	与户主关系	职业	身份证号			
贫困情况说明	 　 　 　 　 户主签名：　　　　年　月　日								
村委会意见	（盖章） 村主任签名：　　年　月　日		乡镇审核意见	调查人签名：　　　　（盖章） 负责人签名：　　年　月　日					
民政部门意见	（盖章） 负责人签名：　　年　月　日		县（市）农村危房改造办公室复核意见	（盖章） 负责人签名：　　年　月　日					

附件 5

江西省农村危房改造无房户情况登记表

户主姓名		性别		出生年月		民族		家庭人口	
身份证号						家庭年纯收入			
家庭详细地址		市　　县（市、区）　　乡（镇）　　村委会　　村小组							
家庭其他成员情况	姓名	性别	出生年月	与户主关系	职业		身份证号		
无房情况说明	户主签名：　　　　　　　　　　　　　年　月　日								
村委会意见	村主任签名：　　年　月　日（盖章）				乡镇审核意见	调查人签名　　　　（盖章） 负责人签名：　年　月　日			
民政部门意见	负责人签名：　　年　月　日（盖章）				县级农村危房改造办公室复核意见	负责人签名：　年　月　日（盖章）			

附件 6

江西省农村房屋安全鉴定报告书

县（市、区、风景名胜区）名称：　　　　　　　鉴定编号：

房主姓名		性别		身份证号		
房屋性质		房屋面积		㎡	建成时间	
鉴定单位				鉴定时间		
房屋地址						
联系人			电话			
用途	住宅　　　其他					
规模	总长m　　总宽m　　总高m　　共　　层					
结构形式	混凝土结构　　砌体结构　　木结构　　钢结构　　石结构 生土结构　　其他（　　　　　　　　　　　）					
结构组成部分检查结果　　a完好　　b轻微　　c中等　　d严重						
1　场地安全程度　　　　　　　　（　） 2　地基基础　　　　　　　　　　（　） 3　房屋整体倾斜　　　　　　　　（　） 4　上部承重结构　　　　　　　　（　） 5　围护结构　　　　　　　　　　（　）						
房屋综合评定						
评定等级	A　　B　　C　　D					
处理建议						

鉴定人员：　　　　审核人：　　　鉴定时间：　　年　　月　　日

附件 7

江西省农村危房改造建房质量检查表

户主姓名		性别		身份证号	
新建房屋面积（㎡）		结构形式		建设方式	
房屋地址	县（市、区）　乡（镇）　村　村民小组				
检查部位	基础	主体结构		楼面	
检查情况					
处理意见					
结论					
户主签名					
施工人员签名					
质监员签名					

注：1.本表一式两份，一份留存户主档案内，一份留县（市、区）城乡建设局或乡（镇）人民政府；2.本表为核拨补助资金的依据之一；3.本表用于新建房屋质量检查；4.建设方式分为自建、统建、代建。

附件 8

江西省农村危房改造农户纸质档案表

地址情况						农户情况	
省	设区市	县（市、区）	乡（镇）	村民委员会	村民小组	户主姓名	身份证号
农户情况							
家庭人数	民族	农户贫困类型	上年家庭年纯收入	旧住房建造年代	旧住房建筑面积	旧住房结构类型	农户联系电话
改造情况						进度情况	
改造原因	改造方式	建设方式	改造后房屋结构类型	改造后房屋面积	改造后房屋产权	批准日期	开工日期	竣工日期
资金情况							
总投资	中央补助资金	省补助资金	农户危房改造贷款	农户其他自筹资金			

改造前照片	改造中照片	改造后照片

附件9

农村危房改造最低建设要求验收表

_____省（区、市）_____县_____镇（乡）_____村

户主姓名_____身份证号_____联系电话_____

开工日期_____竣工日期_____建筑层数_____建筑面积_____㎡

验收日期_____验收人姓名_____联系电话_____

序号	检查项目	检查结果			填表说明
		有无及完备性	安全性	观感质量	
1	建筑选址		—	—	1.根据《农村危房改造最低建设要求（试行）》逐项验收填写。 2.拟验收危改房符合《最低建设要求》第六条规定时必须验收第5项，否则不必验收；拟验收危改房如已设置第10、13项时必须验收，否则不必验收；两层及以上危改房必须验收第11、12项；一层危改房如已设置第12项时必须验收，否则不必验收。 3.验收合格项在相应的方格中填"√"，不合格的填"×"，不必验收的填"○"。 4.所有须验收项全部合格的视为验收合格，否则不合格，并在验收结论的相应方格中填"√"。 5.填写字迹须清晰工整，不得有涂改等痕迹。
2	功能分区		—	—	
3	建筑面积		—	—	
4	室内净高		—	—	
5	地基	—			
6	基础				
7	抗震措施			—	
8	墙体				
9	门窗				
10	梁、柱	—			
11	楼板				
12	楼梯			—	
13	阳台、露台	—			
14	屋面				
15	室内地面	—	—		
16	日照		—	—	
17	采光		—	—	
18	通风		—	—	
（其他需说明的事项）					

验收结论：合格□　不合格□

验收人员签字：　　　　　验收单位（章）

年　月　日

附件 10

农村危房改造农户档案信息公开内容

地址情况	省（区、市）
	地区（市、州、盟）
	县（市、区、旗）
	乡（镇）
	村民委员会
	村民小组
农户情况	户主姓名
	农户贫困类型
	是否贫困残疾人家庭
	旧住房的建造年代
	旧住房结构类型
	旧住房建筑面积
改造情况	改造原因
	改造方式
	建设方式
	改造后房屋结构类型
	改造后房屋面积
	改造后房屋产权
进度情况	列入计划的年度
	批准日期
	开工日期
	竣工日期
	是否已验收
资金情况	享受补助资金类型
	各级政府补助资金
建筑节能示范情况	是否建筑节能示范户
	建筑节能示范内容
	建筑节能增加的投资
照片情况	改造前照片
	改造中照片
	改造后照片

关于全力打好精准扶贫攻坚战的实施方案

为全面贯彻落实习近平总书记在参加十二届全国人大三次会议江西代表团的重要讲话精神和省委、省政府《关于全力打好精准扶贫攻坚战的决定》，以及市委、市政府《关于推进农村精准扶贫工作加快实现脱贫目标的意见》，扎实推进我区精准扶贫工作，切实做到真扶贫、扶真贫，加快贫困群众脱贫致富步伐，确保我区与全市同步在全省率先全面脱贫和率先全面建成小康社会，结合我区实际，制订本实施方案。

一、指导思想

以党的十八大和十八届三中、四中、五中全会精神为指导，以习总书记对我省扶贫攻坚提出的明确要求为指引，深入贯彻中央、省、市扶贫工作部署和要求，紧紧抓住新阶段扶贫开发工作历史机遇，以改善条件、提高素质、创造机会为途径，以"送政策、送温暖、送服务"工作为抓手，精准锁定扶贫对象，整合优化资源，注重解决制约扶贫对象发展的突出问题，加快扶贫对象脱贫奔小康步伐，为我区"加快绿色发展，建设旅游强区"作出新贡献。

二、工作目标

按照"识别到人、帮扶到户、落实到位"的要求，以建档立卡贫困对象为核心，以精准扶贫、精准脱贫为根本目标，对全区精准识别建档立卡的贫困人口717户1376人及5个省级、1个市级"十三五"扶贫重点村，通过采取综合扶贫措施，实施精准施策，力争2016年实现精准脱贫500人以上；确保到2017年全区基本消灭绝对贫困现象；2018年6个贫困村全部脱贫退出，稳定实现全区农村扶贫对象"两不愁三保障"（不愁吃、不愁穿，保障义务教育、基本医疗和住房），扶贫村农民人均纯收入增幅高于全区平均水平，基本公共服务主要领域指标接近或达到全区平均水平的目标。

三、基本原则

——坚持稳定脱贫原则。坚持把加快发展作为促进减贫的根本举措，把稳定解决扶贫对象温饱、尽快实现脱贫致富作为扶贫开发的首要任务，在尊重群众意愿、接受群众监督的基础上，加大精准脱贫和扶贫开发力度，进一步改善群众生产生活条件，提升贫困户自主致富的"造血"能力。

——坚持一户一策原则。加快健全完善全区贫困人口信息管理系统，建立和完善驻村帮扶机制，发挥定点帮扶作用，精确分析查找致贫原因，采取"一户一策、一人一法、多措并举"的方法，科学精准制定贫困户脱贫致富的具体计划与工作方案，确保精准脱贫。

——坚持整体推进原则。立足城乡一体、整体推进，坚持把精准脱贫与工业化、城镇化、农业现代化、信息化、绿色化有机结合，统筹推进，把脱贫攻坚工作纳入"十三五"国民经济和社会发展计划，加强农村基础设施建设，推进各项社会事业的发展，全面提高贫困人口的生活质量。

——坚持合力攻坚原则。有效整合全区农业、新农村、发改、交通、水利、住建、国土、财政、民政、林业、旅游、社会保障等政策性资金，充分发挥全区各部门、社会各界热心人士扶贫助困的作用，努力激活企业、商会、慈善组织等社会资源参与精准扶贫，全面形成脱贫攻坚的工作合力和推进机制。

四、重点工作

（一）完善数据，精准核查

1.完善贫困户数据。各镇（管理处）要对辖区所有贫困人口，逐户调查核实，把真正的脱贫对象及准确信息摸清核准，确保数据准确无误为精准脱贫提供可靠依据，切实做到"三清"：核准家底状况、致贫原因、收入来源、收入水平等基本情况，完善基础档案，做到"底数清"；核准脱贫门路、需要解决的主要困难，提出具有针对性的帮扶措施，做到"对策清"；对建档立卡户的贫困户确定帮扶责任人，实行定户定人定责帮扶、不脱贫不脱钩的帮扶机制，做到"责任清"。

牵头部门：区农水局、区委组织部

责任单位：区委各部门、区直各单位、各镇（管理处）

2.完善贫困村信息。各镇（管理处）要对6个省市级扶贫重点村逐村摸底调查核实，重新录入全国扶贫信息网络系统，切实做到"五有"，即有村情档案、有问题台账、有需求清单、有村级规划、有帮扶记录。

牵头部门：区农水局

责任单位：各有关镇（管理处）

（二）多措并举，精准脱贫

1. 开展结对帮扶。在开展区领导挂镇扶村工作联系点、区直单位开展新一轮组建"连心"小分队工作的同时，开展区领导扶村、区直单位包村、科级以上领导干部结对帮扶工作。每位科级以上干部结对帮扶贫困户2户以上。各镇（管理处）负责新增建档立卡贫困户的包干托底帮扶，实行结对帮扶贫困户全覆盖，做到"定人定责，脱贫解约"。今后，帮扶责任人如涉及调整由相关人员自行接替。围绕就业、创业、救济等方面制定帮扶措施，帮助贫困户发展生产。同时，要把干部驻村帮扶与基层组织建设结合起来，选好配强扶贫村"两委"班子，探索"党建+"扶贫新路子。省市已经安排了1个省直单位、7个市直单位挂点帮扶我区6个扶贫重点村，且各帮扶单位成立了帮扶工作领导小组及组建的驻村"连心"小分队。受帮扶的贫困村要积极主动对接帮扶单位，充分发挥主观能动性，提高自我发展能力，增强脱贫致富的合力。

牵头部门：区委组织部、区农水局

责任单位：区委各部门、区直各单位、各镇（管理处）

2. 动员社会力量参与。多方发掘社会扶贫资源，鼓励、引导非公有制经济组织和社会各界积极参与结对扶贫工作，积极做好社会各界扶贫助困工作，做好驻昌部队和民兵预备役参与扶贫村建设和贫困户帮扶工作，构建社会扶贫工作新机制。

牵头部门：区农水局

责任单位：区工商联、团区委、区妇联、区总工会等有关单位

3. 强化教育救助。加大对贫困户新生代职业学历教育培训力度，对因家庭困难影响子女难以完成学业的贫困人口，支持其完成从学前到大学学龄的学业教育，从根本上斩断穷根，阻断贫困代际传递。对贫困家庭小学生、初中生，继续用足用好义务教育阶段各项政策；对贫困家庭高中生，实行免除学费；对贫困家庭中高职在校生，除享受国家职业教育资助政策外，通过实施"雨露计划"等培训项目完成学业；对贫困家庭在校大学生，通过实施农村贫困家庭大学生助学项目，发放助学金、助学贷款等，帮助其完成学业。

牵头部门：区教科体局、区农水局

责任单位：区民政局、团区委、区总工会、残联、妇联、各镇（管理处）

4. 实行保障兜底。按照"托底线、救急难、可持续"的原则,对建档立卡贫困户中特殊贫困群体和确实丧失生产能力的贫困人员,按照国家相关政策和脱贫攻坚任务要求,由各级政府兜底脱贫。对贫困老年人,按规定发放基本养老金和高龄生活补贴;对生活困难残疾人,发放残疾人专项补贴;对因病丧失劳动能力的贫困人口,用好新农合等医保政策,符合条件的优先纳入大病医疗保障范围予以救助;对严重影响家庭生活的重大疾病致贫农户,逐步建立参加新农合资金由市、区政府统筹解决的工作机制;对因遭疾病、事故、灾害等突发情况致贫的农户,通过临时救助和专项救助帮助解决其生活困难;对符合条件的"五保户"、孤寡老人等贫困群众,全部纳入农村最低生活保障和"五保"供养范围。

牵头部门:区民政局、区卫计委、区农水局

责任单位:区残联、区人社局、各镇(管理处)

5. 完善乡村基础设施。对6个扶贫重点村,按照"整体推进、基础先行、改善面貌、提升功能"的思路,加大村庄整治力度。将贫困村宜居自然村作为新农村建设的重点,每年新农村建设村点指标优先用于安排贫困村,支持贫困村绿色生态环境保护和整治,改水改厕、农田水利等建设项目优先向有条件的贫困村覆盖。加快完善贫困村生活垃圾处理设施,进一步改善群众生活条件、提升人居环境水平。对建档立卡户中有危漏房等安全隐患的贫困户,优先实施危房改造等项目,促使贫困户住有所居、安居乐业。

牵头部门:区农水局、区规建局

责任单位:区城管委、区卫计委、区环保局、区林业局、各镇(管理处)

6. 扶持优势产业发展。对有一定劳动技能的贫困户,采取"一户一业、一户一策、一人一法"的方式,推进绿色产业发展。鼓励发展苗木花卉、高山茗茶、生态农业、特色果业、精品蔬菜、高山油茶、乡村农家乐、农宿等特色产业,有效增加贫困户经营性收入。对建档立卡户中有经营意愿但经营能力弱的贫困人口,充分发挥种植大户、龙头企业、家庭农场、专业合作社的辐射带动作用,以合作、联营、入股等多种方式,实现搭帮互助,增加贫困户经营性收入。对建档立卡户中经营不了承包地或经营承包地效率低的贫困人口,由政府引导,支持和鼓励农业企业、合作社、家庭农场等优先流转贫困户承包地,并优先提供一定的就业岗位,增加贫困户财产性和工资性收入。对贫困户发展农业规模生产优先纳入"财政惠农信贷通"授信范围。对建档立卡户中有一定文化水平、富有创业愿望的贫困人口,通过各种形式培训,实现创业就业,增加收入。

牵头部门:区农水局

责任单位：区供销社、区财政局、区林业局、区人社局、各镇（管理处）

7. 加快农村项目建设。大力实施农村电力保障工程。加大对扶贫村电网升级改造力度，开发光伏发电，提高扶贫村电力保障能力。2016年起根据市区"无劳力、无资源、无稳定收入来源"的农村"三无"贫困户实施光伏扶贫项目计划，免费建设家庭分布式光伏电站，使每户光伏扶贫用户每年约有3000元的收益。确保到2018年，6个扶贫村都建成30KW的扶贫村集体光伏电站，每个扶贫村每年约有3万元光伏发电收益。大力实施水利扶贫。进一步提高贫困农村饮水安全保障程度，优先扶持贫困村小型水利建设，在贫困村基本建成较为完善的防洪减灾体系，优先安排贫困户和贫困村农村饮水安全工程建设，到2018年实现农村贫困户饮水安全保障全覆盖。大力实施交通扶贫。2017年完成6个"十三五"省市定贫困村25户以上宜居自然村的道路硬化，水泥路通畅率100%。大力实施文化扶贫。加强对贫困村公共文化服务体系建设，提升公共文化服务水平，加快贫困村互联网基础设施建设，加强扶贫村垃圾、污水、绿化、亮化、硬化等基础工程和农民文化广场、卫生计生室等公共服务设施建设，实现扶贫村公共服务设施全覆盖。

牵头部门：区发改委、区供电局、区农水局、区规建局、区旅发委

责任单位：区卫计委、区林业局、电信湾里分局、各镇（管理处）

五、组织保障

1. 强化组织领导。实施精准脱贫，是中央和省、市、区的重大决策，也是贫困群众的热切期盼。为了做好全区脱贫攻坚工作，区里成立由区委书记任第一组长、区长任组长、分管领导任副组长的脱贫攻坚工作领导小组，负责指导全区脱贫攻坚工作。各镇（管理处）也要建立相应机构，落实专门领导主抓，并组建有2名以上专职人员的脱贫攻坚工作站，专门负责精准识别、精准管理、精准帮扶、精准脱贫政策落实，抓好脱贫攻坚规划制订、进度安排、贫困需求调查、项目落地、资金使用、组织实施等工作，为脱贫攻坚工作提供组织保障。

2. 强化责任落实。精准脱贫攻坚工作实行区负总责，部门搞帮扶，各镇（管理处）抓落实，精准到村到户到人。推行区级领导挂镇扶村、区直单位包村、科级干部包户的精准脱贫工作责任制，使每个包抓人员身上有担子。严格落实"一把手"负责制，层层签订脱贫攻坚工作责任状，主要领导负总责，分管领导具体抓，确保精准脱贫工作责任落实到行动中。

3. 强化资金保障。除中央和省、市各类专项脱贫攻坚资金外，区财政每年列支100万元精准脱贫攻坚专项资金，助力贫困户脱贫。整合各类扶贫资金和涉农

项目资金，各部门安排的各项涉农项目、惠民工程项目要最大限度地向贫困村、贫困户倾斜；要加强对扶贫资金项目的监督管理，建立健全扶贫资金违规使用责任追究和扶贫项目公告公示制度，强化社会监督，确保扶贫资金效益和安全。鼓励社会各界支持脱贫攻坚工作，引导群众自筹资金，为脱贫项目提供资金保障。

4.强化服务指导。区脱贫攻坚工作领导小组负责指导镇（管理处）村干部和群众按要求实施项目、发展产业，力促早日脱贫致富。各涉农部门要加大对农民实用技术的培训和指导，增强农民群众整体素质。要围绕扶贫主导产业，为贫困户提供新技术、新品种，提供市场信息等，促使更多贫困户走向产业致富道路。各职能部门要加大行业扶贫力度，统筹使用各种资源，加快脱贫攻坚步伐。

5.强化氛围营造。区委宣传部门、各镇（管理处）要充分利用广播、电视、宣传栏、门户网等宣传工具，大力宣传脱贫攻坚工作的重大意义、工作成效，使脱贫攻坚工作家喻户晓、尽人皆知。要及时总结脱贫攻坚先进典型，大张旗鼓进行宣传，着力营造全社会支持和参与脱贫攻坚工作的浓厚社会氛围。全区广大干部群众要树立"一盘棋"思想，求真务实，真抓实干，打好"脱贫攻坚战"。

各单位要认真抓好本方案的贯彻落实，各帮扶责任单位要制订本单位落实精准扶贫攻坚的实施方案，报区扶贫开发领导小组备案。区委督查室、区政府督查室牵头每年底对贯彻落实情况组织专项督查。

中共湾里区委
湾里区人民政府
2016 年 3 月 21 日

关于全力打好精准脱贫攻坚战的实施方案

为深入贯彻习近平总书记对江西"在脱贫攻坚方面领跑"的指示精神,根据市委、市政府《关于坚决打赢全市脱贫攻坚战的实施意见》(洪办发〔2016〕16号)文件精神,为确保我区率先在全市实现脱贫和全面小康的"两个率先"目标,特制订本实施方案。

一、指导思想

全面落实党的十八大和十八届三中、四中、五中、六中全会精神,以邓小平理论、"三个代表"重要思想、科学发展观为指导,深入贯彻习近平总书记系列重要讲话精神和中央、省、市关于坚决打赢脱贫攻坚战的要求,把精准扶贫、精准脱贫作为基本方略,以产业扶贫为根,以立志扶贫为本,以贫困村为重点,精准编制实施"十三五"脱贫攻坚规划,打赢产业脱贫、保障脱贫、安居脱贫三大攻坚战,确保2017年10月全区基本消除绝对贫困现象,提前三年完成攻坚目标。

二、攻坚目标

(一)脱贫目标

到2017年5月,实现现行标准下281户579人贫困人口全部脱贫。2017年7月6个贫困村(东源村、立新村、泮溪村、南门分场、义坪村、名山村)基础设施全部到位,10月达到验收标准,12月按市里要求全部脱贫退出,完成考核验收。到2020年,进一步巩固发展精准脱贫攻坚成果,稳定实现农村贫困人口不愁吃、不愁穿,义务教育、基本医疗和住房安全有保障。到2018年,具备劳动能力但缺乏发展条件的贫困农户人均可支配收入达到当地平均水平的70%左右;具有部分劳动能力的贫困农户人均可支配收入达到当地平均水平的50%左右;对完全丧失劳动能力的贫困农户重点保障,兜牢底线,使我区最低生活保障标准超过国家贫困标准的20%。到2020年，力争使我区最低生活保障标准超过国家贫困标准的40%，贫困村农民人均可支配收入增长幅度高于全区平均水平，基本公共服务主要领域指标接近全区平均水平。

（二）脱贫标准

根据国家有关建立贫困退出机制的意见，贫困人口脱贫要以贫困户年人均可支配收入稳定超过国家贫困标准，吃穿不愁，义务教育、基本医疗和住房安全有保障作为主要衡量指标。贫困村退出要以贫困发生率低于2%，重度贫困村小组村庄整治建设全部完成作为退出标准。

三、重点工作

（一）实施基础设施建设扶贫工程

加大贫困村的道路建设，2017年7月前25户以上自然村道路硬化率达到100%，在此基础上推动城乡客运一体化。优先安排贫困户的饮水安全项目建设和巩固提升，对建档立卡户中"三无"贫困户安全饮用水接入开户和管道费用实施全免。实现建档立卡户饮水安全保障率达到100%。加大小水库、小泵站等8类小型水利工程改造提升力度，增强贫困村防汛抗旱能力。土地整治和高标准农田建设项目优先向有条件的贫困村覆盖。推动教育、卫生、文化、体育等公共服务资源向贫困村倾斜。贫困村垃圾、污水、绿化、亮化等基础设施和综合服务中心、农民文化乐园、卫生室、通信等公共服务设施建设全覆盖。

牵头单位：各镇（处）

责任单位：区规建局、湾里供电公司、湾里国土分局、区教科体局、区财政局、区发改委、区卫计委、区扶贫办

（二）实施危旧房改造工程

抓紧核实建档立卡贫困户农村危旧房改造对象的数据，并按照"改造一户、核销一户"的原则，推进危旧房改造工程，力争到2017年7月全面完成建档立卡贫困户危旧房改造任务。危旧房改造标准、形式要切合实际，以住房安全有保障为原则。对有危旧房改造需求的贫困户，根据贫困程度的差异，通过提高补助标准，探索实行差别化的保障政策等方式，必要时要采取"交钥匙工程"，切实解决贫困户危旧房改造资金问题。

牵头单位：区规建局

责任单位：各镇（处）、区发改委、区财政局、区扶贫办、区民政局、区房管局

（三）实施村庄整治工程

依据贫困村村庄整治建设规划整合涉农资金，重点抓好"十三五"贫困村中的重度贫困村组村庄整治建设，确保贫困村如期完成整治任务。在2017年7月6个贫困村全面消灭"满目疮痍"村组，贫困村基础设施建设和基本公共服务水平明显提升；全面实现走平坦路、喝干净水、上卫生厕、住安全房的愿望。尊重贫困村群众主体地位，把群众参与贯穿于村庄整治项目实施的全过程，并把群众满意度作为项目绩效评价的重要参考指标。

牵头单位：各镇（处）

责任单位：区扶贫办、区规建局、区卫计委

（四）实施社会保障扶贫工程

建立贫困户最低生活保障体系，坚持把符合低保条件的建档立卡贫困户全部纳入保障范围，做到应保尽保。逐年提高低保标准，2017年低保标准全面落实6120元/年（510元/月），以后根据市政府要求逐年提高低保标准和特困人员供养标准。加大对农村敬老院、残疾人康复托养机构、社区儿童之家、养老设施建设的投入力度。落实对重度残疾人、农村孤儿和事实无人抚养儿童等严重困难群体救助政策和困难残疾人生活补贴及重度残疾人护理补贴制度。推进扶贫贷款贴息重点投向适合残疾人特点的种植业、养殖业、农副产品加工业、家庭手工艺制作、零售商业及各类服务业项目。加快完善城乡居民基本养老保障制度，适时提高基础养老标准，逐步提高保障水平。

牵头单位：区民政局

责任单位：区人社局、区扶贫办、区发改委、区残联、区妇联、团区委、各镇（处）

（五）实施健康扶贫工程

1. 构筑城乡居民医疗保险、城乡居民大病保险、农村贫困人口重大疾病商业补充保险、医疗救助四道防线。对贫困人口参加城乡居民医保个人缴费部分由财政给予补贴，实现贫困人口城乡居民医保参保率达到100%。全面推行贫困人口重大疾病商业补充保险，逐步提高给贫困户造成较大医疗负担的慢性疾病费用报销比例。

牵头单位：区人社局

责任单位：区民政局、区财政局、区残联、区妇联、区扶贫办

2. 进一步加强和完善医疗救助制度，将符合医疗救助条件的贫困人口全部纳入重特大疾病救助范围。加大农村贫困残疾人康复服务和医疗救助力度，逐步扩大纳入基本医疗保险范围的残疾人医疗康复项目。对贫困人口大病实行分类救治

和县域内住院先诊疗后付费的结算机制。加强基层医疗卫生服务体系建设，深入开展医疗卫生对口帮扶工作，推进贫困村公有产权村卫生计生服务室标准化建设。支持和引导符合条件的乡村医生按规定参加城镇职工基本养老保险。优先为贫困人口建立贫困人口健康卡，实行签约服务。采取针对性措施，加强贫困村传染病、地方病、慢性病等防治工作。

牵头单位：区卫计委

责任单位：区民政局、区财政局、区残联、区妇联、区扶贫办

（六）实施教育扶贫工程

落实现有学生资助政策，继续完善家庭经济困难学生资助体系。对在区级以上教育行政部门审批设立的普惠性幼儿园就读的建档立卡贫困家庭儿童给予每人1500元学前资助；义务教育阶段学生全部实行免除学杂费和免费提供教科书政策，同时按照小学每生每年1000元、初中每生每年1250元，对家庭经济困难的寄宿生提供生活补助；对普通高中建档立卡家庭困难学生免除学杂费，并按照每生每年2000元标准发放国家助学金；对当年录取普通高校的家庭经济困难考生，按录取省内院校每人500元、录取省外院校每人1000元标准发放高校新生入学资助金，按每人5000元标准发放高考入学政府资助金；对当年录取普通高校的新生和在高校就读的学生，提供每年8000至12000元额度的生源地信用助学贷款。依托"赣青扶贫结对行动""春季送温暖活动""金秋助成才""春蕾计划""雨露计划"，为贫困家庭学生提供爱心陪伴、学习辅导、思想引导、心理疏导、成长指导等服务。

牵头单位：区教科体局

责任单位：区财政局、区发改委、区关工委、团区委、区民政局、区人社局、区妇联、各镇（处）、区扶贫办

（七）实施就业扶贫工程

以"培训一人，就业一人，脱贫一户"为目标，建立就业帮扶对象基础台账，提高就业服务、技能培训精准度。为扶贫对象提供就业创业政策咨询、就业指导、职业介绍、技能培训或创业培训等免费服务。支持建档立卡户中有劳动能力和就业意愿的劳动者以及未继续升学的初高中毕业生参加职业培训。对有创业意愿并具备一定创业条件的扶贫对象，给予创业担保贷款贴息扶持。积极推进贫困村创业致富带头人培训和贫困妇女巾帼致富带头人工程。

牵头单位：区人社局

责任单位：区教科体局、区残联、区妇联、区财政局、区发改委、团区委、区关工委、各镇（处）、区扶贫办

（八）实施产业发展扶贫工程

1. 编制好贫困村特色产业发展规划，建立项目到村到户机制。支持贫困农户按照宜种则种、宜养则养、宜商则商的原则发展脱贫产业。在经营形式上，对有劳动能力的贫困户支持其通过自身经营发展产业，或通过投资合作社、龙头企业与自身参与生产经营结合起来发展产业。在组织形式上，着力在优势产业发展程度较成熟、组织化程度较高的贫困村推广"四位一体"（即选准一项优势主导产业、组建一个合作组织、设立一笔贷款风险金、落实一种帮扶机制）产业扶贫模式。建立龙头企业、经营大户等与贫困户稳固的利益联结机制。推进电商扶贫、旅游扶贫、招商扶贫，支持条件适合的贫困村建设电商脱贫站，开发旅游资源。吸引各类经营实体到贫困村投资兴业。

牵头单位：区扶贫办

责任单位：区旅发委、区林业局、区财政局、区供销社、湾里邮政分局、湾里国土分局、各镇（处）

2. 加快推广光伏扶贫工程，对无劳动能力的，主要探索光伏扶贫等资产收益性扶贫方式，出台光伏扶贫实施方案。2017年7月全面完成光伏扶贫村站和户站建设，力争实现6个贫困村每个村有一个30KW的光伏扶贫村站，全区"无劳力、无资源、无稳定收入来源"（以下简称"三无"）的贫困户每户有一个3KW的光伏扶贫户站的建设目标。

牵头单位：区发改委

责任单位：区扶贫办、区财政局、湾里供电公司、各镇（处）

（九）实施生态保护扶贫工程

落实好退耕还林、天然林保护、防护林建设、湿地保护与恢复、坡耕地综合整治、水生态治理等重大生态工程项目和资金倾斜政策，为贫困群众发展生产、改善生活创造良好条件。积极开发生态公益性岗位，优先推荐有劳动能力的贫困人口就业，让贫困户从生态保护中得到更多实惠。

牵头单位：区林业局

责任单位：区发改委、区财政局、湾里国土分局、区环保局、区人社局、各镇（处）、区扶贫办

四、强化保障

（一）强化政策支撑体系

全面落实《中共江西省委、江西省人民政府关于全力打好精准扶贫攻坚战的

决定》和《中共南昌市委、南昌市人民政府关于推进农村精准扶贫工作加快实现脱贫目标的意见》及其配套举措政策。进一步建立健全以脱贫攻坚考核机制、贫困退出机制、扶贫资金投入管理机制、脱贫攻坚督导机制为主要内容的精准扶贫政策体系。建立重大涉贫事件舆情监测、通报、反馈及联动处置机制。健全贫困村户公共法律服务制度。建立完整科学的扶贫攻坚政策体系，通过打好政策"组合拳"，有力支撑脱贫攻坚的实施。

责任单位：区委组织部、区委宣传部、区司法局、区扶贫办

1.健全脱贫攻坚考核机制。发挥考核的导向作用，以脱贫攻坚为最大政绩，将脱贫攻坚工作纳入年度日常工作，实行"五分制"考核，责任单位和责任人累计扣完五分将对单位主要领导或责任人给予调整、免职、改非领导职务或降职处理。相关单位每月要向区委、区政府报告脱贫攻坚进展情况，以脱贫实绩作为各镇（处）和区直扶贫单位脱贫攻坚工作成效考核的重要依据。要创新考核方式，出台区委、区政府对镇（处）脱贫攻坚工作成效考核办法。健全完善群众参与扶贫评价的具体办法。健全区直定点扶贫单位考核评价机制，表彰先进，对工作不力的通报批评，对未完成年度预期工作任务的取消当年评先评优资格，确保各单位落实扶贫责任。建立完善机关干部到贫困村交流任职工作机制。对在基层一线实绩突出、群众公认的，要重点培养、优先提拔使用；对工作不力、成效不好的，要予以问责。

责任单位：区委组织部、区委办公室、区政府办公室、区考核办、区文明办、区综治办、区扶贫办

2.健全精准脱贫退出机制。严格落实我区贫困户、贫困村退出标准和工作流程（湾开办〔2016〕7号文件），坚持规范操作，切实做到程序公开、结果公正、脱贫真实、数据准确、档案完整。各镇（处）要根据本地实际，制订切实可行的贫困户、贫困村退出规划并报区扶贫开发领导小组备案。贫困户、贫困村退出后至2020年，继续享受中央、省、市、区扶贫开发相关政策和资金扶持。退出实行公示制度。区、镇（处）要组织对退出的贫困户、贫困村进行抽查和评估。建立第三方评估机制，由区统计局农调队牵头，对当年退出的贫困户和贫困村进行评估。健全农村扶贫开发统计监测体系，加强对贫困状况、变化趋势和扶贫成效的监测评估。科学评价精准扶贫成效，既要看减贫数量，更要看脱贫质量，对"数字脱贫""虚假脱贫"和"被脱贫"现象要责令整改并严肃追责。抓紧建立农村低保和扶贫开发的数据互通、资源共享信息平台。建立扶贫信息系统数据对接和共享机制，采集精准扶贫数据与各行业部门统计数据一致，实现动态监测管理、工作机制有效衔接，提高实施专项扶贫、行业扶贫、社会扶贫的精准度。

责任单位：区财政局、区监察局、区统计局、区扶贫办

3. 健全扶贫资金投入管理机制。加大财政专项扶贫资金投入，发挥政府投入在扶贫开发中的主体和主导作用，积极调整财政支出结构，开辟扶贫开发新的资金渠道，确保政府扶贫投入力度与脱贫攻坚任务相适应。财政支农投入新增部分重点用于农村扶贫开发。镇（处）作为贫困村退出的实施主体，要严格按省、市贫困村脱贫验收标准进行项目立项、编制投入计划、实施扶贫项目建设，完善资金项目公示公告制度。区扶贫办负责对各镇（处）申报的项目进行核准，同时要进一步完善资金使用管理。项目实施完成后，由区财政按照实际投入资金的70%对各镇（处）进行奖补。纪委、监察、审计、财政部门以及其他资金使用管理部门要加大对镇（处）的监督检查力度，确保专款专用并对镇（处）监管职责落实情况进行跟踪问效，积极引导贫困人口主动参与监督，构建多元化的资金监管机制。鼓励和引导商业性、政策性、开发性、合作性等各类金融机构加大对扶贫开发的金融支持。支持金融机构为贫困户提供免抵押、免担保扶贫小额信贷。加强银保合作，探索并大力推广"保险+信贷"融资模式在扶贫领域的应用。推动发展面向贫困户的农业保险新品种，支持贫困地区积极开发扶贫小额贷款保证保险。

责任单位：区财政局、区发改委、区审计局、区监察局、区检察院、农业银行湾里支行、区扶贫办、各镇（处）

4. 健全脱贫攻坚督导机制。对区各镇（处）、各帮扶单位在脱贫攻坚中采取的举措、取得的成效和存在的问题进行定期和不定期督导巡察，确保我区脱贫攻坚的各项具体政策落实到位，惠及扶贫对象。建立每月扶贫开发工作逐级督查巡察制度。各镇（处）每月将工作落实情况和下一月工作安排报区扶贫开发领导小组办公室。各帮扶单位每月要形成本单位帮扶工作书面报告材料报区扶贫开发领导小组办公室。区委督查室、区政府督查室要将脱贫攻坚工作作为督查工作重点，列入年度督查计划，定期进行督查，形成督查报告报区委、区政府。各项定期和不定期督查结果，作为各镇（处）、各帮扶单位评先评优的重要依据。

责任单位：区委办公室、区政府办公室、区扶贫办、各镇（处）

（二）强化组织保障体系

严格执行脱贫攻坚一把手负责制，区、镇（处）、村三级书记一起抓，层层签订脱贫攻坚责任书。区委、区政府做好上下衔接、域内协调、督促检查工作，把精力集中在贫困村的退出上。镇（处）书记和镇长（主任）是第一责任人，做好进度安排、项目落地、资金使用、人力调配、推进实施等工作。加强扶贫机构队伍建设，强化各级扶贫开发领导小组决策部署、统筹协调、督促落实、检查考核

职能。区扶贫办配备 8 名专职扶贫工作人员,每个镇(处)脱贫攻坚站要配备 3 名专职扶贫工作人员。每个贫困村要有帮扶单位和驻村工作队,每户贫困户要有帮扶责任人。把加强农村基层组织建设作为脱贫攻坚的重要任务,向贫困村派驻"第一书记"。驻村工作队的主要职责是做好贫困识别建档立卡工作、编制脱贫规划和年度计划、落实脱贫攻坚各项到村到户政策,监督扶贫资金使用。加强基层党组织建设,进一步牢固树立"党建+"理念,深入推进"连心、强基、模范"三大工程,配好配强基层领导班子特别是村支部书记。加强扶贫领域反腐败工作。加快推进贫困村村务监督委员会建设,继续落实好"两议四公开"、村务联席会等制度,健全党组织领导的村民自治机制。

责任单位:区纪委、区委组织部、区民政局、区财政局、区扶贫办、各镇(处)

(三)强化社会帮扶体系

完善好区级领导挂点帮扶一个贫困村、结对帮扶两户贫困户的机制。扎实开展各级部门"十三五"时期新一轮定点帮扶贫困村工作。工会、关工委、共青团、妇联要通过深入开展"连心"工程中的"微心愿"等活动,架起帮扶单位与贫困村之间的"连心桥"。区委宣传部、各镇(处)要充分利用广播、电视、宣传栏、门户网等宣传工具,大力宣传脱贫攻坚工作的重大意义、工作成效,使脱贫攻坚工作家喻户晓、尽人皆知。要及时总结脱贫攻坚先进典型经验,宣传好的典型,着力营造全社会支持和参与脱贫攻坚工作的浓厚社会氛围。全区广大干部群众要树立"一盘棋"思想,求真务实,真抓实干,全力打好脱贫攻坚战。

责任单位:区委组织部、区委宣传部、区总工会、区关工委、区妇联、团区委、区扶贫办、各镇(处)

中共湾里区委办公室
湾里区人民政府办公室
2017 年 2 月 24 日

湾里区扶贫小额信贷工作实施方案

为全面贯彻落实国务院扶贫办《关于创新发展扶贫小额信贷的指导意见》(国开办发〔2014〕78号)、江西省扶贫办《关于全面推行"扶贫和移民产业信贷通"风险补偿机制的实施方案》(赣扶移字〔2016〕10号),创新开展我区扶贫小额信贷工作,切实解决建档立卡贫困户发展资金短缺难题,促进贫困户增收脱贫,结合我区实际,特制订本实施方案。

一、指导思想

认真贯彻落实中央、省、市关于脱贫攻坚的总体部署,以扶贫富民为出发点,以财政扶贫资金为主导,以信贷资金市场化运作为基础,以建立有效风险防控为支撑,以扶贫机制创新为保障,针对全区建档立卡贫困户,通过信用评定,在核定的额度和期限内发放"免担保、免抵押"贷款,政府通过贴息、风险补偿、购买保险等措施降低贷款风险,解决贫困户和贫困村新型农业经营主体担保难、贷款难、贷款贵的问题,放大扶贫资金效益,做大做强扶贫特色优势产业,加快贫困村、贫困户增收致富步伐。

二、目标任务

按照"精准扶贫,不落一人"的总要求,实现全区符合条件的建档立卡贫困户"贷得到、用得好、还得上、能脱贫"的目标。

三、主要内容

(一)贷款对象

1. 全区四镇一处2017年5月份精准识别出的建档立卡贫困户中,年龄在18—60周岁具有完全民事行为能力的贫困户。

2. 全区"十三五"建档立卡贫困村合作组织及其成员。

（二）贷款用途

扶贫小额贷款主要用于家庭增收致富项目，如特色种养业、农产品加工业、休闲农业、乡村旅游等。支持贫困户带资入股参与农业产业化龙头企业、农民合作社、家庭农场、专业大户等新型农业经营主体经营，但新型农业经营主体须与承贷银行签订补充协议，承担连带责任。不得用于子女上学、看病、还债等非生产性支出和赌博、放高利贷等违法活动。

（三）贷款条件

1. 申请贷款的贫困户应符合以下条件：

（1）具有完全民事行为能力，年龄18—60周岁的劳动力，家庭成员已参加新农保、新农合及大病医疗保险。

（2）贫困户家庭成员中至少有一名劳动力，有在家发展产业的意愿，具备正常生产经营和清偿贷款本息的能力，具有与生产项目相适应的生产技术水平，能独立从事生产经营活动，遵纪守法。

（3）诚实守信，家庭和睦，遵纪守法，近三年无不良信用记录，家庭成员无黄、赌、毒、懒等不良嗜好。

（4）一户贫困户只能由一个符合信贷条件的家庭主要劳动力申请贷款，不得累计申请，家庭其他成员承担连带责任。

（5）符合贷款要求的其他条件。

2. 申请贷款的合作组织应符合以下条件：

（1）根据我区产业发展规划布局，选准了一项适宜本地重点发展、市场前景好的特色优势主导产业。

（2）经工商部门注册登记，初始规模至少20户并逐步扩大规模，有龙头企业、农村能人或扶贫创业致富带头人领办带动，有实体经营场所，组织机构健全，内部运作规范，且生产经营正常，具备清偿贷款本息的能力。

（3）具备扶贫功能，加入合作组织的贫困户不少于30%，股份制合作组织中贫困户的股份不少于30%，并能不断扩大对贫困户的覆盖面，与贫困户建立了紧密的组织带动和利益链接关系。合作组织不得降低覆盖带动贫困户的标准，不得借故不予优先重点扶持加入合作组织的贫困户，不得弄虚作假套用贫困户名单骗取政策扶持。

（4）贫困村建立了帮扶合作组织发展的措施，落实了"第一书记"、挂点扶贫部门和驻村扶贫工作队帮扶发展产业的责任。

（5）符合贷款要求的其他条件。

（四）贷款额度、期限

1. 发放到户贷款：对贫困户的贷款额度一般每户不超过5万元。

2. 发放合作组织贷款：对贫困村合作组织，贷款对象"宜社则社、宜户则户"，合作组织或者合作组织中的扶贫创业致富带头人申请贷款，按带动户数每户不超过50万元贷款的合计额度控制，申请额度最高不超过50万元。

3. 贷款期限：一般按1—5年由扶持对象自主申请选择。

（五）担保方式

扶持对象申请扶贫小额贷款原则上实行"免抵押、免担保"的信用贷款方式，经银行机构调查认定借款人确实预期风险较大的，可要求借款人追加相应抵押担保物或担保人。

（六）还款方式

还款方式采用一次性还本或分期还本方式。

（七）贷款利率

执行利率按人民银行公布的同档次基准利率计算。

（八）贷款贴息

对贫困户扶贫小额贷款，区财政按基准利率全额贴息。

四、工作流程

（一）确定合作银行

湾里农商银行、农业银行湾里支行为扶贫小额贷款首批合作银行，开展扶贫小额信贷工作。

（二）贷款操作流程

扶贫小额贷款按照评级授信、项目审核、贷款申请、银行调查审批、签订合同、贷款发放、贷后管理、贷款收回、贷款贴息等程序进行操作。

1. 评级授信。根据贫困户的实际情况，对有贷款需求的建档立卡贫困户进行评级授信。各村成立村级风险评审小组，人员由区派驻的驻村工作队干部、镇（处）驻村干部、村"两委"干部、村民代表和银行信贷员组成。

评级授信标准：由经办银行根据贫困户诚信度、劳动力、劳动技能、家庭人均收入等，自行组织确定评级授信，在2017年6月30日前完成评级工作，力争有贷款需求的贫困户评级率达到100%。

2. 项目审核。有贷款需求的建档立卡贫困户向所在村提出申请，填写"湾里区贫困户扶贫小额信贷贷款业务申请表"，村委会调查走访，核实贷款用途，签署意见后报镇复审，区扶贫办复审通过后向银行推荐。

3. 贷款申请。建档立卡贫困户持有效身份证件、"湾里区贫困户扶贫小额信贷贷款业务申请表"和贫困户信用贷款证等资料，向当地经办银行提出贷款申请。

4. 银行调查审批。银行接到贷款申请后，及时对申请人的基本条件、贷款项目等内容进行调查、审查，按程序审批。

5. 签订合同。对审批通过的扶贫小额贷款，及时与客户签订借款合同。

6. 贷款发放。合同签订后银行及时发放贷款，并登记扶贫小额贷款台账。

7. 贷后管理。贷款发放后，经办银行、扶贫办应根据有关规定加强贷后管理。

8. 到期收回。经办银行应在贷款到期前30天告知借款人，并做好贷款收回后的核对登记工作。

（三）贷款贴息

1. 贴息资金来源。由区财政每年安排60万元用于贫困户的小额信贷贴息。

2. 贴息的对象。使用扶贫小额信贷的贫困户和贫困村合作组织。

3. 贴息比例。实行全额贴息。

4. 贴息申报。根据放贷银行签订的合同，每季度按照经办银行代贫困户申请、申报，区扶贫、财政部门核实审定，直接拨付到经办银行的工作程序，由区财政核算后，按贷款基准利率全额贴息拨付到贷款银行。对贷款贫困户因未按期偿还贷款及其他违约行为而产生的逾期贷款利息、加息、罚息，不予贴息。

（四）风险补偿

区财政局、区扶贫办在经办银行设立风险补偿基金专户，由区财政配套150万元作为风险补偿金，其中湾里农商银行100万元，农业银行湾里支行50万元，用于建档立卡贫困户扶贫小额贷款的风险补偿，经办银行按照风险补偿基金的8倍即1200万元发放扶贫小额贷款。贷款人出于自然灾害、意外伤害、重大疾病、意外事故等不可抗力以及经营不善或其他原因丧失还款能力的，当出现贷款本息逾期，宽限期（30天）内经催收无果时，由风险补偿资金进行补偿，包括宽限期内的逾期利息。损失的贷款补偿后，经办银行应继续依法收贷，收回的贷款划入风险补偿资金专户。

（五）保费补贴

对扶持对象发展产业和产业贷款，支持其购买特色产业保险和扶贫小额信贷保险并给予保费补贴，由区财政予以全额补贴。

（六）组织帮扶

落实"第一书记"、挂点扶贫单位、驻村扶贫工作队的责任，帮助扶持对象选准重点发展的特色优势主导产业，大力培育发展贫困村合作组织，落实贫困农户发展产业结对帮扶责任人，为扶持对象提供产业发展适用技术培训服务，着力提升扶贫和移民产业发展组织化程度，对扶持对象发展产业、增收脱贫实施精准有效帮扶，提高扶贫和移民产业贷款使用效益。

五、工作保障

（一）加强领导

成立区扶贫小额信贷工作领导小组，由区政府分管扶贫工作的副区长任组长，区扶贫办、区财政局主要负责人为副组长，区法院、区林业局、区农水局、湾里公安分局、银监局湾里办事处、湾里农商银行、农业银行湾里支行、各镇（处）等单位负责人为成员的领导小组。领导小组下设扶贫小额信贷管理办公室，办公室设在区扶贫办，具体负责全区精准扶贫小额信贷日常管理工作。区扶贫办负责人兼任办公室主任。

（二）落实职责

各相关部门要结合各自职责，采取普遍倡导与重点推广相结合的办法，大力推广扶贫小额信贷工作。

1. 区财政局负责贴息资金和风险补偿金的筹集，会同扶贫部门统筹落实好扶贫小额信贷风险补偿机制，做好扶贫小额信贷贴息、保费补贴工作，切实加强资金监管。

2. 区农水局、区林业局等部门要大力扶持特色优势主导产业发展，做好对农业、林业产业的技术指导和产业风险预警。

3. 区扶贫办负责组织动员、政策协调，对贷款贴息、风险补偿、保费补贴对象进行审核。

4. 经办银行负责建立完善方便快捷的信贷服务程序，吸收村民、村"两委"成员、驻村工作队组建村级农户信用状况评议小组，做好贫困户贷款信用评级，负责组织业务受理、调查、评审、审批、备案，做好贷款资格审查、催收与追偿及业务情况报送备案等工作。

5. 区法院负责受理债务诉讼案件，维护债权人、债务人双方的合法权益。

6. 湾里公安分局负责对恶意骗贷、实施贷款诈骗等违法行为进行立案查处，并依法追究刑事责任。

7.各镇（处）审核确认申请贷款的农户是否属于建档立卡贫困户，与经办银行共同做好贫困户信用评级，协助指导扶持对象产业发展，积极培育农村合作组织。

8.各相关部门要建立扶贫小额信贷联席会议制度，加强沟通协调，及时跟踪督办，推进工作落实。

（三）公告公示

将扶贫小额信贷政策规定、贴息资金使用情况向社会公开。区扶贫办要在本地门户网站或主要媒体公告公示扶贫小额信贷和贴息资金扶持对象名单，公布举报电话，接受社会公众监督。完善行政村公告公示制度，引导扶贫对象自我监督、自主管理。

（四）监督检查

区审计、财政、扶贫等部门要按照国家和省、市财政扶贫资金管理有关规定，加强对扶贫小额信贷政策执行情况的监督检查，及时发现和整改出现的问题。对虚报、冒领、套取、挪用扶贫风险补偿金和贴息资金的单位和个人，将依法依规从严处理。

附件：湾里区贫困户扶贫小额信贷贷款业务申请表

湾里区人民政府办公室
2017年6月21日

附件

湾里区贫困户扶贫小额信贷贷款业务申请表

致： 编号：

申请人基本情况	姓名		电话		银行卡号		
	居住地址				身份证件号码		
信用贷款证编号			授信星级		授信额度		万元
申请小额贷款情况	贷款额度		万元		贷款期限		年
	贷款用途						
	担保方式	□风险补偿资金 □信用 □其他					
	贷款方式	□一般贷款方式 □可循环自助贷款方式 □可循环非自助贷款方式					
	还款方式	□按（月/季/半年/年）分期还款 □按（月/季）结息到期还本 □利随本清 □其他					

　　申请人及配偶在此声明：1.本人的借款行为已经过家庭财产共有人的同意，同意以家庭共有财产承担债务。2.本人承诺上述各项资料属实，且随本申请表报送的资料复印件可留存贵行作为备查凭证。本人知悉所提供的信息将直接影响贵行信贷审批决策，如资料不实，本人愿承担相应法律责任。3.本人知悉、理解并接受贵行工作人员在本次贷款申请过程中向本人告知的贷款金额、期限、利率、放款时间等信息仅供咨询、参考之用，不构成贵行对本人的承诺。本人申请的贷款金额、期限、利率等贷款条件以贵行最终审批结果为准。4.本人同意并不可撤销地授权：贵行按照国家相关规定采集并向金融信用信息基础数据库提供本人个人信息和包括信贷信息在内的信用信息。贵行自本申请表签署之日至所申请贷款结清之日通过金融信用信息基础数据库查询、打印、保存、使用符合相关规定的本人信用报告、个人信息和包括信贷信息在内的信用信息。用途如下：审核贷款申请、审核贷款担保、进行贷后风险管理及与所申请贷款相关的其他事项。

申请人及配偶签字	村委会意见	所在镇（处）意见	区扶贫办意见	经办银行受理意见
申请人签字： 配偶签字： 年　月　日	负责人签字： （村委会公章） 年　月　日	主要领导签字： （公章） 年　月　日	审核人： （公章） 年　月　日	客户经理： （公章） 年　月　日

关于打赢脱贫攻坚战三年行动的实施方案

为打赢脱贫攻坚战，确保如期高质量完成脱贫攻坚任务，实现第一个百年奋斗目标。按照党中央、国务院，省委、省政府和市委、市政府关于打赢脱贫攻坚战三年行动的决策部署要求，结合我区实际，制订本方案。

一、总体要求

（一）指导思想

以习近平新时代中国特色社会主义思想为指导，全面贯彻党的十九大精神，紧紧围绕全省脱贫质量和成效位居全国第一方阵的总体目标，全区贫困人口稳定脱贫和贫困村如期退出的攻坚任务，按照"核心是精准，关键在落实，实现高质量，确保可持续"的总要求，强化"区级抓落实，镇（处）推进和实施"的工作机制，突出问题导向，优化政策供给，下足绣花功夫，尽锐出战攻坚，切实增强贫困群众的获得感，确保2020年全面打赢脱贫攻坚战，为决胜全面小康提供强大支持，为实施乡村振兴战略奠定坚实基础。

（二）行动目标

总体目标。到2020年，稳定实现全区农村贫困人口"两不愁三保障"目标，贫困群众人均可支配收入增长幅度高于全区农村平均水平，确保现行标准下全区农村贫困人口全部实现稳定脱贫，消除绝对贫困现象；6个贫困村如期退出。

年度目标。2018年，确保实现200名贫困人口脱贫、1个市级贫困村退出的目标任务。2019年，确保实现200名以上贫困人口脱贫的目标任务。2020年，确保现行标准下全区农村贫困人口全部稳定脱贫，巩固提升脱贫成果。

（三）基本原则

坚持党委总揽，政府主导。充分发挥各级党委总揽全局、协调各方的领导核心作用，严格执行脱贫攻坚一把手负责制，区、镇、村三级书记一起抓。强化政府责任,引领市场、社会协同发力,鼓励先富帮后富,构建专项扶贫、行业扶贫、社会扶贫互为补充的大扶贫格局。

坚持精准扶贫,精准脱贫。做到扶持对象精准、项目安排精准、资金使用精准、措施到户精准、因村派人(第一书记)精准、脱贫成效精准,从实际出发,解决好扶持谁、谁来扶、怎么扶、如何退问题,做到扶真贫、真扶贫,脱真贫、真脱贫。

坚持量力而行,质量优先。严格按照"两不愁三保障"要求,在确保贫困人口基本的教育、基本的医疗、基本的居住条件有保障的前提下,量力而行,既不降低标准,也不擅自拔高标准、提不切实际的目标。牢固树立正确政绩观,更加注重帮扶的长期效果,合理确定脱贫时序,不搞层层加码,不赶时间进度、搞冲刺,不拖延耽误,确保脱贫攻坚成果经得起历史和实践检验。

坚持群众主体,志智同扶。处理好政府、社会帮扶和自身努力的关系,强化脱贫光荣导向,更加注重培养贫困群众依靠自力更生实现脱贫致富的意识,更加注重提高贫困村和贫困人口自我发展能力。继续推进开发式扶贫,把开发式扶贫作为脱贫基本途径,针对致贫原因和贫困人口结构,加强和完善保障性扶贫措施,造血输血协同,发挥两种方式的综合脱贫效应。

坚持保护生态,绿色发展。牢固树立绿水青山就是金山银山的理念,把生态保护放在优先位置,扶贫开发不能以牺牲生态为代价,探索生态脱贫新路子,让贫困人口从生态建设与修复中得到更多实惠。

二、全力打好五场增收硬仗

(一)打好农业产业扶贫硬仗

优化产业发展规划。按照省市规划和要求,结合我区资源优势和产业基础,在贫困村重点推进"选准一项主导产业、培育一个新型经营主体,配套一片农业基础设施、建好一个扶贫产业基地、建立一所电商服务平台、完善一个村集体经济组织"的"六个一"产业发展目标,确保村村有产业、户户有增收门路。强化产业扶贫带贫益贫组织合作和利益联结机制,有序推进产业扶贫效益落实到经营主体、贫困户,提升贫困人口参与度和获得感。

全力推进特色农业产业。因地制宜,加快发展对贫困户增收带动作用明显的稻虾(蛙)、蔬菜、茶叶、油茶、花卉苗木、小型果业、林下经济等特色产业,形成特色产品,打造一批贫困人口参与度高的特色产业基地。优先安排贫困村和非贫困村扶贫产业基地建设项目,改善扶贫产业基地基础设施水平。深入推进"一乡一园"建设,重点向贫困村倾斜。鼓励从实际出发,利用扶贫资金发展短期难见效、未来能够持续发挥效益的产业。

提高产业扶贫组织化程度。完善新型经营主体与贫困户的利益联结机制，支持贫困户以各种要素创办、参与或入股合作社及家庭农场，提高贫困户获得的经营性和工资性等收入。大力推广村干部与能人带头领办、村党员主动参与、村民自愿参与、贫困群众统筹参与的"一领办三参与"产业扶贫合作模式，引导贫困户以各种要素入股合作社，创办家庭农场，将土地的要素流转到合作社或家庭农场统一管理、统一经营，发挥适度规模经营的效益，提高贫困户在合作社或家庭农场的租金收入、工资性收入。（牵头单位：区农水局；责任单位：区林业局、区旅发委、区财政局、区市管局、区扶贫办，四镇一处）

（二）打好就业创业扶贫硬仗

把鼓励创业、扶持产业、带动就业作为实现贫困群众稳定增收的有效途径，完善全区劳动力信息台账，打造扶贫载体，建设扶贫基地。

大力开发就业扶贫岗位。统筹由政府出资的各类就业扶贫岗位，优先安置"零就业"贫困家庭劳动力就业，吸纳贫困家庭劳动力参与护林、护路、保洁、扶残助残、养老护理等岗位，确保每个贫困家庭有劳动能力且有就业意愿的劳动力至少有1人实现就业。扎实开展就业援助月、春风行动和民营企业招聘周等专项活动。鼓励用人单位吸纳贫困家庭劳动力就业和引导贫困家庭劳动力就业创业。落实鼓励用人单位吸纳就业的奖励政策。

强化对贫困家庭劳动力的职业培训和就业服务。统筹整合各类培训资源，大力开展职业技能培训和创业培训，落实职业培训补贴政策，推动有意愿的贫困家庭子女至少掌握一门就业前景好的专业实用技能，引导各类职业学校优先招收贫困家庭子女就读。

强化"雨露计划"培训。认真落实"雨露计划"培训政策，确保贫困家庭中符合培训条件且有培训意愿的未升学初高中毕业生、青壮年劳动力全部获得培训，并按标准享受资金补助政策。（牵头单位：区人社局；责任单位：区教科体局、区农水局、区林业局、区旅发委、区财政局、区扶贫办，四镇一处）

（三）打好旅游产业扶贫硬仗

发挥我区绿水青山、田园风光、乡土文化等资源优势和区位优势，大力发展农家乐、休闲农业和乡村旅游等产业，突出打造乡村旅游品牌，加快旅游发展助推脱贫攻坚。积极探索"旅游+资产收益+贫困户"扶贫模式，鼓励贫困家庭从农业生产中转移出来，发展农家乐、林家乐等餐饮、住宿、休闲一体化的乡村旅游项目，获得经营收入；引导旅游经营者就近吸纳贫困人口从事导游、餐饮住宿、景区管理等服务工作，实现旅游服务就业，获得工资性收入。（牵头单位：区旅发委；责任单位：区农水局、区招商局、区林业局、区财政局、区卫计委、区市管局、梅岭旅游公司、区扶贫办，四镇一处）

（四）打好生态产业扶贫硬仗

加强生态建设扶贫，人工造林、森林抚育等林业重点项目进一步向贫困村倾斜，新增或调整天然林、公益林护林员优先聘用贫困人口，鼓励贫困人口就近参与林业生态建设实现增收。探索林业专业合作社参与生态建设、生态保护、生态修复工程和发展生态产业扶贫活动政策机制，支持贫困人口组建造林绿化专业队。加强林业生态补偿扶贫，适时提高生态公益林补偿标准和天然林管护补助标准，新一轮退耕还林任务优先安排贫困村。加强林业产业扶贫，进一步发挥林业龙头企业、林业合作社的引领作用，大力发展优质林果、花卉苗木、木本油料、林下经济、森林旅游等绿色富民产业。（牵头单位：区林业局；责任单位：区人社局、区财政局、区扶贫办，四镇一处）

（五）打好村级集体经济硬仗

按照"核资产、建制度、定思路、创实体"的发展思路，集中优势做大做强村集体经济。盘活村集体闲置资产，对村集体闲置的办公用房、校舍、厂房、仓库等资产资源和各级财政投入兴建的水利、交通、文教、卫生等公益性设施，通过合规合法途径，实现村集体资产有效利用和保值增值。

发展村集体村属物业，鼓励贫困村以土地入股、折股分红共同合作开发建设物业项目或利用帮扶资金在区位较好的区域或城镇异地置业，获取物业收益。整合集体土地资源，鼓励村集体将未承包到户的空闲地和荒山、荒坡等未利用地和贫困户的承包地集中流转发展适度规模经营，获取流转收益和土地增值。

发展股份合作经济，支持合作社采取集体资产折资入股、吸纳社会资金入股等方式发展股份合作经济，支持有特色资源优势的村以土地、资源、传统技艺折价入股等形式引进工商资本，发展农家乐、民宿、度假村、休闲农业、乡村旅游等。支持村集体组织申报市级以上农业休闲旅游示范点。

发展服务型经济，鼓励村集体创办代办代购、农贸市场、餐饮住宿、健康养老、教育托管等服务实体和领办农机、技术、劳务输出、农产品销售、农资供应、储运加工等服务组织，支持村集体建立电商服务经营平台，取得服务收入，增加集体收入。实行政府购买服务发展村集体经济，对一些经济发展条件欠缺的行政村，做好生态环境保持、基本农田保护、山林河湖管护等基础性工作，以政府购买服务的方式，通过使用新增建设用地土地有偿使用费给予适当奖补，增加村集体收入。

（牵头单位：区农水局；责任单位：区林业局、区发改委、区委组织部、区审计局、区旅发委、区教科体局、区市管局、湾里邮政分局、湾里供电公司，四镇一处）

三、全力实施六大专项行动

（一）教育扶贫提升行动

完善教育扶贫责任制。全面实行义务教育扶贫资助政策和区级教育资助政策学校校长与乡镇（办）属地"双负责"制度，学校和乡镇（办）共同推进教育扶贫资助政策落实，确保贫困学生享受教育扶贫资助政策全覆盖。持续深化农村留守儿童关爱，把关爱农村留守儿童纳入全区经济社会发展总体规划，多举措为农村留守儿童提供课外辅导、心理关爱以及校外文体活动等各方面服务。实现"三个确保、一个提供"。即：确保建档立卡学龄前儿童都有机会接受学前教育，确保贫困家庭义务教育阶段适龄人口都能接受九年义务教育，确保贫困家庭高中阶段适龄人口都能接受高中阶段教育特别是中等职业教育，对贫困家庭学龄后人口提供适应就业创业需求的职业技能培训。加强学籍管理系统数据与建档立卡信息系统数据比对衔接，全面核查，动态跟踪贫困户子女受教育状况，控辍保学，确保不让1名义务教育贫困学生因贫失学辍学。加大对非义务教育贫困学生支持力度，帮助其顺利完成学业。

改善贫困地区办学条件。进一步加快"全面改薄"建设工程，改善农村义务教育薄弱学校办学条件，实施底部攻坚，统筹规划布局农村基础教育学校，全面加强乡村小规模学校建设和管理。加快以城带乡，扩大优质教育资源供给，不断提高乡村教育质量。关爱特殊儿童，改善普通学校"资源教室"办学条件，成立湾里区特殊教育资源中心；推进融合教育，落实"一人一案"安置，保障农村残疾儿童享有公平而有质量的教育。

加强教师队伍建设。深入实施乡村教师支持计划，改善贫困地区乡村教师待遇，按政策落实乡村教师生活补助待遇。加大贫困地区"特岗计划"教师补充力度，深入推进义务教育学校校长教师交流轮岗。积极选送优秀乡村教师参加国培、省培计划专项培训，组织乡村教师参加"全省中小学幼儿园教师信息技术应用能力提升工程"培训，每年组织2—3期农村音体美等薄弱学科的短期集中培训，不断提高农村教师整体素养。按照省教育厅、省语委要求，积极开展推普脱贫攻坚工作，加大乡村学校语言文字推广普及力度，组织乡村教师参加语言文字相关培训，提高贫困地区村民说好普通话，用好规范字的能力，提升村民文化素养。（牵头单位：区教科体局；责任单位：区扶贫办、区人社局、区发改委、区民政局，四镇一处）

（二）健康扶贫巩固行动

推进健康扶贫工程。根据脱贫需求，提高补充保险筹资标准和保障水平，完善贫困人口健康扶贫保障投入增长机制，将贫困人口全部纳入基本医疗、大病医疗和重大疾病医疗补充保险保障范围，贫困人口参加城乡居民医保个人缴费部分和重大疾病医疗补充保险费全部由财政承担。进一步筑牢基本医保、大病保险、补充保险、医疗救助、政府兜底"五道保障线"，使贫困患者住院最终实际报销补偿比达到90%。

实施医疗救治行动。继续实施城乡贫困人口重大疾病专项救治，加大支出型低收入家庭大病患者及因病致贫对象救助力度，推动困难群众重大疾病免费专项救治，强化医疗救助与大病保险、补充保险在对象范围、支付政策、经办服务和监督管理等方面衔接，落实贫困患者区域范围内住院"先诊疗、后付费"和"一站式"结算，简化定点医疗机构的大病保险和补充保险补偿材料，承办大病保险和补充保险的保险机构应按月及时核报医疗机构"一站式"结算补偿垫付资金。保障贫困人口门诊就医待遇，将门诊特殊慢性病年度最高支付限额提高到平均5000元。

加强健康扶贫基层基础建设。支持乡镇卫生院提升医疗卫生服务与健康扶贫能力，实施农村订单定向医学生培养计划和村卫生室订单定向医学生培养计划，为乡镇卫生院招募特岗全科医生。按照国家有关规定，完善乡镇卫生院医疗人才招聘制度，对区级、镇（处）医疗卫生机构适当放宽年龄、学历、专业等要求，并可拿出不超过30%比例的岗位面向本区、本市或周边县市户籍人员（或生源）招聘，着力解决基层执业医师紧缺等问题。

落实妇幼重大公共卫生服务项目举措。继续实施农村妇女国家"两癌"检查项目，深入推进城镇贫困妇女"两癌"免费检查工作，落实"两癌"免费检查任务，对符合救助条件的确诊患者实施救助。（牵头单位：区卫计委；责任单位：区人社局、区民政局、区扶贫办、区财政局、区妇联、四镇一处）

（三）危房改造清零行动

加强农村危房动态管理。规范简化农村危房改造对象认定和危房鉴定程序，健全农户申请和村级评议、镇（处）审核、区复核的"三级审核""三榜公示"对象认定程序机制，全面排查危房，完善存量台账，实施精准管理，做到改造一户、销号一户。

大力推进危房改造实施。在全面排查的基础上，根据脱贫需要，科学制订危房改造计划，及时推进建档立卡贫困户、分散供养特困人员、低保户、贫困残疾人家庭等"四类对象"危房改造。对符合国家危房改造政策的,全部纳入农村危房改造计划。对无经济能力、劳动能力的特别困难农户,实施"交钥匙工程"等措施,并鼓励各镇(处)创新举措,通过盘活闲置集体资产、采用农房置换或长期租赁等低成本方式,兜底解决特别困难农户基本住房安全问题。确保2018年全面完成之前各年度脱贫户危房改造任务,2019年基本完成"四类对象"现有存量危房改造任务,2020年全面完成后续扫尾任务。

严格危房改造政策标准。对新建住房的,要严格控制建房总面积和总造价,防止因举债过重加深贫困或返贫。强化质量安全监管,确保加固改造后的农房安全。

强化资金投入和使用管理,进一步加大对农村危房改造对象的帮扶力度,健全完善分类分级补助标准,保障资金安全规范高效运行。(牵头单位:区规建局;责任单位:区财政局、区民政局、区扶贫办、区残联,四镇一处)

(四)保障扶贫兜底行动

持续加大农村低保资金投入,全面巩固农村低保兜底保障扶贫成果,建立农村贫困群众基本生活保障自然增长的体制机制,不断提高保障水平。确保到2018年底,全区农村低保标准高于同期全国扶贫标准20%,到2020年,全区农村低保标准高于同期全国扶贫标准40%。

加强临时救助工作。对农村贫困群众临时救助标准按照不低于5%的比例上浮。全面建立落实乡镇临时救助备用金制度,对贫困群众的突发急难需求,或救助金额较小的,全部委托乡镇(街道)审批,报区民政部门备案,提升临时救助时效。

力促残疾群体脱贫。夯实贫困残疾人"两不愁三保障",确保425名建档立卡贫困残疾人实现脱贫目标。有效扩大基本康复服务、家庭无障碍改造覆盖面。实施第二期特殊教育提升计划,落实家庭经济困难残疾学生和残疾家庭子女资助政策,加强对因残、因贫辍学残疾儿童少年复学工作,强化对残疾儿童接受普惠性学前教育资助。促进贫困残疾人就业创业,开展实用技术助残行动和残疾人就业援助月活动,加大助残创业就业基地扶持力度,资产收益扶贫项目优先安排贫困残疾人家庭。筑牢贫困残疾人社会保障,完善困难残疾人生活补贴和重度残疾人护理补贴制度,推动有条件的地区生活补贴对象向低收入、无固定收入等其他困难残疾人拓展,护理补贴范围向非重度智力、精神残疾人拓展,及时提高补贴标准,实现城乡标准统一。继续实施"阳光家园"计划和政府购买残疾人日间照料服务项目,加大对建档立卡失能重度残疾人照护和托养工作力度,强化困难残疾人多层次多元化托养服务。

关注特定贫困群体。重点关注贫困老年人、重病患者、重度残疾人、重度智障患者等完全丧失劳动能力和部分丧失劳动能力，且无法依靠产业就业帮扶脱贫的特定贫困群体，对失能、弱能的贫困人口加大资产收益扶贫支持力度，提高产业收益分配比例。全面落实低保、医疗、养老、住房、救助等社会保障政策，因地制宜提高政策保障水平。

进一步加强农村低保与扶贫开发两项制度的衔接，织牢编密农村低保制度对困难群众基本生活兜底保障网络。每年开展一次农村低保专项治理，坚持动态管理下的"应保尽保，应退尽退"。（牵头单位：区民政局；责任单位：区残联、区卫计委、区教科体局、区扶贫办，四镇一处）

（五）基础设施完善行动

加快补齐贫困村设施短板。大力推进贫困村（组）道路新建、损坏道路维修、入户便道硬化、污水管网铺设、危房改造、新农村建设、村庄整治和公厕户厕等基础设施项目和"8+4"公共服务项目建设（农村基层综合公共服务平台、卫生室、便民超市、农家书屋、文体活动场所、垃圾处理设施、污水处理设施、公厕、小学、幼儿园、金融服务网点、公交站），全面补齐贫困村设施短板，确保2018年底前完成1个贫困村的退出任务。

提升贫困地区交通水平。抓好"四好农村路"建设，2018年完成25户以上自然村通水泥路，2019年底实现所有村民小组通水泥路。推进城乡客运一体化建设，到2020年实现具备通客运班车条件的建制村通班车率达到100%。加快贫困地区农村公路安全生命防护工程建设，基本完成乡道及以上行政等级公路安全隐患治理。推进窄路基路面农村公路合理加宽改造和危桥改造。改造建设一批贫困乡村旅游路、产业路、资源路。

完善贫困地区水利设施。推进农村饮水安全巩固提升工程建设"十三五"期间农村饮水工程项目重点向建档立卡贫困人口倾斜，全面解决贫困人口安全饮水问题。大力推进水利工程标准化管理工作。基本完成包括贫困地区堤防工程在内的水利工程标准化创建工作，基本完成贫困地区万亩以上圩堤加固整治项目和灾后水利中小河流治理项目。

改造贫困地区电力和网络。实施新一轮农网改造升级，加快推进贫困地区电力基础设施建设，引导电网企业做好贫困地区农村电力建设管理和供电服务。大力推进贫困地区农村可再生能源开发利用。创新"互联网+"扶贫模式，统筹推进网络覆盖、农村电商、网络扶智、信息服务、网络公益五大工程向纵深发展。加快农村及偏远地区4G网络覆盖，鼓励基础电信企业加大投资，将宽带网络向有条件的贫困村自然村组延伸。推进网络提速降费，引导基础电信企业加大面向贫困地区和贫困人口的优惠力度,鼓励推出扶贫专属资费优惠,减轻贫困群体宽带网络使用负担。

全面提升环境整治水平。加大贫困村、贫困户资金和项目支持力度,确保满足脱贫退出任务需要。加大新农村对贫困村自然村(组)的支持,新农村建设点优先向贫困村中25户以上自然村(组)倾斜,确保进一步巩固贫困村村庄环境整治水平。全面实施村庄整治提升工程,大力推进贫困村房前屋后硬化、排水沟疏通、场地平整、垃圾清理和污水治理。深入持续开展农村生活垃圾处理,大力推进农村厕所革命,加强村庄规划,全面提升村容户貌,全面改善农村人居环境。(牵头单位:区农水局;责任单位:四镇一处、区发改委、区规建局、湾里供电公司、湾里国土分局、区旅发委、区财政局、区卫计委、区教科体局、电信湾里分局、湾里移动分公司、湾里联通经营部)

(六)脱贫质量提升行动

进一步加强建档立卡工作。提高贫困人口精准识别质量,进一步完善动态管理机制,加强对"边缘户"的跟踪识别,及时纳入新发生的符合条件贫困人口,确保"不漏一人、不落一人"。建立数据比对工作机制,适时开展数据比对衔接,通过扶贫信息系统与各有关部门信息管理系统端口对接、数据交换等方式,实现户籍、教育、健康、就业、社会保障、住房、农村低保、残疾人等信息与贫困人口信息有效对接,实现信息共享,提高建档立卡数据质量。建立数据质量通报制度,不定期通报国办信息系统、省扶贫开发大数据平台数据问题,及时修订完善建档立卡基础数据,确保信息系统数据、档案资料数据、公示公告数据与贫困户实际情况"四个一致"。进一步规范识别和退出工作程序,严格执行"一比对、两公示、一公告"制度,完善相关程序资料。加强精准扶贫档案管理。全面规范区级、乡镇和村级扶贫台账,完善贫困户精准扶贫、精准脱贫档案资料,确保纲目齐全、内容完整、信息准确、填写规范。

提高贫困人口脱贫质量。严格执行贫困退出标准和程序,规范贫困村、贫困人口退出组织实施工作,扎实开展脱贫调查摸底,加强规划计划,合理安排脱贫时序,对完全依靠政策兜底脱贫的失能弱能贫困人口安排在脱贫攻坚期内最后脱贫。脱贫攻坚期内扶贫政策保持稳定,贫困村、贫困户退出后,相关政策保持一段时间。对已脱贫人口加强跟踪和动态监测管理,及时了解其生产生活情况,巩固脱贫成效。促进规范有序退出,确保如期实现脱贫攻坚目标。配合省级对贫困人口"两不愁三保障"实现情况、获得帮扶情况、贫困人口参与脱贫攻坚项目情况的普查工作。(牵头单位:区扶贫办;责任单位:区公安分局、区教科体局、区

卫计委、区人社局、区民政局、区房管局、区残联、区财政局,四镇一处)

四、全力开展五大对接服务

(一)帮扶工作精准对接

深入开展帮扶工作。各定点帮扶单位落实定点帮扶工作责任,定点帮扶单位主要负责同志为第一责任人,要把定点帮扶工作纳入本单位工作重点,加强对驻村帮扶、结对帮扶工作的组织领导,定期研究帮扶工作,选派优秀中青年干部开展实践锻炼,落实驻村帮扶干部有关补助政策。坚持落实"一村一法、一户一策"的帮扶工作要求,因村制定具体帮扶措施。加强对脱贫攻坚工作的指导,督促落实脱贫主体责任。各结对帮扶责任人要因户制定帮扶措施,精准开展结对帮扶工作,协助落实各项扶贫政策和脱贫举措。深化中国社会扶贫网推广、应用和对接。(牵头单位:区委组织部;责任单位:区扶贫办、各帮扶单位,四镇一处)

全面激励社会力量参与脱贫攻坚。全面发动全区党代表、人大代表、政协委员等参加帮扶工作。继续组织"两代表一委员"开展走访慰问、困难救助和公益扶贫活动。深入推进民营企业"百企帮百村"精准扶贫行动,引导民营企业积极开展产业扶贫、就业扶贫、公益扶贫,组织民营企业在中国社会扶贫网上对接贫困户帮扶需求,鼓励有条件的大型民营企业通过设立扶贫产业投资基金等方式参与脱贫攻坚。持续推进光彩事业,提高精准扶贫成效。(牵头单位:区委办、区人大办、区政协办、区发改委、区工商联;责任单位:区财政局、区扶贫办,四镇一处)

大力开展扶贫志愿服务活动。动员组织各类志愿服务组织、社会各界爱心人士开展扶贫志愿服务。实施社会工作专业人才服务贫困地区系列行动计划,支持引导专业社会工作和志愿服务力量积极参与精准扶贫,为贫困人口提供心理疏导、生活帮扶、能力提升、权益保障等专业服务;为贫困妇女、青年提供技能培训、能力提升、就业援助、生计发展等服务;参与开展贫困村老人、残疾人、留守儿童、低保家庭、特困人员等关爱保障工作,帮助化解其生活、学习等方面的困难。推进扶贫志愿服务制度化,建立扶贫志愿服务人员库,鼓励国家机关、企事业单位、人民团体、社会组织等组建常态化、专业化服务团队。制定落实扶贫志愿服务支持政策。(牵头单位:区民政局、区委组织部;责任单位:区委宣传部、区委统战部、区总工会、团区委、区妇联、区扶贫办,四镇一处)

(二)党建扶贫深度对接

深入推进抓党建促脱贫攻坚。全面强化贫困地区农村基层党组织领导核心地位，切实提升贫困村党组织的组织力。进一步强化基层党组织建设。每年按照一定比例进行排查，持续整顿存在带领群众致富能力不强、组织动员力弱等问题的贫困村软弱涣散党组织。把扫黑除恶和基层党组织建设结合起来，坚决铲除黑恶势力滋生土壤，防止封建家族势力、地方黑恶势力、违法违规宗教活动侵蚀基层政权，干扰破坏村务。选好配强贫困村党组织书记，重点从外出务工经商创业人员、大学生村官、本村致富能手、退转军人、大中专毕业生等人员中选配；本村没有合适人员的，从乡镇（办）机关公职人员中派任，对不胜任、不合格、不尽职的贫困村党组织书记，坚决撤换到位。强化农村基层党建工作责任落实，将抓党建促脱贫攻坚情况作为乡镇(办)党委书记抓基层党建工作述职评议考核的重点内容。

强化贫困地区农村基层党建工作责任落实，将抓党建促脱贫攻坚情况作为乡镇党委书记抓基层党建工作述职评议考核的重点内容。对不重视贫困村党组织建设、措施不力的地方，上级党组织要及时约谈提醒相关责任人，后果严重的要问责追责。（牵头单位：区委组织部；责任单位：区扶贫办、区民政局、湾里公安分局、区委统战部、四镇一处）

派强用好第一书记和驻村工作队，按照《江西省驻村第一书记和驻村工作队选派管理办法》抓好贯彻落实，从区级党政机关选派过硬的优秀干部参加驻村帮扶，在第一书记全覆盖的基础上，加强考核指导，对不胜任的及时召回调整。派出单位要严格落实项目、资金、责任捆绑要求，加大保障支持力度，进一步提升驻村帮扶质量。（牵头单位：区委组织部；责任单位：区扶贫办，四镇一处）

（三）资金项目投入对接

加大财政扶贫投入力度，健全财政扶贫资金投入增长机制，区级各年度财政扶贫资金投入增长比例符合资金绩效管理要求，确保政府投入力度与脱贫攻坚任务相适应，尽快补齐脱贫攻坚短板。加大财政扶贫资金动态监管，落实扶贫项目实施和资金支出进度定期通报制度，在确保项目质量和资金安全的前提下，专项扶贫资金年度支出进度符合绩效考核要求，提高扶贫资金使用效益。（牵头单位：区财政局；责任单位：区扶贫办，四镇一处）

建立区级脱贫攻坚项目库，充分调动和发挥部门作用，共建共用共享项目库，提高项目库质量。健全公告公示制度,落实"两个一律"公开要求,即:中央、省、市、区扶贫资金分配结果一律公开,镇（处）村两级扶贫项目安排和资金使用情况一律公告公示。建立同级审（内审）机制，加强资金日常管理，定期分析账面资金，对审计结余、招标结余、立项重叠以及实施条件不成熟所造成的闲置资金，实行定期结算清理和回收再调整。加强扶贫资金项目常态化监管，强化主管部门监管

责任,确保扶贫资金尤其是到户到人资金落到实处。(牵头单位:区扶贫办;责任单位:区财政局、区审计局,四镇一处)

加大金融扶贫支持力度,全面推进创业、产业扶贫贷款,加大对产业扶贫、就业扶贫的支持,健全金融扶贫风险补偿机制。建立扶贫信贷风险补偿金,分担扶贫贷款风险代偿责任,缓释贷款风险。区政府财政出资设立风险补偿金,建立基金动态补充机制,并及时足额补充到位;按1:8的比例放大,撬动银行扶贫贷款,加大对扶贫小额信贷、创业就业和产业扶贫信贷的发放力度。严格落实扶贫信贷贴息制度,落实对扶贫小额信贷和产业扶贫信贷100%给予贴息支持,降低贷款成本。强化风险管控,确保金融扶贫资金规范有序运行。

强化农村金融服务工作。推进"农村普惠金融服务站"建设,打造农村金融综合服务平台。面向农户提供助农取款、金融精准扶贫、人民币反假、金融知识宣传等基础金融服务,实现基础金融服务不出村、综合金融服务不出乡镇。持续落实农业保险扶贫相关政策要求。(牵头单位:区财政局;责任单位:湾里农商银行、农业银行湾里分行、区扶贫办)

(四)产业发展技术对接

依托全区、镇(处)各级产业技术专家和服务团队,深入开展扶贫产业技术指导服务。一是全程技术跟踪指导服务。通过技术包干服务,实现贫困村发展农业产业的村集体、企业或贫困户至少一名专家全程跟踪服务。二是开展新型职业农民培育。培训计划中优先安排贫困村、贫困户所需的农业专业技术。三是鼓励购买服务。本地政府部门通过购买服务方式,向贫困户提供更加高效、便捷的农业社会化服务。(牵头单位:区农水局;责任单位:区财政局,四镇一处)

(五)扶贫产品市场对接

加强电商扶贫基础设施建设,支持贫困村建立电商服务站点,加大电商人才培养,促进扶贫产品产销衔接及上网销售。拓宽扶贫产品销售渠道,深化与电商平台对接合作,大力开展扶贫产品进学校、医院、企业、机关食堂、交易市场等"五进"活动,建立扶贫产品定向直销模式。大力发展"邮乐购""供销e家""社会扶贫网"等电商扶贫平台,推广"农校对接""农企对接""农超对接"畅通农产品营销渠道,把贫困地区的产品优势转优为市场优势。加强与省相关部门的沟通衔接,按照省统一部署,认真落实光伏扶贫的新政策、新要求,争取更多贫困群众享受光伏收益。(牵头单位:区农水局;责任单位:区扶贫办、区市管局、区财政局、湾里邮政分局、湾里供电公司,四镇一处)

五、筑牢六项保障体系

（一）强化责任落实保障

严格落实区级抓落实、镇（处）推进和实施的工作机制。区级抓落实，重在从实际出发，推动脱贫攻坚各项政策措施落地生根；镇（处）推进和实施，重在做好脱贫攻坚政策承接、组织实施、分类推进等具体工作。区委常委会、区政府常务会每季度至少召开一次专题会议，听取脱贫攻坚工作汇报，研究解决重大问题。适时召开全区脱贫攻坚调度会、推进会。镇（处）党委、政府每半月至少研究1次脱贫攻坚工作，党政正职每月至少有4个工作日用于扶贫，每周至少调度1次脱贫攻坚工作。实施遍访贫困对象行动，持续实施区委书记遍访贫困村，镇（处）党委书记和村党组织书记遍访贫困户，以遍访贫困对象行动带头转变作风，了解贫困群体实际需求，掌握第一手资料，发现突出矛盾，解决突出问题。建立领导挂点包村责任制。深入开展区四套班子挂点镇（处）、贫困村，负责对挂点镇（处）和贫困村脱贫攻坚工作的指导、调度、推进和管理。镇（处）班子成员包村，负责对所包村脱贫攻坚工作的落实推进，开展遍访贫困户、边缘户和非贫困户活动。村"两委"干部包贫困户，具体落实贫困户政策享受及代办工作，定期与乡镇"两不愁三保障"责任部门对接，跟踪落实扶贫政策。

压实行业部门扶贫责任。区直有关单位要按照省委、省政府、市委、市政府和区委、区政府脱贫攻坚系列重大决策部署要求，落实行业部门完善配套政策举措，细化目标任务，强化组织实施。区扶贫开发领导小组要分解落实各镇（处）脱贫目标任务，实化脱贫具体举措，分解到年、落实到人。区扶贫开发领导小组成员单位每季度要向区委、区政府报告本部门本单位脱贫攻坚工作情况。（牵头单位：区扶贫开发领导小组各成员单位；责任单位：四镇一处）

统筹衔接脱贫攻坚与乡村振兴。乡村振兴相关支持政策要优先向贫困村、贫困人口倾斜，补齐基础设施和基本公共服务短板，以乡村振兴巩固脱贫成果。（牵头单位：区农水局；责任单位：区扶贫办，四镇一处）

（二）强化干部队伍保障

加强贫困村年轻干部队伍建设。建立健全回引本土大学生、高校培养培训、区镇统筹招聘机制，为每个贫困村储备1至2名年轻干部。加大在贫困村青年农民、外出务工青年中发展党员力度，力争每个贫困村每两年发展1名年轻党员。发挥党员在脱贫攻坚中的先锋模范作用，完善贫困村党员结对帮扶机制，鼓励党员领办创办专业合作社，安排贫困户就近务工，带动贫困户入股分红。全面落实贫困

村"两委"联席会议、"四议两公开"和村务监督等工作制度。选派乡镇新录用公务员到贫困村担任村书记助理、主任助理(简称"双助理")协助村"两委"第一书记开展工作。

加强脱贫攻坚基层一线力量,突出抓好扶贫一线领导班子和干部队伍建设,注重从熟悉基层工作的副科级年轻党员干部中选派第一书记,加大选调生选拔工作力度并统一安排到村任职两年,着力培育出一支朝气蓬勃、坚强有力的优秀扶贫年轻干部队伍。牢固树立面向基层、突出实干的用人导向,及时选拔重用脱贫攻坚有激情、脱贫工作有办法、精准扶贫有成效的优秀干部,加大从优秀村(社区)书记、主任中选拔乡镇(街道)机关领导干部力度,引导扶贫领域干部在脱贫攻坚一线大显身手、干出实绩。保证脱贫攻坚干部队伍的相对稳定,对于工作不适应、不担当、长期打不开局面、弄虚作假的干部,按照《南昌市推进领导干部能上能下实施细则(试行)》的有关规定及时调整岗位并进行组织处理。

继续实施"双带"致富工程,加强培养"一村一品"工程的示范村点负责人,实施洪城人才"墩苗计划",组织动员和培育新型职业农民,加强"一村一名大学生工程"培养和使用,鼓励新型职业农民参加农业系列职称评审。(牵头单位:区委组织部;责任单位:区扶贫办、区人社局,四镇一处)

(三)强化内生动力保障

坚持将扶志、扶智、扶勤、扶德相结合,全面激发贫困群众内生动力。注重教育引导。通过"新时代文明实践中心""脱贫攻坚宣讲班""扶贫工作队""脱贫光荣证"等,加强基层文化建设,广泛宣传表扬自力更生、自主脱贫的先进事迹和典型,讲好脱贫攻坚"农村故事",引导和鼓舞贫困户自觉破除"等靠要"思想,激发贫困户脱贫致富的内生动力。注重本领培养。把智力扶持、人才培养、技能培训放在更加突出位置,统筹整合资源,发挥产业大户、创业能手、致富带头人等"田教授""农秀才"的头雁效应,推广"依托身边的产业、遴选身边的能人、传授身边的技术、带富身边的群众"模式,提高贫困户脱贫本领。注重正向激励。改进帮扶方式,落实以奖代补措施,利用产业、光伏等收益,加大对主动发展生产、参加务工就业的贫困户奖补力度,防止政策养懒汉、助长不劳而获和"等靠要"等不良习气。注重民风树立。广泛组织开展"脱贫致富典型""湾里榜样""美在身边"等评比活动,对评比结果张榜公示,表扬先进,警示后进。大力开展移风易俗活动,修订完善村规民约,发挥村民议事会、道德评议会、红白理事会、禁毒禁赌会等群众组织作用,探索打造"红黑榜""曝光台"载体、建立贫困户脱贫成效评分奖励制度、推行依法治懒模式等,加强对高额彩礼、薄养厚葬、子女不赡养老人等问题的专项治理,推行将不履行赡养义务、虚报冒领扶贫资金、严重违反公序良俗等行为人列入失信人员名单。坚决杜绝"养不孝"和将家庭责任转嫁给政府和社会的行为。(牵头单位:四镇一处、各帮扶单位;责任单位:区委宣传部、区农水局、区教科体局、区旅发委、区人社局、区民政局、区扶贫办、区法院、湾里公安分局、区司法局)

(四)强化舆论宣传保障

深入宣传习近平总书记关于扶贫工作的重要论述,宣传党中央、国务院,省委、省政府,市委、市政府和区委、区政府关于精准扶贫精准脱贫的重大决策部署,宣传全区脱贫攻坚典型经验,讲述好贫困群众"脱贫故事",传播好脱贫攻坚"湾里成就",为打赢脱贫攻坚战注入强大精神动力。组织广播电视、报纸杂志、新闻网站等媒体将精准扶贫精准脱贫宣传纳入常态化宣传计划,开设专题、开辟专栏,推出一批脱贫攻坚重点新闻报道。利用重点新闻网站、微博、微信、手机报、移动客户端等新媒体平台开展脱贫攻坚宣传,结合重要时间节点组织脱贫攻坚网络媒体主题宣传活动,集中宣传脱贫攻坚工作成效。深入开展"10·17"全国扶贫日活动主题宣传。认真组织开展全国、全省脱贫攻坚典型奖的推选工作,培树一批脱贫攻坚先进典型,充分发挥榜样力量和示范引领作用。(牵头单位:区委宣传部;责任单位:区扶贫办、区旅发委、区脱贫攻坚"九大工程"牵头部门,四镇一处)

(五)强化风险防范保障

做好脱贫攻坚风险防范,开展扶贫主导产业面临的技术和市场等风险评估,防止产业项目盲目跟风、一刀切导致失败造成损失。防范扶贫小额贷款还贷风险,纠正户贷企用、违规用款等问题。防止地方政府以脱贫攻坚名义盲目举债、违法违规变相举债。防范社会风险,防止贫困户和其他农户因享受政策利益失衡引发矛盾,做好群众疏导工作。健全涉贫舆情分级管理和处置机制,加强对信访线索问题和社会舆情的分析预判,及时引导社会舆论,做好防范处置,确保社会安全稳定。建立健全气象灾害风险普查、风险区划等气象灾害风险防范制度,做好灾害防御工作,最大限度降低因灾致贫、因灾返贫风险。(牵头单位:区扶贫办;责任单位:区财政局、区农水局、区委宣传部、湾里公安分局、区信访局,四镇一处)

建立农村基层公共法律服务网络。对贫困人口开展精准法律援助服务,扶贫对象申请法律援助免于事项限制,实现贫困群众应援尽援,维护合法权益。对贫困村集体经济组织和个人引进外地资金技术开展的脱贫致富项目,给予各项法律意见指导,防范法律风险。加强对贫困群众的法治宣传和法律咨询服务,推动农村农民依法办事。完善贫困村基层人民调解组织建设,协助村组织引导信访当事人依法理性反映诉求，妥善处理信访案件，切实做好打击扶贫领域违法犯罪的法律服务。（牵头单位：区司法局；责任单位：区信访局、区法院、区检察院，四镇一处）

（六）强化作风监督保障

持续开展扶贫领域腐败和作风问题专项治理，把作风建设贯穿脱贫攻坚全过程，以严格的监督执纪，保障扶贫资金安全；以精准务实的工作，确保如期打赢脱贫攻坚战。集中力量解决扶贫领域"四个意识"不强、责任落实不到位、工作措施不精准、资金管理使用不规范、工作作风不扎实、考核监督从严要求不够等突出问题。改进调查研究，采取"不打招呼、不设路线、不搞迎送、不要陪同、不作报道"方式深入基层调查研究，切实提高发现问题、解决问题的能力。注重工作实效，减轻基层工作负担，减少村级填表报数，精简会议文件，让基层干部把精力放在办实事上。严格扶贫资金审计，对中央、省、市、区下拨的扶贫资金逐笔追踪、逐笔问效，加大扶贫事务公开力度，接受群众监督。严厉惩处扶贫领域腐败，严厉打击套取侵吞、截留私分、挤占挪用扶贫资金犯罪，以及发生在群众身边、损害群众利益的"蝇贪""蚁贪"等微腐败犯罪。依纪依法坚决查处贯彻党中央、省委、市委、区委脱贫攻坚决策部署不坚决不到位、弄虚作假问题，主体责任、监督责任和职能部门监管职责不落实问题，坚决纠正脱贫攻坚工作中的形式主义、官僚主义。进一步发挥巡察利剑作用，把扶贫领域腐败和作风问题作为巡察工作重点，组织开展扶贫领域专项巡察，确保贫困村专项巡察全覆盖。加强警示教育工作，对扶贫领域腐败和作风问题典型案例公开曝光。〔牵头单位：区纪委（监委）；责任单位：区委组织部、区扶贫办、区财政局、区审计局、区检察院、区法院，四镇一处〕

中共湾里区委
湾里区人民政府
2018年11月27日

湾里区贫困村创业致富带头人培训工作方案

各镇党委、人民政府,洗药湖管理处、区直及驻区相关单位:

为深入推进精准扶贫、精准脱贫基本方略,进一步激发贫困村创新发展活力,加快贫困户增收脱贫步伐,根据江西省扶贫办公室、江西省人力资源保障厅《关于转发〈国务院扶贫办 人力资源社会保障部关于加强贫困村创业致富带头人培训工作的通知〉的通知》(赣扶字〔2019〕21号)文件要求,制订如下方案。

一、目标和任务

以提升致富带头人创业和带贫能力为目标,结合职业技能提升行动,大力开展致富带头人培训,健全培训机构,完善培训体系,提升培训的针对性和有效性。到2020年底实现全区6个贫困村平均培养3名扶贫创业致富带头人,每个致富带头人均带动5户以上贫困户。同时完成每个非贫困村培训3名创业致富带头人的目标。

二、培训对象

(一)对象条件

培训对象需具备以下条件:年龄在22—50岁,初中毕业(含)以上文化程度,在贫困村有创业基础或有创业意向的人员,有带动贫困户增收脱贫的责任心。

(二)培训类型

村组干部中产业带头人、农民专业合作社负责人、种养殖大户、科技示范户、农业企业经营管理者等。

(三)选定程序

一是贫困村推荐,驻村工作队和村"两委"会推荐候选人。二是镇(处)初审,镇(处)政府对候选人基本情况进行初步审核后,上报区级扶贫部门。三是区级确定,区级扶贫部门要摸清培训需求,根据分类申请情况,结合当地贫困村产业发展实际,最终确定培训对象,并报市扶贫办产业处备案。

三、培养模式

（一）培训内容

主要开展农业经营管理和集体经济发展培训。集中授课：国家涉农与扶贫政策解读、金融与信贷政策、农业发展动态与新技术、农产品市场营销及电子商务、农业企业、农民专业合作组织、家庭农场经营管理等相关知识为主；现场考察：参观学习现代农业企业、农业示范园区、电子商务园区、新农村示范村等；经验交流：分享创业经历和经验、贫困村产业发展的经验与建议、主题讨论等。

（二）培训方式

按照分类分批的原则推选培养对象到培训基地接受培训,培训采取"基地+导师"的培训方式,以集中授课、专题辅导、实践操作、观摩交流、跟踪服务等形式进行全方位培训。学员根据自身创业实际选择学习专业和需要的课程,突出目标导向,因材多元施教,立足现实,力求创新,做到公共课与专业课相结合的课程设置方式,专业教师与成功企业家相结合的施教方法,课堂教育与跟踪指导相结合的培训方式。

（三）培训时间及补助标准

经营管理型培训时间不超过7天,其中,集中授课与观摩交流学时数比例一般为2：1。补助标准按区人社培训相关标准执行。

四、政策扶持

对参加创业致富带头人的学员政策扶持坚持"政府主导、分类推进、优先支持、持续发展"的原则,制定政策,捆绑项目,集中扶持创业致富带头人在贫困村创业带动发展。

（一）用好创业普惠政策

认真贯彻落实《国务院关于进一步做好新形势下就业创业工作的意见》（国发〔2015〕23号）和《国务院扶贫办　人力资源社会保障部关于加强贫困村致富带头人培训工作的通知》（国开办发〔2019〕19号）等文件精神,与相关政府部门和群团组织合作,从生产经营、技术服务、产业发展、基础设施、金融保险等方面向创业致富带头人支持。指导帮助创业带头人带动贫困户利用好现有的创业扶持普惠政策。

（二）落实创业特惠政策

各镇（处）要根据《江西省人民政府办公厅关于印发江西省职业技能提升行动实施方案（2019—2021年）的通知》（赣府厅字〔2019〕61号）、湾里区人民政府办公室关于印发《湾里区扶贫小额信贷工作实施方案》的通知（湾府办字〔2017〕79号）、湾里区扶贫开发领导小组关于印发《湾里区产业扶贫运行机制管理办法》的通知（湾开发〔2018〕35号）等文件精神，结合实际，进一步细化明确政策措施，优先扶持符合条件的创业致富带头人学员，为扶贫致富带头人创业提供多方式、全方位的服务，提高创业的成功率，为带动贫困户脱贫致富创造助推平台。

五、组织实施

（一）选准培训对象

各镇（处）要根据本实施方案中培训对象的基本条件，迅速组织开展摸底调研和宣传发动，在2020年3月底前，按照2020年培训分配计划，准确选定培训对象。根据分期下达计划做好选送工作，并做好参训对象的跟踪服务管理。在2020年3月底前，将2020年培训对象选定工作完成。

（二）确定培训基地

根据国务院扶贫办文件精神，结合我区实际，以政府邀请招标方式确定：江西农业大学、江西生物科技技术学院、江西旅游商贸学院、江西先锋软件学院等为湾里区贫困村创业致富带头人培训定点培训基地，定点期限为2年。培训基地实行动态管理，每年考评，经考评认定合格的继续保留，不合格的取消资格。

（三）遴选创业导师

区扶贫办制定创业导师遴选标准、方式，组织遴选一批实践经验丰富、专业技术水平高、热心公益事业的专家、企业家、成功创业人士等担任扶贫创业导师，专门负责培训后的学员创业指导和服务。

（四）开展示范培训

为进一步推进全区创业致富带头人培训工作顺利实施，扩大示范性培训效应，有效提升示范带动、上下联动的培训方式，区扶贫办在2020年6月份选择培训基地组织开展区级示范培训，以需求为导向，创新培训模式，打造精品班级，提升培训效果，通过典型示范，以点带面，推动全区创业致富带头人全覆盖工作向纵深发展。

（五）培训项目管理

贫困村创业致富带头人培训资金从区财政扶贫资金中列支。培训项目的组织实施由区镇两级共同推进,其中,区扶贫办负责编制创业致富带头人培训实施方案、下达分期培训计划、组织示范培训、负责培训基地的管理督查事宜、制订培训工作实施方案;镇(处)级扶贫工作站负责选送培训对象参训,培训完成的审核验收,扶持政策和跟踪服务的落实等;区财政局负责财政扶贫培训资金的安排、拨付、管理和监督工作。

六、工作要求

(一)加强组织领导

把创业致富带头人扶贫培训工作纳入对各镇(处)、各有关单位年度工作的目标管理考核之中。建立分工明确、责任到人的管理协调机制。一是强化培训资金管理。按照财政扶贫资金管理的有关规定,严格扶贫资金的报账程序,培训结束后,要及时组织验收、及时报账,不得发生截留、挪用和滞留资金的情况。二是规范培训项目管理。区扶贫办要建立健全培训工作台账和培训资料网络管理工作,做到各项资料齐全,确保真实有效。定量考核,确保培训工作有效实施。要严格按照创业致富带头人培训方案,加强监督检查,做好跟踪服务,切实提高培训质量;要建立健全培训方案、培训计划、培训专家库、效果跟踪等内容的管理服务体系,实现培训规范化。着力形成联系扶持创业致富带头人事业发展、示范带动更多贫困人口创业致富的长效机制。

(二)加强合作协调

加强与财政部门的协商合作,统筹扶贫、组织部、人力资源和社会保障、农业、科技等部门的培训计划,健全组织协调机制,用好资源,聚合政策,充分发挥各自优势,形成推进工作的强大合力。共同促进创业致富带头人培养工作顺利开展。

(三)加大宣传力度

要广泛深入宣传创业致富带头人扶贫培训工作,营造舆论氛围。各镇处、各有关单位要采取新闻媒体、互联网、短信平台、宣传栏、发放资料等多种形式,积极推广和宣传创业致富带头人培训扶持政策、先进典型、成功经验,激发创业热情,辐射带动更多贫困人口创业致富。

湾里区扶贫开发领导小组办公室
2020年3月10日

湾里区防贫保险实施细则（试行）

各镇、洗药湖管理处，区财政局、区卫健委、区金融办、区医保局：

为创新保险扶贫有效方式，发挥保险助推脱贫攻坚作用，根据《江西省扶贫办公室　江西省财政厅　江西银保监局关于开展防贫保险工作的指导意见》（赣扶字〔2020〕1号）《南昌市扶贫办公室关于开展防贫保险的通知》（洪扶字〔2020〕4号）文件要求，制定本实施细则（试行）。

第一章　目标要求

第一条　全面贯彻落实习近平总书记关于脱贫攻坚的重要讲话精神和省市关于坚决打赢脱贫攻坚战的决策部署，有效防止"易致贫低收入户"和"易返贫脱贫户"（以下简称"两易户"）因病、因学、因灾、因赔偿责任、因生产资料损失五大因素致贫或返贫，积极建立致贫返贫的"拦水坝"，消除贫困存量，控制贫困增量，为打赢打好脱贫攻坚战发挥积极有效的作用。

第二章　保障对象及保障时限

第二条　保障对象。防贫保险对象为"两易户"不事先确定，不事先识别。原则上按照防贫对象年人均可支配收入低于上年度国家贫困线1.5倍（2019年脱贫标准为3747元/年，1.5倍即5620.5元；2020年脱贫标准为4000元/年，1.5倍即6000元）的标准框定。

第三条　保障时限。期限为12个月，具体保障生效期按与承保机构签订合同日起算。

第三章　资金来源

第四条　保险费用由区财政缴交，并列入年初预算，年度结余保费滚入下年度。

第五条 风险共担机制。防贫保险金的使用，坚持年度收支平衡、保本微利、政策激励、持续发展的原则，合理处置超额结余及政策性亏损。每年实收保费在扣除赔款及15%综合运营费用后，结余部分自动转入下一年保费；赔款加运营费用超出当年实收保费的120%，超出部分赔款由政府全额兜底。为确保防贫保险项目可持续发展，投保人应在下一年度适当调整保费基数。

第四章 保障政策

第六条 保障内容及标准。因病、因学、因灾、因赔偿责任、因生产资料损失五种保险赔偿责任。附加新型冠状病毒肺炎死亡赔偿责任保险及见义勇为赔偿责任保险。提供每人最高累计20万元的防贫保障金。（防贫保险金赔付标准详见附件1）

第七条 赔偿标准

（一）因病防贫保险金赔付标准

属于易返贫脱贫户的，按照自付医疗费用0.5万元设置预警线，纳入监测范围，经查勘认定符合条件的，自付费用扣除0.5万元起付线，剩余费用在1万元以下的，按照50%比例发放防贫保险金；1万元（含）至3万元的，按照60%比例发放防贫保险金；3万元及以上的，按照70%比例发放防贫保险金。每人单次事故最高赔偿限额为10万元。

属于易致贫的农村低收入户的，按照自付医疗费用2万元设置预警线，纳入监测范围，经查勘认定符合条件的，自付费用扣除2万元起付线，剩余费用在2万元以下的，按照50%比例发放防贫保险金；2万元（含）至4万元的，按照60%比例发放防贫保险金；4万元及以上的，按照70%比例发放防贫保险金。每人单次事故最高赔偿限额为10万元。

自付医疗费用为通过城乡居民基本医疗保险、大病保险、疾病商业补充保险、医疗救助等各类补偿后仍需个人支付的费用。

因疾病丧失劳动能力的，可能致贫或返贫的，凭司法鉴定机构出具的证明按每人最高1万元标准一次性发放防贫保险金。

（二）因学防贫保险金赔付标准

具有全日制学历教育、注册正式学籍的"易致贫的农村低收入户"子女在校接受高等教育（包括顶岗实习）期间，年支付学费、住宿费、教科书费超出承担能力的，对经核实可能致贫或返贫的，以0.5万元为监测线，费用超出监测线在0.3万元以内的，按100%比例发放防贫保险金；0.3万元（含）至0.5万元的，按

80% 比例发放防贫保险金；0.5 万元及以上的，按 60% 比例发放防贫保险金。每人单次事故最高赔偿限额为 3 万元。

具有全日制学历教育、注册正式学籍的"易返贫脱贫户"子女在省内独立学院和省外普通高校接受高等教育（包括顶岗实习）期间，包括义务教育之外、高等教育以下学生在校就读期间，年支付学费、住宿费、教科书费超出承担能力的，对经核实可能致贫或返贫的，以 0.5 万元为监测线，费用超出监测线 0.3 万元以内的，按 100% 比例发放防贫保险金；0.3 万元（含）至 0.5 万元的，按 80% 比例发放防贫保险金；0.5 万元及以上的，按 60% 比例发放防贫保险金。每人单次事故最高赔偿限额为 3 万元。

（三）因灾防贫保险金赔付标准

1. 自然灾害类。由于发生气象部门发布的暴风、暴雨、暴雪、雪崩、洪水、龙卷风、台风等，造成房屋及其附属设施损害的，在经有关部门认定，房屋属于 C 级的，每户最高不超过 0.7 万元；认定处于 D 级的每户最高不超过 3.8 万元。

2. 意外事故类。无法找到责任人或即使找到责任人但经司法等程序未得到相应赔偿或已得到赔偿但需要长期医治等，可能导致生活处于贫困线以下的家庭，因医疗花费过高可能返贫或致贫的，参照因病防贫保险金标准发放，每人单次事故最高赔偿限额为 10 万元，但交通类意外事故医疗费用最高限额每人不超过 5 万元。

因意外事故造成主要劳动力死亡的，按每人 3 万元的标准发放防贫保险金，导致伤残丧失劳动能力的，可能返贫或致贫的，按每人最高 1 万元发放防贫保险金。

（四）因赔偿责任防贫保险金赔付标准

非主观意愿造成第三方财产损失及人身伤害后，因赔偿责任导致返贫或致贫时进行保险金发放。以 0.5 万元为监测线，相应费用超出部分在 0.3 万元以内的，按 100% 比例发放防贫保险金；0.3 万元（含）至 0.5 万元的，按 80% 比例发放防贫保险金；0.5 万元及以上的，按 60% 比例发放防贫保险金。每人单次事故最高赔偿限额为 10 万元。

（五）因生产资料损失防贫保险金赔付标准

因非主观意愿造成生产资料（包括大棚、农机具、种苗、化肥、农药等）损失，无法进行正常生产或劳动经营导致返贫或致贫时进行防贫保险金发放，以供购买相应生产资料用于恢复生产。以 0.2 万元为监测线，费用超出监测线部分在 0.3 万元以内的，按 100% 比例发放防贫保险金；0.3 万元（含）至 0.5 万元的，按 80% 比例发放防贫保险金；0.5 万元及以上的，按 60% 比例发放防贫保险金。每人单次事故最高赔偿限额为10万元。

（六）新型冠状病毒肺炎死亡赔偿保险金赔付标准

针对此次突发疫情，附加新型冠状病毒肺炎死亡赔偿责任。凡是疫情期间因感染新型冠状病毒肺炎导致死亡，保险机构以每人2万元发放防贫保险金。

（七）见义勇为赔偿保险金赔付标准

为弘扬正气，传播正能量。附加见义勇为赔偿责任，在保单承保人员范围内，由于见义勇为行为而导致自身人身伤亡，保险机构以每人2万元发放防贫保险金。

第五章　实施方式

第八条　案件查勘和理赔流程

1.出险报案。发生保险责任内情形，由所在行政村向承保机构报案，报案电话95518。

2.案件查勘。承保机构接到行政村的报案后，应迅速开展核查工作。

3.承保机构在接到行政村的报案后，将在第一时间开展防贫识别工作，对被核查人的固定资产、家庭收入、重大开支等情况进行调查取证，并将结果反馈至所在行政村核实评议。

4.所在行政村评议公示无异议的，将结果报所在镇（处）评议。

5.所在镇（处）评议公示无异议，结果报区扶贫开发领导小组同意后，通知保险人发放防贫保险金。保险人负责按标准进行防贫保险金发放，并将有关凭证汇总上报所在镇（处）、区扶贫办存档备案。

第九条　工作办理时间。保险人应在区内3个工作日、区外10个工作日内完成核查工作，所在行政村、镇（处）、区扶贫开发领导小组应各在3个工作日内完成评定工作，保险人在接到发放通知后3个工作日内将防贫保险赔付金转账至防贫对象所提供的银行账户或区扶贫开发领导小组指定账户上，如遇特殊情况可适当延长时间，但最长不超过20个工作日。

第六章　权利与义务

第十条　加强组织领导。区扶贫办、区财政局、区金融办、银保监共同做好开展"防贫保"工作的制度设计、组织协调工作，完善相关政策，协调解决问题，总结交流经验，指导工作的开展，制定切实可行的实施细则并组织实施。实施细则要做到内容具体、政策明确、措施配套、可操作性强。各镇（处）党委政府作为实施主体，要把开展"防贫保"工作，作为打赢脱贫攻坚战的重要举措和实施保险扶贫工程的重要任务。

第十一条　明确工作责任。区扶贫办负责指导"两易户"的识别认定和动态管理，各村、镇（处）、区有关部门、驻区各单位、各金融机构应积极配合承保机构开展"两易户"的出险理赔、核实等工作；区财政局负责落实保费资金，做好资金监管；银保监负责组织承保机构的监督检查，严肃查处开展保险业务中的违法违规、损害"两易户"合法权益等问题；各镇（处）负责出险人员的材料收集和递交，配合承保机构做好理赔查勘及公示；承保机构负责保险服务工作，进村入户开展查勘、合理定损、快速理赔、足额赔付。

第十二条　强化考核监管。区扶贫办负责将"防贫保"工作纳入对各镇（处）高质量目标管理考核内容。银保监负责承保机构"防贫保"工作作为评估考核重要内容。各镇（处）负责日常抽查、开辟投诉受理渠道等方式，加大政策实施监督力度，督促承保机构提高服务质量和水平，维护参保人员信息安全，及时查处违法违约行为。

第十三条　广泛宣传发动。各镇（处）和承保机构要充分利用各种宣传媒介、现代信息传播手段、保险机构网点、乡村政务公开栏和制发政策宣传资料等，广泛宣传和解读"防贫保"保险政策，充分发挥"防贫保"社会效益，接受社会各界监督。

第十四条　本实施细则从 2020 年 3 月起试行。本细则内容由区扶贫办负责解释。

湾里区扶贫领导小组办公室

2020 年 3 月 18 日

关于有效应对新型冠状病毒感染的肺炎疫情坚决打赢脱贫攻坚战的通知

各镇（处）扶贫开发领导小组，区扶贫开发领导小组各成员单位：

为深入贯彻习近平总书记重要指示批示精神，全面贯彻落实党中央、国务院、省市的决策部署，根据省委、省政府印发的《关于有效应对新型冠状病毒感染的肺炎疫情坚决打赢脱贫攻坚战的意见》（赣发〔2020〕4号）、市政府印发的《关于打胜疫情防控阻击战、打赢精准脱贫攻坚战、打好经济发展推进战有关事项的通知》（洪府发〔2020〕5号）文件精神，确保在做好疫情防控的同时，打赢脱贫攻坚战，现就有关事项通知如下：

一、全面排查监测，兜牢保障底线

1. 全面排查掌握疫情影响。民政部门要排查社会救助对象生活方面是否受到严重影响，要及时发放低保资金，做好社会临时救助。教育部门要利用大数据等科技手段摸排贫困学生是否参加了全省教育网络学习，确保全部学生实现"线上学习"。卫生、医保部门要强化乡村卫生医疗机构和队伍建设，改善乡、村卫生室服务条件，提升服务能力，多形式开展乡村疫情防控科普教育，落实镇处卫生院家庭医生团队工作职责，必要时提供送药上门服务，确保贫困患者不因医疗费用问题得不到及时救治。农业农村有关部门要重点关注扶贫产业，在确保条件允许的情况下，确保尽早开工复工，达不到开工条件的，要提前备工备料；掌握贫困户安全用水情况，确保防疫期间保障贫困群众用上安全饮用水。人社部门要做好贫困户、边缘户受疫情统计，摸清外出务工返乡贫困劳动力底数，帮助贫困户劳动力返岗稳岗就业。各镇处要摸排疫情期间，脱贫攻坚受到的影响、遇到问题。

2. 做好监测及时帮扶。对受疫情影响的贫困户和边缘户，全面监测收入、住房、教育、医疗和饮水安全、产业发展、就业等方面情况，做好预警防范，按照

"缺什么、补什么"原则,因户因人研究措施及时帮扶。在疫情防控期间,关注特殊群体,简化办理流程,完善救助排查机制。

3. 撰写疫情分析报告。区扶贫办根据省扶贫办要求,在相关部门摸排汇报的基础上,每月汇总上报一次脱贫攻坚应对疫情分析报告。疫情摸排要充分利用信息比对等科技手段并结合"三个三"(三精准、三落实、三保障)开展,力戒形式主义、官僚主义。

4. 整治提升人居环境。进一步完善贫困村基础设施和"8+4"公共服务配套,进一步抓好农村生活垃圾、生活污水治理,进一步推进农村厕所改造,全面开展农村卫生大清洁行动。

二、加强稳岗就业,增加务工收入

1. 帮助返岗。对外出务工的贫困劳动力情况进行网格化管理,摸清贫困劳动力就业意向、培训需求和企业复工、用工需求信息,加强劳务服务,协调解决交通出行等问题,帮助其有序返岗就业。

2. 做好培训。运用有线电视网络、网络播放平台等信息化手段开展贫困人口远程网上培训,保障有培训需求的贫困劳动力在家也可以学技能、增本领。

3. 推送岗位。针对疫情防控对贫困劳动力务工情况的影响,多措并举拓宽就业渠道。一是开展线上招聘及远程面试、"送岗下乡、下村"等活动。二是利用短信平台、微信群等主动推送用工资讯,实时推送岗位信息。

4. 扩大就业。积极开发公益性岗位,加强扶贫车间建设,组织贫困劳动力参与扶贫项目建设,向复工企业推荐贫困劳动力,促进贫困人口就近就地就业。

三、助推产业发展,增加经营收入

1. 帮助扶贫企业复工复产。帮助扶贫企业尽快恢复生产经营,解决扶贫企业开工复产中的困难和问题,带动贫困群众参与产业发展。对受疫情影响较大的龙头企业、专业合作社、致富带头人等扶贫经营主体,要落实好税收减免、贷款贴息、用工补贴等方面的优惠政策,帮助渡过难关。

2. 帮助贫困户抓好产业发展。各镇(处)、区各有关部门要通过农资送货上门、产业发展指导员指导服务、新型经营主体带动、农村致富带头人带头等措施,帮助贫困户抓好春耕生产,确保不误农时。用好信息化平台,加强扶贫产业疫情影响、种养技术、市场行情、产销对接等信息发布,合理安排种养产业发展计划,增加周期短、见效快的种植养殖业生产,确保生产稳定、效益不减。

3. 深入推进消费扶贫。引导当地复工企业、农民合作社、电商服务站以及机关、学校、医院、企业、社区等单位食堂和交易市场订购贫困户的农副产品，减缓滞销压力，帮助他们提高收入。并充分利用信息化平台，帮扶人员通过介绍、微信、网络等形式帮助销售。

4. 加大扶贫小额信贷支持力度。对创业发展的贫困户，因疫情影响导致扶贫小额信贷存在按期还款困难的，经核实后，要协调金融机构落实好合理延后还款等政策。

四、做好工作谋划，制定工作举措

1. 科学制订脱贫工作计划。各镇（处）、各单位要围绕完成全区贫困人口"清零"、可持续高质量的脱贫目标，抓紧研究制定脱贫攻坚年度工作要点和年度财政扶贫资金分配使用方案，根据各自职能，抓紧细化制订部门脱贫攻坚工作方案和帮扶工作计划，细化量化目标任务，明确重点举措。各驻村工作队要抓紧制定年度攻坚工作要点、拟定实施的重点项目工程和具体推进计划。结对帮扶干部要围绕"两不愁三保障一安全"，抓紧制订"一户一方案、一人一措施"的年度帮扶计划。

2. 扎实推进扶贫项目建设。抓紧梳理完善脱贫攻坚项目资金台账，安排好2020年度脱贫攻坚项目，更新完善脱贫攻坚3年滚动项目库，加快推进2020年扶贫项目的开工建设，为项目建设排忧解难，做好光伏扶贫项目的运维，保障项目长期稳定发挥扶贫作用。

3. 稳步推进防贫保工作。针对农村建档立卡贫困户、特困供养户、低保户、残疾贫困户，探索推行"防贫保"工作，做到应保尽保，积极建立治贫返贫的"拦水坝"，切实防范因疫致贫返贫风险，进一步巩固提升脱贫成效。

4. 深入开展问题排查整改。各镇（处）、各单位要紧紧围绕"三落实""三精准""三保障"，对标对表上级历年考核、督查、检查等反馈的问题，密切关注疫情动态，先行部署好有关行业查改工作，适时开展到村、到户的实地整改工作，提前做好后续的中央巡视整改"回头看"反馈问题、全省年度考核反馈问题、"两不愁三保障一安全"大排查发现问题整改以及全国脱贫攻坚大普查准备工作。

五、强化责任担当，务求工作实效

1. 压实责任。加强组织领导，严格落实主体责任和行业扶贫责任，疫中疫后扶贫工作任务分解到位、责任分工到位，做到条条有着落、事事有人办。做到推动疫情防控有力有效、生产恢复有序有力。

2. 关爱干部。关心基层扶贫干部的工作生活和身心健康,帮助他们解决实际困难。树立典型,作为评先评优、考察识别和选拔使用干部依据。

3. 严肃纪律。聚焦防控疫情风险,围绕全面稳定脱贫目标,监督检查防控保障政策和措施落实情况,对不敢担当、作风漂浮、落实不力甚至弄虚作假、失职渎职的,严肃追责问责。

六、开展总结宣传,讲好"湾里故事"

1. 加强防疫宣传。组织开展多种形式疫情防控科普教育,扶贫单位、帮扶干部要利用电话、微信等通信手段对贫困户进行慰问和防疫知识宣传,对生活物资、防疫物资缺少的要及时补充到位。

2. 加强典型宣传。聚焦疫情防控和脱贫攻坚一线,做好工作总结,推出经验典型,结合扶贫扶志感恩行动,讲好有效应对疫情、坚决打赢脱贫攻坚战的"湾里故事"。

3. 加强舆情管控。完善涉贫舆论和预警监测机制,主动回应12317信访件、社会扶贫网社会关切的问题,牢牢把握舆论主导权。

湾里区扶贫开发领导小组
2020年2月27日

附 件

中共江西省委　江西省人民政府关于表彰江西省脱贫攻坚先进个人和先进集体的决定

（2021年6月21日）

党的十八大以来，全省上下深入贯彻习近平总书记关于扶贫工作的重要论述和视察江西重要讲话精神，始终牢记习近平总书记"要在脱贫攻坚上领跑"的殷切嘱托，全面落实党中央、国务院脱贫攻坚决策部署，感恩奋进、精准施策、务实攻坚，推动脱贫攻坚与全国同步取得全面胜利。在这场伟大斗争中，全省各地各部门尽锐出战、攻坚克难，社会各界倾力相助、合力攻坚，广大党员干部和人民群众鱼水情深、奋勇前行，涌现出一大批政治过硬、实绩突出、可歌可泣的先进典型。

为隆重表彰在脱贫攻坚工作中涌现的先进个人和先进集体，大力弘扬"上下同心、尽锐出战、精准务实、开拓创新、攻坚克难、不负人民"的脱贫攻坚精神，在全社会营造崇尚先进、学习先进、争当先进、赶超先进的浓厚氛围，省委、省政府决定，授予邓明等841名同志"江西省脱贫攻坚先进个人"称号，授予赣州市纪委市监委机关等396个集体"江西省脱贫攻坚先进集体"称号。希望受到表彰的个人和集体珍惜荣誉、再接再厉，充分发挥模范带头作用，不断为党和人民事业作出新的更大贡献。

全省干部群众要向获得表彰的先进个人和先进集体学习。学习他们对党忠诚、信念坚定的政治品格，自觉做习近平新时代中国特色社会主义思想的坚定信仰者和忠实践行者；学习他们一心为民、奋发有为的使命担当，坚持人民至上理念，全心全意为人民服务，不断增强人民群众获得感、幸福感、安全感；学习他们勤勉务实、开拓创新的工作作风，恪尽职守、开拓进取，全力以赴干事创业，用心用情用力为党和人民事业贡献力量；学习他们甘于奉献、不怕牺牲的崇高品格，时刻守初心、担使命，以昂扬的斗志、饱满的热情、旺盛的干劲，投身中国特色社会主义伟大事业。

　　脱贫摘帽不是终点，而是新生活、新奋斗的起点。全省上下要坚持以习近平新时代中国特色社会主义思想为指导，更加紧密地团结在以习近平同志为核心的党中央周围，全面贯彻党的十九大和十九届二中、三中、四中、五中全会精神，增强"四个意识"，坚定"四个自信"，做到"两个维护"，深化落实习近平总书记视察江西重要讲话精神，乘势而上、再接再厉、接续奋斗，在巩固拓展脱贫攻坚成果中勇担新使命，在全面推进乡村振兴中展现新作为，奋力谱写全面建设社会主义现代化国家江西篇章，描绘好新时代江西改革发展新画卷！

江西省脱贫攻坚先进个人名单（841 人）

赣州市

邓　明　赣州市委教育工委书记、市教育局局长

钟小春　赣州市扶贫办党组成员、副主任

陈有联　赣州市农业农村局发展规划科科长

唐仕俊　赣州市住建局村镇建设科科长

曹文剑　赣州市铁路建设发展中心建设科负责人

刘　楠（女）　中国人民财产保险股份有限公司赣州市分公司业务总监、社会
　　　　　　　医疗保险事业部经理

邓冬猛　兴国县副县长

李晓玲（女）　兴国县民政局党组书记、局长

刘世环　兴国县农业农村局党组书记、局长

钟小华（女）　兴国县农保局局长

曾春生　兴国县潋江镇党委书记

邱　林　兴国县南坑乡党委书记

杨　苧（女）　兴国县长冈乡党委书记

黄远波　兴国县崇贤乡党委副书记、乡长

杨东阳　兴国县杰村乡含田村驻村工作队队长兼第一书记，赣州市政府投融
　　　　资服务中心 PPP 服务科科长

王　彪　兴国县长冈乡大塘村驻村工作队队长兼第一书记，赣州城投集团新
　　　　型建材公司副总经理

彭　剑　兴国县高兴镇黄群村驻村工作队队长兼第一书记，赣州市残联秘书科副科长

朱润财　兴国县鼎龙乡灵山村驻村第一书记，赣州市供销联社一级主任科员、科教社团科科长

谭子良　兴国县埠头乡渣江村驻村工作队队员，赣州市市场监管局食品监管科科员

李南阳　兴国县南坑乡郑枫村驻村工作队队长兼第一书记，人行兴国县支行办公室副主任

曾文蓉（女）　兴国县古龙岗镇大仑村驻村第一书记，古龙岗镇党委组织委员

刘凤平　兴国县高兴镇墩圻村党支部书记、村委会主任

温定富　兴国县兴江乡塘背村党支部书记、村委会主任

温善连（女）　兴国县方太乡井口村党支部书记、村委会主任

杨　平　兴国县城岗中学教师

管开祯　兴国县樟木乡源坑村管氏黄元米果加工厂负责人

钟小云　兴国县永丰乡凌源村田园种养专业合作社理事长

陈阳山　于都县委书记

管　宏　于都县副县长

谢宏建　于都县交通运输局党组书记、局长

陈　聪　于都县梓山镇党委原副书记、中心村党支部副书记（挂职），国家粮食和物资储备局能源储备司原油处一级主任科员

丁红辉　于都县罗江乡党委书记

谢荣生　于都县罗坳镇党委书记

蒙　敏　于都县仙下乡党委书记

谢石生　于都县车溪乡党委书记

李　恒　于都县小溪乡党委书记

谢文斐　于都县葛坳乡党委书记

周林生　于都县岭背镇党委副书记

曾丽娜（女）　于都县靖石乡党委副书记

王小金　于都县小溪乡党委组织委员

曾　冰　于都县新陂乡综治办专职副主任

刘功伟　于都县车溪乡副乡长

赖伟斌　于都县仙下乡上方村驻村工作队队长兼第一书记，赣州市苏区振兴

　　　　　办西部科科长
王　峰　于都县罗江乡苏坑村驻村工作队队长兼第一书记，赣州市扶贫办机关党总支专职副书记
王升平　于都县罗江乡白田村驻村工作队队长兼第一书记，赣州市直机关党员服务中心副主任
黄赣生　于都县黄麟乡大岭村驻村第一书记，县人社局办公室主任
曾传清　于都县禾丰镇园岭村党支部书记、村委会主任
曾卫东　于都县贡江镇红峰村党支部书记、村委会主任
陈灵梅（女）　赢家时装（赣州）有限公司董事长、法人代表
李有福　于都县岭背镇禾溪村村民
李德伟　宁都县委副书记
郑荣华　宁都县教科体局党委委员
廖日锋　宁都县精准扶贫办信息组组长、宁都县城市社区党工委副书记
林立邦　宁都县人社局干部
罗九生　赣州市医疗保障基金管理中心宁都分中心副主任
李　明　宁都县赖村镇党委书记
钱枣园　宁都县黄石镇党委书记
刘源萍（女）　宁都县东韶乡党委副书记、组织委员
钟金平　宁都县长胜镇副镇长
谢小云　宁都县田头镇综合执法大队副大队长
李　勇　宁都县石上镇扶贫工作站副站长
曾伟民　宁都县小布镇上潮村驻村工作队队长兼第一书记，赣州市交通运输局运输科副科长
何运升　宁都县小布镇木坑村驻村第一书记，县农业农村局科员
陈宁康　宁都县会同乡百胜村驻村第一书记，县发改委办公室主任
刘金磷　宁都县小布镇树陂村驻村第一书记，赣州高速公路公司部门经理
李　军　宁都县东山坝镇大布村党支部书记、村委会主任
温　平　宁都县青塘镇社岗村党支部书记、村委会主任
曹海荣　宁都县长胜镇旱脑村党支部书记、村委会主任
温　海　宁都县钓峰乡钓峰村扶贫专干
朱隆泽　赣州市赣县区委常委
侯乐明　赣州市赣县区沙地镇财政所所长

叶良材　赣州市赣县区扶贫办党组成员、副主任
肖开钟　赣州市赣县区江口镇中心卫生院党支部书记
马明丰　赣州市赣县区储潭镇党委书记
王　强　赣州市赣县区沙地镇党委书记
袁素平（女）　赣州市赣县区江口镇扶贫专干
谢富兵　赣州市赣县区吉埠镇瑶村村驻村第一书记，赣州市总工会基层工作部部长
欧阳红卫　赣州市赣县区南塘镇澄籍村驻村第一书记，赣州市卫健委宣传科科长
尹晓辉　赣州市赣县区湖江镇下站村驻村第一书记，赣州市公安局法制支队四级警长
朱建华　赣州市赣县区韩坊镇梅街村驻村第一书记，区委中心报道组组长
李贵材　生前为赣州市赣县区湖江镇石伍村驻村工作队队员，国家税务总局赣州市赣县区税务局四级主办
余学明　会昌县委副书记、县长
邹时敏　会昌县副县长
戴肇林　会昌县教科体局计财股股长
张利民（女）　会昌县卫健委工委委员、副主任
邱良东　会昌县麻州镇党委书记
肖胜平　会昌县小密乡党委书记
刘中国　会昌县西江镇党委副书记、镇长
金晓阳　会昌县白鹅乡丹坑村驻村工作队队长兼第一书记，赣州市应急管理综合行政执法支队副支队长
邹伟清　会昌县高排乡团龙村驻村工作队队长兼第一书记，县委党校远程办主任
梁启盛　会昌县麻州镇坳背村驻村工作队队长兼第一书记，赣州市政府金融工作办公室一级主任科员
张齐斌　会昌县小密乡罗田村驻村工作队队员，赣南医学院保卫处政治保卫科科长
陈　威　会昌县珠兰乡大西坝村驻村工作队队员，赣州市委统战部党外代表人士联络服务中心干部
钟逸彬　会昌县高排乡高排村党支部书记、村委会主任

宋会洲	会昌润泉供水有限公司原总经理
阙金寿	会昌县建兴城市建设开发有限公司总经理
汪诗有	赣州江荣农业发展有限公司总经理
吴慰跃	赣州市富丰电子商务有限公司经理
严志林	寻乌县委常委、副县长
范龙华	寻乌县委组织部组织二股负责人
曾伟有	寻乌县财政局扶贫股股长
赖声均	寻乌县招商服务中心副主任
雍　鑫	寻乌县留车镇留车村驻村第一书记，中宣部政策法规研究室三级主任科员
邹文平	寻乌县水源乡党委书记、人大主席
邝　斌	寻乌县龙廷乡政法委员、武装部部长
陈四海	寻乌县留车镇芳田村驻村工作队队长兼第一书记，寻乌县人民医院120急救中心主任
刘清山	寻乌县晨光镇龙图村党支部书记、村委会主任
肖斐杰	安远县委副书记、县长
王天帅	安远县委副书记、副县长（挂职），中央党校机关党委青年工作处处长
陈建伟	安远县委常委
黄礼春	安远县卫健委党工委书记、主任
李奇辉	安远县扶贫办扶贫开发服务中心主任
古剑锋	安远县双芫乡党委书记
李启斌	安远县高云山乡党委书记
郭　晶（女）	安远县鹤子镇党委副书记、镇长
巴志松	安远县镇岗乡党委副书记、乡长
曾祥华	安远县重石乡党委副书记
钟慧龙	安远县浮槎乡长河村驻村第一书记，县人民医院团总支书记
陈达平	安远县版石镇岭东村党支部书记、村委会主任
陈世干	上犹县政协副主席
刘发彬	上犹县扶贫办党组书记、主任
赖嫒嫒（女）	上犹县五指峰乡副乡长
黄　凰	上犹县黄埠镇龙头村驻村工作队队长兼第一书记，赣州市政府办四

级调研员

钟　谦　上犹县水岩乡茶坑村驻村第一书记，县教科体局副科级干部

陈源健　上犹县营前镇蛛岭村党支部书记、村委会主任

蔡联剑　上犹县人民医院院长

尹英强　上犹县为民粮油有限公司法人代表

温家振　瑞金市政协副主席

朱福平　瑞金市纪委常委、市监委委员，市委巡察办主任

李瑞平　瑞金市住建局村建股股长

曾康华　瑞金市武阳镇党委书记

谢理平　瑞金市日东乡党委书记

张仲群　瑞金市谢坊镇党委书记

杨　明　瑞金市万田乡党委书记

高　峰　瑞金市壬田镇中潭村驻村工作队队长兼第一书记，赣州市委宣传部二级主任科员

黄　刚　瑞金市叶坪镇松坪村驻村第一书记，市卫健委干部

邓主平　瑞金市黄柏乡龙湖村党支部书记、村委会主任

曾瑞亮　瑞金市人民医院党委委员、副院长

钟文娟（女）　瑞金市壬田镇锦娘美食农业专业合作社理事长

尹　忠　石城县委书记

尧金娣（女）　石城县委常委、组织部部长

许贤亮　石城县委组织部副部长、县直属机关工委书记

宁　雄　石城县小松镇党委书记

陈俊臣　石城县木兰乡小琴村驻村工作队队长兼第一书记，县社保局业务股股长

刘延俊　石城县珠坑乡坳背村驻村工作队队长兼第一书记，赣州市政协港澳台侨和外事委副主任

战卫强　石城县琴江镇前江村驻村工作队队长兼第一书记，赣州稀土集团有限公司部门副经理

陈式云　石城县屏山镇新富村党支部书记、村委会主任

董红良　石城县大由乡王沙村乡村医生

肖　立（女）　赣州市章贡区副区长

刘　艳（女）　赣州市章贡区沙石镇党委书记

附 件

李成胜	赣州市南康区副区长
陈超峰	赣州市南康区扶贫办党组书记、主任
赖建明	赣州市南康区横寨乡党委书记
肖　玮	赣州市南康区龙回镇党委副书记、镇长
刘鸿伟	赣州市南康区大坪乡副乡长
廖宝义	赣州市南康区横市镇副镇长
李晓明	赣州市南康区龙岭镇村头村驻村第一书记,龙岭镇党委副书记
罗火明	赣州市南康区龙华镇崇文村驻村第一书记,龙华镇党委副书记
何允祥	赣州市南康区浮石乡圳玄村驻村工作队队长兼第一书记,赣州发展投资控股集团有限责任公司部门高级主管
王家新	江西佳兴投资有限公司董事长
钟华强	赣州市南康中学北校区学生
孙　晖	信丰县委副书记
黄运红	信丰县扶贫办党组书记、主任
李敬生	信丰县教体局党委委员、副局长
甘荣峰	信丰县嘉定镇党委书记
蓝贤华	信丰县正平镇球狮畲族村党支部书记、村委会主任
邹昌健	大余县扶贫办党组书记、主任
洪　第	大余县池江镇人大主席
刘光辉	大余县新城镇分水坳村驻村工作队队长兼第一书记,赣州市委政法委政法智能化建设科科长
李燕忠	大余县黄龙镇头塘村驻村第一书记,赣州市水利局章江水轮泵管理站副站长
董晨光	大余县新城镇店孜里村党支部书记、村委会主任
秦　征	崇义县委副书记、副县长(挂职),国家体育总局自剑中心工会负责人
胡家升	崇义县粮食流通服务中心副主任
张朝晖	崇义县上堡乡党委书记
胡朝东	崇义县扬眉镇白枧村驻村工作队队长兼第一书记,扬眉镇人大主席
章　权	龙南市卫健委党组成员、市疾控中心主任
赖水仙	龙南市武当镇党委书记
袁　洁	龙南市渡江镇岭下村驻村工作队队长兼第一书记,市城管局业务股

副股长

钟思勇　全南县副县长

叶奇峰　全南县南迳镇人大主席

刘书友　全南县龙下乡川垇村驻村工作队队长兼第一书记，赣州农业学校后勤与资产管理科科长

陈　明　全南县大吉山镇坪头镇村驻村工作队队长兼第一书记，县公安局刑侦大队副大队长

余冬清（女）　定南县天九镇天花村驻村工作队队长兼第一书记，县委办科员

邓志刚　定南县岭北镇党委书记

徐国淼　定南县龙塘镇二级主任科员

孔有宝　定南县鹅公镇高湖村驻村工作队队长兼第一书记，赣州市科协秘书科科长

黄光舜　赣州经济技术开发区金融服务中心党组书记、主任

黄利坚　赣州经济技术开发区蟠龙镇党委副书记

谢玉流　赣州经济技术开发区凤岗镇长田村驻村工作队队员，赣州经济技术开发区党政办信息督查科干部

刘翊翔　赣州蓉江新区潭东镇东坑村驻村工作队队长兼第一书记，赣州市公安局交警支队蓉江新区大队四级警长

刘显庭　赣州蓉江新区潭口镇洋山村党总支书记、村委会主任

吉安市

张东山（女）　吉安市水利局党委委员、副局长、二级调研员

吕全嘉　吉安市财政局农业科科长

胡　星　吉安市发改委能源综合科科长

肖　军　吉安市扶贫办综合人事科科长、机关党总支专职副书记

陈　泉　吉安市委宣传部新闻科负责人

兰　珮（女，畲族）　吉安市卫健委基层卫生科副科长

陈　静（女）　吉安市农业农村局投资规划科四级主任科员

刘　毅　吉安市住建局城乡建设科科员

曹銮秋　吉安市城市建设投资开发有限公司办公室副主任

罗娟华（女）　井冈山经济技术开发区社会事业局一级专办

龚良彬　吉安市吉州区扶贫办党组书记、主任

刘　欣　吉安市吉州区长塘镇党委委员、副镇长

周小玉（女）　吉安市吉州区兴桥镇便民服务中心主任、扶贫工作站站长

胡　辉　吉安市吉州区曲濑镇上塘村驻村第一书记，吉安市公共资源交易中心综合科科长、一级主任科员

喻建波　吉安市青原区扶贫办党组书记、主任

刘　娟（女）　吉安市青原区东固畲族乡螺坑村驻村第一书记，青原区东固革命根据地博物馆馆长

曾新华　吉安市青原区天玉镇塘尾村驻村工作队队长兼第一书记，井冈山大学国防生学院正科级干事

王戍平（女）　吉安市青原区富田镇杨渡村村民

邹　政　井冈山市财政局党委书记、局长、四级调研员

黄常辉　井冈山市扶贫办副主任、二级主任科员

许恒新　井冈山市光明乡党委书记

贺小英（女）　井冈山市新城镇党委书记

段　捷（女）　井冈山市龙市镇扶贫专干

谢　萍（女）　井冈山市东上乡扶贫专干

肖纲林　井冈山市拿山镇胜利村驻村工作队队长兼第一书记，吉安市白云山水利水电中心党委委员

谢　冰　井冈山市厦坪镇厦坪村驻村第一书记，市委办副科长级干部

彭展阳　井冈山市茅坪镇神山村党支部书记、村委会主任

奚　磊　吉安县委常委、副县长（挂职），中国人保财险总公司车险渠道业务二处高级业务主管

欧阳荣　吉安县住建局党委书记、局长

曾江英（女）　吉安县扶贫办副主任

刘智谋　吉安县油田镇党委书记、四级调研员

肖烈义　吉安县万福镇党委副书记、扶贫工作站站长

刘　任（女）　吉安县敦厚镇四级主任科员、扶贫专干

罗　军　吉安县油田镇板陂村原驻村第一书记，吉安市委办老干科科长、四级调研员

余大锴　吉安县万福镇岭头村驻村第一书记，县人才服务中心副主任

张光南　吉安县登龙乡田心村党支部书记、村委会主任

朱　勇　江西小牧童生态农业发展有限公司副总经理、法人代表

黄喜凤（女）　吉安县敖城镇伟凤粮食生产专业合作社理事长

邹新明　新干县扶贫办党组书记、主任

蒋志强　新干县沂江乡党委书记

聂鑫凯　新干县七琴镇扶贫专干

张德贵　永丰县扶贫办党组书记、主任

李素珍（女）　永丰县农业农村局党委委员、副局长

刘华忠　永丰县石马镇人大主席

曾美娟（女）　永丰县潭城乡扶贫专干

李淑琴（女）　永丰县鹿冈乡巷口村驻村工作队队长兼第一书记，县供销联社办公室副主任

陈秋岚（女）　峡江县砚溪镇党委书记

谢志刚　峡江县仁和镇彭家村驻村第一书记，县市场监督管理执法稽查局副局长

张勇兴　峡江县桐林乡庙口村党支部书记、村委会主任

陈忠玫　吉水县扶贫办党组书记、主任

李菊兰（女）　吉水县丁江镇人大主席

王　辉　吉水县盘谷镇松城村驻村第一书记，吉安市纪委市监委第四监督检查室三级主任科员

廖道财　吉水县水南镇新居村原驻村第一书记，县就业创业服务中心八级职员

周绍腾　吉水县白沙镇飞行村驻村工作队队长兼第一书记，县融媒体中心新闻采访部副主任

胡小明　江西胡伢子生态食品有限公司董事长

肖祖堡　泰和县政府办党组书记、主任、四级调研员

邹小丽（女）　泰和县苏溪镇党委委员、组织委员

杨小儿　泰和县上模乡油洲村驻村第一书记，县市场监督管理局老营盘分局局长

彭建军　泰和县西昌凤翔禽业有限公司总经理

林洪彪　江西宏标汽车运输发展有限公司董事长

温龙梅（女）　万安县副县长

刘　武　万安县委农办主任，县农业农村局党委书记、局长

赖平宇　万安县委巡察办主任

王斯基　万安县潞田镇党委书记

程　亮　万安县顺峰乡石富村驻村第一书记，中国三峡新能源（集团）股份有限公司华东分公司社旗国合风力发电有限公司运行专责

郭晨辉　万安县沙坪镇增佥村驻村第一书记，县文化市场综合执法大队副大队长

李　忠　万安县弹前乡新桥村驻村第一书记，吉安市统计数据计算中心主任

胡剑青　万安县顺峰乡高坪村驻村第一书记，井冈山经济技术开发区富滩园区办五级专办

陈　云　江西省一江秋粮油有限公司董事长

李云鹏　万安县蕉源垦殖场村民

谢振华　遂川县委副书记

危　安　遂川县交通运输局党委书记、局长

李小鹏　遂川县人社局党委书记、局长

彭传焱　遂川县委卫健委书记、县卫健委主任

廖富洋　遂川县教体局副局长

李　春（女）　遂川县扶贫办四级主任科员、计财股股长

蒋　敏　遂川县汤湖镇南屏村驻村工作队队长兼第一书记，民政部中国福利彩票发行管理中心社会工作部副主任

邝先良　遂川县大汾镇党委书记

刘为根　遂川县脱贫攻坚指挥部办公室综合部部长，营盘圩乡人大主席

王燕平　遂川县堆子前镇扶贫工作站站长

黄义新　遂川县高坪镇青草村党支部书记、村委会主任

吴连花　遂川县巾石乡莲花峰茶叶专业合作社理事长

董　辉　安福县扶贫办党组书记、主任

徐正龙　安福县严田镇党委书记

龚秋莲（女）　安福县甘洛乡党委副书记、扶贫工作站站长

李颂锋　安福县彭坊乡陈山村驻村第一书记，县公安局森林分局四级警长

郁吉生　安福县洋溪镇窑家村党支部书记、村委会主任

周春根　永新县委常委

段万怡　永新县脱贫攻坚指挥部副科级干部，县工商联副主席

贺小飞　永新县卫健委办公室主任

张　硕　永新县龙田乡花汀村驻村第一书记，科技部离退休干部局四级主任

科员

李　丹（女）　永新县龙源口镇党委副书记、镇长

邹　莎（女）　永新县芦溪乡副乡长

王逸俊　永新县芦溪乡中陂村驻村工作队队长兼第一书记，县检察院五级检察官助理

王福全　永新县高市乡滨江村驻村第一书记，吉安银保监分局办公室二级主任科员

吴页宝　永新县禾川镇汴田村驻村工作队队长兼第一书记，吉安市农科所蔬菜室主任

刘智勇　永新县龙门镇黄岗村驻村工作队队长兼第一书记，吉安市委台办经济科科长

刘建军　永新县文竹镇龙源村驻村第一书记，中国邮政储蓄银行吉安市分行办公室综合员

涂志军　永新县澧田镇中居村驻村工作队队员，吉安市委政研室（市委改革办）经济社会科科长、四级调研员

邹美红（女）　永新县高桥楼镇茅坪村驻村工作队队员，吉安市妇联办公室主任

郑　瀚　永新县高桥楼镇白堡村驻村工作队队员，吉安市人社局市社保中心干部

危云云（女）　江西贝加尔河生态农业发展有限公司总经理

上饶市

吴东红　中国电信股份有限公司上饶分公司党委书记、总经理

陈建萍（女）　上饶市卫健委行政服务科科长

程熙峰　上饶市信州区农业农村水利局助理工程师

许大龙　生前为上饶市信州区秦峰镇副镇长

徐　俊　上饶市信州区灵溪镇日升村驻村第一书记，上饶市审计技术保障中心副主任

廖淑明（女）　上饶市信州区沙溪镇青岩村驻村第一书记，区医保局党组成员

徐贻用　上饶市信州区朝阳镇青石村党支部书记、村委会主任

詹　辉　上饶市广信区副区长

毛必标　上饶市广信区扶贫办党组书记、主任

附 件

刘小卫（女） 上饶现代农业科技园区管理委员会党工委副书记、管委会主任
徐华军 上饶市广信区煌固镇党委书记
徐 红（女） 上饶市广信区铁山乡党委副书记、乡长
张武达 上饶市广信区茶亭镇扶贫工作站副站长
周 涛 上饶市广信区华坛山镇财政所副所长
郑振华 上饶市广信区田墩镇七峰村驻村工作队队长兼第一书记，上饶市委台办秘书科科长
刘在福 上饶市广信区清水乡常阜村驻村工作队队长兼第一书记，区委统战部副部长
黄荣根 上饶市广信区黄沙岭乡源溪村驻村工作队队长，区农业农村局二级主任科员
邓立东 上饶市广信区尊桥乡东田村驻村工作队队员，区住建局农危办副主任
陈丽华（女） 上饶市广信区皂头镇周石村党支部书记、村委会主任
艾喜红（女） 上饶市广信区上泸镇芑圳村宏展专业农业合作社法定代表人
刘义军 上饶市广信区罗桥街道下山社区村民
刘积旺 上饶市广丰区卫健委党组成员、副主任
吴清虎 上饶市广丰区教体局扶贫专干
汤华东 上饶市广丰区毛村镇党委委员、副镇长、扶贫工作站站长
吕建辉 上饶市广丰区毛村镇乌岩村驻村工作队队长兼第一书记，区交通运输局招标办主任
徐少敏 上饶市广丰区泉波镇边山村党支部书记、村委会主任
尹玉高 上饶市广丰区铭利种养专业合作社理事长
杨时胜 玉山县政府党组成员，县扶贫办党组书记、主任
程玉芬（女） 玉山县六都乡党委副书记、扶贫工作站站长
朱荣珍（女） 玉山县临湖镇仓坞村驻村第一书记，县档案馆馆长
刘子申 玉山县临湖镇叶桥村驻村工作队队长兼第一书记，王宅水库管理局副局长
罗来椿 玉山县下塘乡新塘村党支部书记、村委会主任
谢小飞 玉山县三宝农产品专业合作社理事长
王飞荣 横峰报社党支部书记、县脱贫攻坚督导组组长
杨 晗（女） 横峰县青板乡党委委员、组织员

李双英（女）　横峰县司铺乡党委副书记、扶贫工作站站长
汪乘杰　横峰县葛源镇溪畈村原驻村第一书记，新篁办事处党委委员、纪委书记
王水良　横峰县龙门畈乡坊源村驻村第一书记，县农业农村局党组成员、副局长
杨　月（女）　横峰县我家电商土特产有限公司总经理
张平华　横峰县莲荷乡上畈村村民
廖丽娜（女）　弋阳县扶贫办党组书记、主任
凌　飞　弋阳县南岩镇党委书记、四级调研员
程太剑　弋阳县湾里乡李桥村原驻村工作队队长兼第一书记，上饶市总工会财务资产部部长
张　涛　弋阳县三县岭镇沙湾村驻村工作队队长兼第一书记，县总工会组宣部副部长
彭守成　弋阳县中畈乡汉墩村驻村第一书记，县法院工会副主席
祝卧龙　上饶市卧龙石斛生物科技有限公司总经理
王亚明　铅山县湖坊镇党委副书记、镇长
朱成华　铅山县石塘镇人大主席、扶贫工作站站长
曾　鑫　铅山县武夷山镇扶贫专干
颜泰斌　铅山县新滩乡后坂村驻村第一书记，县教体局教育团工委书记
陈建华　铅山县葛仙山镇港东村党支部书记、村委会主任
戴加林　铅山县湖坊镇河东村村民
吴拥军　德兴市委常委
马燕君（女）　德兴市扶贫办综合股负责人
李杰明　德兴市龙头山乡东坞村驻村工作队队长兼第一书记，上饶市文广新旅局科技科科长
夏公啟　德兴市张村乡南岸村原驻村第一书记，市纪委市监委室主任
李建明　德兴市万村乡瓦源村党支部书记、村委会主任
汪晓辉　婺源县扶贫办党组成员、副主任
吴进开　婺源县紫阳镇党委副书记、扶贫工作站站长
刘　飞　婺源县太白镇新屋村驻村工作队队长兼第一书记，江西省烟草公司上饶市公司办公室副主任
俞灶福　婺源县思口镇河山坦村驻村第一书记，县徽剧传习所副所长

汪新华　婺源县江湾镇浯村党支部书记、村委会主任

齐土金　婺源县许村镇仁洪村村民

杜倩雯（女）　万年县石镇镇党委副书记、扶贫工作站副站长

张　凤（女）　万年县裴梅镇扶贫工作站副站长

曹国庆　万年县梓埠镇燃湖村驻村第一书记，梓埠镇副镇长

胡焕华　万年县陈营镇余源村党支部书记、村委会主任

占建芳　余干县委常委、组织部部长

罗国生　余干县扶贫办党组成员、副主任

童志先　余干县教体局学生资助管理中心主任

余　彪　余干县黄金埠镇党委副书记、扶贫工作站站长、胡家洲村党总支书记

周友才　生前为余干县东塘乡党委委员、副乡长

李企光　余干县石口镇副镇长

戴　青（女）　余干县梅港乡扶贫工作站副站长

吴光辉　余干县杨埠镇甘泉村驻村工作队队长兼第一书记，杨埠镇副镇长（挂职），上饶市人社局人才培训中心副主任

陈　华　余干县三塘乡新桥村驻村第一书记，上饶市人民医院工会主席

何慧军　余干县黄金埠镇塘背村驻村工作队队长兼第一书记，上饶市交通工程质量监督局检测科副主任

谭　湘（女）　余干县大溪乡杨源村驻村第一书记，玉亭镇党委委员、组织员

卢伟敏　余干县杨埠镇瞻坊村驻村第一书记，县水利局干部

林青山　余干县社赓镇土桥村驻村第一书记，县委党史办副主任

胡玉志　余干县九龙镇山塘村驻村第一书记，县委信访局督查综合股股长

余晨钟　余干县白马桥乡寺前村党支部书记、村委会主任

李　锋　余干县锋慧林果种植专业合作社理事长

魏志峰　余干县社赓镇李梅村村民

陈先发　余干县九龙镇民安村村民

胡仲仪　鄱阳县人大常委会党组书记、主任

何　静（女）　鄱阳县住建局危改办主任

刘恒之　鄱阳县卫健委健康扶贫股干部

程　英　鄱阳县金盘岭镇党委副书记、扶贫工作站站长

李超波　鄱阳县乐丰镇党委副书记、扶贫工作站站长

蒋妍妮（女）　鄱阳县油墩街镇党委副书记、扶贫工作站站长

章　海　鄱阳县田畈街镇党委副书记、扶贫工作站站长

李海燕（女）　鄱阳县柘港乡党委委员、组织员

华　健　鄱阳县凰岗镇人大副主席

郑华建　鄱阳县古县渡镇危改办主任

盛贤哲　鄱阳县珠湖乡扶贫工作站站长

傅　韬　鄱阳县油墩街镇莲西村驻村工作队队长兼第一书记，江西医学高等专科学校教务处教材科科长

邱昌涛　鄱阳县饶埠镇蔡家村驻村工作队队长兼第一书记，上饶市畜牧兽医局畜牧兽医站站长

俞建明　鄱阳县饶埠镇畲塘村驻村工作队队长兼第一书记，上饶市机管局四级调研员

石荣明　鄱阳县四十里街镇华岭村驻村工作队队长兼第一书记，县税务局四级主办

徐滨威　鄱阳县莲湖乡波丰村驻村工作队队长兼第一书记，县农业农村局合作经济指导股股长

郭永忠　鄱阳县团林乡沙塘村党支部书记、村委会主任

陈益红　鄱阳县芦田乡洪源村党支部书记、村委会主任

王普育　鄱阳县枧田街乡大源村村民

李志飞　鄱阳县饶埠镇树下村村民

汪　舰　上饶市三清山风景名胜区三清乡党委书记

九江市

何　明　九江市教育局党委委员、副局长

黎海明　九江市政府办四级主任科员

徐勋平　九江市委组织部党建综合科科长

洪兴旺　九江市审计局农业农村审计科科长

陈　蔚（女）　九江市发改委区域科科长

闵志远　九江市扶贫办评估稽查科科长

张　松　农行九江分行三农金融部经理

朱秋生　修水县委常委、县茶科所党委书记

罗伟民　修水县农业农村局党委书记、局长

熊胜庆　修水县民政局党组书记、局长

莫建华　修水县大桥镇党委书记

樊小琴（女）　修水县渣津镇党委委员、副镇长

柳玉山　修水县马坳镇多水村驻村工作队队长兼第一书记，九江市委办机关党委专职副书记、纪委书记

衷跃昌　修水县黄沙镇汤桥村原驻村第一书记，九江市住房公积金管理中心修水县办事处原主任

田　俊　修水县太阳升镇坪塅村驻村第一书记，九江市卫健委监督科科员

孙忠洲　修水县复原乡双港村驻村第一书记，九江市工信局运行科二级主任科员

许鑫子　修水县全丰镇古藤村驻村工作队队长兼第一书记，县保障房管理局干部

王诗勇　修水县复原乡雅洋村党支部书记、村委会主任

刘九花（女）　修水县漫江乡宁红村党支部书记、村委会主任

樊南星　修水县大桥镇界源村村民

吴文华　都昌县就业创业服务中心主任

江贵明　都昌县政府党组成员，县扶贫办党组书记、主任

利秋妃（女）　都昌县卫健委党委委员、副主任

毛伟华　都昌县多宝乡党委书记

朱恩清　都昌县万户镇党委书记

闵建中　都昌县土塘镇信和村驻村第一书记，九江市委统战部党外知识分子工作科一级主任科员

向开军　都昌县中馆镇港西村驻村工作队队长兼第一书记，九江市社会组织委员会办公室主任

孙功盛　都昌县南峰镇余晃村驻村工作队队长兼第一书记，九江市水利局法规科二级主任科员

凌小平　都昌县徐埠镇莲花村驻村工作队队员，九江市人大机关后勤服务中心干部

罗　俊　都昌县大港镇盐田村驻村工作队队员，九江市委政法委办公室副主任

王建文　生前为都昌县都昌镇南山村驻村工作队队员，九江市道路运输管理局都昌分局办公室主任

徐建平　都昌县苏山乡合岭村党支部书记、村委会主任
石培发　都昌县三汊港镇岭东村党支部书记、村委会主任
万建明　永修县委副书记
胡礼早　永修县马口镇党委书记
徐　凡　永修县三角乡党委委员、副乡长
张卫真　永修县滩溪镇下湾村驻村工作队队员，九江市商务局法律事务部副部长
魏小平　永修县九合乡和平村驻村工作队队长兼第一书记，县商务局干部
周　萍（女）　永修县滩溪镇下湾村党支部书记、村委会主任
毕诗忠　瑞昌市扶贫办党组成员
柯　鹄　瑞昌市横港镇党委委员、副镇长
陈前亮　瑞昌市洪一乡党委委员、常务副乡长
肖　智　瑞昌市洪下乡扶贫专干
何振中　瑞昌市肇陈镇八门村驻村工作队队长兼第一书记，市林业保护和建设中心副科级干部
程　钊　庐山市扶贫办党组书记、主任
查正喜　庐山市残联四级主任科员
胡德玉　庐山市横塘镇党委书记
王育槐　庐山市星子镇仕林村驻村第一书记，九江市财政局投资评审中心副主任
江东山　庐山市温泉镇东山村驻村第一书记，九江市司法局党组成员、政治处主任
王　贤　庐山市华林镇共同村党支部书记、村委会主任
夏冬春　武宁县罗坪镇党委书记、四级调研员
张吉民　武宁县泉口镇芭蕉村驻村第一书记，县委非公有制经济组织与社会组织工委书记
叶　姣（女）　武宁县大洞乡彭坪村驻村工作队队员，大洞乡副乡长
邓福生　武宁县清江乡龙石村党支部书记、村委会主任
徐金标　江西奥普照明有限公司董事长、总经理
帅中华　彭泽县委常委、统战部部长
许兴东　彭泽县扶贫办党组书记、主任
张海华　彭泽县马当镇党委书记

附 件

许　悦　彭泽县杨梓镇青峰村驻村第一书记，县委政法委二级主任科员
朱结祥　彭泽县黄花镇东红村党支部书记、村委会主任
邓　坚　湖口县民政局党组书记、局长
骆晓南　湖口县扶贫办党组书记、主任，县农业农村局党组书记、局长
王雨求　湖口县武山镇王常村驻村第一书记，武山镇副镇长
陆建飞　湖口县舜德乡舜德村驻村工作队队员，九江市政协机关后勤服务中心副主任
张红卫　湖口县张青乡青龙村党支部书记、村委会主任
邬乃武　九江市柴桑区扶贫办党组书记、主任
杨广富　九江市柴桑区城门街道人大工委副主任
江书福　九江市柴桑区新合镇利民村驻村第一书记，九江市委宣传部改革发展科科长
杨春艳（女）　九江市柴桑区江洲镇官场村驻村第一书记，区委办公室三级主任科员
刘礼湖　九江市柴桑区岷山乡分水村村民
周三连（女）　德安县委副书记、县长
戴语声（女）　德安县聂桥镇党委委员、副镇长
马　跑　德安县邹桥乡石门村驻村工作队队长兼第一书记，县民政局社会工作股负责人
杨祖荣　共青城市委常委、组织部部长
冯雪峰　共青城市扶贫办党组书记、主任
王家龙　共青城市苏家垱乡党委副书记
吴维剑　九江市濂溪区扶贫办党组书记、主任
戴　勇　九江市濂溪区威家镇党委书记、四级调研员
户国光　九江市濂溪区新港镇党委副书记、镇长

抚州市

程智鑫　抚州市财政局扶贫开发科副科长
冯燕萍（女）　抚州市住建局村镇建设科科长
李　佳（女）　抚州市农业农村局总农艺师
王　立　抚州市水利局农水科负责人
熊晶晶（女）　抚州市卫健委基层卫生健康科科员

邓凌云　抚州市扶贫和移民监测评估中心主任
吴志华　中国人民财产保险股份有限公司抚州市分公司党委书记、总经理
乐华伟　中国人民人寿保险股份有限公司抚州中心支公司综合部内勤
管国安　乐安县水利事业服务中心主任
饶财华　乐安县戴坊镇党委副书记、镇长
袁　峥　乐安县南村乡扶贫办主任
王　敏　乐安县戴坊镇麦坑村驻村工作队队长兼第一书记，抚州市委教育体育工委组织部部长、市教育体育局人事科科长
桂高平　生前为乐安县山砀镇厚坊村驻村工作队队员，县医保局生育股股长
詹莉梅（女）　乐安县湖坪乡汉上村第一书记，县教体局党委委员
康保辉　乐安县山砀镇山砀村党支部书记、村委会主任
刘　彬　广昌县委常委、副县长（挂职），中央统战部离退休干部工作局联络服务一处副处长
胡晓林　广昌县水利局副局长
高　洁（女）　广昌县扶贫办党组成员、副主任
陈晓林　广昌县千善乡扶贫办主任
陈荣华　致纯食品股份有限公司董事长兼总经理
邱燕燕（女）　广昌县水南圩乡水南村村民
陈小青　金溪县委副书记
齐子平　金溪县扶贫办党组书记、主任
饶幼平　金溪县财政局农财股股长
高志良　金溪县左坊镇党委副书记、镇长
林志和　江西宽年印刷材料有限公司董事长
沈建华　资溪县扶贫办党组书记、主任
欧阳杰　资溪县马头山镇党委书记
陈智祥　资溪县高田乡龙英村党支部书记、村委会主任
赵似珍（女）　宜黄县委常委
梅明阳　宜黄县凤冈镇党委书记
甘璐璐（女）　宜黄县梨溪镇里阴村驻村工作队队长兼第一书记，抚州市外办秘书科科长
乐乡华　江西乡华生态农业科技有限公司董事长
邱伟东　崇仁县扶贫办党组书记、主任

附　件

万　能　崇仁县桃源乡党委委员、纪委书记
廖小娟（女）　抚州源野农牧业发展有限公司董事长
戴楚玲（女）　崇仁县桃源乡王沙塘村村民
廖素芬（女）　南城县县长扶贫助理（挂职），抚州市委市政府接待办接待二
　　　　　　　科科长
李洪斌　南城县扶贫办党组书记、主任
周应龙　南城县龙强种养殖专业合作社执行董事
胡　鹏　南城县天井源乡扶贫工作站站长、南源村党支部书记
裘启仁　南城全家塘生态农场法定代表人
黄　辉　黎川县扶贫办党组成员、副主任
朱　华　黎川县日峰镇党委副书记
王新平　黎川县日峰镇店前村驻村工作队队长兼第一书记，抚州市政协教科
　　　　卫体委副主任
黄友华　黎川县湖坊乡水湖村党支部书记、村委会主任，江西红都生态农业
　　　　开发有限公司总经理
沈世文　南丰县扶贫办副主任
饶爱主　南丰县紫霄镇党委书记
廖国英（女）　南丰县三溪乡扶贫专干
郑星球　南丰县傅坊乡立新村党支部书记、村委会主任
方　明　抚州市临川区残联副理事长
游丽玲（女）　抚州市临川区扶贫办干部
邓　远　抚州市临川区医保局干部
邓丽君（女）　抚州市临川区荣山镇旨荣村驻村工作队队长兼第一书记，区第
　　　　　　　一人民医院人事科副主任
乐　愈　抚州市东乡区瑶圩乡党委副书记、乡长
陈　伟　抚州市东乡区珀玕乡扶贫专干
杨志明　抚州市东乡区王桥镇扶贫专干
饶建华　抚州市东乡区小璜镇广昌村驻村工作队队长兼第一书记，人行东乡
　　　　支行副行长
罗　莹（女）　抚州高新区管委会主任助理（挂职），市司法局普法与依法治
　　　　　　　理科科长
王欣怡（女）　抚州高新区农村工作局扶贫科负责人

潘亚璐（女） 抚州高新区城西街道东津村驻村工作队队长兼第一书记，抚州市工信局科技科副科长
吴海华　抚州市东临新区农业农村局扶贫移民科科长
段宇豪　抚州市东临新区湖南乡灵谷峰村驻村工作队队长兼第一书记，抚州市审计局农业科四级主任科员
赵立昆　抚州市东临新区太阳镇衙背村党支部书记、临川永光合作社负责人

萍乡市

彭万秋　萍乡市扶贫办党组书记、主任
李新民　萍乡市财政局党组书记、局长
易元成　萍乡市卫健委二级调研员
曾祥军　萍乡市水利局农村水利科科长
朱清远　萍乡市社会救助管理局副局长
李崇波　萍乡市纪委市监委党风政风监督室副主任
姚凌霄　萍乡市住建局城市建设科科长
刘　威　萍乡市湘东区消防救援大队政治教导员
刘肖红（女）　萍乡市教育评估监测中心干部
段文华　国家统计局萍乡调查队党支部专职副书记
廖清华　萍乡市安源区扶贫办党组书记、主任
邹　燚　萍乡市安源区青山镇副科级干部
丁丽秀（女）　萍乡市安源区安源镇副镇长
徐建国　萍乡市安源区高坑镇王家源村党总支书记、村委会主任
汤中检　萍乡市湘东区扶贫办党组书记、主任
陈宝林　萍乡市湘东区社会救助服务中心主任
谭敏强　萍乡市湘东区广寒寨乡便民服务中心主任
陈明辉　萍乡市湘东区白竺乡扶贫专干
郭　峰　芦溪县扶贫办党组书记、主任
欧阳凤波　芦溪县财政局党组书记、局长
陈光萍　芦溪县委组织部副部长、县驻村工作领导小组办公室主任
吴　峰　芦溪县南坑镇党委书记
黄绍辉　上栗县卫健委党委委员、药具管理和生育服务中心主任
黎金玲（女）　上栗县彭高镇副镇长

肖　娇（女）　上栗县赤山镇扶贫专干
黄祖金　上栗县长平乡焦源村驻村第一书记，县司法局保留正科级待遇干部
李铁湘　莲花县财政局党组书记、局长
彭小林　莲花县农业农村局党委委员
刘正良　莲花县神泉乡党委书记
彭　超　莲花县湖上乡党委委员、人武部部长
陆建林　莲花县良坊镇新田村驻村工作队队长兼第一书记，萍乡市农业农村
　　　　局蔬菜科学研究所副所长
刘平瑶　莲花县坊楼镇东星村党支部书记
刘艳萍（女）　莲花县恒信加工厂负责人
曾庆光　萍乡经济技术开发区扶贫办专职副主任
景国成　萍乡武功山风景名胜区党委委员、管委会副主任
朱子明　萍乡武功山风景名胜区扶贫办主任
刘洋华　萍乡武功山风景名胜区万龙山乡二级主任科员
蔡　毅　萍乡武功山风景名胜区麻田办事处扶贫专干

宜春市

杨少奎　宜春市教体局学生资助与财务管理科科长
李新华（女）　宜春市民政局社会救助科干部
龙柏青　宜春市人社局就业和失业保险管理科科长
杨　宜（女）　宜春市袁州区副区长
钟少平　宜春市袁州区扶贫办党组书记、主任
周林海　宜春市袁州区芦村镇综治办专职副主任
罗庆师　宜春市袁州区竹亭镇党委副书记
易　辉　宜春市袁州区辽市镇寒岭村驻村第一书记，区法院综合办公室主任
陈洪兵　樟树市住建局党委委员
黄文燕（女）　樟树市扶贫办综合行政股股长
黄龙根　樟树市洲上乡党委副书记、扶贫工作站站长
甘　羽（女）　樟树市昌傅镇中心卫生院副院长
张文强　樟树市吴城乡塘下村党支部书记、村委会主任
余华阳　丰城市委常委、副市长
晏崇聪　丰城市扶贫办党组书记、主任

蔡江波　丰城市洛市镇党委书记

罗　颖　丰城市淘沙镇党委副书记、扶贫工作站站长

陈款荣　丰城市拖船镇荣湖村驻村第一书记，市委组织部二级主任科员

应　勤（女）丰城市蕉坑乡曲源村驻村工作队队长兼第一书记，宜春市委党校机关党委专职副书记

付永峰　靖安县扶贫办党组书记、主任

黄铃淦　靖安县仁首镇党委书记

章小兵　靖安县罗湾乡石境村驻村工作队队长兼第一书记，县纪委县监委第三纪检监察室主任

占小华　奉新县扶贫办党组成员、二级主任科员

何南平　奉新县仰山乡党委书记

周　玮　奉新县干洲镇党委副书记、镇长

李　鹏　高安市委副书记

彭中华　高安市扶贫办党组成员、副主任

邬书根　高安市大城镇党委委员、扶贫工作站副站长

朱斯雅（女）高安市八景镇扶贫专干

梁剑锋　高安市灰埠镇铜塘村驻村工作队队长兼第一书记，市委宣传部外宣办副主任

黄俊雄　上高县扶贫办党组书记、主任

唐　琰　上高县镇渡乡江东村驻村工作队队长兼第一书记，宜春市委宣传部新闻报道组四级主任科员

王道玖　上高县翰堂镇中楼村驻村工作队队长兼第一书记，宜春市烟草专卖局干部

许亮成　宜丰县扶贫办党组书记、主任

刘城华　宜丰县天宝乡党委书记

罗　斌　宜丰县潭山镇党委副书记、镇长

卢智敏　宜丰县棠浦镇党委副书记

陈伟峰　铜鼓县副县长

温光焕　铜鼓县扶贫办党组书记、主任

吴明兆　铜鼓县带溪乡党委书记、四级调研员

辛洪平　铜鼓县港口乡党委副书记、扶贫工作站站长

陈宗伟　铜鼓县永宁镇党委委员、人武部部长

刘　伟　铜鼓县排埠镇永丰村驻村工作队队长兼第一书记，宜春市信用担保
　　　　中心担保评审科科长
郑龙飞　铜鼓县高桥乡梁塅村党支部书记、村委会主任
冯德福　铜鼓县三都镇小山村村民
袁常青　万载县副县长
邬立根　万载县高村镇脱贫攻坚挂职副书记，县农业农村局党委委员
彭水平　万载县卫健委党委委员、副主任
喻　霆　万载县脱贫攻坚指挥部干部，县公共就业人才服务局干部
黄卫清（女）　万载县黄茅镇党委副书记、镇长
夏　凌　万载县高村镇白泉村驻村工作队队长兼第一书记，宜春市人民医院
　　　　后勤保障科副科长
陈玲珠（女）　万载县潭埠镇新田村党支部书记、村委会主任
刘华平　万载县白水乡槽岭村村民
兰永辉　宜春经济技术开发区金园街道党工委委员、宣传委员
袁　斌　宜春市宜阳新区官园街道张家山社区驻村工作队队长兼第一书记，
　　　　宜阳新区官园街道干部
彭继荣　宜春市明月山温泉风景名胜区社会事业局负责人

南昌市

胡志平　南昌市教育局计财科干部
潘景屏　南昌市卫健委基层卫生科科长
胡　群（女）　南昌市扶贫办综合科科长
曾　平　南昌市建设工程招标投标监督管理办公室党支部书记
胡朝辉　南昌县委常委
樊友军　南昌县农业农村局党组成员、副局长
肖　青（女）　南昌县社会福利院院长
龚芦花（女）　南昌县南新乡党委书记
章春虎　南昌县广福镇副镇长
龚常慧　南昌县塔城乡湖陂村原驻村工作队队长兼第一书记，县税务局党委
　　　　委员、副局长
卞　红（女）　南昌市新建区机关事务服务中心主任
黄小晖　南昌市新建区流湖镇党委书记

凌　婧（女）　南昌市新建区石岗镇党委书记

魏　靓（女）　南昌市新建区石埠镇党委副书记

戴党太　南昌市新建区铁河乡东阳村驻村工作队队长兼第一书记，南昌市公路事业发展中心三级主任科员

吴文坚　南昌市新建区流湖镇溪洪村驻村工作队队长兼第一书记，区税务局机关党委干部

叶修堂　进贤县委副书记、县长

刘　杭　进贤县政协副主席，县财政局党组书记、局长

吴　宽　进贤县委办主任

李　勇　进贤县扶贫服务中心党组书记，县政协农业农村委主任

胡江华　进贤县白圩乡党委副书记

张志江　进贤县钟陵乡副乡长

付　亮　进贤县民和镇旺坊村党支部书记、村委会主任

彭开先　安义县委书记

刘宗彪　安义县农业农村局党组书记、局长

刘凤生　安义县扶贫服务中心主任

罗　俊　安义县长均乡把口村驻村工作队队长兼第一书记，南昌市委统战部干部科科长、机关党总支专职副书记

万为富　安义县鼎湖镇湖溪村党支部书记、村委会主任

刘红玲（女）　安义县万埠镇下庄村村民

涂　晔　湾里管理局党工委委员、副局长

何媛丽（女）　湾里管理局农业农村与林业办公室党委书记、主任、四级调研员

夏　辉　湾里管理局太平镇党委书记

新余市

廖兴中　新余市学生资助管理中心主任

钟水兵　新余市住建局村镇建设科负责人

邹京军　新余市扶贫办计划财务科科长

林　哲　分宜县民政局党组成员、副局长、二级主任科员

李梅青　分宜县扶贫办党组书记、主任

傅　松　分宜县分宜镇党委副书记、镇长

吴沛京　分宜县钤山镇扶贫专干
黄银生　分宜县操场乡太湖村党总支书记、村委会主任
王春花（女）　新余品茗农业开发有限公司董事长
黄奔文　新余市渝水区新溪乡党委副书记、扶贫工作站站长
曾小军　新余市渝水区水北镇人大主席、扶贫工作站站长
何艳峰　新余市渝水区鹄山镇扶贫工作站副站长
肖成玮　新余市渝水区良山镇扶贫工作站副站长
孔珍华　新余市渝水区南安乡南门村驻村第一书记，区委统战部一级主任科员
汤　铠　新余市渝水区下村镇江东村驻村工作队队员，新余市税务局四级调研员
何伍芽　新余市渝水区人和乡穑诞村党支部书记、村委会主任
肖安平　新余市渝水区界水乡甘村垅村村民
王利平　分宜县湖泽镇南溪村村民
付春民　新余市农业科技园管委会副主任
龚小华　新余市仙女湖区河下镇党委书记、四级调研员
杨　鹏　新余高新区水西镇人大主席
张　翔　新余高新区马洪办事处党委委员、扶贫工作站站长
赖新军　新余高新区水西镇河坪村驻村第一书记，新余市委宣传部机关党委专职副书记

鹰潭市

吴发财　鹰潭市委农办主任，市农粮局党组书记、局长
占　华（女）　鹰潭市福利彩票发行中心主任
徐　琛　鹰潭市劳动就业服务管理局市场就业科科长
邓茂昌　贵溪市扶贫办党组成员、副主任
左卫平（女）　贵溪市财政局扶贫科科长
江　玲（女）　贵溪市耳口乡党委书记
徐婷娜（女）　贵溪市志光镇副镇长
周　明　贵溪市文坊镇西窑村驻村工作队队长兼第一书记，鹰潭市交通运输局党办负责人
夏　惠　贵溪市河潭镇河潭村原驻村第一书记，鹰潭市教育局扶贫创建办负责人

占　强　贵溪市周坊镇胡家村党总支书记、村委会主任
陆巧玲（女）　贵溪市巧玲毛绒玩具加工厂总经理
崔学军　贵溪市佳欣工贸有限公司法人代表
黄贵开　鹰潭市余江区委副书记
童海峰　鹰潭市余江区马荃镇党委副书记
曾优良　鹰潭市余江区黄庄乡二级主任科员
熊革进　鹰潭市余江区平定乡洪桥村驻村工作队队长兼第一书记，鹰潭市农粮局畜牧兽医科负责人
张田生　鹰潭市余江区春涛镇山岭村驻村第一书记，区房管局测绘所所长
范兵亮　鹰潭市余江区锦江镇范家村党总支书记、村委会主任
吴春红　鹰潭市余江区海清电子有限公司总经理
吴朝辉　鹰潭市余江区画桥镇葛家店村村民
饶晓霞（女）　鹰潭市月湖区民政局局长，区扶贫办主任
徐拥军　鹰潭市月湖区四青街道党工委书记
周柏青　鹰潭市龙虎山风景名胜区民政局局长，龙虎山风景名胜区扶贫办主任
童海峰　鹰潭市龙虎山风景名胜区上清镇党委副书记、镇长
王辉和　鹰潭高新区白露街道周家社区原驻村工作队队长兼第一书记，区社会事业局二级主任科员，区扶贫办一级主办
邵胜明　鹰潭市信江新区江北办事处党工委委员、副主任

景德镇市

罗　斌　景德镇市水利局建设管理与农村水利科科长
张　洁　景德镇市人社局就业促进和失业保险科科长
程新华　景德镇市国资委企业指导科副科长、二级主任科员
朱　星　景德镇市广播电视台记者
韩　青（女）　景德镇市扶贫办综合计财科干部
胡林香（女）人行景德镇市中心支行货币信贷管理科科员
林浩飞　景德镇市华达实业集团有限公司董事长、总裁
韩　伟　乐平市副市长
曹乐发　乐平市政协教科卫体委主任，市住建局原副局长
程诗文　乐平市扶贫办党组成员、副主任

赵江雄　乐平市十里岗镇党委书记
方秀花（女）　乐平市众埠镇扶贫工作站副站长
邵金明　乐平市接渡镇湖滨村驻村第一书记，景德镇市公安局政治部教育训练科副科长
金运新　乐平市礼林镇洲上村驻村第一书记，景德镇市法学会秘书长
梁廷祥　乐平市塔前镇杨安村村民
计敏盛　浮梁县扶贫办项目股负责人
汤梦婷（女）　浮梁县臧湾乡扶贫信息员
吴维波　浮梁县峙滩镇流口村驻村工作队队长兼第一书记，景德镇市中级人民法院机关党委专职副书记
罗润根　浮梁县黄坛乡黄坛村驻村第一书记，景德镇市纪委市监委办案中心干部
程小芳（女）　浮梁县湘湖镇洞口村党支部书记、村委会主任
董胜田　浮梁县西湖乡桃墅村党支部书记、村委会主任
彭清丽　景德镇市昌江区扶贫办党组书记、主任
徐露明（女）　景德镇市昌江区鲇鱼山镇金桥村驻村第一书记，区文化广电新闻出版旅游局副科级干部
丁红云　景德镇市珠山区竟成镇副镇长
胡小新　景德镇市昌南新区社会事业管理局副局长

省直机关工委

汤长明　德安县车桥镇长庆村原驻村工作组组长，省纪委省监委组织部副部长
肖　飞　贵溪市周坊镇长塘村驻村工作队队长兼第一书记，省委办公厅接待三处二级调研员
盛　茵　省委组织部组织二处处长、一级调研员
邹华生　庐山市白鹿镇玉京村原驻村工作队队长，省委宣传部宣传教育处处长
程旺祥　广昌县驿前镇驿前村原驻村工作队队长兼第一书记，省委统战部直属机关党委二级调研员
熊小春　泰和县禾市镇丰垅村驻村工作队队长兼第一书记，省委政法委基层社会治理处四级调研员

潘　毅　金溪县琅琚镇下东漕村驻村工作队队长兼第一书记，省委政研室农村处二级调研员

王刚强　南丰县紫霄镇黄砂村驻村工作队队长兼第一书记，省委网信办网研中心副主任、三级调研员

潘晨宇　万载县潭埠镇山塘村驻村第一书记，省委编办体制改革处副处长

周　辉　省委军民融合办机关党委二级调研员

李　熹　吉水县八都镇东坊村驻村工作队队员，省教育技术与装备发展中心正科级干部

潘菊华（女）　省委台办投诉协调处处长、一级调研员

罗晓宇　浮梁县黄坛乡南溪村驻村工作队队员，省委信访局信息技术处副处长

王勇刚　芦溪县张佳坊乡杨佳田村原驻村工作队队长兼第一书记，省关心下一代工作委员会办公室副主任

吴荣平　吉安县敦厚镇南街村驻村工作队队长兼第一书记，省人大常委会办公厅信访处副处长、三级调研员

陈春情　黎川县洵口镇皮边村驻村工作队队长兼第一书记，省政协办公厅委员联络处一级主任科员

陈洪涌　余干县三塘乡明湖村驻村工作队队长兼第一书记，省法院司法行政装备管理处副处长、三级调研员

杜裕平　宜黄县二都镇白槎村驻村工作队队长兼第一书记，省检察院干部教育培训处副处长、二级调研员

谢达贵　省政府办公厅秘书一处处长、一级调研员

孙蔚东（女）　信丰县新田镇铜锣丘村驻村工作队队长兼第一书记，省鄱湖办（苏区办）综合协调处二级调研员

熊　军　吉安市吉州区兴桥镇泉塘村驻村第一书记，省科技事务中心副主任

郭银华　会昌县周田镇半岗村驻村工作队队长兼第一书记，省工信厅电子信息处二级调研员

何　博　上犹县社溪镇严湖村驻村工作队队员，省公安厅交通管理局高速交通警察总队直属八支队一级警长

邝　标　黎川县德胜镇德胜村驻村工作队队长兼第一书记，省民政厅规划财务处副处长

唐永新　湖口县张青乡青龙村驻村工作队队长兼第一书记，洪都监狱三级高

　　　　级警长
徐　昊　瑞金市叶坪镇朱坊村驻村工作队队员，省财政厅老干部处副处长
谢小贵　省社会保险管理中心副主任、一级调研员
刘　俊　资溪县高田乡龙英村驻村工作队队长兼第一书记，省自然资源厅科技与地理信息管理处副处长
熊　琪　省住建厅村镇建设处干部
徐赞勋　安福县山庄乡连村村驻村工作队队长兼第一书记，省综合交通运输事业发展中心科技安全处四级调研员
胡　伟　省水文监测中心办公室（党委办）主任
吴明庆　井冈山市新城镇排头村驻村工作队队长兼第一书记，省农业农村厅红壤研究所综治信访办主任
江建明　信丰县大塘埠镇新龙村驻村工作队队长兼第一书记，省商务厅外国投资管理处副处长
唐大勇　鄱阳县凰岗镇程家村驻村工作队队长兼第一书记，省文旅厅机关党委二级调研员
欧阳慧勇　石城县木兰乡陈联村原驻村工作队队长兼第一书记，省人民医院党委委员、纪委书记
陈彝龙　吉安市青原区富田镇草坪村原驻村第一书记，省安全风险监测预警中心六级职员
项庆红　省审计厅农业农村审计处处长
姬　祥　上饶市信州区沙溪镇铅岭村驻村工作队队员，省外办510办事处一级主任科员
赖　玮　寻乌县南桥镇团红村驻村工作队队长兼第一书记，江西现代职业技术学院旅游与航空学院副院长
况小洪　兴国县龙口镇睦埠村驻村第一书记，省林业局湿地和草地管理处四级调研员
杨腾飞　万年县梓埠镇后张村原驻村工作队队长兼第一书记，省金融监管局行政审批处处长
郑明国　龙南市程龙镇龙秀村驻村工作队队长兼第一书记，省市场监督管理局认证认可监督管理处一级主任科员
王雪斌　奉新县仰山乡坛下村驻村工作队队长兼第一书记，省药监局人事处一级主任科员

甘世雄　赣州市赣县区吉埠镇大溪村驻村工作队队长兼第一书记，省广播电视局网络视听节目管理处三级调研员

陈红军　赣州市南康区赤土畲族乡杏花村驻村工作队队长兼第一书记，省民宗局民族社会事业处副处长、三级调研员

田　智（土家族）　高安市祥符镇南山村驻村工作队队长兼第一书记，省统计局农业统计处四级调研员

勒系永　省扶贫办计划财务处处长

雷青秀（女，畲族）　省扶贫办机关党委（人事处）专职副书记（处长）

余　宙　省扶贫办考核评估处处长

梅柱槐　省扶贫办综合处副处长

戴西熙　靖安县璪都镇港背村驻村工作队队员，省医疗保险基金管理中心科员

熊　涛　永丰县三坊乡宗溪村驻村工作队队员，省管局局属单位管理处三级主任科员

李小龙　安远县车头镇车头村驻村工作队队长，省总工会经济技术部二级调研员

夏日辉　上高县新界埠镇城陂村驻村工作队队长兼第一书记，团省委统战联络部部长

张　茜（女）　弋阳县葛溪乡雷兰村驻村工作队队员，省妇联办公室副主任

彭　勇　南城县浔溪乡太坪村原驻村工作队队长兼第一书记，省文联机关党委副书记、工会主席，省企业文联副秘书长

张　强　吉安市青原区值夏镇芳洲村驻村工作队队长兼第一书记，省科协工作部（企业工作办公室）三级调研员

曹建彭　生前为余干县洪家嘴乡双港村驻村工作队队长，省侨联机关党委专职副书记、机关纪委书记

曾永辉　分宜县洞村乡程家坊村驻村工作队队长兼第一书记，省红十字会组织宣传处四级调研员

殷中平　修水县上衫乡书堂村驻村工作队队长兼第一书记，省委党史研究室机关党委（人事处）三级调研员

沈勇刚　修水县马坳镇黄溪村驻村工作队队长兼第一书记，省委党校图书馆副馆长

陈化先　江西日报社政教部记者

附 件

万绍斌　寻乌县吉潭镇古丰村驻村工作队队长兼第一书记,江西广播电视台节目传输中心副科长

黄饶胜　万载县茭湖乡东江村驻村工作队队长兼第一书记,省供销联社监事会办公室副主任

徐永前　万安县五丰镇白沂村驻村工作队队长兼第一书记,省地质局资产管理处负责人

林华山　龙南市武当镇横岗村驻村工作队队长兼第一书记,省地质局办公室一级主任科员

宋小民　万安县韶口乡石圫村驻村工作队队长兼第一书记,省农科院蔬菜花卉研究所副所长

赵　攀　安远县三百山镇符山村原驻村第一书记,省林科院园林规划设计研究所副所长、工程师

郭　强　新华社江西分社总编室副总编

闵德应　乐安县南村乡炉桐村驻村工作队队长兼第一书记,省税务干部学校十级职员

邹兴荣　鄱阳县昌洲乡小渡村驻村工作队队长兼第一书记,财政部江西监管局监管五处处长

刘晓东　会昌县右水乡田丰村驻村工作队队长,省气象局科技与预报处一级调研员

陈毅强　峡江县马埠镇上盖村驻村工作队队长兼第一书记,国家统计局江西调查总队执法监督处四级调研员

张振平　遂川县高坪镇明坑村驻村工作队队长兼第一书记,南昌海关监察室副主任

刘建生　南昌大学中国乡村振兴研究院院长

邹呈民　玉山县紫湖镇程村村驻村第一书记,南昌大学纪委综合办公室副主任

张斌才　大余县左拔镇云山村驻村工作队队长兼第一书记,江西农业大学后勤服务集团副总经理

杨光生　万载县黄茅镇军屯村原驻村工作队队长兼第一书记,华东交通大学组织部扶贫办主任

邹爱如　江西银保监局办公室副主任

省国资委

陈卫东（女） 铅山县稼轩乡岩前村驻村工作队队长兼第一书记，江西省本无尘健康饮品集团有限公司副总经理

苏　华 寻乌县澄江镇周田村驻村工作队队长兼第一书记，省建工集团有限责任公司业务副主办

张　辉 黎川县社苹乡前进村驻村第一书记，江钨控股集团公司员工

虞致新 万年县大源镇南畈村驻村工作队队长兼第一书记，江西水泥有限责任公司工会副主席

曹丽山 全南县城厢镇田心村驻村第一书记，省咨询投资集团有限公司纪委监督检查室纪检员

周　晖 樟树市黄土岗镇谢家村驻村工作队队长兼第一书记，江盐集团晶昊盐化有限公司纯碱分公司原党支部书记、安全环保部部长

芦双红 芦溪县宣风镇沂源村驻村第一书记，江西国泰集团股份有限公司党群工作部原主管科员

余亮良 万安县罗塘乡村背村驻村工作队队长兼第一书记，中国瑞林工程技术股份有限公司党委宣传部部长、协同设计部主任工程师

周　军 中国铁路南昌局集团有限公司办公室副主任、扶贫办副主任

张　玉 鄱阳县莲湖乡龙口村驻村工作队队长兼第一书记，华能江西分公司值长

徐　臻（女） 全南县金龙镇树圳村原驻村工作队队长兼第一书记，国家电投集团江西电力有限公司上犹江水电厂党委副书记

钱太莹 余干县黄金埠镇华山村驻村工作队队长兼第一书记，国家能源集团江西电力有限公司扶贫工作组组长

袁友泉 吉州区曲濑镇长乐村驻村工作队队长兼第一书记，中国联通江西省分公司党群工作部主管

李　坤 横峰县新篁办事处崇山村驻村第一书记，工行江西省分行私人银行中心经理三级

柴　溢 武宁县上汤乡梅溪村原驻村工作队队员，中国东方航空股份有限公司江西分公司综合管理部综合业务分部高级副经理

刘晓阳 国开行江西省分行客户四处副处长

叶映群 瑞金市叶坪镇下罗村驻村工作队队长兼第一书记，光大银行赣州分

行零售业务管理部原副总经理
黄清源　永新县曲白乡浆坑村原驻村工作队队长兼第一书记，中航信托股份有限公司团委副书记
喻维路　兴国县埠头乡桐溪村原驻村工作队队长兼第一书记，广发银行南昌分行办公室副总经理、党群工作办公室主任
林　凤　永丰县陶唐乡石仓村驻村工作队队长兼第一书记，中国移动江西公司党委办（党群工作部）副主任

江西省脱贫攻坚先进集体名单（396个）

赣州市

赣州市纪委市监委机关
赣州市委组织部
赣州市妇女联合会
赣州市发展和改革委员会
赣州市民政局
赣州市司法局
赣州市人力资源和社会保障局
赣州市自然资源局
赣州市水利局
赣州市卫生健康委员会
赣州市医疗保障局
赣州市公路发展中心
兴国县卫生健康委员会
国家税务总局兴国县税务局
兴国县埠头乡
兴国县隆坪乡
兴国县龙口镇睦埠村
兴国县枫边乡茅坪村
兴国县均村乡茂瑕村

兴国碧兴农业发展有限公司

于都县财政局

于都县卫生健康委员会

于都县教育科技体育局

于都县贡江镇

于都县靖石乡

于都县祁禄山镇

于都县仙下乡观背村

于都县梓山镇下潭村

江西栖岭农牧有限公司

宁都县人力资源和社会保障局

宁都县交通运输局

宁都县农业农村局

宁都县田头镇

宁都县蔡江乡

宁都县小布镇小布村

宁都县青塘镇中心卫生院

宁都高级技工学校

宁都县蔡江乡胜利白茶种植专业合作社

赣州市赣县区纪委区监委机关

赣州市赣县区委组织部

赣州市赣县区人力资源和社会保障局

赣州市赣县区韩坊镇

赣州市委办公室驻赣县区储潭镇红河村帮扶工作队

赣州市人大常委会机关驻赣县区五云镇上丹村帮扶工作队

会昌县住房和城乡建设局

会昌县周田镇

审计署驻会昌县庄埠乡寨富村帮扶工作队

会昌县财政局驻西江镇饼丘村帮扶工作队

赣州市工商联、兴业银行赣州分行驻会昌县珠兰乡下照村帮扶工作队

会昌县麻州镇增丰村

会昌县人民医院

寻乌县纪委县监委

寻乌县扶贫办公室

寻乌县晨光镇

安远县扶贫办公室

安远县孔田镇

安远县重石乡

国家税务总局赣州市税务局驻安远县车头镇龙竹村帮扶工作队

赣州市农业农村局驻安远县天心镇高壖村帮扶工作队

上犹县财政局

上犹县安和乡富湾村

赣州市政府办公室驻上犹县黄埠镇龙头村帮扶工作队

上犹县嘉亿灯饰制品有限公司

瑞金市总工会

瑞金市民政局

瑞金市扶贫办公室

瑞金市大柏地乡

瑞金市丁陂乡

瑞金市万田乡麻地村

石城县财政局

石城县扶贫办公室

石城县琴江镇

江西新百伦领跑体育用品有限公司

赣州市章贡区扶贫办公室

赣州市南康区就业创业服务中心

赣州市南康区镜坝镇

赣州市南康区唐江镇

赣州市南康区浮石乡

江西团团圆家具有限公司

信丰县卫生健康委员会

信丰县大桥镇

大余县南安镇

大余县池江镇兰溪村

崇义县扶贫办公室

龙南市扶贫办公室

龙南市程龙镇

全南县扶贫办公室

定南县扶贫办公室

定南县公共就业人才服务局

赣州经济技术开发区农业农村工作办公室

赣州蓉江新区农业农村工作办公室

吉安市

吉安市交通运输局

吉安市民政局

国网江西省电力有限公司吉安供电分公司

吉安农商银行普惠金融事业部

吉安市吉州区财政局

江西牛牛乳业有限责任公司

吉安市青原区富滩镇扶贫和移民工作站

江西佘之味农林开发有限公司

井冈山市委宣传部

井冈山市农业农村局

科技部第 30 届科技扶贫团江西团

井冈山市茅坪镇

吉安县卫生健康委员会

吉安县财政局

中国人民财产保险股份有限公司吉安县支公司

吉安县永阳镇

吉安县敖城镇湖陂村

新干县财政局

新干县界埠镇

永丰县社会救助中心

永丰县瑶田镇扶贫工作站

永丰县政协机关驻七都乡车头村帮扶工作队

国家税务总局吉安市税务局驻永丰县沿陂镇下袍村帮扶工作队

峡江县扶贫办公室

峡江县金江乡

吉水县农业农村局

国防科工局发展计划司军民融合处

吉水县文峰镇

泰和县委组织部

泰和县螺溪镇保全村

泰和县嘉泰稻业种植专业合作社

万安县委组织部

万安县人民检察院

中国三峡新能源（集团）股份有限公司办公室

万安县高陂镇

遂川县农村安居工程领导小组办公室

国家税务总局遂川县税务局

遂川县左安镇

遂川县水利局驻左安镇安全村帮扶工作队

安福县农业农村局

安福县洲湖镇

安福县平都镇十里村

永新县委组织部

永新县农业农村局

永新县扶贫办公室

永新县三湾乡

吉安市城市管理局驻永新县龙田乡西江村帮扶工作队

永新县莲洲乡光明村

恒龙农林开发有限公司

上饶市

上饶市扶贫办公室

上饶市卫生健康委员会

上饶市自然资源局

上饶市住房和城乡建设局村镇建设科

上饶市教育局基础教育科

上饶市水利局农村水利科

上饶市信州区学生资助管理中心

上饶市信州区沙溪镇铅岭村

上饶市广信区教育体育局

上饶市广信区华坛山镇

上饶市广信区四十八镇鲤洋村

江西恩泉油脂有限公司

上饶市博宏箱包有限公司

上饶市广丰区东阳乡

上饶市广丰区嵩峰乡十一都村

上饶市广丰区霞峰镇爱心扶贫协会

玉山县医疗保障局

玉山投资控股集团有限公司驻玉山县仙岩镇平堽村帮扶工作队

江西三山实业有限公司

横峰县扶贫办公室

国家税务总局横峰县税务局

横峰县医疗保障局

晶科电力科技股份有限公司

弋阳县中畈乡

弋阳县政府办公室驻湾里乡官源村帮扶工作队

弋阳县圭峰镇宝石村

铅山县稼轩乡扶贫工作站

铅山县青溪中心小学

江西省江天农业科技有限公司

国家电网德兴市供电公司

德兴市丰园苗木专业合作社

婺源县思口镇

婺源县篁岭文旅股份有限公司

婺源县浙源大山饰品加工厂

万年县教育体育局

万年县卫生健康委员会驻石镇镇虎山村帮扶工作队

万年县大源公路建筑材料有限公司

余干县委办公室

余干县大溪乡

余干县九龙镇扶贫工作站

余干县杨埠镇箸源村

江西省益禾科技有限公司

余干县奔富鸵鸟养殖专业合作社

鄱阳县扶贫办公室

鄱阳县人力资源和社会保障局

鄱阳县侯家岗乡

鄱阳县鄱阳镇

中国井冈山干部学院驻鄱阳县游城乡花桥村帮扶工作队

鄱阳县高家岭镇龙岭村

江西小富茶叶有限公司

上饶市三清山风景名胜区枫林镇

九江市

九江市纪委市监委机关

九江市市直机关工委组织部

九江市农业农村局种植业管理科

九江市人力资源和社会保障局就业促进和失业保险科

国家税务总局九江市税务局

九江市扶贫办公室

九江银行股份有限公司

修水县扶贫办公室

中粮集团驻修水县帮扶工作队

修水县上衫乡

修水县布甲乡

都昌县人力资源和社会保障局

都昌县发展和改革委员会

都昌县南峰镇

都昌县中馆镇银宝村
永修县教育体育局
永修县九合乡
永修县滩溪镇
瑞昌市卫生健康委员会
瑞昌市横立山乡
瑞昌市高丰镇铺头村
庐山市人力资源和社会保障局
庐山市海会镇
庐山市星子镇三角垅村
武宁县卫生健康委员会
武宁县扶贫办公室
武宁县宋溪镇
彭泽县委组织部
彭泽县定山镇扶贫工作站
湖口县中医医院
湖口县流芳乡
九江市柴桑区马回岭镇
九江市柴桑区新合豆条厂
德安县扶贫办公室
德安县车桥镇
共青城市公共就业人才服务局
九江市濂溪区威家镇积余村

抚州市

抚州市扶贫办公室
抚州市委组织部
抚州市人力资源和社会保障局
江西省烟草公司抚州市公司
中国电信股份有限公司抚州分公司
乐安县农业农村局
乐安县扶贫办公室

国家税务总局乐安县税务局驻龚坊镇同富村帮扶工作队

广昌县人力资源和社会保障局

广昌县盱江镇

广昌县委组织部驻头陂镇羡地村帮扶工作队

金溪县陈坊积乡

抚州市人大常委会机关、抚州农商银行驻金溪县陆坊乡上李村帮扶工作队

资溪县财政局

抚州市纪委市监委驻资溪县马头山镇永胜村帮扶工作队

宜黄县扶贫办公室

宜黄温州商会

崇仁县蔬菜生产办公室

崇仁麻鸡产业化联合体

南城县教育体育局

南城县龙湖镇

江西祥川生物科技有限公司

江西省田圣生态农业科技有限公司

南丰县教育体育局

南丰县桑田镇

抚州市临川区教育体育局

抚州市临川区扶贫办公室

抚州市东乡区珀玗乡

抚州市东乡区小璜镇

抚州高新区鑫农发展有限公司

抚州市东临新区农业农村局

萍乡市

萍乡市委组织部

萍乡市人力资源和社会保障局

萍乡市扶贫办公室等驻上栗县东源乡楼下村帮扶工作队

萍乡萍钢安源钢铁有限公司

萍乡市红心志愿者协会

萍乡市安源区高坑镇

萍乡市安源区青山镇温盘村

萍乡市湘东区医疗保障局

萍乡市湘东区麻山镇

芦溪县教育局

芦溪县源南乡

上栗县扶贫办公室

上栗县仁泰教育促进会

莲花县民政局

莲花县就业创业服务中心

莲花县良坊镇

萍乡经济技术开发区社会发展局

萍乡武功山风景名胜区万龙山乡槽下村

宜春市

宜春市委组织部

宜春市农业农村局

宜春市扶贫办公室

江西锦江酒业有限责任公司

宜春市袁州区教育体育局

宜春市袁州区慈化镇

樟树市教育体育局

樟树市中洲乡

丰城市人力资源和社会保障局

丰城市荷湖乡

靖安县罗湾乡

靖安县中源乡合港村

奉新县人力资源和社会保障局

奉新县农业农村局

高安市祥符镇

高安市蓝坊镇魏家村

宜春学院驻上高县田心镇斜溪村帮扶工作队

上高县新界埠镇城陂村

宜丰县教育体育局
宜丰县农业农村局
铜鼓县财政局
铜鼓县住房和城乡建设局
铜鼓县排埠镇
万载县委组织部
万载县扶贫办公室
万载县赤兴乡

南昌市

南昌市财政局农业农村科
江铃汽车集团有限公司
南昌县扶贫服务中心
南昌县幽兰镇
南昌县泾口乡
安义县东阳镇
南昌市纪委市监委驻安义县石鼻镇果田村帮扶工作队
江西银行驻进贤县衙前乡下邹村帮扶工作队
进贤县民政局
进贤县季艺力志愿者协会
国家电网南昌供电公司驻湾里管理局梅岭镇立新村帮扶工作队
南昌市新建区农业农村局
南昌市新建区石埠镇
南昌市政府办公室驻南昌市新建区象山镇河林村帮扶工作队

新余市

新余市卫生健康委员会
分宜县高岚乡
新余市纪委市监委驻分宜县钤山镇下田村帮扶工作队
中国林科院亚林中心分宜博士扶贫工作团
分宜县杨桥镇潭湘村商会
新余市渝水区扶贫办公室

新余市渝水区罗坊镇

新余市渝水区姚圩镇河埠村

新余市洪泰农业科技有限公司

新余市仙女湖风景名胜区观巢镇

新余高新区扶贫办公室

鹰潭市

鹰潭市扶贫办公室

鹰潭农村商业银行股份有限公司中童支行

贵溪市委组织部

贵溪市泗沥镇

贵溪市龙山有机白茶专业合作社

江西渥泰环保科技有限公司

鹰潭市余江区扶贫办公室

鹰潭市余江区锦江镇

中国农业发展银行鹰潭市余江区支行

鹰潭市月湖区童家镇

国家税务总局鹰潭市龙虎山风景名胜区税务局

鹰潭高新区白露街道

鹰潭市信江新区江北办事处周塘村

景德镇市

景德镇市扶贫办公室

景德镇市财政局办公室

景德镇市学生资助管理中心

乐平市扶贫办公室

乐平市鸬鹚乡龙口村

浮梁县卫生健康委员会

浮梁县蛟潭镇

景德镇市税务局驻浮梁县西湖乡桃墅村帮扶工作队

浮梁县瑶里镇长明村

景德镇市昌江区鲇鱼山镇徐湾村

景德镇市珠山区扶贫办公室

省直机关工委

省纪委省监委党风政风监督室

省委办公厅驻兴国县方太乡井口村帮扶工作队

省委组织部驻新干县麦斜镇隋岗村帮扶工作队

省委宣传部驻庐山市白鹿镇玉京村帮扶工作队

省委统战部驻广昌县驿前镇驿前村帮扶工作队

省委政法委驻泰和县禾市镇丰垅村帮扶工作队

江西省学生资助管理中心

省直机关工委驻永修县九合乡光明村帮扶工作队

省政府办公厅驻丰城市同田乡同田村帮扶工作队

省鄱湖办（苏区办）鄱阳湖生态经济区建设处

省民政厅社会救助局

省财政厅扶贫处

省人社厅农民工工作处

省辐射环境监督站

省住建厅驻泰和县马市镇柳塘村帮扶工作队

省交通运输综合行政执法监督管理局驻崇义县上堡乡竹溪村帮扶工作队

江西水利职业学院

省农业农村厅产业扶贫工作领导小组办公室

省商务厅市场体系建设处

省卫健委医政医管处

省审计厅驻都昌县大港镇繁荣村帮扶工作队

省国资委驻永新县高桥楼镇白堡村帮扶工作队

省林业局规划财务处（扶贫办）

省扶贫办产业指导处

省扶贫办科技培训处

省医保局待遇保障处

省残联教育就业处（扶贫办）

省烟草专卖局扶贫工作领导小组办公室

国家统计局江西调查总队居民收支调查处

江西财经大学统计学院
人行南昌中心支行货币信贷管理处
省工商联社会服务处
江西证监局办公室
省慈善总会
浙江传化慈善基金会
省国资委
江西铜业集团有限公司德兴铜矿
江西省投资集团有限公司驻瑞金市叶坪镇大胜村帮扶工作队
江西省水务集团有限公司
江西省金融控股集团有限公司驻石城县琴江镇濯坑村帮扶工作队
中国邮政集团有限公司江西省分公司农村电商团队
中国电信股份有限公司江西分公司扶贫办公室
江西省农村信用社联合社信贷管理部
中国石化江西石油分公司驻会昌县文武坝镇白石村帮扶工作队
中储粮集团江西分公司党群人事处

后 记

本丛书是南昌市乡村振兴局为记录南昌市全面打赢脱贫攻坚战而编写的系列成果,是记载南昌市精准扶贫八年、脱贫攻坚五年的"信史"档案。丛书共四本,依次为《光辉历程——南昌市脱贫攻坚纪实》《举市发力——南昌市脱贫攻坚文件汇编》《使命担当——南昌市脱贫攻坚典型案例和先锋模范》《泥土真情——南昌市脱贫攻坚理论与实践探索》。

本丛书由南昌市乡村振兴局和江西农业大学精心统筹,由课题组负责人胡春晓教授领衔,五个子课题研究团队共同完成。五个子课题分别由翁贞林、陈美球、魏毅、朱晓东、朱述斌担任负责人。其中《光辉历程——南昌市脱贫攻坚纪实》由翁贞林团队负责,参与人员主要有胡永升、刘小春、梁志民、熊红华、谌洁、贺亚琴、汤晋、李观祥、鄢朝辉、霍达、唐文苏、吴新标、贺瑞欣、张梦玲、黄梦华、郑凯南、胡伟南等;《举市发力——南昌市脱贫攻坚文件汇编》由朱晓东团队负责,参与人员主要有高芸、赖运生、李海峰、王诗慧、周连伟、刘妍妍等;《使命担当——南昌市脱贫攻坚典型案例和先锋模范》由陈美球团队和魏毅团队联合负责,参与人员主要有廖彩荣、刘志兵、陈洋庚、潘锡杨、曹大宇、朱美英、于丽霞、洪土林、张洁、颜玉琦、肖意风、周国平、彭剑锋、朱国海、廖运生、胡永华、吴平、曹人龙、李飞、江春燕、张佳佳、盛开勇、廖超、孙尊章、王桂兰、赵玲玉、丁颖、付文、廖镇宇、雷勉芳、翁星、邓焕丹、王浩、冷竹青、李婷、魏天知、魏天言、杨帆、刘欢、宋彩虹、熊平安、余延红、许美娟、何俞玲等;《泥土真情——南昌市脱贫攻坚理论与实践探索》由朱述斌团队负责,参与人员主要有周波、刘滨、谢芳婷、康小兰、杜娟、刘小进、毛佳、宁才旺、肖慧等。

课题研究过程中，特别感谢江西财经大学吴志军教授、江西省社科院李志萌研究员等给予的指导和帮助！

本丛书在编写和出版过程中，得到了南昌市委组织部、南昌市委宣传部、南昌市委政研室、南昌市史志办、南昌市政府办公室、南昌市发展和改革委员会、南昌市教育局、南昌市科学技术局、南昌市工业和信息化局、南昌市民政局、南昌市财政局、南昌市人力资源和社会保障局、南昌市住房和城乡建设局、南昌市农业农村局、南昌市统计局、南昌市卫生健康委员会、南昌市医疗保障局、南昌市水利局以及南昌县、进贤县、安义县、新建区、湾里区乡村振兴局等部门及有关同志的大力关心支持。此外，还得到了主持单位江西农业大学副校长黄英金教授、科技处处长游金明教授及有关同志的大力支持，在此一并致谢。